Die Bildungsgänge in der Grundschule

Ausbildungsordnung Grundschule mit Ausbildungsordnung sonderpädagogische Förderung

Handbuch und Kommentar für die Schulpraxis

von

Dr. Gerhard Bülter

Gisela Lücke-Deckert

Astrid Wahl-Weber

begründet von

Winfried Jehkul

9. vollständig neu bearbeitete Auflage

WINGEN VERLAG ESSEN

Verlag für Wirtschaft und Verwaltung
Hubert Wingen – Essen

Schlagworte: Ausbildungsordnung
Verordnung über den Bildungsgang in der Grundschule
Sonderpädagogische Förderung
Sonderpädagogische Unterstützung
Unterricht
Versetzungsordnung
Schuleinzugsbereiche
nächstgelegene Schule
Grundschule
Förderschule

Alfredistraße 32 – 45127 Essen
Tel.: 0201/22 25 41 – Fax: 0201/22 96 60 – Email: wingenverlag@t-online.de

ISBN: 978-3-8028-0603-2 Art.Nr. 311 007

Druck: Zimmermann-Druck + Verlag, 58802 Balve

Inhaltsverzeichnis

Inhaltsverzeichnis

a.A.	anderer Ansicht
a.a.O.	am angegebenen Ort
ABl.	Amtsblatt (auch ABl. NRW.)
ABl. KM. NRW	Amtsblatt des Kultusministeriums des Landes Nordrhein-Westfalen
ABl. NRW	Amtsblatt des Ministeriums für Schule und Weiterbildung (auch ABl. MSWF)
Abs.	Absatz
ADO	Allgemeine Dienstordnung für Lehrerinnen und Lehrer, Schulleiterinnen und Schulleiter an öffentlichen Schulen
ADV	automatisierte Datenverarbeitung
a.F.	alter Fassung
Anl.	Anlage
Anm.	Anmerkung(en)
AO-GS	Verordnung über den Bildungsgang in der Grundschule
AO-SF	Verordnung über die sonderpädagogische Förderung, den Hausunterricht und die Schule für Kranke
APO	Ausbildungs- und Prüfungsordnung
APO-BK	Verordnung über die Ausbildung und Prüfung in den Bildungsgängen des Berufskollegs
APO-GOSt	Verordnung über den Bildungsgang und die Abiturprüfung in der gymnasialen Oberstufe
APO-S I	Verordnung über die Ausbildung und die Abschlussprüfungen in der Sekundarstufe I (auch AO-S I)
Art.	Artikel
ASchO	Allgemeine Schulordnung
Aufl.	Auflage
AVO-Richtlinien	Verwaltungsvorschriften zur Verordnung zur Ausführung des § 93 Abs. 2 SchulG
Az.	Aktenzeichen
BASS	Bereinigte Amtliche Sammlung der Schulrechtsvorschriften des Landes Nordrhein-Westfalen
Bay. VGH	Bayerischer Verwaltungsgerichtshof (auch BayVGH)
BeamtStG	Gesetz zur Regelung des Statusrechts der Beamtinnen und Beamten in den Ländern
Beschl.	Beschluss
BGB	Bürgerliches Gesetzbuch

BGBl.	Bundesgesetzblatt
BGG NRW	Behindertengleichstellungsgesetz NRW
BRAO	Bundesrechtsanwaltsordnung
BVerfG	Bundesverfassungsgericht
BVerfGE	Entscheidungssammlung des Bundesverfassungsgerichts
BVerwG	Bundesverwaltungsgericht
BVerwGE	Entscheidungssammlung des Bundesverwaltungsgerichts
bzw.	beziehungsweise
d.	das der, des, die
DAZ	Deutsch als Zweitsprache
d.h.	das heißt
DVBl.	Deutsches Verwaltungsblatt
DVO	Durchführungsverordnung
Erl.	Erläuterung(en)
ESchVO	Verordnung über die Ersatzschulen
etc.	et cetera
EU	Europäische Union
EuGH	Europäischer Gerichtshof
f., ff.	folgend(e)
Fn.	Fußnote (auch FN)
gem.	gemäß
Gem. RdErl.	Gemeinsamer Runderlass
GG	Grundgesetz
ggf.	gegebenenfalls (auch ggfs.)
grds.	grundsätzlich
GV.	Gesetz- und Verordnungsblatt (auch GVBl.)
GV.NRW.	Gesetz- und Verordnungsblatt für das Land Nordrhein-Westfalen
Hess. VGH	Hessischer Verwaltungsgerichtshof
hg. v.	herausgegeben von
Hrsg.	Herausgeber
Hs.	Halbsatz

i.d.F.	in der Fassung (auch idF)
i.d.R.	in der Regel (auch idR)
i.S.	im Sinne
i.S.d.	im Sinne des (auch iSd)
i.S.v.	im Sinne von (auch iSv)
i.V.m.	in Verbindung mit (auch iVm)
IQB	Institut zur Qualitätsentwicklung
juris	Rechtsportal im Internet (kostenpflichtig)
JustG	Gesetz über die Justiz im Land Nordrhein-Westfalen
KiBiz	Gesetz zur frühen Förderung von Kindern (Kinderbildungsgesetz)
KM	Kultusministerium, Kultusminister
KMK	Kultusministerkonferenz
LABG	Lehrerausbildungsgesetz
LBG NRW	Beamtengesetz für das Land Nordrhein-Westfalen (auch LBG)
LGG	Landesgleichstellungsgesetz
LRS	Lese- und Rechtschreibschwierigkeit(en)
LT	Landtag
LT-Drs.	Landtagsdrucksache (auch DS LT, Ldrs, LT-Drucksache)
LV.NRW.	Verfassung für das Land Nordrhein-Westfalen (auch LV, NRW.LV)
MBl.	NRW Ministerialblatt für das Land NRW(auch MBl. NW)
MeldDÜV.NRW	Meldedatenübermittlungsverordnung des Landes Nordrhein-Westfalen
MittNRW StGW	Mitteilungen des Städte- und Gemeindebundes Nordrhein-Westfalen
MSW	Ministerium für Schule und Weiterbildung
m.w.N.	mit weiteren Nachweisen
Nds. OVG	Niedersächsisches Oberverwaltungsgericht
NJW	Neue Juristische Wochenschrift
No.	Numero
Nr., Nrn.	Nummer(n)

NRW	Nordrhein-Westfalen (auch NW)
nrwe	Rechtsprechungsdatenbank im NRW-Justizportal (auch NRWE)
n.v.	nicht veröffentlicht
NVwZ	Neue Zeitschrift für Verwaltungsrecht
NVwZ-RR	Neue Zeitschrift für Verwaltungsrecht – Rechtsprechungs-Report
NWStGB	Städte- und Gemeindebund Nordrhein-Westfalen
NWVBl.	Nordrhein-Westfälische Verwaltungsblätter
o.a.	oben angeführte(n)
o. g.	oben angeben(en)
OVG	Oberverwaltungsgericht
OVG NRW	Oberverwaltungsgericht für das Land Nordrhein-Westfalen (auch OVG NW, OVG Münster)
OVGE	Entscheidungen der Oberverwaltungsgerichte Münster und Lüneburg
OVP	Ordnung des Vorbereitungsdienstes und der Staatsprüfung für Lehrämter an Schulen
RdErl.	Runderlass
Rdn.	Randnummer(n) (auch Rn., RdNr.,RN)
Rd.-Vfg.	Rundverfügung
Rz	Randziffer (auch Rz.)
S.	Satz, Sätze, Seite
s.a.	siehe auch
S.-A.	Sachsen-Anhalt
SchfkVO	Verordnung zur Ausführung des § 97 Abs. 4 Schulgesetz (Schülerfahrkostenverordnung)
SchulG	Schulgesetz für das Land Nordrhein-Westfalen
SchulRÄndG	Schulrechtsänderungsgesetz
SGB IX	Sozialgesetzbuch, Neuntes Buch – Rehabilitation und Teilhabe behinderter Menschen
SGV.	Sammlung des bereinigten Gesetzes- und Verordnungsblattes
SMBl. NRW.	Sammlung des Ministerialblatts für das Land Nordrhein-Westfalen

sog.	so genannt
s.o.	siehe oben
StGB	Strafgesetzbuch
s.u.	siehe unten
str.	strittig
T	Teil
Tz.	Teilziffer
u.	und
u.a.	unter anderem, und andere
u.ä.	und ähnliches
UNESCO	United Nations Educational, Scientific, Cultral Organization
UN – BK	Behindertenrechtskonvention
Urt.	Urteil
usw.	und so weiter
u.U.	unter Umständen
v.	vom
VA	Verwaltungsakt
VERA	Vergleichsarbeiten
VerfGH	Verfassungsgerichtshof
VerfGH NRW	Verfassungsgerichtshof für das Land Nordrhein-Westfalen
VG	Verwaltungsgericht
VGH	Verwaltungsgerichtshof
VGH Bad.-Württ.	Verwaltungsgerichtshof Baden-Württemberg (auch VGH Mannheim, BW.VGH)
vgl.	vergleiche
VO	Verordnung
VO-DV I	Verordnung über die zur Verarbeitung zugelassenen Daten von Schülerinnen, Schülern und Erziehungsberechtigten
VO-DV II	Verordnung über die zur Verarbeitung zugelassenen Daten der Lehrerinnen und Lehrer
VO-SF	Verordnung über die Feststellung des sonderpädagogischen Förderbedarfs und die Entscheidung über den schulischen Förderort

VOSS	Verordnung zur Durchführung des Modellvorhabens „Selbstständige Schule“
VO zu § 93 Abs. 2	Verordnung zur Ausführung des § 93 Abs. 2 SchulG
VV	Verwaltungsvorschriften
VVzAO-GS	Verwaltungsvorschriften zur Verordnung über die Ausbildung in der Grundschule
VVzAO-SF	Verwaltungsvorschriften zur Verordnung über die sonderpädagogische Förderung, den Hausunterricht und die Schule für Kranke
VVzAPO-S I	Verwaltungsvorschriften zur Verordnung über die Ausbildung und die Abschlussprüfungen in der Sekundarstufe I
VwGO	Verwaltungsgerichtsordnung
VwVfG NRW	Verwaltungsverfahrensgesetz für das Land Nordrhein-Westfalen
z.B.	zum Beispiel
ZBR	Zeitschrift für Beamtenrecht
Ziff.	Ziffer, Ziffern
ZPO	Zivilprozessordnung
z.Zt.	zur Zeit

Verordnung über den Bildungsgang in der Grundschule (Ausbildungsordnung Grundschule – AO-GS)*)

vom 23. März 2005 (GV. NRW. S. 269,
zuletzt geändert am 26. März 2014 (GV. NRW. S. 226) H003: 04.14/4

§ 1 Aufnahme in die Grundschule

(1) Kinder, deren Schulpflicht am 1. August eines Jahres beginnt, werden von ihren Eltern bis spätestens zum 15. November des Vorjahres bei der gewünschten Grundschule angemeldet.

(2) Jedes Kind hat einen Anspruch auf Aufnahme in die seiner Wohnung nächstgelegene Grundschule der gewünschten Schulart in seiner Gemeinde im Rahmen der vom Schulträger festgelegten Aufnahmekapazität, soweit der Schulträger keinen Schuleinzugsbereich für diese Schulart gebildet hat (§ 46 Absatz 3 SchulG). Kinder mit festgestelltem Bedarf an sonderpädagogischer Unterstützung haben Anspruch auf Aufnahme in die von der Schulaufsicht vorgeschlagene, ihrer Wohnung nächstgelegene Grundschule der gewünschten Schulart in ihrer Gemeinde, an der Gemeinsames Lernen eingerichtet ist. Soweit Schuleinzugsbereiche gebildet wurden, werden bei einem Anmeldeüberhang zunächst die Kinder berücksichtigt, die im Schuleinzugsbereich für diese Schulart wohnen oder bei denen ein wichtiger Grund nach § 84 Absatz 1 SchulG vorliegt. Im Falle eines nach Anwendung von Satz 1 oder 3 verbleibenden Anmeldeüberhanges sind die Kriterien des Absatzes 3 für die Aufnahmeentscheidung heranzuziehen.

(3) Im Rahmen freier Kapazitäten nimmt die Schule auch andere Kinder auf. Bei einem Anmeldeüberhang führt die Schule ein Aufnahmeverfahren unter diesen Kindern durch. Dabei werden Kinder mit Wohnsitz in der Gemeinde vorrangig berücksichtigt. Die Schulleiterin oder der Schulleiter berücksichtigt Härtefälle und zieht im Übrigen eines oder mehrere der folgenden Kriterien für die Aufnahmeentscheidung gemäß § 46 Abs. 2 SchulG heran:

1. Geschwisterkinder,
2. Schulwege,
3. Besuch eines Kindergartens in der Nähe der Schule,
4. ausgewogenes Verhältnis von Mädchen und Jungen,
5. ausgewogenes Verhältnis von Schülerinnen und Schülern unterschiedlicher Muttersprache.

(4) Die schulärztliche Untersuchung zur Einschulung erstreckt sich auf den körperlichen Entwicklungsstand und die allgemeine, gesundheitlich bedingte Leistungsfähigkeit einschließlich der Sinnesorgane des Kindes.

(5) Die Schulleiterin oder der Schulleiter informiert und berät die Eltern

1. vor der vorzeitigen Aufnahme eines Kindes in die Grundschule,

2. vor der Verpflichtung eines Kindes zum Besuch eines vorschulischen Sprachförderkurses.

§ 2 Dauer des Besuchs der Grundschule

(1) Der Besuch der Grundschule dauert in der Regel vier Jahre. Diese Regeldauer soll um nicht mehr als ein Jahr überschritten werden.

(2) Der Besuch der Schuleingangsphase ist auf drei Jahre begrenzt. Der Besuch im dritten Jahr wird nicht auf die Dauer der Schulpflicht angerechnet.

§ 3 Unterricht, Stundentafel

(1) Für den Unterricht gelten die Stundentafel (Anlage) sowie die Unterrichtsvorgaben (§ 29 SchulG) des Ministeriums. Er ist fächerübergreifend auszurichten. Eine Unterrichtsstunde nach der Stundentafel wird mit 45 Minuten berechnet.

(2) Der Förderunterricht soll allen Schülerinnen und Schülern zugute kommen. Er trägt dazu bei, dass auch bei Lernschwierigkeiten die grundlegenden Ziele erreicht werden. Er unterstützt besondere Fähigkeiten und Interessen.

(3) Für den Gemeinsamen Unterricht gilt § 37 der Verordnung über die sonderpädagogische Förderung, den Hausunterricht und die Schule für Kranke (AO-SF).

(4) Schülerinnen und Schülern, deren Muttersprache nicht Deutsch ist, wird muttersprachlicher Unterricht angeboten, sofern entsprechender Unterricht zugelassen ist und die personellen Voraussetzungen vorliegen.

(5) Die Schule für Circuskinder in Nordrhein-Westfalen der Evangelischen Kirche im Rheinland organisiert den Unterricht so, dass die Schullaufbahn mit den Lebensverhältnissen der Schülerinnen und Schüler vereinbar ist.

§ 4 Individuelle Förderung

(1) Schülerinnen und Schüler werden durch die Grundschule individuell gefördert. Dies gilt vor allem für Kinder, die besonderer Unterstützung bedürfen, um erfolgreich im Unterricht mitarbeiten zu können. Das schulische Förderkonzept kann Maßnahmen der äußeren wie der inneren Differenzierung sowie zusätzliche Förderangebote umfassen.

(2) Sofern die Förderung in äußerer Differenzierung an die Stelle des nach der Stundentafel vorgesehenen Unterrichts tritt, erstreckt sie sich auf höchstens die Hälfte der wöchentlichen Unterrichtszeit und bedarf des vorherigen Einverständnisses der Eltern. Während der übrigen Zeit nimmt die Schülerin oder der Schüler am Unterricht ihrer oder seiner Klasse teil.

§ 5 Leistungsbewertung

(1) Zur Feststellung des individuellen Lernfortschritts sind nach Maßgabe der Lehrpläne kurze schriftliche Übungen zulässig. Schriftliche Arbeiten werden

in den Klassen 3 und 4 in den Fächern Mathematik und Deutsch, Englisch geschrieben.

(2) In der Schuleingangsphase werden die Leistungen der Schülerinnen und Schüler ohne Noten bewertet, in den Klassen 3 und 4 mit Noten. Im Übrigen soll die Lehrerin oder der Lehrer eine Schülerin oder einen Schüler vor der Versetzung in die Klasse 3 an die Leistungsbewertung mit Noten heranführen; dies gilt nicht, wenn die Schulkonferenz einen Beschluss nach § 6 Absatz 3 Satz 2 gefasst hat.

(3) Die Schulkonferenz kann beschließen, auf die Leistungsbewertung mit Noten in der Klasse 3 zu verzichten.

§ 6 Zeugnisse

(1) In der Schuleingangsphase erhalten die Schülerinnen und Schüler Zeugnisse jeweils zum Ende des Schuljahres, in den Klassen 3 und 4 zum Schulhalbjahr und zum Ende des Schuljahres.

(2) Die Zeugnisse beschreiben in der Schuleingangsphase und in der Klasse 3 die Lernentwicklung und den Leistungsstand in den Fächern.

(3) Das Versetzungszeugnis in die Klasse 3 enthält darüber hinaus Noten für die Fächer. Die Schulkonferenz kann davon abweichend beschließen, auf Noten zu verzichten. Die Zeugnisse der Klasse 3 enthalten ebenfalls Noten für die Fächer. Dies gilt nicht, wenn die Schulkonferenz einen Beschluss nach § 5 Absatz 3 gefasst hat.

(4) Die Zeugnisse der Klasse 4 enthalten Noten für die Fächer.

(5) Alle Zeugnisse enthalten außerdem die nach § 49 Absatz 2 und 3 SchulG erforderlichen Angaben.

§ 7 Versetzung

(1) Die Schülerinnen und Schüler gehen ohne Versetzung vom ersten Schulbesuchsjahr in das zweite Schulbesuchsjahr über. Der Übergang in die Klassen 3, 4 und 5 beruht auf einer Versetzung.

(2) Die Grundschule hat ihren Unterricht so zu gestalten, dass die Versetzung der Regelfall ist. Schülerinnen und Schüler, deren Versetzung gefährdet ist, erhalten zum Ende des Schulhalbjahres eine individuelle Lern- und Förderempfehlung. Erkannte Lern- und Leistungsdefizite sollen durch entsprechende Förderung bis zur Versetzungsentscheidung unter Einbeziehung der Eltern behoben werden.

(3) Die Versetzungskonferenz beschließt nach Anhörung der Eltern oder auf deren Antrag,

1. eine Schülerin oder einen Schüler vom ersten Schulbesuchsjahr in die Klasse 3 zu versetzen, wenn sie oder er dafür geeignet ist,

2. dass eine Schülerin oder ein Schüler ein drittes Jahr in der Schuleingangsphase verbleibt, wenn sie oder er noch nicht für die Klasse 3 geeignet ist.

(4) Eine Schülerin oder ein Schüler wird in die Klassen 3, 4 und 5 versetzt, wenn in allen Fächern mindestens ausreichende Leistungen erbracht wurden. Sie oder er wird auch dann versetzt, wenn auf Grund der Gesamtentwicklung zu erwarten ist, dass in der nächst höheren Klasse eine hinreichende Förderung und eine erfolgreiche Mitarbeit möglich sind. Schülerinnen und Schüler, die nicht versetzt worden sind, erhalten zum Ende des Schuljahres ebenfalls eine individuelle Lern- und Förderempfehlung.

(5) Eine Schülerin oder ein Schüler kann auf Antrag der Eltern im Verlauf des Schuljahres von der Klasse 3 in die Schuleingangsphase, von der Klasse 4 in die Klasse 3 zurücktreten, wenn sie oder er in der bisherigen Klasse nicht mehr erfolgreich mitarbeiten kann. Darüber entscheidet die Versetzungskonferenz. Zum nächsten Versetzungstermin wird eine Versetzung nicht erneut ausgesprochen.

§ 8 Übergang

(1) Im ersten Schulhalbjahr der Klasse 4 informiert die Grundschule über die Bildungsgänge in den weiterführenden Schulen der Sekundarstufe I und das örtliche Schulangebot.

(2) Anschließend berät die Klassenlehrerin oder der Klassenlehrer mit den Eltern in einem persönlichen Gespräch über die weitere schulische Förderung des Kindes.

(3) Die Empfehlung für die Schulform gemäß § 11 Abs. 4 Satz 1 SchulG ist Teil des Halbjahreszeugnisses der Klasse 4. Darin wird die Schulform Hauptschule, Realschule und Gymnasium benannt, für die das Kind nach Auffassung der Grundschule geeignet ist, daneben auch Gesamtschule und Sekundarschule. Ist ein Kind nach Auffassung der Grundschule für eine weitere Schulform mit Einschränkungen geeignet, wird auch diese mit dem genannten Zusatz benannt. Die Empfehlung ist zu begründen. Über die Empfehlung und deren Begründung entscheidet die Klassenkonferenz als Versetzungskonferenz.

(4) Die Eltern melden die Schülerin oder den Schüler unter Vorlage des Halbjahreszeugnisses der Klasse 4 an einer Schule der von ihnen gewählten Schulform an. Diese Schule unterrichtet die Grundschule über die Anmeldung.

§ 9 In-Kraft-Treten, Berichtspflicht

(1) Diese Verordnung tritt am 1. August 2005 in Kraft.

(2) Mit dem In-Kraft-Treten tritt die Verordnung über den Bildungsgang in der Grundschule in der Fassung der Bekanntmachung vom 14. November 1996 (GV. NRW. S. 478), zuletzt geändert durch das Gesetz zur Stärkung von Bildung und Erziehung vom 8. Juli 2003 (GV. NRW. S. 413) außer Kraft.

(3) Das für das Schulwesen zuständige Ministerium unterrichtet die Landesregierung bis zum 31. Dezember 2015 und danach alle fünf Jahre über die Erfahrungen mit dieser Verordnung.

Anlage

Stundentafel

Gesamtunterrichtszeit in Wochenstunden für die	Schuleingangsphase 1. Jahr: 21–22 2. Jahr: 22–23	Klasse 3 25–26	Klasse 4 26–27
davon			
Deutsch, Sachunterricht, Mathematik, Förderunterricht	12	14–15	15–16
Kunst, Musik	3–4	4	4
Englisch	2[1)]	2	2
Religionslehre	2	2	2
Sport	3	3	3

1) Beginnend im 2. Halbjahr des 1. Jahres.

Der Unterricht ermöglicht während des gesamten Bildungsgangs die Begegnung mit Sprachen.

Zusätzlich: Muttersprachlicher Unterricht im Umfang von in der Regel 5 Wochenstunden

Anmerkung: Von der für die einzelnen Fächer oder Fächergruppen angegebenen Anzahl der Schülerwochenstunden kann die Schule in begründeten Fällen geringfügig abweichen.

Teil 1: Vorbereitung auf die Grundschule

Inhaltsübersicht

1. Vorschulische Beratung und Förderung

§ 36 SchulG

Vorschulische Beratung und Förderung, Feststellung des Sprachstandes

(1) Der Schulträger lädt gemeinsam mit den Leiterinnen und Leitern der Tageseinrichtungen für Kinder und der Grundschulen die Eltern, deren Kinder in zwei Jahren eingeschult werden, zu einer Informationsveranstaltung ein, in der die Eltern über Fördermöglichkeiten im Elementarbereich und Primarbereich insbesondere auch über die Bedeutung kontinuierlich aufeinander aufbauender Bildungsprozesse beraten werden.

(2) Das Schulamt stellt zwei Jahre vor der Einschulung fest, ob die Sprachentwicklung der Kinder altersgemäß ist und ob sie die deutsche Sprache hinreichend beherrschen. Die Feststellung nach Satz 1 gilt bei Kindern als erfüllt, die eine Kindertageseinrichtung besuchen, in der die sprachliche Bildung nach Maßgabe der § 13c in Verbindung mit § 13b des Kinderbildungsgesetzes vom 30. Oktober 2007 (GV. NRW. S. 462) in der jeweils geltenden Fassung gewährleistet ist. Beherrscht ein Kind nach der Feststellung nach Satz 1 die deutsche Sprache nicht hinreichend und wird es nicht nachweislich in einer Tageseinrichtung für Kinder sprachlich gefördert, soll das Schulamt das Kind verpflichten, an einem vorschulischen Sprachförderkurs teilzunehmen. Hierdurch soll gewährleistet werden, dass jedes Kind vom Beginn des Schulbesuchs an dem Unterricht folgen und sich daran beteiligen kann. Die Schulen sind verpflichtet, das Schulamt bei der Durchführung der Sprachstandsfeststellung zu unterstützen; hierbei ist auch eine Zusammenarbeit mit den Kindertageseinrichtungen und der Jugendhilfe anzustreben.

(3) Bei der Anmeldung zur Grundschule stellt die Schule fest, ob die Kinder die deutsche Sprache hinreichend beherrschen, um im Unterricht mitarbeiten zu können. Die Schule soll Kinder ohne die erforderlichen Sprachkenntnisse zum Besuch eines vorschulischen Sprachförderkurses verpflichten, soweit sie nicht bereits in einer Tageseinrichtung für Kinder entsprechend gefördert werden. Absatz 2 Satz 4 gilt entsprechend.

2. Zu § 36 Abs. 1 SchulG: (Informationsveranstaltungen)

2.1 Verantwortlicher Träger

Verantwortlich für die organisatorische Vorbereitung und Durchführung der Informationsveranstaltungen ist der Schulträger und dort – sofern es keine andere interne Regelung gibt – das Schulverwaltungsamt. Bezüglich der inhaltlichen Vorbereitung ist der Schulträger auf die Zuarbeit der Leitungen der Tageseinrichtungen für Kinder und der Grundschulen angewiesen. Zu beteiligen sind jeweils diejenigen, aus deren Einzugsbereich die Eltern eingeladen werden sollen. Nach dem formellen Wegfall der Schulbezirke können diese zumindest für eine Übergangszeit noch zur Feststellung der zu Beteiligenden herangezogen werden. Ob das tatsächliche Anmeldeverhalten der Eltern zu einem späteren Zeitpunkt auch zu anderen Einzugsbereichen führt, bleibt der Auswertung der Anmeldungen vorbehalten. Werden vorbereitende Ausschüsse gebildet, können die Leitungen der Einrichtungen und der Schulen auch andere mit der Problematik vertraute Mitarbeiter /innen benennen.

2.2 Teilnehmende Eltern

Einzuladen sind die Eltern aller Kinder, die in zwei Jahren eingeschult werden. Dabei ist zu beachten, dass der Stichtag seit dem Schuljahr 2012/13 auf den 30.9. festgelegt wurde (vgl. hierzu auch § 35 Abs. 1 SchulG). Damit den Eltern ein hinreichender Zeitraum für eventuell erforderliche Fördermaßnahmen zur Verfügung steht, ist es sinnvoll, die Informationsveranstaltungen jeweils in den ersten Monaten nach Beginn eines Schuljahres durchzuführen.

Um welche Kinder es sich handelt, deren Eltern eingeladen werden sollen, teilt die Meldebehörde der für die Schulverwaltung zuständigen Stelle mit. Die Verordnung über die Zulassung der regelmäßigen Datenübermittlung von Meldebehörden an andere Behörden oder sonstige öffentliche Stellen (Verordnung über die Zulassung der regelmäßigen Datenübermittlung von Meldebehörden an andere Behörden oder sonstige öffentliche Stellen Meldedatenübermittlungsverordnung NRW – MeldDÜV NRW) vom 20.10.2015 (GV.NRW. S. 707; BASS 12–51 Nr. 5) regelt in § 4 Abs. 1 bis 3 die Weitergabe von Daten an das Schulverwaltungsamt und an die zuständige Schulaufsicht.

2.3 Form der Einladung

Die Einladung dürfte ganz überwiegend über die Tageseinrichtungen für Kinder an die Eltern gelangen. Die übrigen müssen die Einladung per Post erhalten. In der Einladung sollte angegeben werden, welche Grundschule die Information vornimmt. Falls dies auf Grund der örtlichen Erfahrungen und in Auswertung des Anmeldeverhaltens der Eltern sinnvoll ist, sollte auch darauf hingewiesen werden, wann die Informationsveranstaltungen der anderen Grundschulen stattfinden. Dies würde dem Grundsatz der Wahlfreiheit der Eltern für die von ihren Kindern zu besuchende Grundschule entsprechen. Die Kontrolle darüber, ob tatsächlich alle Eltern eingeladen worden sind, liegt beim Schulträger, der sich allerdings darauf verlassen darf, dass die Tageseinrichtungen für Kinder ihre Eltern auch tatsächlich vollständig informiert haben.

Eine Empfangsbestätigung sollte allein schon aus Gründen der Verwaltungsökonomie nicht verlangt werden. Ob und in welchem Umfang die Einladung auch in einer oder mehreren Fremdsprachen erfolgt, muss vor Ort entschieden werden. Ist erkennbar, dass ein nennenswerter Teil der Eltern die deutsche Sprache nicht versteht, sollte die jeweilige Herkunftssprache verwendet werden. Dies gilt natürlich auch für die Veranstaltung selbst, weil es nicht sinnvoll sein kann, die Kinder unter der fehlenden Sprachkompetenz ihrer Eltern leiden zu lassen.

2.4 Teilnahmepflicht

Eine Teilnahmepflicht der Eingeladenen besteht nicht. Erfahrungsgemäß werden leider vor allem diejenigen fernbleiben, deren Erscheinen dringend erwünscht ist. In diesem Kontext bleibt abzuwägen, ob die Durchführung einer Informationsveranstaltung tatsächlich dem Wunsch der Eltern entgegenkommt oder ob mit einer Broschüre, die der Schulträger in Zusammenarbeit mit den Kindertageseinrichtungen und den Grundschulen erstellt, der Informationspflicht genüge getan werden kann.

2.5 Ziel der Veranstaltung

Ziel der Veranstaltung ist die Information über die örtlichen vorschulischen Fördermaßnahmen und den richtigen Zeitpunkt für die Einschulung. Bei Kindern, die Tageseinrichtungen besuchen, kann davon ausgegangen werden, dass die Eltern über das Förderprogramm der jeweiligen Einrichtung informiert sind. Dem steht nicht entgegen, dass sich diese Einrichtungen mit ihren Programmen auf der Veranstaltung vorstellen. Ein Schwerpunkt dürfte die Information über die vorschulische Sprachförderung sein. Auch die Grundschulen sind aufgefordert, ihre Vorstellungen über die Schulfähigkeit von Kindern, den Ablauf der Schuleingangsphase, besondere Fördermöglichkeiten des Gemeinsamen Lernens im Rahmen der Inklusion und auch die Fördermöglichkeiten der umliegenden Förderschulen darzustellen, wenn es nicht sogar sinnvoll ist, auch einzelne Förderschulen einzuladen. In diesem Zusammenhang sollten die Eltern über die eingeschränkten Möglichkeiten einer Zurückstellung vor der Einschulung ausführlich informiert werden.

3. Zu § 36 Abs. 2 SchulG: (vorbereitende Sprachstandsfeststellung und Sprachförderung)

3.1 Struktur der Sprachförderung

„Sprache und Bildung hängen eng miteinander zusammen: Eine altersgemäße Spracheentwicklung und die Beherrschung der deutschen Sprache sind Voraussetzungen für ein erfolgreiches Lernen. Deshalb muss die Förderung der kindlichen Sprachentwicklung möglichst früh beginnen. (...)" (vgl. www.schulministerium.nrw.de/docs/Schulsystem/Schulformen/Grundschulen/...)

Die vor allem bei Kindern mit einem Migrationshintergrund festgestellten und zum Teil erheblichen Sprachdefizite machen es der für alle Kinder verbindlichen Grundschule (vgl. Art. 10 Abs. 1 LV.NRW.) schwer, wenn nicht sogar unmöglich, ihrem Bildungs– und Erziehungsauftrag gerecht zu werden. Ausreichende Kenntnisse der deutschen Sprache sind unabdingbare Voraussetzung für einen Schulbesuch. Diese Sprachkenntnisse zu vermitteln, ist primär das Recht und die Pflicht der Eltern. Wird erst mit der Anmeldung zur Grundschule festgestellt, dass keine ausreichenden Sprachkenntnisse vorhanden sind, ist der bis zum Beginn des Schulbesuchs verbleibende Zeitraum in der Regel zu kurz, um die Defizite zu beseitigen.

3.2 Verpflichtung zur Teilnahme an einem vorschulischen Sprachförderkurs

Unabhängig davon, dass es zunächst Aufgabe der Eltern ist, die erforderlichen Sprachkenntnisse zu vermitteln, hat auch der Staat den Auftrag, festzustellen, ob die Eltern diese Aufgabe erfüllen (sog. staatliches Wächteramt). Ablauf und Intensität der Feststellung des Sprachstandes müssen sich allerdings daran orientieren, in das elterliche Erziehungsrecht so wenig wie verantwortbar einzugreifen. Ist – auch auf der Grundlage der Information der Kindertageseinrichtung – erkennbar, dass keine Anhaltspunkte dafür vorliegen, dass der Sprachstand des Kindes nicht altersgemäß ist, wird sich die Feststellung auf einige wenige Elemente beschränken müssen. Erst wenn die Defizite nahezu offenkundig sind, wird auf eine förmliche Feststellung des Sprachstandes nicht verzichtet werden können. Die Eltern sind verpflichtet, dafür zu sorgen, dass ihr Kind sich dem Verfahren der Feststellung des Sprachstandes unterzieht. Tun sie dies nicht, begehen sie eine Ordnungswidrigkeit, die mit einer Geldbuße geahndet werden kann (vgl. § 126 Abs. 1 Nr. 2 SchulG).

Sind die Defizite festgestellt, soll die Verpflichtung zur Teilnahme an einem vorschulischen Sprachförderkurs ausgesprochen werden, wenn auf andere Art und Weise das Ziel ausreichender Sprachkompetenz nicht erreicht werden kann. Die Teilnahmepflicht ist durch den staatlichen Erziehungsauftrag des Art. 7 GG abgedeckt. Das durch die Teilnahmepflicht entstandene Rechtsverhältnis wird auch als „vorwirkendes Schulverhältnis" bezeichnet.

Anders als beim Besuch der Grundschule löst die Teilnahme an einem Sprachförderkurs keinen Anspruch auf Erstattung von Fahrtkosten und Teilnahme an den Regelungen zur Lernmittelfreiheit aus. Im Hinblick darauf, dass die Fahrtkosten beim Besuch eines Förderschulkindergartens übernommen werden (vgl. Nr. 2.13 der VV zu § 2 SchfkVO – BASS 11–04 Nr. 3.2), hätte es die Akzeptanz vorschulischer Sprachförderkurse wesentlich erhöht, wenn das o.a. vorwirkende Schulverhältnis zumindest mit der Erstattung von Fahrtkosten verbunden wäre.

3.3 Aufgabe des Schulamtes

Die Federführung für dieses erste Verfahren zur Feststellung der Sprachkompetenz ist dem Schulamt übertragen worden. Da dieses nicht selbst alle Verfahren abwickeln kann, sind die (Grund-)Schulen zur Unterstützung verpflichtet worden. Wie das Verfahren im Einzelnen ausgestaltet wird, richtet sich nach den örtlichen Gegebenheiten und Absprachen zwischen Schulamt und Schulen.

Sind auch die Kindertagesstätten und die Jugendhilfe in die Verfahren eingebunden – durch das Schulgesetz konnten diese Einrichtungen nicht zur Mitarbeit verpflichtet werden), wird sich der Personenkreis, bei dem eine förmliche Feststellung des Sprachstandes erforderlich ist auf die Fälle eingrenzen lassen, bei denen auf ein staatliches Handeln nicht verzichtet werden kann. Werden allgemeine Auswahlkriterien vereinbart, ist darauf zu achten, dass Diskriminierungen unterbleiben.

Bestehen im Hinblick auf die Sprachkompetenz keine Bedenken, bedarf es auch keines Bescheides, weil es der Regelfall ist, dass die Eltern ihrer Verantwortung nachkommen. Ergibt das Verfahren Anhaltspunkte für Sprachdefizite und wird das Kind in einer Tageseinrichtung nicht hinreichend gefördert, erlässt das Schulamt einen Bescheid, der die Verpflichtung zur Teilnahme an einem vorschulischen Sprachförderkurs zum Inhalt hat. Der Bescheid ist zu begründen und mit einer Rechtsbehelfsbelehrung zu versehen. Er enthält auch die Angabe, welche Sprachförderkurse bestehen, wer der Träger ist und wann und wo sie stattfinden.

Das Gesetz sieht vor, dass das Schulamt eine Teilnahmeverpflichtung aussprechen „soll". Dies bedeutet, dass der Verzicht auf eine Teilnahmeverpflichtung nur dann möglich ist, wenn hierfür besondere Gründe vorliegen. Ein möglicher Grund wäre es, wenn der Ort des Förderkurses nicht in zumutbarer Weise erreicht werden kann oder nur mit einem erheblichen Kostenaufwand.

4. Zu § 36 Abs. 3 SchulG: (Sprachstandsfeststellung bei Anmeldung)

§ 1 Abs. 5 AO-GS

(5) Die Schulleiterin oder der Schulleiter informiert und berät die Eltern

1. *vor der vorzeitigen Aufnahme eines Kindes in die Grundschule,*
2. *vor der Verpflichtung eines Kindes zum Besuch eines vorschulischen Sprachförderkurses.*

VV 1.5 zu Abs. 5

1.51 *Bei der Anmeldung zur Grundschule bittet die Schule die Eltern um Angabe über die bisherige Sprachbiografie des Kindes (in der Familie gesprochene Sprache oder Sprachen und Sprachgebrauch).*

1.52 *Ist der Sprachstand nicht nach § 36 Absatz 2 SchulG festgestellt oder ergeben sich beim Anmeldegespräch der Schulleiterin oder des Schulleiters oder einer von ihr oder ihm beauftragten Lehrkraft mit dem Kind Anhaltspunkte dafür, dass es die deutsche Sprache nicht hinreichend beherrscht, stellt die Schule seinen Sprachstand in einem standardisierten Verfahren fest. Dafür wählt sie eines der Verfahren aus, die das Ministerium empfiehlt. Die Teilnahme des Kindes an dem Verfahren ist verbindlich.*

1.53 *Vor der Entscheidung über die Teilnahme des Kindes an einem vorschulischen Sprachförderkurs (§ 36 Abs. 3 SchulG) gibt die Schule den Eltern die Gelegenheit, sich zum Ergebnis der Sprachstandsfeststellung zu äußern.*

1.54 *Die Schule teilt den Eltern die Entscheidung über die verpflichtende Teilnahme an einem vorschulischen Sprachförderkurs schriftlich mit und begründet sie.*

1.55 *Ein Kind, das eine Tageseinrichtung für Kinder besucht und dort an einer Maßnahme zur Sprachförderung in Deutsch teilnimmt, wird nicht zur Teilnahme an einem vorschulischen Sprachförderkurs verpflichtet.*

1.56 *Ein Kind kann auf Wunsch der Eltern in einen vorschulischen Sprachkurs aufgenommen werden, wenn genügend Teilnehmerplätze frei sind.*

1.57 *Kosten für Lernmittel und Fahrkosten bei der Teilnahme an einem vorschulischen Sprachkurs tragen die Eltern.*

4.1 Teilnahmeverpflichtung

Hält die Schule im Rahmen der spätestens zum 15. 11. des Vorjahres erfolgenden Anmeldung (vgl. § 1 Abs. 1 AO-GS) und nach vorheriger Beratung eine förmliche Sprachstandsfeststellung für erforderlich, ist das Kind verpflichtet, an ihr teilzunehmen, obwohl es noch nicht schulpflichtig ist und in keinem Rechtsverhältnis zu der Schule steht, die die Sprachstandsfeststellung vornimmt. Die Einzelheiten der Sprachstandsfeststellung sind in den oben abgedruckten VV 1.5 zu § 1 der AO-GS geregelt.

Die Verpflichtung zum Besuch eines vorschulischen Sprachförderkurses kann nur dann ausgesprochen werden, wenn das Kind nicht bereits in einer Tageseinrichtung entsprechend gefördert wird und ein entsprechendes Förderangebot vor Ort zur Verfügung steht.

Dies ist nicht überall der Fall, weil die dabei den Kommunen oder freien Trägern entstehenden Kosten vom Land nicht voll übernommen werden.

4.2 Kosten für Eltern

In der Einzelbegründung der Landesregierung zur Einführung der verpflichtenden Sprachstandfeststellung und der ebenfalls verpflichtenden Sprachförderungskurse in das damalige Schulpflichtgesetz (dort § 3 Abs. 3) wurde festgestellt, dass mit dieser Regelung, „der Verbesserung der deutschen Sprachkenntnisse von zukünftigen Schülerinnen und Schülern mit einer anderen Herkunftssprache als einem zentralen bildungspolitischen Anliegen Rechnung getragen wird". Bei diesem Anspruch kann es nicht überzeugen, dass Sprachkurse weder flächendeckend (im Sinne von bedarfsdeckend) angeboten werden, noch für die Eltern kostenneutral sind. Sowohl die Fahrtkosten als auch die Kosten für Lernmittel müssen die Eltern selbst tragen, obwohl die Mehrzahl nicht über ein Einkommen verfügt, das dieses ohne Schwierigkeiten ermöglicht.

4.3 Teilnahmeverweigerung

Lassen Eltern ihr Kind nicht an dem für verpflichtend erklärten Sprachförderkurs teilnehmen, weil sie die dabei entstehenden Kosten nicht tragen können oder einer vorschulischen Inanspruchnahme generell ablehnend gegenüber stehen, sieht das Gesetz keine Möglichkeit vor, die Teilnahmeverpflichtung durchzusetzen. Es kann aber ein Bußgeld verhängt werden (vgl. § 126 Abs. 1 Nr. 2 SchulG). Es besteht auch keine Möglichkeit, die Aufnahme des Kindes in die Grundschule abzulehnen, weil der Gesetzgeber einen solchen Fall grundsätzlich nicht vorgesehen hat und eine Zurückstellung nur aus erheblichen gesundheitlichen Gründen möglich ist (vgl. § 35 Abs. 3 SchulG). Dieses Ergebnis ist in Anbetracht der grundlegenden Bedeutung einer hinreichenden Sprachkompetenz unbefriedigend. Es bleibt zu erwägen, ob der Gesetzgeber nicht durch eine Erweiterung der Schulpflicht in der Primarstufe (vgl. §§ 34 Abs. 2 und 37 Abs. 1 SchulG) die Möglichkeit der zwangsweisen Zuführung (vgl. § 41 Abs. 4 SchulG) zu einem Sprachförderkurs vorsehen sollte.

5. Zusammenarbeit zwischen Schule und Tageseinrichtungen für Kinder

5.1 Rechtliche Grundlagen

Das Schulgesetz hat bei den Regelungen des ersten Abschnitts zu den Aufgaben der Schule in § 5 die grundlegenden Aussagen zur Zusammenarbeit mit Tageseinrichtungen für Kinder getroffen. Durch das 2. SchulRÄndG ist die Verpflichtung der Grundschule zur Zusammenarbeit mit den Tageseinrichtungen auch in den die Grundschule regelnden § 11 SchulG durch Ergänzung des Absatzes 1 aufgenommen worden. Ein über die Bestimmung des § 5 SchulG hinausgehende Regelung ist damit nicht verbunden, wohl aber eine Verstärkung.

> ***§ 5 SchulG***
>
> ***Öffnung von Schule, Zusammenarbeit mit außerschulischen Partnern***
>
> *(1) Die Schule wirkt mit Personen und Einrichtungen ihres Umfeldes zur Erfül-*

lung des schulischen Bildungs- und Erziehungsauftrages und bei der Gestaltung des Übergangs von den Tageseinrichtungen für Kinder in die Grundschule zusammen.

(2) Schulen sollen in gemeinsamer Verantwortung mit den Trägern der öffentlichen und der freien Jugendhilfe, mit Religionsgemeinschaften und mit anderen Partnern zusammenarbeiten, die Verantwortung für die Belange von Kindern, Jugendlichen und jungen Volljährigen tragen, und Hilfen zur beruflichen Orientierung geben.

(3) Vereinbarungen nach den Absätzen 1 und 2 bedürfen der Zustimmung der Schulkonferenz.

Die Grundschule ist wie alle anderen Schulen berechtigt und verpflichtet, mit anderen Einrichtungen zusammenzuarbeiten, die bereit und in der Lage sind, sie bei der Erfüllung ihres Auftrags zu unterstützen.

Diese Pflichtaufgabe betrifft vor allem die Tageseinrichtungen für Kinder und hier in besonderem Maße die Kindergärten. Deren Aufgabe wird im KiBiz wie folgt beschrieben:

Gesetz zur frühen Bildung und Förderung von Kindern (Kinderbildungsgesetz – KiBiz) – Viertes Gesetz zur Ausführung des Kinder- und Jugendhilfegesetzes – SGB VIII –

Vom 30. Oktober 2007 (GV.NRW. S. 462), zuletzt geändert am 8. Juli 2016 (GV. NRW. S. 622)

§ 3 *Aufgaben und Ziele*

(1) Kindertageseinrichtungen und Kindertagespflege haben einen eigenständigen Bildungs-, Erziehungs- und Betreuungsauftrag.

(2) Die Förderung des Kindes in der Entwicklung seiner Persönlichkeit und die Beratung und Information der Eltern insbesondere in Fragen der Bildung und Erziehung sind Kernaufgaben der Kindertageseinrichtungen und der Kindertagespflege. Das pädagogische Personal in den Kindertageseinrichtungen und die Tagespflegepersonen haben den Bildungs- und Erziehungsauftrag im regelmäßigen Dialog mit den Eltern durchzuführen und deren erzieherische Entscheidungen zu achten.

§ 14b Zusammenarbeit mit der Grundschule

(1) Kindertageseinrichtungen arbeiten mit der Schule in Wahrnehmung einer gemeinsamen Verantwortung für die beständige Förderung des Kindes und seinen Übergang in die Grundschule zusammen.

(2) Zur Sicherung gelingender Zusammenarbeit und zur Gestaltung des Übergangs vom Elementar- in den Primarbereich gehören insbesondere

1. *eine kontinuierliche gegenseitige Information über die Bildungsinhalte, -methoden und -konzepte,*

2. die Kontinuität bei der Förderung der Entwicklung der Kinder,
3. regelmäßige gegenseitige Hospitationen,
4. die für alle Beteiligten erkennbare Benennung fester Ansprechpersonen in beiden Institutionen,
5. gemeinsame (Informations-)Veranstaltungen für die Eltern und Familien der Kinder,
6. gemeinsame Konferenzen zur Gestaltung des Übergangs in die Grundschule und
7. gemeinsame Fort- und Weiterbildungsmaßnahmen der Fach- und Lehrkräfte.

(3) Der Schulträger lädt gemeinsam mit den Leiterinnen und Leitern der Tageseinrichtungen für Kinder und der Grundschulen die Eltern, deren Kinder in zwei Jahren eingeschult werden, zu einer Informationsveranstaltung ein, in der die Eltern über Fördermöglichkeiten im Elementarbereich und Primarbereich insbesondere auch über die Bedeutung kontinuierlich aufeinander aufbauender Bildungsprozesse beraten werden.

(4) Zur Durchführung der Feststellung des Sprachstandes nach § 36 Absatz 2 des Schulgesetzes NRW vom 15. Februar 2005 (GV. NRW. S. 102), *das zuletzt durch Artikel 1 des Gesetzes vom 10. April 2014* (GV. NRW. S. 268) *geändert worden ist, in der jeweils geltenden Fassung erhebt der Träger der Tageseinrichtung, die nach diesem Gesetz gefördert wird oder die der Obersten Landesjugendbehörde oder einer von ihr beauftragten Stelle eine den Anforderungen des § 13c entsprechende Sprachstandsbeobachtung, -dokumentation und -förderung nachweist, bei den Eltern, deren Kinder zur Teilnahme an der Sprachstandsfeststellung verpflichtet sind, die folgenden Daten und übermittelt sie an das zuständige Schulamt:*

1. Name und Vorname des Kindes;
2. Geburtsdatum;
3. Geschlecht;
4. Familiensprache;
5. Aufnahmedatum in der Kindertageseinrichtung;
6. Namen, Vornamen und Anschriften der Eltern;
7. Vorliegen der Zustimmung nach § 13b Absatz 1 Satz 6.

Soweit Kinder im Rahmen der Pflichten nach § 36 Absatz 2 des Schulgesetzes NRW in einer Kindertageseinrichtung zusätzlich sprachlich gefördert werden, ist der Träger der Einrichtung verpflichtet, Angaben über die Teilnahme der Kinder an dieser zusätzlichen Sprachförderung dem zuständigen Schulamt mitzuteilen.

In dem Gemeinsamen Runderlass des Kultusministeriums und des Ministeriums für Arbeit Gesundheit und Soziales vom 5.5.1988 zur **Zusammenarbeit zwischen Kindergarten und Grundschule – Rahmenkonzept** – (BASS 12–21 Nr. 5) werden die Aufgaben von Grundschule und Kindergarten zunächst beschrieben und dann Hinweise zur Organisation der Zusammenarbeit gegeben.

Während oberhalb der Schulebene Arbeitskreise zwischen den Trägern von Kindergärten und dem Schulamt empfohlen werden (Nr. 3.1 des RdErl.), werden für die Schulen und Kindergärten Gesprächskreise vorgeschlagen (Nr. 3.2 des RdErl.):

Erzieherinnen und Erzieher sowie Lehrerinnen und Lehrer einzelner Kindergärten und Grundschulen kommen zu gemeinsamen Gesprächen zusammen. Dabei stehen die gegenseitige Information über das Bildungs- und Erziehungsgeschehen in Kindergarten und Schule, die Darstellung des jeweils eigenen Arbeitsansatzes und seiner Zielsetzung sowie der Austausch über Formen praktischer Zusammenarbeit im Mittelpunkt.

Von den Gesprächskreisen gehen wichtige Impulse für die Zusammenarbeit aus. Sie bieten zugleich die Möglichkeit, die in der praktischen Arbeit gewonnenen Erfahrungen auszuweiten.

Die Gesprächskreise sollen regelmäßig zusammenkommen, um so die Kontinuität in der Arbeit sicherzustellen. Damit sie arbeitsfähig bleiben, sollen sie nicht zu groß sein.

In dem Abschnitt 4 werden Möglichkeiten der praktischen Zusammenarbeit dargestellt.

Als rechtlichen Rahmen für die Zusammenarbeit von Grundschule und Kindertageseinrichtungen sieht das SchulG den Abschluss von Vereinbarungen vor (s.o. § 5 Abs. 3), die den Inhalt und den organisatorischen Ablauf der Zusammenarbeit beschreiben. Die Zuständigkeit für die Erarbeitung einer solchen Vereinbarung liegt bei der Schulleitung, die hierfür auch einen Arbeitskreis aus Lehrkräften (und nach Möglichkeit auch unter Beteiligung von Eltern) einrichten kann. Eine Vereinbarung bedarf der Zustimmung der Schulkonferenz (so der Wortlaut in § 5 Abs. 3 SchulG). Zwar spricht § 65 Abs. 2 Nr. 3 SchulG davon, dass die Schulkonferenz über solche Vereinbarungen entscheidet, ein anderer rechtlicher Inhalt ist damit nicht verbunden. Die Schulkonferenz ist berechtigt, eine vorbereitete Vereinbarung auch in Einzelbereichen anders zu gestalten.

5.2 Rechtliche Grenzen

Vereinbarungen können nicht festlegen, dass Erzieher /innen und Lehrkräfte auch die Probleme und Möglichkeiten bei der Förderung des konkreten einzelnen Kindes erörtern sollen. Gespräche über einzelne Kinder dürfen nur mit Einverständnis der Eltern geführt werden (so ausdrücklich der letzte Abs. der Nr. 4.1 des o.a. RdErl. vom 5.5.1988). Zulässig wäre es aber, wenn die Schule und die Tageseinrichtungen ihre Eltern über die Absicht informieren, auch über einzelne Kinder zu sprechen und die Eltern bitten, schriftlich zu widersprechen, wenn sie damit nicht einverstanden sind. Auf Wunsch sind die Eltern über solche Gespräche und deren Inhalt zu informieren.

6. Schulfähigkeitsprofil

Das Schulfähigkeitsprofil ist ein Instrument, das durch die dort ausgewiesenen Kompetenzbereiche (Motorik, Wahrnehmung, Sprache, Mengenerfassung usw.) dazu beiträgt, ein Kind im Hinblick auf den Stand seiner Schulfähigkeitsentwicklung ganzheitlich zu erfassen. Es wirkt damit der Zufälligkeit, der Einseitigkeit und der Beliebigkeit bei der Beobachtung und Einschätzung eines Kindes entgegen. Beobachtungen, die mit Hilfe des Schulfähigkeitsprofils zum Stand der Schulfähigkeitsentwicklung getroffen werden, ermöglichen es, Förderziele festzulegen.

Empfehlenswert ist es daher im Rahmen einer Eingangsdiagnostik die Feststellung der individuellen Lernausgangslage eines jeden Kindes während bzw. kurz nach der Anmeldung (bis Ende November des gleichen Jahres) vorzunehmen. Hierbei ist zu überlegen, ob das jeweils zuständige Schulamt in Zusammenarbeit mit den Grundschulen sich auf Kriterien oder sogar auf ein Verfahren einigt. Dies ermöglicht z.B. bei Schulort- bzw. Wohnortwechsel eine höhere **Flexibilität** der einzelnen **Schulen.**

Es wird davon ausgegangen, dass Schulfähigkeit keine Bringschuld der Kinder, sondern Entwicklungsaufgabe der vorschulischen und vor allem schulischen Förderung ist. Von daher steht das Schulfähigkeitsprofil für einen Paradigmenwechsel vom „schulfähigen Kind" zur „kindfähigen Schule". Es kann als Grundlage für die Beschreibung von Förderzielen und die anschließende Konzeption von Förderangeboten in den Kindertageseinrichtungen sowie für individuelle Förderpläne in der Schuleingangsphase der Grundschule dienen. Es beschreibt konkret die Erwartungen, die alle an der Bildung und Erziehung der Kinder Beteiligten im Hinblick auf ihre Förderung – hin zur Schulfähigkeit – erbringen müssen.

Das Schulfähigkeitsprofil richtet sich in erster Linie an die Grundschullehrer/innen, die sozialpädagogischen Fachkräfte, aber auch an die Mitarbeiter/innen in den Kindertageseinrichtungen und an die Eltern.

Die in der Schriftenreihe des Ministeriums (Heft 9039) erschienene Handreichung „Erfolgreich starten! Schulfähigkeitsprofil als Brücke zwischen Kindergarten und Grundschule" kann über den Ritterbach-Verlag (www.schul-welt.de) nach kostenloser Registrierung heruntergeladen werden.

Teil 2: Ziel des Bildungsganges

Inhaltsübersicht

1. Rechtliche Grundlagen

Neben der Aussage in § 10 Abs. 2 SchulG, dass die Primarstufe aus der Grundschule besteht, enthält **§ 11 Abs. 1 Satz 2 des SchulG** eine Kurzbeschreibung des Auftrags der Grundschule:

> *(1) Die Grundschule umfasst die Klassen 1 bis 4. Sie vermittelt ihren Schülerinnen und Schülern grundlegende Fähigkeiten, Kenntnisse und Fertigkeiten, führt hin zu systematischen Formen des Lernens und legt damit die Grundlage für die weitere Schullaufbahn. Die Grundschule arbeitet mit den Eltern, den Tageseinrichtungen für Kinder und den weiterführenden Schulen zusammen.*

Als einzige Schulform vermittelt die Grundschule auch weiterhin keinen eigenen Schulabschluss, sondern „legt die Grundlage“ für die weitere Schullaufbahn und vergibt mit der Versetzung in die Klasse 5 die Berechtigung zum Besuch einer weiterführenden Schule. Um welche weiterführende Schulform es sich handelt, ist in dem in § 11 Abs. 4 SchulG beschriebenen Verfahren geregelt (vgl. auch § 8 AO-GS).

2. Gemeinsame Grundstufe

Die Charakterisierung der Grundschule als der für alle Kinder gemeinsamen Grundstufe des Bildungswesens ist weder in das SchulG noch in die AO-GS aufgenommen worden.

Es gilt die Grundaussage in Art. 10 Abs. 1 der LV.NRW:

> *Das Schulwesen des Landes baut sich auf einer für alle Kinder verbindlichen Grundschule auf, die Teil der Volksschule ist. Die Gliederung des Schulwesens wird durch die Mannigfaltigkeit der Lebens- und Berufsaufgaben bestimmt. Für die Aufnahme in die Schule sind Anlage und Neigung des Kindes maßgebend, nicht die wirtschaftliche Lage und die gesellschaftliche Stellung der Eltern.*

Damit ist deutlich, dass eine Differenzierung der Kinder nach sozialen oder Leistungsgesichtspunkten sowohl im Hinblick auf die Errichtung von Grundschulen als auch im Hinblick auf die Klassenbildung ursprünglich ist.

3. Grundschule als Gesamtschule

Den Grundauftrag einer gemeinsamen Grundstufe für alle Kinder, dass die Grundschule verpflichtet ist, auf den unterschiedlichen Entwicklungsstand und das unterschiedliche Leistungsvermögen der Kinder durch Maßnahmen der inneren Differenzierung einzugehen, findet sich in § 1 Absatz 1 SchulG und in § 4 AO-GS wieder.

Ein solcher Auftrag und eine solche Organisationsstruktur stellen die konsequenteste Form einer Gesamtschule dar, die sich für alle Kinder verantwortlich fühlt, sie in ihrer Unterschiedlichkeit akzeptiert und individuell fördert. Die Hervorhebung des einzelnen Kindes wird durch das Recht auf individuelle Förderung verstärkt.

4. Grundschularten

4.1 Allgemeine Regelung

Der Charakter der Grundschule als gemeinsame Grundstufe wird dadurch abgeschwächt, ohne jedoch in der Grundsubstanz verändert zu werden, dass Art. 12 LV.NRW. und § 26 SchulG die Möglichkeit eröffnen, Grundschulen als Gemeinschaftsschulen, Bekenntnisschulen oder Weltanschauungsschulen zu führen. Da der Text von § 26 SchulG den Wortlaut von **Art. 12 Abs. 3 bis 6 LV.NRW.** übernommen hat (er ist nachfolgend fett gedruckt), wird hier nur auf das SchulG eingegangen:

> ***§ 26 SchulG***
> ***Schularten***
>
> *(1) Grundschulen sind Gemeinschaftsschulen, Bekenntnisschulen oder Weltanschauungsschulen. Hauptschulen sind in der Regel Gemeinschaftsschulen.*
>
> *(2) In Gemeinschaftsschulen werden die Schülerinnen und Schüler auf der Grundlage christlicher Bildungs- und Kulturwerte in Offenheit für die christlichen Bekenntnisse und für andere religiöse und weltanschauliche Überzeugungen gemeinsam unterrichtet und erzogen.*
>
> *(3) In Bekenntnisschulen werden Kinder des katholischen oder des evangelischen Glaubens oder einer anderen Religionsgemeinschaft nach den Grundsätzen des betreffenden Bekenntnisses unterrichtet und erzogen. Zum evangelischen Bekenntnis im Sinne dieser Vorschrift gehören auch die bekenntnisverwandten Gemeinschaften.*
>
> *(4) In Weltanschauungsschulen werden die Schülerinnen und Schüler nach den Grundsätzen ihrer Weltanschauung unterrichtet und erzogen. An Weltanschauungsschulen wird Religionsunterricht nicht erteilt.*
>
> *(5) In Gemeinden mit verschiedenen Schularten können die Eltern die Schulart zu Beginn jedes Schuljahres wählen. Der Wechsel in eine Schule einer anderen Schulart ist während des Schuljahres nur aus wichtigem Grund zulässig. Schülerinnen und Schüler einer Minderheit können die Schule einer benachbarten Gemeinde besuchen, falls in ihrer Gemeinde die gewünschte Schulart nicht besteht.*

(6) In Schulen aller Schularten soll bei der Lehrereinstellung auf die Konfession der Schülerinnen und Schüler Rücksicht genommen werden.

An Bekenntnisschulen müssen

1. die Schulleiterin oder der Schulleiter und

2. die übrigen Lehrerinnen und Lehrer dem betreffenden Bekenntnis angehören.

Sie müssen bereit sein, im Sinne von Absatz 3 Satz 1 an diesen Schulen zu unterrichten und zu erzielen. Zur Sicherung des Unterrichts sind Ausnahmen von Satz 2 Nummer 2 zulässig.

(7) An einer Bekenntnisschule mit mehr als zwölf Schülerinnen und Schülern einer konfessionellen Minderheit ist eine Lehrerin oder ein Lehrer des Bekenntnisses der Minderheit einzustellen, die oder der Religionsunterricht erteilt und in anderen Fächern unterrichtet. Weitere Lehrerinnen und Lehrer des Bekenntnisses der Minderheit sind unter Berücksichtigung der Zahl der Schülerinnen und Schüler der Minderheit und der Gesamtschülerzahl der Schule einzustellen.

Ausführlich Erläuterungen zu dieser Bestimmung sind in dem Gesamtkommentar zum SchulG, erschienen im Wingen Verlag, enthalten.

4.2 Grundschularten und und Kinder mit Migrationshintergrund

Die Gliederung der Grundschule in drei verschiedene Schularten hat trotz einer teilweise sehr liberalen Aufnahmepraxis in einigen Teilen des Landes faktisch zu einer Trennung zwischen deutschen und ausländischen Schüler/innen geführt. Da in Bekenntnisschulen Schüler/innen und Lehrkräfte desselben Bekenntnisses organisatorisch zusammengefasst sind (formaler Aspekt der Bekenntnisschule) und die Schüler/innen nach den Grundsätzen dieses Bekenntnisses unterrichtet und erzogen werden (materieller Aspekt der Bekenntnisschule), sind Kinder mit Migrationshintergrund, die diesem Bekenntnis nicht angehören, auf den Besuch einer Gemeinschaftsgrundschule angewiesen (vgl. im Einzelnen die o.a. Erläuterungen zu § 26 SchulG) – es sei denn, dass sich die Eltern dieser Kinder bei der Anmeldung mit diesen Grundsätzen einverstanden erklären.

Diese Entwicklung ist zum Zeitpunkt des Inkrafttretens der Verfassung und der früheren einzelnen Schulgesetze (u.a. Schulordnungs- und Schulverwaltungsgesetz) nicht erkennbar oder absehbar gewesen. Mit der nahezu wortgleichen Übernahme der Bestimmungen über die weltanschauliche Gliederung der Grundschule in §§ 26 und 27 SchulG ist die Gelegenheit verpasst worden, Fehlentwicklungen zu korrigieren. Die in der BASS 13–63 Nr. 1 Absatz 3 enthaltene Aufforderung, Regelklassen mit ausschließlich Kindern Schüler/innen mit Migrationshintergrund grundsätzlich zu vermeiden, hat diese Entwicklung nicht wesentlich beeinflussen können. Die Aufgabe des gemeinsamen Unterrichts von deutschen und Kindern mit Migrationshintergrund obliegt daher nahezu ausschließlich den Gemeinschaftsgrundschulen. Auch die im Einvernehmen mit den beiden Kirchen ergangene Aufforderung der Schulaufsicht an die kommunalen Schulträger, bei der Bildung von Vorbereitungsklassen für

Kinder mit Migrationshintergrund die Bekenntnisschulen in gleichem Maße einzubeziehen, dürfte – unabhängig von den rechtlichen Fragen bei einer nicht ausreichenden Zahl von Schülerplätzen für Bekenntnisschulen – das Grundproblem kaum entschärfen.

5. Ziele von Erziehung und Unterricht

Die allgemeinen Ziele von Erziehung und Unterricht, die den konkreten Auftrag der jeweiligen Schulform überlagern und jeder Lehrkraft als verbindliche Richtschnur für ihre tägliche Unterrichts- und Erziehungsarbeit und der Schule bei allen Schulveranstaltungen vorgegeben sind, hat der Gesetzgeber in § 2 SchulG beschrieben. Die Fülle der dort aufgezeigten Unterrichts- und Erziehungsziele macht deutlich, dass auch die Grundschule keine wertneutrale staatliche Einrichtung ist.

§ 2 SchulG

Bildungs- und Erziehungsauftrag der Schule

(1) Die Schule unterrichtet und erzieht junge Menschen auf der Grundlage des Grundgesetzes und der Landesverfassung. Sie verwirklicht die in Artikel 7 der Landesverfassung bestimmten allgemeinen Bildungs- und Erziehungsziele.)*

(2) Ehrfurcht vor Gott, Achtung vor der Würde des Menschen und Bereitschaft zum sozialen Handeln zu wecken, ist vornehmstes Ziel der Erziehung. Die Jugend soll erzogen werden im Geist der Menschlichkeit, der Demokratie und der Freiheit, zur Duldsamkeit und zur Achtung vor der Überzeugung des anderen, zur Verantwortung für Tiere und die Erhaltung der natürlichen Lebensgrundlagen, in Liebe zu Volk und Heimat, zur Völkergemeinschaft und zur Friedensgesinnung.

(3) Die Schule achtet das Erziehungsrecht der Eltern. Schule und Eltern wirken bei der Verwirklichung der Bildungs- und Erziehungsziele partnerschaftlich zusammen.

(4) Die Schule vermittelt die zur Erfüllung ihres Bildungs- und Erziehungsauftrags erforderlichen Kenntnisse, Fähigkeiten, Fertigkeiten und Werthaltungen und berücksichtigt dabei die individuellen Voraussetzungen der Schülerinnen und Schüler. Sie fördert die Entfaltung der Person, die Selbstständigkeit ihrer Entscheidungen und Handlungen und das Verantwortungsbewusstsein für das Gemeinwohl, die Natur und die Umwelt. Schülerinnen und Schüler werden befähigt, verantwortlich am sozialen, gesellschaftlichen, wirtschaftlichen, beruflichen, kulturellen und politischen Leben teilzunehmen und ihr eigenes Leben zu gestalten. Schülerinnen und Schüler werden in der Regel gemeinsam unterrichtet und erzogen (Koedukation).

(5) Die Schule fördert die vorurteilsfreie Begegnung von Menschen mit und ohne Behinderung. In der Schule werden sie in der Regel gemeinsam unterrichtet und erzogen (inklusive Bildung). Schülerinnen und Schüler, die auf sonderpädagogische Unterstützung angewiesen sind, werden nach ihrem individuellen Bedarf besonders gefördert, um ihnen ein möglichst hohes Maß an schulischer und beruf-

licher Eingliederung, gesellschaftlicher Teilhabe und selbstständiger Lebensgestaltung zu ermöglichen.

(6) Die Schülerinnen und Schüler sollen insbesondere lernen

1. *selbstständig und eigenverantwortlich zu handeln,*
2. *für sich und gemeinsam mit anderen zu lernen und Leistungen zu erbringen,*
3. *die eigene Meinung zu vertreten und die Meinung anderer zu achten,*
4. *in religiösen und weltanschaulichen Fragen persönliche Entscheidungen zu treffen und Verständnis und Toleranz gegenüber den Entscheidungen anderer zu entwickeln,*
5. *Menschen unterschiedlicher Herkunft vorurteilsfrei zu begegnen, die Werte der unterschiedlichen Kulturen kennenzulernen und zu reflektieren sowie für ein friedliches und diskriminierungsfreies Zusammenleben einzustehen,*
6. *die grundlegenden Normen des Grundgesetzes und der Landesverfassung zu verstehen und für die Demokratie einzutreten,*
7. *die eigene Wahrnehmungs-, Empfindungs- und Ausdrucksfähigkeit sowie musisch-künstlerische Fähigkeiten zu entfalten,*
8. *Freude an der Bewegung und am gemeinsamen Sport zu entwickeln, sich gesund zu ernähren und gesund zu leben,*
9. *mit Medien verantwortungsbewusst und sicher umzugehen.*

(7) Die Schule ist ein Raum religiöser wie weltanschaulicher Freiheit. Sie wahrt Offenheit und Toleranz gegenüber den unterschiedlichen religiösen, weltanschaulichen und politischen Überzeugungen und Wertvorstellungen. Sie achtet den Grundsatz der Gleichberechtigung der Geschlechter und wirkt auf die Beseitigung bestehender Nachteile hin. Sie vermeidet alles, was die Empfindungen anders Denkender verletzen könnte. Schülerinnen und Schüler dürfen nicht einseitig beeinflusst werden.

(8) Die Schule ermöglicht und respektiert im Rahmen der freiheitlich-demokratischen Grundordnung unterschiedliche Auffassungen. Schulleiterinnen und Schulleiter, Lehrerinnen und Lehrer sowie Mitarbeiterinnen und Mitarbeiter gemäß § 58 nehmen ihre Aufgaben unparteilich wahr. Sie dürfen in der Schule keine politischen, religiösen, weltanschaulichen oder ähnlichen Bekundungen abgeben, die die Neutralität des Landes gegenüber Schülerinnen und Schülern sowie Eltern oder den politischen, religiösen oder weltanschaulichen Schulfrieden gefährden oder stören. Insbesondere ist ein Verhalten unzulässig, welches bei Schülerinnen und Schülern oder den Eltern den Eindruck hervorruft, dass eine Schulleiterin oder ein Schulleiter, eine Lehrerin oder ein Lehrer oder eine Mitarbeiterin oder ein Mitarbeiter gemäß § 58 gegen die Menschenwürde, die Gleichberechtigung nach Artikel 3 des Grundgesetzes, die Freiheitsgrundrechte oder die freiheitlich-demokratische Grundordnung auftritt. Die Besonderheiten des Religionsunterrichts und der Bekenntnis- und Weltanschauungsschulen bleiben unberührt.

(9) Der Unterricht soll die Lernfreude der Schülerinnen und Schüler erhalten und weiter fördern. Er soll die Schülerinnen und Schüler anregen und befähigen, Strategien und Methoden für ein lebenslanges nachhaltiges Lernen zu entwickeln.

Drohendem Leistungsversagen und anderen Beeinträchtigungen von Schülerinnen und Schülern begegnet die Schule unter frühzeitiger Einbeziehung der Eltern mit vorbeugenden Maßnahmen.

(10) Die Schule fördert die Integration von Schülerinnen und Schülern, deren Muttersprache nicht Deutsch ist, durch Angebote zum Erwerb der deutschen Sprache. Dabei achtet und fördert sie die ethnische, kulturelle und sprachliche Identität (Muttersprache) dieser Schülerinnen und Schüler. Sie sollen gemeinsam mit allen anderen Schülerinnen und Schülern unterrichtet und zu den gleichen Abschlüssen geführt werden.

(11) Besonders begabte Schülerinnen und Schüler werden durch Beratung und ergänzende Bildungsangebote in ihrer Entwicklung gefördert.

(12) Die Absätze 1 bis 11 gelten mit Ausnahme der sich aus der staatlichen Neutralität für das Schulpersonal ergebenden Verpflichtungen (Absatz 8 Satz 3) auch für Ersatzschulen.

Die Vermittlung von Fähigkeiten, Kenntnissen und Fertigkeiten und das Hinführen zu systematischen Formen des Lernens (s. § 11 Abs. 1 SchulG) soll aber den Schwerpunkt der Arbeit der Grundschule bilden. Ergänzend dazu hat § 4 AO-GS große Bedeutung. Hier sollten die Richtlinien und Lehrpläne hinzugezogen werden.

6. Benachteiligungsverbot

Die Zielrichtung der §§ 2 und 11 SchulG ist keine abschließende Regelung für die Arbeit der Schule. Sie ist durch die gesellschaftliche und historische Entwicklung, aber auch durch andere gesetzliche Regelungen ergänzt worden.

Für den schulischen Bereich von besonderer Bedeutung ist die Ergänzung von **Art. 3 Abs. 3 GG** durch das Verbot der **Benachteiligung** eines Menschen wegen einer Behinderung, das eine der Grundlagen für den Gemeinsamen Unterricht von Schüler /innen mit Behinderung und ohne **Behinderung** ist (vgl. § 20 Abs. 7 SchulG – Gemeinsamer Lernen – und T 15).

Ein Benachteiligungsverbot im Sinne eines zu gewährenden **Nachteilsausgleiches** ergibt sich auch in den Fällen, in denen für eine Schüler /in unterhalb eines sonderpädagogischen Unterstützungsbedarfs aufgrund einer Behinderung oder einer eingeschränkten Leistungsfähigkeit, deren Ursache und Ausmaß allerdings klar beschrieben sein müssen, bestimmte Voraussetzungen oder Bedingungen geschaffen werden müssen, damit der individuelle Lernprozess erfolgreich gestaltet werden kann. Dies ist offensichtlich z.B. im Falle von Behinderungen, die Beeinträchtigungen zur Folge haben, die eine normale Nutzung von Materialien und Medien nicht in jedem Falle zulassen.

Der zu gewährende Nachteilsausgleich ist immer auf den Einzelfall bezogen und kann ein Spektrum z.B. von der Bereitstellung spezieller Schulmöbel über Lese- oder Schreibhilfen bis hin zu einer Verlängerung der Bearbeitungszeit für eine bestimmte Aufgabe umfassen.

Für Schüler /innen mit besonderen Schwierigkeiten im Erlernen des Lesens und Rechtschreibens **(LRS)**, die einer besonderen Fördermaßnahme bedürfen, sieht der Runderlass vom 19.7.1991 (BASS 14–01 Nr.1) im Abschnitt 4 „Leistungsfeststellung und Leistungsbewertung" ebenfalls einen Nachteilsausgleich vor, indem er der Lehrkraft die Möglichkeit einräumt, bei einer schriftlichen Arbeit oder Übung zur Bewertung der Rechtschreibleistung im Fach Deutsch und in den Fremdsprachen im Einzelfall eine andere Aufgabe zu stellen, mehr Zeit einzuräumen oder von der Benotung abzusehen. Des Weiteren werden die Rechtschreibleistungen nicht in die Beurteilung der schriftlichen Arbeiten im Fach Deutsch oder in einem anderen Fach mit einbezogen. In den Zeugnissen ist der Anteil des Rechtschreibens bei der Bildung der Note im Fach Deutsch zurückhaltend zu gewichten vgl. näher T 11-3.4 und T 12-10.

Vergleichbare Regelungen für andere sog. Teilleistungsstörungen wie **Dyskalkulie** (Rechenschwäche) oder **ADHS** (Aufmerksamkeitsdefizitsyndrom) gibt es nicht. Insbesondere Grundschulen haben aber im Rahmen der individuellen Förderung (s. T 9.) dennoch die Möglichkeit, sowohl durch innere Differenzierungsmaßnahmen, als auch durch zusätzliche Angebote außerhalb der regulären Stundentafel Schüler /innen zu fördern. Es kann hier keinen für alle Schulen verbindlichen Maßstab über Art und Umfang der Fördermaßnahmen geben, weil Umfang und Auswirkungen einer Dyskalkulie sowie die Rahmenbedingungen für die Förderung bei jedem Kind verschieden sind. Eine analoge Anwendung des LRS-Erlasses vom 19.7.1991 wäre deshalb nicht fachgerecht.

Das Bemühen der Länder, auf der Ebene der Ständigen Konferenz der Kultusminister eine gemeinsame Empfehlung zur Förderung von Schüler/innen zu schaffen, die Schwierigkeiten beim Erlernen des Lesens und Schreibens und des Rechnens haben, war leider nicht erfolgreich. Im Dezember 2003 hat sich die Ständige Konferenz der Kultusminister lediglich auf Grundsätze zur Förderung von Schüler /innen mit Schwierigkeiten beim Erlernen des Lesens und Schreibens einigen können.

mindest ein Schulbesuchsrecht haben. Nicht abschließend geklärt ist aber die Frage, ob die Schulleitung berechtigt oder sogar verpflichtet ist, den ausländerrechtlichen Status von Kindern aus Migrantenfamilien zu überprüfen und ggf. das Ausländeramt zu informieren, wenn kein Asylverfahren läuft. Im Hinblick auf die abschließende Regelung in der Verordnung über die zur Verarbeitung zugelassenen Daten von Schüler /innen und Eltern (VO–DV I - BASS 10–44 Nr. 2.1), welche Daten von der Schule erhoben und weitergegeben werden dürfen, wurde eine Informationspflicht verneint und den Schulleitungen ein solches Recht nicht zugestanden.

Mit dem Beginn der Schulpflicht entsteht auch das in Art. 8 Abs. 1 Satz 1 LV.NRW. und in § 1 des SchulG begründete Recht auf Erziehung und Bildung und auf individuelle Förderung. Der Verpflichtung zum Besuch der „für alle Kinder verbindlichen Grundschule" (Art. 10 Abs. 1 LV.NRW..) entspricht auch das Recht zum Besuch dieser Schule.

2. Umfang der Schulpflicht

§ 34 SchulG

Grundsätze

(2) Die Schulpflicht umfasst in der Primarstufe und in der Sekundarstufe I die Pflicht zum Besuch einer Vollzeitschule (Vollzeitschulpflicht) und in der Sekundarstufe II die Pflicht zum Besuch der Berufsschule oder eines anderen Bildungsgangs des Berufskollegs oder einer anderen Schule der Sekundarstufe II. Sie wird durch den Besuch einer öffentlichen Schule oder einer Ersatzschule erfüllt.

Die Definition des Vollzeitunterrichts i.S.d. § 34 Abs. 2 SchulG findet sich in § 8 Abs. 1 SchulG:

(1) Der Unterricht wird als Vollzeitunterricht in der Regel an wöchentlich fünf Tagen erteilt. Über Ausnahmen entscheidet die Schulkonferenz im Einvernehmen mit dem Schulträger.

Auf die Zahl der täglichen Unterrichtsstunden kommt es dabei nicht an. Der Rahmen für Ausnahmeentscheidungen ist jedoch weit gezogen. Ausnahmen sind von ihrer Struktur her z.B. bei den Schulen für Kranke und der Schule für Circuskinder geboten. Unter den Unterrichtsbegriff fällt auch der Unterricht „in anderer Form" (z.B. Projekte, Erkundungen, Schulfahrten und ähnliche Veranstaltungen) und eigenverantwortliches Lernen unter Anleitung und/ oder Betreuung einer Lehrkraft (z.B. open distance learning).

3. Beginn der Schulpflicht

§ 35 SchulG

Beginn der Schulpflicht

(1) Die Schulpflicht beginnt für Kinder, die bis zum Beginn des 30. September das sechste Lebensjahr vollendet haben, am 1. August desselben Kalenderjahres.

3.1 Stichtag

Die Festlegung des 1. August als Stichtag für den Beginn der Schulpflicht entspricht einer Vereinbarung der Kultusminister auf der 280. Plenarsitzung am 23./24. 10. 1997, die eine vergleichbare Regelung in § 2 des Abkommens zwischen den Ländern der Bundesrepublik zur Vereinheitlichung auf dem Gebiet des Schulwesens vom 28.10.1964 (ABl. KM. NRW 1965 S. 70) – sog. Hamburger Abkommen – fortgeschrieben hat. Von der Möglichkeit, als Regelfall des Beginns der Schulpflicht den Unterrichtsbeginn nach den Sommerferien festzulegen, hat NRW keinen Gebrauch gemacht. Die Schulpflicht beginnt unabhängig von den Sommerferien immer am 1. 8. des jeweiligen Jahres.

Die Vereinbarung von 1997 sah darüber hinaus die Möglichkeit vor, einen anderen Stichtag als den 1. 8. festzulegen, solange er zwischen dem 30. 6. und dem 30. 9. liegt. Auch hier ist NRW bei der alten Regelung geblieben.

Es haben diejenigen Kinder bis zum 30. 9. das sechste Lebensjahr vollendet, deren Geburtstag der 30. 9. oder früher ist.

3.2 Schulärztliche Untersuchung

Die schulärztliche Eingangsuntersuchung gemäß § 1 Abs. 4 AO-GS dient nicht der Feststellung der Schulfähigkeit eines Kindes. Diese wird mit dem Beginn der Schulpflicht als vorhanden unterstellt.

Lediglich dann, wenn erhebliche gesundheitliche Gründe vorliegen, stellt sich die Frage der Zurückstellung (vgl. hierzu die Erläuterungen T 3-9 und T 5). Die Untersuchung dient damit primär der Gefahrenabwehr und ggf. auch als Grundlage für die Einleitung eines Verfahrens zur Feststellung eines sonderpädagogischen Unterstützungsbedarfs.

4. Ort der Erfüllung der Schulpflicht

4.1 Öffentliche Schule oder Ersatzschule

Die Schulpflicht wird nach § 34 Abs. 2 SchulG durch den Besuch einer öffentlichen Schule oder einer Ersatzschule erfüllt. Nach der Definition in § 6 Abs. 3 SchulG sind öffentliche Schulen diejenigen, für die das Land, eine Gemeinde oder ein Gemeindeverband Schulträger ist. Schulen in freier Trägerschaft sind dann Ersatzschulen, wenn sie in ihren Bildungs- und Erziehungszielen im Wesentlichen den Bildungsgängen und Abschlüssen entsprechen, die das SchulG vorgesehen hat (vgl. § 100 Abs. 2 SchulG) und von der Schulaufsichtsbehörde genehmigt worden sind (vgl. § 101 Abs. 1 SchulG). Im Primarbereich ist die Zahl der Ersatzschulen allerdings sehr gering, weil die vom Grundgesetz gezogenen Genehmigungsvoraussetzungen sehr eng sind:

> ***Art. 7 Abs. 5 GG***
>
> *Eine private Volksschule (sic: Grundschule oder Hauptschule) ist nur zuzulassen, wenn die Unterrichtsverwaltung ein besonderes pädagogisches Interesse anerkennt oder, auf Antrag von Erziehungsberechtigten, wenn sie als Gemeinschaftsschule,*

als Bekenntnis- oder Weltanschauungsschule errichtet werden soll und eine öffentliche Volksschule dieser Art in der Gemeinde nicht besteht.

4.2 Deutsche Schule

Die Verpflichtung zum Besuch einer deutschen Schule gemäß § 34 Abs. 5 S. 1 SchulG gilt auch für ausländische Kinder, die ihren Wohnsitz oder gewöhnlichen Aufenthalt in NRW haben.

Es besteht ein öffentliches Interesse daran, allen Schulpflichtigen ein Mindestmaß an Bildung auf der Grundlage des abendländischen Kulturgutes und deutschen Bildungserbes zu vermitteln und damit eine der Voraussetzungen für eine erfolgreiche Integration in die wirtschaftlichen und sozialen Verhältnisse Deutschlands zu schaffen.

4.3 Ausländische oder internationale Ergänzungsschule

Wann ein Ausnahmefall, der das öffentliche Interesse am Besuch einer deutschen Schule zurücktreten lässt, vorliegt, ist in § 34 Abs. 5 S. 2 SchulG (s. oben) geregelt. In dem RdErl. vom 4.2.2007 – BASS 12–51 Nr. 5 – hat das Ministerium zusätzliche Hinweise gegeben. Dabei wird deutlich, dass der Entscheidungsrahmen im Bereich der Grundschule enger ist als bei den weiterführenden Schulen. Auch innerhalb der verschiedenen Fallgestaltungen der Primarstufe sind die Gewichtungen unterschiedlich. Liegt im grenznahen Bereich nur der Wohnsitz in Deutschland, der Lebensschwerpunkt jedoch in dem benachbarten Ausland, dürfte die Genehmigung für den Besuch der Schule im Ausland der Regelfall sein.

4.4 Beruflich Reisende

Da alle Bestimmungen über die Schulpflicht und auch diejenigen über die Einschulung sich an Eltern und Kinder wenden, die an einem Ort eine längere Zeit wohnen, sind sie wenig für Kinder von beruflich Reisenden geeignet. Bei Kindern aus Schaustellerfamilien, von Circusangehörigen, Fahrenden und auch Binnenschiffern prägt die berufliche Tätigkeit der Eltern ihre schulischen Bildungsmöglichkeiten in weitaus größerem Umfang als bei allen anderen Kindern. Sie bedürfen einer besonderen Betreuung und auch anderer Verfahrensregeln. Dieser Notwendigkeit ist mit dem RdErl. des KM vom 14.10.2005 (BASS 15–05 Nr. 21) entsprochen worden:

1. *Anmeldung an einer Schule*

1.1 *Die Eltern melden ihr Kind gemäß § 41 Abs. 1 Schulgesetz (SchulG – BASS 1-1) für die Grundschule des Schuleinzugsbereich an, in dem der Wohnsitz oder Winterstandort der Familie liegt bzw. an einer wohnortnahen Grundschule. Diese Schule ist die Stammschule der Schülerin oder des Schülers in der Primarstufe, solange die Familie dort ihren Winterstandort hat. Für reisende Kinder ohne dauerhaftes Winterquartier benennt die Schulaufsicht in Abstimmung mit den Eltern und der Bereichslehrkraft die Stammschule.*

1.2 *Die Aufnahme in eine weiterführende Schule, die dann Stammschule wird, erfolgt gemäß § 8 AO-GS (BASS 13-11 Nr. 1.1). Die Eltern werden bei der Wahl der weiterführenden Schule beraten.*

2. *Stammschule*

2.1 *Die Stammschule ist für die schulische Betreuung des reisenden Kindes ganzjährig zuständig. Sie arbeitet dabei mit den Bereichslehrkräften zusammen. Sie übernimmt die Schullaufbahnberatung als unverzichtbare Aufgabe.*

2.2 *Die Schule und die Bereichslehrkraft helfen dem von der Reise kommenden Kind, den Anschluss an die in der Jahrgangsstufe zu erbringenden Leistungen zu erreichen und bei der Integration in seine Klasse.*

2.3 *Lernrückstände sollen durch das Angebot besonderer Fördermaßnahmen abgebaut werden.*

2.4 *Die Stammschule führt das Schülerstammblatt und stellt die Schulbücher sowie das Schultagebuch (vgl. Nr. 7) zur Verfügung.*

2.5 *Die Stammschule informiert die Eltern über die Aufgaben der Stützpunktschulen (vgl. Nr. 3).*

2.6 *Die Stammschule erstellt in den Fächern Deutsch, Mathematik und Englisch als erste Fremdsprache für das einzelne Kind individuelle Lernpläne, anhand derer das Kind auf der Reise in den Stützpunktschulen binnendifferenziert lernt.*

2.7 *Beim Wechsel der Stammschule setzt sich die neue Stammschule mit der abgebenden Stammschule in Verbindung.*

3. *Stützpunktschulen*

3.1 *Stützpunktschulen sind jeweils die dem Platz, auf dem das Unternehmen/die Familie gastiert oder wohnt, nächstgelegenen Schulen. Sie sind verpflichtet, mit den Bereichslehrkräften zusammenzuarbeiten und diese in ihrer Tätigkeit zu unterstützen. Die Stützpunktschulen suchen den Kontakt mit der Stammschule.*

3.2 *Die Stützpunktschulen sollen sich auf ihre besondere Betreuungsaufgabe für die Dauer des Aufenthaltes der reisenden Schülerinnen und Schüler einstellen.*

3.3 *Für Circusse gibt es häufig keine festen Plätze oder frühzeitig angekündigten Termine. Stützpunktschulen in der Nähe von Circusspielorten müssen deshalb ein höheres Maß an Aufnahmebereitschaft und Flexibilität aufweisen.*

3.4 *In der Stützpunktschule arbeiten die Schülerinnen und Schüler in den Fächern Deutsch, Mathematik und Englisch als erste Fremdsprache – ab Klasse 1 – (Primarstufe) bzw. Deutsch, Mathematik und Englisch als fortgeführte erste Fremdsprache (Sekundarstufe I) anhand ihrer von der Stammschule erhaltenen Bücher und individuellen Lernpläne. Den Schülerinnen und Schülern ist Gelegenheit zur Teilnahme am offenen Ganztagsunterricht der Grundschulen zu ermöglichen.*

3.5 *Für die kurze Zeit des Aufenthalts an den Stützpunktschulen sollen zusätzliche Fördermaßnahmen angeboten werden.*

3.6 *Bei Bedarf stattet die Stützpunktschule nach Rücksprache mit der Stammschule und der Bereichslehrkraft die reisenden Schülerinnen und Schüler mit Büchern und dem Schultagebuch aus. Insbesondere halten die Stützpunktschulen vorsorglich ein Exemplar des Schultagebuchs bereit.*

4. *Bereichslehrkräfte*

Die Bezirksregierungen berufen zur Unterstützung der schulischen Förderung reisender Kinder und Jugendlicher Lehrkräfte und koordinieren ihren Einsatz in Zusammenarbeit mit den Schulämtern.

(In der vorangegangenen Fassung des RdErl. war eine Beschreibung der Aufgaben der Bereichslehrkräfte enthalten, die zur Information noch weiterhin abgedruckt wird. Eine zusammenfassende Beschreibung der Aufgaben ist zur Zeit auf der unten unter Nr.12 angegebenen Internet–Seite enthalten:

„Diese Lehrkräfte nehmen mit einem Teil ihrer Unterrichtsverpflichtung folgende Aufgaben wahr:

4.1 Sie erteilen in Abstimmung mit den Stammschulen und Stützpunktschulen Förderunterricht, stellen ggf. ergänzende Materialien bereit – auch unter Einbeziehung neuer Medien – und helfen bei der Erledigung von Hausaufgaben.

4.2 Sie unterstützen die Schulen bei der Vorbereitung und Durchführung des Schulbesuchs; sie beraten Schulen und Lehrkräfte.

4.3 Sie helfen bei der Kontaktaufnahme mit der nächsten Stützpunktschule und der anschließend zuständigen mobilen Lehrkraft.

4.4 Sie nehmen Kontakt zu den Eltern auf und beraten sie.

4.5 Sie arbeiten mit Verwaltungsstellen und örtlichen Berufsverbänden in Fragen des Schulbesuchs reisender Kinder und Jugendlicher zusammen.“)

5. *Schulämter*

5.1 *Die Schulämter benennen – im Einvernehmen mit dem Schulträger und ggf. mit der Bezirksregierung – in jeder Stadt oder Gemeinde Schulen, die die reisenden Schülerinnen und Schüler während der Reisesaison aufnehmen (Stützpunktschulen). Dabei sind die Schulbesuchswünsche der Eltern zu berücksichtigen.*

5.2 *Die Schulämter stellen den jeweiligen platzvergebenden Institutionen Informationsblätter zur Weitergabe an die reisenden Familien zur Verfügung, aus denen hervorgeht, welche die jeweiligen Stützpunktschulen vor Ort sind. In der Regel sollen diese Informationen zusammen mit der Platzzusage an die Antragsteller/Bewerber versandt werden.*

5.3 *Zur Gewinnung von Planungsgrundlagen und zur Weiterentwicklung von Förderkonzepten ermitteln die Schulämter auf Schulamtsebene unabhängig von der Erhebung in den Amtlichen Schuldaten die Anzahl der Schülerinnen und Schüler, die Stamm- und Stützpunktschulen besuchen.*

…

11. *Schule für Circuskinder*
Die für die Schule für Circuskinder der Evangelischen Kirche im Rheinland getroffenen Regelungen bleiben unberührt.

12. *Bezugsquellen*
Die Handreichung mit den Lernbausteinen, dem Schultagebuch und weiteren Dokumentationshilfen im Anhang stehen unter der Internet-Seite www. schule–unterwegs.de zum Download zur Verfügung.

(Anmerkung: Die Schule für Circuskinder ist eine reisende Schule, die mit ihren Schulwagen zu den jeweiligen Standorten der ihr angeschlossenen Familiencircusse fährt und die Kinder während der Reisesaison dort betreut. Die Schulaufsicht ist der Bezirksregierung in Düsseldorf übertragen worden.)

5. Wohnortnahe Schule

Nach § 46 Abs. 2 S. 1 SchulG hat jedes Kind einen Anspruch auf Aufnahme in die seiner Wohnung nächstgelegene Grundschule der gewünschten Schulart in seiner Gemeinde im Rahmen der vom Schulträger festgelegten Aufnahmekapazität, soweit der Schulträger keinen Schuleinzugsbereich gebildet hat. Diese gesetzliche Regelung hat der Verordnungsgeber in § 1 Abs. 2 S. 1 AO-GS wörtlich übernommen. Soweit der Anspruch auf Aufnahme in die der Wohnung nächstgelegenen Grundschule durch die vom Schulträger festgelegte Aufnahmekapazität begrenzt ist, wird unter III.9 zu dieser Begrenzung Stellung genommen.

5.1 Nächstgelegene Schule

Mit dem Tatbestandsmerkmal „nächstgelegen“ stellen die genannten Vorschriften ausschließlich auf die tatsächliche räumliche Entfernung zwischen Wohnung und Grundschule ab. Allein die Verwendung des Begriffs „nächstgelegen“ rechtfertigt nicht die Annahme, der Gesetzgeber habe hiermit an den schülerfahrkostenrechtlichen Rechtsbegriff der nächstgelegenen Schule in § 9 Abs. 1 SchfkVO anknüpfen wollen. Denn im Gegensatz zu § 96 Abs. 4 SchulG hat er diesen Rechtsbegriff nicht ausdrücklich in Bezug genommen. Gegen eine solche Anknüpfung spricht auch, dass ein Zirkelschluss entstünde. Denn § 9 Abs. 1 SchfkVO setzt mit dem Erfordernis des Nichtentgegenstehens schulorganisatorischer Gründe seinerseits eine bestehende Aufnahmemöglichkeit nach § 46 SchulG an der nächstgelegenen Schule voraus (OVG NRW, Beschluss vom 9.1.2017 – 19 B 1066/16 -, juris, Rdn. 18). An der in der Vorauflage vertretenen gegenteiligen Auffassung wird deshalb nicht festgehalten.

5.2 Schuleinzugsbereich

Ein Anspruch auf Aufnahme in die der Wohnung nächstgelegenen Grundschule besteht grundsätzlich dann nicht, wenn der Schulträger für die Schule einen Schuleinzugsbereich festgelegt hat und das Kind nicht in dem Schuleinzugsbereich seinen Wohnsitz hat.

Die Ermächtigung des Schulträgers, Schuleinzugsbereiche zu bilden, ergibt sich aus § 84 Abs. S. 1 SchulG. Danach kann der Schulträger für jede öffentliche Schule durch Rechtsverordnung ein räumlich abgegrenztes Gebiet als Schuleinzugsbereich bilden. Es handelt sich um eine Organisationsentscheidung des Schulträgers, bei der ihm ein weiter Ermessensspielraum zusteht. Die Festlegung eines Schuleinzugsbereichs hat nach § 84 Abs. 1 S. 2 SchulG die Rechtsfolge, dass eine Schule die Aufnahme einer Schülerin oder eines Schülers ablehnen kann, wenn sie oder er nicht im Schuleinzugsbereich wohnt und kein wichtiger Grund für den Besuch der Schule dargelegt wird.

Ein wichtiger Grund i.S.d. § 84 Abs. 1 S. 2 SchulG ist dann gegeben, wenn es aufgrund der konkreten Umstände des Einzelfalls, das heißt nach der individuellen Situation des um die Schulaufnahme nachsuchenden Kindes und seiner Eltern nicht gerechtfertigt erscheint, dass sie die (nachteiligen) Folgen hinnehmen müssen, die mit der aus § 84 Abs. 1 S. 2 SchulG sich ergebenden Möglichkeit der Ablehnung der Aufnahme in die gewünschte Schule aus dem Grund einhergehen, dass das Kind nicht in dem für diese Schule gebildeten Schuleinzugsbereich wohnt. Ob und unter welchen Voraussetzungen dies anzunehmen ist, ist nicht ausschließlich danach zu beurteilen, welcher Art die Nachteile im Einzelnen sind; dies würde dem Zweck der Bildung eines Schuleinzugsbereichs i.S.d. § 84 Abs. 1 SchulG nicht gerecht werden, im Interesse der Allgemeinheit für eine möglichst gleichmäßige Auslastung der Schulen einer bestimmten Stufe, Art oder Form im Bereich des Schulträgers zu sorgen, der einen Schuleinzugsbereich gebildet hat. Erforderlich für die Annahme eines „wichtigen“ Grundes ist deshalb eine Gewichtung der betroffenen Belange, also eine Abwägung des öffentlichen Interesses an der Einhaltung eines Schuleinzugsbereichs mit dem schutzwürdigen Individualinteresse des Kindes und seiner Eltern an einer Ausnahme hiervon und mithin an der Vermeidung derjenigen Belastungen und Erschwernisse, die mit dem Besuch einer anderen (örtlich zuständigen) Schule einhergehen. In die danach vorzunehmende Abwägung sind nicht nur solche Nachteile einzustellen, die sich „unmittelbar“ aus der Bildung des Schuleinzugsbereichs ergeben. Eine solche Beschränkung sieht § 84 Abs. 1 S. 2 SchulG nicht vor. Vielmehr können auch Nachteile und Belastungen in die Abwägung einzustellen sein, aus denen eine vertrauensvolle Zusammenarbeit zwischen Eltern und Schule nachhaltig gestört oder sonst der Besuch der tatsächlich besuchten Schule unzumutbar ist (OVG NRW, Beschluss vom 8.8.2013 – 19 E 140/13 –, juris, Rdn. 6).

5.3 Auswärtige Schüler/innen

Nach § 84 Abs. 3 SchulG bleibt § 46 Abs. 5 und 6 SchulG bleibt unberührt. Das bedeutet, auch bei der Bildung von Schuleinzugsbereichen sind die Regelungen über die Aufnahme von Schüler/innen, die nicht in der Gemeinde der gewünschten Schule wohnen, zu beachten.

Nach § 46 Abs. 5 SchulG kann der Schulträger festlegen, dass Schüler/innen, die in ihrer Gemeinde eine Schule der gewählten Schulform i.S.d. § 10 SchulG besuchen können, die Aufnahme verweigert wird, wenn die Zahl der Anmeldungen die Aufnahmekapazität der Schule übersteigt. Diese Ausnahme greift nur dann ein, wenn die vorhandene Aufnahmekapazität erschöpft ist. Ist das nicht der Fall, darf auswärtigen Schüler/innen die Aufnahme nicht allein deshalb verwehrt werden, weil sie und ihre Eltern ihren Wohnsitz nicht im Gebiet des Schulträgers haben. Dementsprechend bestimmt § 1 Abs. 2 S. S. 3 AO-GS, dass bei einem Anmeldeüberhang zunächst die Kinder berücksichtigt werden, die im Schuleinzugsbereich für diese Schulart wohnen oder bei denen ein wichtiger Grund nach § 84 Abs. 1 SchulG (vgl. dazu III.5.2) vorliegt, soweit Schuleinzugsbereiche gebildet wurden. Die gesetzliche Regelung in § 46 Abs. 5 SchulG ist eine Reaktion des Gesetzgebers auf die Urteile des OVG NRW vom 21.2.2013 – 19 A 120/13 u.a. –, juris, nach denen nach § 46 SchulG a.F. die Aufnahme auswärtiger Schüler/innen nicht allein deshalb abgelehnt werden durfte, weil sie und ihren Eltern nicht im Gebiet des Schulträgers wohnen (kritisch zu der Neuregelung: Weber, in: Gesamtkommentar SchulG, § 46 Anm. 5.).

Nach § 46 Abs. 6 SchulG darf Schüler/innen, die in ihrer Gemeinde eine Schule der gewünschten Schulform nicht besuchen können, generell die Aufnahme in die Schule einer anderen Gemeinde nicht deshalb verweigert werden, weil die Eltern dort nicht wohnen. Das ist im Primarbereich dann der Fall, wenn es in der Wohnortgemeinde keine Grundschule gibt. In diesem Fall steht auch ein Schuleinzugsbereich der Aufnahme dieses Kindes nicht entgegen. Denn wenn nach § 84 Abs. 3 SchulG die Regelung in § 46 Abs. 6 SchulG unberührt bleibt, hat dies die Bedeutung, das § 46 Abs. 6 SchulG Vorrang vor den sich aus § 84 SchulG ergebenden Rechtsfolgen der Bildung von Schuleinzugsbereichen hat. Mit § 46 Abs. 6 SchulG verfolgt der Gesetzgeber das Ziel, auswärtige Schüler/innen in Bezug auf diese Aufnahmekriterien den gemeindeansässigen Schüler/innen gleichzustellen, sofern die auswärtige Wohnsitzgemeinde keine Schule der gewünschten Schulform anbietet. Er wollte damit die Schulformwahlfreiheit auswärtiger Eltern stärken. Hingegen vermittelt § 46 Abs. 5 SchulG auswärtigen Schüler/innen keinen strikten Aufnahmeanspruch an der Schule ihrer Wahl. Denn zur Gleichstellung mit gemeindeansässigen Schüler/innen gehört auch, dass die Vorschrift diese ebenso wenig wie jene vor einer aus anderen Aufnahmekriterien gerechtfertigten Ablehnung des gestellten Aufnahmeantrags schützt (OVG NRW, Urteile vom 21.2.2013 – 19 A 120/13 u.a. –, a.a.O, Rdn. 107 ff., m.w.N.).

6. Anmeldeverpflichtung und Anmeldung

§ 1 Abs. 1 AO-GS führt die Grundaussage des SchulG fort:

§ 41 Abs. 1 SchulG

Verantwortung für die Einhaltung der Schulpflicht

(1) Die Eltern melden ihr schulpflichtiges Kind bei der Schule an und ab. Sie sind dafür verantwortlich, dass es am Unterricht und an den sonstigen verbindlichen Veranstaltungen der Schule regelmäßig teilnimmt, und statten es angemessen aus.

6.1 Zur Anmeldung Verpflichtete

Die Anmeldung muss von beiden Eltern vorgenommen werden (vgl. § 1629 Abs. 1 BGB). Wird nur ein Elternteil tätig und ist seine Bevollmächtigung durch den anderen Elternteil der Schule nicht bekannt, muss die Vertretungsbefugnis nachgewiesen werden. Alleinerziehende müssen nachweisen, dass ihnen das alleinige Personensorgerecht zusteht.

6.2 Anmeldeformulare

Sind Anmeldeformulare vorgesehen, dürfen nur solche Angaben verlangt werden, deren Kenntnis für die Arbeit der Schule erforderlich ist. Die Einzelheiten sind in den nachfolgend (auszugsweise) abgedruckten Bestimmungen enthalten:

§ 120 Abs. 1 und 2 SchulG

Schutz der Daten von Schülerinnen und Schülern und Eltern

(1) Schulen und Schulaufsichtsbehörden dürfen personenbezogene Daten der Schülerinnen und Schüler, der in § 36 genannten Kinder sowie der Eltern verarbeiten, soweit dies zur Erfüllung der ihnen durch Rechtsvorschrift übertragenen Aufgaben erforderlich ist. Die gespeicherten personenbezogenen Daten dürfen in der Schule nur den Personen zugänglich gemacht werden, die sie für die Erfüllung ihrer Aufgaben benötigen.

(2) Schülerinnen, Schüler und Eltern sind zur Angabe der nach Absatz 1 Satz 1 erforderlichen Daten verpflichtet; sie sind bei der Datenerhebung auf ihreAuskunftspflicht hinzuweisen. Andere Daten dürfen nur mit Einwilligung der Betroffenen erhoben werden. Minderjährige Schülerinnen und Schüler sind einwilligungsfähig, wenn sie die Bedeutung und Tragweite der Einwilligung und ihre rechtlichen Folgen erfassen können und ihren Willen hiernach zu bestimmen vermögen.

Verordnung über die zur Verarbeitung zugelassenen Daten von Schülerinnen, Schülern und Erziehungsberechtigten VO–DV I vom 14: Januar 2007 (GV.NRW. S. 220; BASS 10–44 Nr. 2) zuletzt geändert am 9. Februar 2017 (GV.NRW. S. 282) (Auszug):

§ 1 Zulässigkeit der Datenverarbeitung, Datensicherheit

(1) Schulen und Schulaufsichtsbehörden sind gemäß § 120 Abs. 1 Satz 1, Abs. 3 in Verbindung mit § 3 SchulG, im Übrigen nach den allgemeinen da-

tenschutzrechtlichen Vorschriften, berechtigt und verpflichtet, personenbezogene Daten

1. der Schülerinnen und Schüler,

2. der Eltern gemäß § 123 SchulG,

3. der Verpflichteten gemäß § 41 SchulG

in Dateien und/oder Akten zu verarbeiten, soweit diese Verordnung oder andere Rechtsvorschriften dies zulassen.

(2) Die zur Verarbeitung zugelassenen Daten sind in den Anlagen genannt. Die nicht für die automatisierte Datenverarbeitung zugelassenen Daten sind in den Anlagen besonders gekennzeichnet. Sofern die Erfüllung der übertragenen Aufgaben die Verarbeitung von in den Anlagen nicht genannten Daten im Einzelfall erforderlich macht, gelten die allgemeinen datenschutzrechtlichen Vorschriften. Die Zulässigkeit der Verarbeitung erstreckt sich auch auf in der Anlage nicht genannte Daten, soweit sie aus den in den Anlagen genannten Daten gebildet oder abgeleitet werden und zur Erfüllung der übertragenen Aufgaben erforderlich sind. Die Verarbeitung umfasst auch die Auswertungen von Daten, die zur Erfüllung der übertragenen Aufgaben erforderlich sind.

(3) Für die Schule stellt die Schulleiterin oder der Schulleiter, für die Schulaufsichtsbehörde die Leiterin oder der Leiter der Behörde durch technische oder organisatorische Maßnahmen sicher, dass der Schutz der verarbeiteten Daten gemäß § 10 DSG NRW gewährleistet ist und die Löschungsbestimmungen eingehalten werden. Die Zuständigkeit der gemäß § 1 Abs. 6 VO-DV II bestellten behördlichen Datenschutzbeauftragten (§ 32 a DSG NRW) besteht auch für die Kontrolle der Einhaltung der datenschutzrechtlichen Vorschriften in Bezug auf die Daten der Schülerinnen, Schüler und Eltern.

§ 3 Datenerhebung, Berichtigung, Auskunft, Einsicht in Akten

(1) Die in § 1 Abs. 1 genannten Personen sind bei der Erhebung personenbezogener Daten zur Auskunft verpflichtet, soweit es sich um Daten handelt, die in den Anlagen aufgeführt sind.

(2) Nicht in den Anlagen aufgeführte Daten dürfen nur erhoben werden, wenn die oder der Betroffene eingewilligt hat. Die Einwilligung ist schriftlich gegenüber der Schulleitung zu erklären. Sofern dies wegen besonderer Umstände angemessen ist, kann die Einwilligung ausnahmsweise in elektronischer Form erfolgen. Dabei sind die Grundsätze des § 13 Absatz 2 des Telemediengesetzes vom 26. Februar 2007 (BGBl. I S. 179), das zuletzt durch Artikel 1 des Gesetzes vom 21. Juli 2016 (BGBl. I S. 1766) geändert worden ist, zu erfüllen. Auch mit Einwilligung dürfen unzumutbare, nicht zweckdienliche oder sachfremde Angaben nicht erhoben werden.

(3) Personenbezogene Daten sind zu berichtigen, wenn sie unrichtig sind.

(4) Die in § 1 Abs. 1 genannten Personen sind mit den Einschränkungen des § 120 Abs. 7 SchulG berechtigt, Einsicht in die sie betreffenden Unterlagen zu nehmen und Auskunft über die sie betreffenden Daten und die Stellen zu erhalten, an die Daten übermittelt worden sind.

§ 4 Datenbestand in der Schule

(1) Bei der Aufnahme einer Schülerin oder eines Schülers legt die Schule ein Schülerstammblatt an.

(2) In das Schülerstammblatt sind aufzunehmen:

1. *die Personaldaten der in § 1 Abs. 1 Nr. 1 – 3 genannten Personen (Individualdaten) gemäß Abschnitt A Nr. I der* Anlage 1,

Anlage 1 Abschnitt A: Individual- und Organisationsdaten

I. ***Grunddaten***

1. Individualdaten der Person nach § 1 Abs. 1 Nr. 1 VO-DV I
1.1 Schülernummer/ Nummer des Gesamtschülerverzeichnisses
1.2 Name, Geburtsname
1.3 Vorname
1.4 Erreichbarkeit: Anschrift Wohnsitz, Anschrift Postzustellung, Telefon, Fax), private E-Mail-Adresse*), schulische E-Mail-Adresse*
1.5 Geschlecht
1.6 Geburtsdatum, -ort und -land; Jahr des Zuzugs
1.7 Konfession: Art, Angabe auf Zeugnis
1.8 Staatsangehörigkeit(en)
1.9 Migrantenstatus, Anzahl der im Ausland geborenen Elternteile
1.10 Muttersprache
1.11 gesprochene Sprache in der Familie
1.12 BaFöG: Beginn, Ende, Umfang
1.13 Foto)*
1.14 Notfallinformationen):*
1.14.1: Art des Notfalls: Stichwort, Kurzinfo
1.14.2: Wichtige Person oder Institution: Name, Vorname, Bezeichnung, Erreichbarkeit: Anschrift Wohnsitz, Anschrift Arbeitsplatz, Telefon, Fax, E-Mail

2. Individualdaten der Person nach § 1 Abs. 1 Nr. 2 VO-DV I
2.1 Name, Vorname
2.2 Status (Eltern, Vormund, etc.)
2.3 Staatsangehörigkeit
2.4 Geburtsland Vater
2.5 Geburtsland Mutter
2.6 Erreichbarkeit: Anschrift Wohnsitz, Anschrift Postzustellung, Telefon, Fax),*
E-Mail)*
2.7 Erreichbarkeit am Arbeitsplatz: Telefon), E-Mail*)*

Abschnitt C: Schulform- oder schulstufenspezifische Zusatzdaten

I. Grundschule

1. Vorschulische Beratung und Förderung (§ 36 SchulG): Beginn, Ende, Art, Einrichtung, Erreichbarkeit

2. Beginn der Schulpflicht (§ 35 SchulG):

2.1 vorzeitig Beginn

2.2 Zurückstellung Beginn, Ende; Anrechnung auf Dauer der Schulpflicht

*2.3 schulärztliches Gutachten: Datum, Ergebnis**)*

*3. Sprachfeststellung (§ 36 Abs. 3 SchulG): Datum, Ergebnis**)*

Zu den Daten, die mit Zustimmung der Erziehungsberechtigten und nach vorherigem Hinweis auf die Freiwilligkeit der Angabe erhoben werden können, gehören z.B.

- Name und Anschrift der das Kind behandelnden Hausärztin bzw. des Hausarztes,
- Angabe über Erkrankungen des Kindes, deren Kenntnis für die Schule wichtig ist,
- Angabe einer Behinderung, die keinen sonderpädagogischen Unterstützungsbedarf zur Folge hat, aber die Schule zur Rücksichtnahme verpflichtet, einschließlich ärztlicher Bescheinigungen,
- Name, Anschrift und Telefonnummer von Personen, die im Fall der Nichterreichbarkeit der Erziehungsberechtigten im Notfall von der Schule angesprochen werden können,
- Angabe eines vor der Einschulung besuchten Kindergartens.

Neben den Daten, die bei der Anmeldung verlangt werden können, fallen im Verlauf der Schulzeit weitere Daten an, für die § 4 Abs. 5 der VO–DV I ergänzende Regelungen trifft:

(5) Neben dem Schülerstammblatt führt die Schule in Papierausfertigung die in der Anlage 2 aufgeführten Dateien und Akten (sonstiger Datenbestand); eine Verarbeitung in ADV-Anlagen ist mit den Einschränkungen des § 1 Abs. 2 zulässig.

7. Überwachung der Schulpflicht, Schulzwang

Unterbleibt die Anmeldung trotz Rückfrage durch die Grundschule (durch die jeweils nächstgelegene Schule gemäß Mitteilung des Schulträgers, Nr. 1.22 VVzAO-GS) und erscheint das Kind auch nicht zum Unterricht in seiner „zuständigen Schule“ sind die in § 41 Abs. 3 bis 5 SchulG beschriebenen Maßnahmen einzuleiten:

§ 41 Abs. 3 bis 5 SchulG

Verantwortung für die Einhaltung der Schulpflicht

(3) Lehrerinnen und Lehrer, Schulleiterinnen und Schulleiter sind verpflichtet, Schulpflichtige, die ihre Schulpflicht nicht erfüllen, zum regelmäßigen Schulbe-

such anzuhalten und auf die Eltern sowie auf die für die Berufserziehung Mitverantwortlichen einzuwirken.

(4) Bleibt die pädagogische Einwirkung erfolglos, können die Schulpflichtigen auf Ersuchen der Schule oder der Schulaufsichtsbehörde von der für den Wohnsitz oder gewöhnlichen Aufenthalt zuständigen Ordnungsbehörde der Schule zwangsweise gemäß §§ 66 bis 75 Verwaltungsvollstreckungsgesetz NRW zugeführt werden. Das Jugendamt ist über die beabsichtigte Maßnahme zu unterrichten. § 126 bleibt unberührt.

(5) Die Eltern können von der Schulaufsichtsbehörde durch Zwangsmittel gemäß §§ 55 bis 65 Verwaltungsvollstreckungsgesetz NRW zur Erfüllung ihrer Pflichten gemäß Absatz 1 angehalten werden.

§ 126 SchulG

Ordnungswidrigkeiten

(1) Ordnungswidrig handelt, wer vorsätzlich oder fahrlässig

1. *als Eltern der Verpflichtung zur Anmeldung zum Schulbesuch nicht nachkommt (§ 41 Abs. 1 Satz 1),*
2. *als Eltern nicht für die Teilnahme ihres Kindes an der Feststellung des Sprachstandes sorgt (§ 36 Abs. 2 und 3),*
3. *als Eltern nicht dafür sorgt, dass ein zur Teilnahme an einem vorschulischen Sprachförderkurs verpflichtetes Kind regelmäßig daran teilnimmt (§ 36 Abs. 2 und 3),*
4. *als Eltern, als Ausbildende oder Ausbildender oder als Arbeitgeberin oder Arbeitgeber nicht dafür sorgt, dass die oder der Schulpflichtige am Unterricht und an den sonstigen Veranstaltungen der Schule regelmäßig teilnimmt (§ 41 Abs. 1 Satz 2, Abs. 2),*
5. *als Schülerin oder Schüler nach Vollendung des 14. Lebensjahres die Schulpflicht in der Sekundarstufe I (§ 37) oder die Schulpflicht in der Sekundarstufe II (§ 38) nicht erfüllt,*
6. *als Träger einer Ergänzungsschule diese ohne die erforderliche Anzeige (§ 116 Abs. 2) errichtet oder betreibt,*
7. *als Träger einer Ergänzungsschule oder einer freien Unterrichtseinrichtung durch die Bezeichnung oder die Verwendung von Zeugnissen, Schulverträgen oder Werbematerialien § 116 Abs. 5 und 6 oder § 119 Abs. 1 zuwiderhandelt.*

(2) Die Ordnungswidrigkeit kann mit einer Geldbuße geahndet werden, die in den Fällen des Absatz 1 Nr. 6 und 7 bis zu 5.000 Euro beträgt. Nach der Entlassung der oder des Schulpflichtigen aus der Schule ist die Verfolgung der Ordnungswidrigkeit gemäß Absatz 1 Nr. 5 unzulässig.

(3) Für die Verfolgung und Ahndung der Ordnungswidrigkeiten sind die Schulaufsichtsbehörden zuständig.

(4) Geldbußen, die durch rechtskräftige Bescheide eines Schulamtes festgesetzt sind, fließen in die Kasse des Kreises oder der kreisfreien Stadt, für die das Schulamt zuständig ist.

Zu diesen gesetzlichen Regelungen sind in dem Runderlass des MSW vom 4.2.2007 zur Überwachung der Schulpflicht (BASS 12–51 Nr. 5) die nachfolgenden ergänzenden Bestimmungen ergangen:

1.1 ***Einschulung***

Die Gemeindeverwaltung (Schulverwaltungsamt) erfasst mit Hilfe des Einwohnermeldeamtes alle Kinder, die gemäß § 35 SchulG (BASS 1 – 1) erstmals schulpflichtig werden, informiert die Eltern (§ 123 SchulG) über die Schulen der am Ort vorhandenen Schularten und weist sie auf ihre Anmeldepflicht und die Anmeldetermine hin (§ 46 Abs. 3 SchulG).

Die Eltern melden das erstmals schulpflichtig werdende Kind an einer Grundschule der von ihnen gewählten Schulart an.

Die Gemeindeverwaltung (Schulverwaltungsamt) überprüft anhand der von den Schulen bestätigten Aufnahmen, ob alle schulpflichtigen Kinder angemeldet worden sind. Das Schulverwaltungsamt informiert das zuständige Jugendamt und die zuständige Schulaufsichtsbehörde bei allen Unregelmäßigkeiten im Zusammenhang mit der Schulpflichterfüllung, insbesondere auch dann, wenn schulpflichtige Kinder nicht rechtzeitig angemeldet werden.

1.2 ***Übergang in eine weiterführende Schule***

Zum Besuch einer weiterführenden Schule melden die Eltern die Schülerin oder den Schüler für die Schule der von ihnen gewählten Schulform und Schulart an (§ 41 Abs. 1 SchulG).

Der Übergang in eine weiterführende Schule richtet sich nach § 8 der Verordnung über den Bildungsgang in der Grundschule (AO-GS – BASS 13 – 11 Nr. 1.1). Die weiterführende Schule unterrichtet die Grundschule über die Aufnahme. Anhand dieser Rückmeldung überprüft die Grundschule, ob alle Schülerinnen und Schüler zu einer weiterführenden Schule aufgenommen worden sind. Die Eltern der Schülerinnen und Schüler, die noch nicht in eine weiterführende Schule aufgenommen worden sind, werden von der Grundschule auf ihre Anmeldepflicht hingewiesen. Über Unregelmäßigkeiten informiert die abgebende Schule die Kommune der abgebenden Schule. Die Sätze 3 bis 6 gelten für Ersatzschulen und Ergänzungsschulen, an denen die Schulpflicht erfüllt werden kann, entsprechend.

1.3 ***Übergang in das Berufskolleg oder die gymnasiale Oberstufe des Gymnasiums oder der Gesamtschule*** *– . – . –*

1.4 ***Schulwechsel***

Bei einem Schulwechsel teilen die Eltern der bisherigen Schule mit, welche Schule die Schülerin oder der Schüler künftig besuchen wird. Anhand der Rückmeldung der aufnehmenden Schule überprüft die abgebende Schule, ob die Schulpflicht weiter erfüllt wird. Über Unregelmäßigkeiten informiert die abgebende Schule die Kommune der abgebenden Schule. Die Sätze 2 und 3 gelten für Ersatzschulen und Ergänzungsschulen, an denen die Schulpflicht erfüllt werden kann, entsprechend.

1.5 ***Übermittlung von Daten***

Für die Übermittlung von Daten in den Fällen der Nrn. 1.1 bis 1.4 gilt § 7 der Verordnung über die zur Verarbeitung zugelassenen Daten von Schülerinnen und Schülern und Eltern (VO-DV I – BASS 10 – 44 Nr. 2.1).

2. ***Teilnahmepflicht***

Die Schülerin oder der Schüler kann nur zeitlich befristet gem. § 43 Abs. 3 SchulG vom Unterricht beurlaubt oder von der Teilnahme an einzelnen Unterrichts- oder Schulveranstaltungen befreit werden. Für Schulversäumnisse wegen Krankheit gilt § 43 Abs. 2 SchulG.

3. ***Maßnahmen bei Nichterfüllung der Schulpflicht***

Die Maßnahmen Nr. 3.1 und 3.2 können auch bei Verletzung der Teilnahmepflicht durch nicht schulpflichtige Schülerinnen und Schüler angewandt werden.

3.1 ***Erzieherische Einwirkung (§ 53 Abs. 2 SchulG)***

Die Ursachen von Schulpflichtverletzungen liegen häufig im sozialen Umfeld der Schülerin oder des Schülers. Die Schule soll daher versuchen, durch eine umfassende Beratung den Sinn und Zweck der Schulpflicht verständlich zu machen und so eine Verhaltensänderung herbeizuführen. Die Schule soll in diesen Fällen möglichst frühzeitig das Jugendamt beteiligen, damit – falls erforderlich – geeignete Angebote der Jugendhilfe und der sozialen Dienste gemacht werden können.

3.2 ***Ordnungsmaßnahmen (§ 53 Abs. 3 SchulG)***

Bleibt die erzieherische Einwirkung erfolglos, kommt die Anwendung einer in § 53 Abs. 3 SchulG genannten Ordnungsmaßnahme in Betracht. Der Grundsatz der Verhältnismäßigkeit ist zu beachten (§ 53 Abs. 1 Satz 3 und 4 SchulG).

3.3 ***Schriftliche Aufforderung der Schule***

Reichen die vorgenannten Maßnahmen nicht aus, um eine Verhaltensänderung herbeizuführen, so sind die Eltern und bei Schulpflichtigen im Bildungsgang der Berufsschule auch die Mitverantwortlichen für die Berufserziehung schriftlich auf ihre Verpflichtungen gemäß § 41 Abs. 1 und 2 SchulG hinzuweisen und aufzufordern, die Schülerin oder den Schüler zum regelmäßigen Schulbesuch zu veranlassen.

Gleichzeitig ist auf die Möglichkeiten eines Verwaltungsvollstreckungsverfahrens gemäß § 41 Abs. 5 SchulG oder eines Ordnungswidrigkeitenverfahrens gemäß § 126 Abs. 1 SchulG hinzuweisen oder eine zwangsweise Zuführung gemäß § 41 Abs. 4 SchulG für den Fall anzudrohen, dass die oder der Schulpflichtige nicht innerhalb von drei Unterrichtstagen ihrer oder seiner Teilnahmepflicht nachkommt.

Auch Schülerinnen und Schüler, die das 14. Lebensjahr vollendet haben, sind schriftlich auf ihre Pflicht zum Schulbesuch gemäß § 34 Abs. 2 SchulG und die Möglichkeit eines Ordnungswidrigkeitenverfahrens gemäß § 126 Abs. 1 SchulG hinzuweisen. Dabei kann die zwangsweise Zuführung gemäß § 41

Abs. 4 SchulG für den Fall angedroht werden, dass die oder der Schulpflichtige nicht innerhalb von drei Unterrichtstagen ihrer oder seiner Teilnahmepflicht nachkommt.

3.4 ***Zwangsweise Zuführung***

Bleiben die Maßnahmen nach Nr. 3.1 und 3.3 erfolglos, so kann sowohl neben den Maßnahmen nach Nr. 3.5 und 3.6, als auch unabhängig davon die oder der Schulpflichtige zwangsweise der Schule zugeführt werden. Dabei ist folgendes Verfahren zu beachten:

3.41 *Erfüllt die oder der Schulpflichtige trotz schriftlicher Aufforderung mit der Androhung der zwangsweisen Zuführung nach Nr. 3.3 ihre oder seine Teilnahmepflicht nicht, beantragt nach vorheriger Absprache entweder die Schulleiterin oder der Schulleiter oder die Schulaufsichtsbehörde bei der für den Wohnsitz oder gewöhnlichen Aufenthalt der oder des Schulpflichtigen zuständigen Ordnungsbehörde die zwangsweise Zuführung der oder des Schulpflichtigen zur Schule. Eine förmliche Androhung oder Festsetzung der zwangsweisen Zuführung nach §§ 63 und 64 Verwaltungsvollstreckungsgesetz NRW ist nicht erforderlich.*

3.42 *Nimmt die oder der Schulpflichtige vor der Durchführung der Maßnahme wieder regelmäßig am Unterricht teil, ist das Ersuchen auf zwangsweise Zuführung zurückzunehmen.*

3.43 *Die zwangsweise Zuführung zur Schule kommt bei Schulpflichtigen, die ihre Vollzeitschulpflicht erfüllen, im Allgemeinen nur dann in Betracht, wenn auch die Angebote der Jugendhilfe und der sozialen Dienste erfolglos geblieben sind. Wenn die oder der Schulpflichtige im Anschluss an einen Schulwechsel länger als drei Unterrichtstage der neuen Schule fernbleibt, kann das Verfahren nach Nr. 3.3 sofort eingeleitet werden. Ebenso kann das Verfahren schon nach drei Fehltagen eingeleitet werden, wenn anzunehmen ist, dass sich die oder der Schulpflichtige auf Dauer der Schulpflicht entziehen will. Beratung und erzieherische Einwirkungen sind nachzuholen.*

3.5 ***Ordnungswidrigkeitenverfahren***

Neben den Maßnahmen nach Nr. 3.4 und 3.6 als auch unabhängig davon kann gemäß § 126 SchulG im Wege eines Ordnungswidrigkeitenverfahrens eine Geldbuße bis zu 1.000 Euro verhängt werden

- *gegen Eltern, die ihrer Verpflichtung zur Anmeldung zum Schulbesuch nicht nachkommen,*
- *gegen Eltern, die nicht für die Teilnahme ihres Kindes an der Sprachstandsfeststellung sorgen,*
- *gegen Eltern, die nicht für die regelmäßige Teilnahme ihres zur Teilnahme an einem vorschulischen Sprachförderkurs verpflichteten Kindes sorgen,*
- *gegen die Eltern und Mitverantwortlichen für die Berufserziehung, die nicht dafür Sorge tragen, dass die oder der Schulpflichtige am Unterricht und an den sonstigen Veranstaltungen der Schule regelmäßig teilnimmt und*

- *gegen Schülerinnen und Schüler nach Vollendung des 14. Lebensjahres, die ihre Schulpflicht in der Sekundarstufe I oder Sekundarstufe II nicht erfüllen.*

Dabei ist folgendes Verfahren zu beachten:

3.51 *Bevor ein Bußgeldbescheid erlassen werden kann, ist der oder dem Betroffenen die Beschuldigung bekannt zu geben und darauf hinzuweisen, dass ein Bußgeld verhängt werden kann. Gleichzeitig ist Gelegenheit zur Anhörung zu geben. Dabei reicht die Übersendung eines Fragebogens, der Gelegenheit gibt, sich schriftlich zu äußern, aus. Die Anhörung kann auch durch die Schule erfolgen. Sie kann auch zusammen mit der Maßnahme nach Nr. 3.4 durchgeführt werden.*

3.52 *Für den Erlass des Bußgeldbescheides ist nach § 126 Abs. 3 SchulG die Schulaufsichtsbehörde zuständig.*

3.53 *Der Antrag an die Schulaufsichtsbehörde soll enthalten:*

a) Die Personalien der oder des Schulpflichtigen, ihrer oder seiner Eltern und ggf. die Anschrift der Mitverantwortlichen für die Berufserziehung,

b) die Dauer des Schulversäumnisses,

c) ein Bericht über die bisher von der Schule veranlassten Maßnahmen und die darauf erfolgte Reaktion und

d) den Nachweis über die durchgeführte Anhörung.

3.6 ***Verwaltungszwang***

Bleiben die Maßnahmen nach Nr. 3.1 bis 3.3 erfolglos, kann sowohl neben den Maßnahmen nach Nr. 3.4 und Nr. 3.5, als auch unabhängig davon, Verwaltungszwang nach dem Verwaltungsvollstreckungsgesetz verhängt werden.

Dabei ist folgendes Verfahren zu beachten:

3.61 *Der Verwaltungszwang kann nur auf der Grundlage eines bestandskräftigen oder sofort vollziehbaren Verwaltungsaktes angewandt werden. Dieser Verwaltungsakt muss eine Aufforderung der zuständigen Schulaufsichtsbehörde an die Eltern enthalten, dafür Sorge zu tragen, dass die oder der Schulpflichtige am Unterricht und an den sonstigen Veranstaltungen der Schule regelmäßig teilnimmt. Die Aufforderung ist mit einer Anordnung der sofortigen Vollziehung zu versehen.*

3.62 *Das Zwangsmittel zur Durchsetzung der Aufforderung (Zwangsgeld) ist schriftlich gemäß § 63 Verwaltungsvollstreckungsgesetz NRW anzudrohen. Die Androhung ist mit der Aufforderung an die Eltern, dafür zu sorgen, dass die oder der Schulpflichtige am Unterricht und an den sonstigen Veranstaltungen der Schule regelmäßig teilnimmt, zu verbinden. Es ist eine angemessene Frist zur Erfüllung dieser Verpflichtung zu gewähren. Das Zwangsgeld ist in bestimmter Höhe anzudrohen und mit dem Hinweis darauf zu verbinden, dass bei Nichtzahlung das Verwaltungsgericht auf Antrag der Vollzugsbehörde Ersatzzwangshaft anordnen kann.*

3.63 *Nach erfolgloser Androhung des Zwangsgeldes ist nach entsprechendem Fristablauf das Zwangsgeld schriftlich festzusetzen. Mit der Festsetzung ist eine angemessene Zahlungsfrist zu bewilligen. Nach erneut fruchtlosem Fristablauf ist das Zwangsgeld im Verwaltungszwangsverfahren beizutreiben.*

Die im SchulG und in dem oben auszugsweise abgedruckten RdErl. vorgesehenen Zwangsmaßnahmen sollten nur behutsam angewendet werden. Ihr notwendigerweise sehr formalistischer Charakter ist wenig geeignet, die Grundlage für eine erfolgreiche Zusammenarbeit zwischen Schule und Eltern gerade in den problematischeren Fällen zu schaffen. Wird von dem Schulzwang gemäß § 41 SchulG Gebrauch gemacht, ist zunächst Hauptbetroffener das Kind. Diese Maßnahme kommt daher im Rahmen der Einschulung nur dann infrage, wenn alle anderen Möglichkeiten erfolglos geblieben sind.

8. Wahl der Schulart

Nach §§ 46 Abs. 1 S. 1 SchulG, 1 Abs. 2 S. 1 AO-GS umfasst der Anspruch auf Aufnahme in die der Wohnung nächstgelegenen Schule auch die Schulart. Mit Schularten sind die Gemeinschaftsschulen, Bekenntnisschulen oder Weltanschauungsschulen (§ 26 Abs. 1 S. 1 SchulG) gemeint. In Gemeinschaftsschulen werden die Schüler/innen auf der Grundlage christlicher Bildungs- und Kulturwerte in Offenheit für die christlichen Bekenntnisse und für andere religiöse und weltanschauliche Überzeugungen gemeinsam unterrichtet und erzogen (§ 26 Abs. 2 SchulG). In Bekenntnisschulen werden Kinder des katholischen oder des evangelischen Glaubens oder einer anderen Religionsgemeinschaft nach den Grundsätzen des betreffenden Bekenntnisses unterrichtet und erzogen. Zum evangelischen Bekenntnis im Sinne dieser Vorschrift gehören auch die bekenntnisverwandten Gemeinschaften (§ 26 Abs. 3 SchulG). In Weltanschauungsschulen werden die Schüler/innen nach den Grundsätzen ihrer Weltanschauung unterrichtet und erzogen. An Weltanschauungsschulen wird Religionsunterricht nicht erteilt (§ 26 Abs. 4 SchulG).

Nach § 26 Abs. 5 S. 1 SchulG können in Gemeinden mit verschiedenen Schularten die Eltern die Schulart zu Beginn jedes Schuljahres wählen (ebenso Nr.1.2.3 Abs. 1 VVzAO-GS). Der Wechsel in eine Schule einer anderen Schulart ist während des Schuljahres nur aus wichtigem Grund zulässig (§ 26 Abs. 5 S. 2 SchulG). Schüler/innen einer Minderheit können die Schule einer benachbarten Gemeinde besuchen, falls in ihrer Gemeinde die gewünschte Schulart nicht besteht (§ 26 Abs. 5 S. 3 SchulG).

Nach Nr. 1.2.3 VVzAO-GS darf ein Kind in eine Bekenntnisschule aufgenommen werden, wenn es entweder dem entsprechenden Bekenntnis angehört oder dem Bekenntnis nicht angehört, die Eltern aber ausdrücklich übereinstimmend wünschen, dass es nach den Grundsätzen dieses Bekenntnisses unterrichtet und erzogen werden soll. Dies schließt die Teilnahme an einem Religionsunterricht ein, der an der Schule erteilt wird (§ 31 Abs. 1 SchulG). Diese Regelungen stehen mit der Rechtsprechung des OVG NRW in Einklang. Das OVG NRW hat wiederholt entschieden, dass die Schulleiterin oder der Schulleiter die Schulaufnahme von einer verbindlichen Verständigung mit den Eltern über wechselseitige Rechte und Pflichten in Erziehungsfragen abhängig machen darf, sofern und soweit diese eine hinreichende Grundlage in den schulrechtlichen Vorschriften finden, und insoweit allgemeine Aufnahmevoraussetzungen festlegen. Soweit bekenntnisfremde Kinder Aufnahme in eine Bekenntnisschule begehren, darf die Schulleiterin oder der Schulleiter daher das Einverständnis der Eltern mit der Unterrichtung und Erziehung ihres Kindes im Sinne des entsprechenden Bekenntnisses und dabei auch mit seiner Teilnahme am Religionsunterricht verlangen. Dies findet eine hinreichende Grundlage in Art. 12 Abs. 3 S. 2 LV. NRW. § 26 Abs. 3 S. 1 SchulG. Denn danach steht im Grundsatz nur Kindern des entsprechenden Bekenntnisses ein Anspruch auf Aufnahme in eine Bekenntnisschule zu. Gemäß Art. 12 Abs. 3 S.2 LV. NRW. und § 26 Abs. 3 S. 1 SchulG werden in Bekenntnisgrundschulen Kinder des katholischen oder des evangelischen Glaubens oder einer anderen Religionsgemeinschaft nach den Grundsätzen des betreffenden Bekenntnisses unterrichtet und erzogen. Bekenntnisschulen werden demnach für die Kinder des jeweiligen Bekenntnisses eingerichtet. Sie erhalten ihr bestimmendes Gepräge durch die weitgehende Homogenität ihrer Schüler- und Lehrerschaft und durch den bekenntnismäßigen Charakter der Schulerziehung und erfüllen einen spezifischen Erziehungsauftrag. Von Gemeinschaftsschulen unterscheiden sie sich durch den Umfang ihrer Bindung an die Grundsätze des betreffenden Bekenntnisses: Während diese Bindung bei Gemeinschaftsschulen auf den Religionsunterricht beschränkt ist (Art. 7 Abs. 3 S. 2 GG, Art. 14 Abs. 3 LV. NRW.), erfasst sie bei Bekenntnisschulen den gesamten Unterricht und die Erziehung des Kindes in jeder Hinsicht.

Angesichts des besonderen Auftrags der Bekenntnisschule, nach den Grundsätzen eines bestimmten Bekenntnisses zu unterrichten und zu erziehen, steht bekenntnisfremden Eltern und Schüler/innen ein unmittelbar aus Art. 4 Abs. 1 GG folgender Aufnahmeanspruch in die Bekenntnisschule nur ausnahmsweise zu. Dies setzt voraus, dass nach Aufnahme der bekenntnisangehörigen Kinder noch Kapazität vorhanden ist, und ferner, dass die Eltern die Ausrichtung der Schule auf die Grundsätze des fremden Bekenntnisses voll und ganz bejahen, also mit der Unterrichtung und Erziehung ihres Kindes im Sinne des entsprechenden Bekenntnisses einverstanden sind. Das schließt die Erteilung von Religionsunterricht im fremden Bekenntnis durch eine diesem Bekenntnis angehörende staatliche oder kirchliche Lehrkraft ein. Der Religionsunterricht ist an einer Bekenntnisschule nicht nur ordentliches Lehrfach, sondern gehört zum elementaren Kern der Schule und macht einen wesentlichen Teil ihrer Identität aus. Die Erklärung, (auch) mit der Teilnahme am Religionsunterricht einverstanden zu sein, dient vor diesem Hintergrund dem Zweck, im Interesse der Verpflichtung zur partnerschaftlichen und vertrauensvollen Zusammenarbeit zwischen Schule und Eltern (§ 2 Abs. 3 S. 2, § 42 Abs. 1

S. 3 SchulG) und einer störungsfreien Erziehung und Bildung in der Schule die Eltern und ihr minderjähriges Kind bereits bei der Aufnahme des Kindes auf die Einhaltung des in der Schule vorgesehenen Religionsunterrichtes zu verpflichten. Hierdurch wird für die am Schulverhältnis Beteiligten Klarheit über die Erziehungsziele und -grundsätze in der Schule sowie auch über konkrete Pflichten von Eltern und Schülern geschaffen, wodurch die schulische Erziehungs- und Bildungsarbeit von möglichen künftigen (Rechts-) Streitigkeiten entlastet wird (vgl. nur OVG NRW, Beschluss vom 9.9.2016 – 19 A 805/14 –, juris, Rdn. 17 ff., m.w.N.).

Nach der Rechtsprechung des OVG NRW verliert eine Bekenntnisschule im Übrigen ihren Charakter nicht durch den nachträglichen Wegfall ihrer Voraussetzungen, namentlich einen signifikanten Rückgang des Anteils bekenntnisangehöriger Schüler, sondern nur durch eine Änderung der Schulart gemäß § 81 Abs. 2 S. 1 und 2 SchulG (OVG NRW, Beschluss vom 9.9.2016 – 19 A 805/14 –, a.a.O., Rdn. 30 ff., m.w.N).

Eine Ausnahme von den vorstehenden Grundsätzen regelt Nr. 1.2.4 VVzAO-GS. Danach sind Schüler/innen, die weder dem an der Schule vermittelten Bekenntnis noch nach dem Wunsch der Eltern in diesem Bekenntnis unterrichtet und erzogen werden sollen, in eine Bekenntnisschule aufzunehmen, wenn eine öffentliche ihrem Bekenntnis entsprechende Schule oder eine Gemeinschaftsschule auf dem Gebiet des Schulträgers nicht besteht oder nur bei Inkaufnahme eines unzumutbaren Schulweges erreichbar ist. In diesem Fall besteht keine Pflicht zur Teilnahme an bekenntnisfremden Religionsunterricht. Für die Frage, ob der Schulweg zu einer entsprechenden Bekenntnisschule unzumutbar ist, kann auf die normativen Wertungen in §§ 5 bis 7 SchfKVO NRW zurückgegriffen werden. Nach § 5 Abs. 2 SchfKVO entstehen Fahrkosten notwendig, wenn der Schulweg in der einfachen Entfernung für die Schülerin oder den Schüler der Primarstufe mehr als 2 km beträgt. Unabhängig von der Schulweglänge entstehen Fahrkosten notwendig, wenn die Schülerin oder der Schüler nicht nur vorübergehend aus gesundheitlichen Gründen oder wegen einer geistigen oder körperlichen Behinderung ein Verkehrsmittel benutzen muss (§ 6 Abs. 1 S. 1 SchfKVO) oder der Schulweg nach den objektiven Gegebenheiten besonders gefährlich oder nach den örtlichen Verhältnissen für Schüler/innen ungeeignet ist (§ 7 Abs. 2 SchfKVO).

Die Bekenntniszugehörigkeit hat bei Bekenntnisschulen auch Auswirkungen auf das bei einem Anmeldeüberhang durchzuführende Auswahlverfahren. Nach Nr. 1.2.3 Abs. 3 VVzAO-GS haben bei einem Anmeldeüberhang an einer Bekenntnisschule Kinder, die dem Bekenntnis angehören, bei der Aufnahme Vorrang gegenüber anderen Kindern. Diese Regelung entspricht der Rechtsprechung des OVG NRW (vgl. dazu näher T 3-9.4).

9. Aufnahmeentscheidung

9.1 Entscheidungskompetenz der Schulleiterin oder des Schulleiters

Die Entscheidung über die Aufnahme der Schüler/innen trifft nach § 46 Abs.1 S. 1 SchulG die Schulleiterin oder der Schulleiter. Das gilt auch für die Aufnahme von Schüler/innen in eine Grundschule. Die Formulierung in § 1 Abs.3 S. 1 AO-GS, „die Schule" nimmt im Rahmen freier Kapazitäten auch andere Kinder auf, ist insoweit missverständlich. Die gesetzliche Vorgabe in § 46 Abs.1 S. 1 SchulG, nach der die Entscheidungskompetenz allein bei der Schulleiterin oder dem Schulleiter liegt, kann durch die AO-GS, die mit höherrangigem Recht und damit auch mit dem SchulG in Einklang stehen muss, nicht geändert werden.

Die Schulleiterin oder der Schulleiter kann sich bei ihrer oder seiner Aufnahmeentscheidung durch Lehrkräfte der Schule beraten und unterstützen lassen, diesen aber nicht die Befugnis zur selbstständigen Entscheidung über die Aufnahme übertragen. Ebenso unzulässig ist die Übertragung der Entscheidungskompetenz auf ein aus Lehrkräften bestehendes Gremium. Die Einbindung von Lehrkräften muss sich stets auf eine Mitwirkung bei der Aufnahmeentscheidung, etwa in Form der Führung von Aufnahmegesprächen oder der Beratung der Schulleiterin oder des Schulleiters, beschränken. Auch bei einer solchen Mitwirkung muss sichergestellt sein, dass das Letztentscheidungsrecht bei der Schulleiterin oder dem Schulleiter verbleibt (Bülter, Das Aufnahmeverfahren gemäß § 5 Abs. 2 Satz 1 ASchO auf der Grundlage der Rechtsprechung des OVG NRW, NWVBl 2003, 449.

9.2 Vorgaben des Schulträgers

Die Aufnahmebefugnis der Schulleiterin oder des Schulleiters wird durch zulässige Vorgaben des Schulträgers begrenzt. Grundlegend ist insoweit die gesetzliche Vorgabe in § 46 Abs. 1 S. 1 SchulG, nach der die Schulleiterin oder der Schulleiter über die Aufnahme innerhalb des vom Schulträger hierfür festgelegten Rahmens, insbesondere der Zahl der Parallelklassen pro Jahrgang entscheidet. Die Rahmenfestlegungen sind für die Schulleiterin oder den Schulleiter bindend. Sie bzw. er ist nicht befugt, sich hierüber hinwegzusetzen (OVG NRW, Urteil vom 21.2.2013 – 19 A 160/12 –, juris, Rdn. 39).

9.2.1 Rahmenfestlegungen

Rahmenfestlegungen des Schulträgers sind allerdings nur dann bindend, wenn sie im Rahmen der ihm zugewiesenen Aufgaben liegen. Er muss sich auf Festlegungen beschränken, die er auf der Grundlage schulorganisationsrechtlicher Aufgabenzuweisungsnormen mit unmittelbarer Auswirkung auf die Schulaufnahme trifft. Denn mit dem Begriff der Rahmenfestlegung nimmt § 46 Abs. 1 S. 1 SchulG Bezug auf anderweitig im Schulrecht normierte Aufgabenzuweisungen an den Schulträger, insbesondere seine in §§ 78 ff. SchulG normierten Befugnisse zur Errichtung, Organisation, Verwaltungsführung und Unterhaltung der Schule. Er darf deshalb beispielsweise keine Vorgaben für die Anwendung von Aufnahmekriterien machen. Die Anwendung von Aufnahmekriterien ist ausschließlich Sache der Schulleiterin oder des Schulleiters (§ 46 Abs. 2 S. 2 SchulG i.V.m. § 1 Abs. 3 S. 4 AO-GS). Die Entscheidungskompetenz des Schulträgers beschränkt sich auf die Festlegung der Zügigkeit, also die Festlegung der Parallelklassen pro Jahrgang (§ 46 Abs. 1 S. 1 SchulG), die Festlegung der Schulgrößen nach §§ 81 Abs. 1 S. 2, 82 SchulG, die in § 81 Abs. 2 S. 2 SchulG aufgezählten weiteren Schulerrichtungs- und Schuländerungsentscheidungen, die Bildung von Schuleinzugsbereichen nach § 84 Abs. 1 SchulG, die Zustimmung zur Begrenzung der Klassengrößen in den Fällen des Gemeinsamen Lernens (§ 46 Abs. 4 SchulG) oder die Festlegung der kommunalen Klassenrichtzahl für Grundschulen nach § 46 Abs. 3 S. 2 SchulG i.V.m. § 6a VO zu § 93 Abs. 2 SchulG (OVG NRW, Urteil vom 21.2.2013 – 19 A 160/12 –, a.a.O., Rdn. 57 ff.).

9.2.2 Kapazitätsfestlegungen des Schulträgers

Kapazitätsfestlegungen des Schulträgers unterliegen der Nachprüfung in einem verwaltungsgerichtlichen Verfahren gegen die ablehnende Entscheidung der Schulleiterin oder des Schulleiters über die Aufnahme eines Kindes. Mit der Ablehnung des Aufnahmeantrags für die Wunschschule greift die Schulleiterin oder der Schulleiter in das Grundrecht des Kindes und seiner Eltern auf Zugang zum öffentlichen Bildungswesen (Art. 8 Abs. 1 LV. NRW., Art. 2 Abs. 1, Art. 6 Abs. 2 S. 1 GG) ein. Dieser verfassungsrechtliche Anspruch auf Zugang zum öffentlichen Bildungswesen unter zumutbaren Bedingungen schließt grundsätzlich auch das Recht ein, im Rahmen der gesetzlichen Vorschriften aus den vorhandenen öffentlichen Schulen diejenige auszuwählen, die das Kind besuchen soll. Fehlerhafte Kapazitätsfestlegungen des Schulträgers können deshalb einen gerichtlich durchsetzbaren Aufnahmeanspruch begründen (OVG NRW, Beschluss vom 9.1.2017 – 19 B 1066/16 –, juris, Rdn. 9 ff.).

Gemäß § 46 Abs. 3 S. 2 SchulG legt der Schulträger die Zahl und die Verteilung der Eingangsklassen auf die Schulen und Teilstandorte unter Beachtung der Höchstgrenze für die zu bildenden Eingangsklassen an Grundschulen nach § 6a VO zu § 93 Abs. 2 SchulG (vgl. dazu T 7-3). Bei dieser Festlegung handelt es sich um eine Organisationsentscheidung des Schulträgers, mit der er speziell bezogen auf die Primarstufe seine Verantwortung für die Organisation des örtlichen Schulwesens wahrnimmt. Diese Verantwortung besteht in der Verpflichtung, Schulen bei einem entsprechenden Bedürfnis in seinem Gebiet zu errichten und fortzuführen (§ 78 Abs. 4 S. 2 SchulG) und hierzu u.a. die für einen ordnungsgemäßen Unterricht erforderlichen Schulanlagen, Gebäude, Einrichtungen und Lernmittel bereitzuhalten und zu unterhalten (§ 79 SchulG) sowie durch schulorganisatorische Maßnahmen angemessene Klassen- und Schulgrößen zu gewährleisten. Insoweit hat der Schulträger einen weiten Ermessensspielraum, dessen gerichtliche Kontrolle auf die Prüfung beschränkt ist, ob der Schulträger von seinem Organisationsermessen in einer dem Zweck der Ermächtigung entsprechenden Weise Gebrauch gemacht hat (OVG NRW, Beschluss vom 9.1.2017 – 19 B 1066/16 –, a.a.O., Rdn. 22 ff.).

Die Kapazitätsfestlegung für Grundschulen richtet sich maßgeblich nach den Berechnungsgrößen in § 6a Abs. 1 S. 1 VO zu § 93 Abs. 2 SchulG. Die Anzahl der zu bildenden Eingangsklassen an einer Grundschule beträgt danach für jahrgangsbezogenen und jahrgangsübergreifenden Unterricht bei einer Schülerzahl von:

1. bis zu 29 eine Klasse,
2. 30 bis 56 zwei Klassen,
3. 57 bis 81 drei Klassen,
4. 82 bis 104 vier Klassen,
5. 105 bis 125 fünf Klassen,
6. 126 bis 150 sechs Klassen.

Bei jeweils bis zu weiteren 25 Schüler/innen ist eine weitere Eingangsklasse zu bilden (§ 6a Abs. 1 S. 2 VO zu §93 Abs. 2 SchulG).

Diese Festlegungen in § 6a Abs. 1 S. 1 und 2 VO zu § 93 Abs. 2 SchulG ersetzen den bis zum Inkrafttreten dieser Regelung geltenden kapazitätsbestimmenden Bandbreitenhöchstwert (OVG NRW, Beschlüsse vom 9.1.2017 – 19 B 1066/16 –, a.a.O., Rdn. 34 ff., und 7.7.2016 – 19 B 283/16 –, juris, Rdn. 7 ff.). Die Schulleiterin oder der Schulleiter ist bei der Aufnahmeentscheidung an die sich aus § 6a Abs. 1 S. 1 und 2 VO zu § 93 Abs. 2 SchulG ergebenden Kapazitätszahlen gebunden und darf deshalb der Aufnahmeentscheidung keine anderen Zahlen zugrunde legen (OVG NRW, Beschluss vom 7.7.2016 – 19 B 283/16 –, a.a.O., Rdn. 7 ff.).

Die Zahl der nach § 6a Abs. 1 S. 1 und 2 VO zu § 93 Abs. 2 SchulG zu bildenden Klassen kann aus pädagogischen, schulorganisatorischen oder baulichen Gründen unterschritten werden (§ 6a Abs. 1 S. 3 VO zu § 93 Abs. 2 SchulG). Ein schulorganisatorischer (vgl. OVG NRW, Beschluss vom 9.1.2017 – 19 B 1066/16 –, a.a.O., Rdn. 22) und zugleich pädagogischer Grund ist beispielsweise die Einrichtung Gemeinsamen Lernens, die notwendig kleinere Klassen voraussetzt. Bei einer solchen Unterschreitung gilt ebenso wie bei einer Überschreitung die Bandbreite von 15 bis 29 Schüler für die zu bildende Klasse (§ 6a Abs. 1 S. 5 VO zu § 93 Abs. 2 AO-GS). Das bedeutet, die Klassengröße kann beim Gemeinsamen Lernen bei 15 bis 29 Schüler/innen liegen.

Weitere Gesichtspunkte, die der Schulträger bei einer Unterschreitung der sich aus § 6a Abs. 1 S. 1 und 2 VO zu § 93 Abs. 2 SchulG ergebenden Zahl der zu bildenden Klasse berücksichtigen darf, sind beispielsweise vorhandene Raumkapazitäten (OVG NRW, Beschluss vom 20.8.2014 – 19 B 961/14 –, juris, Rdn. 19.), die bauliche Substanz der Schulgebäude, das vorhandene Schulpersonal, der Aspekt der möglichst gleichmäßigen Auslastung aller Schulen (Weber, in: Gesamtkommentar zum SchulG, § 46 Anm. 1.3) oder das Erfordernis einer ausgewogenen Klassenbildung innerhalb aller Grundschulen des Schulträgers (OVG NRW, Beschlüsse vom 20.8.2014 – 19 B 961/14 –, a.a.O., Rdn. 6 ff.). Der Schulträger kann weiter die mit den schulischen Aufgaben der Inklusion, Differenzierung und individuellen Förderung einhergehenden Anforderungen an die Ausstattung der Schule (OVG NRW, Beschluss vom 9.1.2017 – 19 B 1066/16 –, a.a.O., Rdn. 29) oder die Notwendigkeit besonderer Lernbedingungen (OVG NRW, Beschluss vom 20.8.2014 – 19 B 961/14 –, juris, Rdn. 18) berücksichtigen. Eine Begrenzung der Eingangsklassen im Vergleich zu den Eingangsklassen früherer Schuljahre kann ermessensfehlerfrei sein, wenn ohne diese Begrenzung bauliche Erweiterungsmaßnahmen an der Schule notwendig sind, obwohl in anderen Schulen des Schulträgers Aufnahmekapazitäten vorhanden sind (OVG NRW, Beschluss vom 9.1.2017 – 19 B 1066/16 –, a.a.O., Rdn. 29).

Ob pädagogische, schulorganisatorische oder bauliche Gründe für eine Unterschreitung vorliegen, liegt im weiten Gestaltungsermessen des Schulträgers. Die verwaltungsgerichtliche Kontrolle in einem Verfahren gegen die Ablehnung der beantragten Aufnahme beschränkt sich nach dem Rechtsgedanken des für Ermessensverwaltungsakte geltenden § 114 S. 1 VwGO auf die Kontrolle, ob der Schulträger von seinem Organisationsermessen in einer dem Zweck der Ermächtigung entsprechenden Weise Gebrauch gemacht hat (OVG NRW, Beschluss vom 9.1.2017 – 19 B 1066/16 –, a.a.O., Rdn. 25).

Ein strengerer Maßstab gilt bei der Festlegung der Kapazität für Gemeinsames Lernen. Die Rechtmäßigkeit dieser inklusionsspezifischen Kapazitätsbestimmung ist an denselben Maßstäben zu messen, die nach § 20 Abs. 5 SchulG NRW auch für die Einrichtung Gemeinsamen Lernens an einer allgemeinen Schule gelten. Danach kann die Schulaufsichtsbehörde nur dann ausnahmsweise von der Einrichtung Gemeinsamen Lernens absehen, wenn die Schule dafür personell und sächlich nicht ausgestattet ist und auch nicht mit vertretbarem Aufwand dafür ausgestattet werden kann. § 20 Abs. 5 SchulG NRW hat zu einer Umkehr der Beweislast geführt, wenn die Schulaufsichtsbehörde von der Einrichtung Gemeinsamen Lernens absehen will. Sie muss dann konkret und einzelfallbezogen darlegen, warum es an den personellen oder sächlichen Voraussetzungen dafür fehlt und warum sie und der Schulträger diese auch nicht mit vertretbarem Aufwand schaffen können (Gesetzentwurf der Landesregierung zum 9. SchulRÄndG, LT-Drs. 16/2432, S. 53 f.). Diese Maßstäbe sind nicht nur für die Einrichtung Gemeinsamen Lernens dem Grunde nach anzulegen, sondern auch für die Bestimmung der inklusionsspezifischen Aufnahmekapazität, mit der Gemeinsames Lernen innerhalb der allgemeinen Aufnahmekapazität einer Schule einrichtet wird. Wenn Schulträger die inklusionsspezifische Aufnahmekapazität begrenzen und diese Begrenzung zur Ablehnung angemeldeter Inklusionsschüler/innen führt, müssen die Schulträger konkret und einzelfallbezogen darlegen, warum die personellen oder sächlichen Voraussetzungen für eine höhere inklusionsspezifische Aufnahmekapazität an dieser Schule fehlen und auch nicht mit vertretbarem Aufwand geschaffen werden können. Allein die allgemeine (sonder-) pädagogische Erkenntnis über eine generell sinnvolle maximale Zahl an Inklusionsschülern in einer Klasse mit Gemeinsamem Lernen rechtfertigt noch nicht eine beliebige Begrenzung im Einzelfall. Dementsprechend genügt für eine Begrenzung nicht der pauschale Hinweis, der Schulträger halte eine Anzahl von (rechnerisch) 2 bis 3 aufzunehmenden Förderkindern pro Klasse als Erfahrungswert pädagogisch für sinnvoll (OVG NRW, Beschluss vom 26.11.2014 – 19 E 1053/14 –, juris, Rdn. 6 ff.).

Eine Überschreitung der sich aus § 6a Abs. 1 S. 1 und 2 VO zu § 93 Abs. 2 SchulG ergebenden Zahl der zu bildenden Klassen ist nach § 6a Abs. 1 S. 4 VO zu § 93 Abs. 2 SchulG nur zulässig, sofern es sich um die einzige Grundschule einer Gemeinde handelt, diese mehr als einen Standort hat und die nach der kommunalen Klassenrichtzahl (§ 6a Abs. 2 VO zu § 93 Abs. 2 SchulG) ermittelte Höchstzahl für die zu bildenden Eingangsklassen nicht überschritten wird. Gebildete Klassen werden grundsätzlich unabhängig von später eintretenden Schülerzahlveränderungen fortgeführt (§ 6a Abs. 1 S. 6 VO zu § 93 Abs. 2 SchulG). In besonderen Ausnahmefällen kann die Schulaufsichtsbehörde zulassen, dass Klassen in der Fortführung zusammengelegt oder geteilt werden, wenn dies aus pädagogischen, schulorganisatorischen oder baulichen Gründen erforderlich wird (§ 6a Abs. 1 S. 6 VO zu § 93 Abs. 2 SchulG).

9.3 Aufnahme von Kindern mit sonderpädagogischem Unterstützungsbedarf

Wenn an einer Schule der Sekundarstufe I ein Angebot zum Gemeinsamen Lernen eingerichtet und eine Aufnahmekapazität für Schüler/innen mit festgestelltem Bedarf an sonderpädagogischer Unterstützung bestimmt ist, führt die Schulleiterin oder der Schulleiter gemäß § 1 Abs. 4 S. 1 APO-S I ein eigenständiges Aufnahmeverfahren für diese Plätze durch. Das ist überaus sinnvoll, weil bei einem Anmeldeüberhang ansonsten die Gefahr besteht, dass etwa bei der Durchführung eines Losverfahrens (§ 1 Abs. 2 Nr. 7 APO-S I) Kinder mit sonderpädagogischem Unterstützungsbedarf nicht zum Zuge kommen, obwohl Gemeinsames Lernen eingerichtet ist. Leider besteht diese Gefahr in der Primarstufe, weil die AO-GS keine dem § 1 Abs. 4 S. 1 APO-S I vergleichbare Regelung enthält.

Nach § 1 Abs. 2 S. 2 AO-GS haben Kinder mit festgestelltem Bedarf an sonderpädagogischer Unterstützung Anspruch auf Aufnahme in die von der Schulaufsicht vorgeschlagene, ihrer Wohnung nächstgelegene Grundschule der gewünschten Schulart in ihrer Gemeinde, an der Gemeinsames Lernen eingerichtet ist. Aus dieser Vorschrift ergibt sich kein subjektives Recht der Kinder mit sonderpädagogischem Unterstützungsbedarf und ihrer Eltern auf vorrangige Aufnahme an Grundschulen mit Gemeinsamen Lernen. Nach der Begründung der Regelung in § 1 Abs. 2 S. 2 AO-GS beinhaltet die Regelung „lediglich" die Klarstellung, dass der Anspruch gemäß § 46 Abs. 3 S. 1 SchulG auf Aufnahme in die der Wohnung nächstgelegenen Grundschule der gewünschten Schulart auch für angemeldete Kinder mit festgestelltem Bedarf an sonderpädagogischer Unterstützung gilt, soweit Gemeinsames Lernen eingerichtet ist (Landtag NRW, Vorlage 16/1710, Entwurf der Änderung der APO-S I und AO-GS, S. 5). Kinder mit und ohne Behinderung sind danach bei der Aufnahme in eine Grundschule gleichgestellt. Da die AO-GS auch nicht vorsieht, dass für Kinder mit sonderpädagogischem Unterstützungsbedarf ein gesondertes Aufnahmeverfahren im Umfang der für solche Kinder im Gemeinsamen Unterricht vorgesehenen Plätze durchzuführen ist, kann es bei einem Anmeldeüberhang und Anwendung der in § 1 Abs. 3 AO-GS vorgesehenen Aufnahmekriterien geschehen, dass keine oder nur wenige Kinder mit sonderpädagogischem Unterstützungsbedarf im Aufnahmeverfahren zum Zuge kommen. Deshalb bleibt zu wünschen, dass eine dem § 1 Abs. 4 S. 1 APO-S I vergleichbare Regelung auch in die AO-GS aufgenommen wird. Solange dies nicht geschieht, bleibt bei einem Anmeldeüberhang für die Schulleiterin oder den Schulleiter nur die Möglichkeit, Kinder mit sonderpädagogischem Unterstützungsbedarf als Härtefälle i.S.d. § 1 Abs. 3 S. 1, Hs. 1 AO-GS einzustufen und vorrangig vor anderen angemeldeten Kindern aufzunehmen. Hierzu ist die Schulleiter/in im Rahmen ihres bzw. seines Ermessens bei der Festlegung der Härtefallkriterien befugt (vgl. dazu T 3-9.5.2.1).

Die Gleichstellung gemäß § 1 Abs. 2 S. 2 AO-GS betrifft nach dem Wortlaut der Vorschrift nur solche Kinder mit sonderpädagogischen Unterstützungsbedarf, die eine Grundschule mit Gemeinsamen Lernen in ihrer (Wohnsitz-) Gemeinde besuchen möchten. Weitere Voraussetzungen sind, dass es sich um die der Wohnung nächstgelegene Grundschule mit Gemeinsamen Lernen handelt und diese Schule von der Schulaufsichtsbehörde im Verfahren auf Feststellung des sonderpädagogischem Unterstützungsbedarfs vorgeschlagen worden ist (§ 19 Abs. 5 S. 3 SchulG, § 16 Abs. 1 AO-SF). Nach § 1 Abs. 2 S. 2 AO-GS müssen diese Voraussetzungen kumulativ vorliegen, d.h., das Kind und seine Eltern können sich nicht mit Erfolg auf § 1 Abs. 2 S. 2 AO-GS berufen, wenn eine der genannten Voraussetzungen nicht erfüllt ist.

9.4 Aufnahme an Bekenntnisschulen

Für die Aufnahme von Kindern an Bekenntnisschulen gelten nicht nur die in T 3-8 dargelegten Grundsätze über die Aufnahme von bekenntnisfremden Kindern. Darüber hinaus muss die Schulleiterin oder der Schulleiter bei einem Anmeldeüberhang und bei dem deshalb (§ 1 Abs. 3 S. 2 AO-GS) durchzuführenden Aufnahmeverfahren Kinder, die ein der Bekenntnisschule entsprechendes Bekenntnis haben, vorrangig vor bekenntnisfremden Kindern aufnehmen. Das ergibt sich auch aus Nr. 1.2.3 Abs. 3 VVzAO-GS. Danach haben bei einem Anmeldeüberhang an einer Bekenntnisschule Kinder, die dem Bekenntnis angehören, bei der Aufnahme Vorrang gegenüber anderen Kindern. Das hat etwa bei Anwendung des Aufnahmekriteriums „Schulweg" (§ 1 Abs. 3 S. 3 Nr. 2 AO-GS) zur Folge, dass Kinder mit entsprechendem Bekenntnis auch dann vorrangig aufzunehmen sind, wenn sie im Vergleich zu bekenntnisfremden Kindern einen längeren Schulweg haben. Das entspricht der Rechtsprechung des OVG NRW.

Nach dieser Rechtsprechung entscheidet die Schulleiterin oder der Schulleiter einer Grundschule nur im Grundsatz nach Ermessen über die Schulaufnahme, insbesondere darüber, welche und wie viele der in § 1 Abs. 3 S. 4 AO-GS abschließend aufgezählten Aufnahmekriterien sie heranzieht. Zwingend verpflichtet ist sie im Grundsatz lediglich, Härtefälle zu berücksichtigen und bevorzugt aufzunehmen sowie zumindest eines der genannten Aufnahmekriterien heranzuziehen. Bei Bekenntnisgrundschulen ist dieses Ermessen aus Gründen vorrangigen Landesverfassungsrechts dahin eingeschränkt, dass die Schulleiterin den Aufnahmeantrag eines formell bekenntnisangehörigen Kindes vorrangig vor den Anträgen der bekenntnisfremden Kinder berücksichtigen muss. Die Aufnahmekriterien in § 1 Abs. 3 S. 4 AO-GS darf sie oder er für einen solchen Antrag nur heranziehen, wenn sich der Anmeldeüberhang ausschließlich aus Anmeldungen formell bekenntnisangehöriger Kinder ergibt, was tatsächlich ganz selten vorkommen dürfte. Ergibt sich der Überhang hingegen aus der Summe der Anmeldungen bekenntnisangehöriger und bekenntnisfremder Kinder, darf die Schulleiterin oder der Schulleiter diese Kriterien nur für die Anmeldungen der bekenntnisfremden Kinder heranziehen, die gegenüber bekenntnisangehörigen Kindern nur nachrangig zu berücksichtigen sind (OVG NRW, Beschluss vom 21.3.2016 – 19 B 996/15 –, juris, Rdn. 8 ff., m.w.N.).

Offengelassen hat das OVG NRW, wie sich dieser landesverfassungsrechtliche Vorrang von Schulaufnahmeanträgen formell bekenntnisangehöriger Kinder bei der Aufnahme in eine Bekenntnisgrundschule in anderen Konkurrenzsituationen auswirkt, ob etwa ein vorrangiger Aufnahmeanspruch von als Härtefälle anzusehenden bekenntnisfremden Kindern oder von Inklusionsschülern besteht (OVG NRW, Beschluss vom 21.3.2016 – 19 B 996/15 –, a.a.O., Rdn. 10, m.w.N.). Es spricht Einiges dafür, dass auch in diesen Fällen bekenntnisangehörige Kinder vorrangig aufzunehmen sind. Denn das OVG NRW leitet deren vorrangigen Aufnahmeanspruch aus der Landesverfassung her. Insoweit hat das OVG NRW ausgeführt, prägende Merkmale des landesverfassungsrechtlichen Begriffs der Bekenntnisschule in Art. 12 Abs. 3 S. 2 LV. NRW. seien sowohl der bekenntnisgebundene Charakter der Schulerziehung (materielle Homogenität) als auch die weitgehend einheitliche formelle Zugehörigkeit der Lehrer- und Schülerschaft zur jeweiligen Religionsgemeinschaft (formelle Homogenität). Zur formellen Homogenität gehöre, dass formell der Religionsgemeinschaft angehörende Kinder ihre Schulaufnahme vorrangig vor bekenntnisfremden Kindern beanspruchen könnten. Jenen gewähre Art. 12 Abs. 3 S. 2 LV. NRW. einen im Grundsatz vorbehaltlosen Zugang zu Schulen ihres Bekenntnisses, während Art. 13 LV NRW bekenntnisfremden Kindern einen Anspruch auf Zugang zu einer Bekenntnisschule nur ausnahmsweise dann einräume, wenn sie in zumutbarer Entfernung weder eine Schule des eigenen Bekenntnisses noch eine Gemeinschaftsschule erreichen könnten (OVG NRW, Beschluss vom 21.3.2016 – 19 B 996/15 –, a.a.O., Rdn. 13 ff.). Nach Art. 12 Abs. 3 S. 2 LV. NRW. werden in Bekenntnisschulen Kinder des katholischen oder des evangelischen Glaubens oder einer anderen Religionsgemeinschaft nach den Grundsätzen des betreffenden Bekenntnisses unterrichtet und erzogen. Nach

Art. 13 LV. NRW. darf wegen des religiösen Bekenntnisses im Einzelfalle keinem Kinde die Aufnahme in eine öffentliche Schule verweigert werden, falls keine entsprechende Schule vorhanden ist.

Im Übrigen kommt es bei der Aufnahmeentscheidung nur auf die formelle Zugehörigkeit zum Bekenntnis an (OVG NRW, Beschluss vom 21.3.2016 – 19 B 996/15 –, a.a.O., Rdn. 17). Die Schulleiterin oder der Schulleiter darf deshalb die Aufnahme eines Kindes nicht mit der Begründung ablehnen, dass Kind gehöre nur formell dem Bekenntnis an, lebe aber ebenso wie seine Eltern nicht nach diesem Bekenntnis.

9.5 Aufnahmeverfahren und -kriterien

Soweit freie Aufnahmekapazitäten vorhanden sind, nimmt die Schulleiterin oder der Schulleiter nicht nur diejenigen Kinder auf, die nach § 1 Abs. 2 AO-GS und bei Bekenntnisschulen aufgrund ihres Bekenntnisses einen Aufnahmeanspruch haben, sondern auch andere Kinder (§ 1 Abs. 3 S. 1 AO-GS). Mit „andere Kinder" sind solche gemeint, die keinen Aufnahmeanspruch haben, weil es sich beispielsweise nicht um gemeindeangehörige Kinder handelt, für die die Grundschule nicht die der Wohnung nächstgelegene Schule ist.

Übersteigt die Zahl der Anmeldungen die vorhandenen Aufnahmekapazitäten, liegt ein Anmeldeüberhang vor. In diesem Fall führt die Schulleiterin oder der Schulleiter ein Aufnahmeverfahren durch (§ 1 Abs. 3 S. 2 AO-GS). Vorrangig berücksichtigt werden Kinder mit Wohnsitz in der Gemeinde (§ 1 Abs. 3 S. 3 AO-GS) und Härtefälle (§ 1 Abs. 3 S. 4, Hs. 1 AO-GS). Im Übrigen werden die in § 1 Abs. 3 S. 4, Hs. 2 AO-GS genannten Aufnahmekriterien angewandt.

9.5.1 Ermessen der Schulleiterin oder des Schulleiters

Über die Aufnahme der Schülerin oder des Schülers in die Schule entscheidet gemäß § 46 Abs. 1 S. 1 SchulG die Schulleiterin oder der Schulleiter innerhalb des vom Schulträger hierfür festgelegten Rahmens, insbesondere der Zahl der Parallelklassen pro Jahrgang. Die Vorschrift ermächtigt die Schulleiterin oder den Schulleiter, nach Ermessen über die Aufnahme der Schüler/innen zu entscheiden, wenn bestimmte tatbestandliche Voraussetzungen erfüllt sind. Das ergibt sich aus ihrem Wortlaut „entscheidet" sowie aus dem Fehlen einer gesetzlich zwingend normierten Aufnahmeverpflichtung des Schulleiters. Auch unterscheidet § 46 Abs. 2 S. 2 SchulG zwischen „Aufnahmevoraussetzungen" und „Aufnahmekriterien". Mit diesem Begriffspaar deutet schon das Gesetz selbst an, dass die Schulaufnahme einerseits von tatbestandlichen Voraussetzungen abhängen kann, die zwingend erfüllt sein müssen, und der Schulleiter andererseits insbesondere bei einem Anmeldeüberhang nach seinem Ermessen Auswahlkriterien heranziehen kann, nach denen er über die Aufnahme des Schülers entscheidet (OVG NRW, Urteil vom 21.2.2013 –, juris, Rdn. 37; Bülter, Das Aufnahmeverfahren gemäß § 5 Abs. 2 Satz 1 ASchO auf der Grundlage der Rechtsprechung des OVG NRW, NWVBl 2003, 449 (451 f.).

Ermessen für die Entscheidung über die Aufnahme eines Kindes ist der Schulleiterin oder dem Schulleiter eröffnet, soweit rechtmäßige und damit wirksame

Rahmenfestlegungen des Schulträgers diese ermöglichen. An diese Rahmenfestlegungen ist die Schulleiterin oder der Schulleiter gebunden (dazu III.9.2). Die Schulleiterin oder der Schulleiter hat das Ermessen entsprechend dem Zweck der Ermächtigung auszuüben und die gesetzlichen Grenzen des Ermessens einzuhalten (§§ 2 Abs. 3 Nr. 3, 40 VwVfG NRW). Soweit die Schulleiterin oder der Schulleiter nach Ermessen über die Schulaufnahme entscheidet, ist die gerichtliche Überprüfung nach § 114 S. 1 VwGO eingeschränkt.

Der objektiven Pflicht der Schulleiterin oder des Schulleiters zu pflichtgemäßer Ermessensausübung korrespondiert subjektiv-rechtlich ein Anspruch der Schüler/innen und ihrer Eltern auf ermessensfehlerfreie Entscheidung. Denn der Zweck des § 46 Abs. 1 S. 1 SchulG NRW besteht vorrangig darin, möglichst weitgehend dem Grundrecht der Schüler/innen aus Art. 8 Abs. 1 S. 1 LV. NRW., Art. 2 Abs. 1, 12 Abs. 1 GG auf Erziehung und Bildung sowie dem Grundrecht der Eltern aus Art. 8 Abs. 1 Satz 2 LV. NRW., Art. 6 Abs. 2 S. 2 GG Rechnung zu tragen, die Erziehung und Bildung ihres Kindes zu bestimmen. Diese Grundrechte umfassen das Recht auf Zugang zum öffentlichen Bildungswesen unter zumutbaren Bedingungen sowie das Recht, den schulischen Bildungsweg und damit auch die Schulform frei zu wählen. Der verfassungsrechtliche Anspruch auf Zugang zum öffentlichen Bildungswesen unter zumutbaren Bedingungen schließt auch das Recht, im Rahmen der gesetzlichen Vorschriften aus den bestehenden öffentlichen Schulen die konkrete einzelne Schule auszuwählen, die das Kind besuchen soll, jedenfalls dann grundsätzlich ein, wenn die gewählte konkrete Schule ein besonderes pädagogisches Profil aufweist. Für Grundschüler konkretisieren § 46 Abs. 3 S. 1 SchulG, § 1 Abs. 2 S. 1 AO-GS auch einfachgesetzlich diesen Zugangsanspruch als einen solchen auf Aufnahme in die der Wohnung nächstgelegene Grundschule der gewünschten Schulart in der Gemeinde. (OVG NRW, Urteil vom 21.3.2013 – 19 A 160/12 –, a.a.O., Rdn. 41 ff., m.w.N.; Bülter, a.a.O., 451).

Auf eine ermessensfehlerfreie Entscheidung über den Aufnahmeantrag nach §§ 46 Abs. 1 S. 1 SchulG, 1 Abs. 3 S. 2 bis 4 AO-GS ist der Anspruch insbesondere bei einem Anmeldeüberhang beschränkt. Ein solcher schließt für alle angemeldeten Schüler/innen einen strikten Schulaufnahmeanspruch aus. Weder die Schulformwahlfreiheit noch das Recht auf Wahl der konkreten einzelnen Schule haben verfassungsrechtlich regelmäßig ein Gewicht, welches in diesem Fall den Gesichtspunkt der Kapazitätserschöpfung zurückdrängen könnte. Denn sie finden prinzipiell ihre Grenzen im staatlichen Bildungs- und Erziehungsauftrag aus Art. 10, 12 LV. NRW., Art. 7 Abs. 1 GG zur Organisation des Schulwesens wie auch in den prinzipiell gleichrangigen Grundrechten anderer Eltern und Schüler/innen. Das Recht auf Wahl der konkreten einzelnen Schule hat im Vergleich zur Schulformwahlfreiheit regelmäßig deutlich geringeres Gewicht. Gegenläufige Belange wie die Kapazitätserschöpfung an der gewählten konkreten einzelnen Schule können es leichter zurückdrängen als diese. Ein Anspruch der einzelnen Schülerin und des einzelnen Schülers auf Aufnahme in eine bestimmte Schule kann sich aus den genannten Grundrechten nur dann ergeben, wenn das Ermessen der Schulleiterin oder des Schulleiters im Einzelfall auf diese Entscheidung reduziert ist (OVG NRW, Urteil vom 21.3.2013 – 19 A 160/12 –, a.a.O., Rdn. 49 ff., m.w.N.; Bülter, a.a.O., 452).

9.5.2 *Aufnahmekriterien*

Die Schulleiterin oder der Schulleiterin müssen zwei Kriterien bei der Aufnahmeentscheidung zwingend berücksichtigen. Das sind die Gemeindezugehörigkeit (§ 1 Abs. 3 S. 3 AO-GS) und das Vorliegen von Härtefallen (§ 1 Abs. 3 S. 4, Hs. 2 AO-GS).

9.5.2.1 *Härtefälle*

Bei der bevorzugten Berücksichtigung von Härtefällen hat die Schulleiterin oder der Schulleiter insoweit Ermessen, als sie oder er abstrakt-generelle Härtefallkriterien festlegen kann, also Umstände, nach denen sie oder er das Vorliegen eines vorrangig zu berücksichtigenden Härtefalls definiert. Ebenso kann sie oder er auch von einer Definition abstrakt-genereller Härtefallkriterien absehen und über das Vorliegen eines Härtefalls ausschließlich einzelfallbezogen entscheiden. Legt die Schulleiterin oder der Schulleiter abstrakt-generelle Härtefallkriterien fest, bestimmt sie oder er nach Ermessen, ob diese den Härtefall alternativ, kumulativ oder nur nach Maßgabe einer Einzelfallentscheidung begründen sollen. So gesehen ist das Härtefallkriterium in § 1 Abs. 2 S. 1 APO-S I ein unbestimmter Rechtsbegriff, der nur im Ausgangspunkt rechtlich zwingend vorgeprägt ist und der im Wesentlichen der ermessensgerechten Ausfüllung durch die Schulleiterin oder den Schulleiter bedarf. Allenfalls im Sinne einer groben Zielvorgabe lässt sich ein Härtefall als eine außergewöhnliche Sondersituation eines einzelnen angemeldeten Kindes umschreiben, in der es gewichtige, in dessen Person oder in seiner familiären Situation liegende individuelle Gründe unter Zumutbarkeitsgesichtspunkten rechtfertigen, es auch unter Inkaufnahme einer Reduzierung der Aufnahmechance konkurrierender Schüler/innen und ihrer Eltern bevorzugt aufzunehmen. Im Rahmen dieser allgemeinen Umschreibung bestimmt die Schulleiterin oder der Schulleiter nach Ermessen, ob und welche Härtefallkriterien sie oder er anwendet. Hierbei verbleibt ein erheblicher Ermessensspielraum, insbesondere wie hoch sie oder er die Schwelle des Härtefalls im Einzelfall jeweils ansetzt. Die gerichtliche Überprüfung seiner Ermessensausübung ist auf die das Vorliegen von Ermessensfehlern beschränkt (§ 114 S. 1 VwGO). Ein Verwaltungsgericht verletzt seine Kontrollkompetenz, wenn es sein eigenes Verständnis von einem Härtefall an die Stelle desjenigen der Schulleiterin oder des Schulleiters setzt, indem es unter das Härtefallkriterium in dieser Vorschrift wie unter ein gerichtlich voll überprüfbares Tatbestandsmerkmal subsumiert (OVG NRW, Beschlüsse vom 17.8.2016 – 19 B 861/16 –, juris, Rdn. 4 f., und 13.12.2013 – 19 A 2054/13 –, juris, Rdn. 5 ff., m.w.N.).

In der Rechtsprechung anerkannte Härtefallgesichtspunkte sind etwa: Legasthenie und ADHS (OVG NRW, Beschluss vom 13.12.2013 – 19 A 2054/13 –, a.a.O., Rdn. 10), soziale, familiäre und pädagogische Besonderheiten (OVG

NRW, Beschluss vom 26.9.2005 – 19 E 1106/05 –, juris, Rdn. 3), Aufmerksamkeits-Defizit-Syndrom (OVG NRW, Beschluss vom 19.8.2004 – 19 B 1579/04 –, juris, Rdn. 20) oder Tod eines Elternteils (OVG NRW, Beschluss vom 16.1.2004 – 19 E 23/04 –, juris, Rdn. 6). Der Aspekt alleinerziehender Elternteil kann, muss aber nicht notwendig als Härtefallkriterium angesehen werden (OVG NRW, Beschluss vom 16.1.2004 – 19 E 23/04 –, juris, Rdn. 6; Bülter, a.a.O., 453). Ärztliche Atteste, die zur Begründung eines Härtefalls aus gesundheitlichen Gründen vorgelegt werden, müssen hinreichend aussagekräftig sein. Das ist nicht der Fall, wenn sie lediglich pauschale Angaben enthalten (OVG NRW, Beschluss vom 17.8.2016 – 19 B 861/16 –, juris, Rdn. 7 f.).

9.5.2.2 Sonstige Kriterien

In § 1 Abs. 3 S. 4, Hs. 2 AO-GS werden abschließend die weiteren Aufnahmekriterien angeführt, die die Schulleiterin oder der Schulleiter berücksichtigen darf: Geschwisterkinder, Schulwege, Besuchs eines Kindergartens in der Nähe der Schule, ausgewogenes Verhältnis von Mädchen und Jungen sowie ausgewogenes Verhältnis von Schüler/innen unterschiedlicher Herkunftssprache. Nach § 1 Abs. 3 S. 4 AO-GS muss die Schulleiterin oder Schulleiter zwingend eines dieser Kriterien berücksichtigen. In ihrem oder seinem Ermessen liegt die Entscheidung, ob weitere Kriterien angewandt werden. Bei der Auswahl der Kriterien ist die Schulleiterin oder der Schulleiter nicht an die Reihenfolge der in § 1 Abs. 3 S. 4, Hs. 2 AO-GS Kriterien gebundenen. Die Nennung des Kriteriums der Herkunftssprache an letzter Stelle bedeutet deshalb nicht, dass die in der Reihenfolge zuvor genannten Kriterien Vorrang haben.

Es besteht keine Verpflichtung der Schulleiterin oder des Schulleiters Geschwisterkinder vorrangig aufzunehmen. Vielmehr steht es auch mit dem staatlichen Schutz- und Förderungsgebot für Familien aus Art. 6 Abs. 1 GG in Einklang, Entscheidung über die Berücksichtigung von Geschwisterkindern in das Ermessen der Schulleiterin oder des Schulleiters zu stellen (OVG NRW, Beschluss vom 17.8.2016 – 19 B 826/16 –, juris; Bülter, a.a.O., 453).

Bei der Berücksichtigung des Kriterium „Schulweg" (§ 1 Abs. 3 S. 4 Nr. 2 AO-GS) kommt es ausschließlich auf die Entfernung zwischen der Wohnung und der Grundschule, bei der die Aufnahme beantragt worden ist, an. Dadurch unterscheidet sich das Kriterium von dem Begriff der nächstgelegenen Grundschule in § 1 Abs. 2 S. 1 AO-GS, das einen Vergleich der Entfernungen der Wohnungen zu allen umliegenden Grundschulen erfordert (OVG NRW, Beschluss vom 9.1.2017 – 19 B 1066/16 –, juris, Rdn. 39).

9.6 Begründung der Aufnahmeentscheidung

Die Entscheidung über die beantragte Aufnahme ist ein Verwaltungsakt i.S.d. § 35 S. 1 VwVfG NRW (vgl. Bülter, a.a.O., 454). Für die Begründung der Aufnahmeentscheidung gelten deshalb die Anforderungen gemäß § 2 Abs. 3 S. 1 und 2 i.V.m. § 39 VwVfG NRW, weil es sich nicht i.S.d. § 2 Abs. 3 S. 2 VwVfG NRW um eine Leistungsbeurteilung der Schule handelt.

Wird dem Aufnahmeantrag entsprochen, kann auf eine nähere Begründung verzichtet werden. Denn nach § 39 Abs. 2 Nr. 1 VwVfG NRW bedarf es keiner Begründung des Verwaltungsaktes, soweit die Behörde einem Antrag entspricht.

Wird der Aufnahmeantrag abgelehnt, ist demgegenüber eine Begründung erforderlich. Außerdem sollte dem Ablehnungsbescheid eine Rechtsbehelfsbelehrung beigefügt werden, damit die Monatsfrist für den Widerspruch (§ 70 Abs. 1 S. 1 VwGO) in Lauf gesetzt wird. Fehlt eine Rechtsbehelfsbelehrung, läuft die Jahresfrist gemäß § 58 Abs. 2 S. 1 VwGO.

Die Begründung des Ablehnungsbescheides muss nach § 39 Abs. 1 S. 2 VwVfG NRW die wesentlichen tatsächlichen und rechtlichen Gründe mitteilen, die die Schulleiterin oder den Schulleiter zu der Entscheidung bewogen hat.

Soweit aufgrund eines Anmeldeüberhangs ein Aufnahmeverfahren durchgeführt worden ist, hat die Schulleiterin oder der Schulleiter eine Ermessensentscheidung getroffen, die außerdem den Begründungsanforderungen des § 39 Abs. 1 S. 3 VwVfG NRW genügen muss. Danach soll die Begründung von Ermessensentscheidungen auch die Gesichtspunkte erkennen lassen, von denen die Behörde bei der Ausübung ihres Ermessens ausgegangen ist. Zu den wesentlichen Begründungselementen eines ablehnenden Aufnahmebescheides gehören hiernach regelmäßig mindestens die Zahlen der angemeldeten und aufgenommenen Schüler/innen sowie die Aufnahmekapazität und die konkret angewendeten Aufnahmekriterien. Pauschale Begründungen, die auf jeden Ablehnungsbescheid eines beliebigen Schuljahres einer jeden Grundschule mit Anmeldeüberhang passen, genügen nicht (OVG NRW, Beschluss vom 7.7.2016 – 19 B 283/16 –, juris, Rdn. 16 f.). Ein Begründungsmangel kann gemäß § 45 Abs. 1 Nr. 2 und Abs. 2 VwVfG NRW bis zum Abschluss eines verwaltungsgerichtlichen Klageverfahrens geheilt werden (OVG NRW, Beschluss vom 7.7.2016 – 19 B 283/16 –, juris, Rdn. 17).

9.7 Rechtsschutz

Gegen die Ablehnung der beantragten Aufnahme kann nach erfolglos durchgeführtem Widerspruchsverfahren (§§ 68 ff. VwGO) Klage beim Verwaltungsgericht erhoben werden. Es handelt sich um eine Verpflichtungsklage i.S.d. § 42 Abs. 1 VwGO, weil der Erlass eines begünstigenden Verwaltungsaktes, die beantragte Aufnahme, erstrebt wird. Im Eilverfahren kann beim Verwaltungsgericht ein Antrag auf Erlass einer einstweiligen Anordnung (§ 123 Abs. 1 S. 2 VwGO) gestellt werden.

Der Erfolg des Eilantrags setzt die Glaubhaftmachung eines Anordnungsgrundes und eines Anordnungsanspruches voraus (§ 123 Abs. 3 VwGO i.V.m. § 920 Abs. 2 ZPO). Einen Anordnungsgrund verneinte das OVG NRW in seiner früheren Rechtsprechung dann, wenn der Schülerin oder dem Schüler der Besuch einer anderen als der gewünschten Schule zumutbar war. Diese Rechtsprechung hat das OVG NRW mit seinem Beschluss vom 9.1.2017 – 19 B 1066/16 –, juris, Rdn. 5 ff., aufgegeben. Unter Hinweis darauf, dass auch nach der Rechtsprechung des BVerfG die Anforderungen an die Glaubhaftmachung eines Anordnungsgrundes nicht überspannt werden dürften, hat das OVG NRW darauf abgestellt, dass ein wesentlicher, einen Anordnungsgrund begründender Nachteil auch darin liege, dass der Schülerin oder dem Schüler der Besuch der dem Elternwunsch entsprechenden Schule verwehrt bleibe. Danach liegt in allen Fällen, in denen ein Aufnahmeantrag abgelehnt worden ist, ein Anordnungsgrund vor, ohne dass es auf konkrete individuelle Nachteile, die sich aus der Ablehnungsentscheidung ergeben, ankommt. Im Ergebnis läuft die Rechtsprechung des OVG NRW damit darauf hinaus, generell auf die Glaubhaftmachung eines Anordnungsgrundes im Einzelfall zu verzichten. Das ist mit § 123 Abs. 3 VwGO i.V.m. § 920 Abs. 2 ZPO nicht vereinbar. Danach ist stets neben einem Anordnungsanspruch auch ein Anordnungsgrund glaubhaft zu machen.

9.8 Aufnahme zum Schuljahres- und Halbjahresbeginn

Die Aufnahme von Schüler/innen (d. h. der Beginn des Schulverhältnisses) erfolgt grundsätzlich zu Beginn des Schuljahres. Die **Aufnahmeentscheidung** selbst wird aber in der Regel zu einem früheren Zeitpunkt erfolgen. Wann z.B. bei einem Übergang von der Grundschule in eine weiterführende Schule von der aufnehmenden Schule über den Aufnahmeantrag entschieden wird, richtet sich nach den örtlichen Verhältnissen (s.a. Teil T 14).

Auch wenn die **Anmeldung** bis spätestens zum 15. 11. des Vorjahres vorgesehen ist, wird die Entscheidung erst nach Ablauf der Frist erfolgen können. Die Entscheidung der Schule muss aber so rechtzeitig vorgenommen werden, dass die Betroffenen sich darauf einrichten können. Ist zu erwarten, dass eine Schule nicht allen Anmeldungen wird entsprechen können und dass innerhalb des Gebietes eines Schulträgers ein Verteilungsverfahren eingeleitet werden muss, ist dieses alsbald durchzuführen; entsprechend den allgemeinen verwaltungsrechtlichen Grundsätzen kann erwartet werden, dass die Entscheidung spätestens innerhalb von drei Monaten nach der Anmeldung getroffen wird, sofern nicht im Rahmen der Überwachung der Schulpflicht kürzere Entscheidungszeiträume erforderlich sind (vgl. § 41 SchulG und T 3-7).

Wann ausnahmsweise eine Aufnahme auch zum **Schulhalbjahresbeginn** erfolgen kann, hat das Gesetz nicht geregelt. Ausnahmeentscheidungen sind immer dann möglich, wenn sie begründet werden können. Die Erfüllung des Wunsches nach einem Schulwechsel muss der aufnehmenden Schule möglich sein und die Belastungen müssen sich in einem vertretbaren Rahmen halten. Für einen Wechsel der Schulart hat § 26 Abs. 5 SchulG bestimmt, dass dieser innerhalb des Schuljahres nur aus wichtigem Grund zulässig ist. Beruht der Schulwechsel auf zwingenden Gründen (z. B. Wohnortwechsel), ist die Schulleitung der aufnehmenden Schule verpflichtet, dem Antrag auch dann zu entsprechen, wenn sie damit den allgemeinen Rahmen für Schüleraufnahmen übersteigt; in einem solchen Fall hat sie sich zuvor aber zu erkundigen, ob die anderen Grundschulen auf dem Gebiet des Schulträgers nicht über größere

Aufnahmekapazitäten verfügen. Ist dies der Fall und liegt die andere Schule auch im Hinblick auf die Schulwegzeit in zumutbarer Entfernung von der Wohnung der Schüler /in, ist sie bzw. er an diese Schule zu verweisen.

9.9 Gastschüler

Nur diejenigen Schüler/innen kommen für ein Gastschülerverhältnis in Betracht, deren endgültige Aufnahme an dieser Schule nicht vorgesehen ist. Die in der Ausbildungsordnung (AO-GS) vorgesehenen Aufnahmevoraussetzungen können nicht dadurch umgangen werden, dass zunächst ein Gastschülerverhältnis begründet wird, das ausschließlich dem Zweck dient, die Schulfähigkeit festzustellen. Als Gastschüler/innen kommen daher in der Regel nur die in Betracht, die sich vorübergehend am Schulort aufhalten (z. B. ausländische Schüler/innen während der Zeit eines Deutschlandaufenthaltes). Sie haben auch bei einem längeren Schulbesuch (maximal 1 Jahr) keinen Anspruch auf Ausstellung eines formellen Zeugnisses, es sei denn, die Schulaufsichtsbehörde stimmt zu. In eine für sie auszustellende Schulbesuchsbescheinigung können dann Leistungsbewertungen aufgenommen werden, wenn die Schüler /in in dem der Beurteilung zugrunde liegenden Zeitraum regelmäßig am Unterricht teilgenommen und sich den vorgesehenen Leistungsprüfungen unterzogen hat.

Die Zuständigkeit für die Aufnahme liegt bei der Schulleitung und nicht beim Schulträger oder der Schulaufsichtsbehörde. Sie muss aber den ihr vom Schulträger vorgegebenen Höchstaufnahmerahmen einhalten und hat dafür zu sorgen, dass die Unterrichts- und Erziehungsarbeit durch Gastschüler/innen nicht behindert wird. Soll ein Gastschülerverhältnis von der Schule vor der ursprünglich vereinbarten Zeit beendet werden, ist die Schule nicht verpflichtet, alle in § 53 SchulG (erzieherische Einwirkungen, Ordnungsmaßnahmen) genannten Verfahrensregeln zu befolgen.

10. Schulärztliche Untersuchung

§ 54 SchulG
Schulgesundheit

(1) Die Schulgesundheitspflege hat das Ziel, Krankheiten der Schülerinnen und Schüler vorzubeugen, sie frühzeitig zu erkennen und Wege zu ihrer Heilung aufzuzeigen. Die Aufgaben der Schulgesundheitspflege nehmen die unteren Gesundheitsbehörden in Zusammenarbeit mit der Schule und den Eltern wahr.

(2) Für jede Schule bestellt die untere Gesundheitsbehörde im Benehmen mit dem Schulträger eine Schulärztin oder einen Schularzt. Der schulärztliche Dienst umfasst insbesondere:

1. *ärztliche Reihenuntersuchungen, insbesondere zur Einschulung und Entlassung, und zahnärztliche Untersuchungen,*
2. *eine besondere Überwachung der Schülerinnen und Schüler, deren Gesundheitszustand eine fortlaufende Kontrolle erforderlich macht,*

3. schulärztliche Sprechstunden für Eltern, Schüler- und Lehrerschaft,
4. gesundheitsfürsorgerische Maßnahmen für die Schülerinnen und Schüler,
5. Beratung der Lehrerinnen und Lehrer in Fragen der Gesundheitspflege,
6. Mitarbeit bei der Bekämpfung übertragbarer Krankheiten in Schulen.

(3) Die Schülerinnen und Schüler sind verpflichtet, sich in Reihenuntersuchungen schulärztlich untersuchen zu lassen. Weitere Maßnahmen zur Schulgesundheitspflege richten sich nach dem Infektionsschutzgesetz.

(4) Schülerinnen und Schüler, deren Verbleib in der Schule eine konkrete Gefahr für die Gesundheit anderer bedeutet, können vorübergehend oder dauernd vom Schulbesuch ausgeschlossen werden. Die Entscheidung trifft die Schulleiterin oder der Schulleiter auf Grund eines Gutachtens des schulärztlichen Dienstes. Bei Gefahr im Verzuge ist die Schulleiterin oder der Schulleiter befugt, einen vorläufigen Ausschluss vom Besuch der Schule auszusprechen.

(5) Der Verkauf, der Ausschank und der Genuss alkoholischer Getränke im Zusammenhang mit schulischen Veranstaltungen sind auf dem Schulgrundstück sowie außerhalb des Schulgrundstücks untersagt. Über Ausnahmen von Satz 1 entscheidet die Schulkonferenz, die bei ihrer Entscheidung insbesondere die Vorbildwirkung zu berücksichtigen hat. Für branntweinhaltige Getränke und sonstige Rauschmittel ist keine Ausnahme möglich.

(6) Das Rauchverbot an Schulen bestimmt sich nach den Vorschriften des Nichtraucherschutzgesetzes NRW.

(7) Die Absätze 1 bis 4 gelten auch für Ersatzschulen; die Absätze 5 und 6 gelten auch für Ersatzschulen und Ergänzungsschulen.

§ 125 Einschränkung von Grundrechten

Durch dieses Gesetz werden eingeschränkt:

1. das Grundrecht der körperlichen Unversehrtheit gemäß Artikel 2 Abs. 2 Satz 1 des Grundgesetzes nach Maßgabe des § 54 (Schulgesundheit),
2. das Grundrecht der Freiheit der Person gemäß Artikel 2 Abs. 2 Satz 2 des Grundgesetzes nach Maßgabe der §§ 34 bis 41 (Schulpflicht) sowie des § 42 Abs. 1 (Allgemeine Rechte und Pflichten aus dem Schulverhältnis),
3. das Grundrecht der Pflege und Erziehung der Kinder gemäß Artikel 6 Abs. 2 Satz 1 des Grundgesetzes nach Maßgabe des § 36 Abs. 2 und 3 (Vorschulische Beratung und Förderung, Feststellung des Sprachstandes),
4. das Grundrecht der Unverletzlichkeit der Wohnung gemäß Artikel 13 Abs. 1 des Grundgesetzes nach Maßgabe des § 41 Abs. 4 (Verantwortlichkeit für die Einhaltung der Schulpflicht).

§ 1 AO-GS Abs. 4 und 5
Aufnahme in die Grundschule

(4) Die schulärztliche Untersuchung zur Einschulung erstreckt sich auf den körperlichen Entwicklungsstand und die allgemeine, gesundheitlich bedingte Leistungsfähigkeit einschließlich der Sinnesorgane des Kindes.

(5) Die Schulleiterin oder der Schulleiter informiert und berät die Eltern

1. *vor der vorzeitigen Aufnahme eines Kindes in die Grundschule,*
2. *vor der Verpflichtung eines Kindes zum Besuch eines vorschulischen Sprachförderkurses.*

VVzAO-GS

zu § 1 Abs. 4 AO-GS

1.41 *Die schulärztliche Untersuchung ist Voraussetzung für die Entscheidung über die Aufnahme. Die untere Gesundheitsbehörde unterrichtet die Eltern rechtzeitig über den Termin der Untersuchung ihres Kindes. Sie bittet die Eltern, bei der Untersuchung anwesend zu sein, damit sie Fragen zum Gesundheitszustand ihres Kindes beantworten und unmittelbar von der Schulärztin oder dem Schularzt über Untersuchungsergebnisse informiert werden können.*

1.42 *Die untere Gesundheitsbehörde leitet das schulärztliche Gutachten der Leitung der Grundschule, an der die Eltern ihr Kind angemeldet haben, zu. Empfiehlt die untere Gesundheitsbehörde, ein Kind aus erheblichen gesundheitlichen Gründen (§ 35 Abs. 3 SchulG) vom Schulbesuch zurückzustellen, erläutert sie die Gründe in ihrem Gutachten. Die Weitergabe schulärztlicher Einzelinformationen an die Schulleitung ist nur dann gerechtfertigt, wenn deren Kenntnis für die spätere Förderung des Kindes erforderlich ist; das Einverständnis der Eltern hierzu ist anzustreben.*

Die Schule bewahrt das schulärztliche Gutachten getrennt vom Schülerstammblatt und verschlossen auf. Schulärztliche Einzelinformationen über den Gesundheitszustand sind nicht zur automatisierten Datenverarbeitung zugelassen (§ 4 Abs. 5 i.V. mit Anlage 2 der VO-DV I – BASS 10-44 Nr. 2.1).

Kinder, die schulpflichtig werden, sind verpflichtet, sich der Untersuchung durch den Schularzt zu stellen. Die Ermächtigung, das Grundrecht auf körperliche Unversehrtheit (Artikel 2 Abs. 2 S. 1 GG) insoweit einzuschränken, ist in § 125 SchulG enthalten. Die Bestimmung des § 1 Abs. 4 AO-GS konkretisiert diese Pflicht für den Bereich des Einschulungsverfahrens. Gerade im Hinblick auf die Bekämpfung übertragbarer Krankheiten ist die schulärztliche Untersuchung unverzichtbare Voraussetzung vor dem Besuch der Grundschule; die eigene Beurteilung oder persönliche Kenntnis durch die Schulleitung kann eine solche Untersuchung in keinem Fall ersetzen.

Neben ihrer Funktion als Instrument der Gefahrenabwehr ist die schulärztliche Untersuchung die wesentliche Grundlage für die Entscheidung der Schulleitung über die Schulfähigkeit des Kindes bei einem Antrag auf vorzeitige Einschulung gemäß § 35 Abs. 2 SchulG. Bei einer Einschulung zu dem allgemeinen gesetzlichen Termin gemäß § 35 Abs. 1 SchulG (T 3-3.1) wird die Schulfähigkeit grundsätzlich unterstellt; es bedarf also keiner Entscheidung der Schulleitung.

Die in den Verwaltungsbestimmungen zu der vorausgegangenen Ausbildungsordnung enthaltenen relativ ausführlichen Hinweise zur schulärztlichen Untersuchung sind in die VV zur neuen Ausbildungsordnung nicht aufgenommen worden, weil sie inhaltlich eher dem Bereich von Dienstanweisungen für die ärztliche Tätigkeit zuzuordnen sind, die nicht Gegenstand einer schulischen Regelung sein können.

Die schulärztliche Beurteilung der allgemeinen, gesundheitlich bedingten Leistungsfähigkeit einschließlich der Sinnesorgane erfolgt primär im Hinblick auf die Schulfähigkeit. Werden bei der Untersuchung Beeinträchtigungen und Behinderungen festgestellt, die auch einen sonderpädagogischen Unterstützungsbedarf zur Folge haben können (vgl. § 13 Abs. 3 AO– SF), sind entsprechende Aussagen in das Gutachten aufzunehmen, ohne dass ein besonderer Auftrag des Schulamtes im Rahmen eines Verfahrens nach der AO-SF vorliegt. Anderenfalls wären Doppeluntersuchungen erforderlich, die weder im Interesse des Kindes noch im Interesse der ohnehin stark belasteten Gesundheitsdienste sein können. Das Gutachten soll mit einer eindeutigen Aussage über die Schulfähigkeit schließen und darüber hinausgehende Informationen nur in dem Umfang enthalten, wie sie für die Förderung des Kindes in der Schule erforderlich sind. Aber auch diese zusätzliche Information sollte nach Möglichkeit nur im Einverständnis mit den Eltern erfolgen. Beruhen die schulärztlichen Befunde und Bewertungen auf Erläuterungen der Eltern zum persönlichen Bereich der Familie, ist stets deren Einverständnis für die Weitergabe erforderlich.

Auch ohne dass es ausdrücklich festgelegt worden ist, haben die Eltern einen Anspruch darauf, das Ergebnis der schulärztlichen Untersuchung zu erfahren; die entsprechenden Untersuchungsgrundlagen und -ergebnisse sind ihnen auf Anforderung zugänglich zu machen.

Die Schulleitung ist nur berechtigt, die schulärztlichen Informationen in dem unverzichtbar notwendigen Umfang an die das Kind unterrichtenden Lehrkräfte weiterzugeben. Wegen der besonderen Verschwiegenheitspflicht gerade in diesem Bereich muss sie sich ggf. darauf beschränken, Informationen nur nach Rückfrage bei den Erziehungsberechtigten an Lehrkräfte weiterzugeben.

Die Aufforderung, ihr Kind zu der schulärztlichen Untersuchung vorzustellen, wird in der Regel bereits in der ersten Information des Schulverwaltungsamtes an die Eltern über die nächstgelegenen Schulen der am Ort vorhandenen Schularten enthalten sein. Die Mitteilung über den konkreten Untersuchungstermin erfolgt durch das Gesundheitsamt zu einem späteren Termin. Dieser Termin sollte so gelegt werden, dass das Gutachten der Grundschule bis zum letztmöglichen Anmeldetermin zugeleitet werden kann. Ergeben sich bei der Untersuchung Anhaltspunkte dafür, die Schulfähigkeit zu verneinen und dass erhebliche gesundheitliche Gründe für eine Zurückstellung sprechen, kann aber gerade bei einem frühen Termin nicht ausgeschlossen werden, dass die ärztlichen Bedenken bis zum Schuljahresbeginn ausgeräumt sein werden; dann kann auch ein zunächst nur vorläufiges Gutachten erstellt werden.

Teil 4: Vorzeitige Einschulung

Inhaltsübersicht

1. Rechtliche Grundlagen

§ 35 Abs. 1 und 2 SchulG

Beginn der Schulpflicht

(1)Die Schulpflicht beginnt für Kinder, die bis zum Beginn des 30. 9. das sechste Lebensjahr vollendet haben, am 1. August desselben Kalenderjahres.

(2) Kinder, die nach dem in Absatz 1 genannten Zeitpunkt das sechste Lebensjahr vollenden, können auf Antrag der Eltern zu Beginn des Schuljahres in die Schule aufgenommen werden, wenn sie die für den Schulbesuch erforderlichen körperlichen und geistigen Voraussetzungen besitzen und in ihrem sozialen Verhalten ausreichend entwickelt sind (Schulfähigkeit); sie werden mit der Aufnahme schulpflichtig. Die Entscheidung trifft die Schulleiterin oder der Schulleiter unter Berücksichtigung des schulärztlichen Gutachtens.

§ 120 Abs. 1, 3 SchulG

Schutz der Daten von Schülerinnen und Schülern und Eltern

(1) Schulen und Schulaufsichtsbehörden dürfen personenbezogene Daten der Schülerinnen und Schüler, der in § 36 genannten Kinder sowie der Eltern verarbeiten, soweit dies zur Erfüllung der ihnen durch Rechtsvorschrift übertragenen Aufgaben erforderlich ist. Die gespeicherten personenbezogenen Daten dürfen in der Schule nur den Personen zugänglich gemacht werden, die sie für die Erfüllung ihrer Aufgaben benötigen.

(3) Standardisierte Tests und schriftliche Befragungen von Schulanfängerinnen und -anfängern (§ 36) und Schülerinnen und Schülern dürfen in der Schule nur durchgeführt werden, soweit dies für die Feststellung der Schulfähigkeit oder des Sprachstandes, für eine sonderpädagogische Förderung oder für Maßnahmen zur Qualitätsentwicklung und Qualitätssicherung geeignet und erforderlich ist. Für Zwecke der Lehrerbildung sowie der Qualitätsentwicklung und Qualitätssicherung dürfen vom Ministerium genehmigte Bild- und Tonaufzeichnungen des

Unterrichts erfolgen, wenn die Betroffenen rechtzeitig über die beabsichtigte Aufzeichnung und den Aufzeichnungszweck informiert worden sind und nicht widersprochen haben. Die Schülerinnen und Schüler sowie die Eltern sind über die wesentlichen Ergebnisse zu informieren. Aus Tests und schriftlichen Befragungen zur Feststellung der Schulfähigkeit und des sonderpädagogischen Förderbedarfs dürfen nur die Ergebnisse und der festgestellte Förderbedarf an andere Schulen übermittelt werden.

§ 1 Abs. 4 und 5 AO-GS
Aufnahme in die Grundschule

(4) Die schulärztliche Untersuchung zur Einschulung erstreckt sich auf den körperlichen Entwicklungsstand und die allgemeine, gesundheitlich bedingte Leistungsfähigkeit einschließlich der Sinnesorgane des Kindes.

(5) Die Schulleiterin oder der Schulleiter informiert und berät die Eltern

1. *vor der vorzeitigen Aufnahme eines Kindes in die Grundschule,*
2. *vor der Verpflichtung eines Kindes zum Besuch eines vorschulischen Sprachförderkurses.*

2. Allgemeines

Die vorzeitige Einschulung nach § 35 Abs. 2 SchulG betrifft Kinder, die nach dem in § 35 Abs. 1 SchulG genannten Einschulungsstichtag das 6. Lebensjahr vollenden. Da Einschulungsstichtag der 30. 9. ist, können damit ab dem 1. 10. geborene Kinder vorzeitig eingeschult werden. Eine Altersbegrenzung nach unten (Mindestschuleintrittsalter) gibt es in Nordrhein-Westfalen nicht mit der Folge, dass bei Vorliegen der Voraussetzungen gemäß § 35 Abs. 2 SchulG beispielsweise auch drei Jahre alte Kinder eingeschult werden können (VG Arnsberg, Beschluss vom 8.4.2008 – 10 L 173/08 –, juris, Rdn. 50). Der Verzicht des nordrhein-westfälischen Gesetzgebers auf ein Mindestschuleintrittsalter ist zu begrüßen, weil es insbesondere die vorzeitige Einschulung von besonders begabten Kindern ermöglicht, die außerschulisch nicht mehr hinreichend gefördert werden können (ebenso Kampmann, Gesamtkommentar SchulG NRW, § 35 Anm. 2.1). Die Aufnahme solcher Kinder entspricht der gesetzlich vorgesehenen Pflicht, in der Schule besonders begabte Schüler/innen in ihrer Entwicklung zu fördern (§ 2 Abs. 11 SchulG).

In Anknüpfung an die Formulierung „können" in § 35 Abs. 2 SchulG werden die von dieser Vorschrift erfassten Kinder auch „Kann-Kinder" genannt. Gebräuchlich ist auch die Formulierung „Antragskinder". Sie knüpft daran an, dass die vorzeitige Einschulung nach § 35 Abs. 2 SchulG nur auf Antrag der Eltern erfolgen kann. In der Sache bestehen zwischen den Formulierungen „Kann-Kinder" und „Antragskinder" keine Unterschiede. Ihre Gegensätze sind die sog. „Muss-Kinder" oder „Regelkinder", mit denen die nach § 35 Abs. 1 SchulG schulpflichtigen Kinder gemeint sind (vgl. zu den genannten

Formulierungen etwa VG Münster, Urteil vom 6.2.2013 – 3 K 2712/11 –, juris, Rdn. 21).

„Kann-Kinder" und „Muss-Kinder" sind bei der Aufnahmeentscheidung gleich zu behandeln. Schulleiter/innen dürfen bei ihrer Aufnahmeentscheidung nach § 46 Abs. 1 SchulG „Kann-Kinder" nicht prinzipiell nachrangig behandeln, also etwa „Kann-Kinder" nur bei freien Aufnahmekapazitäten aufnehmen. Andererseits haben Kinder, die die Voraussetzungen einer vorzeitigen Einschulung erfüllen, keinen privilegierten, von den allgemeinen Aufnahmevoraussetzungen des § 46 Abs. 1 bis 3 SchulG losgelösten Aufnahmeanspruch. Die allgemeinen Aufnahmevoraussetzungen gelten für diese Kinder in gleicher Weise wie für die nach § 35 Abs. 1 SchulG schulpflichtigen Kinder. Beide Entscheidungen nach § 35 Abs. 2 und § 46 Abs. 1 bis 3 SchulG sind miteinander verknüpft (VG Arnsberg, Beschluss vom 8.4.2008 – 10 L 173/08 –, a.a.O., Rdn. 23; Kampmann, a.a.O., Anm. 2). Fehlende Aufnahmekapazitäten können deshalb der Aufnahme von „Kann-Kindern" an der von ihnen gewünschten Grundschule entgegenstehen. Voraussetzung ist allerdings, dass das Aufnahmeverfahren insgesamt fehlerfrei durchgeführt worden ist, also die Aufnahmekriterien gemäß § 1 Abs. 3 AO-GS zutreffend angewandt werden.

3. Verfahren

Bei der vorzeitigen Einschulung eines Kindes sind mehrere Verfahrensvorschriften zu beachten.

3.1 Elternantrag

Zwingende Voraussetzung für die vorzeitige Einschulung ist nach § 35 Abs. 2 S. 1 SchulG ein Antrag der Eltern. Eltern eines minderjährigen Kindes sind die nach bürgerlichem Recht für die Person des Kindes Sorgeberechtigten (§ 123 Abs. 1 Nr. 1 SchulG), an Stelle der oder neben den Personensorgeberechtigten diejenigen, denen die Erziehung des Kindes mit Einverständnis der Personensorgeberechtigten anvertraut oder mitanvertraut ist (§ 123 Abs. 1 Nr. 3 SchulG) und die Lebenspartner /in des allein sorgeberechtigten Elternteils im Rahmen des § 9 Lebenspartnerschaftsgesetz (§ 123 Abs. 1 Nr. 4 SchulG). Der Antrag kann formlos gestellt werden, weil keine bestimmte Form vorgesehen ist. Es genügt deshalb auch ein mündlicher Antrag.

3.2 Zuständigkeit

Zuständig für die Entscheidung über den Elternantrag ist die/der Schulleiter/in der Grundschule (§ 35 Abs. 2 S. 1 SchulG). Im Falle ihrer Verhinderung treffen die ständigen Vertreter/innen die Entscheidung (§ 60 Abs. 1 SchulG). Der Schulleitung wird im Rahmen der Feststellungspflichten bei der vorzeitigen Einschulung eine besondere Verantwortung übertragen. Fehleinschätzungen und Fehlentscheidungen können von erheblicher Tragweite sein. Selbst minimale Funktions- , Teilleistungs- oder emotionale Störungen können den Schulerfolg nachhaltig beeinträchtigen, wenn sie nicht rechtzeitig erkannt werden. Die einmal getroffene Entscheidung über die Aufnahme in die Schule lässt sich bei einer anders als erwartet verlaufenden Entwicklung während des Schulbesuchs nicht mehr nachträglich korrigieren.

3.3 Information und Beratung

Vor der Entscheidung sind die Eltern zu beraten und zu informieren (§ 1 Abs. 5 Nr. 1 AO-GS). Hierzu gehört die Information über die rechtlichen Voraussetzungen der vorzeitigen Einschulung, aber unter pädagogischen Gesichtspunkten auch der Hinweis auf die Tragweite einer vorzeitigen Einschulung für das Kind und dessen weitere Schullaufbahn. Je jünger das Kind ist, umso intensiver muss die Beratung der Eltern insbesondere über mögliche Fehleinschätzungen des Entwicklungsstandes des Kindes sein (Kampmann, a.a.O., Anm. 2.4). In der Regel sind es die Eltern, die mit dem Wunsch nach der vorzeitigen Einschulung ihres Kindes an die Schulleitung herantreten. Häufiges Argument ist die Ansicht, ihr Kind sei in seiner Entwicklung schon erkennbar weiter als andere gleichaltrige Kinder. Als Beispiele werden bereits vorhandene Lese-, Schreib- oder Rechenkenntnisse genannt, Interessen an besonderen technischen oder naturwissenschaftlichen Zusammenhängen und der ausdrückliche Wunsch des Kindes, nun endlich in die Schule gehen zu dürfen. Als weitere Begründung wird oft der Wunsch des Kindes nach einer gemeinsamen Einschulung mit befreundeten Kindern vorgetragen. Die Begründungen sind zunächst zu akzeptieren, jedoch sollte den Eltern die Tragweite einer Fehlentscheidung vor Augen geführt werden, umso intensiver, je jünger das Kind ist. Die Erfahrung des Versagens schon zu Beginn der Schullaufbahn kann zum Verlust der Lernfreude und anhaltendem Schulversagen führen, ganz abgesehen von der Beschädigung des Selbstwertgefühls des Kindes. Die Wünsche des Kindes können bei der Tragweite einer solchen Entscheidung nur sehr begrenzt berücksichtigt werden.

3.4 Schulärztliches Gutachten

Nach § 35 Abs. 2 S. 2 SchulG trifft die/der Schulleiter/in die Entscheidung über die vorzeitige Einschulung unter Berücksichtigung des schulärztlichen Gutachtens. Eine Ausnahme hiervon sieht das Gesetz nicht vor. Dementsprechend muss vor der Entscheidung ein schulärztliches Gutachten eingeholt werden. Das Gutachten erstellt die Schulärztin oder der Schularzt der unteren Gesundheitsbehörde. Untere Gesundheitsbehörden sind die Kreise und kreisfreien Städte (§ 5 Abs. 2 Nr. 1 des nordrhein-westfälischen Gesetzes über den öffentlichen Gesundheitsdienst). Die schulärztliche Untersuchung erstreckt sich auf den körperlichen Entwicklungsstand und die allgemeine, gesundheitlich bedingte Leistungsfähigkeit einschließlich der Sinnesorgane des Kindes (§ 1 Abs. 4 AO-GS). Genügt das schulärztliche Gutachten diesen Anforderungen nicht, muss die/der Schulleiter/in eine Ergänzung des Gutachtens veranlassen oder ggf. ein Gutachten einer anderen Schulärztin oder eines anderen Schularztes einholen. Eine Bindung der Schulleiter /in an das Ergebnis der schulärztlichen Untersuchung besteht nicht, weil § 35 Abs. 2 S. 2 SchulG lediglich eine Entscheidung „unter Berücksichtigung" des Gutachtens vorschreibt. Angesichts der besonderen Fachkompetenz der Schulärztin oder des Schularztes sollte jedoch nur bei triftigen Gründen von dem Ergebnis der schulärztlichen Untersuchung abgewichen werden. Das Verfahren in der unteren Gesundheitsbehörde regelt Nr. 1.4 VVzAO-GS.

3.5 Weitere Ermittlungen der Schulleiterin oder des Schulleiters

Ob die/der Schulleiter/in über das schulärztliche Gutachten und die Erkenntnisse aus dem Beratungs- und Informationsgespräch mit den Eltern hinausgehend, weitere Ermittlungen vornimmt oder veranlasst, liegt in ihrem bzw. seinem (Verfahrens-) Ermessen. In diesem Zusammenhang sind die persönlichen Einschätzungen und Erfahrungen der Schulleitung maßgeblich (OVG NRW, Beschluss vom 10.8.2006 – 19 B 1513/06 –, juris, Rdn. 4). So kann sie von den Eltern vorgelegte außerschulische Berichte, Gutachten und ärztliche Bescheinigungen über den Entwicklungsstand des Kindes berücksichtigen, sofern diese hinreichend aussagekräftig sind, oder sich mündlich oder schriftlich über die Entwicklung des Kindes informieren. Um Erkenntnisse über die emotionale und soziale Entwicklung des Kindes zu erlangen, bietet es sich an, das Kind in einem sowohl ihm vertrauten Umfeld, wie z.B. der Kita, als auch in einer dem zukünftigen schulischen Umfeld entsprechenden Situation kennen zu lernen und zu beobachten. Eine Beobachtung des Kindes im Kindergarten ist daher empfehlenswert. Die Eltern sollten vorab den Kindergarten zur Auskunft berechtigen. Manche Schulen sind dazu übergegangen, einige Zeit vor der Einschulung alle in Frage kommenden Kinder zu einem Tag des Kennenlernens einzuladen. Bei der Konzeption dieses Vormittages in der Schule muss allerdings darauf geachtet werden, dass keine das Kind belastende Testsituation entsteht. Vielmehr sollte eine spielerische, dynamische und erfahrungsoffene Situation geschaffen werden. In ungezwungener Atmosphäre wird z.B. gemalt, erzählt, gespielt, vorgelesen, gebastelt, sich bewegt und gemeinsam gefrühstückt. Pädagogisch verantwortbar sind lediglich die Beobachtung und eine daraus folgende Förderdiagnostik mit anschließendem Förderkonzept. In Bezug auf die Entscheidung über die Schulfähigkeit eines „Antragskindes" kann die intensive Beobachtung ebenfalls zur Beantwortung bis dahin noch offener Fragen beitragen. Zulässig sind nach § 120 Abs. 3 S. 1 SchulG auch standardisierte Tests oder schriftliche Befragungen des Kindes. Der früher vorgesehene Schulreifetest ist auch bei einer vorzeitigen Einschulung weder vorgeschrieben noch fachlich überzeugend. Er kann allenfalls einige Anhaltspunkte geben, weil er im Wesentlichen nur einige kognitive Fähigkeiten erfasst, aber keine Aussagen über den tatsächlichen Schulerfolg zulässt. Außerdem kann er zu einer aus pädagogischen Gründen unerwünschten Stress-, weil Testsituation, führen. Es ist zu empfehlen, stets eine Feststellung der individuellen Lernausgangslage vorzunehmen. Dabei bleibt jedoch immer oberste Priorität, eine spielerische, entspannte Atmosphäre zu schaffen. Sämtliche Aufklärungsmaßnahmen der Schulleiter/innen sollten schon im Interesse einer vertrauensvollen Zusammenarbeit mit Einverständnis der Eltern erfolgen. Wirken die Eltern nicht an der Aufklärung mit, kann dies zu ihren Lasten bei der Entscheidung über den Antrag auf vorzeitige Einschulung berücksichtigt werden. Denn die vorzeitige Einschulung setzt nach § 35 Abs. 2 S. 1 SchulG die positive Feststellung der Schulfähigkeit voraus. Bei etwa durch fehlende Mitwirkung der Eltern verbleibende Zweifel an der Schulfähigkeit muss der Elternantrag abgelehnt werden.

3.6 Vorzeitige Einschulung vor Vollendung des 5. Lebensjahres

Eine besonders kritische Überprüfung der Schulfähigkeit ist dann geboten, wenn das Kind bei einer vorzeitigen Einschulung zum Zeitpunkt der Untersuchung das 5. Lebensjahr noch nicht vollendet hat. Unabhängig von der bis zum 15. 11. des Vorjahres (vgl. § 1 Abs. 1 AO – GS und T 3-6) vorzunehmenden Anmeldung kann es in diesen Fällen angebracht sein, die Untersuchung bis zur Vollendung des 5. Lebensjahres hinauszuschieben. Auch die Schulleitung kann ihre Aufnahmeentscheidung in diesem Fall zunächst zurückstellen. Sinnvoll erscheint, die endgültige Entscheidung möglichst spät – gegen Ende des Schuljahres – zu treffen.

4. Materielle Voraussetzungen der vorzeitigen Einschulung

Die vorzeitige Einschulung setzt nach § 35 Abs. 2 S. 1 SchulG Schulfähigkeit voraus. Ist das der Fall, ergibt sich für die Schulleiter /in auf der Rechtsfolgenseite Ermessen.

4.1 Schulfähigkeit

Die Schulfähigkeit ist gesetzlich definiert. Nach § 35 Abs. 2 S. 1 SchulG liegt sie vor, wenn das Kind die für den Schulbesuch erforderlichen körperlichen und geistigen Voraussetzungen besitzt und in seinem sozialen Verhalten ausreichend entwickelt ist. Es handelt sich um unbestimmte Rechtsbegriffe. Bei ihrer Auslegung und Anwendung im Einzelfall steht der Schulleiter /in ein gerichtlich nur eingeschränkt überprüfbarer Beurteilungsspielraum zu.

Ein gerichtlich eingeschränkt überprüfbarer Beurteilungsspielraum besteht dann, wenn eine komplexe Bewertung auf der Grundlage von Kriterien getroffen werden muss, die durch persönliche Erfahrungen geprägt und weder rechtlich zu steuern noch durch das Verwaltungsgericht, auch nicht durch Hinzuziehung von Sachverständigen, zu ersetzen sind. Das ist bei der Entscheidung über die Schulfähigkeit der Fall. Die Schulleitung hat die pädagogische Prognose zu treffen, ob das Kind bei der gebotenen und möglichen Förderung der Grundschule die Erziehungs- und Bildungsziele erreichen kann. Dabei kommt es neben der schulärztlichen Begutachtung ganz wesentlich auf die persönliche Erfahrung der Schulleiterin/des Schulleiters an, die sie aufgrund ihrer Unterrichtstätigkeit in der Schule gewonnen haben. Diese persönlichen Erfahrungen kann das Verwaltungsgericht auch nicht mit Hilfe von Sachverständigen ersetzen.

Die gerichtliche Überprüfung der Beurteilung der Schulfähigkeit durch die Schulleitung beschränkt sich nach allgemeinen Grundsätzen demgemäß darauf, ob Verfahrensfehler oder Verstöße gegen anzuwendendes Recht vorliegen, ob die Schulleiterin/der Schulleiter von einem unrichtigen Sachverhalt ausgegangen ist, gegen allgemeine Bewertungsgrundsätze verstoßen hat, sich von sachfremden Erwägungen hat leiten lassen oder sonst willkürlich gehandelt hat (OVG NRW, Beschluss vom 10.8.2006 – 19 B 1513/06 –, a.a.O., Rdn. 4 ff., m.w.N.).

4.2 Körperliche Voraussetzungen

Zu den körperlichen Voraussetzungen gehört ein allgemeiner Gesundheitszustand, der einen regelmäßigen Schulbesuch ermöglicht, hinreichendes Hör- und Sehvermögen, eine einem durchschnittlichen 6-jährigen Kind entsprechende grob- und feinmotorische Entwicklung sowie Koordinationsfähigkeit und die Fähigkeit, einen Schulweg von 2 km zu Fuß zurücklegen zu können (§ 5 Abs. 2 S. 1 SchfkVO). Noch eher kleinkindhafte Proportionen legen zumindest den Verdacht nahe, dass auch die psychosoziale Entwicklung noch nicht der eines regulär einzuschulenden Kindes entspricht. Auch sollte das Kind von der Körpergröße und vom Körpergewicht her zumindest in der Lage sein, seinen Tornister mit den nötigsten Utensilien selbst zu tragen. Der allgemeine Gesundheitszustand sollte den Anforderungen eines regelmäßigen Schulbesuchs entsprechen. Die Neigung zu Allergien, Neurodermitis oder häufigen Infektionskrankheiten können die körperliche Belastbarkeit stark einschränken und zu längeren Unterrichtsversäumnissen führen.

Bei der Entscheidung über die körperliche Schulfähigkeit ist das Gutachten des Schularztes oder der Schulärztin heranzuziehen. Es bleibt dennoch zu prüfen, ob die ärztlichen Aussagen auch pädagogisch relevant sind. In diesem Zusammenhang kann es hilfreich sein, die Eltern um die Entbindung des Schularztes oder der Schulärztin von der ärztlichen Schweigepflicht bezüglich der Einschulungsuntersuchung zu bitten, so dass die Schulleitung ggf. über die körperliche Entwicklung und den allgemeinen Gesundheitszustand einschließlich eventueller Behinderungen und Funktionsstörungen Rücksprache halten kann.

Die grob- und feinmotorische Entwicklung muss der eines etwa sechsjährigen Kindes entsprechen, weil eine gewisse Koordinationsfähigkeit unerlässliche Voraussetzung für das Erlernen des Lesens und Schreibens ist. Das Kind sollte in der Lage sein, einen Stift schreibgerecht halten zu können ohne dabei zu verkrampfen und mit der Schere einfache Formen auszuschneiden. Die sensomotorische Entwicklung und das Wahrnehmungsvermögen sollten soweit vorangeschritten sein, dass einfache Formen erkannt und malend nachvollzogen beziehungsweise abgemalt werden können.

4.3 Geistige Voraussetzungen

Zu den geistigen Voraussetzungen gehören insbesondere eine hinreichende Konzentrationsfähigkeit und ausreichende Beherrschung der deutschen Sprache. Hier können im Handel erhältliche standardisierte Testverfahren eine

Hilfe sein. Sie sind aber von unterschiedlicher Qualität und bergen die Gefahr der besonderen Testsituation. Die dort ausgewiesenen Kriterien können allerdings Grundlage für die Entwicklung eines schuleigenen Konzeptes zur Feststellung der Schulfähigkeit sein und bei der Beantwortung beispielsweise folgender Fragen hilfreich sein:

- Sind die aktiven und passiven sprachlichen Fähigkeiten einem etwa sechsjährigen Kind vergleichbar entwickelt?
- Ist die Gestalterfassung ausreichend entwickelt?
- Ist die akustische Wahrnehmung ausreichend entwickelt?
- Ist das Kind fähig zu einfachen Gedächtnisleistungen?
- Ist die Anstrengungsbereitschaft ausreichend entwickelt?
- Wie sieht es aus mit der Konzentrationsfähigkeit und der Ausdauer?
- Wie reagiert das Kind auf Rückschläge?
- Wie selbstständig ist das Kind?
- Wie kontaktfähig ist das Kind?

Eine positive Beantwortung dieser Fragen lässt höchstens eine günstige Prognose in Bezug auf den tatsächlichen Schulerfolg zu, garantiert werden kann er dadurch nicht. Sollten lediglich in Teilbereichen Defizite vorhanden sein, ist zu überlegen, ob diese im Rahmen des Förderkonzeptes der Schule in absehbarer Zeit behoben werden können. Darüber hinaus müsste das schulische Umfeld eine kontinuierliche Förderung sicherstellen können. Es bleibt aber auch weiterhin zu berücksichtigen, dass die Kinder durchaus 3 Jahre Zeit haben, die Schuleingangsphase zu durchlaufen. Es sollte demnach genau abgewogen werden, welche möglichen individuellen Fördermaßnahmen hier greifen können – dementsprechend muss auch die Beratung der Eltern vorgenommen werden.

4.4 Soziale Entwicklung

Das soziale Verhalten ist ausreichend entwickelt, wenn das Kind genügend Kontaktfähigkeit besitzt, um sich in die Gruppe einer Grundschulklasse zu integrieren. Bei der Aufnahmeentscheidung spielt die Beurteilung des sozialen Verhaltens eine besondere Rolle. Auffallende Merkmale des sozialen Verhaltens werden oft zu unrecht als Merkmale der sozialen Unreife interpretiert. In der Literatur werden besondere positiven Merkmale beschrieben: die Kinder gehen nicht um jeden Preis mit der Mehrheit, sie sind individualistisch, sie akzeptieren keine Meinung von Autoritäten, ohne sie einer kritischen Prüfung zu unterziehen; sie können gut Verantwortung übernehmen und erweisen sich in Planung und Organisation als zuverlässig; sie kommen mit Alterskameraden wie mit Erwachsenen in der Regel gleich gut zurecht, suchen ihre Freundschaften aber bevorzugt unter Gleichbefähigten: Sie neigen schnell dazu, über Situationen zu bestimmen.

4.5 Kumulative Voraussetzungen

Das Vorliegen der erforderlichen körperlichen und geistigen Voraussetzungen sowie eine ausreichende Entwicklung des sozialen Verhaltens als Voraussetzungen müssen insgesamt vorliegen. Fehlt es an einer der in § 35 Abs. 2 S. 1 SchulG genannten Voraussetzung der Schulfähigkeit, muss der Elternantrag abgelehnt werden (Kampmann, a.a.O., Anm. 2.2).

4.6 Hochbegabung

Vermehrt tragen Eltern vor, dass eine vorzeitige Einschulung aufgrund der festgestellten Hochbegabung des Kindes erforderlich sei. Diese Feststellung ist meist mit dem Ergebnis eines Intelligenztests begründet. Intelligenztests können Anhaltspunkte zur Einschätzung der kognitiven Fähigkeiten geben, messen allerdings nur einen Teil der intellektuellen Fähigkeiten und lassen andere Bereiche außer acht. Insbesondere haben solche Tests keine hinreichende Aussagekraft in Bezug auf die körperlichen Voraussetzungen und die soziale Entwicklung des Kindes. Fehlt es an diesen Voraussetzungen, ist ein Antrag auf vorzeitige Einschulung trotz geistiger Hochbegabung abzulehnen, um möglichen Fehlentwicklungen des Kindes vorzubeugen. Einer Hochbegabung kann im Falle der Einschulung zum Einschulungsstichtag und einer positiven schulischen Entwicklung etwa auch durch Überspringen einer Klasse Rechnung getragen werden (BVerwG, Beschluss vom 21.9.1993 – 6 B 53.93 –, juris, Rdn. 4).

4.7 Ermessen

Die Feststellung der Schulfähigkeit hat nicht zwingend einen Anspruch auf vorzeitige Einschulung zur Folge. Vielmehr ist in diesem Fall dem/der Schulleiter/in ein Ermessen eröffnet. Das bedeutet, dass ein Einschulungsanspruch nur dann gegeben ist, wenn dieses Ermessen auf Null reduziert ist, also jede andere Entscheidung als die vorzeitige Einschulung ermessensfehlerhaft wäre.

Die Schulleiter/innen müssen ihr Ermessen pflichtgemäß ausüben. Pflichtgemäße Ermessensausübung bedeutet, dass das Ermessen entsprechend dem Zweck des § 35 Abs. 2 SchulG auszuüben ist. Dieser Zweck gebietet es, dass die Schulleiterin oder der Schulleiter neben der Berücksichtigung des schulärztlichen Gutachtens eine an ihren Einschätzungen und Erfahrungen orientierte pädagogische Entscheidung treffen, die die prognostische Entwicklung des Kindes in der Grundschule in den Blick nimmt. Dabei darf im Interesse einer ordnungsgemäßen Erziehung, Bildung und individuellen Förderung aller Kinder in der Grundschulklasse das Ziel verfolgt werden, zu große Altersunterschiede zu vermeiden (Bay. VGH, Entscheidung vom 2.7.1998 – Vf. 13-VII-96 –, juris, Rdn. 54). Darüber hinaus kann darauf abgestellt werden, ob nach den Einschätzungen und Erfahrungen der Schulleiter /in die vorzeitige Einschulung Schwierigkeiten bei der Eingliederung in die Klassengemeinschaft zur Folge haben kann. Die/der Schulleiter/in dürfen weiter in zulässiger Weise einem falsch verstandenen Ehrgeiz der Eltern entgegenwirken, ihre Kinder so früh wie möglich einzuschulen, ohne eventuelle Entwicklungsschäden in den Blick zu nehmen (BVerwG, Beschluss vom 21.9.1993 – 6 B 53.93 –, a.a.O.). Auf schulorganisatorische Überlegungen, wie etwa vorhandene Aufnahmekapazitäten, darf die Ermessensentscheidung nicht gestützt werden. Derartige Gesichtspunkte können aber im Rahmen des Aufnahmeermessens gemäß § 46 Abs. 1 und Abs. 3 SchulG der Aufnahme des Kindes entgegenstehen (Kampmann, a.a.O., Anm. 2.7).

5. Beginn der Schulpflicht

Wird dem Elternantrag auf vorzeitige Einschulung entsprochen und das Kind aufgenommen, wird das Kind schulpflichtig (§ 35 Abs. 2 S. 1 Hs. 2 SchulG). Der Beginn der Schulpflicht knüpft nach dieser Vorschrift an die Aufnahme des Kindes, also an den Zugang der Aufnahmeentscheidung bei den Eltern an. Auf die Anmeldung des Kindes kommt es nicht an. Da in der Regel den Eltern die Aufnahmeentscheidung zeitlich (deutlich) vor der Einschulung mitgeteilt wird, fallen damit Schulpflicht und Schuljahresbeginn auseinander. Praktisch hat dies keine rechtlich relevanten Folgen. Die Zeit zwischen Zugang der Aufnahmeentscheidung und Schuljahresbeginn wird auf die Schulpflicht in der Primarstufe (§ 2 Abs. 1 AO-GS) nicht angerechnet, weil das Kind seine Schulpflicht erst nach Beginn des Schuljahres erfüllen kann (Kampmann, a.a.O., Anm. 2.5).

6. Entscheidung der Schulleiterin oder des Schulleiters

Die Entscheidung über die vorzeitige Einschulung ist ein Verwaltungsakt i.S.d. § 35 S. 1 VwVfG NRW. Er kann schriftlich, elektronisch, mündlich oder auf andere Weise erlassen werden (§ 37 Abs. 2 S. 1 VwVfG NRW). Eine Begründung ist nicht erforderlich, wenn dem Elternantrag entsprochen wird (§ 39 Abs. 2 Nr. 1 VwVfG NRW). Soweit der Antrag abgelehnt wird, sollte schon aus Gründen der Rechtssicherheit eine schriftliche Ablehnung erfolgen und diese mit einer Begründung versehen werden, die i.S.d. § 39 Abs. 1 S. 1 VwVfG NRW die wesentlichen tatsächlichen und rechtlichen Gründe enthält. Außerdem sollte dem Ablehnungsbescheid eine Rechtsbehelfsbelehrung beigefügt werden, die über die Möglichkeit der Einlegung eines Widerspruchs (§ 110 Abs. 2 Nr. 3 a JustG NRW) belehrt. Nur im Falle einer ordnungsgemäßen Rechtsbehelfsbelehrung beginnt die einmonatige Widerspruchsfrist gemäß § 70 Abs. 1 VwGO zu laufen. Fehlt eine Rechtsbehelfsbelehrung oder ist sie unrichtig, läuft die Jahresfrist gemäß § 58 Abs. 2 VwGO. Die Ablehnung in elektronischer Form setzt die Beachtung der Anforderungen gemäß §§ 3a, 37 Abs. 3 VwVfG NRW, die auch von Schulen zu beachten sind (§ 2 Abs. 3 Nr. 2 VwVfG NRW). Danach muss unter anderem das elektronische Dokument mit einer elektronischen Signatur nach dem Signaturgesetz versehen sein (§ 3a Abs. 2 S. 2 VwVfG NRW). Außerdem muss der Empfänger den Zugang für die Übermittlung von elektronischen Dokumenten eröffnet haben (§ 3a Abs. 1 S. 1 VwVfG NRW). Nach überwiegender Auffassung kann bei Privatpersonen die bloße Mitteilung einer

E-Mail-Adresse etwa auf einem Briefkopf nicht dahin verstanden werden, dass damit die Bereitschaft zum Empfang rechtsverbindlicher Erklärungen in elektronischer Form signalisiert worden ist. Dahinter steht die Überlegung, dass heute noch nicht generell davon ausgegangen werden kann, dass Private täglich ihre E-Mails lesen (Kopp/Ramsauer, VwVfG, 14. Aufl., 2013, § 3a Rdn. 10; Schliesky, in: Knack/Hennecke, VwVfG, 10. Aufl., 2014, § 3a Rdn. 52, jeweils m.w.N.). Die Schulen sollten deshalb nur dann den Weg der elektronischen Übermittlung wählen, wenn ihnen eine verbindliche (schriftliche) Erklärung der Eltern darüber vorliegt, dass sie mit dieser Übermittlung einverstanden sind.

Teil 5: Zurückstellung

Inhaltsübersicht

1. Rechtliche Grundlagen

§ 35 Abs. 3 SchulG

Beginn der Schulpflicht

(3) Schulpflichtige Kinder können aus erheblichen gesundheitlichen Gründen für ein Jahr zurückgestellt werden. Die Entscheidung trifft die Schulleiterin oder der Schulleiter auf der Grundlage des schulärztlichen Gutachtens. Die Eltern sind anzuhören. Die Prüfung kann auf Antrag der Eltern erfolgen. Die Zeit der Zurückstellung wird in der Regel auf die Dauer der Schulpflicht nicht angerechnet. Das Schulamt kann in Ausnahmefällen auf Antrag der Eltern die Zeit der Zurückstellung auf die Dauer der Schulpflicht anrechnen.

2. Voraussetzungen

2.1 Erhebliche gesundheitliche Gründe

Voraussetzung für eine Zurückstellung sind „erhebliche gesundheitliche Gründe". Solche Gründe unterscheiden sich von den unerheblichen dadurch, dass sie besonders schwerwiegend sind und eine andere Entscheidung als die der Zurückstellung eigentlich nicht zulassen. Die Gründe müssen in dem schulärztlichen Gutachten benannt sein. Die allgemeine Aussage „es lägen solche Gründe vor" reicht nicht aus. Es muss sich um ein Gutachten, also um die Darstellung des ermittelten Sachverhaltes und der daraus gezogenen Folgerungen, einschließlich der Begründung, handeln. Liegen dem Gutachten besondere Untersuchungen zu Grunde, brauchen diese nicht detailliert angegeben zu werden. Dies gilt vor allem, wenn es sich um Befunde aus dem familiären Bereich handelt, deren Kenntnis für die Entscheidung der Schulleitung nicht erforderlich ist. Es bedarf also einer Abwägung zwischen den Interessen des Kindes und seiner Eltern auf Wahrung ihrer Intimsphäre und den Interessen der Schulleitung auf einen begründeten Befund.

2.2 „Kann"-Regelung

Auch dann, wenn das schulärztliche Gutachten erhebliche Bedenken gegen eine Einschulung feststellt, kann die Schulleitung von einer Zurückstellung absehen. Allein schon im Hinblick auf den Schutz des Kindes müssen für eine solche Entscheidung tragfähige Gründe vorliegen, weil „erhebliche" gesundheitliche Gründe in der Regel die Zurückstellungsentscheidung indizieren.

Solche tragfähigen Gründe können sich aus Gesprächen mit den Eltern, aus (mit Zustimmung der Eltern erlangten) Informationen von einem vorher besuchten Kindergarten oder aus eigenem Kennen ergeben. Sie sollten aktenkundig gemacht werden.

Die Verpflichtung zur Anhörung der Eltern bedeutet nicht, dass eine Entscheidung erst dann ergehen kann, wenn deren Stellungnahme vorliegt. Es reicht aus, wenn den Eltern Gelegenheit zur Stellungnahme gegeben wird. Die Anhörung kann sowohl mündlich als auch mündlich und schriftlich erfolgen. Legen die Eltern nach einer ersten mündlichen Anhörung Wert auf eine schriftliche Stellungnahme, ist ihnen hierzu unter ausreichender Fristsetzung die Möglichkeit einzuräumen (s.a. § 28 Abs. 2 VwVfG. NRW).

2.3 Weitere Gutachten

Während im Verfahren zur Feststellung eines sonderpädagogischen Unterstützungsbedarfs in der Regel Gutachten außenstehender Dritter zur Beurteilung schulischer Fähigkeiten und Verhaltensweisen des Kindes nach der ständigen Rechtsprechung des OVG NRW nicht akzeptiert werden können, sollten von den Eltern vorgelegte Gutachten für die Entscheidung über eine Zurückstellung von der Einschulung mit herangezogen werden, weil die Schule selbst in der Regel noch über keine eigenen Erkenntnisse über das schulische Verhalten des Kindes verfügt. Stehen von den Eltern vorgelegte privatärztliche Gutachten im Widerspruch zum Gutachten des Gesundheitsamtes und wird aus den privatärztlichen Gutachten für die Schulleitung deutlich, dass das Gesundheitsamt nicht alle für seine Stellungnahme eigentlich erforderlichen oder sich aus der Sache ergebenden Faktoren berücksichtigt hat, sollte die Schulleitung dem Gesundheitsamt Gelegenheit zur Überprüfung seines Vorschlags geben. Ist das Gesundheitsamt zu einer erneuten Überprüfung nicht bereit, sollte die Schulleitung den Fall dem Schulamt zuleiten, damit dieses Gelegenheit hat, auch eine Entscheidung der Bezirksregierung und deren Medizinalabteilung herbeizuführen.

Den Eltern steht jedoch immer das Recht zu, eine Überprüfung eines möglichen sonderpädagogischen Unterstützungsbedarfs jederzeit zu beantragen.

2.4 Antrag der Eltern

Ist ein Kind schulpflichtig geworden, kann es nur aus erheblichen gesundheitlichen Gründen zurückgestellt werden. Die Eltern haben das Recht, dass man sie anhört, dass die einzelnen Ergebnisse und Gutachten von der Schulleitung geprüft werden und dass diese sie dann berät. Ziel sollte möglichst eine einvernehmliche Lösung im Sinne des Kindes sein.

2.5 Bescheid

Die Entscheidung über die Zurückstellung ist im Einverständnis mit den Eltern auf der Grundlage des schulärztlichen Gutachtens zu treffen. Sie ist schriftlich zu begründen und mitzuteilen.

3. Anrechung auf die Dauer der Schulpflicht

Die Zeit der Zurückstellung wird auf die Dauer der Schulpflicht nicht angerechnet. Das Schulamt kann in Ausnahmefällen auf Antrag der Eltern die Zeit der Zurückstellung auf die Dauer der Schulpflicht anrechnen. Eine bestimmte zeitliche Frist für den Antrag der Eltern ist nicht vorgesehen; er braucht nicht im unmittelbaren Zusammenhang mit der Einschulung gestellt zu werden. Gerade im Hinblick auf Regelungen über eine Höchstverweildauer in der Sekundarstufe I gemäß § 2 APO–S I kann die sechs Jahre dauernde Ausbildung in der Sekundarstufe I um zwei Jahre überschritten werden, in Ausnahmefällen auch um drei Jahre) kann es angebracht sein, zunächst die weitere schulische Entwicklung des Kindes abzuwarten. Das Schulamt sollte einem Antrag auf Anrechnung des Jahres der Zurückstellung auf die Schulpflicht entsprechen, wenn die Ablehnung der Anrechnung zu unbilligen Ergebnissen führen würde, insbesondere dann, wenn ein weiteres Jahr Schulbesuch auch nicht zu einem Schulabschluss führen würde. Die Eltern sind zum Ende des Jahres der Zurückstellung auf die für ihr Kind in Betracht kommenden Rechtsfolgen und Antragsmöglichkeiten hinzuweisen. Dies ist auch im Schülerstammblatt aktenkundig zu machen.

Teil 6: Schulbesuchsdauer und Klassenbildung

Inhaltsübersicht

1. Regeldauer und Höchstverweildauer

§ 37 Abs. 1 SchulG

Schulpflicht in der Primarstufe und in der Sekundarstufe I

(1) Die Schulpflicht in der Primarstufe und der Sekundarstufe I Vollzeitschulpflicht dauert zehn Schuljahre, am Gymnasium neun Schuljahre (§ 10 Abs. 3). Sie wird durch den Besuch der Grundschule und einer weiterführenden allgemein bildenden Schule erfüllt. Sie endet vorher, wenn die Schülerin oder der Schüler einen der nach dem zehnten Vollzeitschuljahr vorgesehenen Abschlüsse in weniger als zehn Schuljahren erreicht hat. Durchläuft eine Schülerin oder ein Schüler die Schuleingangsphase in drei Jahren (§ 11 Abs. 2 Satz 4), wird das dritte Jahr nicht auf die Dauer der Schulpflicht angerechnet.

§ 2 AO-GS Abs. 1

Dauer des Besuchs der Grundschule

(1) Der Besuch der Grundschule dauert in der Regel vier Jahre. Diese Regeldauer soll um nicht mehr als ein Jahr überschritten werden.

1.1 Regeldauer

Die Festlegung des Bildungsgangs der Grundschule auf „in der Regel vier Jahre“ in S. 1 soll zunächst deutlich machen, dass das Konzept der Schule sich an einem vierjährigen Durchgang orientiert. Der Hinweis in Nr. 2.11 VV zu § 2 Abs. 1 der AO-GS von 1996, dass die Schüler/innen die Grundlagen für ihren weiteren Bildungsgang auch in vier Jahren erwerben können, weil sich die Richtlinien und Lehrpläne auf grundlegende Ziele und Inhalte konzentrieren, gilt inhaltlich weiterhin noch. Zugleich weist er darauf hin, dass sich die pädagogische Arbeit der Schule daran orientieren muss, dass möglichst alle Schüler/innen in der Regeldauer von vier Jahren das Ziel der Grundschule auch erreichen.

1.2 Höchstverweildauer

Die vierjährige Regeldauer lässt bezogen auf das einzelne Kind Ausnahmen zu. Eine Höchstverweildauer ist ebenso wenig festgelegt, wie eine Mindestbesuchszeit. Ebenso wie die Verweildauer durch eine Vorversetzung (vgl. § 7 Abs. 3 und T 13-6.3) verkürzt werden kann, wird sie durch eine Nichtversetzung oder freiwillige Wiederholung bzw. den Rücktritt verlängert. Zu den Möglichkeiten, im Rahmen jahrgangsübergreifender Klassen für das einzelne Kind einen kürzeren Bildungsgang festzulegen, vgl. T 7. Der Verzicht auf die Festlegung einer Höchstverweildauer bedeutet allerdings nicht, dass die/der Schüler/in unbegrenzt lange die Grundschule besuchen kann. Die mögliche Verlängerung der Grundschulzeit um mehr als ein Jahr ist für die Schule immer ein Grund zu prüfen, welche Ursachen hierfür infrage kommen.

Gemäß § 2 Abs. 5 SchulG besuchen Kinder mit und ohne festgestellten sonderpädagogischen Unterstützungsbedarf als Regelförderort die Grundschule. Für Kinder mit sonderpädagogischen Unterstützungsbedarf im vermuteten Förderschwerpunkt Lernen ist spätestens im dritten Schulbesuchsjahr in der Schuleingangsphase ein Verfahren nach AO-SF einzuleiten, damit für diese Kinder beim in der Regel weiteren Besuch der Grundschule der Bildungsgang gewechselt werden kann.

Ist ein Verfahren nach der AO-SF nicht eingeleitet worden, muss sich aus den Protokollen der Klassenkonferenzen ergeben, welche Feststellungen getroffen worden sind, welche Förderung erfolglos war und was den Verzicht auf die Einleitung eines Verfahrens begründet hat.

2. Aufsteigende Klassen

Mit der Einführung der Schuleingangsphase (vgl. T 7) und der Möglichkeit die Klassen 1 und 2 entweder getrennt nach Jahrgängen als sog. aufsteigende Klassen oder jahrgangsübergreifend zu bilden, bedarf es nicht mehr der Feststellung, dass der Bildungsgang der Grundschule in vier aufsteigende Klassen gegliedert ist. Unabhängig von der neuen Wahlmöglichkeit ist es aber weiterhin nicht möglich, abweichend vom vierjährigen Regelfall ein ausnahmsweise dreijähriges Konzept Zugrunde zu legen, sei es für die ganze Schule, sei es für einzelne Klassen.

Die Kinder des tatsächlichen Einzugsbereichs der einzelnen Grundschule haben einen Rechtsanspruch darauf, dass ihnen vier Jahre Zeit gewährt wird, das Ziel der Grundschule zu erreichen. Auch die Einrichtung eines dreijährigen Zuges bei mehr als einzügig gegliederten Grundschulen widerspricht dem Auftrag der Grundschule, Kinder unterschiedlichster Herkunft, Begabung, Leistungsfähigkeit und Leistungsbereitschaft gemeinsam zu unterrichten und zu erziehen. Die Heterogenität in der Zusammensetzung der Schülerschaft ist ein konstitutives Element der Grundschule.

3. Klassenfrequenzen und Klassenzusammensetzung

3.1 Klassenfrequenzen

Wie Klassen gebildet werden können, ergibt sich aus den Bestimmungen des § 93 Abs.2 SchulG und der hierzu ergangenen VO (AVO–Richtlinien BASS 11–11 Nr. 1/Nr. 1.1).

§ 6 Abs. 1 AVO–Richtlinien

(1) Die Klassen werden auf der Grundlage von Klassenfrequenzrichtwerten, Klassenfrequenzhöchstwerten und Klassenfrequenzmindestwerten sowie Bandbreiten in der Regel als Jahrgangsklassen gebildet. Abweichend hiervon richtet sich die Klassenbildung an Grundschulen nach den Bestimmungen gemäß § 6a.

Die in sich sehr komplexen Regelungen für die Klassenbildung verfolgen vor allem das Ziel, Klassengrößen zu erreichen, die es ermöglichen, die wöchentlichen Unterrichtsstunden der Schüler/innen (siehe die Anlage zu § 3 Abs. 1 AO-GS – Stundentafel –) und die übrigen Aufgaben der Schule mit den Pflichtstunden der Lehrkräfte gemäß der Stellenbewilligung des Haushaltsgesetzgebers zu gewährleisten. Jede Verringerung der Klassengröße löst einen Mehrbedarf an Lehrerstellen aus.

3.2 Klassenzusammensetzung

Die Klassenzusammensetzung, also die Zuweisung der Kinder zu den einzelnen Klassen bei der Einschulung oder bei einer Klassenteilung obliegt der Schulleiter /in. Sie gehört zu den originären Aufgaben der Schulleitung, die in der Regel nicht auf die Stellvertretung oder andere Lehrkräfte (s. § 21 ADO) übertragen werden kann. Nach welchen sachlichen Kriterien die Klassen zu bilden sind, ist nicht abschließend geregelt. Es lassen sich jedoch die nachfolgenden allgemeinen Grundsätze aufzeigen:

a) Die Klassenzusammensetzung wird bestimmt durch die **Wohngebiete** und den **gemeinsamen Schulweg** sowie die **Wünsche der Eltern**. Im Kindergarten oder im Wohnumfeld gewachsene Freundschaften sollten erhalten bleiben, wenn dies gewünscht wird.

b) Anzustreben ist **eine etwa gleiche Verteilung von Jungen und Mädchen**.

c) Es ist zu vermeiden, dass in den tatsächlichen Einzugsbereichen mit einem hohen Anteil ausländischer Einwohner /innen die Bildung von Klassen mit nur ausländischen Kindern vorgenommen wird.

d) Unzulässig ist auch die Klassenzusammensetzung nach sozialen Gesichtspunkten und vermuteter Leistungsfähigkeit. Sie widerspricht in besonderem Maße dem Grundgedanken des gemeinsamen Unterrichts und der gemeinsamen Erziehung aller Kinder.

e) Die Zusammensetzung von Klassen je nach Bekenntnis der Kinder ist sowohl in Gemeinschaftsgrundschulen wie auch in Bekenntnisgrundschulen, in denen Kinder eines anderen Bekenntnisses aufgenommen worden sind, nicht zulässig.

Teil 7: Organisation der Jahrgangsstufen 1 und 2 (Schuleingangsphase)

Inhaltsübersicht

1. Rechtliche Grundlagen

§ 11 Abs. 1 und 2 SchulG

Grundschule

(1) Die Grundschule umfasst die Klassen 1 bis 4. Sie vermittelt ihren Schülerinnen und Schülern grundlegende Fähigkeiten, Kenntnisse und Fertigkeiten, führt hin zu systematischen Formen des Lernens und legt damit die Grundlage für die weitere Schullaufbahn. Die Grundschule arbeitet mit den Eltern, den Tageseinrichtungen für Kinder und den weiterführenden Schulen zusammen.

(2) Die Klassen 1 und 2 werden als Schuleingangsphase geführt. Darin werden die Schülerinnen und Schüler nach Entscheidung der Schulkonferenz entweder getrennt nach Jahrgängen oder in jahrgangsübergreifenden Gruppen unterrichtet, sofern nicht auf Grund der Vorschriften für die Klassengrößen nur jahrgangsübergreifende Gruppen gebildet werden können. Die Schulkonferenz kann frühestens nach vier Jahren über die Organisation der Schuleingangsphase neu entscheiden. Die Schuleingangsphase dauert in der Regel zwei Jahre. Sie kann auch in einem Jahr oder in drei Jahren durchlaufen werden.

§ 6a VO zu § 93 Abs. 2 SchulG

Klassenbildung an Grundschulen

(1) Die Anzahl der zu bildenden Eingangsklassen an einer Grundschule beträgt für jahrgangsbezogenen und jahrgangsübergreifenden Unterricht bei einer Schülerzahl von:

1. bis zu 29 eine Klasse;

2. 30 bis 56 zwei Klassen;

3. 57 bis 81 drei Klassen;
4. 82 bis 104 vier Klassen;
5. 105 bis 125 fünf Klassen;
6. 126 bis 150 sechs Klassen.

Bei jeweils bis zu weiteren 25 Schülerinnen und Schülern ist eine weitere Eingangsklasse zu bilden. Die Zahl der nach den Sätzen 1 und 2 zu bildenden Klassen kann aus pädagogischen, schulorgnisatorischen oder baulichen Gründen unterschritten werden. Eine Überschreitung ist nur zulässig, sofern es sich um die einzige Grundschule einer Gemeinde handelt, diese mehr als einen Standort hat und die nach der kommunalen Klassenrichtzahl (Absatz 2) ermittelte Höchstzahl für die zu bildenden Eingangsklassen nicht überschritten wird. Innerhalb der Schülerzahlwerte nach den Sätzen 1 und 2 sowie für zu bildende Klassen nach den Sätzen 3 und 4 gilt die Bandbreite von 15 bis 29. Gebildete Klassen werden grundsätzlich unabhängig von später eintretenden Schülerzahlveränderungen fortgeführt. In besonderen Ausnahmefällen kann die Schulaufsichtsbehörde zulassen, dass Klassen in der Fortführung zusammengelegt oder geteilt werden, wenn dies aus pädagogischen, schulorganisatorischen oder baulichen Gründen erforderlich wird.

(2) Im Gebiet eines Schulträgers darf die Zahl der zu bildenden Eingangsklassen die kommunale Klassenrichtzahl nicht überschreiten. Für die Ermittlung der kommunalen Klassenrichtzahl wird die Schülerzahl der zu bildenden Eingangsklassen einer Kommune durch 23 geteilt. Ergibt sich keine ganze Zahl, ist die Höchstzahl der zu bildenden Eingangsklassen wie folgt zu runden:

1. Ist der Rechenwert kleiner als 15, wird auf die darüber liegende ganz Zahl aufgerundet;
2. ist der Rechenwert größer als 15 und kleiner als 30, wird ein Zahlenbruchteil unter 0,5 auf die darunter liegende ganze Zahl abgerundet und ein Zahlenbruchteil ab 0,5 auf die darüber liegende ganze Zahl aufgerundet;
3. ist der Rechenwert größer als 30, wird auf die darunter liegende ganze Zahl abgerundet.

Ergebnisse größer oder gleich 60 werden um eins vermindert. Die Zahl der zu bildenden Eingangsklassen kann aus pädagogischen, schulorganisatorischen oder baulichen Gründen unterschritten werden. Der Schulträger berechnet die kommunale Klassenrichtzahl bis zum 15. Januar eines Jahres. Berechnungsgrundlage ist die voraussichtliche Schülerzahl in den Eingangsklassen zum folgenden Schuljahr auf der Grundlage der Anmeldungen sowie die Erfahrungswerte aus den Vorjahren.

Erhöht sich die Schülerzahl bis zum 1. August gegenüber dem Berechnungsstichtag 15. Januar, ist die Einrichtung weiterer Eingangsklassen zulässig, soweit die unter Berücksichtigung der erhöhten Schülerzahl und der Berechnungsgrundsätze nach den Sätzen 2 bis 5 sich ergebende Höchstzahl der zu bildenden Klassen nicht überschritten wird.

(3) Grundschulen oder Teilstandorte, an denen keine Klasse mit mindestens 15 Schülerinnen und Schülern gebildet werden kann, können den Unterricht von

jahrgangsbezogen auf jahrgangsübergreifend umstellen, sofern ein von der Schulaufsicht gebilligtes Konzept für Grundschule vorliegt. Im Jahr der Umstellung darf die Untergrenze der Bandbreite von 15 einmalig in der Eingangsklasse sowie im Aufwuchs in der Klasse drei um bis zu zwei Schülerinnen und Schüler unterschritten werden, wenn sichergestellt ist, dass nach Umstellung auf jahrgangsübergreifenden Unterricht nachhaltig die Klassenbildungswerte nach Absatz 1 eingehalten werden können. Die Regelungen in Absatz 2 bleiben unberührt.

2. Rechtliche Entwicklung

Den Regelfall der jahrgangsübergreifenden Klassen hat das zweite SchulRÄndG aufgehoben. Nach Jahrgängen getrennter Unterricht und jahrgangsübergreifender Unterricht sind seitdem gleichgestellt. Die Entscheidung ist der Schulkonferenz übertragen worden (§§ 11 Abs. 2 S. 2, 65 Abs. 2 Nr. 7 SchulG, dazu T 7-8).

Mit dem 8. SchulRÄndG ist aus demografischen Gründen die Entscheidungskompetenz der Schulkonferenz durch die Einfügung des letzten Halbsatzes in § 11 Abs. 2 S. 2 SchulG eingeengt worden. Danach sind zwingend jahrgangsübergreifende Gruppen einzurichten, sofern dies in den Vorschriften für die Klassengrößen (§ 6a der Verordnung zur Ausführung des § 93 Abs. 2 SchulG) vorgesehen ist. Außerdem können schulorganisationsrechtliche Entscheidungen des Schulträgers den Entscheidungsspielraum der Schulkonferenz begrenzen (vgl. T 7-3). Die Entscheidung über jahrgangsbezogenen oder jahrgangsübergreifenden Unterricht ist damit keine ausschließlich der Entscheidungskompetenz der Schulkonferenz obliegende innere Schulangelegenheit (Fehrmann/Ausborn-Brinker, Neue Wege zum Erhalt kleiner Grundschulstandorte, Schule NRW 2013, 102 (106)). Bei zurückgehenden Schüler/innenzahlen wird in kleinen Grundschulen kaum noch ein Entscheidungsspielraum der Schulkonferenz verbleiben (Ostermann, in: Gesamtkommentar zum SchulG, § 82 Anm. 2).

3. Schulorganisatorische Vorgaben

Seit 2001 ist die Zahl der öffentlichen Grundschulen kontinuierlich um ca. 12 % gesunken. Die Gesamtschülerzahl ist von 800.419 auf 625.354 im Schuljahr 2013/14 zurückgegangen. Im Rahmen des Schulkonsenses zwischen SPD, CDU und BÜNDNIS 90/DIE GRÜNEN vom 19.7.2011 über die Schulstruktur in Nordrhein-Westfalen bestand unter dem Motto „Kurze Beine – kurze Wege" weitgehend Übereinstimmung, durch Intensivierung von Teilstandorten, schrittweise Absenkung des Klassenfrequenzrichtwertes und Stärkung des jahrgangsweisen Unterrichts kleine Grundschulstandorte zu erhalten (Ostermann, a.a.O.). Diesem Anliegen tragen die Änderungen des Schulgesetzes durch das 8. Schulrechtsänderungsgesetz Rechnung. Sie haben im Zusammenwirken mit § 6a Abs. 1 S. 5 VO zu § 93 Abs. 2 SchulG auch Auswirkungen auf die Organisation der Schuleingangsphase der Grundschulen.

Grundschulen müssen bei der Errichtung mindestens zwei Parallelklassen pro Jahrgang haben, bei der Fortführung mindestens 92 Schüler/innen (§ 82 Abs. 1

S. 1 SchulG). Die Schüler/innenzahl 92 orientiert sich an einer durchgehend einzügigen Grundschule mit einer Klassengröße von 23 Schüler/innen. Erfüllt die Grundschule diese Voraussetzungen und unterschreitet keine Klasse die Zahl von mindestens 15 Schüler/innen (§ 6a Abs. 1 S. 5 VO zu § 93 Abs. 2 SchulG), besteht für die Schulkonferenz der uneingeschränkte Entscheidungsspielraum, an der Grundschule jahrgangsbezogenen oder jahrgangsübergreifenden Unterricht festzulegen. Diese Entscheidung ist für die Grundschule für mindestens vier Jahre bindend. Denn nach § 11 Abs. 2 S. 2 SchulG kann die Schulkonferenz frühestens nach vier Jahren über die Organisation der Schuleingangsphase und der Klassen 3 und 4 neu entscheiden (§ 11 Abs. 2 S. 3 und Abs. 3 S. 3 SchulG).

Als schulorganisationsrechtlich selbstständige Schule kann auch eine Grundschule mit mindestens 46, aber weniger als 92 Schüler/innen fortgeführt werden, wenn es sich um die einzige Grundschule einer Gemeinde handelt (§ 82 Abs. 2 S. 2 SchulG). Die Formulierung „kann" bedeutet, dass die Gemeinde nach pflichtgemäßem (Organisations-) Ermessen über die Fortführung der Grundschule entscheidet. Besuchen mindestens 15 Schüler/innen die Klassen dieser Grundschule, entscheidet die Schulkonferenz darüber, ob der Unterricht jahrgangsbezogen oder jahrgangsübergreifend erfolgt. Wird die Mindestzahl unterschritten, weil etwa nur 14 Schüler/innen aufgenommen werden können, bleibt nur die Möglichkeit des jahrgangsübergreifenden Unterrichts, im Beispielsfall also die Einrichtung einer jahrgangsübergreifenden Schuleingangsphase.

Soweit die Gemeinde Träger von mehr als einer Grundschule ist, können nur Grundschulen mit mindestens 92 Schüler/innen als schulorganisationsrechtlich selbstständige Grundschulen fortgeführt werden. Grundschulen mit weniger als 92, aber mindestens 46 Schüler/innen sind als Teilstandorte im Grundschulverbund fortzuführen (§ 83 Abs. 1 S. 1 SchulG). Kleinere Standorte können nur ausnahmsweise von der oberen Schulaufsichtsbehörde zugelassen werden, wenn der Weg zu einem anderen Grundschulstandort der gewählten Schulart den Schüler/innen nicht zugemutet werden kann und mindestens zwei Gruppen gebildet werden können (§ 83 Abs. 1 S. 2 SchulG). Für die von § 83 Abs. 1 S. 1 und 2 SchulG erfassten Grundschulen gilt nach § 83 Abs. 1 S. 2 SchulG, dass die Vorschriften zu den Klassengrößen unberührt bleiben. Damit gilt auch für diese Grundschulen die Mindestgröße pro Klasse von 15 Schüler/innen (§ 6a Abs. 1 S. 5 VO zu § 93 Abs. 2 SchulG). Wird die Mindestgröße nicht erreicht, können die Grundschulen nur erhalten werden, wenn der Unterricht jahrgangsübergreifend durchgeführt wird (Fehrmann/Ausborn-Brinker, a.a.O.,104). Bei der Umstellung der Unterrichtsorganisation sind die Vorgaben gemäß § 6a Abs. 3 S. 1 VO zu § 93 Abs. 2 SchulG zu beachten. Danach können Grundschulen oder Teilstandorte, an denen keine Klasse mit mindestens 15 Schüler/innen gebildet werden kann, den Unterricht von jahrgangsbezogen auf jahrgangsübergreifend umstellen, sofern ein von der Schulaufsicht gebilligtes Konzept für die Grundschule vorliegt. Im Jahr der Umstellung darf die

Untergrenze der Bandbreite von 15 Schüler/innen einmalig in der Eingangsklasse sowie im Aufwuchs in der Klasse drei um bis zu zwei Schüler/innen unterschritten werden, wenn sichergestellt ist, dass nach Umstellung auf jahrgangsübergreifenden Unterricht nachhaltig die Klassenbildungswerte nach § 6a Abs. 1 VO zu § 93 Abs. 2 SchulG eingehalten werden können.

Soweit die Unterrichtsorganisation bei einem Grundschulverbund uneinheitlich ist, ist spätestens fünf Jahre nach Bildung des Grundschulverbundes in der Grundschule in einer einheitlichen Organisation nach § 11 Abs. 2 und 3 SchulG zu unterrichten (§ 83 Abs. 1 S. 4 SchulG), also jahrgangsbezogen oder jahrgangsübergreifend. Bei jahrgangsübergreifendem Unterricht in den Klassen 1 bis 4 (§ 11 Abs. 4 SchulG) ist für die einheitliche Organisation ausreichend, wenn am anderen Teilstandort des Grundschulverbundes jahrgangsübergreifend in den Klassen 1 und 2 sowie 3 und 4 unterrichtet wird (§ 83 Abs. 1 S. 5 SchulG). Die Schulaufsichtsbehörde soll Ausnahmen von der Verpflichtung zu einer einheitlichen Organisation gemäß den Sätzen 4 und 5 zulassen, sofern an einem Teilstandort auf Grund der Vorschriften für die Klassengrößen jahrgangsübergreifende Gruppen gebildet werden und die Schule durch ein pädagogisches Konzept darlegt, dass ein Einsatz der Lehrer /innen an allen Teilstandorten im Grundschulverbund möglich ist (§ 83 Abs. 1 S. 6 SchulG). Mit der letztgenannten, als Öffnungsklausel bezeichneten Regelung in § 83 Abs. 1 S. 6 SchulG) wird verhindert, dass ein notwendiger jahrgangsübergreifender Unterricht an kleinen Teilstandorten aufgrund des Nichterreichens der Zahl von mindestens 15 Schüler/innen pro Klasse auch am Hauptstandort des Grundschulverbundes zu übernehmen ist, obwohl dort die Voraussetzungen für jahrgangsbezogenen Unterricht erfüllt sind und sich die Schulkonferenz für diese Unterrichtsorganisation entschieden hat (Ostermann, a.a.O.).

4. Gestaltungsermessen der Schulkonferenz

Soweit schulorganisationsrechtliche Vorgaben (T 7-3) der Einrichtung sowohl eines jahrgangsbezogenen als auch eines jahrgangsübergreifenden Unterrichts nicht entgegenstehen, trifft die Schulkonferenz (§§ 11 Abs. 2 S. 1, 65 Abs. 2 Nr. 7 SchulG) die Entscheidung hierüber nach pflichtgemäßem Ermessen. Pflichtgemäßes Ermessen bedeutet, dass die Ermessensentscheidung nicht im freien Belieben der Schulkonferenz steht. Vielmehr unterliegt sie rechtlichen Bindungen.

4.1 Schulorganisationsrechtliches Planungsermessen

Rechtlich handelt es sich bei der Ermessensentscheidung um schulorganisatorisches Planungsermessen. Denn die Entscheidung über jahrgangsbezogenen oder jahrgangsübergreifenden Unterricht betrifft die Organisation der Schuleingangsphase und der Klassen 3 und 4. Die Ausübung des Planungsermessens durch die Schulkonferenz richtet sich deshalb nach Maßgabe des für jede Planung zu beachtenden Abwägungsgebots. Denn es ist anerkannt, dass eine schulorganisatorische Planungsentscheidung rechtlichen Bindungen unterliegt, die sich auch aus den Anforderungen des (allgemeinen) planerischen Abwägungsgebots ergeben. Da die Planung schulorganisatorischer Maßnahmen keine grundsätzlich anderen Probleme aufwirft als eine Planung in anderen Bereichen, muss sie dem Gebot der gerechten Abwägung der für und gegen sie sprechenden Belange genügen (OVG NRW, Beschlüsse vom 30.11.2016 – 19 B 984/16 –, nrwe, Rdn. 21 ff., und 10.8.2009 – 19 B 1129/08 –, juris, Rdn. 22, m.w.N.). Die allgemeinen Anforderungen des Abwägungsgebots, die (auch) an den Inhalt einer Entscheidung planerischen Charakters auf dem Gebiet des Schulorganisationsrechts zu stellen sind, sind in der planungsrechtlichen Rechtsprechung geklärt. Danach muss die Planung einer schulorganisatorischen Maßnahme dem Gebot der gerechten Abwägung genügen. Dieses Gebot ist bei einer Schulorganisationsmaßnahme verletzt, wenn nicht alles an Belangen eingestellt worden ist, was nach Lage der Dinge hätte eingestellt werden müssen, wenn das Gewicht der betroffenen öffentlichen und privaten Belange verkannt oder aber der Ausgleich zwischen den Belangen in einer Weise vorgenommen worden ist, die zur objektiven Bedeutung der Belange außer Verhältnis steht (BVerwG, Beschluss vom 7.1.1992 – 6 B 32.91 –, juris, Rdn. 3, m.w.N.).

4.2 Rechtliche Vorgaben

Die rechtmäßige Ausübung des Planungsermessens erfordert nach diesen Planungsgrundsätzen, dass die Schulkonferenz die Einrichtung eines jahrgangsbezogenen oder jahrgangsübergreifenden Unterrichts nicht nur von subjektiven Interessen und Vorstellungen abhängig macht. Erforderlich ist vielmehr eine umfassende Abwägung. Sie hat vor allem die Rechte und Interessen aller Schüler/innen sowie deren Eltern zu berücksichtigen. Schüler/innen haben einen Anspruch auf ordnungsgemäße Erziehung, Bildung und individuelle Förderung in der Schule (Art. 2 Abs. 1 GG, 8 Abs. 1 S. 1 LV.NRW., § 1 Abs. 1 S. 1 SchulG). Die Verpflichtung, die Elternrechte auch in schulorganisationsrechtliche Planungen einzubeziehen, folgt nicht nur aus Art. 6 Abs. 2 GG, sondern auch aus Art. 5 und 18 Abs. 1 der UN-Kinderrechtskonvention (abrufbar im Internet unter www.bmfsfj.de/RedaktionBMFSFJ/Broschuerenstelle) und § 2 Abs. 3 SchulG. Die Vorschriften verpflichten den Staat und damit auch die öffentlichen Schulen, in allen Entscheidungen den Grundsatz der primären Verantwortung der Eltern für die Erziehung und Entwicklung ihres Kindes zu achten. Darüber hinaus hat die Schulkonferenz bei ihrer Entscheidung abzuwägen, welche Unterrichtsorganisation an der konkreten Grundschule unter Berücksichtigung der vorhandenen personellen und sächlichen Ressourcen am besten die Erreichung des Erziehungs- und Bildungsauftrags der Schule gemäß § 2 SchulG gewährleistet. Dazu gehört die Berücksichtigung des inklusiven Bildungsauftrags der Schule (§ 1 Abs. 5 SchulG) ebenso wie die Pflicht zur Förderung von Schüler/innen, deren Muttersprache nicht Deutsch ist (§ 2 Abs. 10 SchulG), und die Förderung besonders begabter Schüler/innen (§ 2 Abs. 11 SchulG).

4.3 Pädagogisches Konzept

Diese komplexen Erwägungen setzen, wenn nicht notwendig, so aber zumindest unter dem Aspekt der Zweckmäßigkeit und der Vollständigkeit der maßgeblichen Abwägungsgesichtspunkte ein pädagogisches Konzept voraus. Ausdrücklich verlangt das SchulG nur für die Klassen 3 und 4, dass die Bildung jahrgangsübergreifender Klassen auf der Grundlage eines pädagogischen Konzepts erfolgen muss (§ 11 Abs. 3 S. 1 SchulG). Außerdem erfordert die Umstellung von jahrgangsbezogenen auf jahrgangsübergreifenden Unterricht an Grundschulen oder Teilstandorten eines Grundschulverbundes, an denen keine Klassen mit mindestens 15 Schüler/innen gebildet werden können, ein pädagogisches Konzept (§ 6a Abs. 3 S. 1 VO zu § 93 Abs. 2 SchulG, s. dazu T 7-3). Angesichts der Komplexität der Abwägung ist aber stets und damit auch für die Schuleingangsphase unabhängig von den Vorgaben in § 6a Abs. 3 VO zu § 93 Abs. 2 SchulG ein pädagogisches Konzept erforderlich, auf dessen Grundlage die Schulkonferenz ihre Entscheidung trifft (Weber, in: Gesamtkommentar SchulG, § 11 Anm. 2.1). Dafür spricht auch, dass die Schulkonferenz keine Entscheidung trifft, die jederzeit veränderten Gegebenheiten angepasst werden kann. Vielmehr kann sie frühestens nach vier Jahren neu über die Organisation der Schuleingangsphase entscheiden (§ 11 Abs. 2 S. 3 SchulG).

4.4 Pädagogische Aspekte

Neben den rechtlichen Vorgaben hat die Schulkonferenz pädagogische Erwägungen in ihre Entscheidung einzubeziehen. Sie trifft insofern eine pädagogische Leitentscheidung (Weber, a.a.O.). Sinnvoller Weise sind diese Erwägungen bereits in das pädagogische Konzept eingeflossen bzw. einzubeziehen. Dabei kann auf die nachfolgenden pädagogischen Erwägungen abgestellt werden.

Die bisherigen Erfahrungen zeigen, dass ein sinnvoll strukturierter jahrgangsübergreifender Unterricht individuelle Förderpläne weitaus effektiver gestalten lässt, als ein nach Jahrgängen getrennter Unterricht. Jahrgangsübergreifender Unterricht ermöglicht insbesondere den hochbegabten und schnell lernenden Kindern, am Lernangebot höherer Klassen teilzunehmen, ohne dass das Kind das bisherige Sozialgefüge und die vertraute Umgebung verlassen muss. Kinder, die langsamer lernen, können gezielt individuell und ohne Ausgrenzung gefördert werden. Es ist zu wünschen, dass die positiven pädagogischen Erfahrungen gegenüber dem Bestreben, auf alten Gleisen weiterzufahren, den Vorrang erhalten. Dem in der Anfangsphase Mehr an organisatorischem Aufwand für einen passgenauen jahrgangsübergreifenden Unterricht stehen entsprechende pädagogische Erfolge gegenüber.

Traditionell sind Maßnahmen der inneren Differenzierung eher auf schwächere Schüler/innen abgestellt (u.a. Reduzierung der Anforderungen in Umfang und Schwierigkeit, mehr Zeit zum Einüben und Wiederholung). Weniger ausgeprägt ist das Bewusstsein vieler Lehrkräfte für die Möglichkeiten der

Förderung schneller lernender Schüler/innen: Zusatzangebote, Teilnahme am Unterricht anderer Jahrgangsstufen, Vorversetzung.

Die jahrgangsübergreifende Klasse hält nicht länger an der Fiktion einer altershomogenen Gruppe fest, an die eine durch das Alter bestimmte verbindliche Leistungs- und Verhaltensnorm gerichtet wird. Sie stützt damit ein Kernanliegen der Grundschularbeit: den Auftrag zur Individualisierung, Differenzierung und individuellen Förderung. Sie bietet allen Kindern Entwicklungs- und Lernchancen, die viele von ihnen angesichts der heute eingeschränkten sozialen Erfahrungsmöglichkeiten sonst nicht erhalten würden (z.B. Stellung in der Geschwisterreihe; Erfahrung des Älteren oder Jüngeren, helfen und sich helfen lassen). Diese Organisationsform bietet die Möglichkeit, langjährige feste Beziehungen zu anderen Kindern aufzubauen sowie die Chance, sich auch für andere, neu hinzutretende Mitschüler/innen zu öffnen.

Die neu in die Lerngruppe eintretenden Schüler/innen übernehmen Rituale, Regeln, Arbeitsweisen im Mitvollzug und durch Imitation. Die Alters- und Entwicklungsheterogenität vergrößert die Anregungen und Herausforderungen innerhalb der Gruppe und fördert somit das Lernklima. Dabei ist wichtig, dass die jüngeren Kinder sehen können, was sie noch lernen werden und die älteren Kinder – insbesondere dann, wenn sie Schwierigkeiten beim Lernen haben - im Vergleich zu den jüngeren Kindern doch die eigenen Lernfortschritte festmachen können. Die Altersstreuung reduziert die ansonsten erforderlichen Auseinandersetzungen zur Festlegung der Rangordnung in der Klasse. Diese Rangordnung ist in der Regel durch den Altersunterschied festgelegt. Andererseits wird eine Verfestigung der Rangordnung verhindert. Jedes Kind nimmt sowohl die Rolle des von den älteren Kindern Lernenden als auch später die Rolle des Erfahrenen und die Erfahrung Weitergebenden ein.

Die Entwicklung zur Bildung jahrgangsübergreifender Klassen ist durch verschiedene gesellschaftliche Entwicklungen gefördert worden. So haben Schulen diesen Weg dann beschritten, wenn die Schüler/innen aus anderen, meist sozialen Gründen ohnehin eine große Heterogenität aufgewiesen haben. Auch die Aufnahme des inklusiven Unterrichts oder die Förderung eines starken Anteils ausländischer oder ausgesiedelter Schüler/innen hat ein solches Konzept erforderlich gemacht.

Schließlich ist auch darauf hinzuweisen, dass jahrgangsübergreifende Klassen eher die Chance bieten, im Rahmen individueller Lernpläne den Bildungsgang einzelner Schüler/innen im Einverständnis mit deren Eltern nach den jeweiligen Bedürfnissen, Fördernotwendigkeiten und Anforderungsmöglichkeiten zeitlich abweichend vom Vierjahresrhythmus zu gestalten. Ein dreijähriger „Durchgang" ist damit leichter darstellbar, ebenso ein sich über fünf Jahre erstreckender Bildungsgang. Die Entwicklung eines Kindes verläuft stets individuell. Es ist von daher folgerichtig, dass „Gleichaltrigkeit" von Kindern nicht „gleicher Entwicklungsstand" bedeutet. Vielmehr benötigen Kinder je nach Entwicklung und Fähigkeit unterschiedliche Lernzeiten. Aus dem längeren

Verweilen in der Schuleingangsphase wird durch die Nichtanrechnung des dritten Schulbesuchsjahrs kein Nachteil am Ende der Schulpflicht erwachsen. Auch die Kinder, die ein drittes Jahr die Schuleingangsklasse besuchen, haben die Möglichkeit am Ende ihrer zehnjährigen Schulpflicht die entsprechenden Abschlüsse der Sekundarstufe I zu erwerben.

Voraussetzung für den jahrgangsbezogenen Unterricht sind ebenfalls konzeptionelle Überlegungen, die individuelle Förderung sicherzustellen. Im Ergebnis wird es darauf ankommen, Formen der inneren Differenzierung, der äußeren Differenzierung bis hin zur Individualisierung und partiell auch Elemente des jahrgangsübergreifenden Unterrichts so miteinander zu verbinden, dass die individualisierte und differenzierte Förderung jeder einzelnen Schüler /in entsprechend der Zielsetzung der Schuleingangsphase möglich ist. Gemeinsame Unterrichtssituationen in der Jahrgangsklasse können außerdem so gestaltet werden, dass die Mitarbeit auf unterschiedlichem Niveau möglich ist und alle Kinder durch eine Aufgabe kognitiv stimuliert werden. An den Unterricht, der sich zunächst an die gesamte Klasse richtet, können sich Phasen des selbstständigen Lernens mit differenzierten Anforderungen, denen sich die Kinder nach eigener Einschätzung zuordnen, anschließen.

4.5 Modelle für jahrgangsübergreifende Klassen

Das Schulgesetz gibt bei der Einrichtung jahrgangsübergreifenden Unterrichts keine bestimmte Organisationsstruktur vor. Auch insoweit besteht für die Schulkonferenz ein Entscheidungsspielraum, sofern nicht aufgrund der schulorganisationsrechtlichen Vorgaben nur jahrgangsübergreifender Unterricht eingerichtet werden kann, weil die Zahl von mindestens 15 Schüler/innen pro Klasse nicht erreicht wird (s. dazu 3). Folgende Modelle kommen in Betracht:

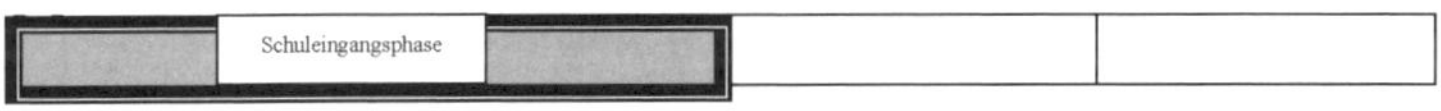

Die Klassen 1 und 2 werden als jahrgangsübergreifende Gruppen, die Klassen 3 und 4 jahrgangsbezogen geführt. Die Klassen 3 und 4 sind nicht i.S.d. § 11 Abs. 3 S. 1 SchulG mit der Schuleingangsphase verbunden.

Die Klassen 1 und 2 sowie die Klassen 3 und 4 werden jeweils als jahrgangsübergreifende Gruppen geführt, ohne dass sie miteinander verbunden sind. Nach § 11 Abs. 3 S. 2 SchulG sind bei jahrgangsübergreifender Organisation in der Schuleingangsphase die Klassen 3 und 4 jahrgangsübergreifend zu führen, wenn jahrgangsbezogener Unterricht auf Grund der Vorschriften über die Klassengrößen (§ 6a VO zu § 93 Abs. 2 SchulG) die Bildung einer zusätzlichen Klasse zur Folge hätte.

Die Klassen 1 bis 3 werden als jahrgangsübergreifende Gruppen, die Klasse 4 wird jahrgangsbezogen geführt; die Klasse 3 ist i.S.d. § 11 Abs. 3 S. 1 SchulG mit der Schuleingangsphase verbunden. Auch dieses Modell, setzt voraus, dass § 11 Abs. 3 S. 2 SchulG der jahrgangsbezogenen Führung der Klasse 4 nicht entgegensteht.

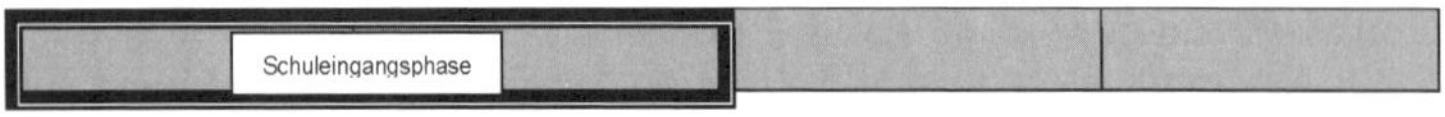

Die Klassen 1 bis 4 werden als jahrgangübergreifende Gruppen geführt und sind i.S.d. § 11 Abs. 3 S. 1 miteinander verbunden. Diese Möglichkeit ist ausdrücklich in dem durch das 8. Schulrechtsänderungsgesetz eingefügten § 11 Abs. 4 SchulG vorgesehen. Die Formulierung „entsprechend Absätzen 2 und 3" in § 11 Abs. 4 SchulG bedeutet, dass jahrgangsübergreifender Unterricht in den Klassen 1 bis 4 möglich ist, wenn andernfalls auf Grund der Vorschriften für die Klassengrößen keine neuen Schüler/innen aufgenommen werden könnten. Damit entsteht schulorganisatorisch eine größere Flexibilität, auch an kleineren Standorten besser auf Schwankungen der Anzahl von Schulneulingen reagieren zu können. Die geringere Zahl von Schüler/innen in einem Jahrgang kann durch eine größere Anzahl in anderen Jahrgängen besser als bei der Bildung von Doppeljahrgängen (Klassen 1 und 2, Klassen 3 und 4), kompensiert werden (Begründung des 8. Schulrechtsänderungsgesetzes, LT-Drs. 16/815, S. 39 f.).

Jedes dieser jahrgangsübergreifenden Klassenbildungsmodelle weist die Schuleingangsphase als organisatorische Einheit aus und begünstigt daher die Ziele der Schuleingangsphase aus schulfachlicher Sicht in unterschiedlicher Weise:

- Alle Kinder verbleiben stets in ihrem sozialen Kontext, unabhängig von der Dauer ihres Besuchs der Schuleingangsphase.
- Während der Schuleingangsphase kann jedes Kind einen Rollenwechsel – zwischen Hilfe annehmen und Hilfe geben – vollziehen.
- Das gemeinsame fachliche Lernen wird von den Lehrer/innen durch differenziertes Arbeiten angeleitet. Es gibt grundsätzlich keinen Abteilungsunterricht.
- Soziales Lernen vollzieht sich in natürlichen Lebens- und Lernbezügen aller Schüler/innen.

Die Arbeit in jahrgangsübergreifenden Lerngruppen stellt hohe Anforderungen an die Fähigkeiten der Lehrkräfte, Maßnahmen der inneren und äußeren Differenzierung passgenau im Sinne einer individuellen Förderung zu organisieren. Die Vorbereitung und Entwicklung von Materialien für einen individualisierten und differenzierten Unterricht sowie die Planung dieses Unterrichts sind eine notwendige Voraussetzung für eine gelingende Förderung. Die Rolle der Lehrer/innen im Unterrichtsprozess entwickelt sich weiter. Die klassische Rolle der Vermittler /in wird erweitert um die Rolle der Lernbegleiterin/des Lernbegleiters, ohne dass die Lehrkräfte ihre Verantwortung für die Ergebnisse des Lernens aus dem Auge verlieren. Dies schließt im Bereich der Förderplanung für einzelne Schüler/innen insbesondere die Abstimmung der Förderangebote sowie Absprachen zu konkreten Förderzielen mit allen an der individuellen Förderung Beteiligten, besonders den sozialpädagogischen Fachkräften, ein.

Viele Eltern stehen dem jahrgangsübergreifenden Lernen zunächst skeptisch bis ablehnend gegenüber. Das ist verständlich, denn bei der Bewertung und Einschätzung schulischer Maßnahmen legen sie – mehr oder weniger bewusst – ihre eigene schulische Sozialisation zugrunde. Sie sind nahezu alle in jahrgangsbezogenen Klassen unterrichtet worden und kennen die jahrgangsübergreifende Klassenbildung höchstens als eine Anekdote aus der Zeit der Dorfschulen. Mit anderen Worten: Es besteht trotz einer Vielzahl von Veröffentlichungen zu diesem Thema in den letzten Jahren ein sehr hoher Informationsbedarf auf Seiten vieler Eltern. Deshalb empfiehlt sich bei einer Umstellung von jahrgangsbezogenem auf jahrgangsübergreifendem Unterricht eine Informationsveranstaltung, zu der die Schulleiterin oder der Schulleiter die Eltern einlädt. In der Veranstaltung werden die Eltern über die wesentlichen Eckpunkte der jahrgangsübergreifenden Organisation der Schuleingangsphase und die Auswirkungen auf die pädagogische Arbeit der Schule informiert. Eine solche Veranstaltung hat den Vorteil, dass alle Eltern dieselben Informationen bekommen und ein breiteres Meinungsbild entstehen kann.

Die konkrete Planung und Konzeption der Schuleingangsphase im Sinne einer vorausschauenden und personalentwicklungsbezogenen Planung und Implementation in überschaubaren und nachvollziehbaren Schritten ist Aufgabe der Schulleiterin oder des Schulleiters in enger Abstimmung mit dem Kollegium. Zunächst gilt es die erforderlichen Handlungsfelder zu benennen und mit Blick auf den Zieltermin einen Arbeitsplan zu erstellen, der Inhalte und Verantwortlichkeiten innerhalb des Kollegiums benennt.

Mögliche Handlungsfelder sind (siehe: Heimer in „Schuleingangsphase neu gestalten", Düsseldorf 2004):

- die umfassende Information aller Beteiligten vor und während des Planungsprozesses (z.B. Eltern, Schulaufsicht, Kollegium, Schulträger, Kinder)
- die Orientierung an bewährten Modellen und Beispielen von best practice
- die Hospitation an Schulen mit Vorerfahrung
- die Nutzung der Erfahrungen anderer Bundesländer
- die Kooperation mit den Kindergärten
- der Personaleinsatz
- Vereinbarungen zur Kooperation und zu Teamabsprachen über die Unterrichtsverpflichtung hinaus
- eine Veränderung der Anforderungsprofile und Rollen der Lehrkräfte und ggf. der sozialpädagogischen Fachkräfte

- die Abstimmung des erforderlichen Fortbildungskonzepts
- die Nutzung und ggf. Schaffung von Raum und Räumlichkeiten für Differenzierungsangebote
- die Überprüfung vorhandener Medien und Materialien auf ihre Eignung
- die Vernetzung in Unterstützungsverbünden, z.B. durch Zugang zu psychosozialen, sonderpädagogischen Hilfsangeboten

5. Rechtsnatur und Anfechtbarkeit

Die Rechtsnatur der Entscheidung der Schulkonferenz über jahrgangsbezogenen oder jahrgangsübergreifenden Unterricht ist nicht abschließend geklärt. Keine Zweifel bestehen demgegenüber daran, dass sie in einem verwaltungsgerichtlichen Verfahren angefochten werden kann.

5.1 Rechtsnatur

Die Entschließung der Schulkonferenz ist entweder ein Verwaltungsakt in Form der Allgemeinverfügung (§ 35 2 VwVfG NRW) oder als Realakt bzw. schlichtes Hoheitshandeln zu qualifizieren. Das hängt entscheidend davon ab, ob die Entscheidung i.S.d. § 35 S. 1 i.V.m. S. 2 VwVfG NRW Außenwirkung hat, also auf unmittelbare Rechtswirkung nach außen gerichtet ist. Alle weiteren Merkmale eines Verwaltungsaktes i.S.d. § 35 S. 1 i.V.m. S. 2 VwVfG NRW erfüllt die Entscheidung der Schulkonferenz.

Schulische Organisationsakte entfalten nur dann unmittelbare Außenwirkung, wenn sie über die Regelung des laufenden Schulbetriebes hinaus darauf gerichtet sind, subjektiv-öffentliche Rechte der Schüler /innen und/oder ihrer Eltern zu erweitern, zu verringern oder anders zu gestalten. Dies ist bei der Zusammenlegung von Schulklassen und der Neuaufteilung der Schüler/innen auf eine reduzierte Anzahl von Parallelklassen nicht der Fall. Denn eine solche Entscheidung ist nicht auf Eingriffe in die Individualrechte der Schüler/innen gerichtet und lässt die Rechtsstellung der Schüler/innen im Schulverhältnis, insbesondere dessen Zugehörigkeit zur Schule und Jahrgangsstufe unberührt (vgl. nur OVG S.-A., Beschluss vom 15.8.2016 – 3 M 157/16 –, juris, Rdn. 12; VG Cottbus, Beschluss vom 3.11.2016 – 1 L 473/16 –, juris, Rdn. 7, m.w.N.). Nach diesen Grundsätzen ist die Entscheidung der Schulkonferenz über jahrgangsbezogenen oder jahrgangsübergreifenden Unterricht kein Verwaltungsakt. Die Entscheidung zielt nicht auf die Ausgestaltung der Rechtsverhältnisse der Schüler/innen, sondern allein auf die Organisation des Unterrichts in der Grundschule. Die Zuordnung der Schüler/innen zu den die Schuleingangsphase umfassenden Klassen 1 und 2 (§ 11 Abs. 2 S. 1 SchulG) und der Klassen 3 und 4 (§ 11 Abs. 3 S. 1 SchulG) verändert sich nicht durch die Einführung jahrgangsbezogenen oder jahrgangsübergreifenden Unterrichts. Das verdeutlicht insbesondere die Formulierung „darin“ in § 11 Abs. 3 S. 2 SchulG. Sie bringt zum Ausdruck, dass die Entscheidung nach § 11 Abs. 2 S. 2 die Zuordnung der Schüler/innen zu der die Schuleingangsphase bildenden Klassen 1 und 2 nicht verändert, sie vielmehr „darin", also in der gesetzlich vorgegebenen Zuordnung entweder jahrgangsbezogen oder jahrgangsübergreifend unterrichtet werden.

Fehlt es deshalb nach der hier vertretenen Auffassung an einem Verwaltungsakt, hat dies zur Folge, dass bei der Entscheidung der Schulkonferenz nicht die für den Erlass von Verwaltungsakten geltenden und auch von Schulen zu beachtenden (§ 2 Abs. 3 Nr. 3 VwVfG NRW) Verfahrensvorschriften zu berücksichtigen sind. Insbesondere bedarf es nicht der Anhörung (§ 28 Abs. 1 VwVfG NRW) der von der Einführung jahrgangsbezogenen oder jahrgangsübergreifenden Unterrichts betroffenen Eltern. Davon abgesehen besteht auch dann, wenn die Entscheidung der Schulkonferenz ein Verwaltungsakt wäre, keine Anhörungspflicht. Denn nach § 28 Abs. 2 Nr. 4 VwVfG NRW kann von einer Anhörung abgesehen werden, wenn eine Allgemeinverfügung erlassen werden soll. Hierzu gehört die Entscheidung der Schulkonferenz, wenn sie ein Verwaltungsakt wäre, weil sie sich i.S.d. § 35 S. 2 VwVfG NRW an einen bestimmten oder bestimmbaren Personenkreis, nämlich die Eltern der von der Unterrichtsorganisation betroffenen Schüler/innen, richtet.

Rechtliche Risiken, die sich aus der fehlenden verwaltungsgerichtlichen Klärung der Rechtsnatur der Entscheidung der Schulkonferenz ergeben, können dadurch ausgeschlossen werden, dass die für Verwaltungsakte maßgeblichen Verfahrensvorschriften beachtet werden. Das bedeutet u.a., allen betroffenen Eltern Gelegenheit zur Anhörung zu geben und die Entscheidung den Anforderungen des § 39 Abs. 1 VwVfG NRW entsprechend zu begründen. Da § 28 Abs. 1 VwVfG NRW keine bestimmte Form der Anhörung vorschreibt, muss nicht jedem Elternteil individuell etwa durch ein Anschreiben Gelegenheit zur Stellungnahme gegeben werden. Es genügt die Einladung aller betroffenen Eltern zu einer Informationsveranstaltung der Schule mit dem Hinweis darauf, dass auf der Veranstaltung Gelegenheit besteht, den eigenen Standpunkt zur Einführung jahrgangsbezogenen oder jahrgangsübergreifenden Unterrichts darzulegen. Nach § 39 Abs. 1 S. 2 VwVfG NRW sind in der Begründung eines Verwaltungsaktes die wesentlichen tatsächlichen und rechtlichen Gründe mitzuteilen, die die Behörde zu ihrer Entscheidung bewogen haben. Bei Ermessensentscheidungen sind auch die für die Ermessensausübung maßgeblichen Aspekte anzugeben (§ 39 Abs. 1 S. 3 VwVfG NRW). Diesen Anforderungen wird genügt, wenn das der Entscheidung der Schulkonferenz zugrundeliegende pädagogische Konzept (vgl. dazu T 7-4.3) den betroffenen Eltern bekanntgegeben oder i.S.d. § 39 Abs. 2 Nr. 5 VwVfG NRW öffentlich bekanntgegeben wird.

5.2 Anfechtbarkeit

Für die Frage, ob die Entscheidung der Schulkonferenz in zulässiger Weise in einem verwaltungsgerichtlichen Verfahren angefochten werden kann, kommt es letztlich auf die Rechtsnatur der Entscheidung nicht an. Handelt es sich um einen Verwaltungsakt, kann die Entscheidung mit der Anfechtungsklage (§ 42 Abs. 1 VwGO) angefochten werden. Statthafte Klageart ist die in der Verwaltungsgerichtsordnung nicht ausdrücklich geregelte allgemeine Leistungsklage, wenn die Entscheidung als Realakt oder schlichtes Hoheitshandeln zu qualifizieren ist. In diesem Fall kann im Verfahren auf Erlass einer einstweiligen Anordnung (§ 123 Abs. 1 VwGO) um Gewährung vorläufigen Rechtsschutzes nachgesucht werden. Ist die Entscheidung ein Verwaltungsakt, hat die hiergegen gerichtete Anfechtungsklage aufschiebende Wirkung (§ 80 Abs. 1 VwGO). Ist die aufschiebende Wirkung der Klage nicht gegeben, weil die Schulkonferenz die sofortige Vollziehung gemäß § 80 Abs. 2 S. 1 Nr. 4 VwGO angeordnet hat, kann um vorläufigen Rechtsschutz im Verfahren nach § 80 Abs. 5 S. 1 VwGO nachgesucht werden.

Schüler/innen und deren Eltern sind auch i.S.d. § 42 Abs. 2 VwGO klage- und antragsbefugt. Für sie begründet § 11 Abs. 2 und Abs. 3 SchulG subjektive Rechte, weil die Schulkonferenz bei ihrer Entscheidung über die Unterrichtsorganisation nicht nur das öffentliche (schulische) Interesse an der bestmöglichen Unterrichtsorganisation, sondern auch die rechtlich geschützten Interessen der Schüler/innen und deren Eltern bei der Abwägung zu berücksichtigen hat (vgl. T 7-4.1). Zumindest können sich die Schüler/innen auf ihre Grundrechte auf ordnungsgemäße Erziehung, Bildung und individuelle Förderung in der Schule (Art. 2 Abs. 1 GG, 8 Abs. 1 S. 1 LV.NRW.) und die Eltern auf ihr Grundrecht berufen, die Erziehung und Bildung ihrer Kinder zu bestimmen (Art. 6 Abs. 2 S. 1 GG, 8 Abs. 1 S. 2 LV.NRW.). Antrags- und klagebefugt sind nicht nur Schüler/innen, die die Grundschule bereits besuchen, und deren Eltern, sondern auch diejenigen Schüler/innen, die die Grundschule in absehbarer Zeit, d.h. im bevorstehenden Schuljahr, besuchen wollen, und deren Eltern (OVG NRW, Beschluss vom 31.5.2013 – 19 B 1191/12 –, juris, Rdn. 2 f., m.w.N.).

6. Übergänge in und aus der Schuleingangsphase

Der Übergang vom ersten Schulbesuchsjahr in das zweite Schulbesuchsjahr erfolgt stets ohne eine Versetzungsentscheidung (vgl. § 7 Abs. 1 S. 1 AO-GS). Das gilt unabhängig davon, ob die Schuleingangsphase jahrgangsbezogen oder jahrgangsübergreifend geführt wird. Erst der Übergang in die Klassen 3, 4 und 5 beruht auf einer Versetzungsentscheidung (§ 7 Abs. 1 S. 2 AO-GS, vgl. dazu T 13).

Auf einer Versetzungsentscheidung beruht auch der Übergang vom ersten Schulbesuchsjahr in die Klasse 3. Die Versetzung beschließt die Versetzungskonferenz. Der Beschluss erfordert verfahrensrechtlich einen Antrag der Eltern oder deren Anhörung. Materiell setzt der Beschluss voraus, dass die Schülerin/der Schüler für einen vorzeitigen Übergang in die Klasse 3 geeignet ist (§ 7 Abs. 3 Nr. 1 AO-GS). Es handelt sich um eine Prognoseentscheidung der Versetzungskonferenz, die in Betracht kommt, wenn prognostisch die Schülerin/der Schüler in der Klasse 3 erfolgreich mitarbeiten kann und die Versetzungsbedingungen am Ende der Klasse 3 erfüllen wird (vgl. im Einzelnen T 13-6.2).

7. Höchstverweildauer

Die Dauer des Besuchs der Schuleingangsphase ist zeitlich begrenzt. Sie beträgt in der Regel zwei Jahre (§ 11 Abs. 2 S. 4 SchulG). Die Höchstverweildauer ist begrenzt auf drei Jahre (§§ 11 Abs. 2 S. 5, 2 Abs. 2 S. 1 AO-GS). Die Formulierung „begrenzt" in dieser Vorschrift macht deutlich, dass es von der dreijährigen Höchstverweildauer keine Ausnahme gibt.

8. Drittes Schulbesuchsjahr in der Schuleingangsphase

Der Besuch der Schuleingangsphase im dritten Schulbesuchsjahr ist unter den Voraussetzungen des § 7 Abs. 3 Nr. 2 AO-GS möglich.

Die Entscheidung trifft die Versetzungskonferenz. Verfahrensrechtlich ist ein vorheriger Antrag der Eltern oder deren Anhörung erforderlich (§ 7 Abs. 3 Nr. 2 AO-GS). Nach Nr. 7.3 VvzAO-GS soll die Entscheidung nicht vor dem zweiten Halbjahr des zweiten Schulbesuchsjahres getroffen werden. Eine dahingehende Entscheidung bereits im ersten Schulbesuchsjahr oder am Ende dieses Schuljahres kommt grundsätzlich nicht in Betracht (vgl. T 7-10).

Materiell setzt der Verbleib der Schuleingangsphase im dritten Schulbesuchsjahr voraus, dass die/der Schüler /in noch nicht für die Klasse 3 geeignet ist (§ 7 Abs. 3 Nr. 2 AO-GS). Das ist der Fall, wenn nach der Einschätzung der Versetzungskonferenz die/der Schüler /in voraussichtlich nicht erfolgreich in der Klasse 3 mitarbeiten kann und die Versetzungsbedingungen am Ende der Klasse 3 nicht erfüllen wird. Es handelt sich um eine Prognoseentscheidung der Versetzungskonferenz, die wie die Entscheidung der Versetzungskonferenz über einen vorzeitigen Übergang aus dem ersten Schulbesuchsjahr in die Klasse 3 (vgl. dazu T 7-6) einer eingeschränkten verwaltungsgerichtlichen Kontrolle unterliegt.

9. Wiederholung des ersten Schulbesuchsjahres

Eine Wiederholung des ersten Schulbesuchsjahres der Schuleingangsphase ist nicht vorgesehen. Das gilt sowohl im Falle des jahrgangsbezogenen als auch des jahrgangsübergreifenden Unterrichts.

Die fehlende Regelung über eine Wiederholung des ersten Schulbesuchsjahres spricht dafür, dass das Schulministerium als Verordnungsgeber eine solche Wiederholung bewusst nicht in die AO-GS aufgenommen, sondern der Verbleib in der Schuleingangsphase um ein weiteres, drittes Jahr nur unter den Voraussetzungen des § 7 Abs. 3 Nr. 1 AO-GS möglich ist. Denn eine Wiederholung des ersten Schulbesuchsjahres hat stets zur Folge, dass der Regelfall des zweijährigen Besuchs der Schuleingangsphase nicht eingehalten und die Höchstverweildauer von drei Jahren (§ 2 Abs. 2 S. 1 AO-GS) erreicht wird. Dieser Ausnahmefall ist ausschließlich in § 7 Abs. 3 Nr. 1 AO-GS geregelt. Dabei geht die Vorschrift davon aus, dass im Regelfall die Entscheidung über ein drittes Schulbesuchsjahr in der Schuleingangsphase nicht schon im ersten, sondern im zweiten Schuljahr getroffen wird. Denn Voraussetzung für den Verbleib in der Schuleingangsphase im ein weiteres (drittes) Jahr ist, dass die Schüler /in nach der Einschätzung der Versetzungskonferenz noch nicht für eine Versetzung in die Klasse 3 geeignet ist, und diese Voraussetzung lässt sich sinnvoll erst im zweiten Schulbesuchsjahr beurteilen. Dementsprechend bestimmt auch Nr. 7.3 VvzAO-GS, dass die Entscheidung über ein drittes Schulbesuchsjahr in der Schuleingangsphase nicht vor dem zweiten Halbjahr des zweiten Schulbesuchsjahres getroffen werden „soll". Die Formulierung „soll" lässt allerdings in atypischen Fällen Ausnahmen zu. Ein solcher Fall, der eine Entscheidung über den Verbleib in der Schuleingangsphase um ein weiteres, drittes Jahr erfordert, kommt nur dann in Betracht, wenn die Versetzungskonferenz schon im ersten Schulbesuchsjahr verlässlich absehen kann, dass die Schüler /in ohne einen Neubeginn der Schuleingangsphase voraussichtlich nicht für eine Versetzung in die Klasse 3 geeignet sein wird. Es dürfte sich um einen theoretischen Ausnahmefall handeln, weil es Aufgabe der Lehrkräfte ist, durch individuelle Förderung und individuelle Lehrpläne der Schüler/innen so zu fördern, dass ein Übergang in die Klasse möglich ist. Gelingt das nicht, bleibt im Übrigen zu erwägen, ob ein sonderpädagogisches Unterstützungsbedarf vorliegt und ein entsprechendes Feststellungsverfahren durchzuführen ist.

10. Rücktritt in die Schuleingangsphase

Ein Rücktritt in die Schuleingangsphase kommt nur in der Klasse 3 in Betracht. Ein Rücktritt von der Klasse 4 ist nur in die Klasse 3 möglich (§ 7Abs. 5 S. 1 AO-GS). Die Entscheidung trifft die Versetzungskonferenz (§ 7 Abs. 5 S. 2 AO-GS) und zwar der abgebenden Klasse (Nr. 7.5 Abs. 1 VVzAO-GS).

Voraussetzung für einen Rücktritt in die Schuleingangsphase ist verfahrensrechtlich ein Antrag der Eltern (§ 7 Abs. 3 S. 1 AO-GS). Anders als die Entscheidungen über einen vorzeitigen Übergang aus dem ersten Schulbesuchsjahr in die Klasse 3 und den Verbleib in der Schuleingangsphase für ein drittes Jahr (§ 7 Abs. 3 Nr. 1 und 2 AO-GS) genügt die bloße Anhörung der Eltern nicht.

Der Rücktritt kann nur im Verlaufe des Schuljahres erfolgen, also bis zum Ende des Schuljahres, in dem die Klasse 3 besucht wird (§ 7 Abs. 5 S. 1 AO-GS). Weitere Voraussetzung ist, dass die Höchstverweildauer in der Schuleingangsphase von drei Jahren (§ 2 Abs. 2 S. 1 AO-GS; vgl. 8) noch nicht überschritten ist. Das bedeutet, dass eine Schülerin/ein Schüler, die bzw. der die Schuleingangsphase drei Jahre besucht hat, nicht aus der Klasse 3 in die Schuleingangsphase zurücktreten kann (Nr. 7.3 Abs. 2 VVzAO-GS).

Materiell setzt der Rücktritt voraus, dass die Schülerin/der Schüler in der Klasse 3 nicht mehr erfolgreich mitarbeiten kann (§ 7 Abs. 5 S. 1 AO-GS). Das ist der Fall, wenn prognostisch die Versetzungsbedingungen am Ende der Klasse 3 nicht erreicht werden. Es handelt sich um eine Prognoseentscheidung der Versetzungskonferenz, die wie die Entscheidung der Versetzungskonferenz über einen vorzeitigen Übergang aus dem ersten Schulbesuchsjahr in die Klasse 3 (vgl. dazu 6) einer eingeschränkten verwaltungsgerichtlichen Kontrolle unterliegt.

Der Rücktritt in die Schuleingangsphase ist der Nichtversetzung vorzuziehen. Die Klassenlehrer/innen beraten die Eltern mit diesem Ziel (Nr. 7.3 Abs. 1 VVzAO-GS).

11. Lern- und Förderempfehlungen

Lern- und Förderempfehlungen (§ 50 Abs. 3 S. 2 SchulG) werden in der Schuleingangsphase erstmals zum zweiten Halbjahr des zweiten Schulbesuchsjahres erteilt (Nr. 7.2 Abs. 1 VVzAO-GS). Eine Lern- und Förderempfehlung ist außerdem am Ende des zweiten Schulbesuchsjahres zu erteilen, wenn keine Versetzung in die Klasse 3 erfolgt (§ 50 Abs. 2 S. 4 SchulG).

Teil 8: Organisation der Jahrgangsstufen 3 und 4

Inhaltsübersicht

1. Rechtliche Entwicklung

Die Regelungen über die Klassen 3 und 4 der Grundschule sind durch das 2. und 8. SchulRÄndG grundlegend geändert worden.

Mit dem 2. SchulRÄndG ist der Schulkonferenz, die bis dahin nur ein Zustimmungsrecht hatte, die Befugnis übertragen worden, über die Unterrichtsorganisation in den Klassen 3 und 4 zu entscheiden. Damit sollten die Rechte der Eltern gestärkt werden (Begründung des 2. SchulRÄndG, LT-Drs. 14/1572, zu § 11, S. 80). Durch die ebenfalls durch das 2. SchulRÄndG vorgenommene Veränderung der Verteilung der Stimmen in der Schulkonferenz ist sichergestellt worden, dass gegen den Widerstand der Lehrkräfte und der Schulleitung keine Veränderungen erzielt werden können.

Die geltende Fassung des § 11 Abs. 3 SchulG geht auf das 8. SchulRÄndG zurück. Es hat die Zuständigkeit der Schulkonferenz über die Festlegung der Unterrichtsorganisation der Klassen 3 und 4 nicht geändert, die Entscheidungskompetenz aber eingeengt. Ebenso wie in der Schuleingangsphase verbleibt der Schulkonferenz auch in Bezug auf die Unterrichtsorganisation der Klassen 3 und 4 nur dann ein Entscheidungsspielraum, wenn die schulorganisationsrechtlichen Vorschriften Raum sowohl für jahrgansbezogenen als auch jahrgangsübergreifenden Unterricht lassen. Das hängt wie in der Schuleingangsphase von den Vorschriften über die Klassengrößen in der Verordnung zu § 93 Abs. 2 SchulG ab (Begründung des 8. SchulRÄndG, zu § 11, LT Drs. 16/815, S. 39).

2. Schulorganisatorische Vorgaben

Ob die Klassen 3 und 4 aufsteigend gegliedert werden, also jahrgangsbezogen, oder jahrgangsübergreifend geführt werden, hängt nach § 11 Abs. 3 S. 1 SchulG zunächst davon ab, ob aufgrund der Regelungen in § 6a VO zu § 93 Abs. 2 SchulG zwingend jahrgangsübergreifender Unterricht eingerichtet werden muss, weil die Klassenmindestgröße von 15 Schüler/innen nicht erreicht werden. Insoweit gelten die bereits zur Schuleingangsphase dargelegten Grundsätze (VII.3) für die Klassen 3 und 4 entsprechend. Ist nach § 6a VO zu § 93

Abs. 2 VwGO nur jahrgangsübergreifender Unterricht zulässig, besteht für die Schulkonferenz kein Entscheidungsspielraum.

Eine weitere Verpflichtung zur Einrichtung eines jahrgangsübergreifenden Unterrichts ergibt sich aus § 11 Abs. 3 S. 2 SchulG. Danach sind bei jahrgangsübergreifender Organisation in der Schuleingangsphase die Klassen 3 und 4 jahrgangsübergreifend zu führen, wenn jahrgangsbezogener Unterricht aufgrund des § 6a VO zu § 93 Abs. 2 SchulG die Bildung einer zusätzlichen Klasse zur Folge hätte. Das ist etwa dann der Fall, wenn die jahrgangsübergreifende Organisation mit einer Gruppe von 28 Schüler/innen erfolgt. Aufgrund des Übergangs von weiteren Schüler/innen im Folgejahr, würde jahrgangsbezogener Unterricht in den Klassen 3 und 4 spätestens im zweiten Jahr zur Bildung von zwei Klassen und damit zu einer zusätzlichen Klasse führen (Begründung des 8. SchulRÄndG, zu § 11, a.a.O.). Zweck der Regelung in § 11 Abs. 3 S. 2 SchulG ist es sicherzustellen, dass die Vorgaben zur Bildung von Eingangsklassen vom Grundsatz her auch in höheren Jahrgängen eingehalten werden können (Begründung des 8. SchulRÄndG, zu § 11, LT Drs. 16/815, S. 39).

Bei einem Grundschulverbund, bei dem an den Standorten nicht einheitlich jahrgangsbezogen oder jahrgangsübergreifend unterrichtet wird, ist die Unterrichtsorganisation grundsätzlich spätestens nach fünf Jahren auch für die Klassen 3 und 4 zu vereinheitlichen (§ 83 Abs. 1 S. 4 SchulG) und die Schulaufsichtsbehörde keine Ausnahme zulässt (§ 83 Abs. 1 S. 6 SchulG). Es gelten die zur Schuleingangsphase dargelegten Grundsätze (T 7-3) entsprechend. Die Vereinheitlichung ist nach der Gesetzesbegründung Voraussetzung einer gelingenden Schul- und Unterrichtsentwicklung (Begründung des 8. SchulRÄndG, zu § 83, LT Drs.16/815, S 42 f.).

3. Gestaltungsermessen der Schulkonferenz

Soweit schulorganisationsrechtliche Vorgaben der Einrichtung sowohl jahrgangsbezogenen als auch jahrgangsübergreifenden Unterrichts nicht entgegenstehen, trifft die Schulkonferenz (§§ 11 Abs. 3 S. 1, 65 Abs. 2 Nr. 7 SchulG) die Entscheidung über die Unterrichtsorganisation. Es handelt sich um Planungsermessen, für das die unter T 7-4.1 und 4.2 dargelegten Grundsätze der Ermessensentscheidung über die Unterrichtsorganisation in den Klassen 1 und 2 entsprechend geltend.

3.1 Pädagogisches Konzept

Abweichend von der Entscheidung über die Unterrichtsorganisation in den Klassen 1 und 2 muss die Entscheidung der Schulkonferenz über jahrgangsbezogenen oder jahrgangsübergreifenden Unterricht gemäß § 11 Abs. 3 S. 1 SchulG auf der Grundlage eines pädagogischen Konzeptes erfolgen. Fehlt ein solches Konzept, ist die Entschließung der Schulkonferenz wegen Verstoßes gegen § 11 Abs. 2 S. 1 SchulG rechtswidrig.

Die Initiative für einen Beschluss, die Jahrgangsstufen 3 und 4 mit der Schuleingangsphase zu verbinden und jahrgangsübergreifend zu führen, kann aus der Mitte der Schulkonferenz kommen oder von anderen Mitwirkungsorganen gestartet werden. Das pädagogische Konzept zu erarbeiten ist – wie auch in der Schuleingangsphase – primär Aufgabe der Lehrkräfte, sei es im Rahmen der Lehrerkonferenz, sei es in einem von der Schulleitung eingerichteten Ausschuss. Das SchulG enthält insoweit keine verfahrensrechtlichen Vorgaben.

Traditionell sind bei Einrichtung eines jahrgangsübergreifenden Unterrichts die benachbarten Jahrgangsstufen organisatorisch zu einer Klasse zusammengeführt worden. Mit der Organisation der kleinen Grundschule war meist die Sichtweise verbunden, dass zwar für die Kinder die Schule im Dorf erhalten werden konnte, dass aber im Hinblick auf ihre Leistungsfähigkeit Abstriche zu machen seien. Dies ist nicht zwangsläufig so. Voraussetzung für eine entsprechende Qualität des Unterrichts sind auch hier konzeptionelle Vorüberlegungen. Nur dann, wenn die Altersheterogenität innerhalb der Gruppe bewusst zum Ausgangspunkt der Organisation der Lernprozesse gemacht wird, lassen sich auch die Vorteile aus dieser Organisationsform gewinnen. Das Problem, dass nur sehr wenige Lehrkräfte in solchen Schulen zusammenarbeiten können, lässt sich dadurch entschärfen, dass eine Kooperation mit benachbarten Grundschulen stattfindet. Erarbeitung neuer pädagogischer Arbeitsweisen, Fragen der Qualitätssicherung etc. werden am sinnvollsten in schulübergreifenden Konferenzen thematisiert. Entscheidend dabei ist, dass die Lehrkräfte in diesen Schulen den eigenen Anspruch an die Qualität ihrer Arbeit nicht reduzieren. Im Übrigen sind auch bei der Einrichtung jahrgangsübergreifenden Unterrichts die für die Einführung dieses Unterrichts in den Klassen 1 und 2 bedeutsamen pädagogischen Aspekte (T 7-4.4) zu berücksichtigen.

3.2 Modelle für jahrgangsübergreifenden Unterricht

Die möglichen Modelle jahrgangsübergreifenden Unterrichts auch in den Klassen 3 und 4 sind unter T 7-4.5 dargelegt. Die nach § 11 Abs. 3 S. 1 SchulG mögliche Verbindung mit der Schuleingangsphase kann sowohl in der Anbindung der Klasse 3 an die Klassen 1 und 2 bestehen als auch in der Einbeziehung aller vier Klassen. Das erforderliche pädagogische Konzept, das eine solche Verbindung vorsieht, wird sich daran messen lassen müssen, ob es gelingt, die in der Schuleingangsphase erarbeiteten individuellen Lernpläne fortzuschreiben.

3.3 Jahrgangsübergreifender Fachunterricht

Das Grundprinzip der Jahrgangsklassen schließt nicht aus, dass in einzelnen Fächern auch jahrgangsübergreifender Unterricht durchgeführt wird. Hier sind nicht nur freiwillige Arbeitsgemeinschaften und Teile des Förderunterrichts angesprochen, sondern dies kann auch in anderen Fächern im Einzelfall geboten sein (z.B. in Kunst, Musik und Sport oder im muttersprachlichen Unterricht für ausländische Schüler /innen). Die Gründe, die eine solche Entscheidung rechtfertigen, liegen sowohl im pädagogischen Bereich als auch in einer nicht ausreichenden (fachspezifischen) Lehrerbesetzung oder in dem kurzfristigen Ausfall von Lehrkräften, der sonst eine Unterrichtskürzung zur Folge hätte. Ebenso wie bei der Klassenbildung und der Unterrichtsverteilung liegt die Entscheidung für diese Maßnahmen bei der Schulleitung, die sie allerdings möglichst nach vorheriger Erörterung in der Lehrerkonferenz treffen sollte. Jahrgangsübergreifender Fachunterricht kann aber auch Teil des Schulprogramms sein und bedarf dann der Entscheidung der Schulkonferenz (§ 65 Abs. 2 Nr. 1 SchulG).

3.4 Rechtsnatur und Anfechtbarkeit

Rechtsnatur und Anfechtbarkeit der Entscheidung der Schulkonferenz über die Unterrichtsorganisation sind unter T 7-5 dargelegt.

Die Schulkonferenz ist an ihre Entscheidung über die Unterrichtsorganisation der Klassen 3 und 4 vier Jahre gebunden. Das ergibt sich aus dem Verweis in § 11 Abs. 3 S. 3 auf § 11 Abs. 2 S. 3 SchulG. Dieser Verweis sieht die entsprechende Anwendung der Regelung für die Schuleingangsphase vor, dass die Schulkonferenz frühestens nach vier Jahren erneut über die Unterrichtsorganisation beschließen kann.

4. Übergänge

Der Übergang von der Klasse 3 in die Klasse 4 beruht auf einer Versetzung (§ 7 Abs. 1 S. 2 AO-GS). Die Versetzungsbedingungen ergeben sich aus § 7 Abs. 4 AO-GS. Eine Schülerin/ein Schüler wird in die Klassen 3, 4 und 5 versetzt, wenn in allen Fächern mindestens ausreichende Leistungen erbracht wurden. Sie oder er wird auch dann versetzt, wenn auf Grund der Gesamtentwicklung zu erwarten ist, dass in der nächst höheren Klasse eine hinreichende Förderung und eine erfolgreiche Mitarbeit möglich sind. Schüler/innen, die nicht versetzt worden sind, erhalten zum Ende des Schuljahres ebenfalls eine individuelle Lern- und Förderempfehlung (vgl. zur Versetzung im Einzelnen T 13).

Der vorzeitige Übergang von der Klasse 1 der Schuleingangsphase in die Klasse 3 richtet sich nach § 7 Abs. 3 Nr. 1 AO-GS (vgl. T 8-4). Der Rücktritt von der Klasse 3 in die Schuleingangsphase ist unter den Voraussetzungen des § 7 Abs. 5 AO-GS möglich (vgl. dazu T 7-10).

Der Übergang von der Klasse 4 in die Klasse 5 der weiterführenden Schulen richtet sich nach § 7 Abs. 1 S. 2 und Abs. 4 sowie § 8 AO-GS (vgl. dazu T 14).

Teil 9: Unterricht und Stundentafel

Inhaltsübersicht

1. Rechtliche Grundlagen

§ 3 AO-GS

Unterricht, Stundentafel

(1) Für den Unterricht gelten die Stundentafel (Anlage) sowie die Unterrichtsvorgaben (§ 29 SchulG) des Ministeriums. Er ist fächerübergreifend auszurichten. Eine Unterrichtsstunde nach der Stundentafel wird mit 45 Minuten berechnet.

(2) Der Förderunterricht soll allen Schülerinnen und Schülern zugute kommen. Er trägt dazu bei, dass auch bei Lernschwierigkeiten die grundlegenden Ziele erreicht werden. Er unterstützt besondere Fähigkeiten und Interessen.

(3) Für den Gemeinsamen Unterricht gilt § 37 der Verordnung über die sonderpädagogische Förderung, den Hausunterricht und die Schule für Kranke (AO-SF).

(4) Schülerinnen und Schülern, deren Muttersprache nicht Deutsch ist, wird muttersprachlicher Unterricht angeboten, sofern entsprechender Unterricht zugelassen ist und die personellen Voraussetzungen vorliegen.

(5) Die Schule für Circuskinder in Nordrhein-Westfalen der Evangelischen Kirche im Rheinland organisiert den Unterricht so, dass die Schullaufbahn mit den Lebensverhältnissen der Schülerinnen und Schüler vereinbar ist.

Anlage zur
Verordnung über den Bildungsgang in der Grundschule
(Ausbildungsordnung Grundschule – AO-GS)

Stundentafel

Gesamtunterrichtszeit in Wochenstunden für die	Schuleingangsphase 1. Jahr: 21–22 2. Jahr: 22–23	Klasse 3 25–26	Klasse 4 26–27
davon			
Deutsch, Sachunterricht, Mathematik, Förderunterricht	12	14–15	15–16
Kunst, Musik	3–4	4	4
Englisch	2[1)]	2	2
Religionslehre	2	2	2
Sport	3	3	3

1) Beginnend im 2. Halbjahr des 1. Jahres.

Der Unterricht ermöglicht während des gesamten Bildungsgangs die Begegnung mit Sprachen.

Zusätzlich: *Muttersprachlicher Unterricht im Umfang von in der Regel 5 Wochenstunden*

Anmerkung: *Von der für die einzelnen Fächer oder Fächergruppen angegebenen Anzahl der Schülerwochenstunden kann die Schule in begründeten Fällen geringfügig abweichen.*

VV zu § 3

3.1 ***zu Abs. 1:***

3.11 Die Stundentafel gibt die Stundenanteile vor, die für die Fächergruppen und einzelne Fächer vorgesehen sind. Die zeitliche Aufteilung berücksichtigt die verbindlich festgelegten Aufgabenschwerpunkte der Lehrpläne sowie die Lernmöglichkeiten der Schülerinnen und Schüler.

Die Stundentafel legt die Anzahl der Wochenstunden in den Fächern und Fächergruppen fest. Sie gibt eine für das ganze Schuljahr geltende Leitlinie zur Aufteilung der Gesamtstundenzahl an und gibt daher Gestaltungsfreiheit.

3.12 *Die in den Lehrplänen für die Fächer Katholische Religionslehre und Evangelische Religionslehre in den Klassen 3 und 4 vorgesehenen Seelsorgestunde und evangelische Kontaktstunde sind außerunterrichtliche Veranstaltungen.*

Die Schulen sollen sich mit den für sie in Betracht kommenden Kirchengemeinden in Verbindung setzen und ihre Bereitschaft zur Einführung dieser Stunden deutlich machen. Eines Beschlusses der Schulkonferenz gemäß § 65 Abs. 2 Nr. 6 SchulG bedarf es nicht.

Die Aufsicht während dieser Stunden obliegt der Schule. Sie wird von der oder dem von der jeweiligen Kirche Beauftragten wahrgenommen. Wird die Stunde an einem anderen Ort als der Schule durchgeführt, gilt für die Aufsicht auf dem Unterrichtsweg sowie an dem anderen Ort Entsprechendes.

Die Teilnahme an der Seelsorgestunde oder der evangelischen Kontaktstunde ist – unabhängig von der Teilnahme am Religionsunterricht – freiwillig. Sie wird nicht im Zeugnis vermerkt. Einmal angemeldete Kinder sollten jedoch (bis zu einer Abmeldung) kontinuierlich an den Stunden teilnehmen.

Die Beauftragten der Kirchen, die die Stunde erteilen, können an den Sitzungen der jeweiligen Fachkonferenz teilnehmen. Absprachen mit den Religionslehrerinnen und Religionslehrern dienen der wechselseitigen Information.

3.4 ***zu Abs. 4:***

3.41 *Muttersprachlicher Unterricht wird in den vom Ministerium zugelassenen Sprachen für Schülerinnen und Schüler einer oder mehrerer Schulen erteilt. Die Eltern sind rechtzeitig über das Sprachangebot zu informieren.*

3.42 *Das wöchentliche Regelangebot kann bis auf drei Wochenstunden gekürzt werden, wenn aus organisatorischen oder pädagogischen Gründen Lerngruppen mit weniger als 15 Schülerinnen und Schülern gebildet werden müssen oder personelle Gründe es erfordern.*

3.43 *Am Unterricht können Schülerinnen und Schüler, die die sprachlichen Voraussetzungen erfüllen, unabhängig von ihrer Staatsangehörigkeit teilnehmen. Die Schülerinnen und Schüler werden nicht getrennt nach Herkunftsländern unterrichtet.*

3.44 *Für die Teilnahme am muttersprachlichen Unterricht gilt im Übrigen Nr. 5 des Runderlasses „Unterricht für Schülerinnen und Schüler mit Zuwanderungsgeschichte, insbesondere im Bereich der Sprachen" (BASS 13–63 Nr. 3).*

§ 29 SchulG
Unterrichtsvorgaben

(1) Das Ministerium erlässt in der Regel schulformspezifische Vorgaben für den Unterricht (Richtlinien, Rahmenvorgaben, Lehrpläne). Diese legen insbesondere die Ziele und Inhalte für die Bildungsgänge, Unterrichtsfächer und Lernbereiche fest und bestimmen die erwarteten Lernergebnisse (Bildungsstandards).

(2) Die Schulen bestimmen auf der Grundlage der Unterrichtsvorgaben nach Absatz 1 in Verbindung mit ihrem Schulprogramm schuleigene Unterrichtsvorgaben.

(3) Unterrichtsvorgaben nach den Absätzen 1 und 2 sind so zu fassen, dass für die Lehrerinnen und Lehrer ein pädagogischer Gestaltungsspielraum bleibt.

2. Unterrichtsfächer

2.1 Fächerkanon

Bei der in der Anlage zur AO-GS enthaltenen Stundentafel handelt sich um eine abschließende Aufzählung der Fächer, deren Inhalte durch die Richtlinien und Lehrpläne für die Grundschule bestimmt sind (die Richtlinien sind im Anhang abgedruckt). Die Erweiterung der Zahl der Fächer setzt eine Änderung der AO-GS voraus, wie es im Falle der Einführung des Faches Englisch zum 1.8.2003 geschehen ist. Auch im Einzelfall ist keine Erweiterung möglich, weil die AO-GS keine Öffnungsklausel enthält, es sei denn, es handele sich um einen Schulversuch gemäß § 25 Abs. 1 SchulG (Änderung von Unterrichtsinhalten).

2.2 Englisch und Begegnung mit anderen Sprachen

Auch nach Einführung der Faches Englisch als ordentliches Unterrichtsfach ab dem zweiten Halbjahr der Klasse 1 ist die Begegnung mit anderen Sprachen Bestandteil des gesamten Unterrichts in der Grundschule und kein zusätzliches eigenes Unterrichtsfach. Das wird am Ende der Stundentafel durch den Hinweis, der Unterricht ermöglicht während des gesamten Bildungsgangs die Begegnung mit Sprachen, hervorgehoben. Nähere Vorgaben zur Begegnung mit Sprache enthalten die AO-GS und die VVzAO-GS nicht. Sie ergeben sich aus dem Erlass über Begegnung mit Sprachen in der Grundschule, BASS 15-02 Nr.12. Er lautet auszugsweise:

Begegnung mit Sprachen ist in der Grundschule Bestandteil des Unterrichts. Diese Begegnung soll allen Schülerinnen und Schülern der Grundschule ermöglicht werden.

Begegnung mit Sprachen ist in allen Jahrgangsstufen möglich. Die einzelnen Schulen entscheiden selbst, in welcher Weise Begegnung mit Sprachen in die schuleigenen Arbeitsplätze aufgenommen wird.

Die Wahl der Begegnungssprache liegt in der Verantwortung der einzelnen Schule. Schulen, die bereits seit mehreren Jahren Begegnung mit Sprachen im Rahmen ihres Schulprogramms verwirklichen, haben u.a. gute Erfahrungen mit Herkunfts-

sprachen ihrer Schülerinnen und Schüler, den Nachbarsprachen Niederländisch oder Französisch und mit anderen Sprachen im Rahmen internationaler Schulpartnerschaften gemacht.

Die Aufgaben und Ziele von Begegnung mit Sprachen in der Grundschule sowie Hinweise zur Umsetzung sind in der Handreichung „Begegnung mit Sprachen“ zusammengefasst und als Heft 9041 in der Schriftenreihe „Schule in NRW“ erschienen. Das Heft kann im frei zugänglichen Internet abgerufen werden.

Die im Erlass angeführte Einbindung der Begegnung mit Sprachen in das Schulprogramm macht deutlich, dass es sich nicht um eine Angelegenheit handelt, die i.S.d. § 68 Abs. 2 Nr. 7 SchulG ausschließlich oder überwiegend unmittelbar die Lehrer/innen betrifft. Sie ist daher der Schulkonferenz als das für das Schulprogramm zuständige Mitwirkungsorgan vorbehalten (vgl. § 65 Abs. 2 Nr. 1 SchulG). Ob die personellen Voraussetzungen gegeben sind, ist eine der Schulleitung vorbehaltene Entscheidung, die sinnvollerweise erst nach Erörterung in der Lehrerkonferenz getroffen werden sollte.

Die Leistungen der Schüler/innen werden in die Bewertung der Fächer einbezogen, dürfen jedoch nicht auf der Grundlage schriftlicher Arbeiten oder Übungen festgestellt werden. Denn bei der Begegnung mit Sprachen stehen die Fähigkeiten und Fertigkeiten der mündlichen Kommunikation im Vordergrund. Kommunikationsbereitschaft und -fähigkeit, Spontaneität und Verständlichkeit sowie Verfügbarkeit elementarer Redemittel sind entscheidende Kriterien, in denen sich die Entwicklung der fremdsprachlichen Kompetenz der Schüler/innen spiegelt. Es ist wichtig, dass sie vor allem Lernfreude und Interesse am Umgang mit fremden Sprachen entwickeln können. Die Lernfortschritte und die Anstrengungsbereitschaft der Schüler/innen werden in den Zeugnissen individuell dokumentiert (Handreichung „Begegnung mit Sprachen“, S. 11). Situationen, die geeignet sind, Aufschluss über die Entwicklung der Kommunikationsfähigkeit in einer anderen Sprache zu geben, sind (Handreichung „Begegnung mit Sprachen“, S. 11:

- Äußerungen in ritualisierten Situationen (Begrüßung, Unterrichtssprache) verstehen und darauf reagieren
- auf Handlungsanweisungen reagieren
- Geschichten verstehen
- Geschichten in Bilder/szenisches Spiel umsetzen
- Lieder, Reime und Spiele auswendig können
- einfache Dialoge gestalten
- etwas über die jeweilige alltägliche Lebenssituation mit anderem Sprachhintergrund wissen
- sich in verschiedenen Lebenssituationen Menschen mit anderer Sprache gegenüber angemessen verhalten.

Die Beobachtungen der Lehrer/innen werden durch Dokumentationen der Schüler/innen, zu denen sie angeleitet werden, ergänzt (z.B. Sprachenportfolio, Lerntagebücher, Lernkarteien). Dazu können gehören:

- Entdeckungen über andere Sprachen im Vergleich zur eigenen, z. B. Groß- und Kleinschreibung, Pluralbildung, klangliche Ähnlichkeiten
- erarbeitete Materialien, Unterrichtsprojekte (Bilder, Lieder, Spiele, Bücher, Geschichten, Texte)
- Zusammenstellung von Wörtern und Redemitteln gegliedert nach Themen und Erfahrungsfeldern.

Im Unterrichtsfach Englisch werden in der Schuleingangsphase die Leistungen hinsichtlich der Kompetenzerwartungen am Ende der Klasse 2 ausschließlich im Lernprozess beobachtet und von der Lehrkraft z.B. in einem Beobachtungsbogen dokumentiert. Auch in den Klassen 3 und 4 stützt sich die Leistungsbewertung weiterhin im Wesentlichen auf die kriteriengeleitete Beobachtung im Unterricht. Hinzu kommen kurze, schriftliche Arbeiten, z.B. in Form von Zuordnungs-, multiple choice-Aufgaben. Diese sollten den Zeitraum von 15 Minuten nicht überschreiten (Lehrplan Englisch für die Grundschulen, S. 4).

Die Intensivierung vor allem der Vermittlung von Sprachkompetenz in einer anderen Sprache als Englisch findet ihre fachliche Grenze aber dort, wo die Schüler/innen beim Übergang in weiterführende Schulen die weitere Sprache nicht vorfinden oder an Vorkenntnisse nicht angeknüpft wird. Jede Intensivierung der Begegnung mit anderen Sprachen mit einer Kooperationsvereinbarung derjenigen weiterführenden Schulen zu verknüpfen, die von der Mehrzahl der eigenen Schüler/innen besucht werden wird, wäre zwar wünschenswert, würde aber die Sprachenvielfalt erheblich einschränken, weil hierfür nur diejenigen Sprachen in Betracht kommen, die an der weiterführenden Schule auch tatsächlich angeboten werden.

2.3 Religionslehre

Der Religionsunterricht wird an öffentlichen Schulen in Übereinstimmung mit den Lehren und Grundsätzen der betreffenden Kirche oder Religionsgemeinschaft erteilt. Er unterliegt der staatlichen Schulaufsicht (Nr. 1.1 des Erlasses über Religionsunterricht an Schulen, BASS 12-05 Nr. 1). Religionsunterricht wird grundsätzlich von Lehrkräften des Landes erteilt, die dafür die Lehrbefähigung und die kirchliche Vollmacht (missio canonica, Vokatio oder Einverständniserklärung der Religionsgemeinschaft) besitzen (Nr. 2.1 des Erlasses). Soweit keine staatlich ausgebildeten Lehrkräfte zur Verfügung stehen, kann Religionsunterricht auch durch Geistliche, kirchliche Lehrkräfte, von der Religionsgemeinschaft beauftragte Lehrkräfte oder von ausgebildeten Katecheten erteilt werden. Sie bedürfen dazu des staatlichen Unterrichtsauftrags (§ 31 Abs. 3 SchulG, Nr. 3.1 des Erlasses).

Derzeit wird der Religionsunterricht in Nordrhein-Westfalen in acht Bekenntnissen als eigenständige Unterrichtsfächer angeboten: evangelisch, katholisch, syrisch-orthodox, orthodox, jüdisch, islamisch, alevitisch, mennonitisch. Der alevitische (BASS 12-05 Nr. 7) und der mennonitische (BASS 12-05 Nr. 9) werden derzeit im Rahmen von Schulversuchen angeboten.

2.3.1 *Islamischer Religionsunterricht*

Gesetzliche Grundlage für den Religionsunterricht ist § 31 SchulG. Dies gilt allerdings nicht für den islamischen Religionsunterricht. Er findet seine gesetzliche Grundlage in § 132a SchulG. Diese Regelung ist als „Übergangsvorschrift zur Einführung von islamischem Religionsunterricht" konzipiert und verdrängt in ihrem Anwendungsbereich § 31 SchulG.

Die Regelung des islamischen Religionsunterrichts in einer eigenen gesetzlichen Regelung ist notwendig, weil der Religionsunterricht nach § 31 SchulG in Übereinstimmung mit den Lehren und Grundsätzen der betreffenden Kirche oder Religionsgemeinschaft erteilt wird. Eine islamische Kirche oder Religionsgemeinschaft gibt es jedoch nicht. Auch die islamischen Dachverbände, wie etwa der Zentralrat für die Muslime in Deutschland oder der Verband der Islamischen Kulturzentren, erfüllen nicht die Voraussetzungen einer Religionsgemeinschaft i.S.d. deutschen Rechts (BVerwG, Urteil vom 23.2.2005 – 6 C 2.04 –, juris). Deshalb wird das Schulministerium in § 132a SchulG ermächtigt, islamischen Religionsunterricht übergangsweise in Zusammenarbeit mit einer Organisation oder mehreren Organisationen einzuführen, solange noch keine islamische Religionsgemeinschaft besteht und aufgrund der Zahl der in Betracht kommenden Schüler/innen ein Bedarf für islamischen Religionsunterricht besteht (vgl. im Einzelnen die Kommentierung, auch zur Entstehungsgeschichte, des § 132a SchulG von Baldus im Gesamtkommentar zum SchulG).

Auf der Grundlage des § 132a SchulG hat das Schulministerium beginnend ab dem Schuljahr 2012/13 für die Primarstufe islamischen Religionsunterricht eingeführt. In der Primarstufe ist islamischer Religionsunterricht grundsätzlich einzurichten und zu erteilen, wenn mindestens 12 Schüler/innen dieses Bekenntnisses teilnehmen und die personellen und sächlichen Voraussetzungen erfüllt sind (Nr. 1. des Erlasses über islamischen Religionsunterricht, BASS 12-05 Nr. 8). Islamischer Religionsunterricht ist anders als Islamkunde (vgl. dazu X.2.4.3) ordentliches Lehrfach und wird nach der Stundentafel für die Grundschule im Umfang der für Religionslehre vorgesehenen zwei Unterrichtsstunden unterrichtet (Nr. 2. S. 1 des Erlasses).

Angemeldete Schüler/innen sind zur Teilnahme verpflichtet. Ihre Leistungen sind entsprechend den Vorgaben der AO-GS versetzungswirksam, soweit eine Versetzung in der Primarstufe vorgesehen ist (Nr. 2. S. 2 und 3 des Erlasses). Der Unterricht wird von Lehrkräften muslimischen Glaubens im Dienst des Landes erteilt, die hierzu bereit und geeignet sind. Sie werden dafür in der Regel in Lehrgängen der Bezirksregierungen fortgebildet (Nr. 3. des Erlasses). Die Unterrichtssprache ist Deutsch (Nr. 4. des Erlasses). Der Unterricht wird auf der Grundlage des Lehrplans Islamischer Religionsunterricht für die Grundschule unterrichtet (Nr. 5 des Erlasses).

Nähere Informationen über die Voraussetzungen für die Einstellung der Lehrkräfte können auf der Website des Beirats für den Islamischen Religionsunterricht NRW abgerufen werden. Wie problematisch es ist, islamischen Religionsunterricht durchzuführen, ohne dass dem Staat – anders als etwa bei dem evangelischen und katholischen Religionsunterricht – eine Kirche oder Religionsgemeinschaft als (verbindlicher) Ansprechpartner zur Verfügung steht, zeigt etwa der Bericht in den Westfälischen Nachrichten vom 24.1.2017, Imane bespitzeln Lehrer, Vorwürfe gegen Ditib weiten sich aus, Spionage-Listen nach Ankara. Ordnungsgemäße Bildung, Erziehung und individuelle Förderung in der Schule (§ 1 Abs. 1 S. 2 SchulG) setzt zwingend notwendig einen – auch rechtlichen – Rahmen voraus, der den Schüler/innen, um die es letztlich geht, und Lehrer/innen ein unbefangenes und angstfreies „Arbeiten" in der Schule ermöglicht.

2.3.2 *Seelsorge- und Kontaktstunde*

Die in den Lehrplänen für die evangelische und katholische Religionslehre in den Klassen 3 und 4 vorgesehenen Seelsorgestunde und evangelische Kontaktstunde (vgl. auch T 9-3.2) sind außerunterrichtliche Veranstaltungen (Nr. 3.1.2 Abs. 1 VVzAO-GS). Die Teilnahme ist freiwillig und wird im Zeugnis nicht vermerkt (Nr. 3.1.2 Abs. 4 VVzAO-GS).

2.4 Schüler/innen, deren Muttersprache nicht Deutsch ist

Schüler/innen, deren Muttersprache nicht Deutsch ist, werden im Rahmen der Regelungen über neu zugewanderte Schüler/innen und im herkunftssprachlichen Unterricht einschließlich Islamkunde besonders gefördert.

2.4.1 *Neu zugewanderte Schüler/innen*

Sonderregelungen nicht nur über die Erteilung von Zeugnissen für neu zugewanderte Schüler/innen (vgl. dazu T 12-7), sondern auch über die Unterrichtsorganisation enthält der Runderlass des Schulministeriums vom 28.6.2016 „Unterricht für neu zugewanderte Schüler/innen", BASS 13-63 Nr. 3 (im Folgenden: Erlass). Der Runderlass ist am 1.8.2016 in Kraft (Nr. 5 S. 1 des Erlasses) und an die Stelle des bisherigen Runderlasses „Unterricht für Schüler/innen mit Zuwanderungsgeschichte, insbesondere im Bereich der Sprachen" getreten. Die Regelungen über die Unterrichtsorganisation sind spätestens zum 1.8.2017 anzuwenden (Nr. 5 S. 2 des Erlasses).

Neu zugewandert sind nach Nr. 1.1 des Erlasses Schüler/innen, die erstmals eine deutsche Schule besuchen und noch nicht über die notwendigen Deutschkenntnisse verfügen, um dem Unterricht zu folgen, oder die bei einem Wechsel der Schulstufe (von der Primarstufe zur Sekundarstufe I oder von der Sekundarstufe I zur Sekundarstufe II) oder der Schule aufgrund ihrer kurzen Verweildauer in der abgebenden Schule die notwendigen Deutschkenntnisse noch nicht ausreichend haben erwerben können. Der Anwendungsbereich des Erlasses erfasst deshalb neu zugewanderte Schüler/innen, die im Unterricht nach Stundentafel insgesamt oder in einzelnen Fächern noch nicht erfolgreich mitarbeiten können, weil hierfür keine oder geringe Kenntnisse der deutschen Sprache sind. Neu zugewanderte Schüler/innen, die die deutsche Sprache beherrschen, fallen damit nicht in den Anwendungsbereich des Erlasses. Das gilt auch dann, wenn sie nicht erfolgreich im Unterricht mitarbeiten können und der Grund hierfür aber nicht fehlende Kenntnisse der deutschen Sprache sind (vgl. im Einzelnen T 12-7).

Die Förderung der deutschen Sprache bei neu zugewanderten Schüler/innen ist eine Aufgabe aller Fächer, Bildungsgänge und -soweit möglich – der außerunterrichtlichen Angebote. Dabei wird die Vielfalt der Sprachen der zugewanderten Schüler/innen didaktisch einbezogen (Nr. 1.4 des Erlasses). Es ist Aufgabe des Unterrichts in allen Fächern, auch neu zugewanderten Schüler/innen Grundlagen der Orientierung im Alltagsleben in Deutschland und die Bildungs- und Erziehungsziele nach § 2 SchulG zu vermitteln (Nr. 1.5 des Erlasses). Die Schule bezieht die Eltern ein. Angestrebt werden Bildungs- und Erziehungspartnerschaften von Schule und Elternhaus (Nr. 1.7 des Erlasses).

Alle neu zugewanderten Schüler/innen sind vom Zeitpunkt der Aufnahme an Schüler/innen der aufnehmenden Schule. Sie werden dort in der Regel in einer Klasse der ihrem Alter entsprechenden Jahrgangsstufe und nach deren Stundentafel unterrichtet (Regelklasse). Klassenbildungen mit ausschließlich neu zugewanderten Schüler/innen sollen vermieden werden (Nr. 2.1 des Erlasses). Die Schüler/innen erhalten Unterricht im Umfang des Zeitrahmens der für die Schulform und Jahrgangsstufe geltenden Stundentafel. Schüler/innen, deren Kenntnisse in der deutschen Sprache eine erfolgreiche Teilnahme am gesamten Unterricht nach der Stundentafel noch nicht ermöglichen, erhalten eine intensive und individuelle Förderung in der deutschen Sprache (Nr. 2.2 des Erlasses). Die Förderung in der deutschen Sprache kann in innerer und in äußerer Differenzierung durchgeführt werden (Nr.2.2.1 des Erlasses). Die Schule entscheidet auf der Basis von entwicklungspsychologischen und pädagogischen Gesichtspunkten sowie den Förderbedarfen in der deutschen Sprache über den individuellen Stundenplan einer Schülerin/eines Schülers (Nr. 2.2.2 des Erlasses).

Die Förderung in der deutschen Sprache in äußerer Differenzierung erfolgt in einer eigenen Lerngruppe (Sprachfördergruppe), die auch jahrgangsübergreifend gebildet werden kann (Nr. 2.2.3 des Erlasses). Der Unterricht in der Sprachfördergruppe umfasst in der Regel 10 bis 12 Wochenstunden. In der übrigen Zeit nehmen die Schüler/innen am stundenplangemäßen Unterricht ihrer Klasse teil (Nr. 2.2.4 des Erlasses). Die Verweildauer von Schüler/innen in einer Sprachfördergruppe orientiert sich am individuellen Lernfortschritt. Die Teilnahme an der Sprachfördergruppe soll bei gleichzeitig wachsendem Anteil der Teilnahme an anderen Unterrichtsfächern möglichst schrittweise verringert werden. Über die Verweildauer entscheidet die Klassenkonferenz unter Hinzuziehung der Lehrkräfte, die die individuelle Deutschförderung durchführen. Sie soll in der Regel einen Zeitraum von zwei Jahren nicht überschreiten (Nr. 2.2.5 des Erlasses). Über die Einrichtung schulinterner Sprachfördergruppen entscheidet die Schulleitung im Rahmen der ihr zur Verfügung stehenden Ressourcen. Die Schulaufsicht kann mit Zustimmung des Schulträgers schul- und schulformübergreifende Sprachfördergruppen einrichten (Nr. 2.2.6 des Erlasses).

Wenn eine Aufnahme der Schüler/innen in eine Regelklasse gemäß Nummer 2.1 nicht möglich ist, kann die Schulaufsichtsbehörde zeitlich befristet an einer Schule Klassen zur vorübergehenden Beschulung einrichten. Diese Klassen können an allgemeinen Schulen aller Schulformen eingerichtet werden. Die zeitnahe – auch unterjährige – schrittweise Integration in Regelklassen ist anzustreben (Nr. 2.3 des Erlasses). Die Schüler/innen erhalten Unterricht im Umfang des Zeitrahmens der für die Schulform, an der die Klasse eingerichtet wurde, und die Jahrgangsstufe geltenden Stundentafel. Hinsichtlich des Umfangs der Förderung in der deutschen Sprache sowie der Verweildauer in der Klasse gelten die Nummern. 2.2.4 und 2.2.5 entsprechend (Nr. 2.3.1 des Erlasses). Die Entscheidung über den Übergang in die Regelklasse, die der Leistungsfähigkeit und dem Alter der Schülerin oder des Schülers entspricht, trifft die Klassenkonferenz. Sofern damit ein Schulwechsel verbunden sein soll, ist das Benehmen mit der Schulaufsicht herzustellen (Nr. 2.3.2 des Erlasses).

Über die Bezeichnung der Sprachfördergruppe nach Nummer. 2.2.3 oder Klasse nach Nummer 2.3 dieses Erlasses entscheidet die Schulleitung (Nr. 2.4 des Erlasses).

2.4.2 Herkunftssprachlicher Unterricht

Mit Erlass vom 28.6.2016 hat das Schulministerium neben dem Unterricht für zugewanderte Schüler/innen (T 9-2.4.1) auch den herkunftssprachlichen Unterricht neu geregelt (BASS 13-61 Nr. 2). Die Bezeichnung „herkunftssprachlicher" Unterricht ist unglücklich, weil der Erlass mit dieser Begrifflichkeit von §§ 2 Abs. 10 SchulG, 3 Abs. 4 AO-GS abweicht. Danach wird Schüler/innen, deren Muttersprache nicht Deutsch ist, muttersprachlicher Unterricht angeboten, sofern entsprechender Unterricht zugelassen ist und die personellen Voraussetzungen vorliegen. Nr. 1.1 S. 2 des Erlasses stellt deshalb klar, dass mit Herkunftssprache die Muttersprache gemeint ist.

Der herkunftssprachliche Unterricht steht im Kontext mit § 2 Abs. 3 S. 1 und 3 des nordrhein-westfälischen Teilhabe- und Integrationsgesetzes. Danach ist nicht nur das Erlernen der deutschen Sprache für das Gelingen der Integration von zentraler Bedeutung und wird daher gefördert. Die Wertschätzung der natürlichen Mehrsprachigkeit ist ebenfalls von besonderer Bedeutung. Herkunftssprachlicher Unterricht wird unter staatlicher Aufsicht angeboten (Nr. 1.1 des Erlasses). Herkunftssprachlicher Unterricht ist ein Teil der individuellen Förderung der Schüler/innen (Nr. 3.1 der Richtlinien für die Grundschule).

Der herkunftssprachliche Unterricht ergänzt mit in der Regel fünf Wochenstunden den Unterricht. Er soll soweit wie möglich mit dem Unterricht in den

Fächern sowie mit außerunterrichtlichen Angeboten, insbesondere im Ganztag, verknüpft werden (Nr. 1.2 des Erlasses). Das Regelangebot von fünf Wochenstunden kann gekürzt werden, wenn aus organisatorischen und pädagogischen Gründen (vorübergehend) Gruppen von weniger als 15 Schüler/innen gebildet werden müssen oder personelle Gründe es erfordern. Aufgabe des Unterrichts ist es, auf der Grundlage des gültigen Lehrplans die herkunftssprachlichen Fähigkeiten in Wort und Schrift zu erhalten, zu erweitern und wichtige interkulturelle Kompetenzen zu vermitteln (Nr. 1.3 des Erlasses). Die Grundschule informiert die Eltern der Schüler/innen mit Migrationshintergrund bei der Aufnahme in die Schule über das Angebot eines herkunftssprachlichen Unterrichts (Nr. 2.3 des Erlasses).

In der Primarstufe wird der herkunftssprachliche Unterricht angeboten, wenn eine mindestens 15 Schüler/innen umfassende Lerngruppe dauerhaft ermöglicht werden kann (Nr. 2.1 des Erlasses). Die Formulierung „wird" bringt zum Ausdruck, dass der herkunftssprachliche Unterricht, wenn die Voraussetzungen für seine Einrichtung, zu denen auch die personellen Voraussetzungen gehören (§ 3 Abs. 4 AO-GS), zur Pflichtaufgabe der Grundschule gehört. Die Formulierung „dauerhaft ermöglichen" schließt nicht aus, herkunftssprachlichen Unterricht mit einer Lerngruppe von weniger als 15 Schüler/innen zu beginnen, wenn erwartet werden kann, dass die erforderliche Mindestzahl in absehbarer Zeit erreicht wird und dauerhaft erhalten bleibt. Dementsprechend schadet es auch nicht, wenn die Mindestzahl vorübergehend unterschritten wird, aber prognostisch das dauerhafte Erreichen der Mindestzahl erwartet werden kann. Um die Mindestzahl zu erreichen, kann der herkunftssprachliche Unterricht auch jahrgangsübergreifend angeboten werden. Wird die Mindestzahl auch dann nicht erreicht, informiert die Grundschule die Schulaufsichtsbehörde, die schulübergreifende Lerngruppen einrichten kann (Nr. 2.2 des Erlasses). Sie kann auch schulformübergreifende Lerngruppen einrichten (Nr. 9.2.3 der Verwaltungsvorschriften zur Verordnung zur Ausführung des § 93 Abs. 2 SchulG, BASS 11-11 Nr.1.2).

Die Anmeldung zum herkunftssprachlichen Unterricht verpflichtet zur regelmäßigen Teilnahme. Eine Abmeldung ist nur zum Schuljahresende für das kommende Schuljahr möglich (Nr. 4.2 des Erlasses). Das Verzeichnis der Teilnehmenden, Versäumnislisten, Arbeitspläne und Lernberichte werden in deutscher Sprache geführt (Nr. 4.1 des Erlasses).

Den herkunftssprachlichen Unterricht erteilen grundsätzlich Lehrkräfte, die die entsprechende Befähigung für ein Lehramt nach deutschem Recht in dem Fach des herkunftssprachlichen Unterrichts besitzen (Nr. 6.1 des Erlasses). Ist die Lehramtsbefähigung nach ausländischem Recht erworben worden, besteht die Möglichkeit der Anerkennung der ausländischen Lehramtsbefähigung gemäß § 20 Abs. 4 LABG. Nach Nr. 6.2 des Erlasses können auch Lehrkräfte mit einer Befähigung für ein Lehramt nach deutschem Recht herkunftssprachlichen Unterricht erteilen, wenn sie statt der Lehramtsbefähigung für das ausgeschriebene Fach des herkunftssprachlichen Unterrichts die geforderte Sprachqualifikation gemäß der Kompetenzstufe C 1 nach dem Gemeinsamen Europäischen Referenzrahmen für Sprachen „Lernen, lehren, beurteilen“ des Europäischen GeR nachweisen und ihre Bereitschaft zur Teilnahme an einer didaktischen und methodischen Fortbildung „Herkunftssprachenlehrkräfte an Grundschulen und Schulen der Sekundarstufe I“ gemäß dem Erlass über Fort- und Weiterbildung (BASS 20-22 Nr. 6) schriftlich verbindlich erklären. Die Teilnahme an der Fortbildungsmaßnahme entfällt, wenn die Lehrkraft bereits eine Lehrbefähigung für eine Fremdsprache erworben hat.

Lehrkräfte, die den muttersprachlichen Unterricht erteilen, sind verpflichtet, die Eltern zu Beginn des Schuljahres zu Beratungen einzuladen und sie über die Unterrichtsgestaltung zu informieren. Den Eltern ist Gelegenheit zu geben, aus ihrer Mitte eine Sprecherin oder einen Sprecher zu wählen (Nr. 4.3 des Erlasses).

Regelungen über Leistungsbewertungen im herkunftssprachlichen Unterricht und über Zeugnisse enthält Nr. 6 des Erlasses (vgl. dazu T 12-8, T 13-6.2, 10.2).

2.4.3 *Islamkunde*

Als Teil des muttersprachlichen Unterrichts kann auch Islamkunde angeboten werden. Im Unterschied zum islamischen Religionsunterricht handelt es sich bei der Islamkunde nicht um Verkündungsunterricht. Nur der islamische Religionsunterricht ist auch nach der Stundentafel für die Grundschule ein eigenständiges, ordentliches Unterrichtsfach (vgl. T 9-2.3.1). Die Bedeutung der Islamkunde wird abnehmen, um so mehr islamischer Religionsunterricht an den nordrhein-westfälischen Schulen unterrichtet wird.

Zur Islamkunde im herkunftssprachlichen Unterricht regelt der Erlass Islamkunde, BASS 12-05 Nr. 5 (Auszug):

I. Islamkunde im muttersprachlichen Unterricht

1. *Im muttersprachlichen Unterricht der Klassen 1 bis 10 können Schülerinnen und Schüler aller Schulformen am Unterricht in Islamkunde teilnehmen. Sie vermittelt im Rahmen der Wertordnung des Grundgesetzes und der Bildungs- und Erziehungsziele der Landesverfassung religiöses Wissen, ohne den Glauben zu verkünden oder zum Glauben zu erziehen.*
2. *Die Teilnahme ist freiwillig. Wer angemeldet worden ist, ist grundsätzlich für die Dauer eines Schuljahres zur regelmäßigen Teilnahme verpflichtet.*
3. *Die Mindestteilnehmerzahl folgt den Regelungen für den muttersprachlichen Unterricht. Ebenso wie der sprachliche Teil des muttersprachlichen Unterrichts kann Islamkunde für Schülerinnen und Schüler einer Schule, aber auch mehrerer Schulen derselben Schulform, unterschiedlicher Schulformen oder Schulstufen angeboten werden.*
4. *Islamkunde hat das Ziel, den muslimischen Schülerinnen und Schülern in Deutschland die islamische Tradition in ihrer Geschichte, Ethik und Religion*

zu vermitteln. Sie soll ihnen helfen, in einem säkularisierten, von christlicher Kultur geprägten Land als Muslime zu leben. Sie soll einen Beitrag zum guten Zusammenleben zwischen Menschen unterschiedlicher Religionen in Gleichberechtigung, Frieden und gegenseitiger Zuwendung leisten.

5. *Die Themen des Unterrichts folgen den Unterrichtseinheiten des Landes Nordrhein-Westfalen zur Islamkunde. Schulbücher bedürfen der Genehmigung durch das Ministerium für Schule und Weiterbildung.*
6. *Unterrichtssprachen sind Türkisch, Arabisch – unabhängig von den Herkunftsländern der Schülerinnen und Schüler – und Bosnisch. Islamkunde in anderen Muttersprachen bedarf der Zustimmung des Ministeriums für Schule und Weiterbildung.*
7. *Von den fünf Wochenstunden für den muttersprachlichen Unterricht können zwei Stunden für Islamkunde in Anspruch genommen werden.*
8. *In die Bescheinigung über die Teilnahme am muttersprachlichen Unterricht wird als Bemerkung aufgenommen:*
   „... hat am Unterricht in Islamkunde (mit ... Erfolg) teilgenommen."
9. *Bei Versetzungen werden positive Leistungen in Islamkunde in der Grundschule gemäß Nr. 7.41 VVzAO-GS (BASS 13-11 Nr. 1.2), in der Sekundarstufe I gemäß VV 21.3 zu § 21 APO-S I (BASS 13–21 Nr. 1.1) berücksichtigt.*
10. *Der Unterricht wird von muslimischen Lehrkräften für den muttersprachlichen Unterricht im Dienst des Landes erteilt, die hierzu bereit und geeignet sind. Sie werden dafür in der Regel in Lehrgängen der Bezirksregierungen fortgebildet. Über die Auswahl der Lehrkräfte entscheidet die Schulaufsicht.*
11. *Für die Islamkunde können keine Wochenstunden des Unterrichts in der Muttersprache anstelle einer Fremdsprache (§ 5 Abs. 1 und 2 APO-S I) in Anspruch genommen werden. Für Schülerinnen und Schüler, die an diesem Unterricht teilnehmen, können daneben eine oder zwei Wochenstunden Islamkunde erteilt werden, soweit der Stellenrahmen es zulässt und sie nicht Islamkunde einer anderen Lerngruppe besuchen können.*

Islamkunde im herkunftssprachlichen Unterricht wird bei Zeugnissen und bei Versetzungen berücksichtigt (vgl. dazu T 12-8, T 13-6.2, 10.2).

2.5 Besondere Fachgebiete

Ohne dass sie ausdrücklich in den Fächerkanon der Grundschule aufgenommen zu werden brauchten, gibt es weitere, in der Regel nicht an ein bestimmtes Fach gebundene Sachgebiete, die zu den Pflichtaufgaben der Grundschule gehören:

Dazu gehört die im SchulG geregelte Sexualerziehung, die fächerübergreifend zu gestalten ist und über deren Inhalte die Eltern (im Rahmen einer Klassenpflegschaftssitzung) mindestens informiert werden müssen.

§ 33 SchulG
Sexualerziehung

(1) Die fächerübergreifende schulische Sexualerziehung ergänzt die Sexualerziehung durch die Eltern. Ihr Ziel ist es, Schülerinnen und Schüler alters- und entwicklungsgemäß mit den biologischen, ethischen, sozialen und kulturellen Fragen der Sexualität vertraut zu machen und ihnen zu helfen, ihr Leben bewusst und in freier Entscheidung sowie in Verantwortung sich und anderen gegenüber zu gestalten. Sie soll junge Menschen unterstützen, in Fragen der Sexualität eigene Wertvorstellungen zu entwickeln und sie zu einem selbstbestimmten und selbstbewussten Umgang mit der eigenen Sexualität zu befähigen. Darüber hinaus sollen Schülerinnen und Schüler für einen verantwortungsvollen Umgang mit der Partnerin oder dem Partner sensibilisiert und auf ihre gleichberechtigte Rolle in Ehe, Familie und anderen Partnerschaften vorbereitet werden. Die Sexualerziehung dient der Förderung der Akzeptanz unter allen Menschen unabhängig von ihrer sexuellen Orientierung und Identität und den damit verbundenen Beziehungen und Lebensweisen.

(2) Die Eltern sind über Ziel, Inhalt, Methoden und Medien der Sexualerziehung rechtzeitig zu informieren.

Auch ohne ausdrückliche gesetzliche Grundlage gehört die Verkehrs- und Mobilitätserziehung – als fächerübergreifende Querschnittsaufgabe bei vorrangiger Zuordnung zu den Fächern Sachunterricht und Sport – zu den weiteren Pflichtaufgaben der Grundschule (vgl. den Erlass vom 14.12.2009, BASS 15-02 Nr. 5). Für sie sind in der Schuleingangsphase etwa 30 Stunden vorgesehen. Weitere 30 Stunden sind nach Ermessen auf die Klassen 3 und 4 zu verteilen. Diese Stundenzahl kann sich durch Schulweg- und Radfahrtraining sowie Radfahrausbildung noch erhöhen.

Beiden Sachbereichen gemeinsam ist die Verpflichtung zur Teilnahme für alle Schüler/innen. Auch religiöse Überzeugungen rechtfertigen keine Befreiung von den Teilbereichen des Unterrichts, in denen Themen der Sexualerziehung behandelt werden. § 33 SchulG und die Richtlinien über die Sexualerziehung in Nordrhein-Westfalen sind auch verfassungsrechtlich nicht zu beanstanden (OVG NRW, Urteil vom 5.9.2007 – 19 A 2705/06 –, juris). Allerdings sollten die Lehrkräfte bei der Ausgestaltung der Themen im Rahmen des fachlich Verantwortbaren auf besondere religiöse Überzeugungen Rücksicht nehmen, soweit dies möglich ist.

3. Stundentafel

3.1 Fächer

Die Stundentafel der Grundschule weist für die Fächer Englisch, Religionslehre und Sport eine nach Wochenstunden berechnete Gesamtunterrichtszeit auf. Für die Fächergruppe Deutsch, Sachunterricht, Mathematik und Förderunterricht sowie für die Fächergruppe Kunst und Musik wird eine für diese zwei Fächergruppen geltende Gesamtunterrichtszeit festgelegt. Diese Festlegung trägt der Regelung in § 3 Abs. 1 S. 2 AO-GS Rechnung. Danach ist die Schule verpflichtet, den Unterricht fächerübergreifend auszurichten. Die zeitliche Aufteilung der Stundenanteile berücksichtigt die verbindlich festgelegten Aufgabenschwerpunkte der Lehrpläne sowie die Lernmöglichkeiten der Schüler/innen (Nr. 3.1.1 Abs. 1 S. 2 VVzAO-GS). Die festgelegte Anzahl der Wochenstunden in den Fächern und Fächergruppen gibt eine Leitlinie für das gesamte Schuljahr zur Aufteilung der Gesamtstundenzahl an und gibt deshalb Gestaltungsspielraum (Nr. 3.1.1 Abs. 2 VVzAO-GS).

Die in der Stundentafel früher vorgenommene Trennung der Wochenstundenanteile in die Lernbereiche Sprache, Sachunterricht, Mathematik und Förderunterricht ist in konsequenter Fortführung der schon in den seinerzeit ergangenen Verwaltungsvorschriften enthaltenen Öffnungsklauseln nicht mehr erfolgt. Die zeitliche Aufteilung bemisst sich vielmehr ausschließlich danach, ob die in den Lehrplänen für das einzelne Fach festgelegten Unterrichtsziele in der jeweiligen Klasse erreicht werden können. Dies kann zu einer Verstärkung der zeitlichen Anteile im Fach Sprache ebenso führen wie im Sachunterricht oder in Mathematik. Die in den Klassen 3 und 4 entfallene dritte Stunde für Religionslehre ist diesem Lernbereich zugewiesen worden. Die zeitliche Aufteilung kann innerhalb eines Schulhalbjahres, einer Schulwoche und auch innerhalb eines Unterrichtstages variieren, je nach den pädagogischen Notwendigkeiten der konkreten Unterrichtssituation. Die Leitlinie der Stundentafel gibt einen sehr weiten Gestaltungsspielraum, der auch die Einbeziehung nicht fachgebundener Aktivitäten (z.B. Spiel und Arbeitsgemeinschaften) ermöglicht

Fächerübergreifende Ausrichtung des Unterrichts heißt in Verbindung mit korrespondierenden Aussagen in den Richtlinien für die Grundschule, dass es Aufgabe der Grundschule ist, den Unterricht ausgehend von fachbezogenen Themen und Fragestellungen soweit als möglich fächerübergreifend zu gestalten. Dieser Ansatz folgt der Erkenntnis, dass Kinder nicht in Fächern und Rubriken denken, sondern neugierig sind und Fragen stellen, die in aller Regel über die Grenzen eines Faches hinausgehen. Berücksichtigung findet dies in den offenen Unterrichtsformen wie Lernen an Stationen, Werkstätten oder auch Wochenplanarbeit, die in einer Vielzahl von Grundschulen – in unterschiedlicher Ausprägung – zum pädagogischen Repertoire gehören.

Eine weitergehende Form des fächerübergreifenden Unterrichts ist der Projektunterricht. Im Rahmen eines themenbezogenen „Projekts“ treten die nach der Stundentafel vorgesehenen Fächer insoweit zurück, als sie vielmehr in dem Umfang herangezogen werden, in dem ihre fachlichen Inhalte und Methoden erforderlich sind, um eine komplexe Fragestellung erfolgreich zu bearbeiten. Bei der Konzeption und Realisierung solcher Projekte sollte daher darauf geachtet werden, dass bei unterschiedlichen Projekten unterschiedliche Fächer beteiligt sind.

3.2 Religionslehre

Die Wochenstundenzahl für Religionslehre beträgt in allen Klassen einheitlich zwei Stunden. Die am 1.8.1997 in Kraft getretene Verkürzung von drei auf zwei Wochenstunden in den Klassen 3 und 4 ist zum Teil dadurch ausgeglichen worden, dass die bisher in das Ermessen der einzelnen Grundschule gestellte Möglichkeit, zusätzlich zum stundentafelgebundenen Unterricht eine Seelsorgestunde bzw. evangelische Kontaktstunde (vgl. dazu auch T 9-2.3.2)anzubieten, in den Fächern katholische Religionslehre und evangelische Religionslehre von einer „Kann"-Bestimmung in eine „Soll"-Bestimmung (Nr. 3.1.2 Abs. 2 S. 1 VVzAO-GS) verändert wurde. Die einzelne Grundschule ist daher grundsätzlich verpflichtet, den örtlich zuständigen Kirchengemeinden die Möglichkeit zu eröffnen, in der Schule den Erziehungsberechtigten eine solche Stunde für ihre Kinder anzubieten. Eine Ausnahme kommt nur in begründeten Einzelfällen in Betracht.

Die Teilnahme an dieser Stunde ist freiwillig und findet keinen Eingang in die Leistungsbewertung. Es handelt sich nicht um Unterricht, sondern um eine außerunterrichtliche Schulveranstaltung (Nr. 3.1.2 Abs. 1 VVzAO-GS), vergleichbar dem Schulgottesdienst (BASS 14-16 Nr. 1). Während außerunterrichtliche Schulveranstaltungen sonst nur mit Zustimmung der Schulkonferenz durchgeführt werden dürfen (vgl. § 65 Abs. 2 Nr. 6 SchulG), bedarf es hier eines solchen Beschlusses nicht (Nr. 3.1.2 Abs. 2 S. 2 VVzAO-GS). An diese Regelung ist auch die Schulkonferenz gebunden. Denn nach § 62 Abs. 3 sind die an der Mitwirkung Beteiligten sind bei ihrer Tätigkeit in den Mitwirkungsorganen verpflichtet, die Rechtsvorschriften und Verwaltungsvorschriften zu beachten.

Die Seelsorgestunde bzw. evangelische Kontaktstunde erteilt der Pfarrer oder ein pastoraler Mitarbeiter oder eine pastorale Mitarbeiterin, ohne dass ein Vergütungsanspruch gegenüber dem Land entsteht. Die Aufsicht obliegt zwar auch hier der Schule, wird für sie aber von der oder dem kirchlich Beauftragten wahrgenommen; dies gilt auch, wenn die Seelsorgestunde an einem anderen Ort als der Schule durchgeführt wird (Nr. 3.2.1 Abs. 3 VVzAO-GS). Geistlichen und/oder pastoralen Mitarbeiter /innen ist die Möglichkeit zu geben, an den Sitzungen der jeweiligen Fachkonferenz teilzunehmen (Nr. 3.2.1 Abs. 5 VVzAO-GS)..

3.3 Abmeldung vom Religionsunterricht

Für die Abmeldung eines Kindes von der Teilnahme am Religionsunterricht bedarf es keiner Begründung. Nach § 31 Abs. 6 SchulG ist eine Schülerin/ein Schüler ist von der Teilnahme am Religionsunterricht auf Grund der Erklärung der Eltern oder – bei Religionsmündigkeit der Schülerinnen auf Grund eigener Erklärung befreit. Die Erklärung ist der/dem Schulleiterin/Schulleiter schriftlich zu übermitteln. Die Eltern sind über die Befreiung zu informieren. Für die Teilnahmepflicht am islamischen Religionsunterricht (§ 132a Abs. 2 SchulG bestimmt § 132a Abs. 3 SchulG, eine Schülerin/ein Schüler ist von der Teilnahme an dem islamischen Religionsunterricht auf Grund der Erklärung der Eltern oder – bei Religionsmündigkeit – auf Grund eigener Erklärung befreit. Die Erklärung ist der Schule schriftlich zu übermitteln. Auch in diesem Fall bedarf die Abmeldung keiner Begründung.

Eine Abmeldung vom Religionsunterricht ist auch bei Bekenntnisschulen möglich. Wird sie aber zugleich mit der Anmeldung zu dieser Schule erklärt, kann die Schulleitung die Aufnahme ablehnen. Die Schulleitung einer Bekenntnisgrundschule darf die Aufnahme eines bekenntnisfremden Schülers davon abhängig machen, dass die Eltern sich mit der Unterrichtung und Erziehung im Sinne des die Schule prägenden Bekenntnisses und auch mit der Teilnahme am entsprechenden Religionsunterricht einverstanden erklären (OVG NRW, Beschluss vom 9.9.2016 – 19 A 805/14 –, juris, Rdn. 19).

Abgemeldete Schüler/innen können nicht verpflichtet werden, während der Religionsstunden am Unterricht einer anderen Klasse teilzunehmen. Es bestehen aber keine Bedenken, sie im Rahmen des Unterrichts einer anderen Klasse zu beaufsichtigen, sofern dieser Unterricht dadurch nicht beeinträchtigt wird.

3.4 Befreiung vom Sportunterricht

Eine Befreiung von der Teilnahme am Sportunterricht ist nur in einem eng begrenzten Rahmen möglich. Gesetzliche Grundlage für eine Befreiung ist § 43 Abs. 3 SchulG. Danach kann die Schulleiterin/der Schulleiter Schüler/innen auf Antrag der Eltern aus wichtigem Grund bis zur Dauer eines Schuljahres vom Unterricht beurlauben oder von der Teilnahme an einzelnen Unterrichts- oder Schulveranstaltungen befreien. Längerfristige Beurlaubungen und Befreiungen bedürfen der Zustimmung der Schulaufsichtsbehörde.

Freistellungen im Schulsport können aus gesundheitlichen Gründen angezeigt sein, sie bedeuten aber immer auch den Entzug wertvoller Bewegungsreize. Ärztinnen und Ärzte, Schulleiter/innen und Sport unterrichtende Lehrkräfte müssen ihre Entscheidung im Einzelfall in diesem Spannungsfeld sorgfältig abwägen. Im Sinne einer differenzierten Handhabung von Freistellungen im Schulsport wird die Verwendung des Formblattes „Ärztliche Bescheinigung für die Teilnahme am Schulsport" (Anlage zum Erlass über Freistellung im Schulsport vom 9.12.1988, BASS 12-52 Nr. 32,, hier nicht abgedruckt) empfohlen. Das Formblatt enthält an die Ärztin oder den Arzt gerichtete Hinweise über die Bedeutung des Schulsports.

Sind Schüler/innen durch Krankheit daran gehindert, am Sportunterricht teilzunehmen (§ 43 Abs. 2 SchulG), bedarf es keiner Befreiung. Ob dies der Fall ist, entscheiden die Eltern. Eines ärztlichen Zeugnisses bedarf es für die einzelne Sportstunde in der Regel nicht. Eine dem Kind mitgegebene Erklärung reicht hierfür aus; die Art der Erkrankung braucht dabei nicht angegeben zu werden. Häufen sich derartige Krankmeldungen, kann die Schule auf die Vorlage eines ärztlichen Zeugnisses bestehen, es sei denn, die Erkrankung ist offenkundig.

Eine Befreiung vom Sportunterricht aus religiösen Gründen kommt in der Grundschule in der Regel nicht in Betracht. Das Grundrecht auf Glaubensfreiheit (Art. 4 Abs. 1 GG) sowie das staatliche Bestimmungsrecht im Schulwesen (Art. 7 Abs. 1 GG) stehen sich gleichrangig gegenüber. Sie bedürfen gemäß dem Grundsatz praktischer Konkordanz der wechselseitigen Begrenzung in einer Weise, die nicht eines von ihnen bevorzugt und maximal behauptet, sondern beiden Wirksamkeit verschafft und dies möglichst schonend. Dies bedingt schon auf abstrakt-genereller Ebene wechselseitige Relativierungen beider Verfassungspositionen, die zu der allgemeinen Maßgabe führen, dass seitens einer einzelnen Schülerin/eines Schülers als maßgeblich erachtete religiöse Verhaltensgebote von der Schule zwar nicht als prinzipiell unbeachtlich behandelt werden dürfen, der einzelne Schüler gestützt auf solche Verhaltensgebote aber nur in Ausnahmefällen eine Unterrichtsbefreiung beanspruchen kann. Mit dieser Begründung hat das Bundesverwaltungsgericht einen Anspruch eines muslimischen Mädchens auf Befreiung vom Schwimmunterricht aus religiösen Gründen verneint (BVerwG, Beschluss vom 11.9.2013 – 6 C 25.12 –, juris). Auch nach Auffassung des Europäischen Gerichtshofes für Menschenrechte, Urteil vom 10.1.2017 – 29086/12 –, verstößt die Teilnahme muslimischer Mädchen am gemischten Schwimmunterricht nicht gegen die Religionsfreiheit. Daraus folgt auch, dass es keinen Anspruch auf nach Geschlechtern getrennten Schwimmunterricht gibt.

3.5 Förderunterricht

Neben der individuellen Förderung (T 10) ist die Grundschule zur Erteilung von Förderunterricht verpflichtet. Die Verpflichtung der Grundschule ergibt sich unter anderem daraus, dass der Förderunterricht in der Stundentafel vorgeschrieben ist.

Der Förderunterricht soll allen Schüler/innen zugute kommen (§ 3 Abs. 2 S. 1 AO-GS). In dieser Regelung liegt nicht nur eine allgemeine Zielsetzung. Vielmehr haben die Schüler/innen einen subjektiven Anspruch auf Einrichtung und Erteilung von Förderunterricht, wenn die individuelle Förderung nach § 4 AO-GS allein nicht zur Erreichung der Bildungsziele der Grundschule und der Unterstützung der besonderen Fähigkeiten und Interessen der Kinder ausreicht. Der subjektiv-rechtliche Charakter des Förderunterrichts folgt aus § 3 Abs. 2 S. 2 und 3 AO-GS. Er trägt dazu bei, dass auch bei Lernschwierigkeiten die grundlegenden Ziele erreicht werden (§ 3 Abs. 2 S. 2 AO-GS) und unterstützt besondere Fähigkeiten und Interessen (§ 3 Abs. 2 S. 3 AO-GS). Aus diesen Regelungen folgt, dass der Förderunterricht zumindest auch den einzelnen Schüler/innen dient. Er betrifft nicht nur Kinder mit Lernschwierigkeiten i.S.d. § 3 Abs. 2 AO-GS, sondern alle anderen Kinder in gleicher Weise. Denn im Förderunterricht sollen nach § 3 Abs. 2 S. 3 AO-GS auch besondere Fähigkeiten und Interessen gefördert werden. Demensprechend zielt der Förderunterricht auch auf leistungsstarke Schüler/innen, deren Fähigkeiten und Interessen zusätzlich gefördert werden sollen (Nr. 4.4 der Richtlinien für die Grundschule). Die Förderung besonderer Fähigkeiten und Interessen folgt der Erkenntnis, dass unterschiedliche Interessen, Sichtweisen und Lernwege von

Mädchen und Jungen sich auf den Erwerb von Wissen und Kompetenzen auswirken können (Nr. 3.3 der Richtlinien für die Grundschule).

Der Förderunterricht ist so zu organisieren, dass er von den Schüler/innen mit Lernschwierigkeiten nicht als diskriminierend empfunden werden kann. Nur durch eine herausfordernde und zugleich unterstützende, angstfreie Atmosphäre können die Kinder Leistungsbereitschaft, Anstrengungsbereitschaft und Ausdauer, Zuversicht und Vertrauen in die eigenen Fähigkeiten entwickeln. Dabei gilt es, die natürliche Lernfreude zu erhalten und zu fördern (Nr. 4.4 der Richtlinien für die Grundschule).Wenn das Schwergewicht dieses Unterrichts in der Regel auch bei der Förderung Leistungsschwächerer liegen dürfte, ist den schneller Lernenden gerade hier die Chance für zusätzliche Lernmotivationen zu geben. Sind Unterrichtskürzungen erforderlich, dürfen sie nicht einseitig zu Lasten des Förderunterrichts gehen. Denn der Förderunterricht nach § 3 Abs. 2 AO-GS steht gleichrangig neben den Fächern nach der Stundentafel der Grundschule. Während in der Schuleingangsphase im Rahmen der individuellen Förderung möglichst allen Schüler/innen Förderunterricht angeboten werden soll, können in den letzten beiden Klassen Elemente der äußeren Differenzierung durch die Bildung von (auch klassenübergreifenden) Lerngruppen in den Vordergrund treten.

Stundenplantechnisch sollte der Förderunterricht nicht vorrangig in Eckstunden gelegt werden. In der Schuleingangsphase, in der alle Schüler/innen am Förderunterricht teilnehmen sollten, liegt es nahe, diesen Unterricht wie jeden anderen Unterricht zu behandeln. In der Jahrgangsstufe 4 kann es dagegen durchaus sinnvoll sein, zum Teil auf Eckstunden zurückzugreifen, um Gelegenheit zu haben, einzelne Schüler/innen (nach vorheriger Information der Eltern) gezielt zu fördern und andere ggf. auch vorzeitig nach Hause zu entlassen.

Förderunterricht kann auch in zusätzliche freiwillige Arbeitsgemeinschaften eingebunden werden, wenn dadurch zu befürchtende diskriminierende Auswirkungen bei der Bildung unterschiedlicher Lerngruppen verringert werden.

Durch den Erlass über kompensatorischen Sport in der Schule vom 6.1.2007, BASS 14-14 Nr. 7, ist auch der kompensatorische Sport für Schüler/innen mit erheblichen motorischen Defiziten und körperlichen Leistungsschwächen in den Förderunterricht einbezogen worden. Er zielt darauf ab, die betroffenen Schüler/innen so zu fördern, dass sie sich der Leistungsfähigkeit ihres Körpers (wieder) sicher werden und jene Kompetenzen erwerben können, die für ein möglichst dauerhaftes gesundheitsförderndes Sporttreiben wichtig sind.

4. Gemeinsamer Unterricht, Gemeinsames Lernen

Die AO-GS hat die Begriffe der inklusiven Bildung und des Gemeinsamen Lernens noch nicht aufgenommen. § 3 Abs. 3 AO-GS stellt allein auf den Gemeinsamen Unterricht ab, den es so nicht mehr gibt. Die Vorschrift bedarf deshalb schon seit längerer Zeit der (dringenden) Überarbeitung.

4.1 Gemeinsamer Unterricht

Nach § 3 Abs. 3 AO-GS gilt für den Gemeinsamen Unterricht § 37 AO-SF. Die Bezugnahme betrifft § 37 AO-SF a.F., denn die geltende Regelung in § 37 AO-SF betrifft die Unterrichtsorganisation in der Klasse 10, nicht aber den gemeinsamen Unterricht.

§ 37 Abs. 1 AO-SF a. F. lautete:

> *Die Teilnahme am Gemeinsamen Unterricht (§ 20 Abs. 7 SchulG) und am Unterricht in Integrativen Lerngruppen (§ 20 Abs. 8 SchulG) setzt einen Antrag der Eltern voraus. Die Schulaufsichtsbehörde kann den Eltern einen solchen Antrag empfehlen.*

§ 20 Abs. 7 SchulG a. F. bestimmte:

> *Gemeinsamen Unterricht für Schülerinnen und Schüler mit sonderpädagogischem Förderbedarf und ohne sonderpädagogischen Förderbedarf kann die Schulaufsichtsbehörde mit Zustimmung des Schulträgers an einer allgemeinen Schule einrichten, wenn die Schule dafür personell und sächlich ausgestattet ist.*

Auch diese Regelung gilt nicht mehr. Das geltende SchulG stellt nur noch auf das Gemeinsame Lernen ab. So heißt es in der § 20 Abs. 7 a.F. ersetzenden Neuregelung in § 20 Abs. 5 SchulG,

> *Die Schulaufsichtsbehörde richtet gemeinsames Lernen mit Zustimmung des Schulträgers an einer allgemeinen Schule ein, es sei denn, die Schule ist dafür personell und sächlich nicht ausgestattet und kann auch nicht mit vertretbarem Aufwand dafür ausgestattet werden.*

Auf dem Weg zu einem inklusiven Schulangebot, so § 20 Abs. 6 S. 1 SchulG, kann deshalb nur noch Gemeinsames Lernen, nicht aber Gemeinsamer Unterricht eingerichtet werden. Gemeinsames Lernen ersetzt die bisherige Unterrichtung im Gemeinsamen Unterricht, in Integrativen Lerngruppen (§ 20 Abs. Abs. 8 SchulG a.F.) und die Sonderpädagogischen Förderklassen an allgemeinen Berufskollegs. An ihrer Stelle treten Unterrichtsformen, die in dem Begriff des Gemeinsamen Lernens zusammengefasst sind (Begründung des 9. SchulRÄndG, LT-Drs. 16/2432, zu §20 Abs. 3, S. 52). Die Schulkonferenz beschließt, ob die Schule der Schulaufsichtsbehörde und dem Schulträger die Einrichtung Gemeinsamen Lernens vorschlägt (§ 65 Abs. 2 Nr. 8 SchulG). Der Schulträger beteiligt rechtzeitig die Schule bei der Einrichtung Gemeinsamen Lernens (§ § 76 S. 3 Nr. 8 SchulG).

Hintergrund für den Verzicht auf den Begriff des Gemeinsamen Unterrichts ist, dass inklusive Bildung im Sinne einer gemeinsamen Unterrichtung und Erziehung von Schüler/innen mit und ohne Behinderung (§ 2 Abs. 5 S. 2 SchulG) von einem anderen Verständnis der Einbeziehung der Bedürfnisse behinderter Schüler/innen in den schulischen Alltag ausgeht. Zumindest in seinem Ursprung bezeichnete Gemeinsamer Unterricht die Integration von Schüler/innen mit Behinderungen in einen auf gesunde Schüler/innen ausgerichteten Schulalltag. Inklusive Unterrichtung und Gemeinsames Lernen erfolgen demgegenüber in allgemeinen Schulen, die von vornherein für alle Kinder unabhängig von etwaigen Behinderungen oder anderen Besonderheiten offen sind. Integrative Formen des Unterrichts werden deshalb schrittweise in inklusive Formen umgewandelt (LT-Drs. 16/2432, zu § 20 Abs. 3, S. 52).

4.2 Gemeinsames Lernen

Im Folgenden wird deshalb ausschließlich dem Gemeinsamen Lernen in der Primarstufe nachgegangen.

4.2.1 Inhalt

Gemeinsames Lernen ist die Unterrichtserteilung in allgemeinen Schulen für Schüler/innen mit und ohne sonderpädagogischen Unterstützungsbedarf im Klassenverband oder in der Lerngruppe (§ 20 Abs. 3 S. 1 SchulG). Lerngruppen sind diejenigen Formen des Unterrichts außerhalb des Klassenverbandes, die das SchulG und die Ausbildungs- und Prüfungsordnungen in den einzelnen Schulformen vorsehen, z.B. Kurse mit Fachleistungsdifferenzierung oder mit Neigungsdifferenzierung (LT-Drs. 16/2432, zu § 20 Abs. 3, S. 52).

Gemeinsames Lernen unterscheidet nicht zwischen zielgleicher und zieldifferenter Förderung der Schüler/innen. Vielmehr geht es bei dieser Unterscheidung nur um die Frage, in welchem Bildungsgang die Schüler/innen gefördert werden und welche individuelle Förderung im Unterricht ggf. erforderlich ist (LT-Drs. 16/2432, zu § 19 Abs. 3, S. 46). Auch für Schüler/innen mit sonderpädagogischen Unterstützungsbedarf, die eine Grundschule besuchen, gelten grundsätzlich die Vorgaben der AO-GS einschließlich der Unterrichtsfächer und der Stundentafel (§ 19 Abs. 3 SchulG, § 21 Abs. 1 und Abs. 5 S. 1 AO-SF). Eine Ausnahme kommt nur dann in Betracht, wenn die Schüler/innen sich in den zieldifferenten Bildungsgängen Lernen und Geistige Entwicklung befinden (§ 19 Abs. 4 SchulG). In diesen Fällen ist der Unterricht durch innere und äußere Differenzierung zu gestalten (§ 21 Abs. 2 AO-SF).

4.2.2 Unterrichtsorganisation

Konkrete Vorgaben für die Organisation des Gemeinsamen Lernens gibt es leider noch nicht. In der Begründung des 9. SchulRÄndG heißt es lediglich allgemein, die Organisation des Unterrichts folge den pädagogischen Erfordernissen und umfasse das gesamte methodisch-didaktische Handlungsrepertoire, sie berücksichtige das Alter und den durch die Behinderung erforderlichen Bedarf an sonderpädagogischer Unterstützung sowie die im Bildungsgang angestrebten Abschlüsse (LT-Drs. 16/2432, zu § 20 Abs. 3, S. 52). Nach § 21 Abs. 5 S. 2 AO-SF berücksichtigt die Schule bei der Organisation und Gestaltung des Unterrichts einschließlich der Unterrichts- und Pausenzeiten die Lernmöglichkeiten und die Belastbarkeit der Schüler/innen. Die Schule kann vorübergehend die Anteile von Fächern an der Wochenstundenzahl erhöhen oder verringern und stellt dabei sicher, dass im Schuljahr insgesamt in jedem Fach so viel

Unterricht erteilt wird, wie es die Stundentafel bestimmt (§ 21 Abs. 4 AO-SF). Gemeinsames Lernen kann sowohl im Klassenverband als auch in Lerngruppen erfolgen (T 9-6.1). Es bleibt zu hoffen, dass die schon in der Begründung des 9. Schulrechtsänderungsgesetzes angekündigte Entwicklung von Unterrichtsvorgaben insbesondere mit Blick auf fachliche Erfordernisse im Gemeinsamen Lernen (LT-Drs. 16/2432, S. 52) in absehbarer Zeit erlassen werden.

Angesichts des großen Gestaltungsspielraums bei der Unterrichtsorganisation hat der individuelle Förderplan auch für die Unterrichtsgestaltung wesentliche Bedeutung. Nach § 21 Abs. 7 S. 1 und 2 AO-SF erstellen die Lehrkräfte, die die Schüler/innen mit sonderpädagogischen Unterstützungsbedarf unterrichten, nach Beratung mit allen anderen an der Förderung beteiligten Personen einen individuellen Förderplan, der regelmäßig überprüft und fortgeschrieben wird. Ein solcher Förderplan ist auch für Schüler/innen zu erstellen, die sonderpädagogisch gefördert werden, ohne dass (bislang) ein sonderpädagogischer Unterstützungsbedarf förmlich festgestellt worden ist (§ 21 Abs. 7 S. 3 AO-SF).

Grundlage des individuellen Förderplans ist das im Verfahren auf Feststellung des sonderpädagogischen Unterstützungsbedarfs erstellte Gutachten, das Feststellungen zu Art und Umfang der notwendigen Förderung unter Berücksichtigung der individuellen Situation der Schüler/innen enthält (§ 13 Abs. AO-SF). Ergänzt werden diese Feststellungen durch die Erkenntnisse über Lern- und Leistungsentwicklung in der Schule. Sie setzen eine kontinuierliche Beobachtung der Schülerin oder des Schülers voraus. Die Beobachtung der Aneignungsprozesse und Lernergebnisse ermöglichen es, das Lernverhalten zu verstehen, Lernerfolge zu erkennen und Lernfortschritte zu initiieren und zu sichern, die Auswirkungen veränderten Lehrerhandelns und erfolgreicher Interventionen zu beobachten und Rückschlüsse für das Lehrerhandeln zu ziehen. Auf dieser Grundlage können Angebote zur Ausdifferenzierung und Verknüpfung der elementaren Entwicklungsbereiche erarbeitet werden, die Bestandteil der geplanten Unterrichtsprozesse werden. Außerdem kann so verlässlich geklärt und entschieden werden, ob ggf. unterstützend zusätzliches Personal heranzuziehen ist, sei es therapeutisches Personal oder Integrationshelfer.

4.2.3 Schulbegleitung

Bildung, Erziehung und Förderung von Schüler/innen mit sonderpädagogischen Untersützungsbedarf macht es häufig notwendig, dass sie beim Besuch der allgemeinen Schule durch außerschulisches Personal begleitet und betreut werden, weil ansonsten der Besuch der allgemeinen Schule unmöglich wäre. Die Kosten für diese als Integrationshelfer bezeichneten Schulbegleiter gehören nicht zu den Schulkosten (§ 91 Abs. 1 S. 2 SchulG). Sie werden entweder von den Trägern der Jugendhilfe oder den Schulträgern im Rahmen der ihnen vom Land zur Verfügung gestellten Inklusionspauschale getragen (vgl. zu den Kosten der Inklusion: Bülter, in Gesamtkommentar SchulG, § 132 Anm. 1.16).

Über die Zulassung einer außerschulischen Unterstützungskraft in der Schule entscheidet die Schulleiterin/der Schulleiter auf Grund ihrer bzw. seiner Leitungsbefugnis. Nach § 59 Abs. 2 SchulG leitet die Schulleiterin/der Schulleiter die Schule (Nr. 1) und ist sie bzw. er verantwortlich für die Erfüllung des Bildungs- und Erziehungsauftrags der Schule (Nr. 2). Zu den Leitungsaufgaben gehört die Organisation und Verwaltung der Schule (§ 59 Abs. 3 SchulG NRW). Die Schulleiterin/der Schulleiter ist danach verantwortlich für die ordnungsgemäße Wahrnehmung der Bildungs- und Erziehungsarbeit der Schule (so § 20 Abs. 4 Nr. 2 ADO) und dazu für die Aufrechterhaltung des ordnungsgemäßen Schulbetriebs und der Unterrichtsabläufe. Dies schließt ein zu genehmigen, dass außerschulische Personen an Schulveranstaltungen teilnehmen oder mit Zustimmung der unterrichtenden Lehrkräfte den Unterricht besuchen (§ 28 ADO). Mangels gesetzlicher Bindungen im Einzelnen entscheiden die Schulleiterin/der Schulleiter über die Zulassung nach pflichtgemäßem Ermessen (OVG NRW, Beschluss vom 9.5.2016 – 19 B 94/16 –, juris, Rdn. 6).

Ob die Schulbegleitung der Schüler/innen geboten ist, entscheidet sich allein nach der Art der Behinderung und den schulischen Bedürfnissen der Schüler/innen. Es genügt, dass die Schulbegleitung die pädagogische Arbeit der Schule absichert oder unterstützt, indem sie Rahmenbedingungen dafür schafft, dem Kind den erfolgreichen Schulbesuch zu ermöglichen oder zu erleichtern. Hierzu gehören auch schulbegleitende Maßnahmen, die das Kind im schulischen Lernen unterstützen, auch wenn sie keinen unmittelbaren Bezug zum Unterrichtsgeschehen haben, wie die Motivation des Kindes, sich auf Lernangebote und -anforderungen einzulassen, Förderung der Konzentration und des Durchhaltevermögens in Lernprozessen, Unterstützung beim Erarbeiten neuer Lerninhalte und Förderung der Selbstständigkeit und des Selbstbewusstseins. Für die Schulbegleitung bedarf es keines allgemeinverbindlichen Aufgabenfeldes oder Qualifikationsniveaus oder eine Typisierung nach dem zeitlichen Umfang des Einsatzes in der Schule (OVG NRW, Beschluss vom 9.5.2016 – 19 B 94/16 –, juris, Rdn. 11).

Ein Grund gegen die Zulassung der Schulbegleitung kann demgegenüber vorliegen, wenn die/der Schulbegleiter/in nicht schulbegleitend die Unterrichtsarbeit unterstützt, vielmehr in den Methoden und Inhalten eigene Vorstellungen verfolgt, die von denjenigen der Lehrkräfte abweichen oder ihnen zuwider laufen. Denn für die Schulbegleitung ist wesentlich, dass die/der Schulbegleiter /in im Unterricht in Abstimmung mit den Lehrkräften die Einzelförderung durchführt und deren Weisungen folgt, denen die/der Schulbegleiter/in zur Wahrung des Bildungs- und Erziehungsauftrags der Schule unterliegt (OVG NRW, Beschluss vom 9.5.2016 – 19 B 94/16 –, juris, Rdn. 18).

5. Unterrichtszeiten, Pausen

5.1 Unterrichtsbeginn

5.1.1 Grundschulen ohne Ganztag

Nach Nr. 1.1 Abs. 1 des Erlasses über Unterrichtsbeginn, Verteilung der Wochenstunden, Fünf-Tage-Woche, Klassenarbeiten und Hausaufgaben an allgemeinbildenden Schulen, BASS 12-63 Nr. 3 (im Folgenden Erlass), beginnt der Unterricht an allgemeinbildenden Schulen und damit auch in der nicht als Ganztag geführten Grundschule in der Zeit zwischen 7.30 Uhr und 8.30 Uhr. Über den konkreten Unterrichtsbeginn innerhalb dieser Zeitspanne entscheidet die Schulleiterin oder der Schulleiter der Grundschule (Nr. 1.1 Abs. 1 S. 3 des Erlasses).

Der Entscheidungsspielraum der Schulleiter/innen ist faktisch gering. Nr. 1.1 Abs. 1 S. 3 des Erlasses verpflichtet dazu, den begründeten Vorschlägen des Schulträgers zu folgen, falls nicht zwingende pädagogische Gründe entgegenstehen. Aufgabe des Schulträgers ist es in diesem Zusammenhang, insbesondere in Zusammenarbeit mit den Verkehrsunternehmen eine abgestimmte Regelung zu entwickeln und Zeiten für den Unterrichtsbeginn vorzuschlagen (Nr. 1.1. Abs. 1 S. 2 des Erlasses). Der Vorschlag des Schulträgers bedarf einer Begründung, weil die Schulleiter /in nach Nr. 1.1 S. 3 des Erlasses (nur) an begründete Vorschläge des Schulträgers gebunden ist. Vor der endgültigen Entscheidung muss die/der Schulleiter /in sich mit der Schulkonferenz beraten (Nr. 1.1 Abs. 1 S. 4 des Erlasses). Aus der nachfolgenden Regelungen in Nr. 1.1 S. 5 und 6 des Erlasses, die Bezirksregierung entscheidet nach Beteiligung der unteren Schulaufsichtsbehörde, wenn keine einvernehmliche Lösung gefunden wird, folgt, dass die/der Schulleiter /in keine Entscheidung gegen das Votum der Schulkonferenz treffen kann. Ob die Schulkonferenz und die Bezirksregierung bei ihrer Entscheidung nach Nr. 1.1 Abs. 1 S. 5 des Erlasses auch dann von dem begründeten Vorschlag des Schulträgers abweichen können, wenn keine zwingenden pädagogischen Gründe für eine Abweichung vorliegen, regelt der Erlass nicht ausdrücklich. Es ist aber kein einleuchtender Grund dafür erkennbar, dass der Entscheidungsspielraum der Schulkonferenz und der Bezirksregierung größer sein sollte als derjenige der Schulleiter/innen.

Welche zwingenden pädagogischen Gründe eine Abweichung vom begründeten Vorschlag des Schulträgers rechtfertigen, regelt der Erlass nicht. Entscheidend sind die Verhältnisse im Einzelfall. Die Formulierung „zwingend" macht deutlich, dass nicht jeder pädagogische Grund eine Abweichung rechtfertigt. Nach dem allgemeinen Sprachgebrauch bedeutet „zwingend" unerlässlich oder unabdingbar. Es ist kaum vorstellbar, dass solche pädagogischen Gründe im Einzelfall gegeben sein könnten.

Ob auch der Schulträger etwa dann, wenn zwischen ihm und der/dem Schulleiter /in Streit über das Vorliegen zwingender pädagogischer Gründe besteht, die Entscheidung der Bezirksregierung herbeiführen kann, regelt der Erlass nicht ausdrücklich. Der Gesamtzusammenhang der Regelungen in Nr. 1.1

Abs. 1 des Erlasses lässt aber aufgrund der angestrebten einvernehmlichen Lösung erkennen, dass eine einvernehmliche Lösung zwischen allen Beteiligten (Schulträger, Schulleiter /in, Schulkonferenz) angestrebt wird und deshalb auch bei Meinungsverschiedenheiten zwischen Schulträger sowie Schulleiter /in die Bezirksregierung entscheidet.

Ob die Entscheidung über den Unterrichtsbeginn zu jedem Schuljahr neu getroffen werden muss, regelt der Erlass ebenfalls nicht. Auch mit Blick auf den Grundsatz der Verwaltungsökonomie ist davon auszugehen, dass nach bereits erfolgter Festlegung des Unterrichtsbeginns eine erneute Entscheidung hierüber nur dann erforderlich ist, wenn einer der Beteiligten (Schulträger, Schulleiter /in, Schulkonferenz) dies verlangt, weil beispielsweise geänderte Verträge mit neuen Verkehrsunternehmen geschlossen wurden.

5.1.2 Grundschulen mit Ganztag

Bei gebundenen (§ 9 Abs. 1 SchulG) und offenen (§ 9 Abs. 3 SchulG) Ganztagsschulen auch im Primarbereich gilt Nr.1.1 des Erlasses ebenfalls, allerdings mit der Maßgabe, dass bei der Festlegung des Unterrichtsbeginns die Vorgaben in dem Erlass über gebundene und offene Ganztagsschulen sowie außerunterrichtliche Ganztags- und Betreuungsangebote im Primarbereich und der Sekundarstufe I, BASS 12-63 Nr. 2 zu beachten sind (vgl. T 9-4.7.4.3).

5.2 Unterrichtsstunde

Der in früheren Regelungen enthaltene Hinweis, dass „zur variablen Unterrichtsgestaltung unter Berücksichtigung der Belastbarkeit und Konzentrationsfähigkeit der Schüler Unterrichtsstunden unterteilt und zusammengefasst werden können", ist in die AO-GS nicht übernommen worden. Nach § 3 Abs. 1 S. 3 AO-GS wird eine Unterrichtsstunde nach der Stundentafel mit 45 Minuten berechnet. Die 45-Minuten-Stunde ist damit lediglich eine Berechnungseinheit für die tägliche und wöchentliche Unterrichtszeit der Schüler/innen und ihrer Lehrkräfte. Damit steht es jeder Schule frei, die einzelnen Unterrichtseinheiten nach den fachlichen Bedürfnissen und der Belastbarkeit der Schüler/innen zeitlich flexibel zu gestalten. Dementsprechend wird in der Stundentafel für die Grundschule für die Fächergruppe Deutsch, Sachunterricht, Mathematik und Förderunterricht sowie für die Fächergruppe Kunst und Musik eine für diese zwei Fächergruppen geltende Gesamtunterrichtszeit festgelegt, die Flexibilität ermöglicht (vgl. T 9-3.1).

Die mit 45 Minuten berechnete Grundeinheit für eine Unterrichtsstunde darf nicht verkürzt, sie kann aber verlängert werden. Hierüber entscheidet die Schulleitung nach vorheriger Information der Schulkonferenz und des Schulträgers. Die Verlängerung der Unterrichtsstunde und die daraus resultierenden Konsequenzen für die Unterrichtsorganisation bedürfen der Zustimmung durch die Schulkonferenz (Nr. 2.9 des oben unter 4.1 genannten Erlasses). Bei der Entscheidung ist zu berücksichtigen, dass die Bedürfnisse der jüngeren und der älteren Kinder in der Grundschule im Hinblick auf die Zeitstrukturen voneinander abweichen. Die jüngeren Kinder haben beispielsweise ein größeres Bewegungsbedürfnis. Sie müssen sich erst noch an längere Phasen systematischen und konzentrierten Arbeitens gewöhnen. Die älteren Kinder haben dies bereits gelernt.

5.3 Verteilung der Unterrichtsstunden

Nach Nr. 2.2 des Erlasses soll der Unterricht an Schulen ohne gebundenen Ganztag (dazu 4.7) so verteilt werden, dass der jeweiligen altersbedingten Belastbarkeit der Schüler/innen Rechnung getragen wird. Am Nachmittag sollen in den Grundschulen ohne gebundenen Ganztag nur Fächer unterrichtet werden, in denen keine Klassenarbeiten geschrieben werden (Nr. 2.3 des Erlasses). Bei gebundenen Ganztagsschulen findet in der Regel an mindestens drei Unterrichtstagen, bei erweiterten gebundenen Ganztagsschulen an vier Unterrichtstagen Nachmittagsunterricht statt (Nr. 2.4 des Erlasses i.V.m. Nr. 5.1 Abs. 1 des unter 4.2.2 genannten Ganztagserlasses). Die Verpflichtung, an weiteren Nachmittagen außerunterrichtliche Angebote durchzuführen (Nr. 5.1 Abs. 2 des Ganztagserlasses) gilt nur für Schulen der Sekundarstufe I, nicht für die Grundschulen. Im Primarbereich erstreckt sich der Zeitrahmen offener Ganztagsschulen in der Regel auf alle Nachmittage, an denen Unterricht stattfindet (Nr. 5.2 des Ganztagserlasses). Die Verteilung der Wochenstunden auf die Wochentage beschließt die Schulkonferenz (§ 65 Abs. 2 Nr. 5 i.V.m. § 8 Abs. 1 SchulG, Nr. 2.9 Abs. 1 des oben unter 4.1 genannten Erlasses).

5.4 Pausenzeiten und -gestaltung

Die Pausenregelung beschließt die Schulkonferenz (§ 65 Abs. 2 Nr. 5 i.V.m. § 8 Abs. 1 SchulG, Nr. 2.9 Abs. 1 des oben unter 4.1 genannten Erlasses). Ihr Ermessensspielraum wird durch Nr. 2.6 und 2.7 des Erlasses eingeschränkt.

Nach Nr. 2.6 des Erlasses sollen für die Gliederung des Vormittagsunterrichts Pausenzeiten von insgesamt wenigstens 40 Minuten, darunter eine Pausenzeit von wenigstens 15 Minuten, vorgesehen werden. Die Formulierung „soll" bedeutet, dass nur in begründeten Ausnahmefällen von den vorgegebenen Mindestpausenzeiten abgewichen werden darf. Demgegenüber hat die Schulkonferenz bei der Entscheidung über längere Pausenzeiten einen weiten Gestaltungsspielraum. Das gilt auch für den Nachmittagsbereich. Hierfür enthält der Erlass keine Vorgaben. Das gilt auch für die Verteilung der sog. kleinen Pausen. Die Schulkonferenz darf sich im Rahmen ihres pflichtgemäßen Ermessens auch darauf beschränken, die sog. großen Pausen festzulegen und es im Übrigen den Lehrkräften zu überlassen, wann sie die weiteren Pausenzeiten einlegen. Die Schulkonferenz hat bei Schulen, die in Schulzentren zusammen mit anderen Schulen untergebracht sind, auch die Interessen der anderen Schulen zu berücksichtigen. Unterschiedliche Pausenregelungen dürfen bei keiner Schule zu Beeinträchtigungen der Unterrichts- und Erziehungsarbeit führen. Kann eine einvernehmliche Regelung nicht erzielt werden, sollte die Entscheidung der Schulaufsichtsbehörde eingeholt werden.

Die Mittagspause dauert in der Primarstufe zwischen dem Vormittags- und Nachmittagsbereich 60 Minuten und schließt sich an die Unterrichtszeiten am

Vormittag an (Nr. 2.7 Abs. 1 S. 1 des Erlasses). Die Schulkonferenz ist nicht befugt, hiervon abweichende Regelungen zu treffen. Aus organisatorischen Gründen, die der Erlass nicht näher konkretisiert, sind geringfügige Unterschreitungen der Mittagspause von 60 Minuten im Umfang von höchstens 15 Minuten und geringfügige Überschreitungen zulässig. Sie bedürfen der Zustimmung der Schulkonferenz (Nr. 2.7 Abs. 1 S. 2 des Erlasses). Diese Regelung ist offen für eine Entscheidung der Schulkonferenz im Einzelfall oder für eine generelle Entscheidung der Schulkonferenz darüber, ob überhaupt und ggf. in welchem zeitlichen Umfang eine Unter- oder Überschreitung der Mittagspausenzeit von 60 Minuten zulässig ist.

Schüler/innen, die in der Mittagspause nicht nach Hause gehen können, müssen sich in einem geeigneten Raum, aber auch im Freien aufhalten können. Speisen und Getränke sollen für diese Schüler/innen zum Kauf angeboten werden. Die Schule gewährleistet die Aufsicht (Nr. 2.8 des Erlasses). Für die Aufsichtspflicht gelten die Grundsätze der Verwaltungsvorschriften zu § 57 Abs. 1 SchulG, BASS 12-08 Nr. 1). Bei Angeboten außerschulischer Träger im Ganztag gilt außerdem Nr. 9 des Erlasses über gebundenen und offene Ganztagsschulen sowie außerunterrichtliche Ganztags- und Betreuungsangebote im Primarbereich und Sekundarstufe I, BASS 12-63 Nr. 2, vgl. dazu 4.7.4.4). Eine lückenlose Pausenaufsicht lässt sich nicht durchführen. Als Faustregel gilt, dass es im Schulgebäude und auf dem Schulgelände keine ständigen aufsichtsfreien Bereiche geben darf; eine dauernde Überwachung auf Schritt und Tritt ist nicht erforderlich (vgl. im Einzelnen Budach, in Gesamtkommentar zum Schulgesetz, § 57 Anm. 1.3 mit zahlreichen Hinweisen auf die zur Aufsichtspflicht der Lehrkräfte ergangenen Rechtsprechung).

Nr. 2.6, 2.7 und 2.8 des Erlasses gilt auch für Ganztagsschulen. Denn der Ganztagserlass enthält keine hiervon abweichenden Regelungen über die Pausenzeiten und -gestaltung. Lediglich für die Aufsicht bei Angeboten außerschulischer Träger im Ganztag gelten die besonderen Regelungen in Nr. 9 des Ganztagserlasses.

5.5 Überschreitung und Unterschreitung der Unterrichtszeit

Die Stundentafel gibt der Schule für die einzelne Klasse die Möglichkeit, die wöchentliche Unterrichtszeit im Umfang von einer Wochenstunde zu variieren. Das ergibt sich aus der Anmerkung in der Stundentafel. Danach kann die Schule von der für die einzelnen Fächer oder Fächergruppen angegebenen Anzahl der Schülerwochenstunden in begründeten Fällen geringfügig abweichen. Wann ein begründeter Fall vorliegt, ist nicht näher geregelt. In Betracht kommen sowohl organisatorische als auch pädagogische Gründe, die nur mit einer Abweichung zum Tragen kommen können. Ein organisatorischer Grund kann beispielsweise die Personalsituation an der Grundschule sein. Pädagogisch vertretbar kann die Abweichung sein, wenn die damit verbundenen Nachteile durch eine besonders geringe Klassenstärke aufgewogen werden.

5.6 Fünf-Tage-Woche

Nach § 8 Abs. 1 SchulG wird der Unterricht als Vollzeitunterricht in der Regel an wöchentlich fünf Tagen erteilt. Über Ausnahmen entscheidet die Schulkonferenz im Einvernehmen mit dem Schulträger (so auch Nr. 2.1 Abs. 1 des Erlasses). Nr. 2.1 des Erlasses bestimmt ergänzend, dass die Schule im Einvernehmen mit dem Schulträger Unterricht an höchstens zwei Samstagen im Monat erteilen kann, wenn der Unterricht nicht auf fünf Tage verteilt werden kann, weil dies die Fachraumbelegung, die Inanspruchnahme der Einrichtungen des Schulsports, der Einrichtungen für die Mittagspause oder die Organisation des Schülertransportes notwendig machen. Wird für die Unterrichtserteilung ein Samstag in Anspruch genommen, ist dies der zweite Samstag im Monat; bei Unterricht an zwei Samstagen sind es der zweite und der vierte. Samstage, an denen planmäßig Unterricht erteilt wird, können gegen unterrichtsfreie Samstage getauscht werden, wenn dadurch im Zusammenhang mit gesetzlichen Feiertagen, den landeseinheitlich festgelegten Ferien oder den von der Schule festgelegten beweglichen Ferientagen unterrichtsfreie Tage miteinander verbunden werden können.

Wenn das nach Nr. 2.1 Abs. 1 des Erlasses erforderliche Einvernehmen mit dem Schulträger nicht hergestellt werden kann, vermittelt oder entscheidet nach Nr. 2.1 Abs. 5 des Erlasses die Schulaufsichtsbehörde auf Antrag der Schule. Es spricht nichts dagegen, der Schulaufsichtsbehörde durch Erlass eine Vermittlerrolle zu übertragen. Nichtig und damit unwirksam wegen Verstoßes gegen höherrangiges Recht ist Nr. 2.1 Abs. 5 des Erlasses aber, soweit der Schulaufsichtsbehörde eine Entscheidungskompetenz auf Antrag der Schule übertragen wird. Dies verstößt gegen § 86 SchulG, der den Umfang der Schulaufsicht gesetzlich festlegt. Nach § 86 Abs. 2 S. 2 SchulG kann die Schulaufsichtsbehörde den Schulträger zur Erfüllung seiner Pflichten anhalten. Das „Anhalten" umfasst nicht Befugnis, schulaufsichtliche Entscheidungen gegen den Schulträger zu treffen. Bei eventuellen Pflichtverletzungen des Schulträgers kann allein die zuständige Kommunalaufsichtsbehörde gegen den Schulträger vorgehen (OVG NRW, Urteil vom 18.6.2002 – 15 A 83/02 -, juris, Rdn. 54 f.; Bülter, in: Gesamtkommentar zum Schulgesetz, § 57 Anm. 2.2 (1, b), m.w.N.). Kommunalaufsichtliches Einschreiten gegen den Schulträger setzt aber voraus, dass der Schulträger sich rechtswidrig verhält. Dementsprechend kann auch kommunalaufsichtlich nicht gegen den Schulträger vorgegangen werden, wenn die Versagung seines Einvernehmens gemäß § 8 Abs. 1 S. 2 SchulG und Nr. 2.1 Abs. 1 und 2 des Erlasses rechtmäßig ist.

5.7 Ganztagsschule, außerunterrichtliche Ganztags- und Betreuungsangebote

Bei der ganztägigen Unterrichtung und Betreuung der Schüler/innen in der Schule sind drei verschiedene Organisationsformen zu unterscheiden: gebundene Ganztagsschule, offene Ganztagsschule sowie außerunterrichtliche Ganztags- und Betreuungsangebote.

5.7.1 Rechtsgrundlagen

Gesetzliche Grundlage dieser Organisationsformen ist § 9 SchulG, der im Abs. 1 die gebundene Ganztagsschule, im Abs. 3 die offene Ganztagsschule und im Abs. 3 die außerunterrichtlichen Ganztags- und Betreuungsangebote regelt.

> ***§ 9 SchulG***
>
> ***Ganztagsschule, Ergänzende Angebote, Offene Ganztagsschule***
>
> *(1) Schulen können als Ganztagsschulen geführt werden, wenn die personellen, sächlichen und schulorganisatorischen Voraussetzungen erfüllt sind. Die Förderschule mit dem Förderschwerpunkt Geistige Entwicklung und die Förderschule mit dem Förderschwerpunkt Körperliche und motorische Entwicklung werden in der Regel als Ganztagsschule geführt. Die Entscheidung des Schulträgers bedarf der Zustimmung der oberen Schulaufsichtsbehörde.*
>
> *(2) An Schulen können außerunterrichtliche Ganztags- und Betreuungsangebote eingerichtet werden, die der besonderen Förderung der Schülerinnen und Schüler dienen.*
>
> *(3) Der Schulträger kann mit Trägern der öffentlichen und der freien Jugendhilfe und anderen Einrichtungen, die Bildung und Erziehung fördern, eine weitergehende Zusammenarbeit vereinbaren, um außerunterrichtliche Angebote vorzuhalten (Offene Ganztagsschule). Dabei soll auch die Bildung gemeinsamer Steuergruppen vorgesehen werden. Die Einbeziehung der Schule bedarf der Zustimmung der Schulkonferenz. Die Erhebung von Elternbeiträgen richtet sich nach § 10 Abs. 5 des Zweiten Gesetzes zur Ausführung des Gesetzes zur Neuordnung des Kinder- und Jugendhilferechtes (Gesetz über Tageseinrichtungen für Kinder – GTK).*

Die grundlegenden vor allem organisatorischen Fragen regelt für alle drei Organisationsformen der Erlass über gebundene und offene Ganztagsschulen sowie außerunterrichtliche Ganztags- und Betreuungsangebote in Primarbereich und Sekundarstufe I vom 23.12.2010, BASS 12-63 Nr.2 (im Folgenden: Ganztagserlass). Auf diesen Erlass wird hier eingegangen, soweit er für die Grundschulen Bedeutung hat.

5.7.2 Abgrenzung der Organisationsformen

Gebundene Ganztagsschulen, offene Ganztagsschulen und außerunterrichtliche Ganztags- und Betreuungsangebote unterscheiden sich vor allem in Bezug auf Teilnahmepflichten und -möglichkeiten.

In einer gebundenen Ganztagsschule nehmen alle Schüler/innen der Schule an den Ganztagsangeboten teil. Mit Aufnahme der Schüler/innen in die gebundene Ganztagsschule wird die regelmäßige Teilnahme an den Ganztagsangeboten dieser Schule für sie verpflichtend (Nr. 1.2, 1. Spiegelstrich des Ganztagserlasses).

In einer offenen Ganztagsschule im Primarbereich nimmt ein Teil der Schüler/innen der Schule an den außerunterrichtlichen Angeboten teil. Die Anmeldung bindet für die Dauer eines Schuljahres und verpflichtet in der Regel zur regelmäßigen und täglichen Teilnahme an diesen Angeboten (Nr. 1.2, 2. Spiegelstrich des Ganztagserlasses).

Zu den außerunterrichtlichen Ganztags- und Betreuungsangeboten gehören im Primarbereich die „Schule von acht bis eins", „Dreizehn Plus" und „Silentien", und in der Sekundarstufe I die „pädagogische Übermittagbetreuung und weitere Ganztags- und Betreuungsangebote". An diesen Angeboten nimmt ein Teil der Schüler/innen der Schule teil. Eine regelmäßige und tägliche Teilnahme ist nicht erforderlich (Nr. 1.2, 3. Spiegelstrich des Ganztagserlasses).

5.7.3 *Ziele und Grundlagen der drei Organisationsformen*

Ziel der Landesregierung ist der Ausbau von Ganztagsschulen und außerunterrichtlichen Ganztags- und Betreuungsangeboten zu einem attraktiven, qualitativ hochwertigen und umfassenden örtlichen Bildungs-, Erziehungs- und Betreuungsangebot, das sich an dem jeweiligen Bedarf der Kinder und Jugendlichen sowie der Eltern orientiert. Die individuelle ganzheitliche Bildung von Kindern und Jugendlichen, die Entwicklung ihrer Persönlichkeit, der Selbst- und Sozialkompetenzen, ihrer Fähigkeiten, Talente, Fertigkeiten und ihr Wissenserwerb sollen systematisch gestärkt werden. Dies soll durch eine flexible und bedarfsgerechte Mischung von verpflichtenden und freiwilligen Angeboten sichergestellt werden (Nr. 2.1 des Ganztagserlasses). In allen Landesteilen soll eine möglichst vergleichbare Qualität sichergestellt werden. Die Landesregierung unterstützt die örtlichen Entwicklungsprozesse, beispielsweise durch Beratungsleistungen, wissenschaftliche Begleitvorhaben, ergänzende Erhebungen sowie durch Rahmenvereinbarungen mit gemeinwohlorientierten Partnern (Nr. 2.2 des Ganztagserlasses). Die Schulaufsicht unterstützt die jeweiligen örtlichen Entwicklungsprozesse von Schulen, Trägern und Kommunen, beispielsweise durch Beratungsleistungen, Unterstützung in Konfliktsituationen oder Mitarbeit in Steuergruppen und Qualitätszirkeln (Nr. 2.3 des Ganztagserlasses).

Eine zentrale Grundlage der Organisationsformen ist die Zusammenarbeit von Schule, Kinder- und Jugendhilfe, gemeinwohlorientierten Institutionen und Organisationen aus Kultur und Sport, Wirtschaft und Handwerk sowie weiteren außerschulischen Partnern. Sie soll fortgeführt und weiter intensiviert werden (Nr. 1.3 des Ganztagserlasses). Die Unzulässigkeit der Beteiligung von gewinnorientierten Trägern und kommerziellen Nachhilfeinstituten (§ 55 SchulG) hebt auch Nr. 1.3 des Ganztagserlasses hervor. Dieses Verbot gilt sowohl für die Ganztagsschulen als auch für außerunterrichtlichen Ganztags- und Betreuungsangebote.

Für die Städte und Gemeinden als Schulträger zeigt Nr. 1.4 des Ganztagserlasses auf, dass sie mit Angeboten im Bereich Ganztagsschulen und außerunterrichtliche Ganztags- und Betreuungsangebote auch ihre Pflichten als Träger der Jugendhilfe erfüllen können. Die Träger der öffentlichen Jugendhilfe sind verpflichtet, Plätze für Kinder und Jugendliche im schulpflichtigen Alter bedarfsgerecht in Tageseinrichtungen und in Kindertagespflege vorzuhalten

(§ 24 Absatz 2 SGB VIII). Die Kommune kann diese Verpflichtung auch durch entsprechende Angebote an Schulen erfüllen, soweit die Bildungs-, Erziehungs- und Betreuungsangebote nach den Grundsätzen des SGB VIII gestaltet werden (§ 5 Absatz 1 KiBiz). Leistungen der Kommunen zur Einrichtung beziehungsweise zum Betrieb von Ganztagsschulen und außerunterrichtlichen Ganztags- und Betreuungsangeboten zählen in diesem Rahmen zu den pflichtigen Leistungen. Die Kommune beurteilt allerdings im Rahmen ihrer Selbstverwaltung (Art. 28 Abs. 2 GG), in welchem Maße, auch im Lichte der haushaltswirtschaftlichen Voraussetzungen, es bedarfsgerecht ist, Plätze in Ganztagsschulen oder außerschulischen Ganztags- und Betreuungsangeboten vorzuhalten (Nr. 1.4 des Ganztagserlasses).

5.7.4 *Ganztagsschulen*

Ganztagsschulen sind Gegenstand der Schulentwicklungsplanung und Jugendhilfeplanung, auch im Rahmen von regionalen Bildungsnetzwerken (Nr. 4.1 des Ganztagserlasses). Der Schulträger entscheidet, ob eine Schule als gebundene Ganztagsschule geführt wird. Vorher hört er die Schule an (§ 76 Satz 2 Nummer 7 SchulG). Über deren Stellungnahme entscheidet die Schulkonferenz (§ 65 Absatz 2 Nummer 22 SchulG). Die Entscheidung des Schulträgers bedarf der Zustimmung der Bezirksregierung (Nr. 4.2 des Ganztagserlasses). Ob eine Schule als offene Ganztagsschule geführt wird, entscheidet der Schulträger mit Zustimmung der Schulkonferenz (Nr. 4.3 des Ganztagserlasses).

Gebundene und offene Ganztagsschulen haben Gemeinsamkeiten, aber auch deutliche Unterschiede.

5.7.4.1 *Gemeinsame Merkmale*

Die gemeinsamen Merkmale von Ganztagsschulen werden in Nr. 3.1 des Ganztagserlasses angeführt. Der Sache nach handelt es sich bei den Merkmalen um gemeinsame Zielsetzungen der gebundenen und offenen Ganztagsschulen. Konkret werden in Nr. 1 des Ganztagserlasses folgende gemeinsame Merkmale für die Primarstufe angeführt:

- Angebote für unterschiedlich große und heterogene Gruppen, die auch besondere soziale Problemlagen berücksichtigen,
- ein verlässliches Zeitraster und eine sinnvoll rhythmisierte Verteilung von Lernzeiten auf den Vormittag und den Nachmittag, auch unter Entwicklung neuer Formen der Stundentaktung,
- die Öffnung von Schule zum Sozialraum und die Zusammenarbeit mit den dort tätigen Akteuren „auf Augenhöhe“,
- Förderkonzepte und -angebote für Schüler/innen mit besonderen Bedarfen (zum Beispiel Sprachförderung, Deutsch als Zweitsprache, Mathematik und Naturwissenschaften, Fremdsprachen, Bewegungsförderung),
- die Förderung der Interessen der Schüler/innen durch zusätzliche themen- und fachbezogene oder fächerübergreifende, auch klassen- und jahrgangsstufen-übergreifende Angebote und außerunterrichtliche Praktika,

- zusätzliche Zugänge zum Lernen und Arbeitsgemeinschaften (zum Beispiel Kunst, Theater, Musik, Werken, Geschichtswerkstätten, naturwissenschaftliche Experimente, Sport) sowie sozialpädagogische Angebote, insbesondere im Rahmen von Projekten der Kinder- und Jugendhilfe (zum Beispiel interkulturelle, geschlechtsspezifische, ökologische, partizipative, freizeitorientierte und offene Angebote),
- Anregungen und Unterstützung beim Lösen von Aufgaben aus dem Unterricht und Eröffnung von Möglichkeiten zur Vertiefung und Erprobung des Gelernten sowie zur Entwicklung der Fähigkeit zum selbstständigen Lernen und Gestalten,
- Möglichkeiten und Freiräume zum sozialen Lernen, für Selbstbildungsprozesse und für selbstbestimmte Aktivitäten,
- ein angemessenes Gleichgewicht von Anspannung und Entspannung mit entsprechenden Ruhe- und Erholungsphasen und von Kindern und Jugendlichen frei gestaltbaren Zeiten,
- Angebote zur gesunden Lebensgestaltung, u.a. zu einer gesunden Ernährung,
- vielfältige Bewegungsanreize und -angebote,
- die Einbindung der Eltern sowie der Schüler/innen an Konzeption und Durchführung der Angebote,
- Unterstützungsangebote für Eltern, zum Beispiel zu Erziehungsfragen, der Beratung und Mitwirkung.

Nach Nr. 3.1 des Ganztagserlasses handelt es sich nicht um eine abschließende, sondern beispielhafte Anführung gemeinsamer Merkmale. Die Grundschulen sind auch nicht verpflichtet, sämtliche Merkmale uneingeschränkt zu realisieren. Vielmehr bestimmt Nr. 3.1 des Ganztagserlasses, dass offene und gebundene Ganztagsschulen die Merkmale im Rahmen ihrer Ressourcen und Möglichkeiten umsetzen.

5.7.4.2 *Ganztagskonzept*

Die Merkmale in Nr. 3.1 des Ganztagserlasses sind Grundlage des von den Schulen aufzustellenden Ganztagskonzeptes. Nach Nr. 6.5 des Ganztagserlasses entwickelt jede Ganztagsschule, auch unter Beteiligung der außerschulischen Kooperationspartner, ein Ganztagskonzept, das regelmäßig fortgeschrieben wird. Dieses Konzept orientiert sich an den in Nr. 3.1 beschriebenen Merkmalen und ist Teil des Schulprogramms. Über das Konzept entscheidet die Schulkonferenz (§ 65 Abs. 2 Nr. 1 und 6 SchulG).

5.7.4.3 *Zeitrahmen*

Nach Nr. 5.1 Abs. 1 S. 1 des Ganztagserlasses erstreckt sich der Zeitrahmen des Ganztagsbetriebes gebundener Ganztagsschulen unter Einschluss der allgemeinen Unterrichtszeit in der Regel auf mindestens drei Unterrichtstage über jeweils mindestens 7 Zeitstunden, in der Regel von 8 bis 15 Uhr. Der Regelfall ist damit der Unterrichtsbeginn um 8 Uhr. Nur im Ausnahmefall kann ein anderer Zeitpunkt des Unterrichtsbeginns festgelegt werden.

Dies gilt auch für Grundschulen mit offenem Ganztag. Ihr Zeitrahmen im Primarbereich erstreckt sich unter Einschluss der allgemeinen Unterrichtszeit in der Regel an allen Unterrichtstagen von spätestens 8 Uhr bis 16 Uhr, bei Bedarf auch länger, mindestens aber bis 15 Uhr. Der Regelfall ist damit der Unterrichtsbeginn spätestens um 8 Uhr.

Die Pausenzeiten auch bei Ganztagsschulen sind bereits oben in 4.4 dargestellt.

Hausaufgaben werden in offenen und gebundenen Ganztagsschulen in das Gesamtkonzept des Ganztags integriert (Nr. 5.4 des Ganztagserlasses; vgl. dazu T 11-12.5).

5.7.4.4 Sächliche Mittel

Der Schulträger ist für eine hinreichende Ausstattung der Ganztagsschulen verantwortlich. Während Nr. 6.1 des Ganztagserlasses insoweit nur pauschal anführt, der Schulträger stellt die erforderliche Infrastruktur bereit, ist gesetzliche Grundlage für die Verpflichtung des Schulträgers § 79 SchulG. Danach sind die Schulträger verpflichtet, die für einen ordnungsgemäßen Unterricht erforderlichen Schulanlagen, Gebäude, Einrichtungen und Lehrmittel bereitzustellen und zu unterhalten sowie das für die Schulverwaltung notwendige Personal und eine am allgemeinen Stand der Technik und Informationstechnologie orientierte Sachausstattung zur Verfügung zu stellen.

Eine Konkretisierung der Pflichten des Schulträgers bei der Mittagsverpflegung enthält Nr. 6.3 des Ganztagserlasses. Danach ermöglicht der Schulträger den Schüler/innen die Einnahme eines Mittagessens oder eines Mittagsimbisses. In Ganztagsschulen stellt er dafür Räume, Sach- und Personalausstattung bereit. Er trägt die sächlichen Betriebskosten. Die konkrete Umsetzung kann im Einvernehmen mit der Schule auch von Dritten geleistet werden, beispielsweise einem außerschulischen Träger, einem Eltern- oder Mensaverein. Die Aufsicht während der Mittagsverpflegung ist bereits unter 4.4 angesprochen worden.

Das Land fördert die Teilnahme an der gemeinschaftlichen Mittagsverpflegung von Kindern und Jugendlichen aus bedürftigen Familien in Kindertageseinrichtungen, Kindertagespflegestellen und Schulen auf der Grundlage der Richtlinien über die Gewährung von Zuwendungen zur Förderung von Mittagsverpflegung von Kindern und Jugendlichen in Kindertageseinrichtungen, Kindertagespflegestellen und Schulen – Härtefallfonds „Alle Kinder essen mit", BASS 11-02 Nr. 26. Es handelt sich um eine Projektförderung mit einer 80% Anteilsfinanzierung zu Gunsten der Gemeinden und Gemeindeverbände als Zuwendungsempfänger.

5.7.4.5 Personalkosten

Die zeitliche und inhaltliche Ausweitung von Unterricht und Erziehung auf den Nachmittag erfordern einen höheren Personalaufwand. Der Ganztagserlass sieht hierfür einen Ganztagszuschlag vor, der allerdings nach Maßgabe des Landeshaushalts gewährt wird. Das bedeutet, dass der Ganztagszuschlag entfällt, wenn hierfür keine Personalkosten im Landeshaushalt angesetzt sind. Rechtsgrundlage dieser Erlassregelung ist § 9 Abs. 1 VO zu § 93 Abs. 2 SchulG, der das Schulministerium ermächtigt, den Schulaufsichtsbehörden für den Unterrichtsmehrbedarf einen Ganztagsstellenzuschlag für Grundschulen in Höhe von 20 % der Grundstellenzahl (§ 7 Abs. 1 VO zu § 93 Abs. 2 SchulG) zuzuweisen.

Für gebundene Ganztagsschulen im Primarbereich beträgt der Ganztagszuschlag 20% der Grundstellenzahl (Nr. 10.1 des Ganztagserlasses). Für die offene Grundschule im Primarbereich ist kein Ganztagsstellenzuschlag vorgesehen. Lehrerstellen stehen für offene Ganztagsschulen im Primarbereich nur zur Verfügung, wenn sie im Landeshaushalt vorgesehen sind (Nr. 10.1 des Ganztagserlasses). Der Haushalt kann auch vorsehen, dass das Land in offenen Ganztagsschulen Zuschüsse für Einsatz, Koordinierung und Fortbildung des Personals außerschulischer Träger leistet (Nr. 10.3 des Ganztagserlasses).

Lehrerstellenanteile sind möglichst für Angebote zu nutzen, die die Kinder ergänzend zum Unterricht individuell fördern und fordern (zum Beispiel zusätzliche Arbeits- oder Wochenplanstunden, Sprachbildung, Mathematik und Naturwissenschaften, Fremdsprachen). Möglich ist auch ihre Nutzung für Konzeption und Koordination (Nr. 7.2 des Ganztagserlasses). Soweit Lehrerstellen nicht in Anspruch genommen werden, leistet das Land an Stelle von Lehrerstellen Zuschüsse für das Personal außerschulischer Träger. Die Zuschüsse dürfen auch für Koordinierung und Fortbildung verwendet werden. Die Schulleiterin oder der Schulleiter entscheidet über die Inanspruchnahme von Stellenanteilen oder Barmitteln unter Berücksichtigung der inhaltlichen Beschlüsse der Schulkonferenz und bestehender Arbeitsverträge (Nr. 10.2 des Ganztagserlasses). Die Lehrerstellenanteile und die zur Verfügung gestellten Mittel dürfen nicht für den Unterricht im Rahmen der Stundentafel und zur Bildung kleinerer Klassen verwendet werden (Nr. 10.5 S. 1 des Ganztagserlasses). Nach Maßgabe des Haushalts leistet das Land darüber hinaus in offenen Ganztagsschulen im Primarbereich Zuschüsse für Einsatz, Koordinierung und Fortbildung des Personals außerschulischer Träger (Nr. 10.3 des Ganztagserlasses).

Die Schule stellt durch geeignete Vertretungskonzepte sicher, dass Unterricht und in gleicher Weise Angebote im Ganztag und in der pädagogischen Übermittagbetreuung, die von Lehrkräften im Rahmen ihrer regelmäßigen wöchentlichen Pflichtstunden durchgeführt werden, nicht ausfallen (Nr. 10.6 des Ganztagserlasses). Betreuungs- und Aufsichtszeiten, die von Lehrkräften während der Mittagspause, zum Beispiel in Mensen, Cafeterien, auf dem Schulgelände oder in Trainingsräumen, durchgeführt werden, werden zur Hälfte auf die Unterrichtsverpflichtung angerechnet (10.7 des Ganztagserlasses). Für die Betreuung von ehrenamtlichen Helfer/innen, von Schülertutor/innen, Praktikant/innen oder Studierenden durch Lehrkräfte können Lehrerwochenstunden in diesem Rahmen im Verhältnis 1 : 6 (eine Lehrerwochenstunde für sechs Stunden Tätigkeit dieser Kräfte) verwendet werden (10.8 des Ganztagserlasses).

5.7.4.6 *Elternbeiträge*

Elternbeiträge können nur für freiwillige Angebote erhoben werden, nicht jedoch für verpflichtende Angebote (Nr. 8.1 des Ganztagserlasses). Bei Ganztagsschulen kommen damit Elternbeiträge nur in Betracht, wenn es sich um offenen Ganztag handelt.

In offenen Ganztagsschulen im Primarbereich kann der Schulträger oder der öffentliche Jugendhilfeträger Elternbeiträge bis zur Höhe von 180 € pro Monat pro Kind erheben und einziehen. Ab dem 1.8.2018 erhöht sich die Höchstgrenze jährlich zum Schuljahresbeginn – kaufmännisch gerundet – um jeweils 3%." Der Schul- oder Jugendhilfeträger kann die Einziehung auf Dritte übertragen. Zusätzlich zur sozialen Staffelung der Beiträge nach Einkommen der Eltern können auch eine Ermäßigung für Geschwisterkinder, auch für Kinder, die eine Kindertageseinrichtung besuchen, sowie ein Ausgleich zwischen Stadt- oder Gemeindeteilen oder Schulen mit unterschiedlich hohem Beitragsaufkommen vorgesehen werden, Nr. 8.2 des Ganztagserlasses).

Der Schulträger, der Träger der öffentlichen Jugendhilfe und die Schulleiter/in sollen Eltern besonders förderungsbedürftiger Kinder auf die Möglichkeit einer Reduzierung oder eines Erlasses der Beitragszahlungen oder einer Übernahme von Beiträgen durch die wirtschaftliche Jugendhilfe (§ 90 SGB VIII) hinweisen. Ziel ist, eine Teilnahme dieser Kinder zu ermöglichen (Nr. 8.4 des Ganztagserlasses).

Für Ferienangebote und Mittagsverpflegung kann ein zusätzlicher Beitrag erhoben werden (8.4 des Ganztagserlasses).

5.7.4.7 *Zuschüsse des Landes an die Schulträger*

Nach § 94 Abs. 2 SchulG können den Schulträgern ungeachtet ihrer Kostentragungspflicht für außerunterrichtliche Ganztags- und Betreuungsangebote (§ 9 Abs. 2 und 3 SchulG) Zuschüsse nach Maßgabe des Haushalts gewährt werden. Mit dem Verweis nur auf außerunterrichtliche Angebote (§ 9 Abs. 2 SchulG) und offene Ganztagsschulen (§ 9 Abs. 3 SchulG) ist klargestellt, dass eine Zuschussgewährung an die öffentlichen Schulträger für gebundene Ganztagsschulen (§ 9 Abs. 1 SchulG) gesetzlich nicht vorgesehen ist. Die Formulierung „nach Maßgabe des Haushalts" in § 94 Abs. 2 SchulG stellt klar, dass ein Anspruch der Schulträger auf Zuschüsse nur im Rahmen der zur Verfügung stehenden Haushaltsmittel gewährt wird. Fehlen entsprechende Haushaltsmittel oder sind sie erschöpft, verbleibt es bei der alleinigen Kostenträgerschaft des Schulträgers, wenn er sich zu Angeboten gemäß § 9 Abs. 2 und 3 SchulG entschließt. Da § 94 Abs. 2 SchulG keine Kriterien über die Vergabe zur Verfügung stehender finanzieller Mittel enthält, entscheidet die zuständige Behörde nach pflichtgemäßem Ermessen über die Zuschussgewährung. Maßgeblich für die Ermessensausübung sind die haushaltsrechtlichen Vorgaben etwa über eine Zweckgebundenheit der Mittel und Verwaltungsvorschriften, die die Gewährung von Zuschüssen für außerunterrichtliche Ganztagsangebote und offene Ganztagsschulen regeln. Für offene Ganztagsschulen im Primarbereich können (vgl. Nr. 10.4 des Ganztagserlasses) den Schulträgern Zuschüsse nach dem Runderlass über Zuwendungen für die Durchführung außerunterrichtlicher Angebote offener Ganztagsschulen im Primarbereich, BASS 11-02 Nr. 19, gewährt werden. Es handelt sich um eine Projektförderung mit Festbetragsfinanzierung, die ausdrücklich unter dem Vorbehalt verfügbarer Haushaltsmittel steht (vgl. dazu im Einzelnen Bülter, in Gesamtkommentar Schulgesetz, § 94 Anm. 2.3).

5.7.5 *Außerunterrichtliche Ganztags- und Betreuungsangebote*

Zu den außerunterrichtlichen Ganztags- und Betreuungsangeboten (§ 9 Abs. 2 SchulG) gehören im Primarbereich die „Schule von acht bis eins", „Dreizehn Plus" und „Silentien". An diesen Angeboten nimmt ein Teil der Schüler/innen teil. Eine regelmäßige und tägliche Teilnahme ist nicht erforderlich (Nr. 1.2 des Ganztagserlasses). Aus der Formulierung, „Zu den ... gehören", folgt, dass die drei in Nr. 1 genannten Angebote lediglich beispielhaft erwähnt werden. Weitere außerunterrichtliche Angebote sind dementsprechend auch nach dem Ganztagserlass zulässig.

5.7.5.1 *Grundsätze*

Außerunterrichtliche Ganztags- und Betreuungsangebote können sich inhaltlich im Rahmen ihrer Ressourcen an den Merkmalen von Ganztagsschulen (dazu 4.7.4.1) orientieren (Nr. 3.2 des Ganztagserlasses).

Der Zeitrahmen in außerunterrichtlichen Ganztags- und Betreuungsangeboten orientiert sich an den jeweiligen Bildungs-, Erziehungs- und Betreuungsbedarfe (Nr. 5.3 des Ganztagserlasses). Nr. 6.6 richtet sich Nach dem Inhalt der Angebote und den individuellen Bedarfen der Schüler/innen richtet sich die Teilnehmendenzahl an den einzelnen Angeboten beziehungsweise die Gruppengröße (Nr. 6.6 des Ganztagserlasses). Der Erlass eröffnet insoweit einen weiten Gestaltungsspielraum.

Für Angebote außerschulischer Träger sollen Schulräume kostenfrei zur Verfügung gestellt werden. Angebote außerschulischer Träger können auch außerhalb des Schulgeländes durchgeführt werden. Eine Betriebserlaubnis nach § 45 SGB VIII ist nicht erforderlich (Nr. 6.2 des Ganztagserlasses). Die Formulierung, „sollen Schulräume kostenfrei zur Verfügung gestellt werden", ist eine sog. Sollregelung mit der Bedeutung, dass nur in begründeten Ausnahmefällen entweder keine Schulräume oder Schulräume nur gegen Entgelt zur Verfügung gestellt werden.

Benachbarte Schulen können gemeinsame außerunterrichtliche Angebote vorhalten. Der Schulträger kann Angebote zur Förderung besonderer Begabungen und für Kinder und Jugendliche mit besonderen Förderbedarfen (zum Beispiel zur Talentförderung in Sport und Kultur oder zur Förderung naturwissenschaftlicher Fähigkeiten, muttersprachlicher Ergänzungsunterricht, Deutsch als Fremdsprache) für Schüler/innen mehrerer Schulen an einer Schule konzentrieren (Nr. 6.4 des Ganztagerlasses).

Elternbeiträge können nach den für offene Ganztagsschulen geltenden Grundsätze erhoben werden (dazu 5.7.4.6)

Angebote außerschulischer Träger gelten als schulische Veranstaltungen (Nr. 9.1 des Ganztagserlasses). Schüler/innen, die an Angeboten nach diesem Erlass teilnehmen, sind unfallversichert. Der Versicherungsschutz besteht auch an beweglichen Ferientagen und in den Ferien. Zuständig ist die Unfallkasse Nordrhein-Westfalen als Träger der gesetzlichen Unfallversicherung (Nr. 9.3 des Ganztagserlasses). Unter den Versicherungsschutz fallen die Teilnahme und die dafür zu Fuß oder mit einem privaten oder öffentlichen Verkehrsmittel zurückzulegenden Hin- und Rückwege (Nr. 9.4 des Ganztagserlasses).

5.7.5.2 Zusammenarbeit

Die Pflicht zur Zusammenarbeit in außerunterrichtlichen Ganztags- und Betreuungsangeboten regelt der Ganztagserlass nur unverbindlich. Nach Nr. 6.7 bestimmt lediglich, dass alle beteiligten Personen und Einrichtungen vertrauensvoll zusammenarbeiten „sollen". Die Schulleiterin oder der Schulleiter sorgt für einen regelmäßigen und fachgerechten Austausch zwischen den Lehrkräften und den Mitarbeiter/innen in den außerunterrichtlichen Angeboten. Hintergrund für diese unverbindlichen Regelungen ist vor allem, dass das Schulministerium durch Erlass die Rechtsbeziehungen zwischen Schule, Schulträger, Lehrkräfte, Schüler/innen einerseits und außerschulische Partner andererseits nicht mit für alle Beteiligten geltender Bindungswirkung regeln kann/darf. Dementsprechend sieht Nr. 6.8 des Ganztagserlasses den Abschluss von Kooperationsvereinbarungen vor. Für die Lehrkräfte ergeben sich verbindliche Vorgaben für die Zusammenarbeit mit außerschulischen Partnern aus § 4 Abs. 1 und 2 ADO (vgl. dazu T 9-5.7.5.5).

5.7.5.3 Kooperationsvereinbarung

Die Zusammenarbeit zwischen Schulträger, Schule und außerschulischem Träger beruht auf einer Kooperationsvereinbarung (Nr. 6.8 des Ganztagserlasses). Partner dieser Vereinbarung sind der Schulträger, die/der Schulleiter/in und der außerschulische Träger. Der Schulträger beteiligt den Träger der öffentlichen Jugendhilfe. Die/der Schulleiter /in berücksichtigt die Beschlüsse der Schulkonferenz.

Den Mindestinhalt der Kooperationsvereinbarung regelt Nr. 6.8 S. 5 des Ganztagserlasses. Danach legt die Vereinbarung insbesondere Rechte und Pflichte der Beteiligten fest und regelt die gegenseitigen Leistungen der Kooperationspartner sowie u.a. die Verfahren zur Erstellung und Umsetzung des pädagogischen Konzepts, den Zeitrahmen, den Personaleinsatz, darunter u.a. die Verwendung von Lehrerstellenanteilen, Vertretungs- und Aufsichtsregelungen, Regelungen für den Umgang bei Konflikten, erweiterte Mitwirkungsmöglichkeiten des Personals außerschulischer Träger sowie Regelungen zur Beteiligung der Eltern und der teilnehmenden Schüler /innen. Nach Nr. 6.9 des Runderlasses Ganztag vereinbart die Schule außerdem mit Zustimmung der Schulkonferenz mit ihren Kooperationspartnern besondere Regelungen zur Mitwirkung der pädagogischen Kräfte der außerschulischen Partner (§ 75 Absatz 4 SchulG). Es wird empfohlen, von der Moglichkeit Gebrauch zu machen, Vertreter /innen außerunterrichtlicher Angebote in Ganztagsschulen in den schulischen Gremien zu beteiligen (§§ 66 Abs. 7, 68 Abs., 75 Abs. 4 SchulG). Angesichts der in diesem Zusammenhang häufig vorhandenen Unklarheiten bzw. Unsicherheiten ist bei Abschluss der Kooperationsvereinbarung insbesondere darauf zu achten, dass Aufsichtspflichten (vgl. auch Nr. 9 des Runderlasses Ganztag), haftungs- und versicherungsrechtliche sowie steuerrechtliche Fragen und die Verteilung der Dienst- und Fachaufsicht über die im Ganztagsangebot tätigen Personen (vgl. auch 4.7.5.4) klar geregelt sind. Das Aussparen dieser Fragestellungen etwa aus der Erwägung heraus, dass ihre Erörterung im Rahmen der Vertragsverhandlungen den Abschluss der Kooperationsvereinbarung gefährdet, birgt die Gefahr, dass künftige Rechtsstreitigkeiten vorprogrammiert sind.

Von erheblicher Bedeutung ist eine vertragliche Regelung in der Kooperationsvereinbarung über Aufsicht und Sicherheitsförderung. Nr. 9.2 des Ganztagserlasses bestimmt insoweit dass hinsichtlich der Aufsicht und Sicherheitsförderung folgende Erlasse „gelten“: Verwaltungsvorschriften zu § 57 SchulG – Aufsicht, BASS 12-08 Nr. 1, Unfallverhütung, Schülerunfallversicherung, BASS 18-21 Nr. 1, Sicherheitsförderung im Schulsport, BASS 18-23 Nr. 2, und Grundausbildung in Erster Hilfe“, BASS 18-24 Nr. 1. Auch diese Erlasse sind grundsätzliche für Private und damit auch für private Arbeitgeber nicht bindend. Bindend sind sie aber dann auch für den Träger außerschulischer Angebote, wenn die Geltung der Erlasse in der Kooperationsvereinbarung vorgesehen ist. Es genügt insoweit ein Verweis in der Kooperationsvereinbarung auf die Geltung der Erlasse. Der vollständige Text der Erlasse muss nicht Inhalt der Kooperationsvereinbarung sein. Richtig ist die sich aus Nr. 9.2 Abs. 2 des Ganztagserlasses ergebende Pflicht der Schulleiter /in sicherzustellen, dass Aufsicht und Sicherheitsförderung auch vom Personal der außerschulischen Angebote im Sinne dieser Erlasse wahrgenommen werden, und gewährleistet die Einweisung in die Aufsichtspflicht. Auch mit Blick auf diese (Dienst-) Pflicht der Schulleiter /in ist eine entsprechende Regelung in der Kooperationsvereinbarung auch im eigenen Interesse notwendig.

Es ist Aufgabe der Schulleitung, auf den Abschluss der Kooperationsvereinbarung hinzuwirken (§ 4 Abs. 3 S. 1, § 20 Abs. 8 ADO). Hinwirken auf den Abschluss einer solchen Vereinbarung bedeutet, dass die Schulleiter /in sich für Kooperationsvereinbarungen einsetzt und solche Vereinbarungen veranlasst. Die Formulierung „soll“ in § 4 Abs. 3 S. 1 ADO verpflichtet die Schulleiter /in, sich nur in begründeten Ausnahmefällen nicht um Ganztagsangebote an der Schule zu bemühen. Ein solcher Ausnahmefall kommt mit Blick auf § 4 Abs. 3

S. 2 ADO in Betracht, wenn aufgrund der bestehenden Beschlüsse der Schulkonferenz erkennbar ist, dass sie ihre erforderliche Zustimmung zu Kooperationsvereinbarungen nicht erteilen wird. In diesen Fällen setzt die Verpflichtung nach § 4 Abs. 3 S. 1 ADO, auf Kooperationsvereinbarungen hinzuwirken, aber voraus, dass die Schulleiter /in in der Schulkonferenz nicht nur einen vordergründigen, sondern ernsthaften Versuch unternommen hat, die Schulkonferenz von dem Abschluss einer Kooperationsvereinbarung über Ganztagsangebote zu überzeugen.

Das Hinwirken auf Kooperationsvereinbarungen umfasst ferner die Pflicht, Einfluss auf den Inhalt der Kooperationsvereinbarung zu nehmen. Damit ist nicht der vollständige Entwurf einer Kooperationsvereinbarung gemeint sondern, dass die Schulleiter /in konstruktiv bei der inhaltlichen Ausgestaltung der Kooperationsvereinbarung mitwirkt. Denn sie oder er ist für die Schule künftiger Vertragspartner der Kooperation (Nr. 6.8 S. 2 des Ganztagserlasses). Da die Schulkonferenz der Kooperationsvereinbarung zustimmen muss, sind deren Beschlüsse bei den Vertragsverhandlungen zu berücksichtigen (Nr. 6.8 S. 3 des Ganztagserlasses). Darüber hinaus empfiehlt sich eine frühzeitige Beteiligung der Lehrer /innen, um bei ihnen die Akzeptanz der Kooperationsvereinbarung sicherzustellen und ihnen Gelegenheit zu geben, frühzeitig eventuelle Bedenken zu äußern, die sich etwa aus der pädagogischen Freiheit und Verantwortung der Lehrkräfte ergeben.

Aufgabe des Schulträgers ist es demgegenüber, den Träger der öffentlichen Jugendhilfe zu beteiligen (Nr. 6.8 S. 3 des Ganztagserlasses).

5.7.5.4 Personal des außerschulischen Trägers

Nähere Anforderungen an die Qualifikation des Personals des außerschulischen Trägers enthält der Ganztagserlass bedauerlicher Weise nicht. Nr. 7.1 des Ganztagserlasses bestimmt lediglich pauschal, die Qualifikation des Personals richtet sich nach den Förder- und Betreuungsbedarfen der Kinder und Jugendlichen. Um so wichtiger, wenn nicht zwingend notwendig, sind hinreichend bestimmte vertragliche Regelungen in der Kooperationsvereinbarung (T 9-4.7.5.3). Nur so ist ein verlässlicher rechtlicher Rahmen mit Bindungswirkung für alle Beteiligten vorgegeben.

Solche vertraglichen Regelungen bedarf es in der Kooperationsvereinbarung auch hinsichtlich der Aufsicht über das Personal des außerschulischen Trägers. Nr. 7.5 des Ganztagserlasses besagt, dass die Dienst- und Fachaufsicht über das Personal beim jeweiligen Anstellungsträger liegen und die Beschäftigung von Personal eines außerschulischen Trägers im Einvernehmen mit der Schulleiterin/dem Schulleiter sollten auf keinen Fall darauf verzichten, dieses Einvernehmen auch in der Kooperationsvereinbarung festzulegen. Denn Erlasse des Schulministeriums binden Private und damit auch private Arbeitgeber nicht. Mit der Vereinbarung darüber, dass das außerschulische Personal nur im Einvernehmen der Schulleiter/innen eingesetzt wird, ist rechtlich gewährleistet, dass ungeeignetes außerschulisches Personal von vornherein nicht in der Schule eingesetzt wird, oder, wenn sich die Ungeeignetheit im Verlaufe der Tätigkeit in der Schule zeigt, die Tätigkeit schnell beendet werden kann. Bei der vertraglichen Regelung hierüber ist in diesem Zusammenhang auch zu berücksichtigen, dass zwischen den Beteiligten der Kooperationsvereinbarung Streit über die Geeignetheit des außerschulischen Personals bestehen kann. Gerade in diesem Fall ist es insbesondere im Interesse der Schüler/innen geboten, dass sich letztlich die Auffassung der Schulleiterin oder des Schulleiters durchsetzt.

Die Schulleitung hat auch die Aufgabe darauf zu achten, dass die formellen Anforderungen in Nr. 7.7 und 7.8 des Ganztagserlasses beachtet werden. Danach legt das Personal des außerschulischen Trägers vor Aufnahme seiner Tätigkeit ein erweitertes Führungszeugnis vor. Bei Personen, die in Begleitung mitwirken und bei Schüler/innen kann auf ein erweitertes Führungszeugnis verzichtet werden. Der Arbeitgeber, also der außerschulische Träger bzw. dessen Leitung, belehrt sein Personal vor erstmaliger Aufnahme seiner Tätigkeit und anschließend mindestens im Abstand von zwei Jahren über die gesundheitlichen Anforderungen und Mitwirkungspflichten nach § 34 Infektionsschutzgesetz beziehungsweise bei Personal im Küchen- und Mensenbereich nach §§ 43 und 44 Infektionsschutzgesetz. Über die Belehrung ist ein Protokoll zu erstellen, das die Schule drei Jahre lang aufbewahrt.

Hilfreich ist die Regelung in Nr. 7.6 des Ganztagserlasses, wenn ein außerschulischer Träger mehrere Angebote in der Schule durchführt. In diesem Fall kann er aus dem Kreis seines Personals eine Person zur Koordination seiner Angebote bestimmen, die eng mit der Schulleiterin oder dem Schulleiter zusammenarbeitet.

Für den Versicherungsschutz seines Personals ist der Träger der außerschulischen Angebote verantwortlich (Nr. 9.5 des Ganztagserlasses). Eltern und andere Personen, die im Auftrag der Schule unentgeltlich und außerhalb eines Beschäftigungsverhältnisses in den Angeboten tätig sind, sind grundsätzlich über das Land bei der Unfallkasse Nordrhein-Westfalen unfallversichert (Nr. 9.6 des Ganztagserlasses).

5.7.5.5 Pflichten der Lehrkräfte

Lehrkräfte sind zur Zusammenarbeit mit außerschulischen Partnern verpflichtet. Sie arbeiten im Rahmen der getroffenen Vereinbarungen mit dem Personal des außerschulischen Partners ihrer Schule zusammen. Dies gilt insbesondere dann, wenn mit dem außerschulischen Partner vereinbart worden ist, Ganztagsangebote vorzuhalten (§ 4 Abs. 1 S. 1 und 2 ADO). Lehrer/innen sollen sich im Rahmen der mit den außerschulischen Partnern getroffenen Vereinbarungen an der Planung und Umsetzung der Ganztagsangebote beteiligen, soweit hierfür Lehrerstellen zur Verfügung gestellt werden. Sie können Mitarbeiter/innen des außerschulischen Partners je nach den schulfachlichen und erzieherischen Erfordernissen zur Planung des Unterrichts hinzuziehen. (§ 4 Ab. 2 ADO). Gegebenenfalls nehmen Lehrer/innen auch an gemeinsamen Fortbildungsveranstaltungen teil (§ 4 Abs. 1 S. 3 ADO). Nach § 12 Abs. 1 S. 1 ADO unterrichten Lehrer/innen auch in außerunterrichtlichen Angeboten, für die vom Land zusätzliche Lehrerstellenanteile bereitgestellt werden.

Diese Regelungen der ADO schließen eine sonst bestehende Lücke. Denn aus den schulgesetzlichen Regelungen ergeben sich für die Lehrer/innen keine unmittelbaren Pflichten in Bezug auf die Zusammenarbeit mit außerschulischen Partnern. Adressaten der Regelungen in §§ 5 und 9 SchulG sind die Schule, die Schulträger und die Schulkonferenz. Grundlage der Zusammenarbeit mit außerschulischen Partnern sind Kooperationsvereinbarungen, die zwischen Schule, Schulträger und dem außerschulischen Partner geschlossen werden. Dementsprechend sind Partner dieser Vereinbarungen ausschließlich der Schulträger, der außerschulische Partner und für die Schule die Schulleiter/in (Nr. 6.8 S. 1 und S. 2 des Ganztagserlasses). Nur diese sind Berechtigte und Verpflichtete der Kooperationsvereinbarung, nicht die einzelnen Lehrer/innen der Schule. Auch aus § 57 SchulG, der die Aufgaben der Lehrer/innen regelt, ergeben sich keine Rechte und Pflichten der Lehrkräfte in Bezug auf die Zusammenarbeit mit außerschulischen Partnern.

Die (Dienst-) Pflicht der Lehrer/innen zur Zusammenarbeit erstreckt sich auf Ganztagsangebote, also die gebundene Ganztagsschule, die offene Ganztagsschule und außerunterrichtliche Ganztags- und Betreuungsangebote, sowie auf die sonstige, von § 5 SchulG NRW erfasste Zusammenarbeit mit außerschulischen Partnern außerhalb von Ganztagsangeboten. Die Pflicht zur Zusammenarbeit erfährt durch § 4 Abs. 1 S. 1 ADO eine bedeutsame, aber konsequente Einschränkung. Die Pflicht der Lehrer/innen zur Zusammenarbeit betrifft die Zusammenarbeit mit dem Personal des außerschulischen Partners und nicht unmittelbar mit dem außerschulischen Träger, dessen Vertragspartner nach den Kooperationsvereinbarungen ausschließlich der Schulträger und für die Schule die/der Schulleiter/in sind (Nr. 6.8 S. 1 und S. 2 des Ganztagserlasses). Notwendige Absprachen und sonstige Regelungen mit dem Träger des außerschulischen Partners trifft deshalb für die Schule ausschließlich die /der Schulleiter/in gemeinsam mit dem Schulträger.

Eine ordnungsgemäße Zusammenarbeit der Lehrer/innen mit dem Personal des außerschulischen Partners setzt voraus, dass die Lehrkräfte sich Kenntnis von den der Kooperation zugrundeliegenden Rechts- und Verwaltungsvorschriften verschaffen. Außerdem ist eine Kenntnis der Inhalte der Kooperationsvereinbarung erforderlich. Denn die Zusammenarbeit muss nach § 4 Abs. 1 S. 1 ADO „im Rahmen der getroffenen Vereinbarungen“ erfolgen und die Kooperationsvereinbarung enthält wesentliche Regelungen über das Verfahren zur Erstellung und Umsetzung des pädagogischen Konzepts, den Zeitrahmen, den Personaleinsatz, darunter u.a. die Verwendung von Lehrerstellen, Vertretungs- und Aufsichtsregelungen, Regelungen für den Umgang bei Konflikten, erweiterte Mitwirkungsmöglichkeiten des Personals außerschulischer Träger sowie Regelungen zur Beteiligung der Eltern und der teilnehmenden Schüler /innen (Nr. 6.8 des Ganztagserlasses).

Ob es für eine ordnungsgemäße Zusammenarbeit notwendig ist, den Lehrer/innen einen Text der Kooperationsvereinbarung auszuhändigen, oder ob es ausreicht, die Lehrkräfte in anderer Form und beschränkt auf die für eine Zusammenarbeit mit dem Personal des außerschulischen Partners relevanten Inhalte der Kooperationsvereinbarung zu informieren, entscheidet die Schulleiter /in nach pflichtgemäßem Ermessen. Ihre oder seine Verpflichtung nach § 23 Abs. 3 ADO, Lehrerinnen und Lehrer über wesentliche Angelegenheiten der Schule zu informieren, betrifft auch Kooperationen mit außerschulischen Partnern, weil die Kooperation für die Schule eine wesentliche Angelegenheit darstellt. In welcher Form die Information erfolgt, ist weder in § 23 Abs. 3 ADO noch in sonstigen Vorschriften vorgeschrieben. Sie kann deshalb durch Aushändigung des Textes der Kooperationsvereinbarung oder in anderer Form erfolgen. Maßgebliches Kriterium für die Ermessensentscheidung der Schulleiter/in ist der Gesichtspunkt einer vollständigen und verlässlichen Information der Lehrer/innen über die Inhalte der Kooperationsvereinbarung, soweit deren Kenntnis für eine ordnungsgemäße Zusammenarbeit mit dem Personal des außerschulischen Partners notwendig ist. Je detaillierter die diesbezüglichen Regelungen in der Kooperationsvereinbarung sind, um so eher ist es unter Ermessensgesichtspunkten sinnvoll und geboten, den Lehrer/innen einen Text der Kooperationsvereinbarung auszuhändigen. Musterkooperationsvereinbarungen können im Internet unter www.ganztag.nrw.de abgerufen werden.

§ 4 Abs. 2 S. 2 ADO stellt es in das pflichtgemäße Ermessen der Lehrer/innen, ob und in welchem Umfang sie bei der eigenen Unterrichtsplanung Mitarbeiter/innen des außerschulischen Partners hinzuziehen. Maßgebliches Kriterium für die Hinzuziehung sind die schulfachlichen und erzieherischen Erfordernisse, also vor allem die Notwendigkeit einer Abstimmung des eigenen Unterrichts mit dem konkreten Ganztagsangebot. Besteht ein solcher Abstimmungsbedarf, ist das Ermessen auf eine Verpflichtung zur Hinzuziehung des Personals des außerschulischen Trägers reduziert. Denn Lehrer/innen sind nicht nur zur Zusammenarbeit mit dem Personal des außerschulischen Partners verpflichtet, sondern auch verantwortlich dafür, dass die Schule ihren Bildungs-, Erziehungs- und Förderauftrag auch im Rahmen von Ganztagsangeboten erfüllt. Eine im Einzelfall notwendige Hinzuziehung des Personals des außerschulischen Personals bei der Unterrichtsplanung steht auch in Einklang mit der pädagogischen Freiheit und Verantwortung der Lehrerinnen und Lehrer (§ 57 Abs. 1 SchulG, § 5 ADO). Sie schützt nicht davor, mit anderen bei der Unterrichtsplanung zusammenarbeiten zu müssen. So sind die Lehrkräfte nach § 57 Abs. 2 S. 2 SchulG verpflichtet, sich mit den anderen Lehrkräften der Schule abzustimmen und zusammenzuarbeiten. Die pädagogische Freiheit wirkt sich aber auf den Inhalt der Zusammenarbeit mit dem Personal des außerschulischen Partners bei der Unterrichtsplanung aus. Lehrer/innen sind grundsätzlich nicht verpflichtet, Wünschen und Vorstellungen des Personals des außerschulischen Partners bei der Unterrichtsplanung Rechnung zu tragen. Vielmehr entscheiden die Lehrkräfte in eigener pädagogischer Freiheit und

Verantwortung über die Unterrichtsinhalte und deren Anpassung an Ganztagsangebote der Schule. Dabei sind (selbstverständlich) die Wünsche und Vorstellungen des Personals des außerschulischen Partners und die Möglichkeit der Einbindung in den Unterricht zu berücksichtigen und abzuwägen. Eine Einbindung in den Unterricht ist aber nur dann erforderlich, wenn andernfalls das Ganztagsangebot zu scheitern droht oder wesentliche Zielsetzungen des Ganztagsangebots nicht erreicht werden können.

Eine weitergehende Verpflichtung der Lehrer/innen, Mitarbeiter/innen des außerschulischen Partners bei der Unterrichtsplanung hinzuziehen, lässt sich auch aus den Kooperationsvereinbarungen mit dem außerschulischen Partner nicht herleiten. Die Kooperationsvereinbarung kann zwar erweiterte Mitwirkungsmöglichkeiten des Personals des außerschulischen Partners vorsehen (Nr. 6.8 S. 5 des Ganztagserlasses). Dahingehende Vereinbarungen sind aber aus sich heraus für die Lehrerinnen und Lehrer nicht bindend, weil sie nicht Vertragspartner der Kooperationsvereinbarung sind. Vertragspartner für die Schule ist allein die Schulleiterin oder der Schulleiter (Nr. 6.8 S. 2 des Ganztagserlasses). Auch § 57 Abs. 1 SchulG verpflichtet Lehrer/innen nur zur Beachtung der Bildungs- und Erziehungsziele gemäß § 2 SchulG, der geltenden Rechts- und Verwaltungsvorschriften, der Anordnungen der Schulaufsichtsbehörde und der Konferenzbeschlüsse, nicht aber zur Umsetzung von Kooperationsvereinbarungen mit außerschulischen Partnern. Die Schulleiterin oder der Schulleiter ist zwar aufgrund ihres oder seines Weisungsrechtes (§ 21 Abs. 1 S. 1 ADO) befugt, gegenüber den Lehrkräften Anordnungen zur Umsetzung von Kooperationsvereinbarungen zu erlassen. Sie müssen aber bei der Ausübung dieser Befugnisse die pädagogische Freiheit und Verantwortung der Lehrer/innen in Bezug auf die Unterrichts- und Erziehungsarbeit berücksichtigen (§ 5 Abs. 3 ADO). Dementsprechend kann die Schulleitung nur anordnen, dass die Lehrer /in mit dem Personal des außerschulischen Partners zusammenarbeitet und bei der Unterrichtsplanung die Wünsche und Vorstellungen des Personals des außerschulischen Partners berücksichtigt. Für die Schulleiter /in folgt aus dieser eingeschränkten Weisungsbefugnis als Konsequenz, dass sie oder er beim Abschluss der Kooperationsvereinbarung (auch) darauf achtet, keine Vereinbarungen zu treffen, die letztlich nicht umgesetzt werden können, weil sie mit der pädagogischen Freiheit der Lehrer/innen nicht in Einklang stehen.

5.7.5.6 Sachkosten

Die Sachkosten für außerunterrichtliche Ganztags- und Betreuungsangebote hängen ganz maßgeblich von dem jeweiligen pädagogischen Konzept, dem bestehenden Raumangebot, der Schulgröße und dem vorgesehenen Verpflegungssystem ab (Antwort der Landesregierung auf die Kleine Anfrage 1188, LT-Drs. 13/3759). Insoweit besteht ein Gestaltungsspielraum der Schulträger, die im Rahmen ihres Selbstverwaltungsrechts darüber entscheiden, ob und in welchem Umfang sie außerschulische Ganztags- und Betreuungsangebote vorhalten (vgl. auch Nr. 1.4 des Ganztagserlasses). Die hierfür entstehenden Kosten werden sich im Zuge der Inklusion deutlich erhöhen. Im Interesse der Schüler/

innen bleibt zu hoffen, dass das Land auch für außerunterrichtliche Ganztags- und Betreuungsangebote landeseinheitliche verbindliche Mindeststandards vorgibt, damit Umfang und Qualität der außerunterrichtlichen Ganztags- und Betreuungsangebote nicht maßgeblich von den finanziellen Möglichkeiten der einzelnen Schulträger abhängen. Davon geht auch der Ganztagserlass aus. Nach Nr. 2.2 Satz 1 soll in allen Landesteilen eine möglichst vergleichbare Qualität bei den gebundenen und offenen Ganztagsangeboten sowie den außerunterrichtlichen Ganztags- und Betreuungsangeboten sichergestellt werden.

5.7.5.7 *Personalkosten*

Nach Nr. 10.4 (2. Spiegelstrich) des Ganztagserlasses regelt die Finanzierung des Einsatzes von Personal in Anstellungsträgerschaft der Schulträger, der öffentlichen und freien Träger der Jugendhilfe oder anderer Träger in außerunterrichtlichen Angeboten im Primarbereich der Runderlass Zuwendungen für die Betreuung von Schülerinnen und Schülern vor und nach dem Unterricht in der Primarstufe („Schule von acht bis eins", „Dreizehn Plus", „Silentien"), BASS 11-02 Nr. 9. Gefördert werden Maßnahmen in Schulen des Primarbereichs zur Betreuung vor und nach dem Unterricht an Unterrichtstagen, an unterrichtsfreien Tagen und in den Ferien sowie Silentien zur individuellen Förderung von Schüler/innen zusätzlich zum Klassen- und Kursunterricht in Kleingruppen. Silentien werden in sozialen Brennpunkten und in vom Land anerkannten Stadtteilen mit besonderem Erneuerungsbedarf mit dem Ziel der Sicherung von Grundlagen in der deutschen Sprache und in Mathematik gefördert. Es handelt sich um eine Projektförderung und Festbetragsfinanzierung, die ausdrücklich unter dem Vorbehalt verfügbarer Haushaltsmittel steht (Einzelheiten hierzu bei Bülter, in Gesamtkommentar Schulgesetz, § 94 Anm. 2.4).

6. Unterrichtsorganisation

6.1 Klassenverband

Der Unterricht kann in der Grundschule in festen Gruppen (Klassenverband), aber auch in anderer Form, z.B. in Lerngruppen, erfolgen. Weder das SchulG noch die AO-GS enthalten verbindliche Vorgaben über die (konkrete) Unterrichtsorganisation. Das gilt auch in Bezug auf das Gemeinsame Lernen. Nach § 20 Abs. 1 S. 1 SchulG erfolgt das Gemeinsame Lernen in der allgemeinen Schule im Klassenverband oder in einer Lerngruppe. Weder dem SchulG noch der AO-GS lässt sich außerdem eine Aussage darüber entnehmen, dass z.B. der Unterricht im Klassenverband der Regelfall, klassenübergreifender Unterricht demgegenüber der Ausnahmefall sein soll. Vielmehr entscheiden die Schulen und ihre Lehrkräfte nach pflichtgemäßem Ermessen über die Wahl der jeweiligen Unterrichtsorganisation. Pflichtgemäßes Ermessen bedeutet, dass der Gestaltungsspielraum nicht uneingeschränkt ist. Die Entscheidungen über die Unterrichtsorganisation muss sich vielmehr danach ausrichten, in welcher Organisationsform die Schule ihren Bildungs- und Erziehungsauftrag bestmöglich erfüllen und gleichzeitig ihrer Verpflichtung zur individuellen Förderung der Schüler/innen nachkommen kann.

Auch die Richtlinien und Lehrpläne für die Grundschule enthalten keine Vorgaben für die Wahl der konkreten Unterrichtsorganisation. Die Lehrpläne für die Grundschule legen für das einzelne Unterrichtsfach die verbindlichen Ziele und Inhalte fest, sie enthalten jedoch keine verbindlichen Festlegungen, in welchem organisatorischen Rahmen der Lehrplan für das einzelne Fach zu erfüllen ist.

6.2 Äußere und innere Differenzierung

Die Grundschule ist verpflichtet, die erforderlichen Grundlagen in den Fächern für alle Schüler/innen sicherzustellen (vgl. § 11 Abs. 1 S. 2 SchulG). Sie kann diesem Auftrag durch innere und äußere Differenzierung nachkommen. Während bei der äußeren Differenzierung der Klassenunterricht aufgelöst wird und unterschiedliche Lerngruppen gebildet werden, verpflichtet der Grundsatz der inneren Differenzierung die Lehrkräfte, auf die individuell sehr unterschiedliche Situation der einzelnen Schülerin und des einzelnen Schülers einzugehen. Nach § 4 Abs. 1 S. 3 AO-GS stehen äußere und innere Differenzierung gleichwertig nebeneinander. Das gilt auch mit Blick auf das gemeinsame Lernen. Nach § 20 Abs. 3 S. 3 SchulG sind auch im gemeinsamen Lernen Formen äußerer und innerer Differenzierung möglich. Beide Formen stehen auch nach § 20 Abs. 3 S. 3 SchulG gleichrangig nebeneinander.

Innere Differenzierung dient nicht nur der Förderung der Leistungsschwächeren, sondern auch zu einer gezielten Ansprache, Motivierung und Forderung der Leistungsstärkeren. Im Vordergrund steht nicht die Gruppe oder Klasse als leistungsmäßig möglichst homogene Lerngruppe, sondern die bestmögliche Förderung des einzelnen Kindes, das einen Anspruch auf individuelle Förderung in der Schule hat (dazu T 10). Innere Differenzierung kann durch unterschiedliche Aufgabenstellungen im Unterricht oder durch unterschiedliche Hausaufgaben erfolgen. Auch die äußere Differenzierung kann in unterschiedlichen Formen erfolgen (dazu T 3).

6.3 Fächerübergreifender Unterricht

Bereits in den Regelungen des § 3 Abs. 1 AO-GS ist erkennbar, dass sich der Unterricht in der Grundschule nicht als eine Abfolge von Fachunterrichtsstunden in einem bestimmten zeitlichen Raster darstellt. Die Forderung, den Unterricht fächerübergreifend auszurichten, ist nahezu notwendige Konsequenz der allgemeinen Verpflichtung, die Unterrichtszeit unter Berücksichtigung der Belastbarkeit, der Konzentrationsfähigkeit und der Bewegungsbedürfnisse der Schüler/innen sowie der fachlichen Notwendigkeiten variabel zu gestalten und durch ausreichende Pausen zu gliedern. Die fächerübergreifende Ausrichtung macht Fachunterrichtsstunden aber weder entbehrlich, noch unzulässig; sie stellen aber den Ausnahmefall dar. Sie sind immer dann notwendig, wenn auf bestimmte Unterrichtsräume (z.B. Sporthallen, Schwimmhallen) oder auf eine bestimmte Sachausstattung (z.B. Musikinstrumente) zurückgegriffen werden muss. Auch Religionslehre wird an vielen Schulen nicht fächerübergreifend unterrichtet werden können, zumindest dann nicht, wenn er nach Konfessionen getrennt erfolgen muss oder Kinder vom Religionsunterricht abgemeldet worden sind.

6.4 Stundenpläne, Wochenpläne

Stundenpläne, die sich darauf beschränken, für jeden Unterrichtstag zeitlich genau festgelegt die einzelnen Unterrichtsfächer zu benennen, lassen sich mit dem Auftrag der Grundschule nicht vereinbaren. In welcher äußeren Form insbesondere die Eltern über die Unterrichtsarbeit der Schule informiert werden (Jahresplan, Halbjahresplan, Monatsplan, Wochenplan), sollte als pädagogisches Konzept in das Schulprogramm aufgenommen werden. Die Ausgestaltung des Wochenplanes obliegt der Klassenkonferenz. Sie entscheidet nach § 71 Abs. 2 S. 1 SchulG über die Bildungs- und Erziehungsarbeit der Klasse.

Folgende Verfahren haben sich als sinnvoll und folgende inhaltlichen Festlegungen als fachlich angemessen herausgestellt: Die Eltern werden zu Schuljahresbeginn gründlich über das Konzept der Grundschule informiert. Dort erfahren sie die Grundsätze für die Rhythmisierung des Schulvormittags bzw. bei Ganztagsschulen des Schultages. Elemente der zeitlichen Gliederung sind: der offene Unterrichtsbeginn, der Morgenkreis, die Tagesplanarbeit, die Wochenplanarbeit, die Freiarbeit, Projekte, Kurse, Förderunterricht, Fachunterricht, Feste, Feiern, Schlusskreis und Betreuungsangebote.

7. Klassenleitung

Weder das SchulG noch die AO-GS enthalten Vorgaben über die Klassenleitung in den Grundschulen. Die frühere Regelung in § 8 Abs. 5 der AO-GS i.d.F. vom 30.5.1979, in den Klassen 1 und 2 sollen etwa zwei Drittel, in den Klassen 3 und 4 etwa die Hälfte der Unterrichtsstunden vom Klassenlehrer erteilt werden, die Zahl der in der Klasse unterrichtenden Lehrer ist möglichst gering zu halten, ist nicht beibehalten worden. Sie hatte in der Praxis eine sehr starke Einengung des Entscheidungsspielraums der einzelnen Schule zur Folge, entsprach nicht immer den tatsächlichen Einsatzmöglichkeiten der Lehrkräfte und erweckte vielfach den Eindruck eines Rechtsanspruchs. Schüler/innen und deren Eltern haben keinen Rechtsanspruch darauf, „ihre Lehrerin" oder „ihren Lehrer" für die Dauer der Grundschulzeit zu behalten.

Regelungen über die Klassenleitung und deren Aufgaben enthält § 18 ADO. Nach Abs. 1 S. 1 dieser Vorschrift ist für jede Klasse eine Klassenleitung zu bestimmen. Es darf deshalb keine Klasse ohne Klassenlehrer/in geben. Die Bestimmung der Klassenlehrer /in erfolgt durch die Schulleiter/innen im Rahmen ihres Organisationsermessens. Eine einvernehmliche Bestimmung der Klassenleitung ist nicht erforderlich. Nach § 18 Abs. 1 S. 1 ADO erfolgt die Bestimmung im Benehmen mit der jeweiligen Lehrkraft. Der Unterschied zwischen Einvernehmen und Benehmen liegt darin, dass bei einem Einvernehmen das Einverständnis der oder des Betroffenen vorliegen muss, während eine Entscheidung im Benehmen mit der oder dem Betroffenen lediglich voraussetzt, ihr oder ihm Gelegenheit zur Stellungnahme zu geben, die Stellungnahme zur

Kenntnis zu nehmen und in die Entscheidungsfindung einzubeziehen. Lehrer/innen können deshalb auch ohne ihr Einverständnis zur Klassenlehrerin oder zum Klassenlehrer bestimmt werden.

Lehrer/innen haben keinen Anspruch darauf, eine bestimmte Klasse zu leiten (§ 12 Abs. 1 S. 4 ADO). Allerdings hat die Schulleitung im Rahmen ihrer Ermessensentscheidung Wünsche der Lehrer/innen auch in Bezug auf die Klassenleitung sowie behinderungs- und krankheitsbedingte Erfordernisse im Rahmen der organisatorischen Möglichkeiten zu berücksichtigen (§ 12 Abs. 1 S. 3 ADO) und einen dienstlich gebotenen und persönlich angemessenen Einsatz sicherzustellen (§ 22 Abs. 1 Nr. 7 ADO). Auf berechtigte Wünsche schwerbehinderter Lehrer/innen ist in der Regel Rücksicht zu nehmen (II. Nr. 4.1 Abs. 1 S. 1 der Richtlinie zur Durchführung der Rehabilitation und Teilhabe behinderter Menschen (SGB IX) im öffentlichen Dienst im Lande Nordrhein-Westfalen, BASS 21 – 06 Nr. 1). Eine Teilzeitbeschäftigung steht der Übertragung der Klassenleitung prinzipiell nicht entgegen (§ 17 Abs. 2 S. 1 ADO). Es gibt keinen allgemeinen Grundsatz, dass die Klassenleitungen zunächst unter den Vollzeitbeschäftigten zu verteilen sind. Allerdings ist angesichts der mit der Klassenleitung einhergehenden zusätzlichen Belastung der Grundsatz der Verhältnismäßigkeit zu beachten. Die Schulleitung muss insbesondere ebenso wie bei vollzeitbeschäftigten Lehrkräften darauf achten, dass die Übertragung der Klassenleitung keine unzumutbare Belastung oder Überbelastung zur Folge hat (OVG NRW, Beschluss vom 6. 1. 2000 – 6 A 409/99 –, nrw, Rdn. 4; Jehkul/Bülter/Schnieders, ADO, 4. Aufl., 2013, § 17 Anm. 2.2, m.w.N.).

Die Klassenleitung gehört zu den dienstlichen Angelegenheiten der betroffenen Lehrer/innen i.S.d. § 69 Abs. 2 SchulG mit der Folge, dass die Schulleiterin oder der Schulleiter vor der Entscheidung über die Bestimmung der Klassenleitung den Lehrerrat zeitnah und umfassend zu unterrichten und anzuhören hat (§ 69 Abs. 2 S. 2 SchulG). Die betroffene Lehrerin oder der betroffene Lehrer kann darüber hinaus den Lehrerrat um Vermittlung bitten (§ 69 Abs. 2 S. 1 SchulG). Ein dahingehendes Vermittlungsersuchen kann der Lehrerrat nicht grundlos ablehnen. Im Übrigen kann nach § 69 Abs. 2 S. 1 SchulG auch die Schulleitung im Konfliktfall den Lehrerrat um Vermittlung ersuchen.

Nach § 18 Abs. 1 S. 2 ADO liegt die besondere Verantwortlichkeit („in besonderem Maße") der Klassenleitung darin, dass sie fachübergreifend die erzieherische und fachliche Förderung der Schüler/innen koordiniert. Daraus ergibt sich eine Vielzahl von Aufgaben, die hier nicht im Einzelnen dargestellt werden (vgl. dazu Jehkul/Bülter/Schnieders, a.a.O, § 18 Anm. 1.3 ff., m.w.N.).

Teil 10: Individuelle Förderung

Inhaltsübersicht

1. Rechtliche Grundlagen

§ 4 AO-GS

Individuelle Förderung

(1) Schülerinnen und Schüler werden durch die Grundschule individuell gefördert. Dies gilt vor allem für Kinder, die besonderer Unterstützung bedürfen, um erfolgreich im Unterricht mitarbeiten zu können. Das schulische Förderkonzept kann Maßnahmen der äußeren wie der inneren Differenzierung sowie zusätzliche Förderangebote umfassen.

(2) Sofern die Förderung in äußerer Differenzierung an die Stelle des nach der Stundentafel vorgesehenen Unterrichts tritt, erstreckt sie sich auf höchstens die Hälfte der wöchentlichen Unterrichtszeit und bedarf des vorherigen Einverständnisses der Eltern. Während der übrigen Zeit nimmt die Schülerin oder der Schüler am Unterricht ihrer oder seiner Klasse teil.

VV zu § 4

*4.1 **zu Abs. 1:***

4.11 Jede Grundschule erarbeitet ein durchgängisches schulisches Förderkonzept.

4.12 Das schuleigene Förderkonzept soll Aussagen enthalten:
zur Lernstandsdiagnostik,
zur Förderplanung,
zu den Anforderungen an die Unterrichtsorganisation.

4.13 Über die Grundstellen hinaus weist die untere Schulaufsichtsbehörde im Rahmen des Landeshaushalts Schulen mit schwierigem sozialen Umfeld und Schulen mit einem hohen Anteil von Kindern mit besonderem Förderbedarf zusätzliches Personal (Lehrerinnen und Lehrer, sozialpädagogische Fachkräfte) zu.

*4.2 **zu Abs. 2:***

4.21 Bei der Förderung in äußerer Differenzierung an Stelle des nach der Stundentafel vorgesehenen Unterrichts hält die Klassenlehrerin oder der Klassenlehrer für jedes Kind, das daran teilnimmt, Art, Dauer und Umfang in einem individuellen Förderplan fest. Der Förderunterricht gemäß § 3 Abs. 2 bleibt unberührt.

4.22 Die Schule holt das schriftliche Einverständnis der Eltern ein.

4.23 *Ziel der Förderung in äußerer Differenzierung an Stelle des nach der Stundentafel vorgesehenen Unterrichts ist die erfolgreiche Teilnahme eines Kindes am gesamten Unterricht seiner Klasse. Deshalb dauert die Förderung in der Regel weniger als ein Schuljahr.*

2. Individuelle Förderung

Kinder kommen mit ganz unterschiedlichen Voraussetzungen in die Schule. Sie haben im Elternhaus und auch in den Kindertageseinrichtungen – wenn auch sicher noch nicht systematisch - bereits vielfältige Erfahrungen gesammelt und sich Kenntnisse und Wissen der unterschiedlichsten Art angeeignet. Die so erworbenen Basiskompetenzen in den Bereichen Motorik und Wahrnehmung werden ergänzt durch individuell ausgeprägte personale/soziale Kompetenzen und fachliche Kompetenzen, die sich auf elementares Wissen beziehen. Diese Vielfalt ist als Herausforderung zu sehen, jedes Kind bezogen auf seine individuellen Stärken und Schwächen durch differenzierenden Unterricht und ein anregungsreiches Schulleben nachhaltig zu fördern. Dies schließt individuelle Hilfen für Kinder mit Lernrückständen oder besonderen Problemen beim Lernen ebenso ein wie die Förderung von besonderen Begabungen und Neigungen sowie die Förderung der deutschen Sprache (Nr. 3.1 der Richtlinien für die Grundschule). Herkunftssprachlicher Unterricht ist in diesem Zusammenhang ein Instrument der individuellen Förderung (vgl. T 9-2.4.2 und Nr. 3.1 der Richtlinien für die Grundschule).

Wenn das SchulG in seinem grundlegenden § 1 Abs. 1 einen Rechtsanspruch auf individuelle Förderung festschreibt, greift es damit diese Erkenntnis aus der Lebenswirklichkeit auf und verpflichtet die Schule, ihr Verhalten danach auszurichten. Die persönlichkeitsbedingten Eigenschaften und Möglichkeiten sollen den Weg in der Schule prägen. Ausgehend vom Entwicklungsstand und -potential des Kindes ist der schulische Bildungs- und Erziehungsprozess so zu gestalten, dass zur Erreichung der Anforderungen und Kompetenzerwartungen in den Richtlinien und Lehrplänen für die Grundschule möglichst differenzierte Impulse, Begleitungen und Hilfestellungen im Klassenverband oder der Lerngruppe gegeben werden. Das schließt Formen der inneren und äußeren Differenzierung bis hin zur Einzelbetreuung ein (§ 20 Abs. 3 S. 3 SchulG). Der gesetzlich vorgegebene Grundsatz der individuellen Förderung stellt einerseits hohe Anforderungen an die Lehrkräfte. Andererseits hängt die Verwirklichung des Ziels in hohem Maß von den durch das Land zur Verfügung gestellten personellen und finanziellen Ressourcen ab (Koopmann, in: Gesamtkommentar Schulgesetz, § 1 Anm. 1.7).

Die Pflicht zur umfassenden und individuellen Förderung ist eine Folge der Erweiterung des schulischen Bildungsauftrags, der nicht nur Bildung und Erziehung, sondern auch individuelle Förderung umfasst. Diese Förderpflicht ist mit dem 2. SchulRÄndG in das SchulG aufgenommen worden. Nach der Begründung des 2. SchulRÄndG ist die individuelle Förderung aller Schüler/innen zentrale Leitidee des SchulG. Sie sichert die Durchlässigkeit innerhalb der Schule und zwischen den Schulformen (LT-Drs. 14/1572, S. 75). Die bestmögliche Förderung aller Kinder und Jugendlichen ist eine Daueraufgabe der Schulen. Strukturen und Wirkungen der schulischen individuellen Förderung werden im Rahmen der Qualitätsanalyse überprüft. Sie gibt für deren Weiterentwicklung wesentliche Impulse, die von der Schulaufsicht im Rahmen eines Controllings aufgegriffen werden (LT-Drs. 14/1572, S. 78).

Die AO-GS greift in § 4 Abs. 1 S. 1 den Rechtsanspruch gemäß § 1 Abs. 1 SchulG auf und verpflichtet auch die Grundschule zur individuellen Förderung ihrer Schüler/innen. Dies gilt vor allem für Kinder, die besonderer Unterstützung bedürfen, um erfolgreich im Unterricht mitarbeiten zu können (§ 4 Abs. 1 S. 2 AO-GS). Umfassende und individuelle Förderung der Schüler/innen als eine zentrale Zielsetzung, die die Lehrer/innen bei der Planung und Durchführung ihres Unterrichts beachten müssen (§ 8 Abs. 2 ADO), setzt voraus, dass sie die Entwicklung der einzelnen Schülerin und des einzelnen Schülers in den Vordergrund stellen und sie bzw. ihn nach den je eigenen Möglichkeiten fördern. Das erfordert vor allem, den Unterricht so zu gestalten und die Schüler/innen so zu fördern, dass die Versetzung der Regelfall ist. Dieser Auftrag ist auch ausdrücklich in § 50 Abs. 1 SchulG enthalten. Besonders zu fördern sind nach § 2 Abs. 9 bis Abs. 11 SchulG Schüler/innen mit Entwicklungsverzögerungen oder Behinderungen, mit Migrationshintergrund und besonderen Begabungen. Umfassende und individuelle Förderung setzt weiter eine enge Zusammenarbeit mit den Eltern voraus (§ 9 Abs. 3 S. 1 ADO). Information und Beratung der Eltern sind schon im Vorfeld möglicher Schulprobleme geboten und nicht erst nach dem Eintritt solcher Probleme. Dementsprechend sind bei drohendem Leistungsversagen und anderen Beeinträchtigungen Eltern frühzeitig einzubeziehen (§ 2 Abs. 8 S. 3 SchulG).

Die Pflicht der Schule zur individuellen Förderung und die sich aus dem Schulverhältnis ergebende Fürsorgepflicht der Schule bestehen allerdings nicht uneingeschränkt. Nach § 1 Abs. 1 S. 3 SchulG wird das Recht auf individuelle Förderung nach Maßgabe des Schulgesetzes gewährleistet. Aus dieser Gewährleistung ergibt sich im Grundsatz auch ein subjektives Recht der Schüler/innen und deren Eltern auf individuelle Förderung in der Schule (OVG NRW, Beschluss vom 11.1.2008 – 19 E 726/07 –, juris, Rdn. 8). Ein subjektives Recht der Schüler/innen und deren Eltern auf individuelle Förderung der Kinder in der Schule kommt aber nur in engen Grenzen in Betracht. Auch die verfassungsrechtlich gewährleisteten Rechte der Schüler/innen und deren Eltern auf schulische Bildung, Erziehung und Förderung (Art. 8 Abs. 1 S. 1 und 2 LV. NRW., Art. 2 Abs. 1 und 6 Abs. 2 S. 1 GG) geben keinen Anspruch auf ein bestimmtes, an den Wünschen der Schüler/innen und deren Eltern ausgerichtetes Unterrichtsangebot oder auf eine bestimmte personelle oder sächliche Ausstattung der Schule (OVG NRW, Beschluss vom 6.2.2009 – 19 B 524/08 –, juris; Koopmann, a.a.O.). Die Pflicht der Schule zur individuellen Förderung setzt zudem voraus, dass die Schüler/innen ihrer Verpflichtung aus § 42 Abs. 3 S. 1 und 2 SchulG, – daran mitzuarbeiten, dass die

Aufgabe der Schule erfüllt und das Bildungsziel erreicht werden kann, und insbesondere sich auf den Unterricht vorzubereiten, sich aktiv daran zu beteiligen und die Hausaufgaben zu erledigen – nachkommen und im Rahmen ihrer Möglichkeiten das zur Erreichung des Bildungs- und Erziehungsziels Erforderliche tun. Das Maß dessen, was von den Schüler/innen zu leisten ist, hängt in diesem Zusammenhang entscheidend auch davon ab, was objektiv von ihnen erwartet werden kann (OVG NRW, Beschluss vom 7.2.2012 – 19 B 13/12 –, juris, Rdn. 16). Bei Kindern mit einer Lese- und Rechtschreibwäche können sich subjektive Rechte aus dem LRS-Erlass (vgl. T 12-10) ergeben (OVG NRW, Beschluss vom 11.1.2008 – 19 E 726/07–, juris; Koopmann, a.a.O.).

Eine Voraussetzung für die individuelle Förderung ist das Wissen der Lehrer/innen um die mitgebrachten Erfahrungen und Lernvoraussetzungen der Kinder. Dazu bedarf es vor allem einer kontinuierlichen und vertrauensvollen Zusammenarbeit zwischen der Grundschule und den umliegenden Kindertageseinrichtungen (s. T 1). Darauf aufbauend sollten die in den ersten Schulwochen gemachten Beobachtungen der Lehrer /innen sich in Aufzeichnungen niederschlagen, in denen die für jedes Kind beobachteten Stärken und Schwächen in den unterschiedlichen Kompetenzbereichen individuell festgehalten werden. Diese Aufzeichnungen wiederum können zum einen Grundlage für pädagogische Konferenzen sein, in denen das schulische Förderkonzept hinsichtlich seiner Passung überprüft wird; zum anderen dienen sie als Grundlage für individuelle Förderpläne (s. T 13-11). Fortlaufende Beobachtungen der Lernentwicklung als Grundlage der individuellen Förderung sind unumgänglich (Nr. 3.1 der Richtlinien für die Grundschule).

Ort für die individuelle Förderung ist zunächst der Klassenunterricht. Im Sinne innerer Differenzierung (§ 4 Abs. 1 S. 3 AO-GS) erhalten die Schüler/innen zunehmend die Möglichkeit, unterschiedliche Lernwege zu gehen, Lösungswege zu erproben sowie Hilfen zu erbitten und zu bekommen. So früh wie möglich sollten dazu begleitende Lerntagebücher geführt werden, die dem einzelnen Kind zeigen, was es schon kann und was es noch nicht kann. Die Lehrerin oder der Lehrer gewinnt Einblick in die Lernmöglichkeiten des einzelnen Kindes und kann danach für den weiteren Unterricht individuelle Anforderungen stellen.

Auf der Grundlage der eigenen Aufzeichnungen und der Lerntagebücher können für einzelne Schüler/innen bei Bedarf zusätzliche Förderangebote entwickelt werden, die - ebenfalls als Teil des schulischen Förderkonzepts – in Form der äußeren Differenzierung (§ 4 Abs. 1 S. 3 AO-GS) Gelegenheit geben, das Gelernte abzusichern und zu vertiefen. Im Unterschied zu der inneren Differenzierung, die alle Formen des Lernens in der Regelklasse umfasst, bezeichnet äußere Differenzierung alle Formen, in denen eine eigene Lerngruppe gebildet wird, unabhängig davon, wie viele Unterrichtsstunden die Schüler/innen in dieser eigenen Lerngruppe erhalten. Der Gesetzgeber versteht unter solchen Lerngruppen Unterrichtsformen außerhalb des Klassenverbandes etwa in

Kursen mit Neigungsdifferenzierung oder Fachleistungsdifferenzierung (LT-Drs. 16/2432, S. 52).

Aus dem Gesagten wird deutlich, dass mit dem Recht auf individuelle Förderung gerade für die Grundschulen nunmehr gesetzlich verankert ist, was an vielen Grundschulen auch bisher schon Praxis ist. Die pädagogische Arbeit der Grundschulen in den letzten Jahren ist u.a. gekennzeichnet durch eine stete Weiterentwicklung des Unterrichts. Der Unterricht in der Grundschule ist vor allem durch offene Unterrichtsformen geprägt, die den Kindern die Möglichkeit gibt, sich den Lernweg selbst zu gestalten. Dazu gehören die Freiarbeit und die Wochenplanarbeit ebenso wie das Werkstattlernen. Die Schüler/innen können nach Beratung durch die Lehrerin oder den Lehrer oder auch nach eigener Einschätzung Inhalte und Materialien auswählen und dabei durch die Lehrerin oder den Lehrer individuell begleitet werden.

3. Förderung in äußerer Differenzierung

Mit der Auflösung der Schulkindergärten und der Integration in die Schuleingangsphase als Konsequenz auf die ernüchternden Ergebnisse internationaler Vergleichstudien, vor allem PISA 2000, hat sich die Bedeutung des Schulanfangs grundsätzlich gewandelt. Zentrales Ziel ist, alle schulpflichtigen Kinder eines Jahrgangs in die Grundschule aufzunehmen und sie dem Grad ihrer Schulfähigkeit entsprechend zu fördern. Dabei hat sich das Verständnis von „Schulfähigkeit" gewandelt. Während man in der Vergangenheit davon ausging, dass Kinder im Verlauf ihrer Entwicklung gleichsam von selbst den Zeitpunkt der Schulfähigkeit erreichen, wird nun Schulfähigkeit als gemeinsame Aufgabe verstanden, an der Eltern, Erzieher /innen und Lehrkräfte durchgängig von der vorschulischen Erziehung bis in die Grundschule hinein mitwirken.

Die Entwicklung der Schulfähigkeit – bis 2005 Aufgabe der Schulkindergärten – ist als Teil der individuellen Förderung Aufgabe der Grundschulen. Zur Unterstützung stehen den Grundschulen dafür die ehemaligen Leiter /innen der Schulkindergärten (sozialpädagogische Fachkräfte) zur Verfügung. Nicht zuletzt im Interesse dieser Gruppe war in § 4 Abs. 2 S. 1 AO-GS mit dem „Lernstudio" ein Förderinstrument verankert worden, dessen formales Kriterium eine konsequente Form der äußeren Differenzierung mit dem vorausgehenden Einverständnis der Eltern ist. Das „Lernstudio" ist begrifflich in der AO-GS nicht mehr aufgeführt. Der Begriff ist durch die Änderungsverordnung vom 17.2.2012, GV. NRW. S. 104, aus der AO-GS gestrichen worden. Hintergrund dafür ist, dass der Begriff „Lernstudio" in der Praxis zu Fehlinterpretationen führte (Begründung der Änderungsverordnung vom 17.2.2012, Landtag NRW, Vorlage 15/10077 – abrufbar im Internet).

In der Sache ist dadurch keine Änderung eingetreten. Das „Lernstudio" war lediglich ein anderer Begriff für die Förderung in äußerer Differenzierung an die Stelle des nach der Stundentafel vorgesehenen Unterrichts. Diese Förderung ist auch nach der Streichung des Begriffs „Lernstudio" im § 4 Abs. 2 S. 1

AO-GS verankert. Es bleibt den Grundschulen zudem unbenommen, den Begriff „Lernstudio" weiterhin oder andere Begriffe („Lernbüro") für die äußere Differenzierung zu verwenden (vgl. www.schulministerium.nrw.de, Berichte und Reportagen, „Das einzelne Kind im Blick").

Obwohl grundsätzlich das Förderkonzept jeder Grundschule unterschiedliche Formen äußerer Differenzierung vorsehen kann und die Förderung sowohl durch Lehrkräfte als auch durch sozialpädagogische Fachkräfte erfolgen kann, handelt es sich um Formen der Förderung, die sich insofern an der Arbeit der früheren Schulkindergärten ausrichten, als sie an die Stelle des nach der Unterrichtstafel vorgesehenen Unterrichts treten. Zwar gilt die Maßgabe, dass die Förderung im Lernstudio in der Regel weniger als ein Jahr dauert und das Ziel die erfolgreiche Teilnahme am gesamten Unterricht der Klasse ist. Dennoch liegt hier eine mögliche Schwachstelle: Für die Dauer der Förderung in äußerer Differenzierung gelten nicht die inhaltlichen und formalen Vorgaben der Richtlinien und Lehrpläne für die Grundschule hinsichtlich der dort formulierten Anforderungen bzw. Kompetenzerwartungen. Vielmehr geht es bei der Förderung in äußerer Differenzierung darum, zunächst die Schulfähigkeit einzelner Kinder so zu entwickeln, dass eine erfolgreiche Teilnahme am Unterricht überhaupt möglich ist. Bei der Konzeption des „Lernstudios" war man sich wohl bewusst, dass dies für die betroffenen Kinder zu einer Verlängerung der Verweildauer in der Schuleingangsphase führen kann (auch hier ist der ehemalige Schulkindergarten erkennbar). Aus diesem Grunde ist eine intensive Aufklärung und Beratung der Eltern über die Förderung in äußerer Differenzierung sowie deren schriftliches Einverständnis zu Recht Voraussetzung für die Teilnahme eines Kindes.

Teil 11: Leistungsbewertung

Inhaltsübersicht

1. Rechtsgrundlagen

Aussagen zur Leistungsbewertung in der Grundschule enthalten § 48 SchulG sowie § 5 der AO-GS und die hierzu ergangenen Verwaltungsvorschriften. In den Verwaltungsvorschriften (Nr. 5.2.1 VVzAO-GS) wird als Grundlage der Leistungsbewertung außerdem § 29 SchulG angeführt.

§ 48 SchulG
Grundsätze der Leistungsbewertung

(1) Die Leistungsbewertung soll über den Stand des Lernprozesses der Schülerin oder des Schülers Aufschluss geben; sie soll auch Grundlage für die weitere Förderung der Schülerin oder des Schülers sein. Die Leistungen werden durch Noten bewertet. Die Ausbildungs- und Prüfungsordnungen können vorsehen, dass schriftliche Aussagen an die Stelle von Noten treten oder diese ergänzen.

(2) Die Leistungsbewertung bezieht sich auf die im Unterricht vermittelten Kenntnisse, Fähigkeiten und Fertigkeiten. Grundlage der Leistungsbewertung sind alle von der Schülerin oder dem Schüler im Beurteilungsbereich „Schriftliche Arbeiten" und im Beurteilungsbereich „Sonstige Leistungen im Unterricht" erbrachten Leistungen. Beide Beurteilungsbereiche werden bei der Leistungsbewertung angemessen berücksichtigt.

(3) Bei der Bewertung der Leistungen werden folgende Notenstufen zu Grunde gelegt:

1. *sehr gut (1)*
   Die Note „sehr gut" soll erteilt werden, wenn die Leistung den Anforderungen im besonderen Maße entspricht.
2. *gut (2)*
   Die Note „gut" soll erteilt werden, wenn die Leistung den Anforderungen voll entspricht.
3. *befriedigend (3)*
   Die Note „befriedigend" soll erteilt werden, wenn die Leistung im Allgemeinen den Anforderungen entspricht.
4. *ausreichend (4)*
   Die Note „ausreichend" soll erteilt werden, wenn die Leistung zwar Mängel aufweist, aber im Ganzen den Anforderungen noch entspricht.
5. *mangelhaft (5)*
   Die Note „mangelhaft" soll erteilt werden, wenn die Leistung den Anforderungen nicht entspricht, jedoch erkennen lässt, dass die notwendigen Grundkenntnisse vorhanden sind und die Mängel in absehbarer Zeit behoben werden können.
6. *ungenügend (6)*
   Die Note „ungenügend" soll erteilt werden, wenn die Leistung den Anforderungen nicht entspricht und selbst die Grundkenntnisse so lückenhaft sind, dass die Mängel in absehbarer Zeit nicht behoben werden können.

(4) Werden Leistungen aus Gründen, die von der Schülerin oder dem Schüler nicht zu vertreten sind, nicht erbracht, können nach Maßgabe der Ausbildungs- und Prüfungsordnung Leistungsnachweise nachgeholt und kann der Leistungsstand durch eine Prüfung festgestellt werden.

(5) Verweigert eine Schülerin oder ein Schüler die Leistung, so wird dies wie eine ungenügende Leistung bewertet.

(6) Neben oder an Stelle der Noten nach Absatz 3 kann die Ausbildungs- und Prüfungsordnung ein Punktsystem vorsehen. Noten- und Punktsystem müssen sich wechselseitig umrechnen lassen.

§ 5 AO-GS Leistungsbewertung

(1) Zur Feststellung des individuellen Lernfortschritts sind nach Maßgabe der Lehrpläne kurze schriftliche Übungen zulässig. Schriftliche Arbeiten werden in den Klassen 3 und 4 in den Fächern Mathematik und Deutsch, Englisch geschrieben.

(2) In der Schuleingangsphase werden die Leistungen der Schülerinnen und Schüler ohne Noten bewertet, in den Klassen 3 und 4 mit Noten. Im Übrigen soll die Lehrerin oder der Lehrer eine Schülerin oder einen Schüler vor der Versetzung in die Klasse 3 an die Leistungsbewertung mit Noten heranführen; dies gilt nicht, wenn die Schulkonferenz einen Beschluss nach § 6 Absatz 3 Satz 2 gefasst hat.

(3) Die Schulkonferenz kann beschließen, auf die Leistungsbewertung mit Noten in der Klasse 3 zu verzichten.

VV zu § 5

5.1 ***zu Abs. 1:***

Leistungsüberprüfungen im Fach Englisch basieren in erster Linie auf mündlichen, aber auch auf schriftlichen Verfahren. Schriftliche Arbeiten im Fach Englisch sind in Anzahl, Form und Inhalt der – gegenüber den Fächern Deutsch und Mathematik – geringeren Wochenstundenzahl anzupassen. Sie werden nicht benotet.

5.2 ***zu Abs. 2:***

5.21 *Grundlage der Leistungsbewertung sind § 48 SchulG und die Unterrichtsvorgaben (§ 29 SchulG). Werden Noten erteilt, sollen sie durch förderliche, ermutigende und beratende Hinweise zum sinnvollen Weiterlernen ergänzt werden.*

5.22 *Um Schülerinnen und Schüler in den Monaten vor der Versetzung in die Klasse 3 an Noten heranzuführen, kann die stets erforderliche Leistungsbewertung ohne Noten durch Ziffernnoten ergänzt werden. Dies kann individuell zu unterschiedlichen Zeitpunkten geschehen und auf einzelne erbrachte Leistungen beschränkt werden.*

5.3 ***zu Abs. 3:***

Der Beschluss der Schulkonferenz setzt einen Beschluss nach § 6 Absatz 3 Satz 2 voraus.

2. Allgemeine Grundsätze

Die Grundlagen der Leistungsbewertungen ergeben sich auch für die Grundschule aus § 48 SchulG. Diese gesetzlichen Vorgaben werden durch § 5 AO-GS ergänzt. Die Verwaltungsvorschriften zur AO-GS erläutern als sog. norminterpretierenden Verwaltungsvorschriften die gesetzlichen und verordnungsrechtlichen Vorgaben. Norminterpretierende Verwaltungsvorschriften sind solche, die als Orientierungshilfe bei der Anwendung und Auslegung von gesetzlichen oder verordnungsrechtlichen Vorschriften, insbesondere der darin enthaltenen unbestimmten Rechtsbegriffe, dienen (vgl. nur BVerwG, Beschluss vom 26.10.2016 – 1 WDS-VR 6/16 –, juris, Rdn. 38).

Leistungsbewertungen erfolgen in allen Klassen der Grundschule. Die Regelung in § 5 Abs. 2 S. 1 AO-GS, wonach in der Schuleingangsphase die Leistungen der Schüler/innen ohne Noten bewertet werden, bedeutet nicht, dass es in der Schuleingangsphase keine Leistungsbewertungen gibt. Die Regelung hat ausschließlich die Bedeutung, dass keine Leistungsbewertung durch Noten, sondern in anderer Form erfolgt, etwa durch die in § 6 Abs. 2 AO-GS für die in der Schuleingangsphase erteilten Zeugnisse vorgeschriebene Beschreibung der Lernentwicklung und des Leistungsstandes in den Fächern. Daraus folgt, dass die Form der Leistungsbewertungen in den Klassen 1 bis 4 der Grundschule nicht einheitlich, sondern differenziert erfolgt. Das ergibt sich auch daraus, dass die Schulkonferenz durch Beschluss auf die nach § 5 Abs. 2 S. 1 AO-GS grundsätzlich für die Klasse 3 vorgesehenen Leistungsbewertungen durch Noten verzichten kann.

3. Zweck der Leistungsbewertung

Der Zweck der Leistungsbewertungen ergibt sich im Grundsatz aus § 48 Abs. 1 S. 1 und 2 SchulG. Danach soll die Leistungsbewertung über den Stand des Lernprozesses der Schüler/in Aufschluss geben und Grundlage für die weitere Förderung der Schüler/in sein.

Der Zweck der Leistungsbewertungen wird damit aber nicht vollständig umschrieben. Sie dienen zunächst als Rückmeldung an die Schüler/innen über den Lern- und Leistungsstand und haben insoweit Informationsfunktion auch für die Eltern, die mit der Bewertung über den Lern- und Entwicklungsstand ihres Kindes unterrichtet werden. Schüler/innen sollen und müssen ihre Stärken und Schwächen wahrnehmen, um ein realistisches Selbstbild aufbauen zu können. Dem dient auch der mit jeder Leistungsbewertung in einer Klasse einhergehende Vergleich der Schüler/innen mit den Leistungen und der Leistungsermittlung der Mitschüler/innen. Gute Leistungsbewertungen sollen die Schüler/innen motivieren, den Leistungsstand zu erhalten oder weiter zu verbessern. Schlechte Leistungsbeurteilungen verfolgen auch das Ziel, die Schüler/innen zu motivieren, ihre Lern- und Leistungsentwicklung zu verbessern.

Das Ziel der Grundschule, ihre Schüler/innen an eine realistische Einschätzung der eigenen Leistungsfähigkeit heranzuführen (Nr. 6.1 der Richtlinien und Lehrpläne für die Grundschule), setzt u.a. voraus, Leistungen nicht nur zu fordern und zu überprüfen, sondern auch anzuerkennen. Durch Ermutigung und Unterstützung wird ein positives Lern- und Leistungsklima und damit die Voraussetzung für das Vertrauen in die eigene Leistungsfähigkeit geschaffen. Schüler/innen erfahren somit, dass Anstrengung sich lohnt und zu einer positiven Leistungsentwicklung führt (Nr. 6.1 der Richtlinien für die Grundschule).

Kontrollfunktion haben Leistungsbewertungen für die Lehrer/innen. Sie können auf der Grundlage ihrer Bewertungen erkennen und zugleich kritisch hinterfragen, ob das bisherige didaktische Konzept und die individuellen Förderungen hinreichend sind oder einer kritischen Hinterfragung und daran anschließend einer Anpassung bedürfen. Nr. 8.1 der Richtlinien und die Lehrpläne für die Grundschule fordern deshalb zu Recht von den Lehrkräften Reflexion ihrer Unterrichts- und Erziehungsarbeit. Eine solche Reflexion verbunden mit einer Korrektur oder ggf. Verstärkung der bisherigen Unterrichts- und Erziehungsarbeit ist zwingende Voraussetzung für ein erfolgreiches Lernen. Das setzt eine sorgfältige Analyse des Lernstandes und der Lernentwicklung der Schüler/innen voraus.

4. Bezugspunkte der Leistungsbewertung

Jede Leistungsbewertung hat auch in der Grundschule unterschiedliche Bezugspunkte.

4.1 Leistungen der Schüler/innen

Bezugspunkt der Leistungspunkte sind zunächst das in der Schule gezeigte Lern- und Leistungsverhalten der Schüler/innen. Das ergibt sich aus § 48 Abs. 2 SchulG. Nach S. 1 dieser Vorschrift bezieht sich die Leistungsbewertung auf die im Unterricht vermittelten Kenntnisse, Fähigkeiten und Fertigkeiten. Grundlage der Leistungsbewertung sind alle von der Schüler /in im Beurteilungsbereich „Schriftliche Arbeiten" und im Beurteilungsbereich „Sonstige Leistungen im Unterricht" erbrachten Leistungen (§ 48 Abs. 2 S. 2 SchulG). Beide Beurteilungsbereiche werden bei der Leistungsbewertung angemessen berücksichtigt (§ 48 Abs. 2 S. 3 SchulG). Zu den sonstigen Leistungen gehören mündliche und praktische Beiträge und kurze schriftliche Übungen (§ 5 Abs. 1 S. 1 AO-GS) wie auch den Unterricht vorbereitende und ergänzende Leistungen etwa durch Hausarbeiten (Nr. 6.2 der Richtlinien für die Grundschule).

Aus den gesetzlichen Vorgaben folgt, dass Grundlage der Leistungsbewertung die tatsächlich erbrachten Leistungen der Schüler /in sind. Welche Leistungen Schüler/innen unter anderen Umständen, etwa, wenn sie besser gefördert worden wären, hätten erbringen können, ist insoweit unerheblich. Sie können nicht eine bessere Bewertung aufgrund hypothetisch möglicher besserer Leistungen verlangen (OVG NRW, Beschluss vom 7.4.2016 – 19 B 1369/15 –, juris, Rdn. 5, m.w.N.). Dementsprechend wird eine schulische Leistungsbewertung grundsätzlich nicht dadurch in Frage gestellt, dass die/der Schüler/in nach einem vorgelegten Privatgutachten, etwa einer Nachhilfelehrerin oder eines Nachhilfelehrers, außerschulisch Leistungen gezeigt hat, die eine bessere Bewertung rechtfertigen. Maßgeblich sind allein die in der Schule gezeigten Leistungen (OVG NRW, Beschluss vom 11.6.2004 – 19 A 1982/04 –, juris, Rdn. 7 f., m.w.N.).

Nach § 48 Abs. 1 S. 1 SchulG soll die Leistungsbewertung über den Stand des Lernprozesses der Schüler /in Aufschluss geben. Als Leistung werden deshalb nicht nur die Ergebnisse des Lernprozesses zu einem bestimmten Zeitpunkt im Vergleich zu den Anforderungen und Kompetenzerwartungen bewertet, sondern auch die Anstrengungen und Lernfortschritte der Schüler/innen, die zu diesen Ergebnissen geführt haben (Nr. 6.2 der Richtlinien für die Grundschule). Das umfasst selbstverständlich und zwingend auch die individuelle Lernentwicklung der einzelnen Kinder (Nr. 6.2 der Richtlinien für die Grundschule). Allerdings bedeutet dies auch in der Schuleingangsphase der Grundschule nicht, dass Leistungsbewertungen allein an der individuellen Anstrengung und Lernentwicklung im Sinne einer fördernden oder ermutigenden Bewertung erfolgen dürfen, also etwa nur deshalb eine gute Leistungsbewertung erfolgt, weil die/der Schüler/in sich angestrengt hat, gleichwohl aber deutlich hinter den Anforderungen und Kompetenzerwartungen zurückbleibt. Eine solche Leistungsbewertung ist fehlerhaft, weil sie neben den gezeigten Leistungen und dem individuellen Leistungsverhalten auch die sich aus den Richtlinien und Lehrplänen ergebenden Anforderungen und Kompetenzerwartungen berücksichtigen muss (vgl. dazu T 11-3.2). Eine Leistungsbewertung, die ausschließlich pädagogischen Aspekten Rechnung trägt, ist ebenfalls unzulässig (vgl. dazu T 11-3.5).

Aus der Verpflichtung, bei der Leistungsbewertung die Anforderungen und Kompetenzerwartungen in den Richtlinien und Lehrplänen zu berücksichtigen, folgt außerdem, dass eine ausschließlich lerngruppenorientierte Bewertung (gelegentlich als sog. Gaußsche Normalverteilungskurve bezeichnet) unzulässig ist. Sie findet weder in § 48 SchulG noch in § 5 AO-GS oder anderen schulrechtlichen Vorschriften eine Stütze. Die Leistungsbewertung darf sich nicht in dem Vergleich mit den gezeigten Leistungen der Mitschüler/innen erschöpfen. Das folgt schon daraus, dass auch die Leistungen der Mitschüler/innen an den sich aus den Richtlinien und Lehrplänen ergebenden Vorgaben zu messen sind.

Aus der Sicht der Schüler/innen ist auch für die Leistungsbewertung ein Aspekt von erheblicher Bedeutung: Sie sind nach § 42 Abs. 3 S. 1 SchulG verpflichtet, daran mitzuarbeiten, dass die Aufgabe der Schule erfüllt und das Bildungsziel erreicht werden kann. Ihre Eltern haben die Pflicht, an der Gestaltung des Bildungs- und Erziehungsauftrags der Schule mitzuwirken und sich aktiv an der schulischen Erziehung ihrer Kinder zu beteiligen (§ 42 Abs. 4 S. 1 und 2 SchulG) Aus diesen Mitwirkungspflichten folgt, dass eine bessere Leistungsbewertung regelmäßig nicht daraus hergeleitet werden kann, dass die Schule ihren Aufgaben, etwa ihrer Förderpflicht, nicht oder nicht hinreichend nachgekommen ist. Es ist Aufgabe der Schüler/innen und ihrer Eltern bei – subjektiv – gesehenen Defiziten in der schulischen Ausbildung gegenüber der Schule auf Abhilfe hinzuwirken. Kommen sie diesen Mitwirkungspflichten nicht nach, kann aus einer unzureichenden schulischen Bildung, Erziehung und Förderung kein Anspruch auf eine bestimmte Leistungsbewertung hergeleitet werden. Eine Ausnahme kommt nur dann in Betracht, wenn die Schule ihren Pflichten gegenüber dem Kläger nicht oder nicht hinreichend nachgekommen ist. Aus dem Schulverhältnis ergeben sich nämlich Fürsorgepflichten der Schule, die sie unter anderem zur Hilfestellung und Erteilung von zweckdienlichen Hinweisen verpflichten, soweit dies zur Erfüllung des Erziehungs- und Bildungsauftrags der Schule erforderlich ist. Hilfestellungen und Hinweise sind insbesondere dann geboten, wenn die Schüler/innen ohne sie unter den konkreten Umständen des Einzelfalls Gefahr laufen, das Bildungs- und Erziehungsziel nicht zu erreichen, oder ihnen sonst ein Rechtsverlust droht (OVG NRW, Beschluss vom 8.3.2006 – 19 A 4789/05 –, juris, Rdn. 4 ff., m.w.N.). Allerdings hängt das Maß dessen, was von Schüler/innen im Rahmen ihrer Mitwirkungspflicht zu leisten ist, entscheidend auch davon ab, was objektiv von ihnen erwartet werden kann (OVG NRW, Beschluss vom 7.2.2012 – 19 B 13/12 –, nrwe, Rdn. 17 f., m.w.N.). Danach sind bei Grundschüler/innen – nicht bei ihren Eltern – andere Maßstäbe an den Umfang ihrer Mitwirkungspflichten anzulegen als etwa bei Schüler/innen der gymnasialen Oberstufe.

4.2 Richtlinien und Lehrpläne

Nach § 29 Abs. 1 S. 1 SchulG erlässt das Schulministerium in der Regel schulformspezifische Vorgaben für den Unterricht (Richtlinien, Rahmenvorgaben, Lehrpläne). Diese legen gemäß § 29 Abs. 1 S. 2 SchulG insbesondere die Ziele und Inhalte für die Bildungsgänge, Unterrichtsfächer und Lernbereiche fest und bestimmen die erwarteten Lernergebnisse (Bildungsstandards). Diese Bildungsstandards sind die Bezugspunkte, anhand derer die in der Schule gezeigten Leistungen der Schüler/innen zu bewerten sind. Für die Grundschulen regelt dies ausdrücklich Nr. 5.2.1 VVzAO-GS. Danach sind neben § 48 SchulG die Unterrichtsvorgaben für die Grundschule gemäß § 29 SchulG Grundlage der Leistungsbewertung. Demensprechend bestimmt Nr. 6.2 der Richtlinie und Lehrpläne für die Grundschule, dass sich die Leistungsbewertung grundsätzlich an den Richtlinien und Lehrplänen und am erteilten Unterricht orientiert. Die Orientierung an dem erteilten Unterricht setzt dabei voraus, dass er in Einklang mit den Richtlinien und Lehrplänen der Grundschule erfolgt. Das bedeutet, dass die Lehrkräfte bei der Gestaltung ihres Unterrichts Spielräume in den Richtlinien und Lehrplänen ausnutzen können und sollen, nicht aber befugt sind, Unterricht unabhängig von den Richtlinien und Lehrplänen zu erteilen und Schüler/innen allein auf der Grundlage dieses (rechtswidrigen) Unterrichts zu beurteilen.

Aus Nr. 4.1 der Richtlinien für die Grundschule folgt zunächst der Grundsatz, dass es für die Leistungsbewertung nicht allein auf die angeeigneten Kenntnisse und Fähigkeiten ankommt. Vielmehr geht das Lernen in der Grundschule über diese Aneignung von Kenntnissen und Fertigkeiten hinaus. Die Grundschule vermittelt übergreifende Kompetenzen, indem der Unterricht Alltagserfahrungen der Kinder aufgreift, vertieft und erweitert. Solche Kompetenzen als notwendige Voraussetzung für die erfolgreiche Umsetzung und Anwendung erworbener Kenntnisse und Fertigkeiten sind nach Nr. 4.1 der Richtlinien für die Grundschule: Wahrnehmen und Kommunizieren, Analysieren und Reflektieren, Strukturieren und Darstellen, Transferieren und Anwenden, sicherer Umgang mit fachlichen Arbeitsweisen, Denken in Zusammenhängen. Eine Schlüsselstellung kommt der Sprache als Mittel des Verstehens und der Verständigung zu (Nr. 4.2 und 4.3 der Richtlinien für die Grundschule). Weitere Schlüsselqualifikationen, die die Grundschule als grundlegende Kompetenzen und Einstellungen anbahnt, sind unter anderem Leistungsbereitschaft, Zuverlässigkeit und Sorgfalt, Selbstständigkeit und Kreativität, Verantwortungs- und Hilfsbereitschaft, Konfliktfähigkeit, Kooperationsbereitschaft und Respekt vor Mitmenschen (Nr. 4.5 der Richtlinien für die Grundschule).

Die grundlegenden fachlichen Kompetenzen, an denen sich die Leistungsbewertung orientieren muss, werden in den Lehrplänen für die Grundschule jeweils für die Fächer Deutsch, Sachunterricht, Mathematik, Englisch, Musik, Kunst, Sport sowie Evangelische und Katholische Religionslehre festgelegt. Sie sind nicht nur Bezugspunkt für die gezielte Förderung der Schüler/innen, sondern auch für die Überprüfung der Lernergebnisse (Nr. 5 der Richtlinien für die Grundschule). Auch die Lehrpläne für die Grundschule bestimmen ausdrücklich, dass sich die Leistungsbewertung an den in den Lehrplänen vorgegebenen Kompetenzerwartungen orientieren muss (z.B. Nr. 4 des Lehrplans Deutsch für die Grundschule). Die Lehrpläne formulieren die Kompetenzerwartungen jeweils gesondert für die Schuleingangsphase und am Ende der Klasse 4 (vgl. auch Nr. 5.1 und 5.2 der Richtlinien für die Grundschule).

5. Pädagogische Freiheit der Lehrkräfte

Die pädagogische Freiheit der Lehrer/innen war und ist nicht nur in der Literatur und Rechtsprechung in der Diskussion. Bei diesen Diskussionen wird häufig nicht deutlich, dass bei allen unterschiedlichen Ansätzen in der Reichweite Konsens darüber besteht, dass Lehrerinnen und Lehrer ein pädagogischer Freiraum zusteht. Dieser Freiraum ist notwendig, weil kaum ein anderer Beruf so sehr darauf angewiesen ist, dass die eigene Persönlichkeit und die eigene Individualität ständig im Interesse einer ordnungsgemäßen und umfassenden Erziehung, Bildung und Förderung der Schüler/innen eingebracht wird. Unterricht und Erziehung – ob in der Schule oder anderswo – können ihrer Natur nach nicht auf den Gesetzesvollzug reduziert werden und verfehlen ihr Ziel, wenn sie im Vollzug von Normen und Weisungen erstarren (so wörtlich und zutreffend OVG NRW, Urteil vom 25. 8. 1989 – 19 A 2649/87 –, NWVBl 1991, 25, 26). Auch das VerfG hat keinen Zweifel daran gelassen, dass den Lehrer/innen ein pädagogischer Freiraum verbleiben muss (BVerfG, Beschluss vom 21. 12. 1977 – 1 BvL 1/75 u. a. –, BVerfGE 47, 46, 83). Dementsprechend bestimmt § 5 Abs. 1 S. 1 ADO, es gehört zum Beruf der Lehrer/innen, in eigener Verantwortung und pädagogischer Freiheit die Schüler/innen zu unterrichten, zu erziehen, zu beraten, zu beurteilen, zu beaufsichtigen und zu betreuen (vgl. dazu näher Jehkul/Bülter/Schnieders, ADO, 3. Aufl., 2012, § 5).

5.1 Inhalt der pädagogischen Freiheit.

Der Inhalt der pädagogischen Freiheit ist im SchulG, der AO-GS, der Allgemeinen Dienstordnung noch sonst rechtlich im Einzelnen definiert.

Das SchulG kennt den Begriff der pädagogischen Freiheit nicht. In § 57 Abs. 1 SchulG ist nur der Begriff der eigenen Verantwortung der Lehrer/innen und in § 29 Abs. 3 der Begriff des pädagogischen Gestaltungsspielraums enthalten. § 5 Abs. 1 S. 1 ADO stellt die Begriffe der eigenen Verantwortung und der pädagogischen Freiheit gleichberechtigt gegenüber. Zwischen den beiden Begriffen und dem pädagogischen Gestaltungsspielraum i.S.d. § 29 Abs. 3 SchulG bestehen aber keine Unterschiede. Lehrer/innen können ihren eigenverantwortlich wahrzunehmenden Aufgaben nur nachkommen, wenn ihnen ein Spielraum verbleibt (BVerfG, Beschluss vom 21. 12. 1977 – 1 BvL 1/75 u. a. –, a. a. O.). Andererseits bedeutet Freiheit auch, mit ihr verantwortlich umzugehen. Letztlich beschreiben deshalb die Begriffe in §§ 29 Abs. 3, 57 Abs. 1 SchulG, § 5 Abs. 1 S. 1 ADO nichts Unterschiedliches, sondern die verantwortlich wahrzunehmende pädagogische Freiheit, die die Lehrer/innen benötigen, um ihre Aufgaben ordnungsgemäß und umfassend nachkommen zu können. Diese Freiheit bezieht sich nach § 57 Abs. 1 SchulG, § 5 Abs. 1 S. 1 ADO auf das Unterrichten, Erziehen, Beraten, Beurteilen, Beaufsichtigen und Betreuen der Schüler/innen. Soweit gelegentlich die pädagogische Freiheit nur auf das Unterrichten und Erziehen bezogen oder davon ausgegangen wird, bei der Notengebung bestünde keine pädagogische Freiheit (Nds. OVG, Urteil vom 25.3.1997 – 5 L 4821/93 –, OVGE 47, 333 (335), mag dies mit den unterschiedlichen schulgesetzlichen Regelungen der Länder zusammenhängen. In Nordrhein-Westfalen ist durch die Regelungen in § 57 Abs. 1 SchulG, § 5 Abs. 1 S. 1 ADO klargestellt, dass sämtliche der in diesen Vorschriften genannten Aufgaben der Lehrer/innen von ihrer pädagogischen Freiheit umfasst werden.

Die pädagogische Freiheit ist den Lehrer/innen nicht um ihrer selbst willen gegeben, sondern zum Zwecke der verantwortungsvollen Erziehung, Bildung und Förderung der Schüler/innen. Damit wurzelt die pädagogische Freiheit nicht im Status der Lehrkräfte oder in ihren Grundrechten, sondern ausschließlich in ihrer Funktion und ist damit allein dem ausgeübten Amt zugeordnet. Die pädagogische Freiheit vermittelt deshalb auch kein einklagbares subjektives Recht. Die Lehrer/innen können unzulässige Beeinträchtigungen ihrer pädagogischen Freiheit nur auf dem Dienst- und Beschwerdeweg geltend machen (vgl. nur OVG NRW, Urteil vom 25.8.1989 – 19 A 2649/87 –, a. a. O., 26; VGH Bad.-Württ., Beschluss vom 28.10.1997 – 4 S 596/95 –, juris, Rdn. 2).

5.2 Pädagogische Freiheit und Leistungsbewertung

Die pädagogische Freiheit der Lehrer/innen hat nicht zur Folge, dass sie frei über Leistungsbewertungen der Schüler/innen entscheiden. Sie dürfen sich vielmehr nicht über die Vorgaben über die Leistungsbewertung hinwegsetzen.

Eine erste Grenze der pädagogischen Freiheit (vgl. im Einzelnen zu den Grenzen: Jehkul/Bülter/Schnieders, ADO, 3. Aufl., 2012, § 5) ergibt sich aus § 5 Abs. 1 S. 2 ADO. Danach muss die pädagogische Freiheit sich in den Grenzen des verfassungsrechtlichen und schulgesetzlichen Bildungs- und Erziehungsauftrags der Schule halten und darf gleichzeitig nicht hinter diesem Auftrag zurückbleiben. Letzteres bedeutet, dass Lehrer/innen den verfassungsrechtlichen und schulgesetzlichen Bildungs- und Erziehungsauftrag in vollem Umfang erfüllen müssen, also nicht unter Hinweis auf ihre pädagogische Freiheit Teile des Erziehungs- und Bildungsauftrags unberücksichtigt lassen dürfen und damit den Erziehungs- und Bildungsauftrag verkürzen.

Darüber hinaus bestimmt § 5 Abs. 2 S. 1 ADO, dass Lehrer/innen an Vorgaben gebunden sind, die durch Rechts- und Verwaltungsvorschriften, Richtlinien und Lehrpläne sowie durch Konferenzbeschlüsse und Anordnungen der Schulaufsicht gesetzt sind. Der Begriff der Rechtsvorschriften umfasst diejenigen, die nicht schon in § 5 Abs. 1 S. 2 ADO genannt sind. Damit gehören zu den Rechtsvorschriften i.S.d. § 5 Abs. 2 S. 1 ADO das Grundgesetz sowie die über § 2 SchulG hinausgehenden Vorschriften des Schulgesetzes, die für die Lehrer/innen bindend sind. Dazu gehört insbesondere auch § 48 SchulG, der die Grundsätze der Leistungsbewertung regelt. Weitere Rechtsvorschriften i.S.d. § 5 Abs. 2 S. 1 ADO sind auch die auf der Grundlage des § 52 SchulG erlassenen Ausbildungs- und Prüfungsordnungen und damit auch § 5 AO-GS. Zu den Verwaltungsvorschriften, die die pädagogische Freiheit nach § 5 Abs. 2 S. 1 ADO einschränken gehören u.a. die VVzAO-GS zu § 5 AO-GS. Darüber hinaus sind die Lehrkräfte auch nach § 5 Abs. 2 S. 1 ADO im Rahmen ihrer pädagogischen Freiheit an die verbindlichen Richtlinien und Lehrpläne und damit auch an die Vorgaben der Richtlinien und Lehrpläne für die Grundschule in Bezug auf Leistungsbewertungen gebunden.

6. Beurteilungsspielraum

Eine von der pädagogischen Freiheit zu trennende Frage ist, ob den Lehrkräften bei Leistungsbewertungen ein Beurteilungsspielraum zusteht. Das ist der Fall mit der Folge, dass Leistungsbewertungen der Lehrer/innen nur einer eingeschränkten Kontrolle unterliegen.

Das BVerfG hat in zwei Grundsatzentscheidungen, Beschlüsse vom 17. 4. 1991 – 1 BvR 1529/84, 138/87 und 1 BvR 419/81, 213/83 –, NJW 1991, 2005 ff., 2008 ff., das allgemeine Prüfungsrecht und auch das Schulprüfungsrecht grundlegend geändert. Während vor den Entscheidungen des BVerfG Lehrer/innen und Prüfer/innen generell ein gerichtlich nur eingeschränkt überprüfbarer Beurteilungsspielraum zugebilligt worden ist, gibt es seit den zwei Entscheidungen nur noch einen eingeschränkten Beurteilungsspielraum. Er hängt davon ab, ob eine fachspezifische oder prüfungsspezifische Bewertung in Rede steht. Diese Grundsätze gelten in vollem Umfang auch für Leistungsbewertungen in der Grundschule (vgl. auch OVG NRW, Beschluss vom 28.11.2016 – 19 A 1529/15 –, nrwe).

6.1 Prüfungsspezifische Bewertungen

Eine prüfungsspezifische Bewertung ist eine solche, die sich durch die Widerspruchsbehörde, das Verwaltungsgericht oder Sachverständige nicht regelhaft erfassen lässt, weil sie durch die persönlichen Erfahrungen der Lehrer/innen geprägt ist. Prüfungsspezifische Bewertungen betreffen damit die eigentliche Benotung einer Leistung, also die Zuordnung einer Schülerleistung zu einer Note und die Gewichtung der Leistung auf der Grundlage der subjektiven Erfahrungen der Lehrerin/des Lehrers, indem sie bzw. er sich etwa sagt, „vor dem Hintergrund aller Schüler/innen, die ich bislang unterrichtet und bewertet habe, ist diese Schülerleistung mit ‚gut' zutreffend und gerecht bewertet". Diese Bewertung kann kein Dritter vollständig nachvollziehen, weil jeder andere Erfahrungen gemacht und andere Erfahrungswerte hat. Deshalb billigt die Rechtsprechung den Lehrer/innen hier einen Beurteilungsspielraum zu, der nur darauf hin überprüft wird, ob die Bewertung verfahrensfehlerhaft, gegen allgemeine Bewertungsgrundsätze verstößt oder sonst fehlerhaft ist. Einer solchen eingeschränkten gerichtlichen Überprüfung unterliegt beispielsweise der Einwand der Schüler/innen, ihre mündlichen Leistungen seien gemessen an denen der Mitschüler/innen und deren Benotung zu streng bewertet worden.

6.2 Fachspezifische Bewertungen

Bei fachspezifischen Wertungen geht es um Fachfragen, deren Beantwortung nicht von subjektiven Erfahrungen abhängt, also beispielsweise die Fragen, ob 1 + 1 = 2 oder ob die Interpretation eines Gedichtes vertretbar ist. Bei diesen Fachfragen haben die Widerspruchsbehörde und das Verwaltungsgericht eine volle Überprüfungskompetenz und -verpflichtung. Sie müssen die Vertretbarkeit der Lösung einer Schülerin oder eines Schülers entweder selbst beurteilen, wenn sie die erforderliche Fachkompetenz besitzen, was bei der Frage, ob 1 + 1 = 2 ist, der Fall ist, oder die Überprüfung einem Sachverständigen übertragen. Ist die Lösung vertretbar, weil etwa die Auffassung der Schülerin/des Schülers auch anderweitig vertreten wird, kommt den Schüler/innen ein Antwortspielraum zu. Der Antwortspielraum hat zur Folge, dass Lehrer/innen eine vertretbare Lösung nicht als falsch bewerten dürfen. Darüber hinaus darf die Lösung auch dann nicht als falsch oder negativ bewertet werden, wenn sie nicht den im Unterricht besprochenen Grundsätzen entspricht, also etwa die Schüler/in bei der Interpretation eines Gedichtes Interpretationsgrundsätze anwendet, die nicht Gegenstand der unterrichtlichen Besprechungen waren. Nach der Rechtsprechung des BVerfG hat der Antwortspielraum der Schüler/innen allerdings eine bedeutsame Einschränkung. Es genügt nicht, dass sie gleichsam zufällig eine im Ergebnis vertretbare Lösung gefunden haben; sie muss auch folgerichtig begründet sein. Die Lösung der Schüler/in darf also nachteilig bewertet werden, wenn ein vertretbares Ergebnis gefunden, das Ergebnis aber gar nicht oder defizitär begründet ist.

6.3 „Pädagogische“ Bewertungen

Vor dem Hintergrund, dass den Lehrer/innen nicht nur Bildung, sondern auch Erziehung der Schüler/innen obliegt, wird im Schulprüfungsrecht diskutiert, ob es nicht nur prüfungsspezifische und fachspezifische Bewertungen, sondern auch pädagogische Bewertungen gibt und ob den Lehrer/innen insoweit ein pädagogischer Beurteilungsspielraum zusteht. Ein Beispiel hierfür ist die Entscheidung darüber, ob eine Schülerin/ein Schüler, der die Versetzungsbedingungen nicht erfüllt hat, ausnahmsweise doch zu versetzen ist, weil eine erfolgreiche Mitarbeit in der nächsthöheren Klasse angesichts ihrer bzw. seiner aktuellen allgemeinen Persönlichkeitsentwicklung, die auch eine Leistungssteigerung nahe legt, erwartet werden kann. Bei solchen pädagogischen Bewertungen und Überlegungen dürfte es sich letztlich um eine prüfungsspezifische Wertung handeln, also um eine Bewertung, die einer vollen gerichtlichen Überprüfung entzogen ist, weil sie von den Gerichten auch mit Hilfe von Sachverständigen nicht nachvollzogen werden kann. Denn die Frage, ob angesichts der allgemeinen Persönlichkeitsentwicklung eine erfolgreiche Mitarbeit in der nächsthöheren Klasse erwartet werden kann, ist eine pädagogische Frage, die ein Jurist auch unter Hinzuziehung von Sachverständigen nicht beurteilen kann, weil hierzu das gesamte Leistungsverhalten der Schüler/innen und ihrer Person in den Blick zu nehmen sind. Das kann auch ein Sachverständige nicht, weil er die Schülerin/den Schüler nicht im Unterricht erleben konnte und das unterrichtliche Verhalten nicht nachträglich hinreichend rekonstruiert werden kann.

Tendenziell besteht bei pädagogisch motivierten Bewertungen die Gefahr, dass sie sich als willkürlich darstellen und deshalb anfechtbar sind. Das ist dann der Fall, wenn die Bewertung sich letztlich nicht mehr als eine nach § 48 Abs. 1 SchulG notwendige Leistungsbewertung darstellt, weil den pädagogischen Aspekten ausschließliches Gewicht zugemessen wird. So liegt es, wenn eine Schülerin/ein Schüler zwischen den Noten mangelhaft und ausreichend steht und ihm die Lehrer/in die Note mangelhaft erteilt mit der Begründung, diese Note werde die Schülerin/den Schüler anhalten, im nächsten Schuljahr besser mitzuarbeiten. Eine solche Notenfestsetzung hat im Kern mit einer Leistungsbewertung § 48 Abs. 1 S. 1, die Aufschluss über den Stand des Lernprozesses geben soll, allenfalls am Rande zu tun.

6.4 Notenänderung durch die Widerspruchsbehörde

Erhebt die Schüler/in gegen die Nichtversetzung Widerspruch, kommt es in der Praxis nicht selten zu einer Notenänderung durch die Widerspruchsbehörde, wenn sie den Widerspruch für zulässig und begründet hält. Das ist auch nach der Rechtsprechung des OVG NRW unzulässig.

Gegen Versetzungsentscheidungen, die Verwaltungsakte sind, und Noten, die ebenfalls den Charakter eines Verwaltungsaktes haben, ist ein Widerspruch statthaft, weil das Widerspruchsverfahren nach §§ 68 ff. VwGO im Schulrecht nicht abgeschafft worden ist (vgl. T 12-25).Nach § 68 Abs. 1 S. 1 VwGO überprüft die Widerspruchsbehörde im Widerspruchsverfahren nicht nur die Rechtmäßigkeit, sondern auch die Zweckmäßigkeit eines Verwaltungsaktes.. Diese Kontrollbefugnis umfasst grundsätzlich nicht die Befugnis zur Notenänderung, wenn in die Leistungsbewertung auch mündliche Leistungen eingeflossen sind. Denn eine Leistung kann nur derjenige bewerten, der sie selbst, vollständig und unmittelbar zur Kenntnis genommen hat. Diese Voraussetzung ist regelmäßig nicht erfüllt, wenn Zeugnisnoten in Rede stehen, weil in die Notengebung auch Leistungen im Unterricht einfließen (§ 48 Abs. 2 S. 1 SchulG) und die Mitarbeiter der Widerspruchsbehörde im Allgemeinen nicht während des maßgeblichen Schuljahres oder Schulhalbjahres im Unterricht anwesend waren. Die Widerspruchsbehörde kann die Schule deshalb nur zur Neubewertung der Leistungen der Schüler/innen verpflichten, wenn sie die Bewertung für fehlerhaft hält. Eine Änderung der Benotung durch die Widerspruchsbehörde ist unzulässig (OVG NRW, Beschlüsse vom 7.2.2012 – 19 B 13/12 –, und 6.11.2007 – 19 E 788/07 –, jeweils abrufbar unter www.nrwe.de). Diese Entscheidung des OVG NRW ist für die Lehrer/innen von besonderer Bedeutung, weil sie die eigene Verantwortung und pädagogische Freiheit (§ 5 ADO, §§ 29 Abs. 3, 57 Abs. 1 SchulG, vgl. dazu XI.4) bei der Benotung von Schülerleistungen stärkt.

Offen gelassen hat das OVG NRW, ob die Schulaufsichtsbehörde schriftliche Leistungen, also etwa die Bewertung schriftlicher Klausuren ändern darf. Diese Frage stellt sich etwa dann, wenn die Nichtversetzung mit der Begründung angefochten wird, eine Klassenarbeit in einem versetzungsrelevanten Fach sei fehlerhaft bewertet worden. Es spricht Einiges dafür, die Frage dahin zu beantworten, dass der Schulaufsichtsbehörde in diesen Fällen eine uneingeschränkte Überprüfungskompetenz zusteht, die auch eine Änderung der für die Klassenarbeit erteilten Note umfasst. Denn die Schulaufsichtsbehörde kann schriftliche Leistungen anders als im Unterricht erbrachte mündliche Leistungen vollständig und unmittelbar zur Kenntnis nehmen. Voraussetzung für eine Notenänderung durch die Widerspruchsbehörde ist allerdings, dass sie auch die erforderliche Fachkompetenz zur Leistungsbewertung besitzt. Das ist der Fall, wenn die Mitarbeiterin oder der Mitarbeiter der Widerspruchsbehörde, die oder der über den Widerspruch entscheidet, die erforderliche Lehramtsbefähigung in dem Fach besitzt, in dem die Leistungsbewertung erfolgte. Ist das nicht der Fall, kann die Mitarbeiterin oder der Mitarbeiter der Bezirksregierung eine Stellungnahme einer Lehrkraft mit der entsprechenden Lehramtsbefähigung einholen und auf der Grundlage dieser Stellungnahme, die ihrem Wesen nach ein Sachverständigengutachten ist, über den Widerspruch entscheiden und ggf. auch eine andere Note festsetzen. Die Notenänderung durch die Schulaufsichtsbehörde setzt nicht voraus, dass sie auch die Klassenarbeiten der Mitschüler/innen zur Kenntnis nimmt und in die Bewertung der angegriffenen Klassenarbeit einbezieht. Denn maßgeblich für die Bewertung ist nicht die jeweilige Vergleichsgruppe, also etwa die Schüler/innen einer Klasse, die eine Klassenarbeit geschrieben haben. Vielmehr ist die Bewertung objektiv an den Notendefinitionen in § 48 Abs. 3 SchulG (vgl. dazu auch XI.13.3.1). Kommt die Schulaufsichtsbehörde zu dem Ergebnis, dass die angegriffene Klassenarbeit fehlerhaft bewertet und deshalb die Benotung der Arbeit anzuheben ist, bleibt es allerdings dabei, dass sie nicht die Zeugnisnote und die darauf beruhende Entscheidung über die Versetzung ändern darf, weil sie nicht die für eine Gesamtbewertung erforderliche Kenntnis auch der mündlichen Leistungen hat. Es ist allein Sache der Fachlehrerin oder des Fachlehrers unter Einbeziehung der geänderten Bewertung der Klassenarbeit die Leistungen der Schülerin oder des Schülers insgesamt, also unter Berücksichtigung aller – auch mündlichen – Leistungen neu zu bewerten und im Falle der Besserbewertung Aufgabe der Versetzungskonferenz, eine erneute Entscheidung über die Versetzung zu treffen.

6.5 Notenänderung durch das Verwaltungsgericht

Die Verwaltungsgerichte sind abgesehen von bloßen rechnerischen Korrekturen nicht berechtigt, schulische Leistungen der Schüler/innen selbst zu bewerten und die Schule als Folge dieser eigenen Bewertung zu verpflichten, eine bessere Note oder einen Abschluss bzw. eine Berechtigung zu erteilen. Dem steht bereits der Beurteilungsspielraum der Lehrer/innen entgegen, in den die Verwaltungsgerichte nicht eingreifen dürfen (OVG NRW, Beschlüsse vom 28.9.2011 – 19 A 1750/10 –, und 19.3.2010 – 19 A 2808/09 –, jeweils abrufbar unter www.nrwe.de). Das gilt für mündliche und schriftliche Leistungen in gleicher Weise. Gibt das Verwaltungsgericht einer Klage gegen eine Leistungsbewertung statt, verpflichtet es deshalb die Schule (nur) zur Neubewertung der Leistung der Schüler/in.

Voraussetzung für eine Verpflichtung zur Neubewertung ist allerdings, dass eine Neubewertung noch möglich ist. Das ist nicht der Fall, wenn den Lehrer/innen aufgrund des Zeitablaufs die für eine Bewertung erforderlichen Einzelheiten nicht mehr hinreichend präsent sind. Ob ein noch hinreichendes Erinnerungsvermögen vorliegt, bestimmt sich nach objektiven Kriterien und nicht nach der subjektiven Einschätzung der Lehrer/innen („an diesen Schüler kann ich mich noch besonders gut erinnern"). Mit Rücksicht darauf, dass Lehrer/innen eine Vielzahl von Schüler/innen unterrichten, ist davon auszugehen, dass sie sich nach allgemeiner Lebenserfahrung regelmäßig spätestens sechs Monate nach Beendigung eines Schuljahres nicht mehr verlässlich an die unterrichtlichen Leistungen einer Schülerin oder eines Schülers im abgelaufenen Schuljahr erinnern können (OVG NRW, Beschluss vom 10. 11. 2011 – 19 A 2472/10 –). Eine Ausnahme kommt dann in Betracht, wenn die Lehrerin oder der Lehrer auf aussagekräftige Aufzeichnungen über das unterrichtliche Leistungsverhalten der Schüler/in zurückgreifen kann.

7. Leistungsbericht oder Noten

Nach § 48 Abs. 1 SchulG ist das Schulministerium als Verordnungsgeber ermächtigt, anstelle der Noten schriftliche Aussagen über die Leistungsbewertung vorzusehen. Von dieser Ermächtigung hat das Ministerium mit den Regelungen in § 5 Abs. 2 der AO-GS in differenzierter Form Gebrauch gemacht.

In der Schuleingangsphase werden die Leistungen der Schüler/innen grundsätzlich ohne Noten bewertet (§ 5 Abs. 2 S. 1, Hs. 1 AO-GS). Die Zeugnisse enthalten eine Beschreibung der Lernentwicklung und des Leistungsstandes in den Fächern (§ 6 Abs. 2 AO-GS). Allerdings ist die Regelung in § 5 Abs. 2 S. 1, Hs. 1 AO-GS im Zusammenhang mit § 6 Abs. 3 AO-GS zu sehen. Nach § 6 Abs. 2 S.1 AO-GS enthält das Versetzungszeugnis in die Klasse 3 auch Noten für die Fächer mit der Folge, dass am Ende der Klasse 2 auch eine Benotung erfolgt. Das gilt nur dann nicht, wenn die Schulkonferenz gemäß § 6 Abs. 2 S. 2 AO-GS beschließt, auf die Leistungsbewertung mit Noten in den Fächern im Versetzungszeugnis in die Klasse 3 zu verzichten. In diesem Fall erfolgt während der gesamten Dauer der Schuleingangsphase keine Leistungsbewertung durch Benotung.

In der Klasse 3 erfolgt die Leistungsbewertung ebenfalls grundsätzlich durch Benotung (§ 5 Abs. 2 S. 1, Hs. 2 AO-GS). Das gilt nur dann nicht, wenn die Schulkonferenz gemäß § 5 Abs. 3 AO-GS beschließt, auf die Leistungsbewertung mit Noten in der Klasse 3 zu verzichten. In diesem Fall enthalten auch die Zeugnisse der Klasse 3 keine Noten (§ 6 Abs. 3 S. 4 AO-GS).

Die Leistungsbewertung mit Noten in den Fächern ist für die Klasse 4 verbindlich vorgeschrieben (§ 5 Abs. 2 S. 1 Hs. 2 AO-GS). Die Schulkonferenz ist nicht ermächtigt, hiervon abzusehen.

8. Heranführung an die Leistungsbewertung mit Noten

Vor der Versetzung in die Klasse 3 sind die Schüler/innen an die Leistungsbewertung mit Noten heranzuführen (§ 5 Abs. 2 S. 2, Hs. 1 AO-GS). Das gilt nicht, wenn die Schulkonferenz gemäß § 5 Abs. 3 AO-GS beschlossen hat, auf die Leistungsbewertung mit Noten in der Klasse 3 zu verzichten (§ 5 Abs. 2 S. 2, Hs. 2 AO-GS). Es hätte nahegelegen, für den Fall einer solchen Beschlussfassung vorzusehen, dass die Schüler/innen der Klasse 3 an die Leistungsbewertung mit Noten herangeführt werden, weil in der Klasse 4 eine Benotung der Leistungen in den Fächern zwingend vorgesehen ist. Eine dahingehende Regelung enthält die AO-GS nicht. Das Fehlen einer solchen Regelung bedeutet jedoch nicht, dass es den Lehrkräften verwehrt ist, die Schüler/innen zur Vorbereitung auf die Klasse 3 an die Leistungsbewertung mit Noten heranzuführen. Es liegt in der Verantwortung und pädagogischen Freiheit (vgl. T 11-4) der Lehrkräfte, hiervon Gebrauch zu machen.

Wie die Heranführung an die Leistungsbewertung mit Noten erfolgt, regelt die AO-GS nicht. Auch diese Entscheidung liegt grundsätzlich in der Verantwortung und pädagogischen Freiheit der Lehrkräfte. Etwas Anderes folgt auch nicht aus Nr. 5.2.2 VVZAO-GS. Nach S. 1 „kann" die stets erforderliche Leistungsbewertung ohne Noten durch Ziffernnoten ergänzt werden, um Schüler/innen in den Monaten vor der Versetzung in die Klasse 3 an Noten heranzuführen. Dies „kann" nach S. 2 individuell zu unterschiedlichen Zeitpunkten geschehen und auf einzelne erbrachte Leistungen beschränkt werden. Beide Regelungen sind Ermessensvorschriften, die als solche nicht zwingend verbindlich sind, sondern Raum für abweichende Entscheidungen der Lehrer/innen lassen. Sie können zur Heranführung an die Leistungsbewertung mit Noten anstelle von Ziffernnoten auf andere Bewertungssysteme zurückgreifen und auch anstelle von einer – grundsätzlich sinnvollen – individuellen Heranführung bei einzelnen Leistungen einen festen Zeitpunkt für die Heranführung an die Leistungsbewertung mit Noten und auch bei allen Leistungen der Schüler/innen eine Heranführung an die Leistungsbewertung mit Noten vorsehen.

Allerdings findet der Gestaltungsspielraum der Lehrkräfte seine Grenze in Vorgaben der Fachkonferenzen. Sie entscheiden in ihrem Fach gemäß § 70 Abs. 4 Nr. 1 und 2 SchulG u.a. über Grundsätze zur fachdidaktischen und fachmethodischen Arbeit und Grundsätze zur Leistungsbewertung. Soweit die Beschlüsse der Fachkonferenzen auch Grundsätze der Heranführung über die Leistungsbewertung mit Noten umfassen, sind die Lehrkräfte hieran gebunden. Das folgt aus § 5 Abs. 2 ADO. Nach § 5 Abs. 2 S. 1 ADO sind die Lehrkräfte auch an Konferenzbeschlüsse gebunden. Die Fachkonferenzen müssen aber gemäß § 5 Abs. 2 S. 2 ADO bei ihrer Beschlussfassung darauf achten, dass die Verantwortung und Freiheit der Lehrer/innen bei der Gestaltung ihres Unterrichts und der Erziehung nicht unzumutbar eingeschränkt wird. Das setzt voraus, dass sich die Beschlussfassung der Fachkonferenzen, wie sich auch aus § 70 Abs. 4 Nr. 1 und 2 SchulG ergibt, auf Grundsätze beschränkt. Das hat auch das BVerfG in seiner Entscheidung vom 21. 12. 1977 –, 1 BvL 1/75 u. a. –, BVerfGE 47, 46 (83) hervorgehoben. Nach dieser grundlegenden Entscheidung ist bei der Fixierung verbindlicher Zielbestimmungen und darauf ausgerichteter Anleitungen zur Durchführung des Unterrichts Zurückhaltung geboten. Festlegungen müssen immer darauf hin überprüft werden, ob sie der pädagogischen Freiheit der Lehrer /innen genügend Raum lassen, den sie brauchen, um ihrer pädagogischen Verantwortung gerecht werden zu können. Die pädagogische Freiheit der Lehrer/innen darf letztlich keine leere Hülse sein.

9. Leistungsbewertungen ohne Noten

Ist in den Klassen 1 bis 3 keine Benotung der Leistungen in den Fächern vorgesehen (vgl. T 11-6), erfolgt die Leistungsbewertung in Zeugnissen durch eine Beschreibung der Lernentwicklung und des Leistungsstandes (§ 6 Abs. 2 AO-GS). Vorgaben über die Leistungsbewertung ohne Noten außerhalb von Zeugnissen enthalten die Vorschriften der AO-GS nicht. Sie kann deshalb wie in den Zeugnissen der Klassen 1 bis 3 durch Lernentwicklungsberichte oder in anderer Form erfolgen.

9.1 Lernentwicklungsberichte

Eine aussagekräftige Leistungsbewertung ohne Noten setzt voraus, dass die geforderte (§ 6 Abs. 2 AO-GS) Beschreibung der Lernentwicklung und des Leistungsstands in den Fächern hinreichend differenziert erfolgt. Eine differenzierte Beschreibung benennt die Lernangebote der Schule – auf der Grundlage der in den Richtlinien und Lehrplänen der Grundschule angeführten verbindlichen Anforderungen und Kompetenzerwartungen – und stellt sie im Sinne der individuellen Förderung in Beziehung zu der Lernentwicklung des einzelnen Kindes, zu seinen Bemühungen und Erfolgen. Diesem Anspruch werden allerdings Lernentwicklungsberichte nicht gerecht, wenn sie Kinder und Eltern über die Lernangebote der Schule im Unklaren lassen und beschönigen statt zu ermutigen. Dagegen ist zu beobachten, dass Eltern Lernentwicklungsberichte vor allem dann akzeptieren, wenn sie klare anforderungsbezogene Aussagen im Zuschnitt auf das einzelne Kind enthalten. Dies ist in der Regel dann der Fall, wenn es den Lehrer/innen gelingt, die im Unterricht erworbenen Kenntnisse, Fähigkeiten und Fertigkeiten als erworbene Kompetenzen zu beschreiben.

Spätestens im 2. Halbjahr der Klasse 2 werden bei der Leistungsbewertung die tatsächlich erzielten Ergebnisse im Sinne nachprüfbar erworbener Kompetenzen und Fertigkeiten gegenüber den Anstrengungen und Lernfortschritten, die bei der Leistungsbewertung zu berücksichtigen sind (vgl. etwa Nr. 4 des Lehrplans Deutsch für die Grundschule), deutlich hervortreten müssen, um auf die Leistungsbewertung mit Noten vorzubereiten. Dementsprechend wird in Nr. 6.1 der Richtlinien für die Grundschule hervorgehoben, dass die verbindlichen Anforderungen und Kompetenzerwartungen im Laufe der Grundschulzeit ein größeres Gewicht gewinnen und den entscheidenden Maßstab für die Empfehlungen der Grundschule beim Übergang in die weiterführenden Schulen darstellen. Dies bedeutet, dass die Kinder und ihre Eltern Informationen bekommen müssen, wie die ihnen vertraute Rückmeldung über die individuelle Leistung ohne Noten sich etwa in Ziffernnoten nach § 48 Abs. 3 SchulG widerspiegelt. Dieser Prozess ist individuell behutsam zu gestalten, damit erfolgreich angebahnte Lernentwicklungen nicht gestört werden. Vor diesem Hintergrund verbietet sich aus pädagogischer Verantwortung heraus ein Vorgehen, das sämtliche Rückmeldungen zu erbrachten Leistungen mit Ziffernnoten versieht.

Konkret sind Lernentwicklungsberichte so zu formulieren, dass sie nicht nur Aussagen zum für die Benotung maßgeblichen Lern- und Leistungsverhalten treffen. Insbesondere ist zu berücksichtigen, dass es für die Leistungsbewertung auch auf Anstrengungen und Lernfortschritte einfließen. Fehler und Unsicherheiten der Schüler/innen werden auch in den Lernentwicklungsberichten nicht sanktioniert, sondern als Lerngelegenheiten und -herausforderungen genutzt (vgl. etwa Nr. 4 des Lehrplans Deutsch und Nr. 4 des Lehrplans Mathematik für die Grundschule). Lernentwicklungsberichte enthalten keine Überraschungen. Sie stehen vielmehr im Kontext der regelmäßigen Gespräche zwischen Lehrkräften, Eltern und Schüler/innen. Sie beschreiben Entwicklungen und Prozesse und vermeiden statische Formulierungen. Sie bewerten nicht nur, sondern unterstützen auch.

Die Lernentwicklungsberichte enthalten:

- Darstellung des schulischen Lernangebotes (Kennzeichnung der relevanten Teile des jeweiligen Lehrplans),
- Differenzierende und individualisierende Akzentuierung der Anforderungen,
- Darstellung der Bemühungen des Kindes und seiner Erfolge,
- Beratende Hinweise zum Weiterlernen (Tipps, Hilfen, Erwartungen).

Bei der Formulierung von Lernentwicklungsberichten sind auch die für Zeugnisse geltenden Grundsätze (vgl. dazu T 12-14) zu beachten. Die Informationsfunktion der Lernentwicklungsberichte verlangt, dass sie für die Schüler/innen und deren Eltern verständlich sind. Adressaten sind primär die Kinder, die persönlich angesprochen werden sollten. Für Menschen mit Behinderungen sind die Vorgaben des Behindertengleichstellungsgesetzes NRW (BGG NRW) zu beachten. Schulen und auch Ersatzschulen als Beliehene haben als Träger öffentlicher Belange die Vorschriften des BGG NRW zu beachten. Ein wesentliches Anliegen des Landesgesetzgebers ist die Verbreitung der Leichten Sprache als geeignetes Instrument zur Überwindung von Sprachbarrieren. Ersatzschulen und öffentliche Schulen haben deshalb auch bei der Formulierung von Lernleistungsberichten den jeweiligen Empfängerhorizont von Menschen mit Behinderungen zu berücksichtigen und, soweit möglich, Formulierungen in leicht verständlicher Sprache zu wählen (vgl. näher T 12-14). Blinde und Sehbehinderte Menschen können insbesondere verlangen, dass ihnen die Lernentwicklungsberichte unentgeltlich auch in einer für sie wahrnehmbaren Form zugänglich gemacht werden, soweit dies zur Wahrnehmung eigener Rechte oder der Wahrnehmung von Aufgaben im Rahmen der elterlichen Sorge nach § 1626 BGB im Verwaltungsverfahren erforderlich ist (§ 9 Abs. 3 BGG NRW). Diese Verpflichtungen bestehen nicht nur gegenüber Schüler/innen mit Behinderungen, sondern auch gegenüber Eltern mit Behinderungen. Liegt bei der Schülerin/dem Schüler keine Behinderung vor, aber bei einem Elternteil, sind dementsprechend die Vorgaben des § 9 BGG NRW bei der Formulierung eines Zeugnisses in Bezug auf diesen Elternteil zu beachten.

9.2 Andere Formen der Leistungsbewertung ohne Noten

Welche anderen Leistungsbewertungen ohne Noten anstelle von Lernentwicklungsberichten zulässig sind, regelt die AO-GS nicht. Auch die Richtlinien und Lehrpläne enthalten hierzu keine näheren Aussagen. Deshalb liegt es in der Verantwortung und pädagogischen Freiheit der Lehrkräfte, wie sie neben den Lernentwicklungsberichten Leistungen ohne Noten bewerten, sofern nicht Grundsätze hierzu von den Fachkonferenzen beschlossen worden sind (vgl. hierzu T 11-7). Zulässig sind danach etwa die bei der Heranführung an Noten vorgesehenen Notenziffern (Nr. 5.2.2 VVzAO-GS) oder auch – Notenziffern begleitende – Wortgutachten oder Berichte in Textform an die Eltern. Lerngespräche oder auch Lerntagebücher und Portfolios kommen ebenfalls in Betracht (vgl. auch Nr. 4 der Lehrpläne Deutsch und Mathematik für die Grundschule). Zulässig sind auch sog. Ersatzsysteme für die Notenstufen (z.B. Stern für ausreichend, Käfer-Stempel für befriedigend und Kronen-Stempel für gut). Unter pädagogischen Gesichtspunkten haben solche Systeme den Nachteil, dass sie von den Schüler/innen häufig einem festen Bewertungssystem zugeordnet werden und faktisch an die Stelle von Notenstufen treten. Es erscheint deshalb nicht nur sinnvoll, sondern notwendig, den Schüler/innen deutlich zu machen, dass es nicht um Leistungsbewertung durch Benotung in anderer Form geht, sondern das Ersatzsystem der Anerkennung, Ermutigung oder auch Motivierung zur Leistungssteigerung dienen soll.

10. Leistungsbewertung mit Noten

Soweit eine Leistungsbewertung mit Noten vorgeschrieben ist, muss die Bewertung unter Verwendung der Notenstufen gemäß § 48 Abs. 3 SchulG erfolgen. Die Schulkonferenz kann zwar den Verzicht auf Leistungsbewertung mit Noten beschließen (§§ 5 Abs. 3, 6 Abs. 3 S. 4 AO-GS). Sie ist aber ebenso wie die Schule nicht befugt, eine Abweichung von den Notenstufen gemäß § 48 Abs. 3 SchulG vorzusehen, wenn die Leistungsbewertung mit Noten erfolgt.

Bezugspunkt der Definitionen der Notenstufen gemäß § 48 Abs. 3 SchulG sind die „Anforderungen“. Diese ergeben sich aus den in den Richtlinien und Lehrplänen der Grundschule verbindlich festgelegten Anforderungen und Kompetenzerwartungen.

Bei den weiteren Begriffen in den Definitionen der Notenstufe, die Leistung entspricht den Anforderungen „in besonderem Maße“, „voll“, „im Allgemeinen“ und trotz der Mängel „im Ganzen“, handelt es sich um unbestimmte Rechtsbegriffe. Das gilt auch in Bezug auf die Frage, ob die Mängel „in absehbarer Zeit behoben werden können“ oder ob sie „in absehbarer Zeit nicht behoben werden können“. Bei der Anwendung dieser unbestimmten Rechtsbegriffe haben die Lehrer/innen und Lehrer einen Beurteilungsspielraum. Die Ausübung dieses Beurteilungsspielraums wird auch verwaltungsgerichtlich nur in eingeschränktem Umfang überprüft (vgl. T 11-5).

Bei der Notenerteilung ist Nr. 5.2.1 VVzAO-GS zu beachten. Danach „soll“ die Erteilung von Noten durch förderliche, ermutigende und beratende Hinweise zum sinnvollen Weiterlernen ergänzt werden. Die Formulierung „soll“ bedeutet, dass solche Hinweise grundsätzlich zu geben sind und nur in Ausnahmefällen hiervon abgesehen werden kann. Ein solcher Ausnahmefall ist nur denkbar, wenn der Zweck der Hinweise, zum sinnvollen Weiterlernen anzuhalten, nicht erreicht werden kann, weil etwa Schüler/innen und/oder ihre Eltern sich schulischen Hinweisen verschließen.

11. Schriftliche Aufgaben

Bei der Heranziehung von schriftlichen Aufgaben für die Leistungsbewertung ist nach § 5 Abs. 1 AO-GS zwischen der Schuleingangsphase (Klassen 1 und 2) sowie den Klassen 3 und 4 zu unterscheiden. Soweit für die schriftlichen Aufgaben keine Vorgaben bestehen, hat darüber die Lehrkraft in eigener Verantwortung und im Rahmen ihrer pädagogischen Freiheit zu entscheiden.

11.1 Klassen 1 und 2

In der Schuleingangsphase dienen schriftliche Übungen vor allem der Feststellung des individuellen Lernfortschritts und natürlich auch der Überprüfung des Lehrerfolgs der einzelnen Lehrkraft. So werden in Nr. 4 des Lehrplans Deutsch für die Grundschule schriftliche Übungen ebenso wie Klassenarbeiten als geeignete Instrumente für eine Leistungsbewertung und -überprüfung bezeichnet. Klassenarbeiten sind allerdings in der Schuleingangsphase nicht zulässig. Nach § 5 Abs. 1 S. 1 AO-GS kommen nur nach Maßgabe der Lehrpläne kurze schriftliche Übungen in Betracht.

Die vorgesehenen kurzen schriftlichen Übungen haben nach der AO-GS weder eine zeitliche noch eine inhaltliche Begrenzung. Entscheidend ist allein, dass sie im Sinne des § 5 Abs. 1 S. 1 AO-GS kurz sind. Das ist der Fall, wenn sie zeitlich und inhaltlich hinter Klassenarbeiten zurückbleiben. Weitergehende Angaben zur zeitlichen Dauer sowie zum Inhalt und Umfang der kurzen schriftlichen Übungen enthalten die Vorschriften der AO-GS nicht.

Nr. 5.1 S. 1 VVzAO-SF enthält lediglich Vorgaben für das Fach Englisch. Danach basieren Leistungsüberprüfungen im Fach Englisch in erster Linie auf mündlichen, aber auch auf schriftlichen Verfahren. Nr. 5 S. 2 VVzAO-GS betrifft nicht Übungen in der Schuleingangsphase, sondern die schriftlichen Arbeiten, die nach § 5 Abs. 1 S. 2 AO-GS in den Klassen 3 und 4 zu schreiben sind.

In den Richtlinien und Lehrplänen für die Grundschule finden sich ebenfalls kaum Angaben über die zeitliche Dauer sowie zum Inhalt und Umfang der kurzen schriftlichen Übungen. Aussagen enthalten lediglich die Lehrpläne für die Fächer Englisch und Evangelische Religionslehre. Nach Nr. 4 des Lehrplans Englisch für die Grundschule werden in der Schuleingangsphase die Leistungen hinsichtlich der Kompetenzerwartungen am Ende der Klasse 2 ausschließlich im Lernprozess beobachtet und von der Lehrkraft z.B. in einem Beobachtungsbogen dokumentiert. Nr. 4 des Lehrplans Evangelische Religionslehre für die Grundschule legt für alle Klassen fest, dass keine der Lernstandskontrolle und Leistungsbewertung dienenden schriftlichen Aufgaben gestellt werden, also keine Tests oder andere Formen schriftlicher Lernzielkontrolle.

Eine Benotung kurzer schriftlichen Übungen erfolgt in der Schuleingangsphase nicht (§ 5 Abs. 2 S. 1 AO-GS). In den Übungen erkennbare Defizite stellen sich neben der Feststellung des Lernfortschritts auch als Aufforderung an die Lehrkraft dar, helfend einzugreifen. Dem entspricht es, die Übungen mit schriftlichen Hinweisen zu versehen, die die Schüler/innen ermutigen, ihr

Selbstvertrauen in die eigenen Fähigkeiten zu stärken und zur Verbesserung der Lernleistung beizutragen. Fehler und Unsicherheiten werden nicht sanktioniert, sondern als Lerngelegenheiten und Herausforderungen genutzt (z.B. Nr. 4 des Lehrplans Deutsch für die Grundschule).

11.2 Klassen 3 und 4

Nach § 5 Abs. 1 S. 2 AO-GS werden schriftliche Arbeiten zur Leistungsfeststellung nur in den Fächern Mathematik, Deutsch und Englisch geschrieben werden. Der auch in § 48 Abs. 2 S. 2 SchulG nicht näher definierte Begriff schriftliche Aufgaben i.S.d. § 5 Abs. 1 S. 2 AO-GS meint Klassenarbeiten, die nach Dauer, Inhalt und Umfang über die in § 5 Abs. 1 S. 1 AO-GS genannten kurzen schriftlichen Übungen hinausgeht. § 5 Abs. 1 S. 2 AO-GS schließt deshalb nicht aus, in den Klassen 3 und 4 sowohl in den Fächern Mathematik, Deutsch und Englisch als auch in allen anderen Fächern Formen der schriftlichen Lernstandskontrolle und Leistungsbewertung, die hinter Klassenarbeiten zurückbleiben, zu stellen. Für eine andere Auslegung des § 5 Abs. 1 S. 2 AO-GS, die zur Folge hätte, dass in allen anderen Fächern als den Fächern Mathematik, Deutsch und Englisch keine schriftliche Leistungsfeststellung erfolgen darf, gibt es keine rechtliche Grundlage. Vielmehr ergäbe sich daraus ein nicht nachvollziehbarer Widerspruch zu § 5 Abs. 1 S. 1 AO-GS, der in der Schuleingangsphase in allen Fächern schriftliche Aufgabenstellungen in Form von kurzen schriftlichen Übungen zulässt. Gerade in der Klasse 3 und insbesondere in der Klasse 4 sind schriftliche Lernstandskontrollen und -feststellungen ein sinnvolles Mittel, die Leistungen der Schüler/innen mit Noten gerecht und verlässlich bewerten zu können. Ob die Lehrkraft von dieser Möglichkeit der schriftlichen Lernstandskontrolle und -feststellung Gebrauch macht, liegt in ihrem Gestaltungsspielraum unter Berücksichtigung der Vorgaben der Richtlinien und Lehrpläne für die Grundschule.

Die AO-GS enthält keine verbindlichen Vorgaben über Dauer, Inhalt und Umfang schriftlicher Arbeiten in den Klassen 3 und 4. Die VVzAO-GS enthält lediglich verbindliche Vorgaben für das Fach Englisch. Nach Nr. 5.1 S. 2 VVzAO-GS sind schriftliche Arbeiten im Fach Englisch in Anzahl, Form und Inhalt der gegenüber den Fächern Deutsch und Mathematik geringeren Wochenstundenzahl anzupassen.

Diesen Vorgaben trägt der Lehrplan Englisch für die Grundschule Rechnung. Nach Nr. 4 dieses Lehrplans kommen zu der kriteriengeleiteten Beobachtung im Unterricht, auf die sich die Leistungsbewertung im Wesentlichen stützen soll, kurze, schriftliche Arbeiten hinzu, z.B. in Form von Zuordnungs-, multiple-choice-Aufgaben, die den Zeitraum von 15 Minuten nicht überschreiten. Die schriftlichen Aufgaben in den Fächern Deutsch und Mathematik sind demgegenüber nach den Lehrplänen dieser Fächer komplexer. Nach Nr. 4 des Lehrplans Deutsch für die Grundschule werden in den Klassenarbeiten der Klassen 3 und 4 komplexe Leistungen des Faches überprüft. Dies können sein: freie oder gebundene Texte, durch Literatur angeregte Texte, Textentwürfe und

Überarbeitungen. In den schriftlichen Arbeiten können auch geübte Teilfähigkeiten gefördert werden wie Nachdenkaufgaben oder Korrekturaufgaben zum Rechtschreiben, Aufgaben zum Überarbeiten eines Textes, Beantwortung von Fragen zu einem Text. Möglich ist die Kombination verschiedener Aufgaben. In Nr. 4 des Lehrplans Mathematik für die Grundschule heißt es, im Beurteilungsbereich „Schriftliche Arbeiten" werden in den Klassenarbeiten der Klassen 3 und 4 komplexe fachbezogene Kompetenzen geprüft. Nähere Einzelheiten werden in dem Lehrplan nicht vorgegeben.

Nach § 5 Abs. 2 S. 1 Hs. 2 AO-GS sind die schriftlichen Arbeiten in den Klassen 3 und 4 zu benoten. Eine Ausnahme gilt nur dann, wenn die Schulkonferenz gemäß § 5 Abs. 3 AO-GS für die Klasse 3 beschlossen hat, auf eine Leistungsbewertung mit Noten zu verzichten. Für die Klasse 4 sieht die AO-GS nicht die Möglichkeit des Verzichts auf Benotung vor.

Allerdings bestimmt Nr. 5.1 S. 3 VVzAO-GS, dass die schriftlichen Arbeiten im Fach Englisch nicht benotet werden. Diese Regelung ist nichtig, weil sie gegen höherrangiges Recht verstößt. Verwaltungsvorschriften, zu denen auch die VVzAO-GS gehört, sind nur dann wirksam, wenn sie nicht gegen höherrangiges Recht verstoßen. Zu diesem höherrangigen Recht gehört auch die AO-GS, weil sie als Verordnung den Verwaltungsvorschriften des Schulministeriums vorgeht. Da in § 5 Abs. 2 S. 1 Hs. 2 für die Klassen 3 und 4, soweit nicht die Schulkonferenz für die Klasse 3 gemäß § 5 Abs. 3 einen Verzicht auf Benotungen beschlossen hat, zwingend die Leistungsbewertung mit Noten vorsieht, kann hiervon nicht, wie durch Nr. 5.1 S. 3 für das Fach Englisch geschehen, durch Verwaltungsvorschrift abgewichen werden. Der Nichtigkeit der Nr. 5.1 S. 3 VVzAO-GS steht auch nicht entgegen, dass das Schulministerium sowohl für den Erlass der AO-GS als auch die VVzAO-GS zuständig ist. Denn das Erlassverfahren ist unterschiedlich. Verordnungen des Schulministeriums und damit auch der AO-GS bedürfen der Zustimmung des für Schulen zuständigen Landtagsausschusses (§ 52 Abs. 1 S. 2 SchulG). Der Erlass von Verwaltungsvorschriften setzt demgegenüber keine Zustimmung des für Schulen zuständigen Landtagsausschusses voraus.

Erfolgt die Leistungsbewertung unter Verwendung von Notenstufen wird in der Regel auf ergänzende Hinweise, wie sie in den Nr. 5.2 VVzAO-GS beschrieben sind, nicht verzichtet werden können. Dies gilt vor allem dann, wenn die Aufgabenstellung differenziert erfolgte.

11.3 Grundsätze für die schriftlichen Aufgabenstellungen

Soweit sich aus dem SchulG, der AO-GS, den VVzAO-GS, den Richtlinien und Lehrplänen für die Grundschule sowie den Beschlüssen der Schulkonferenz über die Grundsätze für Umfang und Verteilung der Klausuren (§ 65 Abs. 2 Nr. 11 SchulG), der Fachkonferenzen über die Grundsätze der Leistungsbewertung (§ 70 Abs. 4 Nr. 2 SchulG) und dem Erlass über Unterrichtsbeginn, Verteilung der Wochenstunden, Fünf-Tage-Woche, Klassenarbeiten und Hausaufgaben an allgemeinbildenden Schulen (BASS 12-63 Nr. 3) keine Vorgaben für die schriftlichen Aufgabenstellungen ergeben, entscheidet darüber die jeweilige Lehrkraft in eigener Verantwortung und im Rahmen ihrer pädagogischen Freiheit (vgl. T 11-4) nach pflichtgemäßem Ermessen. Bei ihrer Ermessensausübung kann sich die Lehrkraft an den nachfolgenden Grundsätzen orientieren. Hierbei handelt es nicht um allgemeine Grundsätze in dem Sinne, dass ihre Nichtbeachtung oder eine Abweichung hiervon eine fehlerhafte schriftliche Aufgabenstellung zur Folge hat. Soweit in der Vorauflage dieses Kommentars eine gegenteilige Auffassung hervorgeht, wird daran nicht festgehalten.

11.3.1 Zeitliche Verteilung

Die schriftlichen Aufgaben sollen nach Zahl und Umfang möglichst gleich und gerecht verteilt werden. Dies gilt schon für die Entscheidung der Fachlehrkraft, wann sie welche Schülerin und welchen Schüler zu welchem Thema befragt.

Verantwortlich für die gleichmäßige Verteilung sind die Klassenlehrer/innen. Sie achten nach § 18 Abs. 1 S. 3 ADO darauf, dass die Klasse, insbesondere durch den Umfang der Hausaufgaben und die Verteilung der Klassenarbeiten, im Laufe des Schuljahres ausgewogen und nicht unangemessen belastet wird. § 18 Abs. 1 S. 3 ADO stellt insoweit auf die Belastung „im Laufe des Schuljahres" ab. Das bedeutet, dass es nicht Aufgabe der Klassenlehrer/innen ist, auf eine stets gleichmäßige Belastung der Schüler/innen zu achten. Ihnen ist eine vorübergehende höhere Belastung mit Hausaufgaben und Klassenarbeiten grundsätzlich zumutbar, wenn dies aus organisatorischen und fachlichen Gründen nicht vermieden werden kann. In diesen Fällen ist ein Ausgleich im Laufe des weiteren Schuljahres herbeizuführen (vgl. im Einzelnen Jehkul/Bülter/Schnieders, ADO, 4. Aufl., 2013, § 18 Anm. 1.4).

Von dem Grundsatz der gleichmäßigen Verteilung der schriftlichen Arbeiten auf das ganze Schuljahr kann abgewichen werden, wenn im Einzelfall etwa aus pädagogischen Erwägungen eine andere Entscheidung geboten ist. Die Lehrkraft hat den Unterrichtsstoff aber so zu strukturieren, dass eine gleichmäßige Verteilung der schriftlichen Leistungsüberprüfungen möglich ist. Es wird nicht verlangt, dass die zur Verfügung stehenden Unterrichtswochen entsprechend der vorgesehenen Zahl der Arbeiten rechnerisch geteilt werden. Entscheidend kommt es darauf an, dass der einer Arbeit zugrunde liegende Unterrichtsstoff ausreichend von der Lehrkraft vorher aufbereitet werden kann und dass die Schüler/innen Gelegenheit hatten, die in einer Arbeit festgestellten Mängel bis zur nächsten Arbeit zu beseitigen. An welchem Tage die Arbeiten geschrieben werden, entscheidet die Fachlehrkraft, ggf. unter Berücksichtigung der schulischen Möglichkeiten und in Absprache mit den anderen Lehrkräften der Klasse.

Nach Nr. 3.1 des Erlasses über Unterrichtsbeginn, Verteilung der Wochenstunden, Fünf-Tage-Woche, Klassenarbeiten und Hausaufgaben an allgemeinbildenden Schulen (BASS 12-63 Nr. 3) dürfen Klassenarbeiten nicht am Nachmittag geschrieben werden. Mündliche Leistungsüberprüfungen in modernen Fremdsprachen anstelle einer Klassenarbeit können im Rahmen der Unterrichtszeit auch am Nachmittag stattfinden. Nach Nr. 2 des Erlasses werden in der Primarstufe nicht mehr als zwei Klassenarbeiten in einer Woche geschrieben. Dies beinhaltet auch mündliche Leistungsüberprüfungen anstelle einer Klassenarbeit. Über Ausnahmen im Einzelfall entscheidet die Schulleitung. Pro Tag darf nur eine schriftliche Klassenarbeit geschrieben oder eine mündliche Leistungsüberprüfung in modernen Fremdsprachen durchgeführt werden. An diesen Tagen dürfen keine anderen schriftlichen Leistungsüberprüfungen stattfinden. Nach Möglichkeit sollen in Wochen mit zwei Klassenarbeiten keine zusätzlichen schriftlichen Leistungsüberprüfungen stattfinden. Für Nachschreibtermine kann die Schulleiterin oder der Schulleiter Ausnahmen zulassen.

11.3.2 Inhaltliche Anforderungen

Die inhaltlichen Anforderungen an schriftlichen Arbeiten richten sich nach den Vorgaben der Richtlinien und Lehrpläne für die Grundschule und orientieren sich am Ende der Klasse 4 zunehmend an denjenigen der weiterführenden Schulen (vgl. zu den in der Rechtsprechung entwickelten Anforderungen: T 11-11.4). Die Festlegung auf eine bestimmte weiterführende Schulform ist nicht vorgesehen. Die sich aus dem Anspruch auf individuelle Förderung (vgl. § 1 Abs. 1 SchulG) ergebende Verpflichtung zur Differenzierung gilt für die gesamte Dauer des Besuchs der Grundschule. Die sich daraus ergebenden differenzierten Aufgabenstellungen sind weiterhin möglich und erforderlich, um jeder Schüler /in Erfolgserlebnisse zu vermitteln. Die Differenzierung ist aber so zu gestalten, dass sie nicht diskriminierend wirkt. Wird z.B. in schriftlichen Arbeiten zwischen Grund- und Zusatzanforderungen (-aufgaben) unterschieden, müssen gute Leistungsnoten auch von denjenigen erreicht werden können, die lediglich die Grundanforderungen erfüllen. Aufgabe der Elterninformation und -beratung ist es, die Grundzüge einer dergestalt differenzierten Leistungsbewertung deutlich zu machen, um z.B. überzogene Vorstellungen von der Leistungsfähigkeit des eigenen Kindes zu verhindern.

Grundsätzlich kann bei der Stellung schriftlicher Aufgaben (auch) die durchschnittliche Leistungsfähigkeit der Lerngruppe berücksichtigt werden. Fehlerhaft wird die Aufgabenstellung aber dann, wenn auf die Anforderungen und Kompetenzerwartungen der Richtlinien und Lehrpläne für die Grundschule vollständig oder in wesentlichen Punkten verzichtet wird. Allein der schlechte Leistungsdurchschnitt einer Gruppe rechtfertigt keine erhebliche Senkung der sich aus den Richtlinien und Lehrplänen ergebenden Anforderungen und Kompetenzerwartungen. Es ist Aufgabe des pädagogischen Geschicks einer Lehrkraft, die Leistungsfähigkeit der Lerngruppe einerseits und die Anforderungen und Kompetenzerwartungen nach den Richtlinien und Lehrplänen andererseits in einer für die Lerngruppe sinnvollen Weise zu vereinigen. Dabei wird sie davon ausgehen können, dass jede individuelle Leistung nur auf dem Hintergrund des Leistungsvermögens der Gruppe verständlich ist. Dass die Leistungsfähigkeit einer Lerngruppe im Übrigen entscheidend von der Persönlichkeit und dem Unterrichtsstil der Lehrer/innen sowie dem Unterrichtsklima abhängt, sollte stets gegenwärtig sein. Wann und welche Korrekturen zu machen sind, weil der Unterricht Leistungen in dem zu durch die Richtlinien und Lehrplänen vorgegebenen Umfang nicht erwarten lässt, lässt sich nicht allgemein festlegen. Die durchschnittliche Leistungsfähigkeit der Lerngruppe tritt dann in den Hintergrund, wenn das Recht der Schüler/innen auf individuelle Förderung (vgl. § 1 Abs. 1 SchulG) eine differenzierte schriftliche Aufgabenstellung verlangt.

11.3.3 Ankündigung

Es empfiehlt sich schon zur Vermeidung von unnötigem Leistungsdruck und pädagogisch nicht wünschenswerten Überraschungen, schriftliche Arbeiten vorher anzukündigen und nur in Ausnahmefällen hiervon abzuweichen. Wann ein Ausnahmefall vorliegt, bestimmt sich nach dem Alter der Schüler/innen und ggf. besonderen Umständen. In der Grundschule kann eher eine großzügigere Handhabung toleriert werden als in der Sekundarstufe II. Zu unterscheiden ist, welches Fach betroffen ist. In Unterrichtsfächern, bei denen erfahrungsgemäß die häusliche Vor- und Nachbereitung des Stoffes intensiver ist (z B. Mathematik, Fremdsprachen), wird der Verzicht auf eine vorherige Ankündigung weniger in Betracht kommen. In jedem Fall ist von der Fachlehrkraft zu überprüfen, ob aufgrund des Alters der Schüler/innen und der Besonderheiten des Faches eine nicht angekündigte Arbeit wirklich die tatsächliche Leistungsfähigkeit nachweisen kann. Sie wird zudem berücksichtigen müssen, dass auch nur gelegentliche unangekündigte Arbeiten für die gesamte Unterrichtszeit einen Leistungsdruck zur Folge haben können, der sich negativ auf die Leistungsbereitschaft und die Arbeitshaltung der Schüler/innen auswirken kann. Unabhängig vom Alter der Schüler/innen kann z.B. ein Ausnahmefall für eine unangekündigte Arbeit dann vorliegen, wenn sich einzelne aufgrund der bisherigen Erfahrung der Lehrkraft gezielt einer Leistungsüberprüfung entziehen.

Wie viele Tage vorher die Arbeit angekündigt werden muss, bestimmt sich ebenfalls nach dem Alter der Schüler/innen und der Bedeutung der Arbeit. Entscheidend dürfte in der Grundschule sein, wie viel Zeit die Kinder benötigen, um sich auf die schriftliche Arbeit einzustellen und hinreichend vorzubereiten. Dieser Zeitraum lässt sich nicht abstrakt, sondern nur im Einzelfall bestimmen.

Die Ankündigung erfolgt in der Regel mündlich im Unterricht durch die Lehrkraft. Es spricht aber nichts dagegen, die schriftlichen Arbeiten gegenüber den Eltern schriftlich anzukündigen, etwa durch eine Ankündigung zu Beginn des Schulhalbjahres, die die Termine für schriftliche Arbeiten enthält.

11.3.4 Nachteilsausgleich und Notenschutz

Bei Schüler/innen mit Behinderungen ist auf die Art der Behinderung angemessen Rücksicht zu nehmen, z.B. durch eine Verlängerung der Arbeitszeit oder die Zulassung von Hilfsmitteln (Schreibhilfen). An die Stelle (hand- oder maschinen-) schriftlicher Arbeiten kann im Einzelfall und im Rahmen des schulisch Möglichen auch die Bearbeitung durch die Besprechung von Tonträgern (Cassettengeräte) treten. Entscheidend kommt es darauf an, dass die/der Schüler/in Gelegenheit erhält, in einer bestimmten Zeit unter Beweis zu stellen, dass sie oder er in der Lage ist, die geforderten Leistungen selbstständig zu erbringen.

Bei Kindern mit einer Lese- und Rechtschreibschwäche gelten außerdem die Regelungen in dem Erlass über die Förderung von Schüler/innen bei besonderen Schwierigkeiten im Erlernen des Lesens und Rechtschreibens (BASS 14-01 Nr. 1). Nach Nr. 4.1 des Erlasses gilt auch für Schüler/innen der Klassen 2 bis 4 der Grundschule, dass bei einer schriftlichen Arbeit oder Übung zur Bewertung der Rechtschreibleistung im Fach Deutsch und in den Fremdsprachen die Lehrerin oder der Lehrer im Einzelfall eine andere Aufgabe stellen, mehr Zeit einräumen oder von der Benotung absehen und die Klassenarbeit mit einer Bemerkung versehen kann, die den Lernstand aufzeigt und zur Weiterarbeit ermutigt. In den Fremdsprachen können Vokabelkenntnisse durch mündliche Leistungsnachweise erbracht werden. Die Eltern sind über den Leistungsstand ihres Kindes zu informieren. Die Rechtschreibleistungen werden nicht in die Beurteilung der schriftlichen Arbeiten und Übungen im Fach Deutsch oder in einem anderen Fach mit einbezogen. Während der im Erlass vorgesehene Nachteilsausgleich rechtlich keinen Bedenken unterliegt, begegnet der vorgesehene Notenschutz durchgreifenden rechtlichen Bedenken, weil dafür eine Regelung durch Erlass nicht ausreicht (vgl. hierzu T 12-10).

11.3.5 Drittel-Regelung

Die frühere sog. Drittel-Regelung in § 22 Abs. 2 S. 2 ASchO ist in das SchulG und die AO-GS nicht übernommen worden. Nach dieser Regelung entscheidet der Schulleiter nach Anhörung des Fachlehrers, ob die Arbeit gewertet wird oder ob eine neue Arbeit zu schreiben ist, wenn bei einer Arbeit ein Drittel der Schüler kein ausreichendes Ergebnis erreicht. Auch wenn die Drittel-Regelung rechtlich für die Grundschulen nicht bindend ist, liegt es nahe, davon auszugehen, dass die Anforderungen einer schriftlichen Arbeit unangemessen hoch angesetzt worden oder aber die Vorbereitung nicht ausreichend gewesen ist. Die Fachlehrkraft kann in diesem Fall von sich aus die Arbeit wiederholen oder einzelne Aufgaben aus der Bewertung herausnehmen.

11.3.6 Rückgabe

Wann die Rückgabe einer Arbeit – mit dem Text der Aufgabe – zu erfolgen hat, ist rechtlich nicht geregelt. Allein schon pädagogische Erwägungen erfordern eine baldige Rückgabe. Eine weitere schriftliche Arbeit sollte nur dann geschrieben werden, wenn die vorherige zurückgegeben und besprochen worden ist. Je nach Art der nächsten Arbeit muss zudem ausreichend Zeit gegeben werden, Mängel aufzuarbeiten.

11.3.7 *Kenntnisnahme*

Eltern sind immer dann verpflichtet, die Kenntnisnahme zu bestätigen, wenn dies von der Lehrkraft gefordert wird. Bei schriftlichen Arbeiten dürfte dies der Regelfall sein. Da Klassenarbeitshefte Eigentum der Schüler /in sind, brauchen sie nur auf Verlangen der Schule (der Lehrkraft) zurückgegeben zu werden. Ein solches Verlangen wird in der Grundschule der Regelfall sein. Wann Arbeiten zurückzugeben sind, wird u.a. davon abhängen, ob die festgestellten Fehler korrigiert werden müssen. Die Frist für die Rückgabe der (ggf. verbesserten) Arbeit ist so zu bemessen, dass die Eltern ausreichend Gelegenheit zur Kenntnisnahme haben; eine Frist von zwei Tagen sollte nur in Ausnahmefällen unterschritten werden. Die Korrektur einer Arbeit ist rechtlich einer Hausaufgabe gleichzusetzen.

11.4 Anforderungen nach der Rechtsprechung

Die Rechtsprechung hat sich wiederholt mit den rechtlichen Anforderungen an ordnungsgemäße Aufgabenstellung befasst. Die Anforderungen gelten für schriftliche und mündliche Anforderungen in gleicher Weise.

Nach der Rechtsprechung ist wesentlicher Anknüpfungspunkt für Aufgabenstellungen der im Art. 3 Abs. 1 GG verankerte Grundsatz der Chancengleichheit aller Schüler/innen. Verletzt ist der Grundsatz der Chancengleichheit nur dann, wenn die Schüler/innen sich in einer im Wesentlichen gleichen Situation befinden und es keinen sachlich rechtfertigenden Grund für eine Ungleichbehandlung bei Aufgabenstellungen gibt. Das bedeutet etwa, Schüler/innen der Klassen 1 und 4 befinden sich in Bezug auf Leistungsanforderungen nicht in einer vergleichbaren Situation, weil sich die Leistungsanforderungen nach den Richtlinien und Lehrplänen für diese Klassen (deutlich) unterscheiden. Der Grundsatz der Chancengleichheit ist deshalb nicht verletzt, wenn für Schüler/innen dieser Klassen unterschiedliche Aufgaben mit unterschiedlichen Anforderungen gestellt werden. Innerhalb einer Lerngruppe liegt ein sachlich rechtfertigender Grund für unterschiedliche Anforderungen vor, wenn die Aufgabenstellungen nach den individuellen Lern- und Leistungsmöglichkeiten differenzieren, also beispielsweise für Schüler/innen mit sonderpädagogischem Unterstützungsbedarf andere Aufgaben gestellt werden als den Schüler/innen, die keinen sonderpädagogischen Unterstützungsbedarf haben. Der auch das Schulprüfungsrecht beherrschende, verfassungsrechtlich verbürgte Grundsatz der Chancengleichheit besagt dementsprechend (nur), dass für vergleichbare Schüler/innen so weit wie möglich vergleichbare Aufgabenstellungen und Bewertungskriterien gegeben sein müssen (vgl. nur BVerwG, Urteil vom 9.8.1996 – 6 C 3.95 –, juris, Rdn. 40, m.w.N.).

Die nachfolgenden Ausführungen gelten nur für Ausgangssituationen, die im Wesentlichen gleich sind und in denen kein sachlich rechtfertigender Grund für unterschiedliche Aufgabenstellungen vorliegen.

In diesen Fällen erfordert das Gebot der Chancengleichheit, dass die gestellten Aufgaben geeignet sind, das Fachwissen und Fertigkeiten der Schüler/innen dem Zweck der Aufgabenstellung entsprechend angemessen zu erfragen. Die Aufgaben müssen insbesondere geeignet sein, die Schüler/innen, die das angestrebte Ausbildungsziel erreicht haben, von denen zu unterscheiden, die es nicht erreicht haben. Ob eine Aufgabe geeignet ist, das Fachwissen und die Fertigkeiten einer Schüler/in in rechtlich zulässiger Weise zu erfragen, beurteilt sich u.a. danach, ob sie objektiv lösbar ist, ob mit der Aufgabe fachlich nichts Unmögliches verlangt wird und ob sie sich auch sonst im Rahmen der Vorgaben des Schulgesetzes, der AO-GS und der Richtlinien und Lehrpläne für die Grundschule hält. Eine Aufgabe muss außerdem verständlich und in sich widerspruchsfrei sein. Unverständliche und in sich widersprüchliche Fragestellungen verstoßen gegen den Grundsatz der Chancengleichheit. Durch derartige Aufgabenstellungen werden die betroffenen Schüler/innen gegenüber Mitschüler/innen benachteiligt, denen korrekte Aufgaben gestellt werden (vgl. nur BVerwG, Urteil vom 9.8.1996 – 6 C 3.95 –, a.a.O., Rdn. 40, m.w.N.; OVG NRW, Beschluss vom 13.11.2006 – 19 B 1872/06 –, n.v.). Etwaige Schwierigkeiten von Mitschüler/innen bei der Erfassung einer Aufgabenstellung sind aus sich heraus kein Beleg dafür, dass die Aufgabenstellung und die Bewertung der Lösung der Aufgabe fehlerhaft sind (OVG NRW, Beschluss vom 28.2.2011 – 19 A 62/10 –, n.v.).

11.5 Nachschreibetermine, Nachprüfung

Nach § 48 Abs. 4 SchulG können nach Maßgabe der Ausbildungs- und Prüfungsordnung Leistungsnachweise nachgeholt und kann der Leistungsstand durch eine Prüfung festgestellt werden, wenn die Schülerin oder der Schüler aus von ihr oder ihm nicht zu vertretenden Gründen die erforderlichen Leistungsnachweise nicht erbracht hat. Die AO-GS sieht Nachschreibetermine für schriftliche Arbeiten und Feststellungsprüfungen nicht ausdrücklich vor, schließt sie im Einzelfall aber auch nicht aus, wenn sie für das betroffene Kind verantwortbar sind und ihm dadurch kein dem Grundsatz der Chancengleichheit aller Schüler/innen (Art. 3 Abs. 1 GG) widersprechender Vorteil verschafft wird. Es ist eine pädagogische Entscheidung des Einzelfalles, welche Teilbereiche der Leistungsbewertung wann nachgeholt werden müssen.

Eine Nachprüfung, um eine Versetzung zu erreichen, sieht die AO-GS ebenfalls nicht vor. Werden die Versetzungsbedingungen nicht erfüllt, bleibt nur die Möglichkeit einer Versetzung gemäß § 7 Abs. 4 S. 2 AO-GS. Sie setzt voraus, dass aufgrund der Gesamtentwicklung eine erfolgreiche Mitarbeit in der nächsthöheren Klasse erwartet werden kann (vgl. T 13-6.2).

11.6 Leistungsverweigerung, Täuschungshandlungen

Nach § 48 Abs. 5 SchulG wird eine von der Schüler /in verweigerte Leistung wie eine ungenügende Leistung bewertet. In den Klassen 1 und 2 findet diese Bestimmung allein deshalb schon keine Anwendung, weil eine Bewertung nach Notenstufen nicht erfolgt. Aber auch in den Klassen 3 und 4 ist eine Leistungs-

verweigerung eher Anlass, nach den Ursachen zu suc
ungenügend zu reagieren. Ob eine solche Reaktion der
mefällen gleichwohl erfolgt, sollte vorrangig unter päda
punkten entschieden werden. Unentschuldigte Fehlzeiten,
grundloses verspätetes Erscheinen zu Unterrichtsbeginn g
stungsverweigerung gewertet werden (OVG NRW, Beschl
19 B 13/12 –, juris, Rdn. 21 ff., m.w.N.).

Eine Regelung zur Leistungsbewertung im Falle von Täuschungshandlungen gibt es in der AO-GS nicht. Es ist daher bei der Bewertung mit Notenstufen auf die allgemeinen Grundsätze zurückzugreifen. Bedient sich eine Schüler / in zur Erbringung einer Leistung unerlaubter Hilfe, so begeht sie oder er eine Täuschungshandlung. Bei geringem Umfang der Täuschungshandlung wird der ohne Täuschung erbrachte Teil bewertet; der übrige Teil wird als nicht erbracht gewertet. Bei umfangreicher Täuschungshandlung wird die gesamte Leistung wie eine ungenügende Leistung bewertet. Bei Unklarheit über den Umfang der Täuschungshandlung wird die Wiederholung der Arbeit angeordnet. Wird eine Täuschungshandlung erst nach Abschluss der Leistung festgestellt, so ist entsprechend zu verfahren. Eine Täuschungshandlung liegt nicht vor, wenn die/der Schüler/in etwa bei einem Test einen auswendig gelernten Text niederschreibt (OVG NRW, Beschluss vom 28.2.2003 – 19 B 223/03 –, n.v.). Generell sollte die Grundschule behutsam mit den ihr eingeräumten Möglichkeiten umgehen. Der Fall einer umfangreichen Täuschungshandlung mit den sehr weit reichenden Konsequenzen kann nur ein besonderer Ausnahmefall sein.

12. Hausaufgaben

12.1 Rechtsgrundlagen

Das SchulG enthält auch in § 42 Abs. 3 keine Definition oder Beschreibung der Aufgaben oder des Ziels von Hausaufgaben. Die in § 23 der ASchO enthaltenen Aussagen haben aber auch weiterhin Gültigkeit. Danach ergänzen Hausaufgaben die Arbeit im Unterricht. Sie dienen zur Festigung und Sicherung des im Unterricht Erarbeiteten sowie zur Vorbereitung des Unterrichts. Sie sollen zur selbstständigen Arbeit hinführen. Hausaufgaben müssen in ihrem Schwierigkeitsgrad und ihrem Umfang die Leistungsfähigkeit der Schüler/innen berücksichtigen und von diesen ohne fremde Hilfe in angemessener Zeit gelöst werden können.

Einzelheiten der Hausaufgaben regelt der auch für die Grundschulen der Erlass über Unterrichtsbeginn, Verteilung der Wochenstunden, Fünf-Tage-Woche, Klassenarbeiten und Hausaufgaben an allgemeinbildenden Schulen (BASS 12 63 Nr. 3; im Folgenden: Erlass).

4. Hausaufgaben

4.1 Grundsätze

4.1 Grundsätze

Hausaufgaben sollen die individuelle Förderung unterstützen. Sie können dazu dienen, das im Unterricht Erarbeitete einzuprägen, einzuüben und anzuwenden. Sie müssen aus dem Unterricht erwachsen und wieder zu ihm führen, in ihrem Schwierigkeitsgrad und Umfang die Leistungsfähigkeit, Belastbarkeit und Neigungen der Schülerinnen und Schüler berücksichtigen und von diesen selbstständig ohne fremde Hilfe in den in Nummer 4.4 genannten Zeiten erledigt werden können. Sie dürfen nicht dazu dienen, Fachunterricht zu verlängern, zu ersetzen oder zu kompensieren oder Schülerinnen oder Schüler zu disziplinieren.

Die Lehrkräfte berücksichtigen beim individuellen Hausaufgabenumfang, ob die Schülerinnen und Schüler insbesondere durch Referate, Vorbereitungen auf Klassenarbeiten und Prüfungen und andere Aufgaben zusätzlich gefordert sind.

Die Nummern 4.2 bis 4.5 dieses Erlasses gelten nicht für die Sekundarstufe II.

4.2 Hausaufgaben an Ganztagsschulen

An Ganztagsschulen (§ 9 Absätze 1 und 3 SchulG) treten in der Sekundarstufe I Lernzeiten an die Stelle von Hausaufgaben. Die Lernzeiten sind so in das Gesamtkonzept des Ganztags zu integrieren, dass es in der Regel keine schriftlichen Aufgaben mehr gibt, die zu Hause erledigt werden müssen.

4.3 Hausaufgaben an Schulen ohne gebundenen Ganztag

Schulen stellen sicher, dass Schülerinnen und Schüler an Tagen mit verpflichtendem Nachmittagsunterricht, an Wochenenden sowie an Feiertagen keine Hausaufgaben machen müssen.

4.4 Zeitlicher Umfang von Hausaufgaben

Hausaufgaben sind so zu bemessen, dass sie, bezogen auf den einzelnen Tag, in folgenden Arbeitszeiten erledigt werden können:

- *In der Primarstufe*
  für die Klassen 1 und 2 — in 30 Minuten,
  für die Klassen 3 und 4 — in 45 Minuten,
- *in der Sekundarstufe I*
  für die Klassen 5 bis 7 — in 60 Minuten,
  für die Klassen 8 bis 10 — in 75 Minuten.

4.5 Überprüfung, Benotung und Anerkennung von Hausaufgaben

Hausaufgaben werden regelmäßig überprüft und für die weitere Arbeit im Unterricht ausgewertet. Sie werden nicht benotet, finden jedoch Anerkennung.

4.6 ***Zuständigkeit der Schulkonferenz***
Die Schulkonferenz beschließt zu den Nummern 4.2 oder 4.3 ein auf die Sekundarstufe I bezogenes Konzept, das insbesondere den Umfang und die Verteilung von Hausaufgaben beinhaltet. Für Ganztagsschulen soll das Konzept auch die Einbindung der Hausaufgaben in Lernzeiten umfassen. Für die Sekundarstufe II soll ein Konzept so gestaltet sein, dass es eine Balance zwischen den Anforderungen zur Erreichung der allgemeinen Hochschulreife und einer Entlastung der Schülerinnen und Schüler ermöglicht. Es berücksichtigt unter den Bedingungen individualisierter Stundenpläne in angemessener Weise die Belastbarkeit von Schülerinnen und Schülern.

4.7 ***Verantwortung der Lehrkräfte***
Die Lehrkräfte einer Klasse oder Jahrgangsstufe in der gymnasialen Oberstufe sorgen gemeinsam für die Einhaltung der Vorgaben in Nummer 4. Die §§ 18 und 19 der Allgemeinen Dienstordnung für Lehrerinnen und Lehrer, Schulleiterinnen und Schulleiter an öffentlichen Schulen (ADO – BASS 21-02 Nr. 4), bleiben unberührt.

12.2 Ziel der Hausaufgaben

Die Hausaufgaben können schriftlicher, mündlicher oder auch praktischer Art sein. Sie können bzw. sollen nach Nr. 4.1 Abs. 1 des Erlasses folgenden Zielen dienen:

- individuelle Förderung
- Einübung, Einprägung und Anwendung des im Unterricht Gelernten,
- Vorbereitung neuer Unterrichtsinhalte,
- selbstständige Auseinandersetzung mit einer begrenzten neuen Aufgabe.

Die Hausaufgaben tragen dadurch mit dazu bei, die Schüler/innen zu befähigen, Lernvorgänge selbst zu bewältigen. Sie dürfen nicht dazu dienen, Fachunterricht zu verlängern oder ausgefallenen Fachunterricht zu ersetzen oder zu kompensieren, d.h. das von der Schule inhaltlich zu Leistende in das Elternhaus zu verlagern. Bei der Bemessung der Hausaufgaben darf jedoch berücksichtigt werden, dass den Schüler/innen bei nicht nur gelegentlichem Unterrichtsausfall ein größerer Zeitraum als gewöhnlich zur Anfertigung der Hausaufgaben zur Verfügung steht. Hausaufgaben unterstützen das Lernen (Nr. 4.4 der Richtlinien für die Grundschule).

Hausaufgaben dürfen sich nur auf den Unterrichtsstoff beziehen und nur aus der Unterrichtssituation erwachsen. Sie müssen didaktisch begründet werden können. Zusätzliche Hausaufgaben für einzelne Schüler/innen oder eine ganze Klasse als „Strafarbeiten", die nur der Disziplinierung dienen (z.B. das – mehrmalige – Abschreiben der Schulordnung oder von Teilen der Schulordnung) sind nicht zulässig. Nr. 4.1 Abs. 1 des Erlasses enthält hierzu die eindeutige Aussage, dass Hausaufgaben nicht dazu dienen dürfen, Schüler/innen zu disziplinieren.

12.3 Hausaufgaben und erzieherische Maßnahmen

Eine andere Frage ist dagegen, ob den Schüler/innen der Klasse oder einzelnen Schüler/innen zusätzlich Aufgaben zur häuslichen Bearbeitung als erzieherische Maßnahme aufgegeben werden dürfen. Das bestimmt sich nach § 53 Abs. 1 und 2 SchulG. Nach § 53 Abs. 1 S. 1 und 2 SchulG dienen erzieherische Einwirkungen und Ordnungsmaßnahmen der geordneten Unterrichts- und Erziehungsarbeit der Schule sowie dem Schutz von Personen und Sachen. Sie können angewendet werden, wenn eine Schülerin/ein Schüler Pflichten verletzt. Zu den erzieherischen Einwirkungen gehören nach § 53 Ab. 2 S. 1 SchulG „insbesondere" das erzieherische Gespräch, die Ermahnung, Gruppengespräche mit Schüler/innen und Eltern, die mündliche oder schriftliche Missbilligung des Fehlverhaltens, der Ausschluss von der laufenden Unterrichtsstunde, die Nacharbeit unter Aufsicht nach vorheriger Benachrichtigung der Eltern, die zeitweise Wegnahme von Gegenständen, Maßnahmen mit dem Ziel der Wiedergutmachung angerichteten Schadens und die Beauftragung mit Aufgaben, die geeignet sind, das Fehlverhalten zu verdeutlichen. Die Formulierung „insbesondere" bringt zum Ausdruck, dass § 53 Abs. 2 S. 1 SchulG erzieherische Maßnahmen nur beispielhaft anführt und damit auch andere erzieherische Maßnahmen, wie etwa zusätzliche Aufgaben zur häuslichen Bearbeitung in Betracht kommen.

Soll eine Sanktionierung durch Aufgaben zur häuslichen Bearbeitung erfolgen, muss deutlich werden, dass es sich um eine erzieherische Maßnahme und nicht um eine Hausaufgabe handelt. Notwendig ist diese Bestimmtheit schon deshalb, damit die Schüler/innen und deren Eltern erkennen können, dass für die auf die erzieherische Maßnahme entfallende Arbeitszeit nicht auf die in Nr. 4.4 des Erlasses genannten Arbeitszeiten für Hausaufgaben anzurechnen sind. Nr. 4.4 des Erlasses legt ausschließlich die Arbeitszeiten für Hausaufgaben fest. Erzieherische Maßnahmen können über diesen Zeitraum hinausgehen.

Allerdings ist bei allen erzieherischen Maßnahmen der Grundsatz der Verhältnismäßigkeit zu beachten (§ 53 Abs. 1 S. 3 SchulG). Das setzt voraus, dass die erzieherische Maßnahme geeignet ist, ihr Ziel, die Schüler/innen zu disziplinieren, zu erreichen. Sie muss weiter erforderlich sein. Die Erforderlichkeit als Teil der Verhältnismäßigkeitsprüfung bedeutet nicht, dass die erzieherische Maßnahme notwendig sein muss. Vielmehr geht es im Rahmen der Erforderlichkeit um die Frage, ob es mildere Mittel gibt, die ebenso geeignet sind, das Ziel der Disziplinierung der Schüler/innen zu erreichen. Dementsprechend dürfte das stereotype Abschreiben der Schulordnung kaum verhältnismäßig sein, weil beispielsweise das in § 53 Abs. 2 S. 1 SchulG aufgeführte erzieherische Gespräch oder die Ermahnung mildere Mittel sind, solange sie nicht bereits angewandt worden sind oder aufgrund eines wiederholten Fehlverhaltens ohnehin eine Ordnungsmaßnahme in Betracht kommt. Neben der Geeignetheit und Erforderlichkeit setzt die Verhältnismäßigkeit außerdem voraus, dass die erzieherische Maßnahme angemessen ist. Das ist der Fall, wenn das öffentliche Interesse an der Sanktionierung des Fehlverhaltens gewichtiger ist als die rechtlich geschützten Interessen der Schüler/innen.

12.4 Schwierigkeit und Umfang

Schwierigkeitsgrad und Umfang der Hausaufgaben müssen der Leistungsfähigkeit der Schüler/innen angemessen sein.

Das setzt nach Nr. 4.1 Abs. 1 S. 3 des Erlasses zunächst voraus, bei dem Schwierigkeitsgrad der Hausaufgaben und ihrem Umfang die Leistungsfähigkeit, Belastbarkeit und Neigungen der Schüler/innen zu berücksichtigen. Diese Anforderung ist eine Ausprägung des Grundsatzes der Verhältnismäßigkeit. Dieser verlangt auch, dass auf unterschiedliche Leistungsfähigkeiten und Belastbarkeiten Rücksicht genommen wird. Es steht mit dem Grundsatz der Verhältnismäßigkeit nicht in Einklang, einheitliche Hausaufgaben für alle Schüler/innen einer Klasse zu stellen, wenn einzelne Schüler/innen hierdurch ungleich stärker belastet werden als andere. Ist das der Fall, sind entweder Schwierigkeitsgrad und Umfang der Hausaufgaben zu senken oder individuelle Hausaufgaben zu erteilen. Bei einer inklusiven Unterrichtung werden sich im Regelfall unterschiedliche Hausaufgaben nicht vermeiden lassen. Auch wenn Schüler/innen mit sonderpädagogischem Unterstützungsbedarf zielgleich unterrichtet werden, ist nach Nr. 4.1 Abs. 1 S. 3 des Erlasses auf die individuelle Leistungsfähigkeit und Belastbarkeit Rücksicht zu nehmen und sind deshalb ggf. individuell angepasste Hausaufgaben zu erteilen. Erst recht gilt dies bei Schüler/innen mit sonderpädagogischem Unterstützungsbedarf, die zieldifferent unterrichtet werden. Individuelle Hausaufgaben tragen im Übrigen auch der Verpflichtung der Grundschule zur individuellen Förderung (§ 3 AO-GS; dazu T 10) Rechnung.

Die Anforderungen an angemessene Hausaufgaben werden weiter durch Nr. 4.1 Abs. 1 S. 3 des Erlasses dahin konkretisiert, dass Hausaufgaben ohne fremde Hilfe lösbar sein müssen. Die Lehrkräfte dürfen also nicht in ihre Überlegungen zu Hausaufgaben einstellen, dass alle oder einzelne Schüler/innen auf die Hilfe etwa ihrer Eltern zurückgreifen können. Unzulässig ist in diesem Zusammenhang deshalb auch die Überlegung, dass besonders Eltern von Schüler/innen mit sonderpädagogischem Unterstützungsbedarf regelmäßig ihre Kinder auch bei der Erledigung von Hausaufgaben (besonders) unterstützen.

Hausaufgaben müssen außerdem in angemessener Zeit lösbar sein. Das setzt nach Nr. 4.1 S. 3 des Erlasses die Beachtung der zeitlichen Vorgaben in Nr. 4.4 des Erlasses voraus. In der Primarstufe müssen danach Hausaufgaben so bemessen werden, dass sie bezogen auf den einzelnen Tag, in den Klassen 1 und 2 innerhalb von 30 Minuten und in den Klassen 3 und 4 innerhalb von 45 Minuten erledigt werden können. Die Formulierung „sind so zu bemessen" in Nr. 4.4 des Erlasses bedeutet, dass die zeitlichen Vorgaben des Erlasses bindend sind. Ausnahmen hiervon sieht der Erlass nicht vor. Der Erlass sieht auch nicht vor, dass für Schüler/innen mit sonderpädagogischem Unterstützungsbedarf von Nr. 4.4 des Erlasses abweichende Zeiten für die Erledigung von Hausaufgaben gelten. Der Erlass enthält keine Hinweise, wie die Lehrkräfte bei ihrer Planung der Hausaufgaben die für die Erledigung der Hausaufgaben erforderliche Zeit bemessen. Da eine abstrakte Berechnung allein schon wegen der unterschiedlichen Leistungsfähigkeit und Lerngeschwindigkeit der Schüler/innen nicht in Betracht kommt, sind Maßstab die in ihrer Leistung durchschnittlichen Schüler/innen. Ist etwa bei einer inklusiven Klasse erkennbar, dass die Anwendung dieses Maßstabes zu ungleichen Belastungen führt, sind – notwendig – Hausaufgaben zu differenzieren, um eine Überbelastung insbesondere von Schüler/innen mit sonderpädagogischem Unterstützungsbedarf zu vermeiden.

In zeitlicher Hinsicht sind außerdem die Regelungen für Ganztagsschulen und Schulen ohne gebundenen Ganztag von Bedeutung. Die Regelungen in Nr. 4.2 des Erlasses in Bezug auf Ganztagsschulen betreffen nur Schulen der Sekundarstufe I, nicht die Primarstufe. Auch für die Primarstufe gilt demgegenüber Nr. 4.3 des Erlasses. Danach stellen auch die Grundschulen sicher, dass Schüler/innen an Tagen mit verpflichtendem Nachmittagsunterricht, an Wochenenden sowie an Feiertagen keine Hausaufgaben machen müssen.

12.5 Ort der Hausaufgaben

Hausaufgaben, die eine Lehrkraft erteilt, sind in der Regel außerhalb der Schule und der Unterrichtszeit auszuführen. Ausnahmsweise können hierfür auch Freistunden oder Wartezeiten vor Beginn des Unterrichts und nach Schulschluss verwandt werden. Der Schule wird hier das Recht eingeräumt, in einem begrenzten Umfang in die außerschulische Sphäre der Schüler/innen und den Erziehungsbereich der Eltern einzugreifen. Von den Eltern kann die Schule erwarten, dass sie die Schule unterstützen, indem sie mit darauf hinwirken, dass die erteilten Aufgaben von ihren Kindern ordnungsgemäß erledigt werden. Denn Eltern sind zur Mitwirkung an der Erfüllung des Erziehungs- und Bildungsauftrags der Schule verpflichtet und müssen dafür sorgen, dass ihr Kind seine schulischen Pflichten erfolgt (§ 42 Abs. 3 S. 1 und 2 SchulG).

An Ganztagsschulen (§ 9 Abs. 1 und 3 SchulG) treten in der Sekundarstufe I Lernzeiten an die Stelle von Hausaufgaben. Die Lernzeiten sind so in das Gesamtkonzept des Ganztags zu integrieren, dass es in der Regel keine schriftlichen Aufgaben mehr gibt, die zu Hause erledigt werden müssen (Nr. 4.2 des Erlasses). Schulen ohne gebundenen Ganztag stellen sicher, dass Schüler/innen an Tagen mit verpflichtendem Nachmittagsunterricht, an Wochenenden sowie an Feiertagen keine Hausaufgaben machen müssen (Nr. 4.3 des Erlasses). Sowohl Schulen mit gebundenem Ganztag als auch Schulen mit offenem Ganztag sind verpflichtet, Hausaufgaben in das Gesamtkonzept des Ganztags zu integrieren (Nr. 5.4 des Erlasses über gebundene und offene Ganztagsschulen sowie außerunterrichtliche Ganztags- und Betreuungsangebote im Primarbereich und Sekundarstufe I, BASS 12-63 Nr. 2). Für die offenen Ganztagsschulen gibt Nr. 4.4 der Richtlinien für die Grundschule außerdem vor, dass Hausaufgaben in rhythmisierte Lernzeiten eingebunden werden können.

12.6 Hausaufgabenheft

Die Hausaufgaben müssen eindeutig und verständlich formuliert werden. Die Schüler/innen haben das Recht, Ratschläge für die Durchführung zu erbitten. Es kann von ihnen ein Hausaufgabenheft (ggf. für jedes Fach) verlangt werden, in das neben den erteilten Aufgaben und deren Erledigung auch Sichtvermerke oder Hinweise der jeweiligen Lehrkraft an die Schüler/innen, oder die Eltern und deren Kenntnisnahme aufgenommen werden können. Wie das Hausaufgabenheft gestaltet wird und wer dort Eintragungen vornimmt, hängt auch davon ab, ob das Kind bereits schreiben kann.

12.7 Erörterung mit den Eltern

Es wird erwartet, dass Sinn, Ausmaß und Verteilung von Hausaufgaben mit den Schüler/innen und in den Klassenpflegschaftsversammlungen sowie in Einzelberatungen mit Eltern erörtert werden. Auch die Konferenzen haben die Aufgabe, sich regelmäßig mit diesem Fragenkomplex zu befassen. Im Schulalltag wird es – schon allein aus Zeitgründen – wohl nur selten zu solchen Erörterungen kommen, wenn kein besonderer Anlass (z.B. eine Rückfrage oder Beschwerde) vorliegt. Wird der zulässige Zeitrahmen erkennbar überschritten, sollten die Eltern oder die Schüler/innen das Thema aufgreifen und die Klassenleitung auf die diesen zugewiesene Koordinierungspflicht hinweisen. Nach § 17 Abs. 3 S. 1 ADO koordinieren und fördern sie die Kontakte mit den Eltern. Schüler/innen und deren Eltern können nicht selbst entscheiden, ob eine Hausaufgabe erledigt wird.

12.8 Bewertung in den Klassen 1 bis 10

Nr. 4.5 des Erlasses sieht für die Klassen aller Schulformen und damit auch der Primarstufe vor, dass Hausaufgaben regelmäßig überprüft und für die weitere Arbeit im Unterricht ausgewertet werden müssen. Sie werden nicht benotet, finden jedoch Anerkennung. Die Pflicht der Lehrkräfte zur Überprüfung der Hausaufgaben ergibt sich auch aus Nr. 4.4 der Richtlinien für die Grundschule.

Auch das schriftliche Abfragen von mündlich erteilten Hausaufgaben zur Notenfindung in Form unangekündigter „Tests“ ist nicht zulässig. Da die Benotung von Hausaufgaben nicht erfolgen darf, wäre das schriftliche Abfragen von mündlich erteilten Hausaufgaben zur Notenfindung eine Umgehung dieses Verbots. Anders ist die Rechtslage nur dann, wenn die über Hausaufgaben zu erwerbenden Kenntnisse Voraussetzung für eine erfolgreiche Mitarbeit im Unterricht sind; werden hier die Defizite wegen nicht gemachter Hausaufgaben deutlich, kann eine negative Bewertung der defizitären mündlichen Leistungen erfolgen. Wann einzelne Hausaufgaben ausnahmsweise – auch negativ – bewertet werden können, lässt sich nicht allgemein bestimmen. Dienen sie z.B. der Vorbereitung von Klassenarbeiten, dürfen sie nicht bewertet werden.

12.9 Schulkonferenz

Die Schulkonferenz beschließt gemäß § 65 Abs. 2 Nr. 11 SchulG die Grundsätze für Umfang und Verteilung der Hausaufgaben. Nach Nr. 4.6 des Erlasses soll die Schulkonferenz im Rahmen ihrer Zuständigkeit ein Konzept beschließen, das insbesondere unter den in der Primarstufe typischen Bedingungen individualisierter Stundenpläne in angemessener Weise die Belastbarkeit von Schüler/innen berücksichtigt. Da sich die individuelle Belastbarkeit kaum generell erfassen lässt, ist die Schulkonferenz gut beraten, bei ihrer grundsätzlichen Entscheidung Spielräume in dem Konzept über die Verteilung und den Umfang von Hausaufgaben vorzusehen, die es den Lehrkräften ermöglichen, individuellen Belastbarkeiten der Schüler/innen angemessen und hinreichend Rechnung zu tragen. Dazu gehören gerade auch Überlegungen zur Verteilung und dem Umfang von Hausaufgaben für Schüler/innen mit sonderpädagogischem Unterstützungsbedarf, die die Primarstufe besuchen. Einzelfallregelungen darf die Schulkonferenz allerdings nicht beschließen. Sie muss sich gemäß § 65 Abs. 2 Nr. 11 SchulG auf die Grundsätze des Umfangs und der Verteilung der Hausaufgaben beschränken.

12.10 Verantwortung der Lehrkräfte

Nr. 4.7 S. 1 des Erlasses verpflichtet die Lehrkräfte der Klassen der Grundschulen, gemeinsam für die Vorgaben in Nr. 4.5 des Erlasses über den zeitlichen Umfang von Hausaufgaben zu sorgen. Soweit nach Nr. 4.7 S. 2 des Erlasses §§ 18, 19 ADO unberührt bleiben, ist für die Grundschulen nur § 18 ADO von Bedeutung. § 19 ADO betrifft die Jahrgangsstufenleitung im Kurssystem der gymnasialen Oberstufe.

Nach § 18 Abs. 1 S. 2 ADO achten die Klassenlehrer/innen darauf, dass die Klasse, insbesondere durch den Umfang von Hausaufgaben und die Verteilung der Klassenarbeiten, im Laufe des Schuljahres ausgewogen und nicht unangemessen belastet wird. Soweit die Vorschrift auf die Belastung „im Laufe des Schuljahres" abstellt, bedeutet das, dass es nicht Aufgabe der Klassenlehrer/innen ist, auf eine stets gleichmäßige Belastung der Schüler/innen zu achten. Ihnen ist eine vorübergehende höhere Belastung mit Hausaufgaben und Klassenarbeiten grundsätzlich zumutbar, wenn dies aus organisatorischen und fachlichen Gründen nicht vermieden werden kann. In diesen Fällen ist ein Ausgleich im Laufe des weiteren Schuljahres herbeizuführen. Sinn, Ausmaß und Verteilung von Hausaufgaben sollten Klassenlehrer/innen mit den Schüler/innen und in den Sitzungen der Klassen- oder Jahrgangsstufenpflegschaften (§ 73 Abs. 2 S. 2 SchulG) sowie in Einzelberatungen mit den Eltern erörtern.

Hinsichtlich der einzelnen Lehrkräfte einer Klasse hat die Klassenleitung die Aufgabe, einen Ausgleich herbeizuführen, wenn es im Einzelfall zu einer Häufung von Hausaufgaben und damit zu einer zeitlichen Überforderung der Schüler/innen kommt. Kommt ein Ausgleich nicht zustande, weil einzelne Lehrkräfte nicht bereit sind, den Umfang der von ihnen erteilten Hausaufgaben zu reduzieren, ist die Angelegenheit im Rahmen einer Klassenkonferenz zu beraten und zu entscheiden. Auch mit Blick auf ihre pädagogische Freiheit (§ 5 ADO) sind Lehrer/innen verpflichtet, nicht nur die sich aus ihren Hausaufgaben ergebenden Belastungen, sondern die Gesamtbelastung der Schüler/innen in den Blick zu nehmen und den Umfang der Hausaufgaben der Gesamtbelastung anzupassen (Jehkul/Bülter/Schnieders, ADO, 3. Aufl., 2013, § 18 Anm. 1.4)..

13. Bekanntgabe von Leistungsbewertungen

Für die Bekanntgabe von Leistungsbewertung mit oder ohne Noten ist § 44 Abs. 2 SchulG von entscheidender Bedeutung.

> ***§ 44 Abs. 2 SchulG***
> ***Information und Beratung***
> *(2) Lehrerinnen und Lehrer informieren die Schülerinnen und Schüler sowie deren Eltern über die individuelle Lern- und Leistungsentwicklung und beraten sie. Ihnen sind die Bewertungsmaßstäbe für die Notengebung und für Beurteilungen zu erläutern. Auf Wunsch werden ihnen ihr Leistungsstand mitgeteilt und einzelne Beurteilungen erläutert. Dies gilt auch für die Bewertung von Prüfungsleistungen.*

§ 44 Abs. 2 SchulG betrifft die Information und Beratung über die Lern- und Leistungsentwicklung der Schüler /in In ihrem Anwendungsbereich verdrängt die Vorschrift die allgemeine Regelung über Information und Beratung in § 44 Abs. 1 SchulG. Der Anwendungsbereich des § 44 Abs. 2 SchulG betrifft nicht allgemeine Information und Beratung über den Bildungsgang, sondern die individuelle Lern- und Leistungsentwicklung der Schüler /in. Information bedeutet in diesem Zusammenhang die Mitteilung über den aktuellen Lern- und Leistungsstand sowie die individuelle Entwicklung auf der Grundlage des aktuellen im Vergleich mit dem früheren Lern- und Leistungsstand. Die Beratung über die Lern- und Leistungsentwicklung umfasst insbesondere die Prognose der weiteren Entwicklung im besuchten Bildungsgang auf der Basis des bislang gezeigten Lern- und Leistungsverhaltens und die perspektivischen Möglichkeiten im Bildungsgang oder im Falle des Übergangs zu einem anderen Bildungsgang oder einer beruflichen Ausbildung.

13.1 Spezialregelungen

Das SchulG enthält Spezialregelungen über die Information und Beratung hinsichtlich der individuellen Lern- und Leistungsentwicklung, die Vorrang vor der Regelung in § 44 Abs. 2 SchulG haben. Die Vorschrift wird zudem durch Regelungen in den Ausbildungs- und Prüfungsordnungen ergänzt.

Die Information über den aktuellen Lern- und Leistungsstand erfolgt primär durch die Zeugnisse gemäß § 49 SchulG (vgl. T 12). Individuelle Lern- und Förderempfehlungen als Teil der Beratung erfolgen bei Lern- und Leistungsdefiziten mit dem Ziel, die Defizite bis zur Versetzungsentscheidung zu beheben (§ 50 Abs. 3 S. 2 SchulG). Eine Lern- und Förderempfehlung erhalten Schüler/innen der Grundschule und der Sekundarstufe I auch im Falle der Nichtversetzung zum Ende des Schuljahres (§ 50 Abs. 3 S. 3 SchulG). Darüber hinaus erfolgt eine Information über eine eventuelle Versetzungsgefährdung durch die schriftliche Benachrichtigung gemäß § 50 Abs. 4 SchulG (sog. blauer Brief).

Die Ausbildungs- und Prüfungsordnungen enthalten zahlreiche § 44 Abs. 2 SchulG ergänzende Bestimmungen. Eine besonders wichtige Beratung über die weitere Förderung des Kindes erfolgt in der Klasse 4 der Grundschule in dem persönlichen Gespräch gemäß § 8 Abs. 2 AO-GS zwischen Klassenlehrer/in und den Eltern über die weitere schulische Förderung des Kindes.

Die Fürsorgepflichten der Lehrkräfte sowie der Schule insgesamt haben in Bezug auf die individuelle Lern- und Leistungsentwicklung besondere Bedeutung gerade vor dem Hintergrund, die Versetzung als Regelfall anzustreben (§ 50 Abs. 3 S. 1 SchulG). Sie können über Bestimmungen des SchulG und der Ausbildungs- und Prüfungsordnungen hinaus Anlass zu einer weitergehenden Information und Beratung der Eltern sowie der Schüler/innen geben. So sind die Lehrkräfte zur Hilfestellung und Erteilung von zweckdienlichen Hinweisen verpflichtet, soweit dies zur Erfüllung des Erziehungs- und Bildungsauftrags der Schule erforderlich ist. Hilfestellungen und Hinweise sind insbesondere dann geboten, wenn die Schüler/innen ohne sie unter den konkreten Umständen des Einzelfalls Gefahr laufen, das Bildungs- und Erziehungsziel nicht zu erreichen, oder ihnen sonst ein Rechtsverlust droht. Diese Fürsorgepflicht besteht jedoch nicht uneingeschränkt. Sie setzt voraus, dass die Schülerin/der Schüler im Rahmen seiner Möglichkeiten das zur Erreichung des Bildungs- und Erziehungsziels und zur Erhaltung ihrer bzw. seiner Rechte Erforderliche getan hat. Das Maß dessen, was von der Schüler /in zu leisten ist, hängt nicht nur von seinen subjektiven Möglichkeiten ab. Entscheidend ist auch, was objektiv von ihr oder ihm erwartet werden kann. Danach verletzt die Schule, die der Schülerin/dem Schüler keine Hilfestellungen gibt oder keine Hinweise erteilt, ihre Fürsorgepflicht beispielsweise dann nicht, wenn der Zweck der von der Schülerin/dem Schüler zu erbringenden Leistung (auch) darin besteht zu zeigen, dass Problemstellungen selbstständig, also ohne Hilfe oder Hinweise der Schule, gelöst werden können (OVG NRW, Beschluss vom 8.3.2006 – 19 A 4789/05 –, juris, Rdn. 6 ff., m.w.N.).

13.2 Berechtigte und Verpflichtete.

Anspruchsberechtigte nach § 44 Abs. 2 SchulG sind die Eltern sowie die Schüler/innen. Die Vorschrift differenziert nicht danach, ob die Schüler/innen volljährig oder minderjährig sind. Die Lehrkräfte (auch) der Grundschulen können deshalb das berechtigte Verlangen von Schüler/innen auf Information und Beratung nicht allein unter Hinweis auf die Minderjährigkeit versagen. Der Informations- und Beratungsanspruch der minderjährigen Schüler/innen nach § 44 Abs. 2 SchulG ist insofern ein selbstständiger Anspruch, der unabhängig von und neben dem Anspruch der Eltern auf Information und Beratung besteht. Klagebefugt im Falle nicht ausreichender Information und/oder Beratung sind dementsprechend die Eltern und die minderjährigen Schüler/innen vertreten durch ihre Eltern.

Zur Information und Beratung über den individuellen Lern- und Leistungsstand verpflichtet sind nach § 44 Abs. 2 SchulG die Lehrer/innen. Während der Kreis der Verpflichteten gemäß § 44 Abs. 1 SchulG nicht beschränkt ist, werden in § 44 Abs. 2 S. 1 SchulG ausdrücklich nur die Lehrer/innen genannt. Informations- und Beratungsverpflichtete sind insoweit sämtliche die Schüler /in unterrichtenden Lehrkräfte sowie diejenigen Lehrkräfte, denen etwa als Beratungslehrer /in Informations- und Beratungsaufgaben übertragen worden sind. Die Übertragung und Konzentration der Information und Beratung auf die Klassen- und Jahrgangsstufenleitung ist sinnvoll und in §§ 18 Abs. 2, 19 Abs. 1 S. 1 ADO vorgesehen (vgl. dazu die Anm. zu §§ 18, 19 ADO bei Jehkul/ Bülter/Schnieders, a.a.O.). Eine solche Übertragung und Konzentration der Informations- und Beratungsaufgaben entbindet die einzelnen Fachlehrkräfte nicht von ihrer Pflicht, selbst die Eltern sowie Schüler/innen zu informieren und zu beraten. Eine Ausnahme kommt nur dann in Betracht, wenn die Eltern sowie die Schüler/innen bereits hinreichend durch die Klassen- oder Jahrgangsstufenleitung informiert sind und die weitergehende Information und Beratung durch die Fachlehrkraft erkennbar keinen weitergehenden Erkenntnisgewinn verspricht.

13.3 Inhalt der Information und Beratung

Information und Beratung über die individuelle Lern- und Leistungsentwicklung sind weit gespannt. Sie betreffen nicht nur den aktuellen Leistungsstand und den gesamten Bewertungs- und Beurteilungsbereich einschließlich der Information über die Bewertungsmaßstäbe. § 44 Abs. 2 SchulG bezweckt außerdem Information und Beratung über das sonstige, für die Lern- und Leistungsentwicklung relevante Verhalten der Schüler/innen, etwa unentschuldigtes Fernbleiben vom Unterricht und sonstiges Fehlverhalten, auch soweit es unterhalb der Schwelle für eine erzieherische Maßnahme oder Schulordnungsmaßnahme liegt, oder auch Information und Beratung über besondere Fördermöglichkeiten etwa bei einer Lese- und/oder Rechtschreibschwäche (Nr. 5 des LRS-Erlasses, BASS 14-01 Nr. 1). Dieses weite Spektrum der Information und Beratung findet seine Rechtfertigung in dem Zweck des § 44 Abs. 2 SchulG, Transparenz zu schaffen im Sinne einer vollständigen Information und Beratung der Eltern sowie der Schüler/innen über sämtliche Aspekte, die für die individuelle schulische Entwicklung Bedeutung haben können. Darin liegt aber auch die Grenze des Informations- und Beratungsanspruchs nach § 44 Abs. 2 SchulG. Die Vorschrift gewährt keinen Anspruch auf Information und Beratung über solche Aspekte, die keinen Bezug zur individuellen Lern- und Leistungsentwicklung haben. Besonders erwähnt wird in § 44 Abs. 2 SchulG die Pflicht zur Erläuterung der Bewertungsmaßstäbe und der Leistungsbewertung.

13.3.1 Bewertungsmaßstäbe

Nach § 44 Abs. 2 S. 2 SchulG sind die Bewertungsmaßstäbe für die Notengebung und für die Beurteilungen zu erläutern. Die Erläuterung impliziert – selbstverständlich – dass die Lehrkräfte ihre Beurteilungsmaßstäbe überhaupt offenlegen. Die Offenlegung und Erläuterung der Bewertungsmaßstäbe steht im Kontext mit der allgemeinen Pflicht zur Begründung von Notengebungen und Beurteilungen. Danach besteht auch verfassungsrechtlich ein Anspruch auf Mitteilung der allgemeinen und besonderen Bewertungsmaßstäbe, damit die Eltern sowie Schüler/innen auch im Interesse der Gewährung effektiven Rechtsschutzes (Art. 19 Abs. 4 GG) in die Lage versetzt werden zu prüfen und zu entscheiden, ob sie ggf. Rechtsbehelfe gegen die Notengebung oder Beurteilung einlegen (grundlegend: BVerwG, Urteil vom 9.12.1992 – 6 C 3.92 –, juris, Rdn. 28). Die Mitteilung der Bewertungsmaßstäbe ist den Lehrer/innen zumutbar und dient auch ihren Interessen. Sie können damit den Vorwurf vermeiden, unterschiedliche Bewertungsmaßstäbe bei den Schüler/innen der Klasse oder Jahrgangsstufe anzulegen und für die Bewertungsmaßstäbe wesentliche Gesichtspunkte nicht berücksichtigt zu haben (BVerwG, Urteil vom 9.12.1992 – 6 C 3.92 –, a.a.O., Rdn. 29).

Der Anspruch auf Erläuterung der Bewertungsmaßstäbe ist nach § 44 Abs. 2 S. 2 SchulG nicht eingeschränkt. Er bezieht sich sowohl auf die Beurteilungsbereiche schriftliche Arbeiten und sonstige Leistungen im Unterricht (§ 48 Abs. 2 S. 2 SchulG) als auch auf die in § 44 Abs. 2 S. 4 SchulG angeführten – für die Grundschulen nicht relevanten – Prüfungsleistungen, etwa in der Abiturprüfung. Wann die Erläuterung erfolgt, ist in § 44 Abs. 2 SchulG nicht geregelt. Die Lehrkräfte entscheiden im Rahmen ihrer pädagogischen Freiheit und Verantwortung nach pflichtgemäßem Ermessen ob sie die Bewertungsmaßstäbe, soweit – wie für den Beurteilungsbereich sonstige Leistungen im Unterricht – möglich, bereits zu Beginn des Unterrichts eines Schuljahres, vor einer schriftlichen Arbeit oder erst im Zusammenhang mit einer konkreten Bewertung oder Beurteilung bekanntgeben. Darüber hinaus entscheiden die Lehrkräfte nach pflichtgemäßem Ermessen, ob sie von sich aus die Bewertungsmaßstäbe erläutern oder (erst) auf Wunsch der Eltern oder Schüler/innen. Entscheidend ist in diesem Zusammenhang nur, dass überhaupt eine Erläuterung erfolgt und zwar so rechtzeitig und vollständig, dass den Eltern sowie Schüler/innen Gelegenheit verbleibt, ggf. um Rechtsschutz nachzusuchen.

Eltern sowie Schüler/innen haben grundsätzlich nur einen Anspruch darauf, die bei ihnen angelegten Bewertungsmaßstäbe und –kriterien zu erfahren. Demgegenüber besteht – auch im gerichtlichen Verfahren – kein Anspruch auf Mitteilung und Erläuterung der Bewertung der Leistungen von Mitschüler/innen (OVG NRW, Beschluss vom 23.3.2007 – 19 B 414/07 –, n.v.). Das Oberverwaltungsgericht hat dementsprechend nicht dem Antrag eines Rechtsanwaltes entsprochen, die Klausuren von Mitschüler/innen beizuziehen und ihm die Klausuren zur Einsichtnahme zu übersenden.

13.3.2 *Notenbegründung*

Benotungen und andere Leistungsbeurteilungen sind grundsätzlich zu begründen. Insoweit ist zwischen schriftlichen und sonstigen Schülerleistungen zu differenzieren.

Begründungspflicht. Nicht zweifelhaft ist, dass Benotungen und Beurteilungen einer Begründung bedürfen. § 39 Abs. 1 VwVfG NRW, der die Behörden zur Begründung eines Verwaltungsaktes verpflichtet, gilt zwar nach § 2 Abs. 3 Nr. 3 VwVfG NRW nicht für die Tätigkeit der Schulen. Daraus folgt jedoch nicht, dass Benotungen und Beurteilungen keiner Begründung bedürfen. Aus dem Grundrecht auf effektiven Rechtsschutz (Art. 19 Abs. 4 GG) ergibt sich dem Grunde nach die Pflicht, (auf Nachfrage) die wesentlichen Gründe für eine schulische Leistungsbewertung bekannt zu geben. Denn die Schüler/innen und deren Eltern sind nur dann in der Lage, gegen eine aus ihrer Sicht unzutreffende Notenfestsetzung um gerichtlichen Rechtsschutz nachzusuchen, wenn ihm die dafür tragenden Erwägungen bekannt sind, zumal der Umfang der gerichtlichen Kontrolle davon abhängt, welche Einwände die Schüler/innen oder ihre Eltern gegen die Notenfestsetzung geltend machen und ob diese Einwände schlüssig und hinreichend substantiiert sind. Dem entsprechend bestimmt § 44 Abs. 2 S. 3 SchulG, dass den Eltern sowie den Schüler/innen auf Wunsch ihr Leistungsstand mitgeteilt und einzelne Beurteilungen erläutert werden (grundlegend: OVG NRW, Beschlüsse vom 23.11.2001 – 19 B 1480/01 –, nrwe, Rdn. 10 ff., und 13.2.2002 – 19 B 160/01 –, nrwe, Rdn. 8 f.).

Schriftliche Leistungen. Die Begründung bei schriftlichen Leistungen muss schriftlich erfolgen. Dieses gebietet nach der Rechtsprechung vor allem die Garantie- und Klarstellungsfunktion der Begründung für die Lehrkräfte; zugleich fördert die schriftliche Begründung die Selbstkontrolle der Lehrkräfte (vgl. nur und zu den folgenden Anmerkungen: BVerwG, Beschluss vom 15.7.2010 – 2 B 104.09 –, juris, Rdn. 5, und Urteil vom 9.12.1999 – 6 C 3.92 –, juris, Rdn. 27 ff. jeweils m.w.N.).

Die schriftliche Begründung muss ihrem Inhalt nach so beschaffen sein, dass das Recht der Eltern sowie der Schüler/innen, Einwände gegen die Benotung oder Beurteilung wirksam vorzubringen, ebenso gewährleistet ist wie das Recht auf gerichtliche Kontrolle des Prüfungsverfahrens. Nur die Begründung versetzt die Verwaltungsgerichte in die Lage, die Bewertung oder Benotung nachzuvollziehen und unter Beachtung des Beurteilungsspielraums der Lehrkräfte einer gerichtlichen Kontrolle zu unterziehen. Aus diesem Zweck der Begründung ergeben sich auch die an sie zu stellenden Anforderungen. Sie muss ihrem Inhalt und Umfang nach so beschaffen sein, dass es für die Eltern, Schüler/innen sowie die Gerichte möglich ist, die grundlegenden Gedankengänge nachzuvollziehen, die die Lehrkraft zu der Bewertung veranlasst haben. Es muss daraus zwar nicht in den Einzelheiten, aber doch in den für das Ergebnis ausschlaggebenden Punkten erkennbar sein, welchen Sachverhalt sowie welche allgemeinen oder besonderen Bewertungsmaßstäbe die Lehrkraft zugrunde gelegt hat und auf welcher wissenschaftlich-fachlichen Annahme der Lehrkraft die Benotung oder Beurteilung beruht. Das bedeutet nicht, dass an Inhalt und Umfang der Begründung hohe Anforderungen zu stellen sind. Es genügt, wenn die Bewertung verständlich, aber nur kurz begründet wird, vorausgesetzt, die vorstehend dargestellten Kriterien für ein mögliches Nachvollziehen der grundlegenden Gedankengänge der Lehrkraft sind erfüllt.

Aus diesen Grundsätzen folgt, dass die bloße Erteilung einer Note keine hinreichende Begründung darstellt. Hat die Lehrkraft die schriftliche Leistung der Schüler/innen mit (Korrektur-) Randbemerkungen versehen und am Ende der schriftlichen Leistung eine Note ohne nähere Begründung erteilt, ist den Begründungsanforderungen genügt. Allerdings versteht die Rechtsprechung eine solche, in der Schulpraxis verbreitete Bewertung dahin, dass Grundlage der Bewertung sämtliche Randbemerkungen sind. In einem Rechtsstreit sind deshalb auch sämtliche Randbemerkungen durch das Verwaltungsgericht zu überprüfen. Ist nur eine Randbemerkung fehlerhaft, wird das Gericht die Lehrkraft zur Neubewertung verpflichten. In aller Regel sind jedoch nicht sämtliche Randbemerkungen für die Bewertung entscheidend. Es ist deshalb auch mit Blick auf ein eventuelles gerichtliches Verfahren stets sinnvoll, am Ende der schriftlichen Leistung in der gebotenen Kürze diejenigen Gesichtspunkte zusammenzufassen und darzulegen, die letztlich für die Benotung oder Beurteilung tragend sind.

Mündliche Leistungen. Bei der Bewertung mündlicher Leistungen besteht dem Grunde nach ebenfalls ein Anspruch auf Begründung der Bewertung. Dieser Anspruch besteht allerdings nach der Rechtsprechung nicht voraussetzungslos. Vielmehr ist hier den besonderen Bedingungen, die mündliche Leistungen von schriftlichen Leistungen wesentlich unterscheiden, angemessen Rechnung zu tragen. Dazu gehört es, den Aufwand, der für die Lehrkräfte mit jeglicher Begründung ihrer Bewertung von mündlichen Leistungen verbunden ist, auf dasjenige Maß zu beschränken, das nach den im Einzelfall gegebenen Umständen notwendig, notwendig ist, um dem Anspruch der Eltern sowie der Schüler/innen auf wirksamen Schutz in ihren Grundrechten hinreichend Rechnung zu tragen.. Danach ist es zur Wahrung des individuellen Rechtsschutzes unnötig und folglich auch nicht geboten, bei mündlichen Leistungen in jedem Falle eine schriftliche oder auch nur mündliche Begründung der Bewertung sämtlicher mündlicher Leistungen zu verlangen ohne Rücksicht darauf, ob die Eltern und die Schüler/innen überhaupt erwägen, Einwände gegen die Bewertung der mündlichen Leistung vorzubringen, und (allein) zu diesem Zweck eine Begründung benötigen. Vielmehr hängt der konkrete Inhalt des Anspruchs der Eltern sowie der Schüler/innen auf eine Begründung und damit korrespondierend der Pflicht der Lehrkräfte, ihre Bewertungen von mündlichen Leistungen zu begründen, davon ab, ob die Eltern und die Schüler /in eine Begründung verlangen, wann sie dies tut und mit welchem konkreten Begehren und mit welcher Begründung. Erst durch eine solche Spezifizierung durch die Eltern und die Schüler/innen wird aus dem (zunächst) nur dem Grunde nach gewährten allgemeinen Informationsanspruch ein konkreter Anspruch, der auf die Begründung näher bezeichneter, für die Eltern und die Schüler/innen nicht ohne weiteres durchschaubarer Bewertungen in einem bestimmten Fach gerichtet ist (vgl. nur BVerwG, Beschluss vom 15.7.2010 – 2 B 104.09 –, a.a.O., Rdn. 6, und Urteil vom 6.9.1995 – 6 C 18.93 –, juris, Rdn. 21 f.).

Entscheidungen der Versetzungskonferenz. Die Grundsätze für die Begründung mündlicher Leistungen gelten auch für die Entscheidung der Versetzungskonferenz, ob trotz Nichterfüllung der Versetzungsbedingungen aufgrund der Gesamtentwicklung eine erfolgreiche Mitarbeit in der nachfolgenden Klasse erwartet werden kann (§ 7 Abs. 4 S. 2 AO-GS). Diese Konferenzentscheidung muss nicht von vornherein gegenüber den Eltern sowie Schüler/innen begründet werden. Der Anspruch auf Begründung hängt auch hier davon ab, ob die Eltern sowie die Schüler/innen überhaupt eine Begründung verlangen, wann sie dies tun, welches Begehren sie damit verfolgen und mit welcher Begründung dies geschieht (OVG NRW, Beschluss vom 25.11.2009 – 19 B 1542/09 –, n.v.).

13.4 Art, Ort und Zeitpunkt der Information und Beratung

Für Art, Ort und Zeitpunkt der nach § 44 Abs. 2 SchulG gebotenen Information und Beratung gilt, dass die Lehrkräfte nicht verpflichtet sind, zu jedem Zeitpunkt eine Leistungsnote zu nennen, die die Gesamtleistung erfasst, oder den Eltern sowie Schüler/innen stets auch außerhalb der Unterrichtszeit und in den Ferien für Information und Beratung zur Verfügung zu stehen. Während der Unterrichtszeit darf ein Informations- und Beratungsverlangen nicht zur Störung und Unterbrechung des Unterrichts führen. In einem solchen Fall kann es abgelehnt und die oder der Betreffende auf die Zeit nach der Unterrichtsstunde verwiesen werden. Auch dem häufigen, in kurzen Abständen – ohne zwischenzeitliche Leistungsnachweise und/oder Änderung des Lern- und Leistungsverhaltens – wiederholten Ersuchen braucht nicht stattgegeben zu werden. Es genügt der (kurze) Hinweis darauf, dass sich seit der letzten ausführlichen Information und Beratung keine bedeutsamen Änderungen im Lern- und Leistungsverhalten ergeben haben. Ein plötzlicher Leistungsabfall kann Veranlassung zu einer kurzfristigen Information und Beratung der Eltern geben, wenn es sich nicht um einen erkennbar nur vorübergehenden Leistungsabfall handelt und anzunehmen ist, dass den Eltern der Leistungsabfall und die Gründe hierfür nicht bekannt sind. Sind die Eltern bereits über Lern- und Leistungsdefizite unterrichtet worden, ist es ihre Sache, bei der Lehrkraft nachzufragen, ob sich das Verhalten der Schülerin oder des Schülers gebessert hat (OVG NRW, Beschluss vom 16.9.2005 – 19 B 1574/05 –, n.v.).

Ein Anspruch auf Bekanntgabe der in einer Klasse oder Jahrgangsstufe insgesamt erteilten Noten (Notenspiegel) besteht grundsätzlich nicht. Die Lehrkräfte entscheiden nach pflichtgemäßem Ermessen darüber, ob sie den Notenspiegel mitteilen.

14. Qualitätsentwicklung und -sicherung

Die schriftlichen Arbeiten sind auch in der Grundschule in das landesweite Bemühen der Qualitätsentwicklung und Qualitätssicherung (vgl. § 3 Abs. 3 und 4 SchulG) eingebunden: Lernstandserhebungen (Vergleichsarbeiten) dienen nach Nr. 12 der Richtlinien für die Grundschule der Qualitätsentwicklung und -sicherung.

Die Aufgaben für die Lernstandserhebungen werden von Lehrer/innen aus allen 16 Bundesländern erarbeitet. Seit 2009 (Sekundarstufe I) und 2010 (Primarstufe) werden Testaufgaben verwendet, die länderübergreifend im Institut zur Qualitätsentwicklung im Bildungswesen (IQB) entwickelt werden. Grundlage sind die Bildungsstandards der Kultusministerkonferenz. Alle in den Testheften vorliegenden Aufgaben werden vor ihrer Nutzung bundesweit mit jeweils mehreren hundert Schüler/innen auf Eignung und Schwierigkeit erprobt. Die Rückläufe aus dieser Erprobung werden statistisch ausgewertet, so dass zu jeder Aufgabe anschließend eine Information über ihren Schwierigkeitsgrad vorliegt. Prinzipien der Testzusammenstellung sind: Die mittlere Lösungsquote in allen eingesetzten Testheften beträgt etwa 50 Prozent. Die Aufgaben werden nach inhaltlichen Kriterien ausgesucht, wobei die Breite des Inhaltsbereichs sowie die Anforderungsbereiche berücksichtigt werden. Für jede Schüler /in wird auf Basis der gelösten Aufgaben ein Kompetenzniveau geschätzt. Für die Festlegung von Kompetenzniveaus werden die Aufgaben nach fachlich-inhaltlichen Gesichtspunkten zusammengefasst. Schüler/innen, die eine bestimmte Stufe erreichen, können Aufgaben dieses Niveaus und leichtere Aufgaben hinreichend sicher vollständig lösen. Es ist grundsätzlich sehr wichtig gegenüber den Schüler/innen zu erläutern, dass (anders als in Klassenarbeiten oder Prüfungen) niemand von ihnen die Bewältigung aller Aufgaben erwartet. Das Ziel der Lernstandserhebungen ist es, herauszufinden, wieviel die Klasse schon kann und in welchen Bereichen gezielt weitergearbeitet werden sollte (www.schulentwicklung.nrw.de/lernstand8/lehrerinformationen/hintergrundinformationen/aufgabenentwicklung/aufgabenentwicklung.html).

In der Grundschule werden Lernstandserhebungen in der Klasse 3 und dort nur in den Fächern Deutsch und Mathematik durchgeführt. Sie werden auch **VER**gleichs**A**rbeiten genannt, weil sie im Rahmen des länderübergreifenden Kooperationsprojekts VERA durchgeführt werden. Gebräuchlich ist auch die Abkürzung **VERA 3**. Die Vergleichsarbeiten der Klasse 3 stellen als Diagnoseinstrument eine wichtige Grundlage für eine systematische Unterrichtsentwicklung dar. Lehrer/innen erhalten Informationen, über welche Kenntnisse, Fähigkeiten und Fertigkeiten die Kinder einer Klasse im Hinblick auf die fachlichen Anforderungen der nationalen Bildungsstandards und der Lehrpläne verfügen. Die Durchführung von Vergleichsarbeiten hat das Ziel die Kompetenzorientierung im Bildungssystem zu stärken. Sie soll die Frage beantworten, welche Kompetenzen Schüler/innen in Deutsch und Mathematik bis zu einem bestimmten Zeitpunkt in der Schullaufbahn erreicht haben. An den Tests nehmen grundsätzlich alle Schüler/innen der dritten Klassen teil. Ausnahmen:

Schüler/innen mit sonderpädagogischem Förderbedarf in Förderschulen und im Gemeinsamen Lernen können freiwillig teilnehmen – ihre Ergebnisse gehen aber nicht in die Gesamtauswertung ein. Die Entscheidung hierfür liegt im Ermessen der Schule. Schüler/innen, die weniger als 12 Monate in Deutschland leben und die deutsche Sprache noch nicht ausreichend beherrschen, nehmen nicht teil (www.schulentwicklung.nrw.de/e/vera3/allgemeine-informationen/aktuelles.html).

Die Vergleichsarbeiten werden nicht als Klassenarbeiten gewertet und auch nicht benotet. Darüber hinaus sind sie keine Grundlage für die Schulformempfehlung gemäß § 11 Abs. 5 SchulG. Das wird in Nr. 1.3 des Erlasses klargestellt. Damit gilt auch nicht mehr die in Nr. 6.2 noch – auf der Grundlage der früheren Regelungen über Lernstandserhebungen – enthaltene Vorgabe, die Anforderungen der Lernstandserhebungen werden ergänzend zu den Beurteilungsbereichen „Schriftliche Arbeiten“ und „Sonstige Leistungen im Unterricht“ bei der Leistungsbewertung herangezogen.

Für die Lehrer/innen besteht die Pflicht zur Mitwirkung an der Qualitätsentwicklung und -sicherung schulischer Arbeit (§ 10 Abs. 4 S. 2 ADO). Die Vorschrift knüpft insoweit an § 57 Abs. 2 S. 1 und § 3 SchulG an. Nach § 57 Abs. 2 S. 1 SchulG wirken Lehrer/innen an der Fortentwicklung der Qualität schulischer Arbeit aktiv mit. Die Regelung wird ergänzt durch § 3 SchulG. Danach sind nicht nur Schulen und Schulaufsichtsbehörden zur kontinuierlichen Entwicklung und Sicherung der Qualität schulischer Arbeit verpflichtet. Nach § 3 Abs. 4 SchulG sind auch Lehrer/innen verpflichtet, sich nach Maßgabe entsprechender Vorgaben der Schulaufsicht an Maßnahmen der Qualitätsentwicklung und Qualitätssicherung zu beteiligen. Dies gilt insbesondere für die Beteiligung an Vergleichsuntersuchungen, die von der Schulaufsicht oder von Dritten ausgeführt werden.

Für Zwecke der Qualitätsentwicklung und –sicherung dürfen vom Ministerium genehmigte Bild- und Tonaufzeichnungen des Unterrichts erfolgen, wenn die Betroffenen rechtzeitig über die beabsichtigte Aufzeichnung und den Aufzeichnungszweck informiert worden sind (§ 121 Abs. 1 S. 2 SchulG).

15. Kinder beruflich Reisender

Für Kinder beruflich Reisender (vgl. auch T 3-4.4) sind Sonderregelungen in dem Runderlass vom 14.10.2005 – BASS 15-05 Nr. 21 – getroffen worden:

6. *Leben und Lernen auf der Reise, Handreichung zum Schultagebuch und zu Fragen der schulischen Bildung der Kinder beruflich Reisender*

Eine im Auftrag der Ständigen Konferenz der Kultusminister der Länder in der Bundesrepublik Deutschland entwickelte Handreichung „Leben und Lernen auf der Reise“ – Handreichung zum Schultagebuch und zu Fragen der schulischen Bildung der Kinder beruflich Reisender – soll die schulische Bildung der reisenden Kinder unterstützen und somit die Unterrichtssituation für die reisenden Schülerinnen und Schüler wie auch für die Lehrerinnen und Lehrer erleichtern und verbessern.

7. Schultagebuch

7.1 Einen wichtigen Schwerpunkt der Handreichung bildet das neue vereinheitlichte Schultagebuch für reisende Kinder. Es leistet einen zentralen Beitrag zur Unterstützung der schulischen Bildung von Kindern beruflich Reisender und ist Grundlage bei der Dokumentation des Lernprozesses, zur Leistungsbewertung und zur Zeugniserteilung.

Die Kultusministerkonferenz hat vereinbart, dieses Schultagebuch in allen Ländern der Bundesrepublik Deutschland zu verwenden.

Das Schultagebuch ist nach dem Muster des Anhangs 1 zur Handreichung zu gestalten.

7.2 Das Schultagebuch erhalten die Schülerinnen und Schüler vor Beginn der Reisesaison von der Stammschule oder von der zuerst besuchten Grundschule. Es begleitet das Kind während der gesamten Schulzeit, hilft Lehrerinnen und Lehrern auf der Reise, das zutreffende Unterrichtsangebot bereitzustellen und ermöglicht den Eltern einen Überblick über den Lernfortschritt ihres Kindes.

Die Eltern sind verpflichtet, den Schulen das Tagebuch zu Beginn des Schulbesuchs vorzulegen. Bei Verlust sind die Eltern gehalten, Ersatz zu beschaffen.

7.3 Schulleitungen, Lehrerinnen und Lehrer sind verpflichtet, das Schultagebuch sorgfältig auszufüllen und eine Kopie der an ihrer Schule erstellten Lernstandsberichtsseite(n) an die Stammschule zu senden. Das Schultagebuch verbleibt am Ende der Schulzeit in den Händen der Schülerin oder des Schülers.

8. Lernbausteine für die Fächer Deutsch, Mathematik und 1. Fremdsprache (Englisch bzw. Französisch)

Aufgrund eines Beschlusses der Kultusministerkonferenz werden gemäß § 29 SchulG (BASS 1-1) Lernbausteine/Beschreibungen erwarteter Leistungen für die Fächer Deutsch, Mathematik und 1. Fremdsprache (Englisch bzw. Französisch) festgesetzt.

Die Lernbausteine stellen eine Planungshilfe für die Entwicklung individueller Lernpläne dar. Sie basieren auf den in der Kultusministerkonferenz vereinbarten Bildungsstandards und sind dementsprechend den Jahrgangsstufen 1 bis 4 und 5 bis 10 zugeordnet.

Die Lernbausteine, insbesondere die zur ersten Fremdsprache, sollen nach einer fünfjährigen Praxiserprobung evaluiert werden.

9. Leistungsbewertung

9.1 Grundlage der Leistungsbewertung sind die an der Stammschule erbrachten Leistungen und jene Lernfortschritte, die an den auf der Reise besuchten Schulen durch Eintragungen in das Schultagebuch und gegebenenfalls durch ergänzende Informationen nachgewiesen werden. Für die Übermittlung von

Informationen zur Lernentwicklung und Leistungsbewertung an die Stammschule ist die Stützpunktschule verantwortlich.

9.2 *Die reisenden Kinder erhalten von ihrer Stammschule zu den Zeugnisterminen Zeugnisse gemäß § 6 AO-GS (BASS 13-11 Nr. 1.1) und § 7 APO-S I (BASS 13-21 Nr. 1.1). Die Zeugnisse dokumentieren die Lernfortschritte der Schülerin oder des Schülers während des gesamten Schuljahres (Reisesaison und Winterpause). Das Halbjahreszeugnis (Winterzeugnis) enthält einen Hinweis auf die zu besuchende Klasse. Das Sommerzeugnis enthält einen Versetzungsvermerk. Die Zeugnisse sollen eine zusätzliche Motivation für den weiteren Schulbesuch bewirken. Auf Wunsch der Eltern kann das Halbjahreszeugnis auch am Ende des Aufenthalts im Winterquartier ausgestellt werden.*

10. Ansprechpartnerin oder Ansprechpartner

In jedem Schulamt sowie in jeder Bezirksregierung und im Ministerium für Schule und Weiterbildung steht eine zuständige Ansprechpartnerin oder ein zuständiger Ansprechpartner zur Verfügung.

11. Schule für Circuskinder

Die für die Schule für Circuskinder der Evangelischen Kirche im Rheinland getroffenen Regelungen bleiben unberührt.

12. Bezugsquellen

Die Handreichung mit den Lernbausteinen, dem Schultagebuch und weiteren Dokumentationshilfen im Anhang stehen unter der Internet-Seite www.schule-unterwegs.de zum Download zur Verfügung.

Eine Regelung i.S.d. der Nr. 11 des Erlasses ist beispielsweise § 3 Abs. 5 AO-GS. Danach organisiert die Schule für Circuskinder in Nordrhein-Westfalen der Evangelischen Kirche im Rheinland den Unterricht so, dass die Schullaufbahn mit den Lebensverhältnissen der Schüler/innen vereinbar ist.

16. Eigentum an Schülerarbeiten

Die Schülerarbeiten gehören den Schüler/innen. Ihr Eigentums- und Besitzrecht daran ist aber zeitweilig eingeschränkt. Während der Korrektur können die Schüler/innen über das Eigentum an den Arbeiten (Klassen- und Kursarbeitshefte, Zeichnungen und andere Arbeiten für den Werk- und Kunstunterricht) nicht frei verfügen. Die Schule muss sie aber dann, wenn sie die Arbeiten nicht mehr – zur Beurteilung – benötigt, an die Eigentümer/innen herausgeben. Dies geschieht sinnvollerweise am Ende des Schuljahres oder zu Beginn des neuen Schuljahres.

Wenn ein Widerspruchs-, Beschwerde- oder Verwaltungsgerichtsverfahren anhängig ist, in dem es auf die Arbeiten ankommt, kann die Schule die Arbeiten, die sie im Besitz hat, bis zum Abschluss des Verfahrens zu Beweiszwecken zurückbehalten. Während dieser Zeit haben die Schüler /in das Recht, in die eigenen Klassenarbeitshefte Einsicht zu nehmen, vgl. zum selbstständigen Informationsanspruch der Schüler/innen T 11-13.2). Das gleiche Recht steht ihren Eltern zu. Eine Einsichtnahme in die Klassenarbeitshefte von Mitschüler/innen darf die Schule nur dann gestatten, wenn diese bzw. ihre Eltern damit einverstanden sind.

Schule, Schulaufsichtsbehörde und Verwaltungsgericht können auch die Hefte der anderen Schüler/innen zu Vergleichs- und Überprüfungszwecken vorübergehend einbehalten. Jedoch werden diese in der Regel nicht benötigt, auch wenn sich die Schüler /in auf eine Verletzung des Gleichheitsgrundsatzes beruft. Es kommt allein darauf an, ob die in Frage stehende Bewertung ordnungsgemäß getroffen ist. Die Bewertung der Leistungen der Mitschüler/innen gibt grundsätzlich nichts her für die Frage, ob die Fachlehrer/innen die Leistungen anderer Schüler/innen fehlerfrei bewertet haben (OVG NRW, Beschluss vom 7.2.2012 – 19 B 13/12 –, juris, Rdn. 13, m.w.N.). Die Lehrkraft ist aber verpflichtet, bei der Beurteilung der Schülerleistungen in der Regel gleiche Maßstäbe anzulegen. Stellt sich heraus, dass sie das ohne einen triftigen Grund nicht getan hat, ist die Leistungsbewertung fehlerhaft.

Hat die Schule die Arbeiten bereits an die Schüler/innen zurückgegeben, können die Schulaufsichtsbehörde und das Verwaltungsgericht ihre Vorlage verlangen. Werden die Hefte nicht vorgelegt, weil die Schule sie bereits zurückgegeben hat und nicht wiedererlangen kann, kann die Klage oder Beschwerde zurückgewiesen werden, weil die vorgebrachten Behauptungen mangels Vorliegens der Hefte nicht überprüft werden können.

Teil 12: Zeugnisse

Inhaltsübersicht

1. Rechtsgrundlagen

Zeugnisse, Bescheinigungen über die Schullaufbahn

Runderlass des Ministeriums für Schule und Weiterbildung v. 24.4.2015 (ABl. NRW. 8/15)

1. Abschnitt: Termine für die Aushändigung von Zeugnissen oder Bescheinigungen über die Schullaufbahn und Entlassungstermine

1. Halbjahreszeugnisse, Jahreszeugnisse und Bescheinigungen über die Schullaufbahn

1.1 Die Ausgabetermine für die Halbjahreszeugnisse an Grundschulen, Hauptschulen, Realschulen, Sekundarschulen, Gesamtschulen, Gymnasien, Förderschulen und Berufskollegs (mit Ausnahme des Bildungsgangs Berufsschule) sowie für die Bescheinigungen über die Schullaufbahn an Gesamtschulen, Gymnasien und Berufskollegs werden vom Ministerium festgesetzt (siehe Runderlass „Ferientermine", dort Nummer 4 – BASS 12-65 Nr. 1).

1.2 *Jahreszeugnisse und Bescheinigungen über die Schullaufbahn werden am letzten Tag vor den Sommerferien ausgehändigt.*

Die Zeugnisse und die Bescheinigungen über die Schullaufbahn für Schülerinnen und Schüler, die nicht versetzt worden sind, werden am vorletzten Unterrichtstag ausgehändigt oder vorher übersandt; diesen Schülerinnen und Schülern wird die Teilnahme am Unterricht bis zu den Sommerferien freigestellt.

1.3 *Für Grundschulen gilt Nummer 6.14 der Verwaltungsvorschriften zur Verordnung über den Bildungsgang in der Grundschule (BASS 13-11 Nr. 1.2).*

1.4 *Den Berufskollegs wird freigestellt, den Schülerinnen und Schülern im Bildungsgang Berufsschule ihre Halbjahreszeugnisse und ihre Bescheinigungen über die Schullaufbahn am letzten Unterrichtstag im Januar auszuhändigen oder, wenn es aus organisatorischen Gründen erforderlich ist, an den durch den in Nummer 1.1 genannten Runderlass festgelegten Terminen. Jahreszeugnisse und Bescheinigungen über die Schullaufbahn werden am für die Schülerinnen und Schüler letzten Unterrichtstag vor den Sommerferien ausgehändigt.*

Schülerinnen und Schüler, die nicht versetzt worden sind, erhalten die Zeugnisse oder die Bescheinigungen über die Schullaufbahn am vorletzten Unterrichtstag; ihnen wird die Teilnahme am letzten Unterrichtstag freigestellt.

2. *Abschluss- und Abgangszeugnisse bei der Schulentlassung*

2.1 *Schülerinnen und Schüler, die am Ende eines Schuljahres die Schule mit einem Abschluss- oder Abgangszeugnis verlassen, erhalten die Zeugnisse und werden von der Schule entlassen:*

1. *innerhalb der letzten zwei Wochen, spätestens jedoch am letzten Freitag vor Beginn der Sommerferien, wenn sie zuletzt eine allgemeinbildende Schule besucht und ihre Vollzeitschulpflicht erfüllt haben,*
2. *innerhalb der letzten drei Wochen, spätestens jedoch am letzten Freitag vor Beginn der Sommerferien, wenn sie zuletzt eine berufliche Vollzeitschule besucht haben,*
3. *am letzten Unterrichtstag vor Beginn der Sommerferien, wenn sie die Ausbildungsvorbereitung besucht haben oder zuletzt eine allgemeinbildende Schule besucht haben und ihren Bildungsgang im 10. Vollzeitschuljahr in einer Einrichtung nach § 37 Absatz 2 Satz 2 SchulG (BASS 1-1) fortsetzen werden.*

2.2 *Schülerinnen und Schüler, die am Ende eines Schulhalbjahres die Schule mit einem Abschluss- oder Abgangszeugnis verlassen, erhalten die Zeugnisse und werden von der Schule entlassen in der Zeit vom 16. bis 31. Januar.*

2.3 *Schülerinnen und Schüler an Berufsschulen erhalten Abschlusszeugnisse am für sie letzten Unterrichtstag, Abgangszeugnisse am für sie vorletzten Unterrichtstag.*

2.4 *Endet ein schulischer Bildungsgang mit einer Prüfung, so wird das Abschlusszeugnis oder Abgangszeugnis unbeschadet der Sonderregelung für Abiturientinnen und Abiturienten (Nummer 3) spätestens eine Woche nach Abschluss des Prüfungsverfahrens (letzter Tag der mündlichen Prüfungen) ausgehändigt. Wird eine Berufsabschlussprüfung nach BBiG oder HwO abgelegt, so wird das Abschlusszeugnis oder Abgangszeugnis der Berufsschule spätestens eine Woche nach der Prüfung ausgehändigt.*

2.5 *Sofern die Ausbildungs- und Prüfungsordnung eines Bildungsgangs für Schülerinnen und Schüler eine Nachprüfung oder Wiederholung des letzten Jahres zulässt, erhalten Schülerinnen und Schüler, die von dieser Möglichkeit Gebrauch machen wollen, kein Abgangszeugnis.*

2.6 *Mit der Aushändigung des Zeugnisses endet das Schulverhältnis (§ 47 Absatz 1 Nummer 1 SchulG).*

2.7 *Das Schulverhältnis der Schülerinnen und Schüler im Blockunterricht der Berufsschule endet am letzten Schultag des Schulhalbjahres, in dem das Zeugnis ausgehändigt worden ist, es sei denn, die Berufsausbildung ist noch nicht abgeschlossen; in diesem Fall endet das Schulverhältnis mit dem Bestehen der Berufsabschlussprüfung.*

3. *Besondere Regelungen*

Die Termine für Abiturientinnen und Abiturienten werden jährlich neu festgesetzt (BASS 12-65 Nr. 2). Dieser Erlass gilt für Förderschulen entsprechend.

2. Abschnitt: Arbeits- und Sozialverhalten auf Zeugnissen und auf Bescheinigungen über die Schullaufbahn

Aussagen zum Arbeits- und Sozialverhalten werden auf der Grundlage von Beobachtungen getroffen, die sich über den Unterricht hinaus auf das gesamte Schulleben erstrecken. Sie werden auf dem Zeugnis oder auf der Bescheinigung über die Schullaufbahn unter der Rubrik „Arbeits- und Sozialverhalten" oder unter Bemerkungen eingetragen.

Die Schulkonferenz stellt Grundsätze zu einer einheitlichen Handhabung der Aussagen auf. Dabei kann sie beispielsweise frei entscheiden, ob die Aussagen als freier Text formuliert oder unter Verwendung von Standardformulierungen verfasst werden. Sie kann auch festlegen, dass die Anwendung der Bestimmung auf bestimmte Jahrgangsstufen beschränkt wird oder bestimmte Bildungsgänge an Berufskollegs (z.B. solche für berufserfahrene Erwachsene an Berufskollegs) ausgenommen werden. Die Schulkonferenz kann die Aufnahme von Aussagen zum Arbeits- und Sozialverhalten nicht generell ausschließen.

Unabhängig von z.B. jahrgangsmäßigen Beschränkungen durch die Grundsätze der Schulkonferenz sind Aussagen in das Zeugnis oder in die Bescheinigung über die Schullaufbahn immer dann aufzunehmen, wenn die Schülerin oder der Schüler dies wünscht.

Die Aussagen zum Arbeits- und Sozialverhalten sind nicht versetzungsrelevant. Ergänzende Hinweise enthält die zum Thema veröffentlichte Handreichung des Ministeriums).*

3. Abschnitt: Ausfertigung von Zeugnissen und Bescheinigungen über die Schullaufbahn

1. *Zeugnisse und Bescheinigungen über die Schullaufbahn können handschriftlich, mit der Schreibmaschine oder mit Hilfe automatisierter Datenverarbeitungsanlagen (ADV) ausgefertigt werden.*
2. *Zeugnisse und Bescheinigungen über die Schullaufbahn, die mit Hilfe der ADV ausgefertigt werden, müssen in der äußeren Form den jeweils vorgeschriebenen Mustervordrucken entsprechen.*
3. *Die Noten sind im Zeugnis wörtlich auszuschreiben. Im Zeugnisvordruck sind Fächer, die im Beurteilungszeitraum nicht unterrichtet wurden, zu streichen. Berichtigungen dürfen im Zeugnis und in der Bescheinigung über die Schullaufbahn nicht vorgenommen werden; bei Schreibfehlern ist ein neuer Vordruck zu verwenden. Zeugnisse und Bescheinigungen über die Schullaufbahn sind handschriftlich zu unterschreiben. Unterschriftsstempel dürfen nicht verwendet werden.*

4. Abschnitt: Würdigung außerunterrichtlichen Engagements in und außerhalb der Schule

Die Schule kann außerunterrichtliches Engagement einer Schülerin oder eines Schülers in und außerhalb der Schule würdigen (§ 49 Absatz 3 Satz 1 SchulG). Die Angaben über das außerunterrichtliche Engagement in und außerhalb der Schule werden auf dem Zeugnis oder auf der Bescheinigung über die Schullaufbahn unter der Rubrik „Angaben zum außerunterrichtlichen Engagement in der Schule" oder unter Bemerkungen eingetragen.

5. Abschnitt: Würdigung ehrenamtlicher Tätigkeit

Die Schule kann die ehrenamtliche Tätigkeit einer Schülerin oder eines Schülers würdigen (§ 49 Absatz 3 Satz 2 SchulG). Die Angaben über die ehrenamtliche Tätigkeit in der Schule werden auf dem Zeugnis oder auf der Bescheinigung über die Schullaufbahn unter der Rubrik „Angaben zum außerunterrichtlichen Engagement in der Schule" oder unter Bemerkungen eingetragen. Darüber hinaus kann die Schule die ehrenamtliche Tätigkeit einer Schülerin oder eines Schülers würdigen, indem sie dem Zeugnis oder der Bescheinigung über die Schullaufbahn eine Bescheinigung nach dem Muster der Anlage 1 beifügt.

Die Bescheinigung wird von der Einrichtung oder Organisation, in der die ehrenamtliche Tätigkeit geleistet wird, vollständig ausgefüllt und der Schule spätestens

---

**) Genaue Angaben der Art des Zeugnisses (Abiturzeugnis oder ein anderes Schulabschlusszeugnis, Abgangszeugnis aus Klasse 7 oder 8, Versetzungszeugnis usw.)*

sechs Wochen vor dem Termin der Aushändigung der Zeugnisse und der Bescheinigungen über die Schullaufbahn zugeleitet.
Die Bescheinigung darf sich auf folgende Bereiche ehrenamtlicher Tätigkeit beziehen:
- *im sozialen und karitativen Bereich,*
- *im kulturellen Bereich (z.B. Musik, Brauchtumspflege),*
- *im Natur-, Landschafts- und Umweltschutz,*
- *in der freien Jugendarbeit,*
- *im Sport.*

Der entsprechende Vordruck der Bescheinigung kann im Bildungsportal des Ministeriums (www.schulministerium.nrw.de/docs/Links/Beiblatt_Zeugnis) heruntergeladen werden.

6. Abschnitt: Ersatz zerstörter oder abhandengekommener Zeugnisse

6.1 Zeugnisse, die von Schulen im Bereich des Landes Nordrhein-Westfalen ausgestellt worden waren und zerstört oder abhandengekommen sind, können ersetzt werden
1. *durch eine Bescheinigung, welche die zuständige Schulaufsichtsbehörde ausstellt, wenn bei der Schule keine oder nur noch unvollständige Zeugnisunterlagen vorhanden sind, oder*
2. *durch eine Ausfertigung des Zeugnisses, welche die Schule ausstellt, wenn die Zeugnisunterlagen bei der Schule noch vollständig vorhanden sind.*

6.2 Voraussetzung für die Ausstellung der Bescheinigung nach Nummer 6.1 (Nummer 1) ist gemäß § 49 Absatz 4 SchulG die glaubhafte Bestätigung
- *a) durch eine schriftliche, an Eides Statt abzugebende Erklärung einer Person, die auf Grund ihrer dienstlichen Stellung von der Ablegung der Prüfung oder dem Erwerb des Befähigungsnachweises Kenntnis hat,*
  oder
- *b) durch schriftliche, an Eides Statt abzugebende Erklärungen von zwei Personen, die von der Ablegung der Prüfung oder dem Erwerb des Befähigungsnachweises eigene Kenntnis haben.*

Die Bescheinigung ist nach dem Muster der Anlage 2 auszustellen: Die vorgelegten eidesstattlichen Erklärungen verbleiben bei der Schulaufsichtsbehörde.
Die Ausfertigung des Zeugnisses nach Nummer 6.1 (Nummer 2) ist aufgrund der Zeugnisunterlagen der Schule auszustellen und mit folgendem Zusatz zu versehen:
Diese Ausfertigung tritt an die Stelle der Urkunde vom ...

(Stempel) ____________________ ____________________
Ort, Datum *Unterschrift*

7. ***Abschnitt: Hinweis auf weitere Regelungen***
Die Regelungen zur Ausgestaltung von Zeugnissen und Bescheinigungen über die Schullaufbahn in den jeweiligen Ausbildungs- und Prüfungsordnungen bleiben unberührt.

§ 6 AO-GS

Zeugnisse

(1) In der Schuleingangsphase erhalten die Schülerinnen und Schüler Zeugnisse jeweils zum Ende des Schuljahres, in den Klassen 3 und 4 zum Schulhalbjahr und zum Ende des Schuljahres.

VV zu § 6 AO-GS

6.1 ***zu Absatz 1***

6.11 *Alle Schülerinnen und Schüler erhalten Zeugnisse in deutscher Sprache mit den in der Anlage festgelegten Angaben.*

6.12 *Aussagen zu Deutsch als Zweitsprache und zum muttersprachlichen Unterricht sind unter „Bemerkungen" einzutragen.*

6.13 *Die Zeugnisse der Kinder von beruflich Reisenden werden von der jeweiligen Stammschule unter Verwendung der Eintragungen im Schultagebuch und ergänzender Berichte der Stützpunktschulen ausgestellt.*

6.14 *Für Zeugnisse gilt außerdem § 49 SchulG. Sie werden im Laufe der letzten Unterrichtswoche ausgegeben. Die Eltern erhalten hierbei die Gelegenheit zu einem Gespräch mit der Klassenlehrerin oder dem Klassenlehrer, an dem auch die Schülerin oder der Schüler teilnehmen kann.*

6.15 *Den Schulen wird empfohlen, in Klasse 3 einen der Sprechtage (§ 8 Abs. 3 ADO – BASS 21 – 02 Nr. 4) zum Ende des ersten Schulhalbjahres durchzuführen.*

6.3 ***zu Absatz 3***

Soweit der Erlass zur Förderung von Schülerinnen und Schülern bei besonderen Schwierigkeiten im Erlernen des Lesens und Rechtschreibens (BASS 14-01 Nr.1) angewandt wird, kann im Fach Deutsch auf die Benotung der Teilbereiche Lesen und/oder Rechtschreibung verzichtet werden.

6.4 ***zu Absatz 4***

Die Verwaltungsvorschrift 6.3 zu Absatz 3 gilt entsprechend.

6.5 ***zu Absatz 5***

Rückmeldungen zum Arbeits- und Sozialverhalten der Kinder an die Eltern sind sind eine wesentliche Grundlage der Bildungs- und Erziehungspartnerschaft in der Grundschule. Es wird empfohlen, in allen Zeugnissen Aussagen zum Arbeits- und Sozialverhalten aufzunehmen.

Anlage (zu Nr. 6.1 VVzAO-GS)

Die Zeugnisse enthalten folgende Angaben:

- *Name und amtliche Bezeichnung der Schule*
- *Name und Geburtsdatum des Kindes, Schulbesuchsjahr in der Eingangsphase oder besuchte Klasse, Schuljahr*
- *Entschuldigt und unentschuldigt versäumte Stunden*
- *Auf den -Zeugnissen ist die amtliche Schulnummer anzugeben*

In der Schuleingangsphase und in Klasse 3:

- *Aussagen über die Lernentwicklung und den Leistungsstand in den Fächern*
- *Aussagen zum Arbeits- und Sozialverhalten gemäß Beschluss der Schulkonferenz nach § 49 Abs. 2 SchulG*
- *Vermerk über den Verbleib in der Schuleingangsphase oder Versetzungsvermerk in die Klasse 3 (beim Versetzungszeugnis)*
- *Im Versetzungszeugnis in die Klasse 3: soweit kein Beschluss der Schulkonferenz nach § 6 Abs. 3 vorliegt, zusätzlich Noten in den Fächern der Stundentafel; im Fach Deutsch neben der Gesamtnote Noten in Sprachgebrauch, Lesen und Rechtschreiben*
- *Die Notenstufen für die Bewertung in den Fächern gemäß § 48 Abs. 3 SchulG*

Am Ende der Klasse 3 zusätzlich:

- *Versetzungsvermerk*

In Klasse 4:

- *Noten in den Fächern der Stundentafel; im Fach Deutsch neben der Gesamtnote in Sprachgebrauch, Lesen und Rechtschreiben*
- *Aussagen zum Arbeits- und Sozialverhalten (gemäß Beschluss der Schulkonferenz nach § 49 Abs. 2 SchulG)*
- *Die Notenstufen für die Bewertung in den Fächern gemäß § 48 Abs. 3 SchulG*

Am Ende der Klasse 4 zusätzlich:

- *Versetzungsvermerk*
- *Im Halbjahreszeugnis eine begründete Schulformempfehlung, die wie folgt gestaltet ist:*

Sowie in allen Klassen:

- *Bemerkungen: ____________________*
- *Die Zeugnisse der Schülerinnen und Schüler mit Bedarf an sonderpädagogischer Unterstützung enthalten die in den Verwaltungsvorschriften zur Verordnung über die sonderpädagogische Förderung, den Hausunterricht und die Schule für Kranke (VVzAO-SF) bestimmten Formulierungen.*
- *In den Fällen der VV 6.3 und VV 6.4 ist eine Förderung von Schülerinnen und Schülern bei besonderen Schwierigkeiten im Erlenen des Lesens und des Rechtschreibens (LRS) nach dem Runderlass des Kultusministeriums vom 19.7.1991 (BASS 14-01 Nr. 1) in das Zeugnis aufzunehmen.*
- *u.a. Begründung der für die Schullaufbahn bedeutsamen Maßnahmen wie z.B. Wiederholung, Rücktritt, Vorversetzung,*

- *Angaben zum Beispiel zu Deutsch als Zweitsprache, Teilnahme an Arbeitsgemeinschaften und Wettbewerben*
- *Angaben zum muttersprachlichen Unterricht*
- *Angaben zum außerunterrichtlichen Engagement in der Schule, sofern solche Angaben aufgenommen werden sollen*
- *Datum des Konferenzbeschlusses*
- *Ort und Datum der Ausstellung des Zeugnisses*
- *Unterschrift der Schulleiterin oder des Schulleiters oder der Vertretung und der Klassenlehrerin oder des Klassenlehrers*
- *Dienstsiegel*
- *Bestätigung der Kenntnisnahme durch die Eltern*
- *Bei Zeugnissen am Ende des Schuljahres: Wiederbeginn des Unterrichts (Datum und Uhrzeit)*
- *Rechtsbehelfsbelehrung nach folgendem Muster:*

Gegen die Entscheidung, die Schülerin oder den Schüler nicht zu versetzen kann innerhalb eines Monats nach Bekanntgabe des Zeugnisses Widerspruch erhoben werden. Der Widerspruch ist bei der ______________ (Name und Anschrift der Schule) schriftlich oder zur Niederschrift zu erheben.

2. Regelungszusammenhänge

Die unter 1 abgedruckten, für die Zeugnisse der Grundschulen maßgeblichen Regelungen sind auf den ersten Blick verwirrend, weil es keine einheitliche Regelung in einem Gesetz, einer Verordnung oder einer Verwaltungsvorschrift gibt. Deshalb ist der Zusammenhang der Regelungen, die nicht isoliert gesehen werden dürfen, von erheblicher Bedeutung.

Die Regelungen in § 49 Abs. 1 SchulG geben ebenso wie diejenigen in § 49 Abs. 2 und 3 SchulG den gesetzlichen Rahmen für Zeugnisse und Bescheinigungen über die Schullaufbahn vor. Ergänzt werden die gesetzlichen Vorgaben durch die Vorschriften über Zeugnisse und Bescheinigungen über die Schullaufbahn in den Ausbildungs- und Prüfungsordnungen, also auch durch § 6 AO-GS. Gesetzliche Ermächtigungsgrundlage für die nähere Regelung durch Verordnung ist § 52 Abs. 1 S. 2 SchulG.

Verordnungsregelungen über Zeugnisses und Bescheinigungen über die Schullaufbahn müssen mit der gesetzlichen Ermächtigung in § 52 Abs. 1 bis 3 SchulG als höherrangige gesetzliche Vorschrift in Einklang stehen. Das bedeutet, dass die Ausbildungs- und Prüfungsordnungen überhaupt Regelungen über Zeugnisse und Bescheinigungen über die Schullaufbahn enthalten müssen, weil Abs. 1 zwingend vorsieht, dass den Schüler/innen Zeugnisse und Bescheinigungen über die Schullaufbahn erteilt werden. Außerdem müssen die inhaltlichen Vorgaben der Ausbildungs- und Prüfungsordnungen an die Ausstellung der Zeugnisse und Bescheinigungen über die Schullaufbahn den gesetzlichen Vorgaben in § 49 Abs. 2 und 3 SchulG entsprechen. Diesen Vorgaben genügt § 6 AO-GS.

Die gesetzlichen und verordnungsrechtlichen Regelungen werden durch Verwaltungsvorschriften des Schulministeriums ergänzt. Es hat mit dem vor den Erläuterungen abgedruckten Runderlass vom 24.4.2015 (im Folgenden: Zeugnis-Erlass) grundlegende Aussagen zu den Zeugnissen und Bescheinigungen über die Schullaufbahn auch in der Primarstufe getroffen. Ergänzt werden diese Verwaltungsvorschriften durch die zu den einzelnen Regelungen in den Ausbildungs- und Prüfungsordnungen erlassenen Verwaltungsvorschriften über Zeugnisse und Bescheinigungen über die Schullaufbahn, also auch durch die Verwaltungsvorschriften zu § 6 AO-GS. Sie sind für die Schulleitungen und Lehrkräfte bindend. Das stellt insbesondere § 5 Abs. 2 S. 1 ADO klar. Danach sind Lehrer/innen u.a. an Verwaltungsvorschriften und Richtlinien gebunden. Für Schüler/innen und Eltern erlangen die Verwaltungsvorschrift über die sog. Selbstbindung der Verwaltung mittelbare Außenwirkungen. Durch ihre ständige Anwendung erhalten die Verwaltungsvorschriften dadurch mittelbare oder faktische Außenwirkung, dass Art. 3 Abs. 1 GG die Behörden verpflichtet, in gleichgelagerten Fällen nicht ohne sachlich rechtfertigenden Grund von ihrer ständigen Verwaltungspraxis abzuweichen (sog. Selbstbindung der Verwaltung). Der Anspruch auf Gleichbehandlung kann von den Schüler/innen und deren Eltern ggf. auch gerichtlich geltend gemacht werden. Die Gerichte sind aufgrund ihrer Unabhängigkeit nicht an Verwaltungsvorschriften gebunden, berücksichtigen aber Verstöße gegen den allgemeinen Gleichbehandlungsgrundsatz oder andere Grundrechte (vgl. näher Bülter, Gesamtkommentar zum Schulgesetz, § 128, Anm. 1.7).

3. Zweck und Funktion der Zeugnisse

Zeugnisse haben ebenso wie die Bescheinigungen über die Schullaufbahn Informationsfunktion. Sie informieren die Schüler/innen und Eltern über die Lernentwicklung und den im Zeitpunkt der Zeugniserteilung erreichten Leistungsstand und etwaige erworbene Abschlüsse und Berechtigungen. Zeugnisse und Bescheinigungen über die Schullaufbahn stehen damit im Kontext mit der den Lehrkräften gemäß §§ 44 Abs. 2 S. 1 SchulG, obliegenden Aufgabe, Schüler/innen und deren Eltern über die individuelle Lern- und Leistungsentwicklung zu informieren. Gleichzeitig sind sie Grundlage der gemäß § 44 Abs. 2 S. 1 SchulG vorgeschriebenen Beratung durch die Lehrkräfte etwa in Fragen der Erziehung, der Schullaufbahn und des weiteren Bildungsweges (§ 44 Abs. 5 SchulG).

Zeugnisse und Bescheinigungen über die Schullaufbahn sind öffentliche Urkunden, deren Abänderung oder unbefugte Herstellung eine strafbare Urkundenfälschung (§ 267 StGB) darstellt. Sie begründen den vollen Beweis der darin bezeugten Tatsachen (§ 418 Abs. 2 ZPO), nicht aber über deren inhaltliche Richtigkeit. Die Beweiskraft der Zeugnisse und Bescheinigungen über die Schullaufbahn erstreckt sich also darauf, dass den Schüler/innen die dort genannten Noten sowie Abschlüsse und Berechtigungen erteilt worden sind. Dagegen beweisen sie nicht, dass die Noten, Abschlüsse und Berechtigungen zu Recht erteilt worden sind.

Mehrere Ausfertigungen der Zeugnisse und Bescheinigungen über die Schullaufbahn sind jeweils eigenständige Urkunden. Abschriften und Kopien sind nur ausnahmsweise Urkunden, wenn sie als Ersatz der Urschrift dienen sollen und dies etwa durch einen Beglaubigungsvermerk zum Ausdruck kommt.

4. Zeugnisarten

Nach § 49 Abs. 1 SchulG sind mehrere Arten von Zeugnissen zu unterscheiden. Für die Primarstufe sind die Jahres- und Halbjahreszeugnisse und das Überweisungszeugnis von Bedeutung.

Nach § 49 Abs. 1 S. 1 SchulG erhalten Schüler/innen am Ende des Schuljahres und in der Regel am Ende des Schulhalbjahres oder des entsprechenden Ausbildungsabschnitts ein Zeugnis über die erbrachten Leistungen. In der Primarstufe werden in der Schuleingangsphase jeweils zum Ende des Schuljahres und in den Klassen 3 und 4 jeweils zum Schulhalbjahr und zum Schuljahresende erteilt (§ 6 Abs. 1 AO-GS). Das am Ende eines Schuljahres erteilte Zeugnis wird als Jahreszeugnis und das am Ende eines Schulhalbjahres erteilte Zeugnis als Halbjahreszeugnis bezeichnet (1. Abschnitt, Nr. 1.1 und 1.2 des Zeugnis-Erlasses). Rechtlich haben die in § 49 nicht enthaltenen Bezeichnungen „Jahres- und Halbjahreszeugnis" keine selbstständige Bedeutung.

Auch die in § 49 ebenfalls nicht genannten Begriffe Versetzungs- und Nichtversetzungszeugnisse haben unter rechtlichen Gesichtspunkten keine besondere Bedeutung. Die Begriffe kennzeichnen lediglich, ob das jeweilige Zeugnis einen Versetzungs- oder Nichtversetzungsvermerk enthält.

4.1 Jahreszeugnisse

Die Jahreszeugnisse sind nach § 49 Abs. 1 S. 1 SchulG zwingend vorgeschrieben. Aufgrund dieser gesetzlichen Vorgabe ist das Schulministerium als Verordnungsgeber nicht befugt, Ausnahmen von der Erteilung eines Jahreszeugnisses in den Ausbildungs- und Prüfungsordnungen oder Verwaltungsvorschriften vorzusehen. Damit bedarf § 21 Abs. 3 AO-SF einer einschränkenden Auslegung. Denn nach dieser Vorschrift kann die Klassenkonferenz aus zwingenden pädagogischen Gründen im Einzelfall unter anderem von den Vorschriften über Zeugnisse in der AO-SF und den Ausbildungs- und Prüfungsordnungen abweichen, wenn gewährleistet bleibt, dass die erwarteten Lernergebnisse (Bildungsstandards) eingehalten werden und die Schüler/innen auf diesem Weg das Ziel des Bildungsgangs erreichen können. Dieser weit gefasste Wortlaut umfasst auch die Entscheidung, von der Erteilung eines Jahreszeugnisses abzusehen. Das ist aber mit der gesetzlichen Vorgabe in § 49 Abs. 1 S. 1, am Schuljahresende zwingend ein Jahreszeugnis zu erteilen, nicht vereinbar. § 21 Abs. 8 AO-SF ist deshalb einschränkend dahin auszulegen, dass die Klassenkonferenz nach dieser Vorschrift nicht befugt ist, aus pädagogischen Erwägungen von der Erteilung eines Jahreszeugnisses bei Schüler/innen mit sonderpädagogischem Unterstützungsbedarf abzusehen.

Eine andere, mit § 21 Abs. 3 AO-SF nicht zusammenhängende Frage ist dagegen, ob von der Erteilung eines Jahreszeugnisses abzusehen ist, wenn es an der erforderlichen Beurteilungsgrundlage insgesamt fehlt. Diese Frage ist zu bejahen. Denn das Zeugnis wird nach § 49 Abs. 1 S. 1 SchulG „über die erbrachten Leistungen" erteilt. Fehlt es an solchen Leistungen in allen Fächern, kann der Zweck des Zeugnisses nicht erreicht werden und ist die Erteilung eines Zeugnisses sowohl tatsächlich als auch rechtlich unmöglich. Das ist etwa dann der Fall, wenn erhebliche Fehlzeiten vorliegen, die dazu führen, dass die gesamten Leistungen eines Schülers nicht bewertet werden können (vgl. näher T 12-13). Fehlt die erforderliche Beurteilungsgrundlage nicht insgesamt, sondern nur in einem Fach oder mehreren Fächern, so ist ein Jahreszeugnis zu erteilen. Das Zeugnis darf aber nur eine Benotung in den Fächern ausweisen, in denen eine hinreichende Beurteilungsgrundlage vorhanden ist. In den übrigen Fächern enthält das Zeugnis keine Benotung. In den Bemerkungen des Zeugnisses ist auf den Grund für die fehlende Benotung hinzuweisen.

Ein Ausnahmefall, der es trotz der zwingenden Vorgabe in § 49 Abs. 1 S. 1 SchulG rechtfertigt, von der Erteilung eines Jahreszeugnisses abzusehen, liegt auch dann vor, wenn keine hinreichende Unterrichtserteilung erfolgt, die notwendige Voraussetzung für Bewertbarkeit von Leistungen ist. So liegt es in den Fällen des Hausunterrichts, bei dem die wöchentliche Unterrichtszeit nur wenige Stunden umfasst (§ 45 Abs. 1 AO-SF). Es steht deshalb mit § 49 Abs. 1 S. 1 SchulG in Einklang, in diesen Fällen kein Jahreszeugnis zu erteilen, sondern eine Information über den Leistungsstand zu erstellen, die Grundlage für die Entscheidung über die – ggf. probeweise – Fortsetzung der Schullaufbahn in einer Klasse oder Jahrgangsstufe des gewählten Bildungsgangs ist (§ 46 AO-SF).

4.2 Halbjahreszeugnisse

Halbjahreszeugnisse werden gemäß § 49 Abs. 1 S. 1 SchulG in der Regel erteilt. Das Gesetz sieht dementsprechend anders als Jahreszeugnisse die Erteilung von Halbjahreszeugnissen nicht zwingend vor. Das Schulministerium kann deshalb in den Ausbildungs- und Prüfungsordnungen regeln, dass in Bildungsgängen keine Halbjahreszeugnisse erteilt werden, solange der Verzicht auf Halbjahreszeugnisse Ausnahmecharakter hat. Ein generelles Absehen von Halbjahreszeugnissen in allen Bildungsgängen stünde mit der gesetzlichen Vorgabe in § 49 Abs. 1 S. 1 SchulG nicht in Einklang. Dieser Vorgabe hat das Schulministerium als Verordnungsgeber (auch) für die Primarstufe Rechnung getragen. Das Absehen von Halbjahreszeugnissen beschränkt sich auf die Klassen 1 und 2 der Schuleingangsphase.

4.3 Überweisungszeugnisse

Ein Überweisungszeugnis wird nach § 49 Abs. 1 S. 2 Nr. 3 SchulG beim Schulwechsel innerhalb einer Schulstufe erteilt. Die Erteilung dieses Zeugnisses setzt damit voraus, dass ein Wechsel innerhalb der Schulstufe erfolgt. Das erfordert einen Wechsel auf eine Schule desselben Bildungsgangs, in der Primarstufe damit den Wechsel von einer Grundschule zu einer anderen. Das folgt aus § 46 Abs. 8 S. 1, wonach Schüler/innen, die die Schule wechseln, im Rahmen der Verweildauer in die Schulstufe, die Schulform und die Klasse oder Jahrgangsstufe aufgenommen wird, die u.a. dem bisherigen Bildungsgang entsprechen (OVG NRW, Beschluss vom 27.1.2011 – 19 E 1467/09 –, n.v.). Ob der Schulwechsel freiwillig oder unfreiwillig erfolgt, ist für die Frage, ob ein Überweisungszeugnis zu erteilen ist, ohne Relevanz.

Eine nähere Bestimmung darüber, welche Art des Zeugnisses Schüler/innen am Ende der Klasse 4 erteilt wird, ergibt sich aus den Regelungen der AO-GS nicht. Üblich ist die Ausstellung eines Versetzungszeugnisses. Da versetzte Schüler/innen am Ende der Grundschule in eine andere Schule überwechseln, hat das Zeugnis am Ende der Klasse 4 den Charakter eines Überweisungszeugnisses. Dies hat zur Folge, dass das Schulverhältnis zur Grundschule gemäß § 47 Abs. 1 Nr. 7 SchulG mit Ablauf des 31. Juli endet.

Ob nordrhein-westfälischen Schüler/innen bei einem Wechsel an eine Schule eines anderen Bundeslandes ein Überweisungs- oder Abgangszeugnis zu erteilen ist, hat das OVG NRW in seinem Beschluss vom 27.1.2011 – 19 E 1467/09 –, offengelassen, weil es darauf für die Entscheidung des Einzelfalls nicht ankam. Nach dem Gesamtzusammenhang der Regelungen in § 49 Abs. 1 S. 2 Nr. 3 und § 46 Abs. 8 S. 1 SchulG ist die Frage dahin zu beantworten, dass ein Überweisungszeugnis zu erteilen ist, wenn der bislang besuchte nordrhein-westfälische Bildungsgang dem künftig besuchten Bildungsgang in dem anderen Bundesland entspricht. In allen anderen Fällen ist ein Abgangszeugnis zu erteilen. An die Vergleichbarkeit des Bildungsgangs im anderen Bundesland sind keine strengen Anforderungen zu stellen. Denn mit Blick auf die Rechte der Schüler/innen und deren Eltern und im praktischen Ergebnis, macht es keinen Unterschied, welche Zeugnisart erteilt wird.

5. Schüler/innen mit sonderpädagogischem Unterstützungsbedarf

Bei der Erteilung von Zeugnissen für Schüler/innen mit sonderpädagogischem Unterstützungsbedarf, die die Grundschule besuchen, ist zwischen zielgleicher und zieldifferenter Unterrichtung zu unterscheiden.

5.1 Zielgleiche Unterrichtung

Für Schüler/innen mit sonderpädagogischem Unterstützungsbedarf, die zielgleich in der Grundschule unterrichtet werden, gelten die Vorschriften über Zeugnisse in § 49 SchulG und die für den jeweiligen Bildungsgang maßgeblichen Ausbildungs- und Prüfungsordnungen (§§ 21 Abs. 1 AO-SF). Damit richtet sich bei ihnen die Erteilung von Zeugnissen nach § 6 AO-GS und den

Regelungen der VVzAO-GS. Ob in den Zeugnissen ein Hinweis auf die sonderpädagogische Förderung erhalten darf, wird unten in den Anm. XII.12 erörtert.

5.2 Zieldifferente Unterrichtung

Schüler/innen mit sonderpädagogischem Unterstützungsbedarf, die im zieldifferenten Bildungsgang Lernen unterrichtet werden, erhalten in den Klassen 3 bis 10 Halbjahres- und Jahreszeugnisse, in den Klassen 1 und 2 Jahreszeugnisse (§ 33 Abs. 1 AO-SF). Die Zeugnisse beschreiben die Lernentwicklung und den Leistungsstand in den Fächern und enthalten die nach § 49 Abs. 2 und 3 erforderlichen Angaben (§ 33 Abs. 2 AO-SF). Sie enthalten Noten ab Klasse 4 oder ab einer höheren Klasse, wenn die Schulkonferenz dies beschließt (§ 32 Abs. 2, § 3 Abs. 3 AO-SF), und in dem besonderen Bildungsgang nach § 35 Abs. 3 bis AO-SF, der auf den Hauptschulabschluss nach Klasse 9 führt (§ 35 Abs. 3 und 4 AO-SF). Versetzungszeugnisse werden am Schuljahresende nicht erteilt. Denn eine Versetzung findet nicht statt. Am Ende eines Schuljahres entscheidet die Klassenkonferenz, in welcher Klasse die Schüler/innen im nächsten Schuljahr gefördert werden (§ 34 AO-SF).

Schüler/innen im zieldifferenten Bildungsgang Geistige Entwicklung erhalten Jahreszeugnisse (§ 41 Abs. 2 AO-SF), die ebenfalls keine Entscheidung über die Versetzung enthalten. Denn eine Versetzung findet in diesem Bildungsgang nicht statt. Am Ende eines Schuljahres entscheidet die Klassenkonferenz, in welcher Klasse die weitere schulische Förderung erfolgen soll (§ 41 Abs. 1 AO-SF). Die Leistungen der Schüler/innen werden ohne Notenstufen auf der Grundlage der im Förderplan festgelegten Ziele beschrieben (§ 40 S. 1 AO-SF).

5.3 Ausnahmeregelung (§ 21 Abs. 8 AO-SF)

Nach § 21 Abs. 8 AO-SF kann die Klassenkonferenz aus zwingenden pädagogischen Gründen im Einzelfall von den §§ 23 bis 42 AO-SF und von den Vorschriften der Ausbildungs- und Prüfungsordnungen der allgemeinen Schulen über Leistungsbewertungen, Zeugnisse und Versetzungen abweichen, wenn gewährleistet bleibt, dass die erwarteten Lernergebnisse (Bildungsstandards) eingehalten werden und die Schülerin oder der Schüler auf diesem Weg das Ziel des Bildungsgangs erreichen kann. Diese Ausnahmevorschrift, die nur in Einzelfällen zum Tragen kommt und für deren inhaltliche Auslegung Nr. 21.8 VVzAO-SF keine Hinweise enthält, ist nach ihrem Wortlaut für den hier relevanten Bereich der Zeugnisse zu weitgehend und bedarf einer einschränkenden Auslegung.

Die Klassenkonferenz darf nicht von der Erteilung eines Jahreszeugnisses absehen, weil die Erteilung dieses Zeugnisses nach § 49 Abs. 1 S. 1 SchulG zwingend vorgesehen ist. Eine Ausnahme kommt nur dann in Betracht, wenn etwa aufgrund von erheblichen Fehlzeiten eine taugliche Grundlage für die Bewertung der Schülerleistungen nicht vorhanden ist (vgl. T 12-4.1). Dagegen kann die Klassenkonferenz im Einzelfall bei Vorliegen der Voraussetzungen des § 21

Abs. 8 AO-SF von der Erteilung eines Halbjahreszeugnisses absehen, weil der Gesetzgeber die Erteilung dieses Zeugnisses gemäß § 49 Abs. 1 S. 1 SchulG nur für den Regelfall vorgibt, also Ausnahmen zulässig sind. Der Ausnahmegrund der zwingenden pädagogischen Gründe im Einzelfall ist auch mit Blick auf den allgemeinen Gleichbehandlungsgrundsatz (Art. 3 Abs. 1 GG) ein hinreichender Grund dafür, im Einzelfall von der Erteilung eines für die anderen Schüler/innen vorgesehenen Halbjahreszeugnisses abzuweichen.

§ 21 Abs. 8 AO-SF ist auch keine taugliche Rechtsgrundlage dafür, von den gesetzlich vorgeschriebenen Mindestinhalten eines Zeugnisses abzuweichen. Zu diesen zwingenden gesetzlichen Mindestinhalten gehören Angaben zur Leistungsbewertung durch Noten und/oder schriftliche Aussagen über den Leistungsstand (§ 48 Abs. 1 S. 2 und 3 SchulG). § 49 SchulG sieht eine Ausnahme von der Leistungsbewertung im Zeugnis nicht vor. Ein Ausnahmefall kommt allenfalls bei Fehlen einer hinreichenden Leistungsbeurteilungsgrundlage in Betracht (4.1). Zwingend vorgeschrieben sind nach § 49 Abs. 2 SchulG weiter Angaben über Fehlzeiten, sofern kein Abschluss- oder Abgangszeugnis in Rede steht. Demgegenüber kann schon nach § 49 Abs. 2 und 3 SchulG von Aussagen zum Arbeits- und Sozialverhalten sowie zu außerunterrichtlichen Leistungen i.S.d. § Abs. 3 SchulG abgesehen werden. Insoweit hat die Ausnahmeregelung in § 21 Abs. 8 AO-SF rechtlich keine eigenständige Bedeutung.

Ob zwingende pädagogische Gründe i.S.d. § 21 Abs. 8 AO-SF eine Ausnahme rechtfertigen, ist eine Frage des Einzelfalls, die sich abstrakt nicht näher beantworten lässt. Bei dem Begriff handelt es sich um einen unbestimmten Rechtsbegriff, bei dessen Auslegung der Klassenkonferenz ein Beurteilungsspielraum zukommt, der nur einer eingeschränkten gerichtlichen Kontrolle unterliegt. Denn die einzelnen Wertungen der Klassenkonferenz, die für die Annahme eines zwingenden pädagogischen Interesses maßgeblich sind, lassen sich nicht regelhaft erfassen und/oder im verwaltungsgerichtlichen Verfahren etwa mit Hilfe von Sachverständigen im Einzelnen und verlässlich nachvollziehen. Das gilt auch in Bezug auf die weitere Voraussetzung gemäß § 21 Abs. 8 AO-SF, ob gewährleistet ist, dass die Bildungsstandards erreicht werden und die Schüler/innen auf diesem Weg das Ziel des Bildungsgangs erreichen können.

6. Hausunterricht und Schule für Kranke

Im Hausunterricht werden weder Halbjahres- noch Jahreszeugnisse erteilt. Die unterrichtenden Lehrer erstellen eine Information über den Leistungsstand, auf deren Grundlage die Klassenkonferenz der Stammschule über die weitere schulische Förderung entscheidet (§ 46 Abs. 1 und 2 AO-SF).

Schüler/innen, die die Schule für Kranke besuchen, erhalten die in den für allgemeine Schulen geltenden Ausbildungs- und Prüfungsordnungen vorgesehenen Zeugnisse, wenn bei ihnen kein sonderpädagogischer Unterstützungsbedarf besteht oder ein solcher Unterstützungsbedarf vorliegt, aber ein Bildungsgang einer allgemeinen Schule besucht wird (§ 47 Abs. 4 AO-SF).

Schüler/innen mit sonderpädagogischem Unterstützungsbedarf, die die zieldifferenten Bildungsgänge Lernen oder Geistige Entwicklung besuchen, erhalten die für diese Bildungsgänge vorgesehenen Zeugnisse.

7. Neu zugewanderte Schüler/innen

Sonderregelungen über die Erteilung von Zeugnissen für neu zugewanderte Schüler/innen enthält der Runderlass des Schulministeriums vom 28.6.2016 „Unterricht für neu zugewanderte Schülerinnen und Schüler", BASS 13-63 Nr. 3 (im Folgenden: Erlass), der auch eine Neuregelung des herkunftssprachlichen Unterrichts enthält (dazu T 12-8). Der Runderlass ist seit dem 1.8.2016 in Kraft (Nr. 5 S. 1 des Erlasses) und an die Stelle des bisherigen Runderlasses „Unterricht für Schülerinnen und Schüler mit Zuwanderungsgeschichte, insbesondere im Bereich der Sprachen" getreten. Der Erlass enthält nur hinsichtlich der Regelungen über die Unterrichtsorganisation, die spätestens zum 1.8.2017 anzuwenden sind, einen Spielraum bei der Unterrichtung von zugewanderten Schüler/innen (Nr. 5 S. 2 des Erlasses).

Neu zugewandert sind nach Nr. 1.1 des Erlasses Schüler/innen, die erstmals eine deutsche Schule besuchen und noch nicht über die notwendigen Deutschkenntnisse verfügen, um dem Unterricht zu folgen, oder die bei einem Wechsel der Schulstufe (von der Primarstufe zur Sekundarstufe I oder von der Sekundarstufe I zur Sekundarstufe II) oder der Schule aufgrund ihrer kurzen Verweildauer in der abgebenden Schule die notwendigen Deutschkenntnisse noch nicht ausreichend haben erwerben können. Die unbestimmten Rechtsbegriffe „notwendige Deutschkenntnisse" und „noch nicht ausreichend" sind im Hinblick auf den Sinn und Zweck des Runderlasses auszulegen. Nach Nr. 1.3 des Erlasses bezweckt das zentrale Ziel des Erlernens der deutschen Sprache eine möglichst baldige und umfassende Beteiligung der neu zugewanderten Schüler/innen am Unterricht. Konkretisiert wird dieses allgemeine Ziel durch Nr. 2.2 S. 2 des Erlasses. Danach erfolgt eine intensive und individuelle Förderung in der deutschen Sprache, wenn eine erfolgreiche Teilnahme am gesamten Unterricht nach der Stundentafel noch nicht möglich ist. Der Anwendungsbereich des Erlasses erfasst deshalb neu zugewanderte Schüler/innen, die im Unterricht nach Stundentafel insgesamt oder in einzelnen Fächern noch nicht erfolgreich mitarbeiten können und Grund hierfür keine oder geringe Kenntnisse der deutschen Sprache sind. Neu zugewanderte Schüler/innen, die die deutsche Sprache beherrschen, fallen damit nicht in den Anwendungsbereich des Erlasses. Das gilt auch dann, wenn sie nicht erfolgreich im Unterricht mitarbeiten können, Grund hierfür aber nicht fehlende Kenntnisse der deutschen Sprache sind.

Nach Nr. 4.1 S. 1 des Erlasses erhalten neu zugewanderte Schüler/innen Zeugnisse gemäß den Vorgaben der Ausbildungs- und Prüfungsordnung der von ihnen besuchten Schulform. Das gilt jedoch nur für diejenigen zugewanderten Schüler/innen, die in eine Klasse der ihrem Alter entsprechenden Jahrgangsstufe und nach deren Stundentafel unterrichtet werden, die also eine Regelklasse i.S.d. Nr. 2.1 des Erlasses besuchen. Zugewanderte Schüler/innen, die aufgrund defizitärer Kenntnisse der deutschen Sprache nicht in eine Regelklasse aufgenommen worden sind (Nr. 2.3 des Erlasses) oder eine Regelklasse besuchen, aber aufgrund nicht ausreichender Kenntnisse der deutschen Sprache nicht am gesamten Unterricht nach der Stundentafel teilnehmen können (Nr. 2.2 S. 2 des Erlasses) erhalten keine Zeugnisse, sondern Lernstandsberichte (Nr. 4.1 S. 2 des Erlasses). Für die Fächer, in denen eine Benotung bereits möglich ist, können die Lernstandsberichte auch Noten enthalten (Nr. 4.1 S. 3 des Erlasses). Der Verzicht auf ein Zeugnis, wenn eine hinreichende Beurteilungsgrundlage aufgrund fehlender Deutschkenntnisse fehlt, steht in Einklang mit § 49 Abs. 1 S. 1 SchulG, der für die Erteilung eines Zeugnisses voraussetzt, dass bewertbare Leistungen erbracht worden sind (vgl. T 12-4.1). Allerdings bedarf die Abweichung vom gesetzlich vorgesehenen Grundsatz der Erteilung eines Zeugnisses nach § 52 Abs. 1 S. 2 SchulG einer Regelung durch Rechtsverordnung mit Zustimmung des für Schulen zuständigen Landtagsausschusses.

Soweit eine Leistungsbeurteilung von zugewanderten Schüler/innen erfolgt, bestimmt Nr. 4.3 des Erlasses, dass bei der Beurteilung der Leistungen sprachlich bedingte Erschwernisse des Lernens angemessen berücksichtigt und im Zeugnis erläutert werden, soweit die jeweils anzuwendende Ausbildungs- und Prüfungsordnung es zulässt. Die in Nr. 6.2 des früheren Erlasses „Unterricht für Schüler/innen mit Zuwanderungsgeschichte, insbesondere im Bereich der Sprachen" enthaltene Beschränkung des sog. Notenschutzes auf Schüler/innen, die sich seit kurzer Zeit in Deutschland aufhalten, ist nunmehr weggefallen. Notenschutz für zugewanderte Schüler/innen, die (noch) keine umfassenden Deutschkenntnisse besitzen, ist zweifelsfrei pädagogisch zumindest sinnvoll. Er ist bei denjenigen Schüler/innen, die eine Regelklasse besuchen, aber noch nicht am gesamten Unterricht nach der Stundentafel erfolgreich teilnehmen können (Nr. 2.2 des Erlasses), oder noch nicht in eine Regelklasse aufgenommen werden können (Nr. 2.3 des Erlasses) auch rechtlich nicht zu beanstanden. Insbesondere liegt in dem Notenschutz kein Verstoß gegen den Grundsatz der Chancengleichheit, weil diesen Schülern keine Zeugnisse, sondern Lernstandsberichte erteilt werden (Nr. 4.1 des Erlasses) und ihre Situation nicht mit derjenigen von Schüler/innen vergleichbar ist, die eine Regelklasse besuchen, am gesamten Unterricht nach der Stundentafel erfolgreich teilnehmen können und (Versetzungs-) Zeugnisses erhalten. Anders liegt es aber bei den neu zugewanderten Schüler/innen, die eine Regelklasse besuchen, aufgrund ihrer Deutschkenntnisse am gesamten Unterricht nach der Stundentafel teilnehmen können und (Versetzungs-) Zeugnisse erhalten, in denen ihnen ggf. auch Abschlüsse und Berechtigungen verliehen werden. Bei diesen Schüler/innen erfordert ein Notenschutz aus den im Zusammenhang mit der Lese-/Rechtschreibschwäche dargelegten Gründen (vgl. T 12-10) eine hinreichende gesetzliche Grundlage des Notenschutzes. Die bloße Regelung in einem Erlass genügt insoweit nicht.

8. Herkunftssprachlicher Unterricht

Mit dem Runderlass vom 28.6.2016 hat das Schulministerium neben dem Unterricht für neu zugewanderte Schüler/innen auch den herkunftssprachlichen Unterricht neu geregelt (BASS 13-61 Nr. 2). Die Bezeichnung „herkunftssprachlicher" Unterricht ist unglücklich, weil der Erlass mit dieser Begrifflichkeit etwa von §§ 2 Abs. 10 SchulG, 3 Abs. 4 AO-GS abweicht. Diese Vorschrift stellt auf Unterricht in der Muttersprache ab. Nr. 1.1 S. 2 des Erlasses stellt deshalb klar, dass mit Herkunftssprache die Muttersprache gemeint ist (zur Organisation des herkunftssprachlichen Unterrichts vgl. T 9-2.3).

Herkunftssprachlicher Unterricht in der Schuleingangsphase der Grundschule wird im Zeugnis bei „Hinweise zu den Lernbereichen/Fächern" aufgenommen. Das Zeugnis enthält keine Leistungsnote, sondern eine Aussage über die Lernentwicklung im herkunftssprachlichen Unterricht (Nr. 5.2 des Erlasses). In den weiteren Klassen der Grundschule wird anstelle der Aussage über die Leistungsentwicklung eine Leistungsnote erteilt.

Soweit Schüler/innen im Rahmen des herkunftssprachlichen Unterrichts an Islamkunde teilnehmen (vgl. auch T 10-2.3), wird im Zeugnis eine erfolgreiche oder nicht erfolgreiche Teilnahme vermerkt (Nr. 8 des Erlasses über Islamkunde, BASS 12-05 Nr.5). Positive Leistungen im herkunftssprachlichen Unterricht einschließlich Islamkunde werden bei der Gesamtentwicklung der Schüler /in berücksichtigt (Nr. 7.4.1 S. 1 VVzAO-GS). Sie können deshalb bei der Versetzung trotz Nichterfüllung der Versetzungsbedingungen gemäß § 7 Abs. 4 S. 2 AO-GS berücksichtigt werden (vgl. T 13-6.2 und 10.2).

9. Kinder beruflich Reisender

Für Kinder von beruflich Reisenden gelten darüber hinaus die Sonderregelungen in Nr. 6.1.3 VVzAO-GS und Nr. 9.2. des Runderlasses über die schulische Bildung von Kindern aus Familien beruflich Reisender in Grundschulen und Schulen der Sekundarstufe I (im Folgenden: Erlass), BASS 15-05 Nr. 21.

Nach Nr. 6.1.3 werden die Zeugnisse der Kinder beruflich Reisender von der jeweiligen Stammschule (Nr. 2 des Erlasses) unter Verwendung der Eintragungen im Schultagebuch (Nr. 7 des Erlasses) und ergänzender Berichte der Stützpunktschulen (Nr. 3 des Erlasses) ausgestellt.

Nach Nr. 9.2 des Erlasses erhalten die reisenden Kinder von ihrer Stammschule zu den Zeugnisterminen Zeugnisse gemäß § 6 AO-GS. Die Zeugnisse dokumentieren die Lernfortschritte der Schüler /in während des gesamten Schuljahres (Reisesaison und Winterpause). Das Halbjahreszeugnis (Winterzeugnis) enthält einen Hinweis auf die zu besuchende Jahrgangsklasse. Das Sommerzeugnis enthält einen Versetzungsvermerk. Die Zeugnisse sollen eine zusätzliche Motivation für den weiteren Schulbesuch bewirken. Auf Wunsch der Eltern kann das Halbjahreszeugnis auch am Ende des Aufenthalts im Winterquartier ausgestellt werden.

10. Lese- und Rechtschreibschwäche

Der Erlass über Förderung von Schüler /innen bei besonderen Schwierigkeiten im Erlernen des Lesens und Rechtschreibens (LRS), BASS 14-01 Nr. 1, regelt nicht nur, welche Fördermaßnahmen bei einer Lese- und Rechtschreibschwäche in Betracht kommen. Der Erlass enthält auch Bestimmungen darüber, ob Zeugnisse Aussagen zur Lese- und Rechtschreibschwäche und eventuellen Fördermaßnahmen enthalten. Die maßgeblichen Regelungen des Erlasses lauten:

4. ***Leistungsfeststellung und -beurteilung***

Soweit nachstehend nichts Abweichendes bestimmt ist, gelten für Schülerinnen und Schüler mit Schwierigkeiten im Lesen und Rechtschreiben die allgemeinen Bestimmungen über die Leistungsfeststellung und -beurteilung.

Für Schülerinnen und Schüler, die einer zusätzlichen Fördermaßnahme bedürfen, gilt für die Klassen 2 bis 6 und in besonders begründeten Einzelfällen auch für die Klassen 7 bis 10 zusätzlich:

4.1 ***Schriftliche Arbeiten und Übungen***

Bei einer schriftlichen Arbeit oder Übung zur Bewertung der Rechtschreibleistung im Fach Deutsch und in den Fremdsprachen kann die Lehrerin oder der Lehrer im Einzelfall eine andere Aufgabe stellen, mehr Zeit einräumen oder von der Benotung absehen und die Klassenarbeit mit einer Bemerkung versehen, die den Lernstand aufzeigt und zur Weiterarbeit ermutigt. In den Fremdsprachen können Vokabelkenntnisse durch mündliche Leistungsnachweise erbracht werden. Die Erziehungsberechtigten sind über den Leistungsstand ihres Kindes zu informieren.

Die Rechtschreibleistungen werden nicht in die Beurteilung der schriftlichen Arbeiten und Übungen im Fach Deutsch oder in einem anderen Fach mit einbezogen.

4.2 ***Zeugnisse***

Der Anteil des Rechtschreibens ist bei der Bildung der Note im Fach Deutsch zurückhaltend zu gewichten.

In den Zeugnissen kann in der Rubrik „Bemerkungen" aufgenommen werden, dass die Schülerin oder der Schüler an einer zusätzlichen LRS-Fördermaßnahme teilgenommen hat.

4.3 ***Versetzung***

Bei Entscheidungen über die Versetzung oder die Vergabe von Abschlüssen dürfen die Leistungen im Lesen und Rechtschreiben nicht den Ausschlag geben.

4.4 ***Übergang zu Realschulen und Gymnasien***

Besondere Schwierigkeiten im Rechtschreiben allein sind kein Grund, eine Schülerin oder einen Schüler für den Übergang in die Realschule oder das

Gymnasium bei sonst angemessener Gesamtleistung als nicht geeignet zu beurteilen.

Nr. 6.3 und 6.4 VVzAO-GS bestimmen ergänzend, dass, soweit der LRS-Erlass angewandt wird, im Versetzungszeugnis der Klasse 3 und den Zeugnissen der Klasse 4, also im Halbjahres- und Jahreszeugnis der Klasse 4, im Fach Deutsch auf die Benotung der Teilbereiche Lesen und/oder Rechtschreiben verzichtet werden kann. Nach der Anlage zu Nr. 6.1 VVzAO-GS ist in den Fällen der Nr. 6.3 und 6.4 VVzAO-GS eine LRS-Förderung in das Zeugnis aufzunehmen. Nach den Regelungen des LRS-Erlasses ist zwischen dem Nachteilsausgleich und dem sog. Notenschutz zu unterscheiden. Während die Regelungen über den Nachteilsausgleich nicht zu beanstanden sind (10.1) sind die Bestimmungen über den Notenschutz unwirksam. Sie konnten bis zur notwendigen gesetzlichen Regelung übergangsweise längstens bis zum Schuljahr 2015/16 angewandt werden (10.2).

10.1 Nachteilsausgleich

Der Begriff des Nachteilsausgleichs umfasst Fördermaßnahmen, die erforderlich sind und darauf zielen, chancengleiche äußere Bedingungen für die Erfüllung der Leistungsanforderungen herzustellen. Das sind die in Nr. 4.1 des LRS-Erlasses vorgesehenen Maßnahmen (andere Aufgabe, Schreibzeitverlängerung). Solche Maßnahmen sind rechtlich nicht zu beanstanden, sie dürfen aber in einem Zeugnis nicht vermerkt werden.

Das Gebot der Chancengleichheit aller Schüler/innen (Art. 3 Abs. 1 GG) verlangt, dass sie möglichst gleiche Chancen haben, die Leistungsanforderungen zu erfüllen. Zu diesem Zweck sollen die Bedingungen, unter denen Leistungen erbracht werden, für alle Schüler/innen möglichst gleich sein. Allerdings sind einheitliche Bedingungen geeignet, die Chancengleichheit derjenigen Schüler/innen zu verletzen, deren Fähigkeit, ihr vorhandenes Leistungsvermögen darzustellen, erheblich beeinträchtigt ist. Diesen Schüler/innen steht deshalb ein Anspruch auf Änderung der einheitlichen schulischen Bedingungen im jeweiligen Einzelfall unmittelbar aufgrund des Gebots der Chancengleichheit zu. Den Schwierigkeiten der Schüler/innen, ihre vorhandenen Kenntnisse und Fähigkeiten unter Geltung der einheitlichen Bedingungen darzustellen, muss durch geeignete Ausgleichsmaßnahmen Rechnung getragen werden. Dieser Nachteilsausgleich muss im Einzelfall nach Art und Umfang so bemessen sein, dass der Nachteil nicht „überkompensiert“ wird. Die typische Ausgleichsmaßnahme in schriftlichen Prüfungen ist die Verlängerung der Bearbeitungszeit, wie sie Nr. 4.1 des LRS-Erlasses vorgesehen ist. In Betracht kommt auch die Benutzung technischer Hilfsmittel. Dementsprechend können Schüler/innen, die an Lese- und Rechtschreibschwäche leiden, zur Herstellung der Chancengleichheit in schriftlichen Prüfungen Maßnahmen des Nachteilsausgleichs, insbesondere die angemessene Verlängerung der Bearbeitungszeit, beanspruchen, sofern die Feststellung der Lesefähigkeit und Rechtschreibung nicht Prüfungszweck ist (BVerwG, Urteil vom 29.7.2015 – 6 C 35.14 –, juris, Rdn. 15 f. und 19, m.w.N.).

Dieser verfassungsunmittelbare Anspruch der Schüler/innen mit einer Lese- und Rechtschreibschwäche darf nach der Rechtsprechung des BVerwG nicht dadurch konterkariert werden, dass die in Anspruch genommenen Ausgleichsmaßnahmen im Zeugnis vermerkt werden. Es gibt keinen Grund, der es rechtfertigen könnte, die Beachtung des Gebots der Chancengleichheit im Zeugnis zu dokumentieren (BVerwG, Urteil vom 29.7.2015 – 6 C 35.14 –, a.a.O., Rdn. 17, m.w.N.). Daraus folgt, dass Zeugnisse (auch) der Grundschulen keine Hinweise auf einen gewährten Nachteilsausgleich enthalten dürfen. Auch der in Nr. 4.2 des LRS-Erlasses vorgesehene Hinweis in der Rubrik „Bemerkungen" eines Zeugnisses auf die Teilnahme an einer zusätzlichen LRS-Fördermaßnahme konterkariert den Anspruch der Schüler/innen mit einer Lese- und Rechtschreibschwäche auf Chancengleichheit, weil der Hinweis einen Rückschluss auf eine Teilleistungsschwäche zulässt.

10.2 Notenschutz

Verfassungsrechtlich unbedenklich ist dagegen der Hinweis in Zeugnissen und Bescheinigungen über die Schullaufbahn auf einen den Schüler/innen gewährten Notenschutz. Unter den Begriff des Notenschutzes fallen Leistungsbewertungen, die das individuelle Leistungsvermögen berücksichtigen, also etwa Bewertungen, die – wie in Nr. 4 des LRS-Erlasses vorgesehen – auf eine Lese- und Rechtschreibschwäche Rücksicht nehmen (BVerwG, Urteil vom 29.7.2015 – 6 C 35.14 –, a.a.O., Rdn. 20).

Der Notenschutz trägt dem Umstand Rechnung, dass es Schüler/innen subjektiv etwa aufgrund einer Lese- und Rechtschreibschwäche unmöglich ist, bestimmten Leistungsanforderungen zu genügen. Zu ihren Gunsten wird auf die einheitliche Anwendung des allgemeinen Maßstabs der Leistungsbewertung verzichtet. Entweder werden die subjektiv nicht zu erfüllenden Anforderungen nicht gestellt oder die Nichterfüllung wird nicht bewertet, sodass die Prüflinge insoweit keine Kenntnisse und Fähigkeiten nachweisen müssen. Auch kann der Nichterfüllung bestimmter Anforderungen bei der Leistungsbewertung ein geringeres Gewicht beigemessen werden (BVerwG, Urteil vom 29.7.2015 – 6 C 35.14 –, a.a.O., Rdn. 22). Derartige Maßnahmen des Notenschutzes führen zwangsläufig zu einer erheblichen Verbesserung der Erfolgschancen bei der Leistungserbringung. Deshalb stellt Notenschutz unter dem Aspekt der Chancengleichheit stets eine Bevorzugung derjenigen Schüler/innen dar, denen er gewährt wird. Der Vermerk einer Bevorzugung bei der Leistungsbewertung im Zeugnis ist dementsprechend von vornherein nicht geeignet, das Gebot der Chancengleichheit zu beeinträchtigen (BVerwG, Urteil vom 29.7.2015 – 6 C 35.14 –, a.a.O., Rdn. 23, m.w.N.).

Notenschutz steht zwar mit dem Benachteiligungsverbot gemäß Art. 3 Abs. 3 S. 2 GG in Einklang. Das Benachteiligungsverbot gibt aber keinen Anspruch auf Notenschutz. Denn die durch Notenschutz herbeigeführte Bevorzugung von Schüler/innen kollidiert mit verfassungsrechtlichen Schutzgütern. Notenschutz wirkt sich zwangsläufig auf die Chancengleichheit aller Schüler/innen aus. Außerdem ließe ein aus Art. 3 Abs. 3 S. 2 GG hergeleiteter Anspruch auf Notenschutz außer Betracht, dass sich im Schulwesen die Grundrechte und die staatliche Schulaufsicht nach Art. 7 Abs. 1 GG gleichrangig gegenüberstehen. Nach dem Grundsatz praktischer Konkordanz müssen beide Verfassungspositionen schon auf abstrakt-genereller Ebene nach Möglichkeit schonend ausgeglichen werden. Nach Art. 7 Abs. 1 GG ist es Sache des Staates, d.h. der Länder, die Schulformen und die dafür geltenden Ausbildungsgänge und Unterrichtsziele festzulegen. Dies umfasst die Befugnis, die für einen Schulabschluss erforderlichen fachlichen Kenntnisse und Fähigkeiten, die Bedingungen für deren Nachweis und die durch den Abschluss vermittelte Qualifikation zu bestimmen. Davon ausgehend kann die Schulaufsicht an den Nachweis eines allgemeinen Ausbildungs- und Kenntnisstandes anknüpfen. Dies bedingt die Anwendung eines allgemeinen, an objektiven Leistungsanforderungen ausgerichteten Bewertungsmaßstabs für die Notengebung. Abweichungen von diesem Maßstab beeinträchtigen die Aussagekraft der Noten und letztlich des Schulabschlusses (BVerwG, Urteil vom 29.7.2015 – 6 C 35.14 –, a.a.O., Rdn. 24 bis 36, m.w.N.).

Ein Anspruch auf Notenschutz lässt sich schließlich nicht aus Art. 24 Abs. 1 und 2 des Übereinkommens der Vereinten Nationen vom 13. 12. 2006 über die Rechte von Menschen mit Behinderungen (UN-Behindertenkonvention) noch nach dem Allgemeinen Gleichbehandlungsgesetz (AGG) herleiten. Den Regelungen in Art. 24 Abs. 1 und 2 UN-Behindertenkonvention fehlt die erforderliche Bestimmtheit. Sie enthalten Zielvorgaben für die Integration behinderter Menschen in das staatliche Schulsystem, verpflichten aber nicht zu konkreten behindertengerechten Modalitäten der Bewertung schulischer Leistungen und deren Dokumentation im Abschlusszeugnis. Das AGG betrifft Benachteiligungen aus Gründen einer Behinderung im Arbeitsleben einschließlich Stellenbewerbungen (§§ 1, 2 Abs. 1 Nr. 1 AGG) und beansprucht keine Geltung für das Schulwesen (BVerwG, Urteil vom 29.7.2015 – 6 C 35.14 –, a.a.O., Rdn. 39 f.).

Der Vermerk in einem Zeugnis über gewährten Notenschutz kann damit weder einen verfassungsrechtlichen noch einen durch die UN-Behindertenkonvention oder das AGG gewährleisteten Anspruch der Schüler/innen mit einer Lese- und Rechtschreibschwäche konterkarieren. Der Schulaufsicht obliegt deshalb im Rahmen ihres Einschätzungsspielraums auch die Entscheidung darüber, ob ein solcher Vermerk anzubringen ist oder ob hiervon in Zeugnissen und Bescheinigungen über die Schullaufbahn abzusehen ist. Nach der Rechtsprechung des BVerwG spricht für einen Hinweis auf gewährten Notenschutz, dass dadurch die Aussagekraft des Zeugnisses oder der Bescheinigung über die Schullaufbahn erhöht wird. Er stellt klar, inwieweit die Noten des Zeugnisinhabers nicht nach den allgemeinen Bewertungskriterien zustande gekommen sind (BVerwG, Urteil vom 29.7.2015 – 6 C 35.14 –, a.a.O., Rdn. 37).

Allerdings bedarf der Notenschutz nach dem Vorbehalt des Gesetzes einer Regelung durch den Gesetzgeber. Für das Schulwesen besteht ein Gesetzesvorbehalt vor allem für Entscheidungen, die das Verhältnis zwischen der staatlichen Schulaufsicht aus Art. 7 Abs. 1 GG, den Grundrechten der Schüler/innen und dem elterlichen Erziehungsrecht nach Art. 6 Abs. 2 S. 1 GG austarieren oder den weiteren schulischen und beruflichen Werdegang der Schüler/innen betreffen. Danach unterfallen nach der Rechtsprechung des BVerwG die Entscheidungen über die Gewährung von Notenschutz und dessen inhaltliche Ausgestaltung „jedenfalls" für schulische Abschlussprüfungen dem Gesetzesvorbehalt. Einerseits verbessert der Notenschutz die Erfolgschancen von Schüler/innen mit Behinderung; er dient der Förderung ihrer grundrechtlich geschützten schulischen und beruflichen Entfaltungs- und Betätigungsmöglichkeiten. Andererseits müssen die Auswirkungen des Notenschutzes auf die Chancengleichheit und auf die schulischen Ausbildungsziele in Erwägung gezogen werden. Die Einführung des Notenschutzes hat stets Auswirkungen auf die Aussagekraft des Schulabschlusses, der durch das Abschlusszeugnis dokumentiert wird (BVerwG, Urteil vom 29.7.2015 – 6 C 35.14 –, a.a.O., Rdn. 42 f.). Diese zutreffenden, vor allem auf die Aussagekraft eines Abschlusszeugnisses zielenden Erwägungen des BVerwG gelten aber für alle Zeugnisse und Bescheinigungen über die Schullaufbahn in gleicher Weise. Auch deren Aussagekraft, etwa die Aussagekraft eines Versetzungszeugnisses (Nr. 4.3 des LRS-Erlasses), wird durch die Gewährung von Notenschutz verändert. Zugleich wird mit dem Notenschutz von dem Grundsatz der Chancengleichheit aller Schüler/innen abgewichen. Vor diesem Hintergrund spricht alles dafür, den Gesetzesvorbehalt nicht nur auf Abschlusszeugnisse, sondern auf alle Zeugnisse und Bescheinigungen über die Schullaufbahn zu beziehen. Dem steht das Urteil des BVerwG vom 29.7.2015 nicht entgegen. Mit der Formulierung „jedenfalls" in diesem Urteil hat das BVerwG offengelassen, ob der Gesetzesvorbehalt bei allen Zeugnissen und Bescheinigungen über die Schullaufbahn eine Regelung des Notenschutzes durch den Gesetzgeber verlangt.

Dem Gesetzesvorbehalt genügt die Ermächtigung in § 52 Abs. 1 S. 2 Nr. 18 SchulG nicht. Nach dieser Vorschrift ist das Schulministerium zum Erlass von Regelungen über den Ausgleich von Nachteilen der Schüler/innen mit Behinderung ermächtigt. Diese Bestimmung genügt dem Gesetzesvorbehalt nur insoweit, als der vom Nachteilsausgleich bestimmte Personenkreis allgemein umschreiben wird, indem die Ermächtigung einen Nachteilsausgleich (nur) für Schüler/innen mit einer Behinderung vorsieht. Der Gesetzesvorbehalt erfordert jedoch weitergehende inhaltliche Vorgaben. Danach muss der Gesetzgeber (zumindest) auch die vom Nachteilsausgleich erfassten Abschlussprüfungen anführen und bestimmen, auf welche Weise Notenschutz gewährt wird. Als Maßnahme kommt nicht ausschließlich die Nichtberücksichtigung oder verminderte Berücksichtigung von Defiziten bei der Leistungsbewertung in Betracht. Stattdessen können Zu- und Abschläge bei der Notengebung vorgesehen oder abweichende Mindestanforderungen für die Versetzung und den

Schulabschluss festgelegt werden. Darüber hinaus ist eine Grundentscheidung des Gesetzgebers darüber geboten, ob der gewährte Notenschutz im Zeugnis zu dokumentieren ist (BVerwG, Urteil vom 29.7.2015 – 6 C 35.14 –, a.a.O., Rdn. 44).

Nach diesen Grundsätzen besteht entgegen der Auffassung des Schulministeriums etwa in der Beantwortung der Kleinen Anfrage 3910 von Abgeordneten der PIRATEN (LT-Drs. 16/10086) gesetzlicher Regelungsbedarf. Denn Notenschutz in diesem Sinne sieht der LRS-Erlass in unterschiedliche Maßnahmen vor. Nach Nr. 4.1 des LRS-Erlasses kann bei schriftlichen Arbeiten und Übungen eine andere Aufgabe gestellt, von der Benotung abgesehen und in den Fremdsprachen ein mündlicher Leistungsnachweis anstelle eines schriftlichen Vokabeltests angeboten werden. Außerdem werden Rechtschreibleistungen nicht in die Beurteilung der schriftlichen Arbeiten und Übungen im Fach Deutsch oder in einem anderen Fach mit einbezogen. Bei der Bildung der Note im Fach Deutsch ist der Anteil des Rechtschreibens zurückhaltend zu gewichten (Nr. 4.2 des LRS-Erlasses). Bei Entscheidungen über die Versetzung und die Vergabe von Abschlüssen dürfen die Leistungen im Lesen und Rechtschreiben nicht den Ausschlag geben (Nr. 4.3 des LRS-Erlasses). Besondere Schwierigkeiten im Rechtschreiben allein sind kein Grund, eine Schülerin oder einen Schüler für den Übergang in die Realschule oder das Gymnasium bei sonst angemessener Gesamtleistung als nicht geeignet zu beurteilen (Nr. 4.4 des LRS-Erlasses). Alle genannten Regelungen des LRS-Erlasses stellen Notenschutz im Sinne der oben genannten Definition des Begriffs des Notenschutzes des BVerwG im Urteil vom 29.7.2015 – 6 C 35.14 –, a.a.O., Rdn. 20 dar, weil sie auf eine Berücksichtigung des durch eine Lese- und Rechtschreibschwäche eingeschränkten individuellen Leistungsvermögen zielen. Das Gleiche gilt für Nr. 6.3 VVzAO-GS, wonach, soweit der LRS-Erlass angewandt wird, im Fach Deutsch auf die Benotung der Teilbereiche Lesen und/oder Rechtschreiben verzichtet werden kann. Selbst wenn der hier vertretenen und vom BVerwG im Urteil vom 29.7.2015 – 6 C 35.14 –, a.a.O., offengelassenen Auffassung, der Gesetzesvorbehalt verlange bei allen Zeugnissen und Bescheinigungen über die Schullaufbahn eine Regelung des Notenschutzes durch den Gesetzgeber, nicht gefolgt wird, genügt zumindest Nr. 4.3 des LRS-Erlasses nicht dem Gesetzesvorbehalt, soweit nach dieser Regelung bei Entscheidungen über Abschlüsse die Leistungen im Lesen und im Rechtschreiben nicht den Ausschlag geben dürfen. Für Abschlusszeugnisse ist nach der Rechtsprechung des BVerwG, wie bereits dargelegt, eine gesetzliche Regelung des Notenschutzes notwendig. Die in der Beantwortung der Kleinen Anfrage 3910 (LT-Drs. 16/10086) angeführten Beschlüsse der Kultusministerkonferenz ersetzen eine notwendige gesetzliche Regelung durch den Landesgesetzgeber nicht.

Regelungen, die dem Gesetzesvorbehalt nicht genügen, aber inhaltlich rechtlich nicht zu beanstanden sind, dürfen für eine Übergangszeit weiter angewandt werden, wenn und soweit die Anwendung unerlässlich ist, um grundrechtlich geschützte Rechtspositionen zu wahren oder die Funktionsfähigkeit der staatlichen Verwaltung sicherzustellen. Die vorübergehende Fortgeltung wird in Kauf genommen, um noch verfassungsfernere Zustände zu vermeiden. Aus Gründen der Chancengleichheit und der Aussagekraft von Zeugnissen ist es deshalb zulässig, nicht dem Gesetzesvorbehalt genügende Bestimmungen über Notenschutz bis längstens zum Ende des Schuljahres 2015/16 anzuwenden (BVerwG, Urteil vom 29.7.2015 – 6 C 35.14 –, a.a.O., Rdn. 47 bis 51). Danach konnte der im LRS-Erlass vorgesehene Notenschutz nur noch bis zum Ende des Schuljahres 2015/16 angewandt werden.

11. Hinweis auf sonderpädagogische Förderung

Ob Zeugnisse einen Hinweis auf eine sonderpädagogische Förderung der Schüler/innen mit sonderpädagogischem Unterstützungsbedarf enthalten dürfen, ist bislang auch in der Rechtsprechung nicht hinreichend geklärt.

Das SchulG enthält keine Vorschriften, aus denen hervorgeht, ob ein entsprechender Hinweis im Zeugnis zulässig ist. Ein solcher Hinweis ist aber in § 21 Abs. 6 S. 1 AO-SF vorgesehen. Danach erhalten Schüler/innen mit nach § 14 AO-SF festgestelltem Bedarf an sonderpädagogischer Unterstützung Zeugnisse mit der Bemerkung, dass sie sonderpädagogisch gefördert werden. Die Zeugnisse nennen außerdem den Förderschwerpunkt und den Bildungsgang (§ 21 Abs. 6 S. 2 AO-SF). Die konkreten Formulierungen und Bemerkungen in den Zeugnissen regelt die Anlage 1 der VVzAO-SF vom 2.9.2015, BASS 13-41 Nr. 2.2. Auch für Schüler/innen der Grundschule ist im zweiten Spiegelstrich der Anlage zu Nr. 6.1 VVzAO-GS unter „Sowie in allen Klassen" vorgesehen, dass die Zeugnisse der Schüler/innen mit sonderpädagogischem Unterstützungsbedarf die in den VVzAO-SF bestimmten Formulierungen enthalten.

Nur in zwei Fällen wird nach den Vorschriften der AO-SF die sonderpädagogische Förderung in den Zeugnissen nicht vermerkt. Das betrifft zunächst Schüler/innen, die sonderpädagogisch gefördert werden, ohne dass ein förmliches Verfahren nach §§ 11 bis 15 AO-SF durchgeführt worden ist. Dass eine solche Förderung ohne Durchführung des förmlichen Verfahrens auf Entscheidung über den sonderpädagogischen Unterstützungsbedarf, den Förderschwerpunkt und den Förderort möglich ist, folgt aus § 17 Abs. 6 AO-SF, der dies für Schüler/innen in der Primarstufe ausdrücklich vorsieht. In diesen Fällen ist weder nach § 21 Abs. 6 AO-SF noch nach den VVzAO-SF ein Hinweis im Zeugnis über die sonderpädagogische Förderung vorgesehen. Der zweite Ausnahmefall betrifft die in der Primarstufe nicht relevanten Abschlusszeugnisse (§ 21 Abs. 6 S. 3 AO-SF).

Zur Begründung der Neuregelung des § 21 Abs. 6 AO-SF führt das Schulministerium aus (abrufbar im Internet unter http://www.gew-nrw.de/uploads/tx_files/LTV_16_1558.pdf):

Zeugnisse müssen transparent und rechtsklar sein. Sonderpädagogische Förderung ist eine intensive, zusätzliche Unterstützung als staatliche Leistung, die nicht diskriminiert und unabhängig vom Lernort (allgemeine Schule oder Förderschule) erbracht wird. Aussagen zur sonderpädagogischen Förderung und zum Bildungsgang sind deshalb wie schon bisher in die Zeugnisse aufzunehmen. Gestrichen wird die Vorschrift im bisherigen Absatz 5, wonach Zeugnisse nicht darauf hinweisen dürfen, dass es sich bei einer Schule um eine Förderschule handelt. Schon heute enthalten Zeugnisse im Gemeinsamen Unterricht den Hinweis auf sonderpädagogische Förderung. Diese Praxis hat sich bewährt.

Diese Begründung ist schon nicht konsequent. Denn die generell für notwendig gehaltene Transparenz und Rechtsklarheit der Zeugnisse für Schüler/innen mit sonderpädagogischem Unterstützungsbedarf gilt nach § 21 Abs. 6 S. 3 AO-SF bei zielgleicher Förderung auf Wunsch der Eltern nicht bei Abschlusszeugnissen und die Zeugnisse enthalten bei einer sonderpädagogischen Förderung ohne Durchführung des förmlichen Verfahrens nach §§ 11 bis 15 AO-SF keine entsprechende Bemerkung.

11.1 Einverständnis der Eltern

Der Hinweis auf eine sonderpädagogische Förderung in Zeugnissen stellt zwar keine rechtlich unzulässige Diskriminierung i.S.d. Allgemeinen Gleichbehandlungsgesetzes (AGG) dar. Nach §§ 1, 3 Abs. 1 und 2 AGG darf – u.a. – keine Person wegen ihrer Behinderung unmittelbar oder mittelbar benachteiligt werden. Dieses Diskriminierungsverbot gilt jedoch nicht im schulischen Bereich, weil das AGG Benachteiligungen aus Gründen einer Behinderung im Arbeitsleben einschließlich Stellenbewerbungen (§§ 1, 2 Abs. 1 Nr. 1 AGG) betrifft (BVerwG, Urteil vom 29.7.2015 – 6 C 35.14 –, juris, Rdn. 40). Aus dem allgemeinen Persönlichkeitsrecht der Schüler/innen sowie den Grundsätzen der Chancengleichheit (Art. 3 Abs. 1 GG) und der „Zeugniswahrheit" ergibt sich aber, dass Zeugnisse für Schüler/innen mit sonderpädagogischem Unterstützungsbedarf einen Hinweis auf die sonderpädagogische Förderung nur enthalten dürfen, wenn sich die Eltern minderjähriger Schüler/innen oder volljährige Schüler/innen damit einverstanden erklärt haben.

Hinweise in Zeugnissen auf eine sonderpädagogische Förderung lassen aber auf eine Behinderung schließen, weil sie nach Maßgabe der §§ 3 ff. AO-SF Voraussetzung für eine sonderpädagogische Förderung ist. Solche Hinweise können deshalb das Recht der Schüler/innen mit sonderpädagogischem Unterstützungsbedarf beeinträchtigen, über die Offenlegung von Vorgängen und Zuständen aus ihrem persönlichen Lebensbereich, insbesondere über Krankheiten und Behinderungen, selbst zu bestimmen. Dieses Verfügungsrecht über die Darstellung der eigenen Person unterfällt als Teil des allgemeinen Persönlichkeitsrechts dem Schutz des Art. 2 Abs. 1 i.V.m. Art 1 Abs. 1 GG. Der Schutz besteht auch gegen die Offenlegung oder Verbreitung wahrer Tatsachen über eine Person ohne deren Einwilligung (BVerwG, Urteil vom 29.7.2015 – 6 C 35.14 –, a.a.O., Rdn. 11, m.w.N., zu Bemerkungen in Zeugnissen über Nachteilsausgleich und Notenschutz bei einer Lese- und Rechtschreibschwäche). Daraus folgt, dass ein Hinweis auf eine sonderpädagogische Förderung zulässig ist, wenn die Eltern minderjähriger Schüler/innen oder volljährige Schüler/innen ihr Einverständnis erklärt haben.

11.2 Fehlendes Einverständnis der Eltern

Liegt ein Einverständnis nicht vor, fehlt es an der erforderlichen rechtlichen Rechtfertigung für den Hinweis auf eine sonderpädagogische Förderung in Zeugnissen und Bescheinigungen über die Schullaufbahn. Insoweit ist zu unterscheiden zwischen Schüler/innen mit sonderpädagogischem Unterstützungsbedarf, die einerseits i.S.d. § 19 Abs. 3 S. 1 SchulG zielgleich nach den Unterrichtsvorgaben der allgemeinen Schulen und andererseits i.S.d. § 12 Abs. 4 SchulG zieldifferent unterrichtet werden.

11.2.1 Zielgleiche Unterrichtung

Bei Schüler/innen mit sonderpädagogischem Unterstützungsbedarf, die zielgleich unterrichtet werden, ist zu unterscheiden zwischen Nachteilsausgleich durch sonderpädagogische Förderung und einem ggf. mit der sonderpädagogischen Förderung einhergehenden Notenschutz.

Sonderpädagogische Förderung im Sinne eines Ausgleichs für die Behinderung der Schüler/innen mit sonderpädagogischem Unterstützungsbedarf stellt sich typischerweise als notwendige Voraussetzung dafür dar, das Ziel des Bildungsgangs überhaupt erreichen zu können. Die Schüler/innen haben (schon) deshalb einen aus Art. 2 Abs. GG herzuleitenden verfassungsrechtlichen Anspruch auf sonderpädagogische Förderung in der Schule, der auch der Herstellung einer dem Gebot der Chancengleichheit aller Schüler/innen (Art. 3 Abs. 1 GG) entsprechenden Ausbildung in der Schule dient. Insofern stellt sich die sonderpädagogische Förderung wie der Nachteilsausgleich bei einer Lese- und Rechtschreibschwäche (vgl. dazu T 12-10) als rechtlich gebotener Ausgleich für die vorliegende Behinderung dar. Der damit gegebene verfassungsrechtliche Anspruch auf Herstellung chancengleicher Ausbildung im Bildungsgang der allgemeinen Schule darf nicht dadurch konterkariert werden, dass in dem Zeugnis oder der Bescheinigung über die Schullaufbahn auf die sonderpädagogische Förderung hingewiesen wird. Voraussetzung dafür wäre das Vorliegen eines sachlich rechtfertigenden Grundes.

Es gibt aber keinen Grund, der es rechtfertigen könnte, die Beachtung des Gebots der Chancengleichheit durch sonderpädagogische Förderung im Zeugnis oder der Bescheinigung über die Schullaufbahn bei Schüler/innen mit sonderpädagogischem Unterstützungsbedarf in Bildungsgängen der allgemeinen Schule zu dokumentieren (vgl. auch BVerwG, Urteil vom 29.7.2015 – 6 C 35.14 –, a.a.O., Rdn. 17, zum Hinweis in Zeugnissen auf Nachteilsausgleich in den Fällen einer Lese- und Rechtschreibschwäche; Einzelheiten dieser Rechtsprechung sind in der T 12-11 dargestellt). Insbesondere sind die in der Begründung zu § 21 Abs. 6 AO-SF angeführten Grundsätze der Transparenz und Rechtsklarheit von Zeugnissen aus sich heraus kein hinreichender Rechtfertigungsgrund. Der (bloße) Hinweis auf eine sonderpädagogische Förderung ist von vornherein nicht geeignet, dem Gedanken der „Zeugniswahrheit", also der Aussagekraft von Zeugnissen und Bescheinigungen über die Schullaufbahn Rechnung zu tragen, weil ohne eine nähere Erläuterung unklar bleibt, ob und in welchem Umfang die sonderpädagogische Förderung notwendig war, um die im Zeugnis oder der Bescheinigung über die Schullaufbahn ausgewiesenen Leistungen im Bildungsgang der allgemeinen Schule erbringen zu können (Bay. VGH, Urteil vom 28.5.2014 – 7 B 14.23 –, juris, Rdn. 22). Die Regelungen in der AO-SF sowie der AO-GS und der VVzAO-GS für Zeugnisse und Bescheinigungen über die Schullaufbahn sehen aber nicht vor, in einer der „Zeugniswahrheit" genügenden Weise Einzelheiten der jeweiligen individuellen sonderpädagogischen Förderung wiederzugeben. Angesichts der abhängig vom jeweiligen individuellen Unterstützungsbedarf sehr unterschiedlichen sonderpädagogischen Förderung ist nicht nur der in § 20 Abs. 6 S. 1 AO-SF vorgesehene bloße Hinweis auf die sonderpädagogische Förderung, sondern auch der ebenso allgemeine Hinweis gemäß § 20 Abs. 6 S. 2 AO-SF auf den Förderschwerpunkt nicht geeignet, eine hinreichende Aussagekraft des Zeugnisses oder der Bescheinigung über die Schullaufbahn herbeizuführen. Hinzu kommt, dass aus den oben dargelegten Gründen in den Fällen der sonderpädagogischen Förderung ohne förmliche Feststellung des Vorliegens eines sonderpädagogischen Unterstützungsbedarfs gemäß §§ 11 bis 15 AO-SF (vgl. § 17 Abs. 6 AO-SF) in der Anlage 1 zur VVzAO-SF kein Hinweis im Zeugnis auf die sonderpädagogische Förderung vorgesehen ist. Allein das Fehlen einer förmlichen Feststellung gemäß §§ 11 bis 15 AO-SF ist kein sachlich rechtfertigender Grund dafür, bei Schüler/innen in Zeugnissen auf eine sonderpädagogische Förderung hinzuweisen, wenn ein sonderpädagogischer Unterstützungsbedarf förmlich festgestellt worden ist, bei sonderpädagogisch geförderten Schüler/innen aber auf einen Vermerk im Zeugnis zu verzichten, wenn ein sonderpädagogischer Unterstützungsbedarf nicht förmlich festgestellt worden ist.

Soweit mit der sonderpädagogischen Förderung von zielgleich unterrichteten Schüler/innen etwa in Anwendung der Bestimmungen des LRS-Erlasses (vgl. dazu 10) auch ein Notenschutz einhergeht, kann dies im Zeugnis oder der Bescheinigung über die Schullaufbahn grundsätzlich vermerkt werden. Es fehlt aber hierfür derzeit an der erforderlichen gesetzlichen Regelung. Notenschutz trägt dem Umstand Rechnung, dass es Schüler/innen subjektiv aufgrund einer Behinderung unmöglich ist, bestimmten Leistungsanforderungen zu genügen. Zu ihren Gunsten wird deshalb auf die einheitliche Anwendung des allgemeinen Maßstabs der Leistungsbewertung verzichtet. Entweder werden die subjektiv nicht zu erfüllenden Anforderungen nicht gestellt oder die Nichterfüllung wird nicht bewertet, so dass die Schüler/innen insoweit keine Kenntnisse und Fähigkeiten nachweisen müssen. Auch kann der Nichterfüllung bestimmter Anforderungen bei der Leistungsbewertung ein geringeres Gewicht beigemessen werden. Ein solcher Notenschutz auch für Schüler/innen mit sonderpädagogischem Unterstützungsbedarf erfordert ebenso wie der im LRS-Erlass vorgesehene Notenschutz im Falle einer Lese- und Rechtschreibschwäche einer gesetzlichen Regelung. Insofern gelten die für den Notenschutz im Falle einer Lese- und Rechtschreibschwäche aufgestellten Grundsätzen der Rechtsprechung des BVerwG entsprechend, so dass auf die Ausführungen unter 10 Bezug genommen werden kann.

11.2.2 Zieldifferente Unterrichtung

Für Schüler/innen mit sonderpädagogischem Unterstützungsbedarf, die zieldifferent in der allgemeinen Schule unterrichtet werden, gelten die vorgenannten Grundsätze unter rechtlichen Gesichtspunkten nicht.

Diese Schüler/innen sind aufgrund der unterschiedlichen Bildungsgänge und der durch sie vermittelten Abschlüsse und Berechtigungen nicht mit denjenigen vergleichbar, die zielgleich unterrichtet werden. Bezugspunkt der Schüler/innen mit sonderpädagogischem Unterstützungsbedarf, die zieldifferent in der allgemeinen Schule unterrichtet werden, sind vielmehr die anderen Schüler/innen mit sonderpädagogischem Unterstützungsbedarf. Auch insoweit ist aber der Grundsatz der Chancengleichheit berührt. Diese Schüler/innen sind auf die sonderpädagogische Förderung als Nachteilsausgleich in ganz unterschiedlichem Maße, abhängig von der Art und Schwere der jeweiligen Behinderung, angewiesen. In den zieldifferenten Bildungsgang gibt es deshalb keine für die Schüler/innen gleichen Bedingungen. Der auch unter dem Aspekt der Chancengleichheit rechtfertigende Grund für die unterschiedlichen Leistungsbedingungen ist der jeweils unterschiedliche individuelle Unterstützungsbedarf. Daraus folgt zugleich, dass ein Vermerk im Zeugnis über die sonderpädagogische Förderung, den Förderschwerpunkt und den zieldifferenten Bildungsgang weder den verfassungsrechtlichen Anspruch auf Herstellung chancengleicher Bedingungen noch andere verfassungsrechtliche Ansprüche i.S. der Rechtsprechung des BVerwG, Urteil vom 29.7.2015 – 6 C 35.14 –, a.a.O., Rdn. 17, konterkariert.

Allerdings erfordert der Grundsatz der „Zeugniswahrheit" einen Verzicht auf den in § 21 Abs. 6 S. 1 und 2 AO-SF vorgesehen Hinweis im Zeugnis auf die sonderpädagogische Förderung und den Förderschwerpunkt. Denn aus den oben bereits im Zusammenhang mit der zielgleichen Unterrichtung von Schüler/innen mit sonderpädagogischem Unterstützungsbedarf dargelegten Gründen hat ein Zeugnis, das sich auf den in § 21 Abs. 6 S. 1 und 2 AO-SF vorgesehenen pauschalen Hinweise beschränkt, keine hinreichende Aussagekraft. Ohne eine nähere Erläuterung insbesondere des konkreten individuellen Unterstützungsbedarfs lässt ein solches Zeugnis nicht erkennen, ob und in welchem Umfang die sonderpädagogische Förderung notwendig war, um die im Zeugnis oder der Bescheinigung über die Schullaufbahn ausgewiesenen Leistungen erbringen zu können (vgl. Bay. VGH, Urteil vom 28.5.2014 – 7 B 14.23 –, juris, Rdn. 22). Das Fehlen einer näheren Erläuterung hat deshalb zur Folge, dass das Zeugnis das Leistungsvermögen der Schüler /in nur unvollkommen zum Ausdruck bringt, das Zeugnis mithin keine hinreichende Aussagekraft hat.

Auch unter dem Aspekt der „Zeugniswahrheit" besteht dagegen kein rechtlich durchgreifendes Bedenken gegen den in § 21 Abs. 6 S. 2 AO-Sf vorgesehenen Hinweis im Zeugnis auf den Besuch eines zieldifferenten Unterrichts. Ohne einen solchen Hinweis bei Schüler/innen, die eine allgemeine Schule besuchen, hat das Zeugnis der allgemeinen Schule keine hinreichende Aussagekraft. Denn das Zeugnis könnte ohne diesen Hinweis dahin missverstanden werden, dass die Schüler/innen zielgleich unterrichtet worden sind und aufgrund von Leistungsschwächen das Ziel des Bildungsgangs der allgemeinen Schule nicht erreicht haben. Ist deshalb für zieldifferent unterrichtete Schüler/innen mit sonderpädagogischem Unterstützungsbedarf, die eine allgemeine Schule besuchen, rechtlich geboten, gilt dies auch für die mit diesen Schüler/innen vergleichbaren Schüler/innen der Förderschulen, die dort ebenfalls zieldifferent unterrichtet werden. Das erfordert der Grundsatz der Gleichbehandlung (Art. 3 Abs. 1 GG). Denn es gibt keinen sachlich rechtfertigenden Grund dafür, diese vergleichbaren Schüler/innen mit sonderpädagogischem Unterstützungsbedarf hinsichtlich des Hinweises auf sonderpädagogische Förderung in einem Zeugnis unterschiedlich zu behandeln.

11.3 Verzicht auf Bemerkungen zur sonderpädagogischen Förderung

Es drängt sich zwangsläufig die Frage auf, ob es sinnvoll und notwendig ist, Hinweise auf sonderpädagogische Förderung in Zeugnissen und Bescheinigungen über die Schullaufbahn so differenziert zu handhaben, wie dies rechtlich geboten ist. Dies ist eine rechtspolitische Frage. Insoweit spricht Einiges dafür, auf dahingehende Hinweise nicht nur im Interesse der Einheitlichkeit, sondern auch im Interesse der Schüler/innen mit sonderpädagogischem Unterstützungsbedarf zu verzichten. Bei zieldifferent unterrichteten Schüler/innen sind die in der Begründung des Schulministeriums zu § 20 Abs. 6 AO-SF angeführten Aspekte der Transparenz und Rechtsklarheit von Zeugnissen nicht derart gewichtig, dass sie zwingend Vorrang vor allen anderen Gesichtspunkten haben müssen. Es liegt auf der Hand, dass die ohnehin ungünstigen Aussichten dieser Schüler/innen auf einen Ausbildungs- oder Arbeitsplatz durch ausdrückliche Hinweise auf eine sonderpädagogische Förderung weiter verschlechtert werden. Auch dieser Aspekt ist in die Abwägung der für die Schulaufsicht zuständigen Organe bei der Entscheidung über Zeugnisinhalte einzustellen (vgl. zu dieser Abwägung: BVerwG, Urteil vom 29.7.2015 – 6 C 35.14 –, a.a.O., Rdn. 35).

12. Zeitpunkt der Zeugnisausgabe

12.1 Jahreszeugnisse

Nach Nr. 1.2 des Zeugnis-Erlasses ist als Termin der Aushändigung von Jahreszeugnissen der letzte Unterrichtstag vor den Sommerferien vorgesehen. Diese Regelung gilt aber nicht für die Grundschulen. Nach Nr. 1.3 des Zeugnis-Erlasses ist vielmehr Nr. 6.1.4 VVzAO-GS maßgeblich. Danach werden die Jahreszeugnisse im Laufe der letzten Unterrichtswoche ausgegeben.

Der Verzicht auf die Aushändigung der Zeugnisse für alle Kinder an einem bestimmten Tag in den Grundschulen ist dadurch begründet, dass den Eltern zusammen mit der Aushändigung die Gelegenheit zur Aussprache gegeben werden muss (Nr. 6.1.4 S. 3 VVzAO-GS). Dies führt zwangsläufig zu einer Verteilung auf mehrere Tage. Die Aushändigung erfolgt in der Regel nach dem Unterrichtsschluss des jeweiligen Tages. Die Möglichkeit zur Aussprache ersetzt nicht den für jedes Schulhalbjahr vorgeschriebenen Elternsprechtag (vgl. §§ 9 Abs. 3 S. 2 ADO, 44 Abs. 4 SchulG).

An den Schultagen, an denen allgemein Zeugnisse ausgegeben werden, kann der nach dem Stundenplan vorgesehene Unterricht auf drei Stunden gekürzt werden. Eine darüberhinausgehende Kürzung ist nicht zulässig (Nr. 1.2 des Runderlasses über Unterrichtsbeginn, Verteilung der Wochenstunden, Fünf-Tage-Woche, Klassenarbeiten und Hausaufgaben an allgemeinbildenden Schulen, BASS 12.63 Nr. 2). Es handelt sich um eine Ermessensentscheidung, die von der Schulleiterin oder dem Schulleiter zu treffen ist.

Die Zeugnisse für Schüler/innen, die nicht versetzt worden sind, sollten zu einem Zeitpunkt innerhalb des allgemeinen Aushändigungszeitraums ausgehändigt werden, der keine diskriminierenden Wirkungen entfaltet. Wird das Zeugnis nicht am letzten Unterrichtstag ausgehändigt, liegt es in der Entscheidung der Eltern, ob ihr Kind bis zum Beginn der Sommerferien noch am Unterricht teilnimmt.

12.2 Halbjahreszeugnisse

Halbjahreszeugnisse werden an jährlich wechselnden Terminen ausgegeben. Für die Grundschule sind in Nr. 4 des Runderlasses über Unterrichtsbeginn, Verteilung der Wochenstunden, Fünf-Tage-Woche, Klassenarbeiten und Hausaufgaben an allgemeinbildenden Schulen, BASS 12-65 Nr. 1, die Termine im Einzelnen geregelt. So werden im Schuljahr 2017/18 in Grundschulen die Zeugnisse zwischen dem 30.1. und 3.2.2017 ausgegeben.

13. Zeugnismuster und -inhalt

Vorgaben für Zeugnisformulare gibt es für die Grundschulen nicht. Nr. 6.1 VVz-AO-GS und die Anlage hierzu enthalten Angaben über den Zeugnisinhalt, sehen aber nicht die Verwendung eines einheitlichen Zeugnisformulars für alle Grundschulen vor. Der einzelnen Grundschule ist damit ein Gestaltungsspielraum eröffnet worden. Er ermöglicht es, nicht nur besondere graphische Elemente einzubeziehen, sondern die Zeugnisse vor allem in den ersten beiden Klassen kindgerechter zu gestalten. Lediglich für die Schulformempfehlung auf dem Halbjahreszeugnis der Klasse 4 ist eine Gestaltungsvorgabe vorgesehen (Anlage zu Nr. 6.1. der VVzAO-GS), die aber genügend Spielraum bietet, auch hier schuleigene Vorstellungen zu verwirklichen.

Die in die Anlage zu Nr. 6.1 VVzAO-GS aufgenommenen Zeugnisangaben sind als Verwaltungsvorschrift für die einzelne Schule verbindlich (vgl. T 12-2). Sie können weder erweitert noch verkürzt werden. Die Angaben orientieren sich an den bisherigen Zeugnismustern, legen aber nicht (z.B. durch Bestimmung einer Zeilenzahl) den Umfang der Zeugnisse fest. Die Vorgaben lassen es zu, Zeugnisse einseitig oder auch zweiseitig auszufertigen.

In die Zeugnisse der Grundschulen müssen seit dem Jahre 2003 die Angaben über entschuldigt und unentschuldigt versäumte Stunden aufgenommen werden. Dies gilt auch für die ersten beiden Zeugnisse in der Schuleingangsphase, die sich in wesentlichen Bereichen an die Kinder wenden. Da der Bereich der Fehlstunden ausschließlich von den Eltern abhängt, liegt es eigentlich nahe, dass sich die Schule bei unentschuldigten Stunden sofort mit den Eltern in Verbindung setzt, ab einem bestimmten Umfang auch mit dem Jugendamt. Auch bei entschuldigten Fehlstunden ist nicht erkennbar, warum diese auf dem Zeugnis dokumentiert werden müssen (vgl. näher T 12-15).

Bei der Erstellung eines eigenen Zeugnismusters ist im Übrigen Folgendes zu berücksichtigen:

Der Forderung in §§ 11 Abs. 5 SchulG, 8 Abs. 3 S. 1 AO-GS, dass das Halbjahreszeugnis der Klasse 4 eine begründete Empfehlung für die geeignete Schulform und ggfs. auch die mit Einschränkungen geeignete Schulform enthalten muss, kann entweder dadurch entsprochen werden, dass das Zeugnis doppelseitig ausgefertigt wird oder ein zweites Blatt (mit der begründeten Schulformempfehlung) angeheftet und die umgeknickte Heftstelle mit dem Schulsiegel versehen wird. Auf dem ersten Blatt sollte auf das zweite Blatt und die darin enthaltene Empfehlung hingewiesen werden. Das zweite Blatt muss den Namen der Schule, des Kindes und das Datum des Zeugnisses enthalten.

Die Aussagen zum Arbeits- und Sozialverhalten (vgl. im Einzelnen T 12-14) sollten deutlich von den Aussagen zu den Fächern getrennt werden, weil sie nicht Teil der Leistungsbeschreibung und -bewertung sind. Sind die Voraussetzungen für eine Versetzung gemäß § 7 AO-GS durch das entsprechende Notenbild erfüllt, ist die Versetzung auch dann auszusprechen, wenn das Arbeits- und Sozialverhalten mit „unbefriedigend" bewertet worden ist. Bei den Prognoseentscheidungen gemäß § 7 Abs. 3 Nr. 1 und Abs. 4 S. 2 AO-GS ist das Arbeits- und Sozialverhalten als Teilaspekt der Gesamtentwicklung der Schüler/innen zu berücksichtigen (vgl. T 13-6.2).

Wie umfangreich die in der Schuleingangsphase vorgesehen Berichte über die Lernentwicklung und den Leistungsstand in den einzelnen Fächern sein müssen, geben die AO-GS und Nr. 6.1 VVzAO-GS nicht vor. Zeugnismuster müssen hinreichend Raum auch für längere Berichte bieten. Gerade aus diesem Grund bietet sich die Erstellung von Zeugnissen mit einem Textverarbeitungsprogramm an, um den Gestaltungsspielraum der Lehrkräfte im Einzelfall nicht unnötig einzuengen.

Angaben in den Zeugnissen über die Schrift sind für alle Klassen der Grundschule nicht (mehr) vorgesehen.

Welche Aussagen unter der Rubrik „Bemerkungen" in das Zeugnis aufgenommen werden, ist nicht abschließend geregelt. Nach § 49 Abs. 2 Nr. 3 SchulG und § 6 Abs. 5 AO-GS gehören dazu Bemerkungen über besondere Leistungen und einen besonderen persönlichen Einsatz im außerunterrichtlichen Bereich (z.B.

bei der Vorbereitung und Gestaltung von Schulfeiern, Sportfesten) und – im Grundschulbereich wohl eher selten – außerschulische ehrenamtliche Tätigkeiten (vgl. näher T 12-17). Es gehört dazu auch eine bestandene Radfahrprüfung. Nr. 6.112 VVzAO-GS weist Aussagen zu Deutsch als Zweitsprache und zum muttersprachlichen Unterricht ebenfalls dem Bereich „Bemerkungen" zu. Für Schüler/innen mit besonderen Schwierigkeiten im Erlernen des Lesens und Rechtschreibens (LRS) ist ebenfalls vorgesehen, dass in der Rubrik „Bemerkungen" aufgenommen werden kann, dass sie oder er an einer zusätzlichen LRS- Fördermaßnahme teilgenommen hat (vgl. dazu T 12-10). Schüler/innen mit sonderpädagogischem Unterstützungsbedarf erhalten nach § 21 Abs. 6 S. 1 AO-SF Zeugnisse mit der Bemerkung, dass sie sonderpädagogisch gefördert werden. Die Zeugnisse nennen außerdem den Förderschwerpunkt und den Bildungsgang (§ 21 Abs. 6 S. 2 AO-SF). Diese Bestimmungen sind rechtlich bedenklich (vgl. T 12-11).

Bemerkungen über persönliche Eigenschaften, Eigenarten und Vorgänge in Zeugnissen und Bescheinigungen über die Schullaufbahn berühren deren verbindliche Feststellungen über den Erwerb von Abschlüssen und Berechtigungen und Noten nicht. Sie haben deshalb nicht den Rechtscharakter eines Veraltungsaktes. Vielmehr handelt es sich um sog. schlichthoheitliche Äußerungen der Schule (BVerwG, Urteil vom 29.7.2015 – 6 C 35.14 –, juris, Rdn. 10). Für Rechtsbehelfe gegen Bemerkungen gelten deshalb die gleichen Grundsätze wie für Rechtsbehelfe gegen Aussagen über das Arbeits- und Sozialverhalten, die ebenfalls schlichthoheitliche Äußerungen der Schule sind (T 12-14).

Bemerkungen in Zeugnissen und Bescheinigungen über die Schullaufbahn können das Recht der Schüler/innen beeinträchtigen, über die Offenlegung von Vorgängen und Zuständen aus ihrem persönlichen Lebensbereich, insbesondere über Krankheiten und Behinderungen, selbst zu bestimmen. Dieses Verfügungsrecht über die Darstellung der eigenen Person unterfällt als Teil des allgemeinen Persönlichkeitsrechts dem Schutz des Art. 2 Abs. 1 i.V.m. Art 1 Abs. 1 GG. Der Schutz besteht auch gegen die Offenlegung oder Verbreitung wahrer Tatsachen über eine Person ohne deren Einwilligung (BVerwG, Urteil vom 29.7.2015 – 6 C 35.14 –, juris, Rdn. 11, m.w.N.). Bemerkungen, die dem Verfügungsrecht der Schüler/innen und deren Eltern dürfen deshalb nur mit ihrem Einverständnis in das Zeugnis aufgenommen werden. Unter pragmatischen Gesichtspunkten ist mit Rücksicht auf die Rechtsprechung des Bundesverwaltungsgerichts Zurückhaltung bei Bemerkungen in Zeugnissen und Bescheinigungen über die Schullaufbahn sinnvoll.

14. Formulierung von Zeugnissen

Zeugnisse sind insbesondere dann, wenn die Lernentwicklung und der Leistungsstand textlich beschrieben werden (§ 6 Abs. 2 AO-GS, § 33 Abs. 2 AO-SF) oder eine Schulformempfehlung gemäß § 11 Abs. 5 SchulG enthalten, für die Schüler/innen und deren Eltern als Adressaten so zu formulieren, dass sie verständlich sind. Das ergibt sich jedenfalls aus der Informationsfunktion der

Zeugnisse, Schüler/innen und deren Eltern über die Lernentwicklung und den Leistungsstand zu informieren (vgl. dazu T 12-3).

Adressaten von Grundschulzeugnissen sind immer die Kinder und die Eltern, in den ersten beiden Grundschuljahren aber primär die Kinder, die persönlich angesprochen werden sollten. Ausgeschlossen ist es ebenfalls nicht, neben dem „offiziellen" Zeugnis ein zusätzliches, sich gezielt an das Kind wendendes Ergänzungszeugnis auszugeben, das die Lesefähigkeit und die Verständnismöglichkeiten des Kindes berücksichtigt. In der Klasse 3, dem letzten Jahr, in dem auch Berichte geschrieben werden, bietet es sich an, die Berichtsaussagen sprachlich anders zu gestalten, z.B. auch auf die Anrede zu verzichten, und gleichermaßen Kinder wie Eltern anzusprechen.

Für Menschen mit Behinderungen sind in diesem Zusammenhang auch die Vorgaben des Behindertengleichstellungsgesetzes NRW (BGG NRW) zu beachten. Schulen und auch Ersatzschulen als Beliehene haben als Träger öffentlicher Belange die Vorschriften des BGG NRW zu beachten. Ein wesentliches Anliegen des Landesgesetzgebers ist die Verbreitung der Leichten Sprache als geeignetes Instrument zur Überwindung von Sprachbarrieren. Ersatzschulen und öffentliche Schulen haben deshalb den jeweiligen Empfängerhorizont von Menschen mit Behinderungen zu berücksichtigen und, soweit möglich, Formulierungen in leicht verständlicher Sprache zu wählen (LT-Drs. 17/9761, S. 79, zu § 9 BGG NRW). Für die Schulen besteht danach u.a. bei der Gestaltung von schriftlichen Bescheiden, Vordrucken und Informationen die Verpflichtung, die besonderen Belange der Menschen mit Behinderungen zu berücksichtigen (§ 9 Abs. 1 BGG NRW). Konkret bedeutet dies, Zeugnisse und Förderempfehlungen so zu formulieren, dass Schüler/innen sowie Eltern mit Behinderungen Zeugnisse und Förderempfehlungen (§ 50 Abs. 3 SchulG) verstehen können. Blinde und Sehbehinderte Menschen können insbesondere verlangen, dass ihnen Bescheide, Vordrucke und amtliche Informationen unentgeltlich auch in einer für sie wahrnehmbaren Form zugänglich gemacht werden, soweit dies zur Wahrnehmung eigener Rechte oder der Wahrnehmung von Aufgaben im Rahmen der elterlichen Sorge nach § 1626 BGB im Verwaltungsverfahren erforderlich ist (§ 9 Abs. 3 BGG NRW). Diese Verpflichtungen bestehen nicht nur gegenüber Schüler/innen mit Behinderungen, sondern auch gegenüber Eltern mit Behinderungen. Liegt bei der Schüler /in keine Behinderung vor, aber bei einem Elternteil, sind dementsprechend die Vorgaben des § 9 BGG NRW bei der Formulierung eines Zeugnisses in Bezug auf diesen Elternteil zu beachten.

15. Fehlzeiten

Halbjahres- und Jahreszeugnisse sowie Bescheinigungen über die Schullaufbahn müssen Aussagen zu Fehlzeiten enthalten. Das Gleiche gilt für Überweisungszeugnisse. Diese Angaben sind nach § 49 Abs. 2 S. 1 SchulG zwingend erforderlich. Eine Ausnahme sieht § 49 Abs. 2 S. 4 SchulG nur für Abschluss- und Abgangszeugnisse vor, die in der Primarstufe keine Bedeutung haben. Auch die Anlage zu Nr. 6.1 VVzAO-GS sieht für alle Zeugnisse der Grundschule zwingend Angaben zu entschuldigt und unentschuldigt versäumte Stunden vor.

Rechtspolitisch begegnet die Angabe von Fehlzeiten in Zeugnissen Bedenken. Die sog. Kopfnoten sind nach der Begründung des 4. SchulRÄndG deshalb abgeschafft worden, weil sie kontraproduktiv seien. Eine solche Note werde der individuellen Vielfalt des Kindes nicht gerecht und entspreche nicht einer angemessenen Kultur der Rückmeldung. Vielmehr müssten Aussagen zum Arbeits- und Sozialverhalten inhaltliche Hinweise zu Entwicklungsbedarf und erforderlichen Verhaltensänderungen enthalten (LT-Drs. 15/24, zu § 49, S. 11). Diese Erwägungen gelten für die Angabe von Fehlzeiten in gleicher Weise. Als Rückmeldung an die Eltern sind die Angaben in Zeugnissen nicht notwendig, weil die Eltern auf andere Weise über Fehlzeiten informiert werden können. Zudem können Fehlzeiten auf Entscheidungen der Eltern zurückzuführen sein. Die Angabe von Fehlzeiten in Zeugnissen erweckt aber den Eindruck, dass die Schüler/innen die Fehlzeiten zu vertreten haben. Fehlzeiten bedürfen auch nicht mit Blick auf die Schulpflicht der Dokumentation in einem Zeugnis. Es gibt zahlreiche andere Möglichkeiten, die insoweit notwendige Dokumentation zu führen, etwa im Klassenbuch.

Die Angaben von Fehlzeiten in Zeugnissen und Bescheinigungen über die Schullaufbahn haben nicht die für das Vorliegen eines Verwaltungsaktes erforderliche Regelungswirkung i.S.d. § 35 S. 1 VwVfG NRW. Denn mit der Angabe sind regelmäßig keine Rechtsfolgen verbunden. Insbesondere sind unterrichtliche Fehlzeiten nicht versetzungsrelevant und ohne Relevanz für die Erteilung von Abschlüssen und Berechtigungen. Die Angaben über Fehlzeiten sind deshalb nach ihrer Rechtsnatur schlichthoheitliche Äußerungen (vgl. BVerwG, Urteil vom 29.7.2015 – 6 C 35.14 –, juris, Rdn. 10, zu Bemerkungen über die Gewährung von Notenschutz in Zeugnissen für Schüler/innen mit Lese-/Rechtschreibschwäche). Sie können im verwaltungsgerichtlichen Verfahren mit der allgemeinen Leistungsklage angefochten werden. Ein Rechtsschutzinteresse ist regelmäßig gegeben, weil die Angabe unzutreffender Fehlzeiten eine Belastung für die Schüler/innen darstellt, die, wenn die Schule nicht zur Korrektur bereit ist, nicht anders als durch Klage beim Verwaltungsgericht beseitigt werden kann. Ein Eilantrag der Schüler/innen hat regelmäßig keine Aussicht auf Erfolg. Statthaft ist insoweit ein Antrag auf Erlass einer einstweiligen Anordnung (§ 123 Abs. 1 VwGO), der unter anderem die Glaubhaftmachung eines Anordnungsgrundes erfordert (§ 123 Abs. 3 VwGO i.V.m. §§ 294, 920 Abs. 2 VwGO). Das setzt, weil die Schüler/innen eine Vorwegnahme der Hauptsache, nämlich eine vorläufige Änderung der Angaben über Fehlzeiten, erstreben, voraus, dass ihnen das Abwarten der Entscheidung im Widerspruchs- und Klageverfahren schlechthin unzumutbar ist. Das Vorliegen dieser Voraussetzung ist allenfalls in Ausnahmefällen anzunehmen, solange Fehlzeiten keine unmittelbaren Auswirkungen auf die Rechte der Schüler/innen haben.

Die Beweiskraft der Zeugnisse und Bescheinigungen über die Schullaufbahn als öffentliche Urkunde (vgl. T 12-3) erstreckt sich auch auf die im Zeugnis angegebenen Fehlstunden (VG Bremen, Beschluss vom 7.4.2014 – 1 V 210/14 –, juris, Rdn. 25, m.w.N.). Zwar ist der Beweis der Unrichtigkeit der bezeugten Tatsache, also etwa der angegebenen Fehlstunden, zulässig (§ 418 Abs. 2 ZPO). Der Gegenbeweis erfordert jedoch den Nachweis eines anderen Geschehensablaufs. Hierfür reicht ein schlichtes Bestreiten der Richtigkeit der beurkundeten Angaben oder das Vorbringen bloßer Zweifel an der Richtigkeit der urkundlichen Feststellungen nicht aus (BVerwG, Beschluss vom 19.3.2002 – 2 WDB 15.01 –, juris, Rdn. 6; Bay. VGH, Beschluss vom 15. April 2015 – 11 ZB 15.209 –, juris, Rdn. 7; VG Bremen, Beschluss vom 7.4.2014 – 1 V 210/14 –, a.a.O., jeweils m.w.N.). Die Schüler/innen und deren Eltern müssen deshalb die Richtigkeit der Angabe der Fehlstunden unter Angabe konkreter Tatsachen substantiiert und in sich stimmig vortragen.

Eine andere, nicht mit der Angabe von Fehlzeiten in Zeugnissen und Bescheinigungen über die Schullaufbahn zusammenhängende Frage ist, ob Fehlzeiten zum Anlass genommen werden können, die Leistungen von Schüler/innen nicht zu bewerten, ob die Fehlzeiten also dazu führen, dass die erforderliche Grundlage für eine Leistungsbewertung insgesamt oder in einzelnen Fächern (vgl. auch T 12-14) fehlt. Dies ist eine Frage des Einzelfalls, die sich nicht abstrakt beantworten lässt. Insoweit obliegt den Lehrkräften ein Beurteilungsspielraum, der nur eingeschränkt gerichtlich überprüft werden kann. Die Überprüfung beschränkt sich darauf, ob Verfahrensfehler vorliegen, zutreffende Tatsachen zugrunde gelegt worden sind, allgemeine Bewertungsgrundsätze beachtet worden sind und die Annahme der fehlenden Beurteilbarkeit auch sonst von willkürfreien Erwägungen getragen wird (VG Braunschweig, Urteil vom 30.10.2003 – 6 a 663/02 –, juris, Rdn. 23). Einen allgemeinen Bewertungsgrundsatz des Inhalts, dass Fehlzeiten von weniger oder mehr als 50% der Unterrichtsstunden zur Nichtbeurteilbarkeit führen, gibt es nicht. Entscheidend ist vielmehr, ob nach Lage des jeweiligen Einzelfalls die gezeigten Unterrichtsleistungen noch eine hinreichende Beurteilungsgrundlage bilden (VG Braunschweig, Urteil vom 30.10.2003 – 6 a 663/02 –, a.a.O., Rdn. 26 f.).

Die Erfassung der Fehlzeiten und Entschuldigungen ist nach §§ 18 Abs. 4 S. 1, 19 Abs. 1 S. 1 ADO nicht nur Aufgabe der Klassenlehrer/innen und im Kurssystem der gymnasialen Oberstufe der Jahrgangsstufenleitung. Nach § 10 Abs. 1 S. 2 ADO überwachen sämtliche Lehrkräfte die Teilnahme der Schüler/innen am Unterricht (vgl. im Einzelnen Jehkul/Bülter/Schnieders, a.a.O., § 10 ADO, Anm. 1.3 (1)).

16. Arbeits- und Sozialverhalten

Nach § 49 Abs. 2 S. 2 SchulG können Zeugnisse nach Entscheidung der Versetzungskonferenz auch Aussagen zum Arbeits- und Sozialverhalten enthalten. Die Schulkonferenz stellt Grundsätze zu einer einheitlichen Handhabung der Aussagen auf (§§ 49 Abs. 2 S. 3, 65 Abs. 2 Nr. 15 SchulG). Bei in der Primarstufe nicht relevanten Abschluss- und Abgangszeugnissen entfallen Angaben zum Arbeits- und Sozialverhalten (§ 49 Abs. 2 S. 4 SchulG).

16.1 Keine Verpflichtung zu Aussagen

Mit dem 2. SchulRÄndG war in § 49 SchulG die Verpflichtung aufgenommen worden, in Zeugnissen und Bescheinigungen über die Schullaufbahn das Arbeits- und Sozialverhalten zu benoten. Diese von Anfang an kontrovers diskutierte gesetzliche Regelung ist durch das 4. Schulrechtsänderungsgesetz aufgehoben worden. § 49 Abs. 2 SchulG sieht nunmehr keine Benotung des Arbeits- und Sozialverhaltens in Zeugnissen und Bescheinigungen über die Schullaufbahn vor. Aussagen zum Arbeits- und Sozialverhalten stehen im Kontext mit der erzieherischen Aufgabe der Schule, die Persönlichkeit der Schüler/innen zu fördern und zu stärken sowie Bereitschaft zur Übernahme von Verantwortung zu wecken (Förderung und Feedback, Aussagen zum Arbeits- und Sozialverhalten sowie Würdigung außerunterrichtlichen und außerschulischen ehrenamtlichen Engagements, Handreichung des Schulministeriums NRW, Beilage Schule NRW, September 2011, S. 4). Rückmeldungen zum Arbeits- und Sozialverhalten der Kinder an die Eltern sind eine wesentliche Grundlage der Bildungs- und Erziehungspartnerschaft in der Grundschule (Nr. 6.5 S. 1 VVzAO-GS).

16.2 Ermessensentscheidung der Versetzungskonferenz

Eine gesetzliche Verpflichtung, Aussagen zum Arbeits- und Sozialverhalten in das Zeugnis aufzunehmen, besteht nicht. Es steht im pflichtgemäßen Ermessen der jeweiligen Versetzungskonferenz, ob die Zeugnisse auch Aussagen zum Arbeits- und Sozialverhalten enthalten (so auch Handreichung des Schulministeriums, a.a.O., S. 6). Aus § 6 Abs. 5 AO-GS folgt nichts Anderes. Soweit es dort heißt, dass die Zeugnisse außerdem die nach § 49 Abs. 2 und 3 SchulG „erforderlichen" Angaben enthalten, knüpft die Vorschrift daran an, dass die Angaben deshalb „erforderlich" sind, weil die Versetzungskonferenz dies beschlossen hat. Dementsprechend enthält auch Nr. 6.5 S. 2 VVzAO-GS lediglich die Empfehlung, in allen Zeugnissen der Grundschule Aussagen zum Arbeits- und Sozialverhalten aufzunehmen.

16.3 Vorgaben der Schulkonferenz

Bei ihrer Ermessensentscheidung muss die Versetzungskonferenz die Beschlüsse der Schulkonferenz beachten. Sie stellt die Grundsätze zu einer einheitlichen Handhabung der Aussagen über das Arbeits- und Sozialverhalten auf (§ 49 Abs. 2 S. 3, 65 Abs. 1 Nr. 15 SchulG). Aus der Formulierung „Grundsätze" und dem systematischen Zusammenhang von § 49 Abs. 2 S. 2 und S. 3 SchulG folgt eine Aufgabenverteilung zwischen Versetzungs- und Schulkonferenz dahin, dass die Schulkonferenz im Interesse der Einheitlichkeit an der Schule die Grundsätze der Aussagen zum Arbeits- und Sozialverhalten festlegt und die Versetzungskonferenz unter Einbeziehung dieser Grundsätze im Einzelfall entscheidet (so auch Handreichung des Schulministeriums, a.a.O., S. 5 f.).

Für die Schulkonferenz bedeutet diese gesetzlich vorgegebene Aufgabenverteilung, dass sie bei ihrer Beschlussfassung den Entscheidungsspielraum der Versetzungskonferenz beachten muss. Die Schulkonferenz kann die Aufnahme von Aussagen zum Arbeits- und Sozialverhalten weder generell ausschließen (so auch der 3. Abschnitt des Zeugnis-Erlasses) noch generell vorsehen. Eine dahingehende Beschlussfassung würde den Entscheidungsspielraum der Versetzungskonferenz unterlaufen. Soweit im 3. Abschnitt des Zeugnis-Erlasses weiter ausgeführt wird, die Schulkonferenz könne auch festlegen, dass die Anwendung der Bestimmung auf bestimmte Jahrgangsstufen beschränkt werde oder bestimmte Bildungsgänge an Berufskollegs (z.B. solche für berufserfahrene Erwachsene an Berufskollegs) ausgenommen würden, steht diese Regelung mit den Entscheidungsspielraum der Versetzungskonferenz nach Abs. 2 S. 2 nur dann in Einklang, wenn eine dahingehende Beschlussfassung so ausgelegt wird, dass die Versetzungskonferenz in den Klassen und Jahrgangsstufen, in denen nach der Beschlussfassung der Schulkonferenz Aussagen zum Arbeits- und Sozialverhalten vorgesehen sind, im Einzelfall gleichwohl abweichen kann und in den Klassen und Jahrgangsstufen, in denen nach der Beschlussfassung der Schulkonferenz keine Aussagen zum Arbeits- und Sozialverhalten erfolgen sollen, im Einzelfall gleichwohl solche Aussagen treffen kann. Nur eine dahingehende Auslegung gewährleistet die Erfüllung des gesetzlichen Auftrags an die Versetzungskonferenz, nach ihrem pflichtgemäßen Ermessen die im Einzelfall mit Blick auf den Erziehungsauftrag der Schule notwendige Einzelfallentscheidung zu treffen. Allerdings verletzt eine solche Beschlussfassung der Versetzungskonferenz die von der Schulkonferenz beschlossene einheitliche Handhabung, so dass auch mit Blick auf den allgemeinen Gleichbehandlungsgrundsatz (Art. 3 Abs. 1 GG) sachlich rechtfertigende Gründe im Einzelfall vorliegen müssen, die eine Abweichung von der auch vom Gesetzgeber prinzipiell gewollten einheitlichen Handhabung rechtfertigen. Die einheitliche Handhabung hat aber bei der gebotenen Abwägung im Einzelfall schon deshalb nicht von vornherein durchgreifendes Gewicht. Denn aufgrund eines Beschlusses der Schulkonferenz, Aussagen zum Arbeits- und Sozialverhalten nur in Zeugnissen und Bescheinigungen über die Schullaufbahn bestimmter Klassen, Jahrgangsstufen oder Bildungsgängen aufzunehmen, ist eine einheitliche Handhabung an der Schule insgesamt nicht gegeben.

Aufgabe der Schulkonferenz ist es zu entscheiden, ob Aussagen zum Arbeits- und Sozialverhalten als freier Text, unter Verwendung von Standardformulierungen oder in Anlehnung an Beobachtungsaspekte verfasst werden, und ob das Zeugnis um ein Beiblatt erweitert wird, wenn die auf dem Zeugnisformular zur Verfügung stehenden Zeilen nicht ausreichen (Handreichung des Schulministeriums, a.a.O., S. 5). Die Schulkonferenz kann weiter Vorgaben zu den einzelnen Kompetenzbereichen des Arbeits- und Sozialverhaltens beschließen. Solche Kompetenzbereiche sind (vgl. Handreichung des Schulministeriums, S. 7):

- Arbeitsverhalten
  - o Lern- und Leistungsbereitschaft
  - o Zuverlässigkeit und Sorgfalt
  - o Ausdauer und Belastbarkeit
  - o Kreativität und Flexibilität
  - o Ziel- und Ergebnisorientierung
  - o Selbstständigkeit
  - o Kopperations- und Teamfähigkeit
- Sozialverhalten
  - o Verantwortungsbereitschaft
  - o Hilfsbereitschaft und Achtung anderer (Zivilcourage)
  - o Offenheit für Anregungen und Kritik (Reflexionsfähigkeit)
  - o Kooperations- und Teamfähigkeit
  - o Mitgestaltung des Gemeinschaftslebens
  - o Konfliktfähigkeit und Toleranz

Diese Auflistung der Kompetenzbereiche ist nicht abschließend. Die Zuordnung der Kooperations- und Teamfähigkeit sowohl dem Arbeits- als auch dem Sozialverhalten beruht darauf, dass eine trennscharfe Unterscheidung zwischen diesen beiden eng zusammenhängenden Bereichen nicht möglich ist (Handreichung des Schulministeriums, a.a.O., S. 7).

16.4 Inhalt der Aussagen

Art und Umfang der Aussagen zum Arbeits- und Sozialverhalten werden in §§ 49 Abs. 2 SchulG, § 6 AO-GS und den VVzAO-GS nicht vorgegeben. Die Schul- und Versetzungskonferenz entscheiden hierüber im Rahmen ihrer Befugnisse nach pflichtgemäßem Ermessen. Die Aussagen können knapp formuliert werden. Es ist nicht erforderlich, von vorherein eine umfangreiche Begründung zu geben. Der Umfang des Anspruchs der Schüler/innen und deren Eltern auf Begründung einer Leistungsbewertung hängt davon ab, ob sie eine Begründung verlangen, wann sie dies tun, welches Begehren sie damit verfolgen und mit welcher Begründung dies geschieht. Erst durch eine solche Spezifizierung wird aus dem allgemeinen Anspruch der Schüler/innen und deren Eltern auf Begründung der Bewertung schulischer Leistungen ein konkreter Anspruch. Für die Begründung der Aussagen zum Arbeits- und Sozialverhalten gilt nichts Anderes (ebenso OVG NRW, Beschluss vom 2.6.2008 –, a.a.O., Rdn. 10 ff.). Die Versetzungskonferenz ist deshalb nicht verpflichtet, in jedem Fall eine nähere Begründung der Aussagen zum Arbeits- und Sozialverhalten ohne Rücksicht darauf zu geben, ob Einwände erhoben werden. Zunächst ist es Sache der Schüler/innen und deren Eltern konkret darzulegen, in welchen konkreten Punkten sie eine (weitergehende) Begründung der Aussagen zum Arbeits- und Sozialverhalten verlangen.

16.5 Rechtsnatur und Anfechtbarkeit der Aussagen

Aussagen zum Arbeits- und Sozialverhalten sind weder nach § 49 SchulG noch den Vorschriften der AO-GS versetzungsrelevant (vgl. auch 2. Abschnitt des Zeugnis-Erlasses). Ihnen fehlt deshalb die für das Vorliegen eines Verwaltungsaktes erforderliche unmittelbare Regelungswirkung (VG München, Urteil vom 26. 9. 2013 – M 3 K 11.2461 –, juris, Rdn. 30; vgl. auch BVerwG, Urteil vom 29.7.2015 – 6 C 35.14 –, juris, Rdn. 10, zu Bemerkungen über die Gewährung von Notenschutz in Zeugnissen für Schüler/innen mit Lese-/Rechtschreibschwäche). Denkbare mögliche Auswirkungen auf den Eintritt in das Berufsleben sind allenfalls mittelbare Folgen, die nicht das Merkmal der unmittelbaren Rechtswirkung i. S. d. § 35 S. 1 VwVfG NRW erfüllen (offengelassen: VG Augsburg, Urteil vom 21.12.2010 – Au 3 K 10.1721 –, juris, Rdn. 15). Aussagen zum Arbeits- und Sozialverhalten sind deshalb nach ihrer Rechtsnatur schlichthoheitliche Äußerungen der Schule.

Die fehlende Verwaltungsaktqualität der Aussagen zum Arbeits- und Sozialverhalten hat nicht zur Folge, dass keine Rechtsschutzmöglichkeit gegeben ist. Vielmehr kann eine allgemeine Leistungsklage beim Verwaltungsgericht erhoben werden (VG Köln, Urteil vom 14.1.2009 – 10 K 3275/08 –, juris, Rdn. 17). Im Eilverfahren ist ein Antrag auf Erlass einer einstweiligen Anordnung (§ 123 Abs. 1 VwGO) statthaft (OVG NRW, Beschluss vom 2.6.2008 –, juris, Rdn. 2). Vor Klageerhebung bedarf es nicht der Durchführung eines Widerspruchsverfahrens, weil Voraussetzung dafür das Vorliegen eines Verwaltungsaktes ist.

Für eine Klage und/oder einen Eilantrag besteht auch ein Rechtsschutzinteresse. Denn es lässt sich nicht ausschließen, dass Aussagen zum Arbeits- und Sozialverhalten für den weiteren Werdegang der Schüler/innen von Bedeutung sind. Nach der Rechtsprechung genügt dies zur Bejahung eines Rechtsschutzinteresses (OVG NRW, Beschluss vom 2.6.2008 –, a.a.O., Rdn. 14 ff., zu in der 4. Klasse der Grundschule erteilten sog. Kopfnoten). Ein Rechtsschutzinteresse ist deshalb insbesondere dann anzunehmen, wenn die Aussagen zum Arbeits- und Sozialverhalten an schulisches Fehlverhalten anknüpfen. Denn bei (künftigen) erzieherischen Maßnahmen oder auch in einem sonderpädagogischen Förderverfahren ist regelmäßig auch früheres schulisches (Fehl-) Verhalten in den Blick zu nehmen (OVG NRW, Beschluss vom 2.6.2008 –, a.a.O., Rdn. 16).

Aussagen zum Arbeits- und Sozialverhalten unterliegen einer eingeschränkten gerichtlichen Kontrolle. Sie beruhen auf persönlichen Einschätzungen und Erfahrungen der Lehrkräfte, die sich auch aufgrund ihrer Komplexität nicht regelhaft erfassen lassen und deshalb auch mit Hilfe von Sachverständigen nicht vollständig durch das Verwaltungsgericht überprüft werden können. Die gerichtliche Überprüfung beschränkt sich deshalb darauf, ob Verfahrensfehler vorliegen, zutreffende Tatsachen zugrunde gelegt worden sind, allgemeine Bewertungsgrundsätze beachtet worden sind und die Annahme der fehlenden Beurteilbarkeit auch sonst von willkürfreien Erwägungen getragen wird (VG Köln, Urteil vom 14.1.2009 – 10 K 3275/08 –, a.a.O., Rdn. 47 ff.).

17. Außerunterrichtliches Engagement

Gemäß § 49 Abs. 1 S. 1 SchulG werden nach Entscheidung der Zeugnis- oder Versetzungskonferenz weitere Bemerkungen über besondere Leistungen und besonderen persönlichen Einsatz im außerunterrichtlichen Bereich in Zeugnissen aufgenommen. Das entspricht der Anlage zu Nr. 6.1 VVzAO-GS-. Die Angaben sind nicht versetzungsrelevant.

Bei den besonderen Leistungen und dem besonderen persönlichen Einsatz im außerunterrichtlichen Bereich handelt es sich um Tätigkeiten, die zumindest im weitesten Sinne der Schule zuzurechnen sind. In Betracht kommen Tätigkeiten in der Schülervertretung einschließlich der überörtlichen Schülervertretung, die Leitung oder Betreuung von Arbeitsgemeinschaften oder auch Theatergruppen, im Schülerorchester, der Mitarbeit in Schülerzeitungen, in der Streitschlichtung, bei der Teilnahme an von der Schule betreuten Sportwettbewerben oder anderen fachlichen Wettbewerben einschließlich der Teilnahme an örtlichen oder überörtlichen Wettbewerben für Schüler/innen, an denen diese für die besuchte Schule teilnehmen oder ein besonderer persönlicher Einsatz bei einem Schulunfall. Weitere Beispiele finden sich in der Handreichung des Schulministeriums, a.a.O., S. 11. Die Entscheidung über die Aufnahme solcher Tätigkeiten in Zeugnissen liegt bei der Zeugnis- oder Versetzungskonferenz. Die Aufnahme der Bemerkungen erfolgt von Amts wegen, bedarf also keines Antrags der Schüler/innen oder deren Eltern. Letztere können aber die Aufnahme bei der Konferenz oder auch der Schul- oder Klassenleitung anregen. Diese haben die Anregung an die Zeugnis- oder Versetzungskonferenz weiterzugeben.

Die Angaben über die ehrenamtliche Tätigkeit in der Schule werden auf dem Zeugnis oder auf der Bescheinigung über die Schullaufbahn unter der Rubrik „Angaben zum außerunterrichtlichen Engagement in der Schule" oder unter Bemerkungen eingetragen (5. Abschnitt des Zeugnis-Erlasses). Voraussetzung für die Aufnahme der außerunterrichtlichen Tätigkeiten in Zeugnisse ist, dass eine „besondere" Leistung oder ein „besonderer" persönlicher Einsatz vorliegt. Die Leistung und der Einsatz müssen sich also von den üblichen, von Schüler/innen zu erwartenden Leistungen und zu erwartendem Engagement abheben. Wann dies der Fall ist, lässt sich abstrakt nicht näher bestimmen. Maßgeblich sind die jeweiligen Gegebenheiten im Einzelfall. Liegt eine besondere Leistung oder ein besonderer persönlicher Einsatz vor, verbleibt der Zeugnis- oder Versetzungskonferenz kein Entscheidungsspielraum. Sie muss eine Bemerkung hierüber in das Zeugnis oder die Bescheinigung über die Schullaufbahn aufnehmen. Denn die Formulierung „werden" in § 49 Abs. 3 S. 1 SchulG schließt einen Ermessensspielraum aus. Die Zeugnis- oder Versetzungskonferenz kann deshalb die Aufnahme der Bemerkungen in das Zeugnis auch nicht generell ablehnen oder sich weigern, sich überhaupt mit dieser Frage auseinanderzusetzen.

Auf Wunsch der Schülerin oder des Schülers können nach § 49 Abs. 3 S. 2 SchulG ebenfalls außerschulische, insbesondere ehrenamtliche Tätigkeiten gewürdigt werden. Während die außerunterrichtlichen Tätigkeiten im Zeugnis oder der Bescheinigung über die Schullaufbahn vermerkt werden, würdigt die Schule – bei Schüler/innen der Grundschulen eher seltene – außerschulische ehrenamtliche Tätigkeiten indem sie dem Zeugnis oder der Bescheinigung über die Schullaufbahn eine Bescheinigung nach dem Muster der Anlage 1 des Zeugnis-Erlasses beifügt. Durch die Dokumentation des außerschulischen Engagements auf Zeugnissen wird das freiwillige gemeinwohlorientierte, nicht auf materiellen Gewinn ausgerichtete bürgerschaftliche Engagement der Schüler/innen ausdrücklich unterstützt und anerkannt. Dieses Engagement bildet eine unverzichtbare Grundlage für eine demokratische Gesellschaft (LT-Drs. 14/1572, zu § 49, S. 94). Die Würdigung des außerschulischen ehrenamtlichen Engagements erfolgt nach Abs. 3 S. 2 nicht von Amts wegen, sondern auf Wunsch der Schüler/innen. Die Bescheinigung wird von der Einrichtung oder Organisation, in der die ehrenamtliche Tätigkeit geleistet wird, vollständig ausgefüllt und der Schule spätestens sechs Wochen vor dem Termin der Aushändigung der Zeugnisse und der Bescheinigungen über die Schullaufbahn zugeleitet. Die Bescheinigung darf sich auf folgende Bereiche ehrenamtlicher Tätigkeit beziehen: im sozialen und karitativen Bereich, im kulturellen Bereich (z.B. Musik, Brauchtumspflege), im Natur-, Landschafts- und Umweltschutz, in der freien Jugendarbeit und im Sport (5. Abschnitt des Zeugnis-Erlasses; vgl. auch LT-Drs. 14/1572, zu § 49, S. 94).

18. Bericht über die Lernentwicklung und den Leistungsstand

In der Schuleingangsphase und in der Klasse 3 beschreiben die Zeugnisse die Lernentwicklung und den Leistungsstand (§ 6 Abs. 2 AO-GS). Das Versetzungszeugnis in die Klasse 3 und die Zeugnisse der Klasse 3 enthalten darüber hinaus Noten für die Fächer, sofern die Schulkonferenz keinen Verzicht auf Noten beschlossen hat (§ 6 Abs. 3 AO-GS).

Der Verzicht auf Noten ist auch verfassungsrechtlich nicht zu beanstanden. Schüler/innen und deren Eltern haben zumindest in den Klassen 1 bis 3 der Grundschule keinen Anspruch auf Benotungen. Sie haben zwar aus Art. 6 Abs. 2 GG und Art. 2 Abs. 1 GG einen Anspruch auf angemessene Information über Leistungsvermögen und Lohnfortschritte. Ohne eine derartige Information können Eltern und Schule ihre gemeinsame Erziehungsaufgabe, welche die Bildung der eigenen Persönlichkeit des Kindes zum Ziele hat, in einem sinnvoll aufeinander bezogenen Zusammenwirken nicht erfüllen. Dieser Informationsanspruch fordert aber nicht zwingend, dass die Leistungen des einzelnen Schülers nach Noten bewertet werden. Vielmehr kann ihm jedenfalls in den Grundschulklassen 1 bis 3 auch durch verbalisierte Zeugnisse, also schriftliche Aussagen zum Lernfortschritt in den einzelnen Lernbereichen, Rechnung getragen werden. Wie der Informationsanspruch der Eltern und Schüler durch Zeugniserteilung zu erfüllen ist, hat der Staat als Träger der Schulhoheit nach seiner pädagogischen Gestaltungsfreiheit zu entscheiden (BVerwG, Beschluss vom 29.5.1981- 7 B 170/80 –, juris).

Der Bericht über die Lernentwicklung und den Leistungsstand in den Fächern richtet sich nach den pädagogischen Notwendigkeiten der jeweiligen Klassenstufe. Er ist in der sprachlichen Ausdrucksform in der Klasse 1 anders als in der Klasse 3. Er wird im Umfang für die einzelnen Fächer und für das einzelne Kind unterschiedlich sein. Während in der Klasse 1 bei der Darstellung einzelne Fächer zusammengefasst werden können, werden in der Klasse 3 getrennte Aussagen zum jeweiligen Fach erwartet, die im Regelfall mit der Angabe einer Notenstufe abschließen, sofern die Schulkonferenz nicht den Verzicht auf Noten beschlossen hat. Sofern am Ende der Schuleingangsphase eine Versetzung an Hand von Noten (und ggfs. der Prognoseklausel) erfolgt, weil die Schulkonferenz keinen Verzicht auf Noten beschlossen hat, werden auch dann schon die Berichte nach Fächern getrennt erstellt werden müssen.

Ist im Halbjahreszeugnis der Klasse 3 bereits ein ausführlicher Bericht über die Lernentwicklung und den Leistungsstand in den (allen) Fächern enthalten, kann hierauf im Jahresabschlusszeugnis verwiesen werden. Es sind dann nur noch die Veränderungen aufzuführen. Erfahrungsgemäß ist es vielfach aber einfacher, einen neuen Text zu formulieren, als lediglich Veränderungen aufzuzeigen, was eine wesentlich größere Formulierungskompetenz erfordert.

In dem Bericht sind auch die Entwicklungen und Leistungen aufzunehmen, die sich aus fächerübergreifenden Unterrichtsmaßnahmen ergeben. Es ist darauf zu achten, dass der Bericht sich nicht nur auf die Lernentwicklung und den Leistungsstand in den sog. Kulturtechniken beschränkt. Die Grundschule hat den Auftrag der umfassenden Förderung der Persönlichkeitsentwicklung. Zu den einzelnen Fächern werden die Anforderungen des Lehrplans in ihrem Zuschnitt auf das einzelne Kind und die Lernbemühungen und -erfolge des Kindes dargestellt.

Als fachlicher Grundsatz für den Bericht über die Lernentwicklung und den Leistungsstand in den Fächern kann formuliert werden: nicht Lob und Tadel, sondern Ermutigung und Sachkritik. Bei der Formulierung sind die Vorgaben des Behindertengleichstellungsgesetzes NRW zu beachten (vgl. dazu T 12-14).

19. Ausfertigung

Zeugnisse können handschriftlich, mit der Schreibmaschine oder mit Hilfe automatisierter Datenverarbeitung (ADV) ausgefertigt werden. Mit Hilfe der ADV ausgefertigte Zeugnisse und Bescheinigungen über die Schullaufbahn müssen in der äußeren Form den jeweils vorgeschriebenen Mustervordrucken entsprechen (3. Abschnitt, Nrn. 1 und 2 des Zeugnis-Erlasses). Die Noten sind im Zeugnis wörtlich auszuschreiben. Im Zeugnisvordruck sind Fächer, die im Beurteilungszeitraum nicht unterrichtet wurden, zu streichen (3. Abschnitt, Nr. 3 S. 1 und 2 des Zeugnis-Erlasses).

Berichtigungen dürfen im Zeugnis nicht vorgenommen werden; bei Schreibfehlern ist ein neuer Vordruck zu verwenden (3. Abschnitt, Nr. 3 S. 3 des Zeugnis-Erlasses). Werden anstelle eines Zeugnisses mit Vor- und Rückseite zwei Zeugnisblätter verwendet, ist durch Siegelung eine Einheit des Zeugnisses sicherzustellen. Das Zeugnis muss das Dienstsiegel der Schule und die amtliche Schulnummer enthalten (Anlage zu Nr. 6.1 VVzAO-GS).

Zeugnisse sind handschriftlich zu unterschreiben. Unterschriftsstempel dürfen nicht verwendet werden (3. Abschnitt, Nr. 3 S. 4 und 5 des Zeugnis-Erlasses). Die Zeugnisse der Grundschulen unterschreiben die Schulleiterin/ der Schulleiter oder die Vertreterin/der Vertreter und die Klassenlehrer/innen (Anlage zu Nr. 6.1 VVzAO-GS) Die ordnungsgemäße Erstellung der Zeugnisse ist nach §§ 18 Abs. 4 S. 1, 19 Abs. 1 S. 1 ADO Aufgabe der Klassenlehrer/innen. Sie können diese Aufgabe auf andere Lehrkräfte delegieren. Die Hauptverantwortung verbleibt bei Klassenlehrer/innen (Jehkul/Bülter/Schnieders, ADO, 4. Aufl., 2013, § 10 Anm. 1.3 (4) und § 18 Anm. 4.2).

20. Kenntnisnahme

Die Anlage zu Nr. 6.1 VVzAO-GS sieht vor, dass die Eltern die Kenntnisnahme des Zeugnisses bestätigen. Die Unterschrift hat lediglich die Bedeutung, die Kenntnisnahme, nicht aber die Richtigkeit des Zeugnisses (verbindlich) zu bestätigen. Die Bestätigung nimmt den Schüler/innen und Eltern deshalb nicht die Möglichkeit, Rechtsbehelfe gegen das Zeugnis einzulegen. Die Unterschrift ist auch keine Voraussetzung für die Wirksamkeit des Zeugnisses oder der Bescheinigung über die Schullaufbahn. Wirksamkeit tritt mit der Bekanntgabe ein (§ 43 Abs. 1 S. 1 VwVfG NRW). Eine verweigerte Unterschrift berührt deshalb die Wirksamkeit des Zeugnisses oder der Bescheinigung über die Schullaufbahn nicht.

21. Rechtsbehelfsbelehrung.

Zeugnisse der Grundschulen enthalten die in der Anlage zu Nr. 6.1 VVzAO-GS vorgesehene Rechtsbehelfsbelehrung.

> *Gegen die Entscheidung, die Schülerin oder den Schüler nicht zu versetzen, kann innerhalb eines Monats nach Bekanntgabe des Zeugnisses Widerspruch erhoben werden. Der Widerspruch ist bei der ______________ (Name und Anschrift der Schule) schriftlich oder zur Niederschrift zu erheben.*

Der Zweck einer Rechtsbehelfsbelehrung liegt darin, die Adressaten von Verwaltungsakten über ihre Rechtsschutzmöglichkeiten zu informieren, damit sie nicht aus Rechtsunkenntnis ihre prozessualen Rechte verlieren. Rechtsbehelfsbelehrungen sind keine Voraussetzung der Wirksamkeit und Rechtmäßigkeit von Zeugnissen und Bescheinigungen über die Schullaufbahn. Die fehlende oder unrichtige Rechtsbehelfsbelehrung hat lediglich zur Folge, dass nicht die einmonatige Frist für den Widerspruch (§ 70 Abs. 1 S. 1 VwGO), sondern die Jahresfrist gemäß § 58 Abs. 2 S. 1 VwGO zu laufen beginnt und diese Frist für die Rechtzeitigkeit des Widerspruchs gegen ein Zeugnis oder eine Bescheinigung über die Schullaufbahn maßgeblich ist. Soweit die Rechtsbehelfsbelehrung unterblieben oder unrichtig erteilt ist, so ist nach § 58 Abs. 2 S. 1 VwGO die Einlegung des Rechtsbehelfs innerhalb eines Jahres seit Zustellung, Eröffnung oder Verkündung zulässig, außer wenn die Einlegung vor Ablauf der Jahresfrist infolge höherer Gewalt unmöglich war oder eine schriftliche oder elektronische Belehrung dahin erfolgt ist, dass ein Rechtsbehelf nicht gegeben sei.

Der notwendige Inhalt einer Rechtsbehelfsbelehrung ergibt sich aus § 58 Abs. 1 VwGO. Danach beginnt die Frist für ein Rechtsmittel oder einen anderen Rechtsbehelf nur zu laufen, wenn der Beteiligte über den Rechtsbehelf, die Verwaltungsbehörde oder das Gericht, bei denen der Rechtsbehelf anzubringen ist, den Sitz und die einzuhaltende Frist schriftlich oder elektronisch belehrt worden ist. Unzutreffende, unvollständige oder irreführende Angaben über diese Mindestinhalte einer Rechtsbehelfsbelehrung machen die Belehrung unrichtig, wenn sie geeignet sind, die Einlegung des in Betracht kommenden Rechtsbehelfs zu erschweren. Das gilt auch, wenn die Rechtsbehelfsbelehrung über § 58 Abs. 1 VwGO hinausgehende und damit nicht notwendige Zusätze enthält. Ein solcher nicht notwendiger Zusatz ist etwa die Belehrung darüber, dass nach § § 70 Abs. 1 S. 2 VwGO auch die Widerspruchseinlegung gegen ein Zeugnis bei der Bezirksregierung als zuständige Widerspruchsbehörde die Widerspruchsfrist nach § 70 Abs. 1 S. 1 VwGO wahrt (vgl. Kopp/Schenke, VwGO, 21. Aufl., 2015, § 58 Rdn. 11 f., m.w.N.).

Die in der Anlage zu Nr. 6.1 VVzAO-GS vorgesehene Angabe der Anschrift der Schule beruht darauf, dass in der Rechtsprechung keine Einigkeit darüber besteht, ob der Hinweis, der Widerspruch ist „bei der Schule" zu erheben, eine hinreichende Belehrung über die Verwaltungsbehörde und deren Sitz i.S.d. § 58 Abs. 1 VwGO darstellt. Ein Teil der Rechtsprechung bejaht dies, weil der Kopf eines Zeugnisses regelmäßig die Schule und ihren Sitz hinreichend erkennen lässt (vgl. nur OVG NRW, Beschluss vom 13.10.1999 – 19 B 1682/99 –, juris, m.w.N.). Angesichts dieser unterschiedlichen Rechtsprechung ist es zur Vermeidung von Risiken sinnvoll, in der Rechtsbehelfsbelehrung die vollständige Anschrift der Schule anzugeben.

Geklärt ist in der Rechtsprechung, dass eine kleingedruckte Rechtsbehelfsbelehrung in Zeugnissen nicht geeignet ist, den Entschluss zur Einlegung eines Widerspruchs zu erschweren, und damit hieraus eine Fehlerhaftigkeit der Rechtsbehelfsbelehrung nicht hergeleitet werden kann (OVG NRW, Beschluss vom 27.10.2006 – 19 A 2501/06 –, n.v.). Darüber hinaus erfordert das Auffinden der Rechtsbehelfsbelehrung auf der letzten Seite eines vierseitigen Zeugnisses keine unzumutbaren Anstrengungen (OVG NRW, Beschlüsse vom 27.10.2006 – 19 A 2501/06 –, und 25.2.2005 – 19 A 595/05 –, n.v.). Ist die Rechtsbehelfsbelehrung Teil von mehreren einem Zeugnis beigefügten Hinweisen, wie dies in den Hinweisen zu den Zeugnissen der Sekundarstufe I der Hauptschule, Realschule, Gymnasien und Sekundarschulen nach den Anlagen der APO-S I vorgesehen ist, liegt darin ebenfalls keine unzumutbare Erschwernis beim Auffinden der Rechtsbehelfsbelehrung, die diese fehlerhaft macht (OVG NRW, Beschluss vom 25.2.2005 – 19 A 595/05 –, n.v.).

Nach den vorstehenden Grundsätzen ist die in der Anlage zu Nr. 6.1 VVzAO-GS vorgesehene Rechtsbehelfsbelehrung teilweise fehlerhaft. Sie enthält die für sich gesehen zutreffende Belehrung, dass gegen die Nichtversetzung Widerspruch erhoben werden kann. Diese Belehrung trifft aber nur auf Schüler/innen zu, die nicht versetzt worden sind. Schüler/innen, die versetzt worden sind, aber eine Verbesserung des Zeugnisses erstreben, weil sie mit bestimmten Benotungen nicht einverstanden sind, müssen aber ebenso wie nicht versetzte Schüler/innen vor Klageerhebung Widerspruch einlegen. Für diese Schüler/innen ist deshalb die in den Vordrucken vorgesehene Belehrung unrichtig, weil der bloße Hinweis auf die Möglichkeit des Widerspruchs gegen die Nichtversetzung den Eindruck erwecken kann, dass nur in diesem Fall, nicht aber bei einer Versetzung Widerspruch zu erheben ist. Das hat zur Folge, dass versetzte Schüler/innen, die eine Besserbewertung erstreben, auch nach Ablauf der einmonatigen Widerspruchsfrist bis zum Ablauf der Jahresfrist gemäß § 58 Abs. 2 S. 1 VwGO Widerspruch gegen das Zeugnis einlegen können.

22. Fehlerhaftes Zeugnis

Zeugnisse der Grundschulen können formell oder inhaltlich fehlerhaft sein.

Die formell unzutreffende Bezeichnung eines Zeugnisses hat nicht zwangsläufig die Rechtswidrigkeit des Zeugnisses zur Folge. Das gilt etwa in dem vom OVG NRW, Beschluss vom 18.11.2008 – 19 E 519/08 –, n.v., entschiedenen Fall der Erteilung eines Abschlusszeugnisses am Ende der Klasse 9, weil der Schüler mit seiner Versetzung den Hauptschulabschluss gemäß § 40 APO-S I erworben hatte. Da er aber weiterhin die Schule in der Klasse 10 besuchte, hätte ihm am Ende der Klasse 9 ein einfaches (Versetzungs-) Zeugnis erteilt werden müssen. Denn die Erteilung eines Abschlusszeugnisses setzt nach Abs. 1 S. 2 Nr. 1 das Verlassen der Schule voraus. Die fehlerhafte Bezeichnung des Zeugnisses berührt jedoch nach der zutreffenden Rechtsprechung des OVG NRW nicht deren Rechtmäßigkeit, sondern stellt sich als offenbare Unrichtigkeit i.S.d. § 42 S. 1 VwVfG NRW dar. Nach dieser Vorschrift, die auch für die Tätigkeit der Schulen gilt (§ 2 Abs. 3 Nr. 3 S. 1 VwVfG NRW), kann die Behörde nach ihrem pflichtgemäßen Ermessen Schreibfehler und ähnliche offenbare Unrichtigkeiten jederzeit berichtigen. Bei einem berechtigten Interesse der Schüler/innen muss die Schule die Berichtigung vornehmen (§ 42 S. 2 VwVfG NRW). Im Interesse der Rechtsklarheit empfiehlt sich keine Berichtigung des ausgehändigten, fehlerhaft bezeichneten Zeugnisses, sondern eine Neuerteilung. Die Schule ist nicht nur berechtigt, die Vorlage des als unzutreffend bezeichneten Zeugnisses zu verlangen (§ 42 S. 3 VwVfG NRW); sie sollte zur Vermeidung von Missbräuchen auf die Herausgabe des Zeugnisses bestehen und die Neuausstellung hiervon abhängig machen.

Inhaltlich fehlerhaft erteilte Zeugnisse, soweit sie Verwaltungsakte sind, sind rechtswidrig, aber nicht unwirksam. Sie sind deshalb gemäß § 48 VwVfG NRW zurückzunehmen. Mit Unanfechtbarkeit der Rücknahme sind die fehlerhaften Zeugnisse und Bescheinigungen über die Schullaufbahn herauszugeben (§ 52 VwVfG NRW). Die Nichtbefolgung dieser Pflicht zur Herausgabe kann mit Verwaltungszwang durchgesetzt werden.

23. Namensänderung

Bei einer Namensänderung im Falle einer Geschlechtsumwandlung kann eine Neuausfertigung früherer Zeugnisse auch der Grundschulen mit dem neuen Namen unter Beibehaltung des damaligen Datums und des übrigen Inhalts des Zeugnisses erfolgen. In allen anderen Fällen, also etwa Namensänderung auf Antrag, nach Adoption oder durch Eheschließung, besteht kein Anspruch auf Neuausfertigung. Das entspricht dem Erlass des Kultusministeriums NRW vom 27.5.1991 – I C 2.30-40/26 -. Er ist zwar nicht mehr in der BASS abgedruckt. Die dort angeführten allgemeinen Grundsätze haben jedoch weiterhin Geltung.

Der Erlass lautet auszugsweise (zitiert nach Margies/Gampe/Rieger, Allgemeine Schulordnung (ASchO) für Nordrhein-Westfalen, 6. Aufl., 2003 und www.gendertreff.de/2014/11/30/aenderung-von-zeugnissen-bei-nachtraeglicher-namensaenderung):

> *Während bei einer Geschlechtsumwandlung der Betroffene aus dem Rechtsgedanken des Persönlichkeitsrecht und nach § 5 und § 10 Abs. 2 TSG einen berechtigten Anspruch darauf hat, dass sein früherer Vorname nicht mehr offenbart wird, ist in den anderen Fällen zwar ein Interesse der Betroffenen erkennbar, ein zwingender rechtlicher Anspruch ergibt sich hier aber nicht. Vielmehr ist aus Gründen der Rechtssicherheit (Identität des Urkundeninhabers) am Inhalt der ursprünglichen Urkunde festzuhalten. Im Hinblick auf die Tatsache, dass zwischenzeitlich durch beglaubigte Abschrift etliche Exemplare des Zeugnisses in den Rechtsverkehr gelangt sein können, besteht ein öffentliches Interesse an der Beibehaltung der Urkunde. Diese ist aufgrund nachträglicher Namensänderung zum Zeitpunkt der Ausstellung weder fehlerhaft (§ 42 VwVfG) noch später nichtig (§ 44 VwVfG) oder rechtswidrig (§ 48 VwVfG).*
>
> *Auch wird durch die Beibehaltung des Zeugnisses nicht gegen das Offenbarungs- und Ausforschungsverbot verstoßen. Die §§ 1757, 1758 BGB sind bei Adoption Volljähriger nur beschränkt anwendbar. Nach § 9 NamÄndG ist durch Randvermerk in Geburts- und Heiratsregister die Namensänderung ebenfalls erkennbar.*
>
> *Somit erhalten lediglich Personen, die eine Geschlechtsumwandlung vorgenommen haben, auf Wunsch eine Ersatzausfertigung eines Zeugnisses. Diese Urkunde sollte den neuen Namen, das ursprüngliche Datum pp. sowie folgenden Zusatz erhalten:*
>
> *„Diese Ausfertigung tritt an die Stelle der Urkunde vom ...“*

24. Ersatzzeugnis

Ein vollständiges Ersatzzeugnis stellt die Schule nur dann aus, wenn sie noch über vollständige Unterlagen über das Zeugnis besitzt. Es enthält alle Angaben des Originalzeugnisses. Das Ersatzzeugnis ist mit einem Vermerk zu versehen, der deutlich macht, dass die Ausstellung aufgrund noch vorhandener Zeugnisunterlagen als Ersatz für das zerstörte oder abhanden gekommene Zeugnis erfolgt.

> **Beispiel:**
> Diese Ausfertigung des Zeugnisses ist aufgrund der Zeugnisunterlagen der Schule als Ersatz für das zerstörte (oder abhanden gekommene) Zeugnis ausgestellt worden.

25. Rechtsnatur

Zeugnisse der Grundschulen haben keinen einheitlichen Rechtscharakter. Ihre Rechtsnatur hängt davon, ob sie nach ihrem Inhalt eine Regelung i.S.d. § 35 S. 1 VwVfG NRW enthalten und damit Verwaltungsakte sind. Entscheidend für diese Rechtsnatur ist, ob durch das Zeugnis oder die Bescheinigung über die Schullaufbahn Rechtspositionen der Schüler/innen und/oder deren Eltern betroffen werden. Eine Vermutungsregel dahin, dass im Zweifel von einer fehlenden selbstständigen Regelungsqualität der Zeugnisse und Bescheinigungen über die Schullaufbahn auszugehen ist, gibt es nicht (BVerwG, Urteil vom 23.5.2014 –, 6 C 8.11 –, juris, Rdn. 14).

Verwaltungsakte sind danach zunächst Zeugnisse, mit denen über die Versetzung oder Nichtversetzung entschieden wird. Diese Entscheidungen berühren unmittelbar Rechtspositionen der Schüler/innen, weil sie bei einer Versetzung die Berechtigung und – bei schulpflichtigen Schüler/innen – die Verpflichtung zum Besuch der nächsthöheren oder Wiederholung der bislang besuchten Klasse oder Jahrgangsstufe begründen (BVerwG, Beschluss vom 25.3.2003 – 6 B 8.03 –, juris, Rdn. 3; OVG NRW, Beschluss vom 22.1.2001 – 19 A 1901/00 –, juris, Rdn. 12; Hess. VGH, Beschluss vom 8.12.2011 – 7 A 2621/10.Z –, juris, Rdn. 10).

Halbjahreszeugnisse der Grundschulen sind dagegen keine Verwaltungsakte. Das gilt auch für das Zeugnis der Grundschule am Ende des ersten Schulbesuchsjahres. Denn der Übergang in die Klasse 2 erfolgt ohne eine Versetzungsentscheidung (§ 7 Abs. 1 S. 1 AO-GS). Die Verneinung des Verwaltungsaktcharakters bedeutet aber nicht, dass die in diesen Zeugnissen enthaltenen Leistungsbewertungen keiner Anfechtung unterliegen (vgl. 26).

Noten und andere Leistungsbewertungen in Zeugnissen, die Verwaltungsakte sind, sind grundsätzlich nur mit dem Zeugnis oder der Bescheinigung, nicht aber isoliert anfechtbar. Sie sind lediglich die Grundlage und zugleich Begründung der Entscheidung über die Versetzung oder Vergabe eines Abschlusses oder einer Berechtigung (BVerwG, Beschluss vom 25.3.2003 – 6 B 8.03 –, a.a.O.; OVG NRW, Beschluss vom 22.1.2001 – 19 A 1901/00 –, a.a.O.; Hess. VGH, Beschluss vom 8.12.2011 – 7 A 2621/10.Z –, a.a.O.). Noten und andere Leistungsbewertungen, die nicht Grundlage der Entscheidung über die Versetzung oder Vergabe eines Abschlusses oder einer Berechtigung, aber im Zeugnis oder der Bescheinigung enthalten sind, haben nur dann Regelungswirkung und sind damit isoliert anfechtbar, wenn sie für den weiteren Schulbesuch erheblich sind oder über den Schulbereich hinausgehend die Rechtspositionen der Schüler/innen berühren, weil sie etwa die Chancen im späteren Berufsleben verbessern oder verschlechtern (OVG NRW, Beschluss vom 22.1.2001 – 19 A 1901/00 –, a.a.O., Rdn. 14 ff.). Das trifft auf die Zeugnisse der Grundschule nicht zu.

Zur Rechtsnatur von Angaben über Fehlzeiten, Aussagen über das Arbeits- und Sozialverhalten sowie sonstigen Bemerkungen in Zeugnissen vgl. T 12-16.

26. Rechtsbehelfe

Welcher Rechtsbehelf gegen ein Zeugnis der Grundschule statthaft ist, hängt von dem Rechtscharakter des Zeugnisses oder der Bescheinigung ab.

Gegen Zeugnisse, die Verwaltungsakte sind (T 12-25), kann Widerspruch und Klage erhoben werden.

Der Widerspruch gegen Verwaltungsakte der Schulen ist eine Zulässigkeitsvoraussetzung für eine verwaltungsgerichtliche Klage. Anders als in zahlreichen anderen Rechtsgebieten ist das Widerspruchsverfahren im Schulrecht nicht vollständig abgeschafft worden. Das folgt aus § 110 Abs. 1 S. 1 Nr. 3a JustG NRW. Danach gilt das Absehen gemäß § 110 Abs. 1 JustG NRW von der Durchführung des Widerspruchsverfahren (§§ 68 ff. VwGO) nicht für den Erlass oder die Ablehnung der Vornahme von Verwaltungsakten im Bereich des Schulrechts, soweit sie von Schulen erlassen werden. Ohne vorherigen Widerspruch ist eine beim Verwaltungsgericht erhobene Klage wegen fehlender Durchführung des Widerspruchsverfahrens unzulässig.

Wird der Widerspruch zurückgewiesen, kann beim Verwaltungsgericht Klage erhoben werden. Statthafte Klageart ist die Verpflichtungsklage (§ 42 Abs. 1 VwGO). Sie ist nicht auf Versetzung oder Vergabe eines Abschlusses oder einer Berechtigung, sondern auf Verpflichtung zur Neubescheidung (§ 113 Abs. 5 Satz 2 VwGO) zu richten. Denn die Verwaltungsgerichte sind abgesehen von bloßen rechnerischen Korrekturen aufgrund des den Lehrkräften zustehenden Beurteilungsspielraums gehindert, Schülerleistungen selbst zu bewerten und als Folge dieser Bewertung die Schule zur Versetzung, Besserbewertung oder Vergabe eines Abschlusses oder einer Berechtigung zu verpflichten.

Im einstweiligen Rechtsschutzverfahren ist in allen Fällen ein Antrag auf Erlass einer einstweiligen Anordnung (§ 123 Abs. 1 VwGO) zu stellen. Das gilt auch in den Fällen der Nichtversetzung. Der Widerspruch gegen eine Nichtversetzung hat zwar aufschiebende Wirkung gemäß § 80 Abs. 1 S. 1 VwGO. Die aufschiebende Wirkung hat aber keine Rechtserweiterung, also (vorläufige) Versetzung, zur Folge, so dass nichtversetzte Schüler/innen auch im Falle eines Widerspruchs die Klasse oder Jahrgangsstufe wiederholen müssen (vgl. auch T 13-7). Im Verfahren auf Erlass einer einstweiligen Anordnung kann aber das Verwaltungsgericht die vorläufige Teilnahme am Unterricht der nächsthöheren Klasse oder Jahrgangsstufe anordnen. Es handelt sich um eine vorläufige gerichtliche Regelung. Über die Nichtversetzung kann allein im Klageverfahren abschließend entschieden werden.

Widersprüche gegen Zeugnisse, die keine Verwaltungsakte sind, sind unzulässig. Denn das Widerspruchsverfahren findet nur beim Erlass oder der Ablehnung von Verwaltungsakten statt (§ 68 Abs. 1 und 2 VwGO, § 110 Abs. 2 Nr. 3a JustG NRW). Damit kann ohne vorherige Durchführung eines Widerspruchsverfahrens Klage beim Verwaltungsgericht erhoben werden. Statthaft ist die in der VwGO nicht ausdrücklich geregelte, aber allgemein anerkannte allgemeine Leistungsklage. Voraussetzung der Zulässigkeit der Klage ist allerdings ein Rechtsschutzbedürfnis. Diese Voraussetzung ist nur dann erfüllt, wenn die Klage für die Schüler/innen und deren Eltern rechtliche oder tatsächliche Vorteile bringen kann (vgl. Kopp/Schenke, VwGO, Vorb § 40 Rdn. 37 ff.), etwa weil sich das Zeugnis nachteilig auf die weitere Schullaufbahn oder die die späteren Berufschancen auswirken kann. Es genügt, wenn derartige Auswirkungen nicht ausgeschlossen werden können (BVerwG, Beschluss vom 24.10.2006 – 6 B 61.06 –, juris, Rdn. 3 ff.).

Richtiger Klage- und Antragsgegner ist im Klageverfahren und Verfahren auf Erlass einer einstweiligen Anordnung das Land Nordrhein-Westfalen (§ 78 Abs. 1 Nr. 1 VwGO), weil das JustG NRW keine vom Rechtsträgerprinzip nach § 78 Abs. 1 Nr. 1 VwGO abweichende Regelung i.S.d. § 78 Abs. 1 Nr. 2 VwGO enthält. Das Land Nordrhein-Westfalen wird nach Nr. 3.1 des Vertretungserlasses NRW, BASS 10-32 Nr. 66, i.V.m. § 3 Abs. 1 SchulG durch die Schule vertreten, weil es sich bei der Erteilung von Zeugnissen und Bescheinigungen über die Schullaufbahn um innere Schulangelegenheiten i.S.d. § 3 Abs. 1 S. 2 handelt (vgl. auch XI.4.3). Nach Nr. 3.2 des Vertretungserlasses können die Schulen in Angelegenheiten nach § 3 Abs. 1 SchulG auch einen Vertreter der Schulaufsichtsbehörde mit der Prozessvertretung im Sinne der jeweiligen Prozessordnung betrauen. Die Schulaufsichtsbehörde kann sich im Einzelfall vorbehalten, vor den Gerichten neben der vertretungsberechtigten Schule aufzutreten und prozessuale Handlungen vorzunehmen. Die Schulaufsichtsbehörde kann darüber hinaus in Einzelfällen, insbesondere bei Rechtsstreitigkeiten von besonderer Bedeutung, die gerichtliche Vertretung der in ihrem jeweiligen Zuständigkeitsbereich liegenden Schulen selbst übernehmen.

Unabhängig von der Rechtsnatur eines Zeugnisses oder einer Bescheinigung über die Schullaufbahn und der Widerspruchs- und Klagemöglichkeit können Schüler/innen und deren Eltern gegen alle Zeugnisse und Einzelnoten die sog. Notenbeschwerde erheben.

Die gesetzlich nicht näher geregelte Notenbeschwerde ist kein förmlicher Rechtsbehelf, sondern gibt den Schüler/innen und deren Eltern unabhängig von Widerspruch und Klage die Möglichkeit, eine Überprüfung des Zeugnisses oder Einzelnoten herbeizuführen. Die Notenbeschwerde ist Teil des verfassungsrechtlich gewährleisteten Petitionsrechts (Art. 17 GG). Nach dieser Vorschrift hat jedermann das Recht, sich einzeln oder in Gemeinschaft mit anderen schriftlich mit Bitten oder Beschwerden an die zuständigen Stellen und an die Volksvertretung zu wenden. Dieses Grundrecht umfasst auch die Befugnis, sich an die Schule, Schulleitung, Klassen- oder Jahrgangsstufenleitung oder an Fachlehrer/innen zu wenden mit dem Ziel, die getroffene Benotung oder sonstige Entscheidung zu überdenken. Allerdings umfasst das Petitionsrecht und damit auch die Notenbeschwerde keinen Anspruch auf eine dem Wunsch des Petenten oder Beschwerdeführers entsprechende Entscheidung. Die zuständige Stelle muss sich lediglich sachlich mit dem Begehren auseinandersetzen und mitteilen, wer sachlich entschieden hat und in welcher Weise entschieden worden ist. Dazu gehört auch die Mitteilung, wann die Entscheidung getroffen wurde. Art und Umfang der sachlichen Prüfung des Petitionsanliegens und der Notenbeschwerde unterliegen nicht der gerichtlichen Kontrolle, so dass sich kein Anspruch des Beschwerdeführers darauf ergibt, mitgeteilt zu bekommen, welche inhaltlichen Gründe für die Entscheidung tragend sind und in welchem Umfang und mit welchem Ergebnis ggf. Sachaufklärung betrieben worden ist (BVerfG 1. Senat, Beschluss vom 15.5.1992 – 1 BvR 1553/90 –, juris, Rdn. 15 ff., m.w.N.).

Das Petitionsrecht und damit auch die Notenbeschwerde sind nach Art. 17 GG nicht an eine bestimmte Frist gebunden. Sie können deshalb verfassungsrechtlich auch nach mehr als sechs Monaten erhoben werden. Die auf eine Notenbeschwerde erforderliche sachliche Prüfung einer erfolgten Leistungsbewertung setzt aber voraus, dass sie noch möglich ist. Das ist nach Ablauf von sechs Monaten in der Regel nicht mehr der Fall. Denn nach Ablauf eines solchen Zeitraums ist prinzipiell davon auszugehen, dass die Lehrkräfte mit Rücksicht darauf, dass sie eine Vielzahl von Schüler/innen unterrichten, sich aufgrund des nachlassenden Erinnerungsvermögens nicht mehr hinreichend verlässlich an die unterrichtlichen Leistungen einer Schülerin oder eines Schülers im vorhergehenden Schuljahr erinnern können (OVG NRW, Beschluss vom 10.11.2011 – 19 A 2472/10 –, n.v.; § 48 Anm. 2.2 (5)). Lediglich schriftliche Leistungen von Schüler/innen können nach Ablauf von mehr als sechs Monaten uneingeschränkt inhaltlich überprüft werden.

Teil 13: Versetzung

Inhaltsübersicht

1. Rechtsgrundlagen

§ 7 AO-GS

Versetzung

(1) Die Schülerinnen und Schüler gehen ohne Versetzung vom ersten Schulbesuchsjahr in das zweite Schulbesuchsjahr über. Der Übergang in die Klassen 3, 4 und 5 beruht auf einer Versetzung.

(2) Die Grundschule hat ihren Unterricht so zu gestalten, dass die Versetzung der Regelfall ist. Schülerinnen und Schüler, deren Versetzung gefährdet ist, erhalten zum Ende des Schulhalbjahres eine individuelle Lern- und Förderempfehlung. Er-

kannte Lern- und Leistungsdefizite sollen durch entsprechende Förderung bis zur Versetzungsentscheidung unter Einbeziehung der Eltern behoben werden.

(3) Die Versetzungskonferenz beschließt nach Anhörung der Eltern oder auf deren Antrag,

1. *eine Schülerin oder einen Schüler vom ersten Schulbesuchsjahr in die Klasse 3 zu versetzen, wenn sie oder er dafür geeignet ist,*
2. *dass eine Schülerin oder ein Schüler ein drittes Jahr in der Schuleingangsphase verbleibt, wenn sie oder er noch nicht für die Klasse 3 geeignet ist.*

(4) Eine Schülerin oder ein Schüler wird in die Klassen 3, 4 und 5 versetzt, wenn in allen Fächern mindestens ausreichende Leistungen erbracht wurden. Sie oder er wird auch dann versetzt, wenn auf Grund der Gesamtentwicklung zu erwarten ist, dass in der nächst höheren Klasse eine hinreichende Förderung und eine erfolgreiche Mitarbeit möglich sind. Schülerinnen und Schüler, die nicht versetzt worden sind, erhalten zum Ende des Schuljahres ebenfalls eine individuelle Lern- und Förderempfehlung.

(5) Eine Schülerin oder ein Schüler kann auf Antrag der Eltern im Verlauf des Schuljahres von der Klasse 3 in die Schuleingangsphase, von der Klasse 4 in die Klasse 3 zurücktreten, wenn sie oder er in der bisherigen Klasse nicht mehr erfolgreich mitarbeiten kann. Darüber entscheidet die Versetzungskonferenz. Zum nächsten Versetzungstermin wird eine Versetzung nicht erneut ausgesprochen.

VV zu § 7 AO-GS

7.2 ***zu Abs. 2:***

Lern- und Förderempfehlungen (§ 50 Abs. 3 SchulG) werden erstmals zum Halbjahr des zweiten Schulbesuchsjahres erteilt.

Die Lern- und Förderempfehlung richtet sich an die Eltern, die Schülerin oder den Schüler und an die Schule selbst. Sie wird schriftlich erteilt und ist nicht Bestandteil eines Zeugnisses. Die Klassenlehrerin oder der Klassenlehrer erläutert sie bei Bedarf mündlich.

Lern- und Förderempfehlungen beschreiben die Minderleistungen und zeigen Wege auf, diese zu beheben. Hierzu können Vereinbarungen der Schule mit den Schülerinnen und Schülern und ihren Eltern gehören.

Außerdem sind die Eltern in Anlehnung an § 50 Abs. 4 SchulG in der Regel 10 Wochen vor dem Versetzungstermin schriftlich zu informieren, wenn die Versetzung einer Schülerin oder eines Schülers gefährdet ist.

7.3 ***zu Abs. 3:***

Der Beschluss, dass eine Schülerin oder ein Schüler ein drittes Jahr in der Schuleingangsphase verbleibt, soll nicht vor dem zweiten Halbjahr des zweiten Schulbesuchsjahres getroffen werden.

7.4 ***zu Abs. 4:***

7.41 Die Schule berücksichtigt positive Leistungen im muttersprachlichen Unterricht (einschließlich Islamkunde in der Muttersprache) im Rahmen der Gesamtentwicklung einer Schülerin oder eines Schülers. Die Lehrkraft für den muttersprachlichen Unterricht erhält die Gelegenheit, sich zu äußern.

7.42 *Das Versetzungsverfahren richtet sich nach § 50 SchulG.*

7.43 *Neben der Versetzung vom ersten Schulbesuchsjahr in die Klasse 3 gemäß Absatz 3 Nr. 1 sind Vorversetzungen (§ 50 Abs. 1 Satz 2 SchulG) nach dem zweiten Schulbesuchsjahr in die Klasse 4 und von der Klasse 3 in die Klasse 5 möglich.*

Bei einer Vorversetzung von der Klasse 3 in die Klasse 5 bedarf es keiner Schulformempfehlung.

7.5 ***zu Abs. 5:***

Der Rücktritt ist der Nichtversetzung vorzuziehen. Die Klassenlehrerin oder der Klassenlehrer berät die Eltern mit diesem Ziel. Auf Antrag der Eltern entscheidet die Versetzungskonferenz der abgebenden Klasse.

Ein Kind, das drei Jahre die Schuleingangsphase besucht hat, kann nicht aus der Klasse 3 in die Schuleingangsphase zurücktreten.

2. Schuleingangsphase

Schüler/innen der Schuleingangsphase gehen ohne Versetzung vom ersten in das zweite Schulbesuchsjahr über (§ 7 Abs. 1 S. 1 AO-GS). Das gilt unabhängig davon, ob der Unterricht jahrgangsbezogen oder jahrgangsübergreifend durchgeführt wird. Eine Versetzung erfolgt nur am Ende der Schuleingangsphase beim Übergang zur Klasse 3 und bei denjenigen Schüler/innen, die vom ersten Schulbesuchsjahr in die Klasse 3 übergehen (§ 7 Abs. 3 Nr. 1 AO-GS). Die ersten zwei Schulbesuchsjahre bilden insoweit eine pädagogische Einheit (vgl. auch T 7-6 und 8).

Notwendig ist in der Schuleingangsphase eine regelmäßige Anpassung der individuellen Lehrpläne. Wird die Schuleingangsphase jahrgangsübergreifend geführt und werden die individuellen Lernpläne fortlaufend der Lernentwicklung des einzelnen Kindes angepasst, ist es von der Sache her schon kaum möglich, für alle Fächer den richtigen Zeitpunkt für eine Zäsur zu finden, die es rechtfertigen könnte, von einem Neubeginn zu sprechen. Auch bei einem jahrgangsbezogenen Unterricht, der die Forderung nach einem Lernen mit individuellen Lernplänen umsetzt, ist die Festlegung eines bestimmten Zeitpunktes, an dem festgestellt wird, ob in allen Fächern generelle Anforderungen in ausreichender Form erfüllt sind, kaum pädagogisch sinnvoll darstellbar. Dementsprechend enthalten auch die Vorschriften der AO-GS keine Vorgaben über den Zeitpunkt der Anpassung oder Fortschreibung der individuellen Lehrpläne.

Die Zusammenfassung der ersten beiden Jahre zu einer Schuleingangsphase hat auch zur Folge, dass eine vollständige Wiederholung des ersten Schulbesuchsjahres grundsätzlich nicht in Betracht kommt (vgl. T 7-9). Liegen am Ende des ersten Schulbesuchsjahres oder bereits im Laufe des ersten Schulbesuchsjahres erhebliche Defizite in der Lernentwicklung vor, ist im Übrigen die Durchführung eines Verfahrens zur Feststellung des sonderpädagogischen Unterstützungsbedarfs zu prüfen.

3. Sonderpädagogische Förderung in der Schuleingangsphase

Schüler/innen mit sonderpädagogischen Unterstützungsbedarf, die die Grundschule besuchen, gehen in der Schuleingangsphase ebenfalls grundsätzlich ohne Versetzung vom 1. in das 2. Schulbesuchsjahr über. Das folgt aus § 21 Abs. 1 AO-SF i.V.m. § 7 Abs. 1 S. 1 AO-GS. Für sonderpädagogisch geförderte Schüler/innen gelten nach § 21 Abs. 1 AO-SF die Ausbildungs- und Prüfungsordnungen einschließlich der Unterrichtsfächer und der Stundentafeln der allgemeinen Schulen, soweit die AO-SF nichts Anderes bestimmt. Danach gilt auch für Schüler/innen mit sonderpädagogischem Förderbedarf in der Grundschule die Regelung in § 7 Abs. 1 S. 1 AO-SF, die den Übergang ohne Versetzung vom ersten in das zweite Schulbesuchsjahr vorsieht. Aus § 21 Abs. 1 AO-SF folgt weiter, dass auch der Übergang von Schüler/innen mit sonderpädagogischem Unterstützungsbedarf vom 1. Schulbesuchsjahr in die Klasse 3 nur auf der Grundlage einer Versetzung gemäß § 7 Abs. 3 Nr. 1 AO-GS möglich ist.

Sonderregelungen, die die Anwendbarkeit des § 7 Abs. 1 S. 1 AO-GS ausschließen, im Ergebnis aber nichts am Übergang ohne Versetzung vom 1. in das 2. Schulbesuchsjahr ändern, gelten für Schüler/innen in den zieldifferenten Bildungsgängen Lernen und Geistige Entwicklung. Für diese Schüler/innen gilt generell, d.h. unabhängig von dem besuchten Förderort, dass sie nicht versetzt werden. Vielmehr entscheidet am Ende jedes Schuljahres die Klassenkonferenz, in welcher Klasse Schüler/innen mit sonderpädagogischem Unterstützungsbedarf im nächsten Schuljahr gefördert werden wird (§§ 34, 41 Abs. 1 AO-SF).

4. Versetzungen in die Klassen 3 bis 5

4.1 Grundregeln

Die Übergänge in die Klassen 3 bis 5 setzen eine förmliche Versetzungsentscheidung voraus (§ 7 Abs. 1 S. 2 AO-GS). Die Versetzung beruht grundsätzlich auf einer Benotung der gezeigten Leistungen in den Fächern der Stundentafel.

4.2 Klasse 4

Diese Grundregel gilt zunächst für Schüler/innen der Klasse 4. Sowohl das Halbjahreszeugnis als auch das Zeugnis am Ende der Klasse 4 müssen Noten für die Fächer enthalten (§ 6 Abs. 4 AO-GS). Das gilt gemäß § 21 Abs. 1 AO-SF grundsätzlich auch für Schüler/innen mit sonderpädagogischem Unterstützungsbedarf. Nur bei Schüler/innen in den zieldifferenten Bildungsgängen Lernen und Geistige Entwicklung (vgl. T 12-5.23) und soweit die Klassenkonferenz gemäß § 21 Abs. 8 AO-SF von einer Versetzung absieht (vgl. T 12-5.3) erfolgt auch am Ende der Klasse 4 keine Versetzung.

4.3 Klasse 3

Schüler/innen der Klasse 3 werden grundsätzlich auf der Grundlage von Noten in den Fächern versetzt (§ 6 Abs. 3 S. 1 AO-GS). Etwas Anderes gilt nur dann, wenn die Schulkonferenz beschlossen hat, auf eine Benotung im Versetzungszeugnis der Klasse 3 zu verzichten (§ 6 Abs. 3 S. 2 AO-GS). In diesem Fall erfolgt die Versetzung auf der Grundlage der im Zeugnis zu beschreibenden (§ 6 Abs. 2 AO-GS) Lernentwicklung und den Leistungsstand in den Fächern am Ende der Klasse 3. Eine Ausnahme gilt für Schüler/innen in den zieldifferenten Bildungsgängen Lernen und Geistige Entwicklung, weil sie generell nicht versetzt werden (vgl. T 12-5.2), und soweit die Klassenkonferenz gemäß § 21 Abs. 8 AO-SF von einer Versetzung absieht (T 12-5.3).

4.4 Heranführung an Benotungen

Nach § 5 Abs. 2 S. 2 AO-GS soll die Lehrerin oder der Lehrer eine Schüler/in vor der Versetzung in die Klasse 3 an die Leistungsbewertung mit Noten heranführen. Dies gilt nicht, wenn die Schulkonferenz nach § 6 Absatz 3 S. 2 beschlossen hat, auf Benotungen in der Klasse 3 zu verzichten. Da § 5 Abs. 2 S. 2 AO-GS auf die Versetzung in die Klasse 3 abgestellt, sind damit auch Schüler/innen, die auf der Grundlage einer Versetzung vom ersten Schulbesuchsjahr in die Klasse 3 übergehen (§ 7 Abs. 3 Nr. 1 AO-GS) bereits im ersten Schulbesuchsjahr an die Leistungsbewertung mit Noten heranzuführen. Allerdings bleibt den Lehrkräften bei diesen Schüler/innen und auch bei denjenigen der Klasse 3 aufgrund der Formulierung „soll" in § 5 Abs. 2 S. 2 AO-GS ein eingeschränkter Spielraum. Denn Sollvorschriften lassen in atypischen Fällen eine Abweichung vom normativ vorgesehenen Regelfall zu. Ein solcher atypischer Fall liegt etwa dann vor, wenn sich erst im Verlaufe des ersten Schulbesuchsjahres zeigt, dass eine Schülerin/ein Schüler vorzeitig in die Klasse 3 versetzt werden soll, und die verbleibende Zeit zu knapp ist, das Kind an die Leistungsbewertung mit Noten heranzuführen.

4.5 Ausnahme gemäß § 21 Abs. 8 AO-SF

Bei Schüler/innen mit sonderpädagogischem Unterstützungsbedarf, soweit sie schon deshalb nicht zu versetzen sind, weil sie die zieldifferenten Bildungsgänge Lernen und Geistige Entwicklung besuchen, kann die Klassenkonferenz generell oder im Einzelfall gemäß § 21 Abs. 8 AO-SF (vgl. dazu auch T 12-5.3) von einer Versetzung absehen. Nach dieser Vorschrift kann die Klassenkonferenz aus zwingenden pädagogischen Gründen im Einzelfall von den §§ 23 bis 42 AO-SF und von den Vorschriften der Ausbildungs- und Prüfungsordnungen der allgemeinen Schulen über Leistungsbewertungen, Zeugnisse und Versetzungen abweichen, wenn gewährleistet bleibt, dass die erwarteten Lernergebnisse (Bildungsstandards) eingehalten werden und die Schüler/in auf diesem Weg das Ziel des Bildungsgangs erreichen kann.

Ob zwingende pädagogische Gründe eine Ausnahme rechtfertigen, ist eine Frage des Einzelfalls, die sich abstrakt nicht näher beantworten lässt. Bei dem Begriff handelt es sich um einen unbestimmten Rechtsbegriff, bei dessen Auslegung der Klassenkonferenz ein Beurteilungsspielraum zukommt, der nur einer eingeschränkten gerichtlichen Kontrolle unterliegt. Denn die einzelnen Wertungen der Klassenkonferenz, die für die Annahme eines zwingenden pädagogischen Interesses maßgeblich sind, lassen sich nicht regelhaft erfassen und/oder im verwaltungsgerichtlichen Verfahren etwa mit Hilfe von Sachverständigen im Einzelnen und verlässlich nachvollziehen. Das gilt auch in Bezug auf die weitere Voraussetzung gemäß § 21 Abs. 8 AO-SF, ob gewährleistet ist, dass die Bildungsstandards erreicht werden und die Schüler/innen auf diesem Weg das Ziel des Bildungsgangs erreichen können.

5. Versetzung als Regelfall

Die Versetzung ist auch in der Grundschule der Regelfall (§ 50 Abs. 3 S. 1 SchulG, § 7 Abs. 2 S. 1 AO-GS). Darauf müssen nach beiden Vorschriften die Grundschulen ihre Unterrichtsgestaltung ausrichten.

Der Grundsatz des Regelfalls der Versetzung in § 50 Abs. 3 S. 1 ist durch das 2. SchulRÄndG in das SchulG aufgenommen worden. Nach der Gesetzesbegründung handelt es sich um eine Klarstellung (LT-Drs. 14/1572, S. 94, zu § 50), also nicht um eine Neuregelung, die es bis dahin in den schulrechtlichen Vorschriften nicht gab. § 50 Abs. 3 S. 1 SchulG enthält deshalb auch keine Erweiterung der allgemeinen und schulformspezifischen Versetzungsbestimmungen und -grundsätze. Die Vorschrift zielt auch nicht darauf, Bewertungsgrundsätze dahin zu ändern, dass die Lehrkräfte ihre Benotungen danach ausrichten, dass die Versetzung der Regelfall ist. Nach dem eindeutigen Wortlaut des § 50 Abs. 3 S. 1 SchulG ist durch entsprechende Unterrichtsgestaltung und Förderung der Schüler/innen dafür Sorge zu tragen, dass die Versetzung der Regelfall ist. Die Vorschrift enthält damit keine Verpflichtung der Lehrkräfte, den in ihr normierten Grundsatz bei der Notengebung zu berücksichtigen (Bülter, Gesamtkommentar SchulG, § 50 Anm. 3.1; a.A. Minten, in: Jülich/van den Hövel, Schulrechtshandbuch NRW, Stand: April 2015, § 50 Rdn. 12).

Wie Unterrichtsgestaltung und Förderung der Schüler/innen auszurichten sind, regelt § 50 Abs. 3 S. 1 SchulG nicht. Nach § 50 Abs. 3 S. 2 bis 4 SchulG dienen Lern- und Förderempfehlungen sowie Förderangebote dem Ziel, dass die Versetzung der Regelfall ist. Die Förderangebote sind nach § 50 Abs. 3 S. 3 SchulG so auszurichten, dass auch die Eltern einbezogen werden und unter ihrer Einbeziehung erkannte Lern- und Leistungsdefizite bis zur Versetzungsentscheidung behoben werden. § 50 Abs. 2 bis 4 SchulG ist nicht abschließend in dem Sinne, dass dem Grundsatz der Versetzung als Regelfall ausschließlich durch Lern- und Förderempfehlung sowie durch Förderangebote Rechnung zu tragen ist. Vielmehr ist die Schule verpflichtet, sämtliche ihr zur Verfügung stehenden Möglichkeiten zur Förderung der Schüler/innen auszuschöpfen, damit sie versetzt werden. Dazu gehören unter anderem individuelle Förderung (§ 1 Abs. 1 S. 1 SchulG, § 4 AO-GS), Maßnahmen zur Einhaltung der Schulpflicht (§ 41 Abs. 3 bis 5 SchulG), Bildungs- und Erziehungsvereinbarungen (§ 42 Abs. 5 SchulG) und vor allem (frühzeitige) Information und Beratung (§ 44 SchulG). Der Auftrag der Schule, Schüler/innen im Regelfall zu versetzen, wird nur gelingen, wenn Unterrichtsgestaltung und Förderung nicht erst bei einer Versetzungsgefährdung (§ 50 Abs. 3 S. 2 SchulG) oder nach dem Erkennen von Lern- und Leistungsdefiziten (§ 50 Abs. 3 S. 3 SchulG), sondern bereits im Vorfeld so ausgerichtet werden, dass die Versetzung den Regelfall bildet.

Adressat der Pflichten gemäß § 50 Abs. 3 S. 1 SchulG, § 7 Abs. 2 S. 1 AO-GS ist die jeweilige Grundschule. Die Vorschrift zielt damit nicht nur auf die Lehrkräfte der Schule ab, sondern auf alle an der Erfüllung des schulischen Bildungs-, Erziehungs- und Förderauftrags beteiligten Personen, also etwa auch das sonstige pädagogische und sozialpädagogische Personal (§ 58 SchulG) sowie Lehramtsanwärter/innen. Für Lehrer/innen und die Schulleitung regeln § 50 Abs. 3 S. 1 SchulG, § 7 Abs. 2 S. 1 AO-GS damit (auch) Dienstpflichten, deren Einhaltung mit den rechtlich vorgesehen Maßnahmen durchgesetzt werden kann und gerade im Interesse der Schüler/innen auch durchzusetzen ist. Voraussetzung hierfür ist allerdings, dass den Lehrkräften und der Schulleitung ausreichende Ressourcen zur Erfüllung ihrer Pflichten zur Verfügung stehen. Insoweit richten sich § 50 Abs. 3 S. 1 SchulG, § 7 Abs. 2 S. 1 AO-GS auch an den Schulträger und das Land als Dienstherr, die Schulen personell und sächlich so auszustatten, dass die Versetzung den Regelfall darstellt.

Nach den statistischen Angaben in den Schuleckdaten 2015/16, Stand: September 2016 (abrufbar im Internet unter https://www.schulministerium.nrw.de/docs/bp/Ministerium/Service/Schulstatistik/Amtliche-Schuldaten/index.html), kann davon ausgegangen werden, dass das gesetzliche Ziel der Versetzung im Regelfall an den nordrhein-westfälischen Grundschulen erreicht wird. Die Wiederholerquote betrug im Schuljahr 2015/16 0,4%.

6. Versetzungsbedingungen

6.1 Leistungen in den Fächern

Nach § 50 Abs. 1 S. 1 SchulG wird eine Schüler/in nach Maßgabe der Ausbildungs- und Prüfungsordnung in der Regel am Ende des Schuljahres in die nächsthöhere Klasse oder Jahrgangsstufe versetzt, wenn die Leistungsanforderungen der bisherigen Klasse oder Jahrgangsstufe erfüllt sind. Für die Primarstufe ergeben sich die Versetzungsbedingungen aus § 7 Abs. 4 S. 1 AO-GS. Danach wird eine Schüler/in in die Klassen 3, 4 und 5 versetzt, wenn in allen Fächern mindestens ausreichende Leistungen erbracht wurden. Der Begriff „ausreichende Leistungen" knüpft an die Notendefinition in § 48 Abs. 3 Nr. 4 SchulG an. Danach soll die Note „ausreichend" erteilt werden, wenn die Leistung zwar Mängel aufweist, aber im Ganzen den Anforderungen noch entspricht.

Welche Fächer maßgeblich sind, ergibt sich aus der der AO-GS als Anlage beigefügten Stundentafel. Der herkunftssprachliche Unterricht gehört nicht zu den versetzungswirksamen Fächern. Er ist seinem Charakter nach ein ergänzender Unterricht (Nr. 1.2 des Runderlasses über den herkunftssprachlichen Unterricht, BASS 13-61 Nr. 2; vgl. zu Vermerken über herkunftssprachlichen Unterricht in Zeugnissen T 12-8.

Die in anderen Ausbildungs- und Prüfungsordnungen (z.B. (§ 9 Abs. 4 Satz 1 APO-GOSt, § 10 Abs. 2 APO-BK) vorgesehene Möglichkeit, Minderleistungen in Fächern auszugleichen, gibt es für die Primarstufe nicht. Die Versetzungskonferenz hat aber die Möglichkeit, Schüler/innen gemäß § 7 Abs. 4 S. 2 AO-GS aufgrund ihrer Gesamtentwicklung trotz Nichterfüllung der Versetzungsbedingungen zu versetzen (T 13-6.2).

Die in anderen Ausbildungs- und Prüfungsordnungen vorgesehene Möglichkeit einer Nachprüfung, ist für die Primarstufe ebenfalls nicht vorgesehen. Die AO-GS enthält keine dahingehende Regelung.

Die Versetzungsentscheidung muss nach § 7 Abs. 4 S. 1 AO-GS an den in den Fächern gezeigten Leistungen anknüpfen. Damit ist klargestellt, dass Schüler/innen nur aufgrund tatsächlich erbrachter Leistungen versetzt werden können. Etwaige Verfahrensfehler der Schule, beispielsweise durch eine nicht erfolgte oder unzureichende Notenbegründung, rechtfertigen ebenso wenig eine Versetzung wie ein hypothetisches Leistungsvermögen der Schüler/innen, dass sie tatsächlich im Unterricht nicht abgerufen haben. Eine Versetzung in derartigen Fällen stünde nicht mit der zwingenden Vorgabe in Einklang, Schüler/innen grundsätzlich nur im Falle der Erfüllung der Leistungsanforderungen zu versetzen. Zugleich widerspräche eine solche Versetzung der Regelung in § 48 Abs. 2 S. 1 SchulG, wonach Grundlage der Leistungsbewertung alle von der Schüler/in im Zusammenhang mit dem Unterricht erbrachten Leistungen, insbesondere schriftliche Arbeiten, mündliche Beiträge und praktische Leistungen sind (OVG NRW, Beschluss vom 13.2.2002 – 19 B 1601/01 –, nrwe, Rdn. 10 f., m.w.N.). Grundlage der Versetzungsentscheidung sind deshalb allein die tatsächlich erbrachten Leistungen der Schüler/innen in der Schule. Gute Leistungen in einem privaten (Nachhilfe-) Unterricht sind für die schulische Versetzung ohne Bedeutung.

Aus einer unzureichenden Förderung in der Schule oder der Nichterteilung einer Lern- und Förderempfehlung am Ende des Schulhalbjahres können Schüler/innen ebenfalls keinen Anspruch auf Versetzung herleiten. Es ist Sache der Schüler/innen und deren Eltern, gegenüber der Schule auf Beseitigung von Ausbildungsmängeln hinzuwirken (OVG NRW, Beschluss vom 7.4.2016 – 19 B 1369/15 –, nrwe, m.w.N.).

6.2 Prognoseentscheidung

Nach § 7 Abs. 4 S. 2 AO-GS wird eine Schüler/in auch dann versetzt, wenn auf Grund der Gesamtentwicklung zu erwarten ist, dass in der nächst höheren Klasse eine hinreichende Förderung und eine erfolgreiche Mitarbeit möglich sind. Diese häufig als „Prognoseklausel" bezeichnete Möglichkeit, die Versetzung trotz eines nicht ausreichenden Leistungsstandes auszusprechen, fordert von der Versetzungskonferenz, sich mit den Möglichkeiten der Förderung und der Mitarbeit in der nächsten Klasse auseinanderzusetzen. Es soll nicht negativ festgestellt werden, dass eine Förderung und Mitarbeit in der nächsthöheren Klasse nicht möglich sein werden, sondern es ist festzustellen, ob positive Anhaltspunkte für die Prognose vorliegen.

Die der Versetzungskonferenz obliegende Entscheidung erfordert Angaben der Lehrkräfte zur möglichen Förderung und zur erfolgreichen Mitarbeit. Erfolgreich ist die Mitarbeit dann, wenn die Versetzung am Ende der nächsten Klasse nicht von vornherein ausgeschlossen ist. Wird die Möglichkeit der hinreichenden Förderung bejaht, eine erfolgreiche Mitarbeit aber verneint, kommt die Prognoseklausel nicht zum Zug. Beide Voraussetzungen müssen kumulativ vorliegen.

Die Prognoseentscheidung setzt nicht voraus, dass die Schüler/in aus besonderen Gründen gehindert war, die Versetzungsbedingungen zu erfüllen. Der Verordnungsgeber hat davon abgesehen, diese in anderen Ausbildungs- und Prüfungsordnungen (z.B. § 22 Abs. 3 S. 1 APO-S I, § 9 Abs. 5 APO-GOSt) in § 4 Abs. 1 S. 2 AO-GS zu übernehmen.

Bei ihrer Entscheidung nach § 7 Abs. 4 S. 2 AO-GS hat die Versetzungskonferenz zu prüfen, ob eine hinreichende Förderung und erfolgreiche Mitarbeit in der nächsthöheren Klasse erwartet werden kann. Beurteilungsgrundlagen sind die Leistungsfähigkeit und die Gesamtentwicklung der Schüler/in. Positive Leistungen im herkunftssprachlichen Unterricht einschließlich Islamkunde sind zu berücksichtigen (Nr. 7.4.1 VVzAO-GS, vgl. auch T 13-10.2). Der Konferenz obliegt bei ihrer Entscheidung ein gerichtlich nur eingeschränkt überprüfbarer Beurteilungsspielraum, in den die Verwaltungsgerichte nur ausnahmsweise und nur in Evidenzfällen eingreifen dürfen. Denn die Prognose, ob auch trotz Nichterfüllung der Versetzungsbedingungen eine erfolgreiche Teilnahme am Unterricht des nächsthöheren Schuljahrgangs zu erwarten ist, wird von pädagogischen Erwägungen bestimmt, die Ausdruck einer umfassenden Bewertung der Leistungen der Schülerin/des Schülers, einer Beurteilung ihrer oder seiner Persönlichkeit sowie individuell auf sie oder ihn bezogener Einschätzungen über weitere Fortschritte und Entwicklungen sind (OVG NRW, Beschluss vom 29.12.2008 – 19 B 1581/08 –, nrwe, m.w.N.). Das Verwaltungsgericht überprüft deshalb nur, ob die Versetzungskonferenz bei ihrer Prognoseentscheidung der Versetzungskonferenz ein Verfahrensfehler unterlaufen ist, ob sie anzuwendendes Recht verkannt hat, von einem unrichtigen Sachverhalt ausgegangen ist, allgemeingültige Bewertungsmaßstäbe verletzt hat oder sich von sachfremden Erwägungen hat leiten lassen (vgl. OVG NRW, Beschlüsse vom 11.9.2015 – 19 A 2068/13 –, nrwe, m.w.N.). Die Rechtmäßigkeit der Prognose der Versetzungskonferenz, die Schüler/in werde in der nächsthöheren Klasse nicht erfolgreich mitarbeiten können, wird durch ein Privatgutachten, in dem ihr oder ihm ein hohes intellektuelles Leistungspotential bescheinigt wird, nicht in Frage gestellt. Schüler/innen können nicht allein deshalb in die nächsthöhere Klasse versetzt werden, weil sie nach ihren intellektuellen Fähigkeiten in der Lage sind, bessere Leistungen zu erbringen, solche Leistungen im Unterricht aber nicht erbracht haben (OVG NRW, Beschluss vom 29. 12.2008 – 19 B 1581/08 –, nrwe, m.w.N.).

Die Prognoseentscheidungen der Versetzungskonferenz sind zu begründen. Allerdings ist es rechtlich notwendig, bereits im Protokoll über die Versetzungskonferenz (vgl. dazu T 12-8.7) eine umfangreiche Begründung aufzunehmen. Aus dem Grundrecht auf effektiven Rechtsschutz (Art. 19 Abs. 4 GG) ergibt sich zwar dem Grunde nach die Pflicht, (auf Nachfrage) die wesentlichen Gründe für eine schulische Bewertung darzulegen und bekannt zu geben. Die Schüler/innen und deren Eltern sind nur dann in der Lage, gegen eine aus ihrer Sicht unzutreffende Bewertung um gerichtlichen Rechtsschutz nachzusuchen, wenn ihnen die dafür tragenden Erwägungen bekannt sind, zumal auch der Umfang der gerichtlichen Kontrolle davon abhängt, welche Einwände der Schüler gegen die Bewertung bzw. Entscheidung geltend macht und ob diese Einwände schlüssig und substantiiert sind. Der Umfang des Begründungsanspruchs hängt dementsprechend maßgeblich von den Erfordernissen eines wirksamen Rechtsschutzes der Schüler/innen und deren Eltern ab. Dabei ist allerdings den sich aus dem Schulverhältnis ergebenden Besonderheiten, die schulische Leistungsbewertungen insbesondere von berufsbezogenen Prüfungsentscheidungen unterscheiden, angemessen Rechnung zu tragen. Aus dem Schulverhältnis ergeben sich nicht nur Informationspflichten der Schule, sondern auch umfangreiche Informationsrechte der Schüler/innen und ihrer Eltern (vgl. insbesondere § 44 SchulG). Angesichts dieser umfangreichen Informationsrechte und -pflichten ist es zur Wahrung des individuellen Rechtsschutzes unnötig und folglich auch nicht geboten, bei schulischen Leistungsbewertungen in jedem Falle eine schriftliche oder auch nur mündliche Begründung der Bewertung zu geben ohne Rücksicht darauf, ob die Schüler/innen und deren Eltern überhaupt erwägen, Einwände zu erheben. Deshalb hängt der konkrete Begründungsanspruch davon ab, ob die Schüler/innen und deren Eltern eine Begründung verlangen, wann sie dies tun, welches Begehren sie damit verfolgen und mit welcher Begründung dies geschieht. Erst durch eine solche Spezifizierung wird aus dem allgemeinen Begründungsanspruch ein konkreter Anspruch. Nur auf diese Weise wird auch dem berechtigten Interesse der Lehrer/innen, die in einem Schuljahr jedenfalls in der Regel eine Vielzahl von Schüler/innen unterrichten, angemessen Rechnung getragen, den Aufwand, der mit jeder Begründung der Bewertung von schulischen Leistungen verbunden ist, auf dasjenige Maß zu beschränken, das im Einzelfall zur Gewährleistung eines effektiven Rechtsschutzes der Schüler/innen und ihrer Eltern geboten ist (vgl. nur OVG NRW, Beschluss vom 22.4.2002 – 19 B 575/02 –, juris, Rdn. 4 ff.). Diese Grundsätze gelten auch für die Prognoseentscheidungen der Versetzungskonferenzen (OVG NRW, Beschluss vom 25.11.2009 – 19 B 1542/09 –, n.v.).

6.3 Vorversetzung in die Klasse 3

Nach § 7 Abs. 3 Nr. 1 AO-GS können Schüler/innen vom ersten Schulbesuchsjahr in die Klasse 3 vorzeitig versetzt werden.

Zuständig für die Entscheidung über die vorzeitige Versetzung ist die Versetzungskonferenz. Der Beschluss kann auf Antrag der Eltern, aber auch auf Initiative der Lehrkräfte ergehen. Soll die Versetzung nicht auf Antrag der Eltern erfolgen, ist deren Anhörung zwingend erforderlich (§ 7 Abs. 3 Nr. 1 AO-GS. Die Entscheidungen über eine Vorversetzung werden in der Regel zusammen mit den übrigen Versetzungsentscheidungen getroffen, also zum Schuljahresende. § 7 Abs. 3 Nr. 1 AO-GS schließt aber eine zeitlich frühere Versetzung im Laufe des ersten Schulbesuchsjahres nicht aus. Im Rahmen ihrer Ermessensentscheidung über den Zeitpunkt der Vorversetzung hat die Versetzungskonferenz zu berücksichtigen, ob die Zeit des bisherigen Schulbesuchs genügt, um sich ein verlässliches Bild über das Leistungsvermögen der Schüler oder des Schülers zu machen.

Die vorzeitige Versetzung setzt nach § 7 Abs. 3 Nr. 1 AO-GS voraus, dass die Schülerin/der Schüler für die Versetzung in die Klasse 3 geeignet ist. Das ist der Fall, wenn prognostisch die Schülerin/der Schüler in der Klasse 3 erfolgreich mitarbeiten kann und die Versetzungsbedingungen am Ende der Klasse 3 erfüllen wird. Diese Prognose über die Fähigkeit zur erfolgreichen Mitarbeit in der nächsthöheren Klasse lässt sich nicht allein daran ablesen, ob die Schülerin/der Schüler den Unterrichtsstoff des zu überspringenden Unterrichtszeitraums bereits beherrscht. Entscheidend kommt es darauf an, ob die Bewertung der bisherigen Leistungen die Annahme zulässt, dass die mit einer Vorversetzung zwangsläufig verbundenen Defizite bei einzelnen Unterrichtsinhalten sukzessive aufgearbeitet werden können. Bei der Entscheidung, ob die Voraussetzungen für eine Vorversetzung vorliegen, ist auch das Arbeits- und Sozialverhalten einzubeziehen. Erfolgreiche Mitarbeit in der nächsthöheren Klasse orientiert sich nicht nur an Kenntnissen, Fähigkeiten und Fertigkeiten im kognitiven Bereich, sondern ebenso an der Fähigkeit, sich in eine andere Lerngruppe einzufügen und innerhalb deren sozialer Strukturen behaupten zu können.

Bei der Entscheidung der Versetzungskonferenz über die vorzeitige Versetzung handelt sich um eine vorrangig pädagogische Entscheidung, die die Mitglieder der Versetzungskonferenz auf der Grundlage ihrer subjektiven Erfahrungen und Einschätzungen treffen. Deshalb obliegt ihr ein Beurteilungsspielraum, weil ein Verwaltungsgericht auch mit Hilfe von Sachverständigen die pädagogische Entscheidung nicht in vollem Umfang nachprüfen kann. Die gerichtliche Kontrolle etwa der Ablehnung eines Elternantrags auf vorzeitige Versetzung beschränkt sich bei solchen Prognoseentscheidungen darauf, ob die Versetzungskonferenz ihren (prüfungsspezifischen) Bewertungsspielraum überschritten hat, weil sie einen Verfahrensfehler begangen, anzuwendendes Recht verkannt hat, von einem unrichtigen Sachverhalt ausgegangen ist, allgemeingültige Bewertungsmaßstäbe verletzt oder sich von sachfremden Erwägungen hat leiten lässt oder sonst willkürlich gehandelt hat (OVG NRW, Beschluss vom 11.9.2015 – 19 A 2068/13 –, juris, Rdn. 8 f., m.w.N.).

7. Versetzung im Falle der Einlegung von Rechtsbehelfen

Die Nichtversetzung stellt für die betroffenen Schüler/innen und deren Eltern einen belastenden Verwaltungsakt i.S.d. § 35 S. 1 VwVfG NRW dar. Widerspruch und Klage gegen die Nichtversetzung (auch) in der Grundschule haben gemäß § 80 Abs. 1 S. 1 VwGO aufschiebende Wirkung zur Folge. Nach der von der herrschenden Meinung vertretenen sog. Vollziehbarkeitstheorie wird aufgrund des Widerspruchs oder der Klage gegen einen belastenden Verwaltungsakt dessen Vollziehbarkeit für die Dauer der aufschiebenden Wirkung gehemmt. Das bedeutet, niemand darf für die Dauer der aufschiebenden Wirkung aus dem belastenden Verwaltungsakt unmittelbare oder mittelbare tatsächliche oder rechtliche Folgerungen herleiten (Kopp/Schenke, VwGO, 21. Aufl., 2015, § 80 Rdn. 22 f.). Dementsprechend haben Widerspruch und Klage gegen eine Nichtversetzung (auch) in der Grundschule zur Folge, dass für die Dauer der aufschiebenden Wirkung niemand von einer Nichtversetzung der Schülerin oder des Schülers ausgehen darf.

Diese aufschiebende Wirkung bedeutet jedoch nicht, dass die Schüler/in während der Dauer der aufschiebenden Wirkung als versetzt gilt und einen Anspruch auf Teilnahme am Unterricht der nächsthöheren Klasse hat (vgl. auch T 12-26). Denn die aufschiebende Wirkung gemäß § 80 Abs. 1 VwGO hat keine Erweiterung der Rechte und Rechtsstellungen des Adressaten des belastenden Verwaltungsaktes zur Folge (Kopp/Schenke, a.a.O., Rdn. 40, m.w.N.). Die Schülerin oder der Schüler muss deshalb trotz der aufschiebenden Wirkung des Widerspruchs oder der Klage die bislang besuchte Klasse oder Jahrgangsstufe wiederholen, sofern das Schulverhältnis aufgrund der Nichtversetzung nicht gemäß § 47 Abs. 1 Nr. 3 und 4 beendet ist. Die Teilnahme am Unterricht der nächsthöheren Klasse oder Jahrgangsstufe kann die Schüler/in deshalb nur durch einen Antrag beim Verwaltungsgericht gemäß § 123 Abs. 1 S. 2 VwGO auf Erlass einer einstweiligen (Regelungs-) Anordnung erreichen.

Die Schule hat zwar bei einer Nichtversetzung die Möglichkeit, den Eintritt der aufschiebenden Wirkung des Widerspruchs oder der Klage durch Anordnung der sofortigen Vollziehung der Nichtversetzung gemäß § 80 Abs. 2 S. 1 Nr. 4 VwGO zu verhindern. Die Anordnung setzt aber das Vorliegen eines besonderen öffentlichen Vollzugsinteresses und damit voraus, dass Eilbedürftigkeit vorliegt. Da die Schüler/innen trotz der aufschiebenden Wirkung des Widerspruchs oder der Klage die bisherige Klasse oder Jahrgangsstufe wiederholen muss, kommt das Vorliegen eines besonderen öffentlichen Vollzugsinteresses nur dann in Betracht, wenn aufgrund der Nichtversetzung das Schulverhältnis gemäß § 47 Abs. 1 Nr. 3 oder 4 SchulG endet. In diesen Fällen besteht die für eine Anordnung der sofortigen Vollziehung erforderliche Eilbedürftigkeit, um auch im Interesse der Schüler/in Rechtsklarheit herbeizuführen. Denn ohne die Anordnung der sofortigen Vollziehung bestünde aufgrund der aufschiebenden Wirkung des Widerspruchs oder der Klage das Schulverhältnis fort, so dass die/der Schüler/in die bislang besuchte Klasse oder Jahrgangsstufe wiederholen müssen und für sie oder ihn der mit der Wiederholung verbundene Aufwand nutzlos ist, wenn das Widerspruchs- oder Klageverfahren zu ihren oder seinen Ungunsten endet.

8. Versetzungsverfahren

Soweit die AO-GS keine Regelungen über das Versetzungsverfahren enthält, gelten die maßgeblichen schulgesetzlichen Vorschriften, insbesondere § 50 SchulG. Das entspricht Nr. 7.4.2 VVzAO-GS. Danach richtet sich das Versetzungsverfahren nach § 50 SchulG.

8.1 Versetzungskonferenz

Über die Versetzung der Schüler/innen entscheidet die Klassenkonferenz als Versetzungskonferenz (§§ 50 Abs. 2 S. 1, 71 Abs. 2 S. 2 SchulG). Die Versetzungskonferenz ist damit kein eigenständiges Mitwirkungsorgan. Der Begriff „Versetzungskonferenz" kennzeichnet lediglich die (besondere) Funktion, die die Klassenkonferenz bei der Entscheidung über Versetzungen wahrnimmt. Für die Versetzungskonferenz gelten dementsprechend grundsätzlich die allgemeinen Regelungen der §§ 62 und 63 SchulG wie für alle anderen Mitwirkungsgremien, soweit sich aus § 50 Abs. 2 SchulG als speziellere Regelung und den Ausbildungs- und Prüfungsordnungen keine abweichenden Bestimmungen ergeben.

8.2 Mitglieder der Versetzungskonferenz

8.2.1 Lehrkräfte

Nicht alle Lehrkräfte der Klasse sind Mitglied der Versetzungskonferenz. Mitglieder sind nach § 50 Abs. 2 S. 2 SchulG grundsätzlich nur diejenigen Lehrer/innen, die die Schülerin oder den Schüler im 2. Halbjahr unterrichtet haben. Auf die Dauer der Unterrichtung im 2.Schulhalbjahr kommt es prinzipiell nicht an. Ebenso wenig setzt § 50 Abs. 2 S. 2 SchulG voraus, dass eine Unterrichtung bis zum letzten Unterrichtstag des Halbjahres vorliegt. Eine Ausnahme kommt nur dann in Betracht, wenn die Dauer der Unterrichtung so kurz ist, dass es der Lehrkraft in dieser Zeit unmöglich war, sich einen hinreichenden Eindruck über das Leistungsvermögen der Schüler/innen zu verschaffen. Wie viel Unterrichtungszeit notwendig ist, um eine verlässliche Beurteilungsgrundlage zu gewinnen, lässt sich nicht abstrakt festlegen. Nach allgemeiner Lebenserfahrung genügt jedenfalls eine Unterrichtsstunde zumindest bei größeren Klassen und Jahrgangsstufen nicht aus, um der Lehrkraft einen hinreichenden Eindruck über das beurteilungsrelevante Leistungsvermögen der Schüler/innen zu verschaffen.

Lehrkräfte, die die Schüler/innen nur im 1. Halbjahr unterrichtet haben, sind damit nicht Mitglied der Versetzungskonferenz. Das schließt nicht aus, diese Lehrkräfte in der Versetzungskonferenz beratend hinzuziehen. Im Einzelfall kann sogar die Verpflichtung bestehen, diese Lehrkräfte beratend hinzuziehen, wenn andernfalls der Versetzungskonferenz keine hinreichende Entscheidungsgrundlage zur Verfügung steht (a.A. – ohne nähere Begründung – Holtappels/Wolfering, APO–S I, 4. Aufl., 2015, § 21 Rd. 1.3). Das ist der Fall, wenn die Versetzungskonferenz nach § 7 Abs. 4 S. 2 AO-GS eine Prognoseentscheidung zu treffen hat, damit die Gesamtentwicklung der Schüler/innen zu berücksichtigen ist und die bloße Berücksichtigung der von der Lehrkraft, die nur im 1. Halbjahr unterrichtet hat, erteilten Benotungen keine hinreichende Aussagekraft hat. Anstelle der persönlichen Teilnahme an der Versetzungskonferenz kann auch auf schriftliche Erläuterungen oder Begründungen der im 1. Halbjahr erteilten Note zurückgegriffen werden, wenn die Erläuterungen und Begründungen der Versetzungskonferenz einen hinreichenden Eindruck von der Entwicklung der Schüler/innen in dem im 1. Schulhalbjahr unterrichteten Fach vermitteln. Bei Zweifeln an einer hinreichenden Aussagekraft, muss die Lehrkraft, die nur im ersten Halbjahr unterrichtet hat, persönlich an der Versetzungskonferenz teilnehmen. Andernfalls trifft die Versetzungskonferenz ihre Versetzungsentscheidung auf einer unzureichenden Beurteilungsgrundlage.

Für die Mitgliedschaft in der Versetzungskonferenz kommt es nicht darauf, ob die Lehrkräfte sämtliche Schüler/innen der Klasse unterrichtet haben. Entscheidend ist vielmehr nach § 50 Abs. 2 S. 2 SchulG, dass die Lehrkräfte die Schülerin oder den Schüler, der bzw. dessen Versetzung in Rede steht, im zweiten Schulhalbjahr unterrichtet haben. Das hat eine von der Schüler/in abhängige individuelle Zusammensetzung zur Folge, die auch unter datenschutzrechtlichen Gesichtspunkten grundsätzlich erfordert, dass diejenigen Lehrer/innen, die bei dieser Schülerin/diesem Schüler nicht Mitglied der Versetzungskonferenz sind, nicht an der Versetzungskonferenz mitwirken dürfen. Ob, wofür Einiges spricht, dies ein Verlassen des Raumes, in dem die Versetzungskonferenz tagt, erfordert oder eine Anwesenheit aus verwaltungsökonomischen Gründen und mit Blick auf die Amtsverschwiegenheit der Lehrer/innen unschädlich ist (so Minten, in: Jülich/van den Hövel, Schulrechtshandbuch NRW, Stand: April 2015, § 50 Rdn. 11), kann letztlich dahinstehen. Selbst wenn die Anwesenheit einen Verfahrensfehler darstellen sollte, ist dieser jedenfalls nach dem Rechtsgedanken des § 46 VwVfG NRW folgenlos. Nach dieser Vorschrift kann die Aufhebung eines Verwaltungsaktes unter anderem wegen eines Verfahrensfehlers dann nicht beansprucht werden, wenn offensichtlich ist, dass die Verletzung der Verfahrensvorschrift die Entscheidung in der Sache nicht beeinflusst hat. Nach diesen Anforderungen muss aber zwingend gewährleistet und nachweisbar sein, dass sich die anwesende Lehrkraft, die nicht Mitglied der Versetzungskonferenz ist, weder beratend noch in sonstiger Weise an der Entscheidung über die Versetzung beteiligt hat und auch die bloße Anwesenheit nicht geeignet ist, Einfluss auf die Versetzungsentscheidung auszuüben

8.2.2 Personal i.S.d. § 58 SchulG

Das sonstige pädagogische und sozialpädagogische Personal (§ 58 SchulG) ist nicht Mitglied der Versetzungskonferenz. Es ist zwar nach § 71 Abs. 1 S. 1 SchulG prinzipiell Mitglied der Klassenkonferenz. Diese gesetzliche Regelung wird aber durch § 50 Abs. 2 S. 2 SchulG als speziellere Regelung verdrängt. Nach § 50 Abs. 2 S. 2 SchulG sind nur Lehrer/innen, nicht aber das sonstige pädagogische und sozialpädagogische Personal Mitglied der Klassenkonferenz als Versetzungskonferenz. Das Gleiche gilt für die Jahrgangsstufenkonferenz als Versetzungskonferenz. Ihr gehört das sonstige pädagogische und sozialpädagogische Personal auch nach § 71 Abs. 4 S. 2 SchulG nicht an. Nach dieser

Bestimmung sind Mitglied der Jahrgangsstufenkonferenz nur die in der jeweiligen Jahrgangsstufe unterrichtenden Lehrer/innen.

8.2.3 Lehramtsanwärter/innen

Lehramtsanwärter/innen sind grundsätzlich keine Lehrer/innen. Das ergibt sich insbesondere aus § 62 Abs. 9 SchulG, der bestimmt, dass Lehramtsanwärter/innen Lehrer/innen i.S.d. siebten Teils des SchulG (Schulverfassung) sind. Diese gesetzliche Gleichstellung wäre unnötig, wenn das SchulG ohnehin davon ausginge, dass auch Lehramtsanwärter Lehrer/innen sind. Auch § 2 Abs. 1 und 2 S. 2 ADO geht davon aus, dass Lehramtsanwärter/innen keine Lehrer/innen sind. Denn § 2 Abs. 2 ADO sieht eine entsprechende Anwendung der ADO auf Lehramtsanwärter/innen vor (vgl. dazu Jehkul/Bülter/Schnieders, ADO, 4. Aufl., 2013, § 2 Anm. 2.5).

Lehramtsanwärter/innen sind damit aufgrund ihrer Gleichstellung mit Lehrer/innen in § 62 Abs. 9 SchulG Mitglieder der Versetzungskonferenz. Denn diese Vorschrift gilt auch für die Versetzungskonferenz (vgl. XII.8.1) und es lässt sich aus § 50 Abs. 2 S. 2 SchulG keine hiervon abweichende Regelung herleiten. Die Mitgliedschaft der Lehramtsanwärter/innen in der Versetzungskonferenz steht auch mit dem Zweck des § 50 SchulG in Einklang, die Entscheidung über die Versetzung denjenigen zu überantworten, die sich aufgrund ihrer Unterrichtung im zweiten Schulhalbjahr ein aussagekräftiges Bild über die Leistung und Entwicklung der Schüler/innen machen können.

Aus diesem Zweck und dem Wortlaut des § 50 Abs. 2 S. 2 SchulG ergeben sich aber zwei Einschränkungen. Mitglied der Versetzungskonferenz sind nur diejenigen Lehramtsanwärter/innen, die im 2. Halbjahr unterrichtet haben. Ob es sich um Unterricht unter Anleitung oder selbstständigen Unterricht (§ 11 Abs. 3 S. 1 OVP handelt) ist dagegen unerheblich. § 62 Abs. 9 SchulG differenziert nicht nach dieser unterschiedlichen Unterrichtung. Lehramtsanwärter/innen, die lediglich hospitieren (§ 11 Abs. 3 S- 1 OVP), sind nicht Mitglied der Versetzungskonferenz, weil § 50 Abs. 2 S. 2 SchulG eine unterrichtende Tätigkeit im 2. Schulhalbjahr voraussetzt.

8.2.4 Unterrichtung in nicht versetzungswirksamen Fächern

Die gelegentlich festzustellende Praxis, Lehrer/innen nicht zur Versetzungskonferenz hinzuzuziehen, sofern sie in nicht versetzungswirksamen Fächern oder (in den Stundentafeln nicht vorgesehene) Arbeitsgemeinschaften unterrichtet haben, steht mit § 50 Abs. 2 S. 2 SchulG nicht in Einklang. Die Vorschrift stellt ausschließlich auf eine Unterrichtserteilung, nicht aber darauf ab, in welchen Fächern oder welcher Art die Unterrichtserteilung im 2. Schulhalbjahr war. Nur so ist gewährleistet, dass die für die Versetzung relevante Gesamtentwicklung (§ 22 Abs. 2 S. 2 APO-S I,§ 9 Abs. 2 S. 7 APO-GOSt) vollständig in den Blick genommen wird. Denn auch das Verhalten der Schüler/innen in nicht versetzungsrelevanten Fächern oder Arbeitsgemeinschaften ist Teil ihrer Gesamtentwicklung in dem jeweiligen Schuljahr. Dementsprechend sind auch Lehrer/innen, die herkunftssprachlichen Unterricht erteilen (§ 5 Abs. 3 APO-S I) Mitglied der Versetzungskonferenz.

8.2.5 Schüler/innen

Schüler/innen können nicht Mitglied der Versetzungskonferenz sein. Für Klassensprecher/innen und deren Stellvertretung bestimmt § 71 Abs. 3 S. 1 SchulG ausdrücklich, dass sie auch nicht mit beratender Stimme an der Klassenkonferenz teilnehmen, soweit es um die Leistungsbewertung einzelner Schüler/innen geht. Die Leitung von Arbeitsgemeinschaften in der Schule führt nicht dazu, dass Schüler/innen in dieser Funktion Lehrer/innen sind. Das Gleiche gilt in Bezug auf Eltern, die Arbeitsgemeinschaften oder sonstige Schulveranstaltungen leiten (vgl. Jehkul/Bülter/Schnieders, ADO, § 2 Rdn. 1.3 (2)).

8.3 Vorsitz

Für den Vorsitz in der Versetzungskonferenz kommt es nicht auf eine Unterrichterteilung im 2. – und auch nicht im 1. – Halbjahr an. Ohne Rücksicht hierauf bestimmt § 50 Abs. 2 S. 3 SchulG, dass die Schulleiter/in den Vorsitz übernimmt oder eine Vertretung bestimmt. Die Bestimmung der Vertretung steht im pflichtgemäßen Ermessen der Schulleiter/in. Sie oder er kann der Klassenleitung, aber auch einer anderen Lehrkraft den Vorsitz übertragen.

Soweit vertreten wird, die Schulleitung dürfe eine Vertretung nur dann bestimmen, wenn ein Fernbleiben vom Dienst rechtfertigende Verhinderungsgründe vorlägen (Holtappels/Wolfering, a.a.O., § 21 Rdn. 1.3), findet diese einschneidende Einschränkung des Ermessens der Schulleiter/in weder im Wortlaut noch im Zweck des § 50 Abs. 2 S. 3 SchulG eine tragfähige Grundlage. § 50 Abs. 2 S. 3 SchulG nennt keine Voraussetzungen für die Vertreterbestellung. Daraus folgt, dass jeder dienstliche Hinderungsgrund die Bestellung einer Vertretung rechtfertigt (vgl. auch zur Vertretung des Endbeurteilers bei dienstlichen Beurteilungen: OVG NRW, Beschluss vom 11.3.2015 – 6 A 1453/13 –, juris, Rdn. 40 ff.). Solche Hinderungsgründe sind beispielsweise Erkrankung oder auch Befangenheit (ein Kind der Schulleiter/in besucht die Klasse oder Jahrgangsstufe). Zwingende Hinderungsgründe müssen nicht vorliegen. Ebenso wenig kommt es auf eine Ortsabwesenheit der Schulleiter/in an. Ein Rechtfertigungsgrund kann auch darin liegen, dass die Schulleiter/in angesichts seiner umfangreichen dienstlichen Aufgaben im Übrigen nicht in der Lage ist, auch Versetzungskonferenzen zu leiten. Dies dürfte bei großen Schulen regelmäßig der Fall sein. Ermessensfehlerhaft ist die Bestellung einer Vertretung aber dann, wenn keinerlei sachlich rechtfertigende dienstliche Gründe vorliegen. Das ist beispielsweise der Fall, wenn stets eine Vertretung bestellt wird, weil die Schulleiter/in generell kein Interesse an der Übernahme des Vorsitzes in der Versetzungskonferenz hat. In diesen Fällen liegt ein Missbrauch der Befugnis zur Bestellung einer Vertretung vor (OVG NRW, Beschluss vom 11.3.2015 – 6 A 1453/13 –, juris, Rdn. 43).

8.4 Verfahrensregelungen

§ 50 SchulG und die Vorschriften der AO-GS enthalten keine Regelungen über das Verfahren in der Versetzungskonferenz. Da die Versetzungskonferenz Klassen- oder Jahrgangsstufenkonferenz ist, gelten deshalb nach der Systematik des SchulG die allgemeinen Verfahrensregelungen in § 63 SchulG (ebenso Holtappels/Wolfering, a.a.O., § 21 Rdn. 1.5).

Nach § 63 Abs. 1 SchulG beruft die Schulleiter/in, oder die von ihr bzw. ihm bestimmte Vertretung die Versetzungskonferenz ein. Die Einberufung erfolgt schriftlich unter Beifügung der Tagesordnung und der Beratungsunterlagen (§ 63 Abs. 1 S. 3 SchulG). Rechtzeitige Einberufung bedeutet, dass den Mitgliedern der Versetzungskonferenz eine hinreichende Vorbereitung möglich ist (Holtappels/Wolfering, a.a.O., § 21 Rdn. 1.5).

Beschlussfähig ist die Versetzungskonferenz, wenn mehr als die Hälfte ihrer stimmberechtigten Mitglieder anwesend ist (§ 63 Abs. 5 S. 1 SchulG). Grundsätzlich gilt auch die Regelung in § 63 Abs. 5 S. 2 SchulG, nach der ein Mitwirkungsgremium als beschlussfähig gilt, solange die Beschlussunfähigkeit nicht festgestellt worden ist. Allerdings wird die Regelung in der Praxis nicht zum Tragen kommen, weil für die anwesenden Mitglieder der Versetzungskonferenz regelmäßig offensichtlich und zweifelsfrei zu erkennen ist, ob die Hälfte der stimmberechtigten Mitglieder anwesend ist, und es in diesem Fall dem auch im öffentlichen Recht geltenden Grundsatz von Treu und Glauben (§ 242 BGB) widerspricht, bewusst auf eine Feststellung der Beschlussunfähigkeit zu verzichten, um eine erneute Einberufung der Versetzungskonferenz zu vermeiden.

Die Mehrheit der abgegebenen Stimmen, die zur Beschlussfassung der Versetzungskonferenz erforderlich ist (§ 63 Abs. 4 SchulG) ist gegeben, wenn mehr als die Hälfte der abgegebenen Stimmen vorliegt. Stimmenthaltungen sind nach § 63 SchulG zulässig, stehen aber nur ausnahmsweise mit den Dienstpflichten der Lehrer/innen in Einklang, Schüler/innen zu beurteilen (§ 57 Abs. 1 SchulG, § 10 Abs. 1 S. 2 ADO sowie Holtappels/Wolfering, a.a.O., § 21 Rdn. 1.6). Eventuelle Stimmenthaltungen werden bei der Berechnung der Mehrheit nicht mitgezählt (§ 63 Abs. 4 S. 2 SchulG). Bei Stimmengleichheit gibt die Stimme der Schulleiter/in oder der von ihr bzw. ihm bestimmten Vertretung den Ausschlag (§ 63 Abs. 4 S. 3 SchulG).

Lehrkräfte, die gemäß § 21 VwVfG NRW von einer Mitwirkung in der Versetzungskonferenz ausgeschlossen oder i.S.d. § 21 VwVfG NRW befangen sind, dürfen an der Beschlussfassung der Versetzungskonferenz nicht teilnehmen. Denn die Regelungen in §§ 20, 21 VwVfG NRW gelten auch für Schulen (§ 2 Abs. 3 Nr. 3 VwVfG NRW). Die Versetzungskonferenz tagt nicht öffentlich (§ 63 Abs. 2 S. 1 SchulG). Da die Entscheidung über die Versetzung eine persönliche Angelegenheit der Schüler/innen darstellt, kommt eine Herstellung der Schulöffentlichkeit gemäß § 63 Abs. 2 S. 2 SchulG nicht in Betracht.

8.5 Verfahrensfehler

Eine eventuelle verfahrensfehlerhafte Beschlussfassung der Versetzungskonferenz hat nicht zwangsläufig die Rechtswidrigkeit zur Folge. Denn die Entscheidung über die Versetzung ist ein Verwaltungsakt und nach § 46 VwVfG NRW kann die Aufhebung eines Verwaltungsaktes, der nicht nach § 44 VwVfG NRW nichtig ist, nicht allein deshalb beansprucht werden, weil er unter Verletzung von Vorschriften über das Verfahren, die Form oder die örtliche Zuständigkeit zustande gekommen ist, wenn offensichtlich ist, dass die Verletzung die Entscheidung in der Sache nicht beeinflusst hat. § 46 VwVfG NRW gilt auch für die Tätigkeit der Schulen (§ 2 Abs. 3 Nr. 3 VwVfG NRW). Ob Verfahrensfehler bei Leistungsbewertungen die Entscheidungen in der Sache offensichtlich nicht beeinflusst haben, ist eine Frage des Einzelfalls. Kann ein Einfluss auf die Sachentscheidung nicht ausgeschlossen werden, liegt ein erheblicher Verfahrensfehler vor (BVerwG, Beschluss vom 4.2.1991 – 7 B 7.91 –, juris).

Davon abgesehen begründen Verfahrensfehler keinen Anspruch auf Versetzung (vgl. auch T 13-8.5). Solche Fehler begründen keinen Anspruch auf Versetzung, weil der Zweck der Versetzung, Schüler/innen grundsätzlich nur bei Erfüllung der Versetzungsbedingungen zu versetzen, vereitelt würde und dies der Regelung in § 48 Abs. 2 S. 2 SchulG widerspräche. Nach der letztgenannten Regelung sind Grundlage der Leistungsbewertung alle von der Schüler/in im Beurteilungsbereich „Schriftliche Arbeiten“ und im Beurteilungsbereich „Sonstige Leistungen im Unterricht“ erbrachten Leistungen, nicht aber eventuelle Verfahrensfehler der Schule. Diese Gründe sind auch der Grund für die ständige Rechtsprechung der Verwaltungsgerichte, dass Verfahrensfehler keinen Versetzungsanspruch begründen können (vgl. nur OVG NRW, Beschluss vom 11.9.2015 – 19 A 2068/13 –, juris, m.w.N.).

8.6 Entscheidung der Versetzungskonferenz

8.6.1 Benotungen

Nach § 50 Abs. 2 S. 1 SchulG entscheidet die Versetzungskonferenz „über die Versetzung“. Mit dieser Formulierung bringt das Gesetz eine bedeutsame Einschränkung der Befugnisse der Versetzungskonferenz zum Ausdruck. Sie entscheidet ausschließlich über die Versetzung, nicht über die Noten in den einzelnen Fächern. Die Benotung der Leistungen in den Fächern ist ausschließlich Aufgabe der Fachlehrer/innen. Das bestätigt insbesondere § 57 Abs. 1 SchulG. Danach beurteilen Lehrer/innen die Leistungen in eigener Verantwortung. Das entspricht den Regelung in § 5 Abs. 1 S. 1 ADO (vgl. zu dieser Vorschrift und der pädagogischen Freiheit der Lehrkräfte: Jehkul/Bülter/Schnieders, ADO, 4. Aufl., 2013, § 5 Rdn. 1.2 ff., m.w.N.). Aufgrund der eigenverantwortlichen Beurteilung der Fachlehrer/innen ist die Versetzungskonferenz nicht befugt, etwa durch Mehrheitsbeschluss die Benotung der Fachlehrer/innen zu ändern, weil die Konferenz beispielsweise der Meinung ist, dass der Benotung fehlerhafte, von den allgemeinen Bewertungsgrundsätzen abweichende und mit den Lehrplänen nicht in Einklang stehende Vorstellungen zugrundeliegen.

8.6.2 Begründung der Benotung

Auf Verlangen auch nur eines Mitglieds der Versetzungskonferenz müssen die Fachlehrer/innen ihre Benotung in der Versetzungskonferenz begründen. Es handelt sich um eine dienstliche Verpflichtung. Denn die Mitwirkungspflicht der Lehrkräfte bei der Vorbereitung und Durchführung von Konferenzen (§ 10 Abs. 1 S. 2 ADO) umfasst die Verpflichtung, die Mitglieder der jeweiligen Konferenz über die notwendigen Entscheidungsgrundlagen zu informieren, soweit dies der Lehrkraft möglich und zumutbar ist. Zu diesen Entscheidungsgrundlagen gehört auch die Kenntnis der Entwicklung der Schüler/innen in den einzelnen Fächern, die eine Note nur im Ergebnis zum Ausdruck bringt. Diese Entwicklung der Schüler/innen ist für die Mitglieder der Versetzungskonferenz von erheblicher Bedeutung, weil sie bei der Versetzungsentscheidung die Gesamtentwicklung der Schüler/innen im Schuljahr berücksichtigen müssen (§ 7 Abs. 4 S. 2 AO-GS). Die Begründung der Benotung in der Versetzungskonferenz muss deshalb so detailliert sein, dass sich alle Mitglieder der Versetzungskonferenz ein hinreichendes Bild über die Leistungen und Entwicklung der Schüler/innen machen können.

8.6.3 Gesamtentwicklung der Schüler/innen

Grundlage der Benotung durch die Fachlehrer/innen und der Versetzungsentscheidung der Versetzungskonferenz sind die aktuellen im 2. Schulhalbjahr gezeigten Leistungen der Schüler/innen in der Schule. Das schließt eine Berücksichtigung der Gesamtentwicklung der Schüler/innen im gesamten Schuljahr nicht aus. Das ist zwar in der AO-GS nicht ausdrücklich vorgesehen. Für die Benotung durch die Fachlehrer/innen lässt sich dies aber aus § 48 Abs. 1 S. 1 Hs. 1 SchulG herleiten. Danach soll die Leistungsbewertung über den Stand des Lernprozesses Aufschluss geben. Da sich ein Lernprozess nicht zwingend an einem Schulhalbjahr festmachen lässt, ist es deshalb im Rahmen des Beurteilungsspielraums der Lehrer/innen gerechtfertigt, auch die Leistungen aus dem 1. Schulhalbjahr mit zu berücksichtigen, wenn sie Anlass zu der Annahme geben, dass ohne ihre Berücksichtigung der Lernprozess nicht hinreichend erfasst wird. So kann es etwa liegen, wenn die Schüler/innen anders als im 1. Schulhalbjahr aufgrund besonderer persönlicher Umstände, beispielsweise eine längere Erkrankung oder nachteilige familiäre Ereignisse, gehindert sind, ihr wahres Leistungsvermögen im 2. Schulhalbjahr zu zeigen. Die Versetzungskonferenz muss die Gesamtentwicklung der Schüler/innen bei der Versetzungsentscheidung zwingend dann berücksichtigen, wenn sie über eine Versetzung trotz Nichterfüllung der Versetzungsbedingungen entscheidet. Denn die bei dieser Entscheidung ist die Prognose zu stellen, ob die Schüler/innen in der nächsthöheren Klasse oder Jahrgangsstufe erfolgreich mitarbeiten können. Diese Prognoseentscheidung bliebe ohne Berücksichtigung der Gesamtentwicklung im gesamten Schuljahr unvollkommen, weil nur durch diese Berücksichtigung eventuelle nachvollziehbare Gründe für die Nichterfüllung der Versetzungsbedingungen im 2. Schulhalbjahr verlässlich erfasst werden können.

8.6.4 Notenänderungen in der Versetzungskonferenz

Die Fachlehrer/innen sind grundsätzlich nicht gehindert, in ihren Fächern zuvor bereits festgelegte Benotungen der Leistungen der Schüler/innen in der Versetzungskonferenz zu ändern. Das gilt prinzipiell auch dann, wenn die Benotung schon vor der Versetzungskonferenz Schüler/innen und deren Eltern mitgeteilt worden ist. Allerdings kann eine bereits bekanntgegebene Note nicht gleichsam nach freiem Ermessen der Fachlehrer/innen geändert werden. Sofern die Note die Rechtsnatur eines Verwaltungsaktes hat, ist sie mit der Bekanntgabe wirksam geworden (§ 41 Abs. 1 S. 1 VwVfG NRW). Sie kann damit nur unter den Voraussetzungen der Rücknahme (§ 48 VwVfG NRW) oder des Widerrufs (§ 49 VwVfG NRW) geändert werden. Die Änderung von Noten, die nicht die Rechtsnatur eines Verwaltungsaktes haben, liegt im Grundsatz im pflichtgemäßen Ermessen der Fachlehrer/innen, das aber Einschränkungen unterliegt. Die Fachlehrer/innen dürfen ihre Bewertungsmaßstäbe und -kriterien bei Notenkorrekturen nicht ändern (BVerwG, Beschluss vom 28.4.2000 – 6 B 6.00 –, juris, Rdn. 10). Darin läge ein Verstoß gegen die Chancengleichheit aller Schüler/innen (Art. 3 Abs. 1 GG). Dieser Grundsatz verlangt unter anderem, dass Bewertungsmaßstäbe und -kriterien bei allen Schüler/innen in gleicher Weise angewandt werden, es sei denn, es liegt ein sachlich rechtfertigender Grund für eine Abweichung vom (bisherigen) Bewertungssystem vor. Im Kern verbleibt damit nur die Möglichkeit, eine auf der Grundlage der angewandten Bewertungsmaßstäbe und -kriterien im Nachhinein als fehlerhaft erkannte Benotung unter Beibehaltung des bisherigen Bewertungssystems zu ändern. Kein sachlich rechtfertigender Grund liegt dagegen darin, eine Benotung in der Versetzungskonferenz nur deshalb anzuheben, weil die Schülerin oder der Schüler andernfalls angesichts der Benotungen der übrigen Fachlehrer/innen nicht versetzt würde. Die Versetzung kann nur unter den Voraussetzungen für eine Versetzung trotz Nichterfüllung der Versetzungsbedingungen erfolgen, setzt also einen entsprechenden Konferenzbeschluss voraus. Aus § 50 Abs. 3 S. 1 SchulG, wonach die Versetzung der Regelfall ist, ergibt sich nichts Anderes. Die Norm gibt den Fachlehrer/innen nicht die Befugnis, von ihren bei anderen Schüler/innen angewandten Bewertungsmaßstäben und -kriterien abzuweichen, um einer/einem Schüler/in die Versetzung zu ermöglichen. § 50 Abs. 3 S. 1 SchulG verpflichtet nicht und gibt den Lehrkräften auch nicht die Befugnis, durch entsprechende Benotungen den Regelfall der Versetzung herbeizuführen. Die Norm verpflichtet vielmehr, den Unterricht so zu gestalten und Schüler/innen so zu fördern, dass die Versetzung der Regelfall ist.

Unter den zuvor genannten Voraussetzungen können Fachlehrer/innen ihre Benotung grundsätzlich auch nach der Versetzungskonferenz ändern. Weder das SchulG noch die Ausbildungs- und Prüfungsordnungen enthalten eine Regelung, aus der hervorginge, dass die Fachlehrer/innen sich mit ihrer Benotung in der Versetzungskonferenz in dem Sinne verbindlich festlegen, dass nachträgliche Korrekturen vollständig ausgeschlossen. Eine dahingehende Einschränkung lässt sich auch aus allgemeinen Prüfungsgrundsätzen nicht herleiten. Allerdings hat jede Notenänderung der Fachlehrer/innen in ihren Fächern zur Folge, dass der Konferenzbeschluss durch die Änderung fehlerhaft wird und nach erneuter Einberufung der Versetzungskonferenz neu gefasst werden muss. Denn dem ursprünglichen Beschluss liegt die zunächst erfolgte, nicht aber die nachträglich geänderte Benotung zugrunde. Ist die Versetzungsentscheidung der Versetzungskonferenz durch Aushändigung des Zeugnisses bekanntgegeben und damit (§ 41 Abs. 1 S. 1 VwVfG NRW) wirksam geworden, ist eine Korrektur nur unter den Voraussetzungen der §§ 48, 49 VwVfG NRW möglich, weil die Entscheidung über die Versetzung ein Verwaltungsakt ist.

8.7 Niederschrift

Über die Sitzung der Versetzungskonferenz ist eine Niederschrift zu fertigen, die mindestens den Wortlaut der Beschlüsse und die Stimmenmehrheit enthält, mit der sie gefasst wurden (§ 63 Abs. 4 S. 5 SchulG). Einsprüche gegen die Niederschrift sind zu vermerken (§ 63 Abs. 4 S. 6 SchulG). Die Niederschriften sind für die Mitglieder sowie für die zur Teilnahme an der Sitzung Berechtigten des jeweiligen Mitwirkungsgremiums zur Einsicht bereit zu halten (§ 63 Abs. 4 S. 7 SchulG). § 63 Abs. 4 S. 5 SchulG enthält Anforderungen an den Mindestinhalt des Protokolls. Die Regelung schließt deshalb nicht aus, detaillierte Niederschriften anzufertigen, also etwa im Einzelnen die Gründe dafür Schüler/innen, die die Versetzungsanforderungen nicht erfüllt haben, gleichwohl zu versetzen oder von einer solchen Versetzung abzusehen. Eine rechtliche Notwendigkeit für dahingehende detaillierte Niederschriften bestehen nicht. Allerdings liegt es im eigenen Interesse der Mitglieder der Versetzungskonferenz entweder in der Niederschrift oder in anderer Weise die Gründe für ihre Beschlussfassung zu dokumentieren. Dadurch ist gewährleistet, dass eine Begründung erfolgen kann, wenn die Schüler/innen und deren Eltern dies verlangen (ebenso Holtappels/Wolfering, a.a.O., § 21 Rdn. 1.9; vgl. im Einzelnen XI.13.3.2). Eine unzureichende Protokollierung der Versetzungskonferenz begründet im Übrigen keinen Anspruch auf Versetzung (OVG NRW, Beschluss vom 23.12.2003 – 19 B 2561/03 –, n.v.).

Die frühere Rahmengeschäftsordnung zum Schulmitwirkungsgesetz kann weiterhin als Orientierungshilfe für die Abfassung der Niederschrift herangezogen werden. Nach Nr. 6.3 der der Rahmengeschäftsordnung muss die Niederschrift enthalten:

1. Die Bezeichnung des Mitwirkungsorgans.
2. Ort und Beginn und Ende der Sitzung.
3. Die Tagesordnung.
4. Die Feststellung, ob Ort, Zeit und Tagesordnung der Sitzung den Mitgliedern und Teilnahmeberechtigten ordnungsgemäß bekannt gegeben worden sind.
5. Die Namen der anwesenden Mitglieder und Teilnahmeberechtigten.
6. Die Zahl der nach der gesetzlichen Regelung Stimmberechtigten.
7. Ggfs. die Feststellung über die Beschlussfähigkeit des Mitwirkungsorgans.

8. Die Anträge und gefassten Beschlüsse im Wortlaut.
9. Das Stimmenverhältnis bei Abstimmungen.
10. Die ausdrücklich zur Aufnahme in die Niederschrift abgegebenen schriftlichen Erklärungen.

9. Versetzungsgefährdung

Die AO-GS enthält keine besonderen Regelungen darüber, wie im Falle der Versetzungsgefährdung zu verfahren ist. Maßgeblich ist deshalb § 50 Abs. 4 SchulG (so auch Nr. 7.4.2 VVzAO-GS). Nach § 50 Abs. 4 S. 1 SchulG sind die Eltern schriftlich zu benachrichtigen, wenn die Versetzung einer Schülerin oder eines Schülers gefährdet ist, weil die Leistungen in einem Fach abweichend von den im letzten Zeugnis erteilten Noten nicht mehr ausreichen, so sind die Eltern schriftlich zu benachrichtigen. Auf etwaige besondere Folgen einer Nichtversetzung der Schüler/in ist hinzuweisen (§ 50 Abs. 4 S. 2 SchulG).

9.1 Gefahr einer Nichtversetzung

Eine Versetzungsgefährdung i.S.d. § 50 Abs. 4 S. 1 SchulG liegt vor, wenn die Leistungen in einem Fach abweichend von den im letzten Zeugnis erteilten Noten nicht mehr ausreichen. Sind die Leistungen in dem betreffenden Fach bereits im letzten Zeugnis mit mangelhaft oder ungenügend bewertet worden, ist eine Benachrichtigung nicht erforderlich. Denn bei gleichbleibenden mangelhaften oder ungenügenden Noten liegt nicht i.S.d. § 50 Abs. 4 S. 1 SchulG eine Abweichung von den im letzten Zeugnis erteilten Noten vor (OVG NRW, Beschluss vom 26.10.2010 – 19 B 1115/10 –, n.v.). Nach der gesetzlichen Wertung sind Schüler/innen und deren Eltern aufgrund der Bewertung im letzten Zeugnis bereits hinreichend über die Gefahr einer Nichtversetzung (auch) im laufenden Schuljahr gewarnt. Nicht ausreichende Leistungen liegen vor, wenn sie nach der Einschätzung der Fachlehrer/innen voraussichtlich nicht mit ausreichend bewertet werden können.

Entscheidend ist nicht allein der aktuelle Leistungsstand der Schüler/innen. Vielmehr muss die Lehrkraft bei ihrer Prognoseentscheidung auch die voraussichtliche weitere Leistungsentwicklung in den Blick nehmen. Bei dieser Prognose obliegt der Lehrkraft ein Beurteilungsspielraum. Sie muss nicht davon überzeugt sein, dass die Leistungen nicht mehr mit ausreichend bewertet werden. Vielmehr genügt für die Annahme einer Versetzungsgefährdung, dass eine solche, die Versetzung gefährdende Beurteilung nach der Einschätzung der Lehrkraft nicht auszuschließen ist.

Eine „Sicherheitswarnung" in dem Sinne, Schüler/innen und ihre Eltern vorsorglich über eine Versetzungsgefährdung zu benachrichtigen, ohne dass eine Versetzungsgefährdung ernsthaft vorliegt, ist mit § 50 Abs. 4 S. 1 SchulG nicht vereinbar. Die Benachrichtigung nach dieser Vorschrift ist auch kein Mittel zur erzieherischen Einwirkung auf Schüler/innen.

9.2 Adressaten

Die Benachrichtigung ist nach § 50 Abs. 3 S. 1 SchulG an die Eltern, nicht an die Schüler/innen zu richten. Bei volljährigen Schüler/innen entfällt nach § 50 Abs. 4 S. 5 SchulG die Benachrichtigung. Adressaten der Benachrichtigung sind damit ausschließlich die Eltern minderjähriger Schüler/innen.

9.3 Form und Inhalt

Die Benachrichtigung muss nach § 50 Abs. 4 S. 1 SchulG in schriftlicher Form erfolgen. Eine mündliche Unterrichtung der Eltern genügt damit nicht.

Ihrem Inhalt nach muss die Benachrichtigung zweifelsfrei erkennen lassen, dass eine Versetzungsgefährdung vorliegt. Eine nähere Begründung in der Benachrichtigung ist nicht erforderlich. Sie kann in einem Beratungsgespräch erfolgen, dass den Eltern sinnvoller Weise bereits mit der Benachrichtigung angeboten werden sollte. Nach § 50 Abs. 4 S. 2 SchulG ist in der Benachrichtigung auf etwaige besondere Folgen der Nichtversetzung hinzuweisen (vgl. dazu OVG NRW, Beschluss vom 26.10.2010 – 19 B 1115/10 –, n.v.).

9.4 Form der Benachrichtigung

§ 50 Abs. 4 SchulG sieht eine besondere Art der Übersendung der Benachrichtigung nicht vor. Im Grundsatz genügt deshalb auch die mündliche Information.

Die förmliche Versendung sog. blauer Briefe wird überwiegend in der Grundschule nicht praktiziert, weil dies mit dem Verständnis des pädagogischen Auftrags dieser Schulform nicht in Einklang gebracht werden kann. Da § 50 Abs. 4 SchulG aber auch für die Grundschule gilt, sind in der einzelnen Grundschule Formen zu finden, die dem Grundgedanken dieser Bestimmung Rechnung tragen. Die Eltern sollen so rechtzeitig über sich verschlechternde Leistungen ihres Kindes informiert werden, dass sie – zusammen mit der Schule – nach Wegen suchen können, dieser Entwicklung zu begegnen. Die Einladung zu einem Beratungsgespräch (schriftlich oder mündlich) ist der hierfür vorgesehene Weg.

Kommt es nicht zu einem Beratungsgespräch, ist auch die Grundschule verpflichtet, die Eltern förmlich zu informieren. Hierfür genügt die Übersendung der Benachrichtigung per einfachen Brief. Diese Übersendungsform gewährleistet jedoch nicht, dass die Schule bei einem Streit über den Erhalt der Benachrichtigung den Nachweis führen kann, dass die Eltern die Benachrichtigung tatsächlich erhalten haben. Deshalb empfiehlt sich die Einholung einer schriftlichen Bestätigung der Eltern, dass sie die Benachrichtigung erhalten habe. Ein solches Empfangsbekenntnis der Eltern ist beispielsweise in der Anlage 11 zur APO-S I vorgesehen. Hierauf kann auch in der Primarstufe zurückgegriffen werden. Geben die Eltern kein Empfangsbekenntnis ab, empfiehlt sich eine erneute Übersendung der Benachrichtigung, um das Risiko auszuschließen, dass bei einem gerichtlichen Streit kein Nachweis über den Erhalt der Bestätigung geführt werden kann. Spätestens bei der zweiten Benachrichtigung sollte die Übersendung durch Postzustellungsurkunde erfolgen.

Verlangt die Schule von den Eltern ein Empfangsbekenntnis, genügt es, wenn ein Elternteil den Empfang der Benachrichtigung bestätigt. Insoweit gelten die Grundsätze der Anscheinsvollmacht. Danach wirkt eine Willenserklärung, die ein Elternteil in einer Schulangelegenheit gegenüber der Schule abgibt, auch ohne ausdrückliche Vollmacht zugleich für den anderen Elternteil. Eine Ausnahme kommt nur dann in Betracht, wenn die Schule konkrete Anhaltspunkte dafür hat, dass die Eltern getrennt leben, geschieden sind oder das Sorgerecht im Einzelfall ohne gegenseitiges Einvernehmen i.S.d. § 1627 Abs. 1 BGB ausüben (OVG NRW, Beschluss vom 20.11.2015 – 19 A 1585/13 –, juris, m.w.N.).

9.5 Zeitpunkt der Benachrichtigung

Wann die Benachrichtigung erfolgt, regelt § 50 Abs. 4 S. 1 und 2 nicht. Nach Nr. 7.2 Abs. 4 VVzAVO – S I sind die Eltern in der Regel zehn Wochen vor dem Versetzungstermin schriftlich über eine Versetzungsgefährdung zu benachrichtigen. Die Formulierung „in der Regel" gibt den Lehrkräften einen begrenzten Spielraum bei der Entscheidung der Frage, zu welchem Zeitpunkt die Benachrichtigung erfolgt. Wenn sie im Regelfall innerhalb der Zehnwochenfrist erfolgt, kann hiervon in Ausnahmefällen abgewichen werden. Solche Ausnahmefälle kommen in Betracht, wenn das 2. Schulhalbjahr aufgrund früher Sommerferien kürzer als sonst ist, der Beginn der Zehnwochenfrist in die Osterferien fällt oder erst nach Ablauf der Zehnwochenfrist ein (plötzlicher) Leistungsabfall der Schülerin oder des Schülers festzustellen ist. In allen Fällen muss den Schüler/innen allerdings ausreichend Zeit verbleiben, um ihre Leistung so zu verbessern, dass sie die Versetzungsbedingungen noch erfüllen können. Ansonsten würde der Zweck der Benachrichtigung, Schüler/innen und deren Eltern durch einen nachdrucksvollen Hinweis zur Verbesserung schulischer Leistungen anzuhalten, ins Leere laufen. Welche Frist den Schüler/innen zur Leistungsverbesserung verbleiben muss, lässt sich nicht abstrakt festlegen. Entscheidend ist, dass ihnen ausreichend Gelegenheit eröffnet ist, schriftliche und mündliche Leistungen zu erbringen. Eine Benachrichtigung nach der letzten Klausur im Schuljahr ist deshalb prinzipiell nicht geeignet, ihren Zweck zu erreichen, es sei denn, der Schüler/in wird hinreichend Gelegenheit gegeben, sich durch mündliche Unterrichtsleistungen oder durch andere sonstige Leistungen im Unterricht (§ 48 Abs. 2 S. 2 SchulG), also beispielsweise einen schriftlichen Test oder eine (kurze) mündliche Prüfung, zu verbessern.

9.6 Folgen unterbliebener Benachrichtigungen

Aus einer nicht erfolgten, aber notwendigen Benachrichtigung kann kein Anspruch auf Versetzung hergeleitet werden (§ 50 Abs. 4 S. 3 SchulG). Rechtsfolge einer fehlerhaft unterbliebenen Regelung ist vielmehr, dass gemäß § 50 Abs. 4 S. 4 SchulG Minderleistungen in einem Fach bei der Versetzungsentscheidung nicht berücksichtigt werden dürfen. Abzustellen ist hierbei auf die Fächer, die hätten abgemahnt werden müssen. Handelt es sich um ein Fach, so ist dieses bei der Versetzungsentscheidung nicht zu berücksichtigen.

Bei zwei und mehr nicht abgemahnten Fächern ist nur ein Fach bei der Versetzung nicht zu berücksichtigen. Alle weiteren nicht abgemahnten Fächer sind der Versetzungsentscheidung zugrundezulegen.

10. Sonderregelungen über die Versetzung

10.1 Lese- und Rechtschreibschwäche

Für Schüler/innen mit besonderen Schwierigkeiten im Erlernen des Lesens und Rechtschreibens (LRS) verpflichtet der **RdErl. vom 19.7.1991** – BASS 14-01 Nr. 1 die Schulen:

> ***4.3 Versetzung***
>
> *Bei Entscheidungen über die Versetzung oder die Vergabe von Abschlüssen dürfen die Leistungen im Lesen und Rechtschreiben nicht den Ausschlag geben.*
>
> ***4.4 Übergang zu Realschulen und Gymnasien***
>
> *Besondere Schwierigkeiten im Rechtschreiben allein sind kein Grund, eine Schülerin oder einen Schüler für den Übergang in die Realschule oder das Gymnasium bei sonst angemessener Gesamtleistung als nicht geeignet zu beurteilen.Eine festgestellte Lese- und Rechtschreibschwäche begründet keinen Rechtsanspruch auf eine Versetzung, zumal dann nicht, wenn die Fördermaßnahmen der Schule keine Verbesserung anzeigen.*

10.2 Unterricht in der Herkunftssprache

Nach § 7 Abs. 4 AO-GS wird Schüler/innen, deren Muttersprache nicht Deutsch ist, muttersprachlicher Unterricht angeboten, sofern entsprechender Unterricht zugelassen ist und die personellen Voraussetzungen vorliegen. Sprachlich bedarf diese Regelung einer Anpassung, weil der muttersprachliche Unterricht mit Inkrafttreten des Teilhabe- und Integrationsgesetzes als herkunftssprachlicher Unterricht bezeichnet wird. Einzelheiten dieses die Fächer nach der für die Grundschule geltenden Stundentafel in der Anlage zur AO-GS ergänzenden Unterrichts regelt der Runderlass vom 28.6.2016 über den herkunftssprachlichen Unterricht (BASS 13-61 Nr. 2). Im Rahmen des herkunftssprachlichen Unterrichts können Schüler/innen am Unterricht in Islamkunde teilnehmen. Einzelheiten des Unterrichts in Islamkunde regelt der Runderlass über Islamkunde (BASS 12-05 Nr. 5).

Weder das Schulgesetz noch die AO-GS verpflichten die Lehrkräfte der Grundschule ausdrücklich, Leistungen im herkunftssprachlichen Unterricht bei der Versetzungsentscheidung zu berücksichtigen. Das schließt die Berücksichtigung dieser Leistungen im Rahmen der Prognoseentscheidung gemäß § 7 Abs. 4 S. 2 AO-GS nicht aus. Denn sie stellt auf die Gesamtentwicklung der Schüler/in in der Grundschule ab. Dementsprechend bestimmt Nr. 7.4.1 VVzAO-GS, dass die Schule positive Leistungen im herkunftssprachlichen Unterricht (einschließlich Islamkunde in der Herkunftssprache) im Rahmen der Gesamtentwicklung einer Schüler/in berücksichtigt. Der Lehrkraft, die den herkunftssprachlichen Unterricht erteilt, erhält Gelegenheit zur Äußerung. Dies kann in schriftlicher Form geschehen. Reichen die schriftlichen Informationen der Lehrkraft nicht zur Beurteilung der Entwicklung im herkunftssprachlichen Unterricht aus, ist sie in der Versetzungskonferenz (ergänzend) anzuhören (vgl. T 13-7.2.1).

10.3 Hausunterricht

Für erkrankte Schüler/innen, die gemäß § 21 Abs. 1 SchulG und §§ 43 bis 46 AO-SF Hausunterricht erhalten, gelten die nachfolgenden Sonderregelungen. Die Grundschule als Stammschule hat weiterhin die Verantwortung für das kranke Kind. Sie ist auch diejenige, die formell zur Information über den Leistungsstand verpflichtet ist und die Entscheidungen nach der Versetzungsordnung trifft.

> ***§ 46 AO-SF***
>
> ***Information über den Leistungsstand, Fortsetzung der Schullaufbahn***
>
> *(1) Die Lehrkräfte, die den Hausunterricht erteilen, berichten der Stammschule am Ende des Schuljahres über den Leistungsstand der Schülerin oder des Schülers. Sie schlagen der Stammschule vor, nach welchen Anforderungen die Schülerin oder der Schüler im nächsten Schuljahr unterrichtet werden soll. Darüber entscheidet die Klassenkonferenz der Stammschule.*
>
> *(2) Wird der Hausunterricht beendet und kehrt die Schülerin oder der Schüler in die Schule zurück, äußern sich die Lehrkräfte gegenüber dieser Schule zum Leistungsstand der Schülerin oder des Schülers. Die Schule nimmt sie oder ihn in der Regel probeweise bis zum nächsten Zeugnistermin in die Klasse oder Jahrgangsstufe auf, nach deren Anforderungen sie oder er im Hausunterricht zuletzt unterrichtet worden ist. Nach der Probezeit entscheidet die Versetzungskonferenz, ob die Schülerin oder der Schüler erfolgreich in der Klasse mitarbeiten kann.*
>
> *(3) Wer aus dem Hausunterricht nicht in die Schule zurückkehrt, erhält ein Abschluss- oder Abgangszeugnis der Stammschule.*

Selbstverständlich können und sollten die Lehrkräfte, die den Hausunterricht erteilen, auch die Schüler/innen und die Eltern fortlaufend über den Leistungsstand unterrichten, weil sie die Leistungsbewertung vornehmen. Sofern es sich nicht um die Lehrkräfte handelt, die auch in der Stammschule der Schüler/innen unterrichten würden, sollten sie sich regelmäßig über den Unterrichtsstoff und die Lernziele der Gruppe der Stammschule informieren, die nach Rückkehr in die Schule besucht werden soll.

Erstreckt sich der Hausunterricht über das Schuljahresende hinaus, ist der Vorschlag der Lehrkräfte des Hausunterrichts für die Anforderungshöhe des nächsten Schuljahres nicht die Vorbereitung einer förmlichen Versetzungsentscheidung. Die Klassenkonferenz entscheidet nur dann über eine Versetzung, wenn neben den entsprechenden positiven Leistungen des Hausunterrichts noch weitere Leistungsbewertungen aus dem vorangegangenen Unterricht des abgelaufenen Schulhalbjahres in der Schule vorliegen.

Die Leistungsbewertung fällt in den Aufgaben- und Verantwortungsbereich der unterrichtenden Lehrkraft. Grundlage sind die Anforderungen der Richtlinien und Lehrpläne und der erteilte Unterricht. Bei schriftlichen Arbeiten kann die Aufgabenstellung der schriftlichen Arbeiten der Stammschule, also der Grundschule, die das Kind bisher besucht hat oder besuchen wird, verwandt werden, wenn diese sich ebenfalls aus dem Hausunterricht ergeben. Über die Art, den zeitlichen Umfang und die Anzahl der schriftlichen Arbeiten ist möglichst Einvernehmen mit der ärztlichen Seite zu erzielen. Da die individuelle Situation der kranken Schüler/innen im Vordergrund steht, sind Abweichungen von den Regelungen der Stammschule zulässig.

Die probeweise Aufnahme in eine bestimmte Klasse (§ 46 Abs. 2 S. 2 AO-SF) erfolgt nur dann, wenn der Hausunterricht über einen Versetzungstermin hinaus andauert und eine Versetzungsentscheidung wegen nicht ausreichender Beurteilungsgrundlagen nicht erfolgen konnte. Eine Schüler/in, die oder der im Verlauf des 2. Schulhalbjahres Leistungen in der Schule und im Hausunterricht erbracht hat, die eine ausreichende Bewertung zulassen, wird auch versetzt. Liegen die Fehlzeiten in der Schule und der Hausunterricht im 1.Schulhalbjahr, kann dies im Rahmen der Prognoseentscheidung nach § 7 Abs. 4 AO-GS eine Versetzung berücksichtigt werden.

Die im Hinblick auf die Dauer der Probezeit sehr rigiden Regelungen der AO-SF werden dem besonderen Auftrag der Grundschule nur bedingt gerecht. Es ist eher geboten, bei häufig kranken oder langfristig erkrankten Schüler/innen zusammen mit den behandelnden Ärztinnen und Ärzten sowie den Eltern einen individuellen Förderplan zu erstellen, der auf die konkreten Bedürfnisse des Einzelfalles eingeht. Der Verbleib in der bisherigen Klassengemeinschaft sollte der Regelfall sein und nicht lediglich in Zweifelsfällen so entschieden werden. Dies entspricht auch eher der allgemeinen Aufforderung und dem bisher schon geltenden Prinzip der Grundschule, dass eine Nichtversetzung der Ausnahmefall sein soll.

11. Lern- und Förderempfehlung

Die in § 50 Abs. 3 S. 2 und 4 SchulG sowie § 7 Abs. 2 S. 2 AO-GS vorgesehene Lern- und Förderempfehlung soll die Minderleistungen beschreiben und Wege aufzeigen, um diese zu beheben (Nr. 7.2 Abs. 2 VVzAO-GS). Sie unterscheiden sich damit wesentlich von der Beschreibung der Lernentwicklung und des Leistungsstandes gemäß § 5 Abs. 2 und § 6 Abs. 2 AO-GS, die ihr Schwergewicht in der Hervorhebung der Kenntnisse, Fähigkeiten und Fertigkeiten haben, ohne noch vorhandene Defizite zu leugnen. Sie liegen auch nicht auf derselben Ebene wie die individuellen Lern- und Förderpläne als Ausdruck des Rechtsanspruchs jedes Kindes auf individuelle Förderung gemäß § 1 Abs. 1 SchulG. Hinweise zu den individuellen Lern- und Förderempfehlungen enthält eine Handreichung des Ministeriums (Heft 9040).

11.1 Form und Zeitpunkt

§ 50 Abs. 3 S. 2 SchulG und 4 und § 7 Abs. 2 S. 2 AO-GS sehen eine bestimmte Form der Lern- und Förderempfehlungen nicht vor. Sie kann deshalb im Grundsatz sowohl schriftlich als auch mündlich erfolgen. Schon im Interesse der Klarheit und zur Vermeidung von Streit über den konkreten Inhalt einer Lern- und Förderempfehlung ist aber der Schriftform der Vorzug zu geben. Denn Adressat der Lern- und Förderempfehlung sind nicht nur Schüler/innen und deren Eltern, sondern auch die Schule selbst. Für sie ist die Lern- und Förderempfehlung ein Orientierungspunkt zur bestmöglichen Förderung der Schüler/innen.

Die Erteilung einer Lern- und Förderempfehlung erfolgt zum Ende des Schulhalbjahres (§ 7 Abs. 2 S. 2 AO-GS). Voraussetzung für die Erteilung ist, dass die Versetzung gefährdet ist. Der Begriff der Versetzungsgefährdung orientiert sich an den Versetzungsanforderungen. Danach ist die Versetzung gefährdet, wenn aufgrund der gezeigten Leistungen die Gefahr besteht, dass die jeweiligen Anforderungen nicht erfüllt werden. Das ist der Fall, wenn die Leistungen in zumindest einem versetzungswirksamen Fach voraussichtlich nicht mehr mit „ausreichend" benotet werden (OVG NRW, Beschluss vom 7.4.2016 – 19 B 1369/15 –, nrwe). Da Schüler/innen der Grundschule ohne Versetzung vom 1. in das 2. Schulbesuchsjahr übergehen (§ 7 Abs. 1 S. 1 AO-GS), wird eine Lern- und Förderempfehlung erstmals zum Halbjahr des 2. Schulbesuchsjahres erteilt (vgl. auch Nr. 7.2 Abs. 1 VVzAO-GS).

Die Lern- und Förderempfehlungen sind anders als die Schulformempfehlung (§ 11 Abs. 5 SchulG und Anlage zu Nr. 6.1 VVzAO-GS) nicht Teil des Zeugnisses. Dahingehende Vorgaben enthalten weder die Anlage zu Nr. 6.1 VVzAO-GS noch die Anlagen zur APO – S I. § 50 Abs. 2 S. 2 und 4 SchulG sowie § 7 Abs. 2 AO-GS, § 7 Abs. 5 APO – S I bestimmen auch nicht, dass die Lern- und Förderempfehlungen zwingend mit der Aushändigung der Zeugnisse erfolgen muss. Sie können deshalb schon vor Aushändigung der Zeugnisse erteilt werden.

11.2 Inhalt

Aus dem Zweck der Lern- und Förderempfehlungen, eine Nichtversetzung zu verhindern sowie erkannte Lern- und Leistungsdefizite abzubauen, ergibt sich, dass sie inhaltlich so aussagekräftig sein müssen, dass sie diesen Zweck erfüllen können. Pauschale Angaben zur Lern- und Leistungsentwicklung der Schüler/innen genügen diesen Anforderungen ebensowenig wie die Mitteilung von im Schulhalbjahr oder Schuljahr erteilten mündlichen und schriftlichen Einzelnoten. Erforderlich ist vielmehr, die Lern- und Leistungsdefizite konkret und bezogen auf die jeweiligen Fächer aufzuzeigen. Die Verwendung von Formularen und Textbausteinen wird regelmäßig diesen Anforderungen nicht genügen. Eine Ausnahme kommt nur dann in Betracht, wenn typische und regelmäßig auch bei anderen Schüler/innen auftretende Defizite beschrieben werden, die sich bei den betreffenden Schüler/innen in gleicher Weise gezeigt haben.

Bei Menschen mit Behinderungen sind bei der Formulierung der Lern- und Förderempfehlung die Vorgaben in § 9 des Behindertengleichstellungsgesetzes NRW (BGG NRW) zu beachten. Nach § 9 Abs. 1 BGG haben die Träger öffentlicher Belange u.a. bei der Gestaltung von schriftlichen Bescheiden, Vordrucken und amtlichen Informationen die besonderen Belange betroffener Menschen mit Behinderungen zu berücksichtigen. An diese Vorgaben des BGG sind auch die öffentlichen Schulen und die Ersatzschulen als Beliehene als Träger öffentlicher Belange gebunden (Bülter, in: Gesamtkommentar zum Schulgesetz, § 100 Anm.3.7 (2) und 4.2). Ein wesentliches Anliegen, das der Landesgesetzgeber mit dem BGG verfolgt, ist die Verbreitung der Leichten Sprache als geeignetes Instrument zur Überwindung von Sprachbarrieren. Ersatzschulen und öffentliche Schulen haben deshalb den jeweiligen Empfängerhorizont von Menschen mit Behinderungen zu berücksichtigen und, soweit möglich, Formulierungen in leicht verständlicher Sprache zu wählen (LT-Drs. 17/9761, S. 79, zu § 9 BGG NRW). Diese auch die Lern- und Förderempfehlungen umfassende Verpflichtung besteht nicht nur gegenüber Schüler/innen mit Behinderungen, sondern auch gegenüber Eltern mit Behinderungen. Liegt bei der Schüler/in keine Behinderung vor, aber bei einem Elternteil, sind dementsprechend die Vorgaben des § 9 BGG NRW bei der Formulierung der Lern- und Förderempfehlung in Bezug auf diesen Elternteil zu beachten.

11.3 Zuständigkeit

Vorgaben darüber, wer die Lern- und Förderempfehlung erstellt, enthalten § 50 Abs. 3 SchulG sowie § 7 Abs. 2 AO-GS, §7 Abs. 5 APO – S I nicht ausdrücklich. Nach dem Gesamtzusammenhang der Regelungen in § 50 Abs. 3 S. 2 und S. 4 SchulG ist es jedoch Aufgabe der Klassenkonferenz als Versetzungskonferenz, über die Lern- und Förderempfehlungen zu entscheiden. Denn § 50 Abs. 3 S. 2 SchulG knüpft an eine Versetzungsgefährdung und § 50 Abs. 3 S. 4 SchulG an eine Nichtversetzung an. Ob eine Versetzungsgefährdung vorliegt oder eine Nichtversetzung erfolgt kann allein die Versetzungskonferenz unter Berücksichtigung der Leistungen in allen versetzungswirksamen Fächern entscheiden. Die Vorbereitung der Lern- und Förderempfehlung erfolgt sinnvoller Weise durch die Klassenleitung unter Einbeziehung der Fachlehrer/innen, in deren Fächern sich die Lern- und Leistungsdefizite gezeigt haben. Denn die Klassenleitung soll im besonderen Maße auf die erzieherische und fachliche Förderung der Schüler/innen hinwirken (§ 18 Abs. 1 S. 2 ADO). Rechtlich zwingend ist die Vorbereitung der Lern- und Förderempfehlung durch die Klassenleitung nicht. Insbesondere liegt eine Vorbereitung durch die Fachlehrer/in nahe, wenn sich die Lern- und Leistungsdefizite gerade in ihrem oder seinem Fach zeigen.

11.4 Förderangebote

Konkrete Vorgaben zu den schulischen Förderangeboten enthalten § 50 Abs. 3 S. 3 SchulG, § 7 Abs. 2 AO-GS nicht. Der Schule obliegt insoweit ein weiter Gestaltungsspielraum. Sie kann individuelle, auf einzelne Schüler/innen zugeschnittene oder auch für mehrere Schüler/innen geeignete Förderangebote entwickeln und anbieten. Wesentlich für die Ausübung des Gestaltungsspielraums der Schule ist das Ziel der Förderprogramme, eine Versetzung sicherzustellen, erkannte Lern- und Leistungsdefizite effektiv und nachhaltig abzubauen sowie die Eltern in den Lernprozess einzubeziehen. Angesichts der Unbestimmtheit der gesetzlichen Regelung hinsichtlich der Inhalte der Förderangebote, lässt sich aus dieser Vorschrift ein subjektives Recht auf ein bestimmtes Förderangebot nicht herleiten.

11.5 Unzureichende Förderung

Schüler/innen und ihre Eltern können aus fehlenden oder unzureichenden Lern- und Förderempfehlungen oder Förderangeboten keinen Versetzungsanspruch herleiten (OVG NRW, Beschluss vom 7.4.2016 – 19 B 1369/15 –, nrwe). Fehlende oder unzureichende Information sowie Mängel der schulischen Bildung, Erziehung und Förderung der Schüler/innen sind rechtlich Verfahrensfehler. Solche Fehler begründen keinen Anspruch auf Versetzung, weil der Zweck der Versetzung, Schüler/innen grundsätzlich nur bei Erfüllung der Versetzungsbedingungen zu versetzen, vereitelt würde und dies der Regelung in § 48 Abs. 2 S. 2 SchulG widerspräche. Nach der letztgenannten Regelung sind Grundlage der Leistungsbewertung alle von der Schülerin oder dem Schüler im Beurteilungsbereich „Schriftliche Arbeiten“ und im Beurteilungsbereich „Sonstige Leistungen im Unterricht“ erbrachten Leistungen, nicht aber eventuelle Verfahrensfehler der Schule.

12. Wechsel der Schule kurz vor dem Versetzungstermin

Die frühere Regelung in § 27 Abs. 6 ASchO, nach der über die Versetzung zu entscheiden ist, wenn Schüler/innen die Schule innerhalb der letzten vier Wochen vor der Versetzung verlassen, ist in die AO-GS nicht übernommen worden. Deshalb bleibt es bei der allgemeinen Regel, dass der Schüler/in ein Überweisungszeugnis zu erteilen ist (§ 49 Abs. 1 Nr. 3 SchulG). Die Entscheidung über die Versetzung trifft die Versetzungskonferenz der nach dem Wechsel besuchten Klasse. Dabei hat sie die Leistungen der Schüler/innen in der zuvor besuchten Klasse zu berücksichtigen, weil andernfalls die Gesamtentwicklung in dem Schulbesuchsjahr nicht in den Blick genommen wird. Ist die Zeit des Besuchs der neuen Klasse zu kurz, um sich ein verlässliches Bild vom Leistungsvermögen der Schüler/innen zu machen, bleibt nur die Möglichkeit, die Versetzungsentscheidung auf der Grundlage des Überweisungszeugnisses zu treffen. Informationen der bislang besuchten Schule müssen eingeholt werden, wenn das Überweisungszeugnis aus sich heraus nicht hinreichend aussagekräftig ist, weil etwa auch eine Prognoseentscheidung gemäß § 7 Abs. 4 S. 2 AO-GS unter Berücksichtigung der Gesamtentwicklung der Schülerin oder des Schülers zu treffen ist.

13. Wiederholung, Rücktritt

13.1 Wiederholung

Schüler/innen, die nicht versetzt worden sind, wiederholen die bislang besuchte Klasse (§ 50 Abs. 5 S. 1 SchulG). Diese Regelung gilt auch in der Primarstufe, weil die AO-GS keine hiervon abweichende Regelung enthält.

Soweit die Schüler/in mit der Wiederholung die vorgesehene Regelbesuchsdauer von maximal fünf Jahren (§ 2 Abs. 1 AO-GS) überschreitet, rechtfertigt dieser Aspekt allein nicht, ihr oder ihm die Wiederholung der bislang besuchten Klasse zu versagen. Denn es handelt sich um eine sog. Sollregelung, die in atypischen Fällen Ausnahmen zulässt. Allerdings dürfte es sich um theoretische Ausnahmefälle handeln, weil bei Überschreitung der Regelbesuchsdauer der Grundschule regelmäßig Defizite in der Lernentwicklung vorliegen, die zeitnah, d.h. vor Erreichen der Höchstverweildauer in der Grundschule, die Durchführung eines Verfahrens auf Feststellung des sonderpädagogischen Unterstützungsbedarfs erfordern. Unabhängig davon ist wie bei allen hoheitlichen Maßnahmen auch bei der Frage, ob die Höchstverweildauer in der Primarstufe überschritten werden darf, der im Rechtsstaatsprinzip (Art. 20 Abs. 3 GG) enthaltene Grundsatz der Verhältnismäßigkeit zu beachten. Unter diesem Aspekt erscheint es regelmäßig als unverhältnismäßig, Schüler/innen der Primarstufe nicht den weiteren Schulbesuch zu ermöglichen. Denn die Versagung einer Ausnahme von der Höchstverweildauer in der Grundschule hat zur Folge, dass das Schulverhältnis endet (§ 47 Abs. 1 Nr. 4 SchulG).

Eine zweite Wiederholung ist in der Regel nicht zulässig (§ 50 Abs. 2 S. 2 SchulG). Da die nur einmalige Wiederholung damit der Regelfall ist, ist die zweite Wiederholung der Ausnahmefall. Die zweite Wiederholung setzt deshalb das Vorliegen vom Regelfall abweichende Umstände oder Gründe voraus. Ob das der Fall ist, ist eine Frage des Einzelfalls. In die Entscheidung sind alle Gesichtspunkte einzubeziehen, die auch für die sog. Prognoseentscheidung, also die Entscheidung über eine Versetzung trotz Nichterfüllung der Versetzungsbedingungen (vgl. 6.2), heranzuziehen sind und nicht (schon) eine Versetzung trotz Nichterfüllung der Versetzungsbedingungen (§ 7 Abs. 4 S. 2 AO-GS) rechtfertigen. Außerdem sind in die Entscheidung über das Abweichen vom Regelfall der nur einmaligen Wiederholung die Folgen für die Schüler/innen einzubeziehen, die die Schule verlassen müssen, wenn ihnen keine weitere Wiederholungsmöglichkeit eröffnet wird (§ 47 Abs. 1 Nr. 3 SchulG). Deshalb bedarf die Versagung der zweiten Wiederholung der Klasse oder Jahrgangsstufe gerade mit Blick auf den Grundsatz der Verhältnismäßigkeit einer besonderen Rechtfertigung.

Eine zweite Wiederholung liegt auch dann vor, wenn die erste Wiederholung für die Schüler/innen eine freiwillige Wiederholung war. Denn § 50 Abs. 5 S. 2 SchulG unterscheidet nicht danach, ob die erste Wiederholung auf Antrag oder aufgrund der Nichterfüllung der Versetzungsbedingungen erfolgte. Für die Einbeziehung der freiwilligen Wiederholung in den Anwendungsbereich des § 50 Abs. 5 S. 2 SchulG spricht zudem der Zweck der Vorschrift, die Zahl der Wiederholungen zu begrenzen. Diesem Zweck widerspricht es, dass Schüler/innen auf Antrag beliebig oft eine Klasse oder Jahrgangsstufe wiederholen können (Bülter, Gesamtkommentar zum Schulgesetz, § 50 Anm. 5.2).

13.2 Rücktritt

Nach § 7 Abs. 5 S. 1 AO-GS kann eine Schülerin/ein Schüler auf Antrag der Eltern im Verlauf des Schuljahres von der Klasse 3 in die Schuleingangsphase und von der Klasse 4 in die Klasse 3 zurücktreten, wenn sie oder er in der bisherigen Klasse nicht mehr erfolgreich mitarbeiten kann.

Der Rücktritt nach § 7 Abs. 5 S. 1 AO-GS ist wie der in anderen Vorschriften der Ausbildungs- und Prüfungsordnungen jeweils vorgesehene Rücktritt oder die im Oberstufen-Kolleg vorgesehene Rückstufung (§ 24 APO-OS) der Sache nach eine Wiederholung i.S.d. § 50 Abs. 5 SchulG. Denn das SchulG kennt den Begriff des Rücktritts nicht und ein Rücktritt hat zur Folge, dass die zuvor besuchte Klasse oder Jahrgangsstufe praktisch und im Sinne des allgemeinen Sprachgebrauchs wiederholt wird. Ein anderes begriffliches Verständnis des Rücktritts hätte auch zur Folge, dass die Vorschriften in den Ausbildungs- und Prüfungsordnungen über Rücktritt und Rückstufung unwirksam wären, weil das SchulG als höherrangiges Recht nur die Wiederholung vorsieht.

Nach dem Sprachgebrauch der Ausbildungs- und Prüfungsordnungen unterscheiden sich Wiederholung und Rücktritt vom Zeitpunkt, in dem sie erfolgen. Die Entscheidung über den erneuten Besuch der bislang besuchten Klasse oder Jahrgangsstufe ist eine Wiederholung, wenn sie nach Beendigung des Unterrichts des laufenden Schuljahres und vor Unterrichtsbeginn des neuen Schuljahres erfolgt. Ein Rücktritt i.S.d. Vorschriften der Ausbildungs- und Prüfungsordnungen liegt vor, wenn er während des Unterrichts im laufenden Schuljahr erfolgt. Dementsprechend kann der Rücktritt nach § 7 Abs. 5 S. 1 AO-GS nur „im Verlaufe des Schuljahres" erfolgen.

Eine nähere Definition des Begriffs „im Verlaufe des Schuljahres" enthält die AO-GS nicht. Nach ihrem Wortlaut knüpft die Vorschrift nicht an den Unterricht im Schuljahr an. Das spricht dafür, die Vorschrift dahin zu verstehen, dass der Rücktritt bis zum (formellen) Abschluss des Schuljahres am 31. Juli (§ 7 Abs. 1 S. 1 SchulG) möglich ist. Dafür spricht auch, dass die Nichtversetzung besonders in der Grundschule die Ausnahme bleiben soll (vgl. T 13-5). Zutreffend enthält dementsprechend Nr. 7.5 Abs. 1 S. 1 VVzAO-GS die Regelung, dass der Rücktritt der Nichtversetzung vorzuziehen ist. Auf der Grundlage dieser in zeitlicher Hinsicht weiten Auslegung des § 7 Abs. 5 S. 1 AO-GS kommt der Rücktritt auch dann noch in Betracht, wenn die Versetzungskonferenz bereits die Nichtversetzung beschlossen hat und dass Versetzungszeugnis bekanntgegeben und damit wirksam (§ 43 Abs. 1 VwVfG NRW) geworden ist. Nach der Bekanntgabe des Zeugnisses ist allerdings eine förmliche Entscheidung der Versetzungskonferenz darüber erforderlich, dass die Nichtversetzung, die einen Verwaltungsakt (§ 35 S. 1 VwVfG NRW) darstellt, aufgehoben wird. Sofern die Nichtversetzung rechtmäßig ist und damit § 48 VwVfG NRW als Ermächtigungsgrundlage für die Aufhebung nicht in Betracht kommt, kann sie gemäß § 49 VwVfG NRW aufgehoben werden. Der Beschluss der Versetzungskonferenz über die Aufhebung kann gleichzeitig mit der Entscheidung über den Rücktritt gemäß § 7 Abs. 5 AO-GS erfolgen.

Die Entscheidung über den Rücktritt trifft die Versetzungskonferenz (§ 7 Abs. 5 S. 1 AO-GS). Verfahrensrechtlich ist ein Antrag der Eltern erforderlich (§ 7 Abs. 5 S. 1 AO-GS). Die bloße Anhörung genügt anders als in den Fällen des § 7 Abs. 3 Nr. 1 und 2 AO-GS nicht.

Der Rücktritt setzt voraus, dass die Schüler/innen in der besuchten Klasse nicht mehr erfolgreich mitarbeiten können (§ 7 Abs. 5 S. 1 AO-GS). Ein Rücktritt von der Klasse 3 in die Schuleingangsphase setzt außerdem voraus, dass die Schüler/in die Schuleingangsphase noch nicht drei Jahre besucht hat (Nr. 7.5 Abs. 2 VVzAO-GS). Denn der Besuch der Schuleingangsphase ist auf drei Jahre begrenzt (§ 2 Abs. 1 S. 1 AO.GS).

Bei der Entscheidung der Versetzungskonferenz darüber, ob eine erfolgreiche Mitarbeit in der besuchten Klasse nicht (mehr) erwartet werden kann, handelt es sich um eine Prognoseentscheidung, die einer eingeschränkten verwaltungsgerichtlichen Kontrolle unterliegt. Die zur Prognoseentscheidung gemäß § 7 Abs. 4 S. 2 AO-GS dargelegten Grundsätze (T 13-6.2) gelten entsprechend. Einen Zeitpunkt für die Stellung des Rücktrittsantrags enthalten die Vorschriften der AO-GS nicht. Wird der Antrag auf Rücktritt bereits kurz nach Unterrichtsbeginn gestellt, kann die Versetzungskonferenz im Rahmen ihres Ermessens (§ 7 Abs. 5 S. 1 AO-GS: „... kann auf Antrag ...") einen Elternantrag mit der Begründung ablehnen, dass der Zeitraum von Unterrichtsbeginn bis zur Antragstellung zu kurz ist, um eine Prognose über den voraussichtlichen Erfolg der Mitarbeit in der besuchten Klasse treffen zu können. Eine dahingehende Ermessenserwägung ist ermessensfehlerfrei, weil der Rücktritt an die Voraussetzung geknüpft ist, dass eine erfolgreiche Mitarbeit in der besuchten Klasse nicht (mehr) erwartet werden kann (§ 7 Abs. 5 S. 1 AO-GS). Wann diese Frage verlässlich entschieden werden kann, lässt sich nicht abstrakt festlegen. Es ist Sache der Lehrkräfte, dies im Rahmen ihres Beurteilungsspielraums zu entscheiden. Wird der Rücktrittsantrag erst kurz vor Ende des Unterrichts im laufenden Schuljahr und mit Blick auf eine zu erwarten Nichtversetzung gestellt, so ist es ermessensfehlerhaft den Antrag mit der Begründung abzulehnen, er diene lediglich dazu, die Nichtversetzung zu unterlaufen. Denn der Rücktritt gemäß § 7 Abs. 5 hat im Interesse der Schüler/innen den Zweck, eine drohende Nichtversetzung zu verhindern. Der Rücktritt ist mit Blick auf die weitere schulische Entwicklung der Schüler/innen nicht nur pädagogisch, sondern auch unter Verhältnismäßigkeitsgesichtspunkten der Nichtversetzung vorzuziehen (Nr. 7.5 Abs. 1 S. 1 VVzAO-GS).

Erfolgt der Rücktritt im Laufe des Schuljahres, muss an dessen Ende nicht erneut über die Versetzung entschieden werden. Das ergibt sich aus § 7 Abs. 5 S. 3 AO.-GS. Danach wird zum nächsten Versetzungstermin eine Versetzung nicht erneut ausgesprochen.

14. Verbleib in der Schuleingangsphase

Der Verbleib in der Schuleingangsphase für ein drittes Jahr (vgl. § 7 Abs. 3 Nr. 2 AO-GS) setzt die Feststellung der Klassenkonferenz als Versetzungskonferenz voraus, dass das Kind noch nicht für die Klasse 3 geeignet ist. Der Antrag kann von den Eltern gestellt werden oder auf einer Initiative der Schule beruhen. Bei einem kontinuierlich überprüften und fortgeschriebenen Förderplan sollte die Schule die Eltern überzeugen können, von sich aus einen Antrag zu stellen. Die Entscheidung der Schule ist ein Verwaltungsakt (vgl. im Einzelnen T 7-8).

Teil 14: Übergang in weiterführende Schule

Inhaltsübersicht

1. Rechtsgrundlagen

§ 11 Abs. 5 SchulG

Grundschule

(5) Die Grundschule erstellt mit dem Halbjahreszeugnis der Klasse 4 auf der Grundlage des Leistungsstands, der Lernentwicklung und der Fähigkeiten der Schülerin oder des Schülers eine zu begründende Empfehlung für die Schulform, die für die weitere schulische Förderung geeignet erscheint. Ist ein Kind nach Auffassung der Grundschule für eine weitere Schulform mit Einschränkungen geeignet, wird auch diese mit dem genannten Zusatz benannt. Die Eltern entscheiden nach Beratung durch die Grundschule über den weiteren Bildungsgang ihres Kindes in der Sekundarstufe I.

§ 8 AO-GS

Übergang

(1) Im ersten Schulhalbjahr der Klasse 4 informiert die Grundschule über die Bildungsgänge in den weiterführenden Schulen der Sekundarstufe I und das örtliche Schulangebot.

(2) Anschließend berät die Klassenlehrerin oder der Klassenlehrer mit den Eltern in einem persönlichen Gespräch über die weitere schulische Förderung des Kindes.

(3) Die Empfehlung für die Schulform gemäß § 11 Abs. 4 Satz 1 SchulG ist Teil des Halbjahreszeugnisses der Klasse 4. Darin wird die Schulform Hauptschule, Realschule und Gymnasium benannt, für die das Kind nach Auffassung der Grundschule geeignet ist, daneben auch Gesamtschule und Sekundarschule. Ist ein Kind nach Auffassung der Grundschule für eine weitere Schulform mit Einschränkungen geeignet, wird auch diese mit dem genannten Zusatz benannt. Die Empfehlung ist zu begründen. Über die Empfehlung und deren Begründung entscheidet die Klassenkonferenz als Versetzungskonferenz.

(4) Die Eltern melden die Schülerin oder den Schüler unter Vorlage des Halbjahreszeugnisses der Klasse 4 an einer Schule der von ihnen gewählten Schulform an. Diese Schule unterrichtet die Grundschule über die Anmeldung.

2. Rechtliche Entwicklung

Mit § 11 Abs. 5 SchulG, § 8 AO-GS wird der rechtliche Rahmen für den Übergang der Schüler/innen von der 4. Klasse der Grundschule in eine weiterführende allgemeine Schule vorgegeben. Das auch als Übergangsverfahren bezeichnete Verfahren ist mehrfach geändert worden. Im Wesentlichen betrafen die Änderungen die Verbindlichkeit der Aussagen der Grundschule zur Eignung der Schüler/innen für die weiterführenden Schulen. Während ursprünglich bei der Anmeldung zu einer weiterführenden Schule der Wunsch der Eltern ausschlaggebendes Gewicht hatte, war vor der jetzt geltenden Regelung ein Verfahren vorgesehen, in dem der Elternwunsch insbesondere dann zurücktreten musste, wenn das Kind auch nach einem sog. Prognoseunterricht nicht für die gewünschte weiterführende Schulform geeignet war. Die Begründung der damaligen Landesregierung (SPD, Grüne) zur Einführung des jetzt geltenden § 11 Abs. 5 SchulG veranschaulicht, wie emotional das Übergangsverfahren diskutiert worden ist und wie sehr – leider – gesetzliche Regelungen von politischen Vorstellungen beeinflusst werden. Anschaulich ist die Begründung auch deshalb, weil den Gesetzesbegründungen nur gelegentlich die politische Motivation in aller Deutlichkeit entnommen werden kann.. Die Begründung, LT-Drs. 15/24, S. 9, lautet:

„Die verbindlichere Grundschulempfehlung und der Prognoseunterricht haben den Elternwillen ausgehebelt. Wissenschaftlich belegt ist, dass ca. 40% der Grundschulempfehlungen in der Prognose falsch sind, die Kinder häufig über- und unterschätzt werden. Häufig wird das Kind akademisch gebildeter Eltern immer noch besser eingeschätzt, als ein Kind nichtakademisch gebildeter Eltern (bei gleicher Kompetenz im Lernvermögen). Schwarz-gelb hat daraus keine Lehre gezogen. Stattdessen wurde das System verschärft. Wird die Grundschulempfehlung von den Eltern nicht akzeptiert, kommt das Kind in den Prognoseunterricht. Der Elternwille wird missachtet. Kinder mit neun oder zehn Jahren werden mit einem mehrtägigen „assessment" (Prognoseunterricht) konfrontiert und durch Personen, die ihnen völlig unbekannt sind, abschließend beurteilt. Das ist nicht kindgerecht, verschärft die Selektion und mindert die Bildungsbeteiligung. Mit den Änderungen erhält der Elternwille wieder Vorrang."

Zur rechtlichen Entwicklung des Übergangsverfahrens vgl. auch Weber, in: Gesamtkommentar Schulgesetz, § 11 Anm. 5.0.

3. Information über Bildungsgänge

Ein wesentlicher Teil des Übergangsverfahrens ist die Information und Beratung der Eltern durch die Grundschule. Nach § 8 Abs. 1 AO-GS informiert sie im ersten Schulhalbjahr der Klasse 4 über die Bildungsgänge in den weiterführenden Schulen der Sekundarstufe I und das örtliche Schulangebot. Nach der Information erfolgt eine individuelle Beratung der Eltern (§ 8 Abs. 2 AO-GS).

Die Informationspflicht gemäß § 8 Abs. 1 AO-GS hat ihre gesetzliche Grundlage insbesondere in § 44 Abs. 1 und 5 SchulG. Gemäß § 44 Abs. 1 SchulG sind Schüler/innen und Eltern in allen grundsätzlich wichtigen Schulangelegenheiten zu informieren und zu beraten. Zu diesen wichtigen Schulangelegenheiten (vgl. hierzu Bülter, in: Gesamtkommentar zum SchulG, § 44 Anm. 1.8) gehört auch die Kenntnis über die Bildungsgänge in den weiterführenden Schulen der Sekundarstufe I und das örtliche Schulangebot. Nach § 44 Abs. 5 SchulG soll die Schule u.a. die Schüler/innen und deren Eltern in Fragen der Schullaufbahn beraten. Die Beratung setzt notwendig auch eine Information voraus.

3.1 Informationsberechtigte

Offen bleibt nach § 8 Abs. 1 AO-GS, wer Berechtigter des Informationsanspruches ist. Aus dem Zusammenhang des § 8 Abs. 1 AO-GS mit § 44 Abs. 1 und Abs. 5 SchulG folgt aber, dass Berechtigte des Informationsanspruches nicht nur die Eltern, sondern auch die Schüler/innen sind. Daraus folgt, dass allein eine Information der Eltern, den Anforderungen des § 8 Abs. 1 AO-GS nicht genügt.

3.2 Informationsart und -ort

Weder § 44 Abs. 1 SchulG noch § 8 Abs. 1 AO-GS enthalten eine nähere Aussage darüber, wie und wo die Information zu erfolgen hat. Demensprechend hat die Grundschule, die den Informationsanspruch gemäß § 8 Abs. 1 erfüllen muss, einen Gestaltungsspielraum, den sie pflichtgemäß ausüben muss (OVG NRW, Beschluss vom 12.4.2006 – 19 A 820/06 –, n.v.; Bülter, a.a.O., § 44 Anm. 1.9).

§ 44 Abs. 1 und 5 SchulG, 8 Abs. 1 AO-GS lassen sowohl eine mündliche als auch schriftliche Information zu. Schriftliche Information hat gegenüber der mündlichen den Vorteil, dass sie dokumentiert ist und damit einem späteren eventuellen Streit über den Inhalt der erteilten Information vorgebeugt wird. Eine mündliche Information durch die Grundschule kann in einer gemeinsamen Veranstaltung, zu der alle Eltern eingeladen werden, aber im Zusammenhang mit Sitzungen der Klassenpflegschaften erfolgen. Ergänzend zu solchen Informationsveranstaltungen können auch schriftliche Informationen verteilt werden, sei es zusammen mit der Einladung oder im Verlauf der Sitzung. Als schriftliche Information kommen neben den Schriften des Ministeriums die von der Mehrzahl der Kommunen herausgegebenen zusammenfassenden Darstellungen des örtlichen Schulangebots in Betracht, aber auch Informationsbroschüren einzelner Schulen, sofern diese nicht einen ausschließlich werbenden Charakter haben. Schriften von Eltern- und Lehrerverbänden sollten in der Regel nicht verteilt werden, um auch nicht den Anschein einer Parteinahme zu erwecken.

Schüler/innen und deren Eltern können gesondert, aber auch in einer gemeinsamen Veranstaltung informiert werden. Gegen eine gemeinsame Information spricht, dass auch berechtigtes Informations- und Beratungsverlangen der Eltern nicht zur Beeinträchtigung des Unterrichts führen darf (§ 44 Abs. 4 SchulG).

§ 8 Abs. 1 AO-GS schließt eine individuelle Information nicht aus. Aus dem Zusammenhang des § 8 Abs. 1 und des Abs. 2, der eine individuelle Beratung der Eltern nach erfolgter Information vorsieht, kann jedoch hergeleitet werden, dass die Grundschule hinreichend informiert, wenn sich ihre Information an alle Eltern richtet. Sehen einzelne Eltern einen weitergehenden Informationsbedarf, kann diesem Anliegen hinreichend in der Beratung gemäß § 8 Abs. 2 AO-GS Rechnung getragen werden. Davon abgesehen können Eltern grundsätzlich auch auf ihnen in zumutbarer Weise zur Verfügung stehenden Informationen außerhalb der Schule verwiesen werden (OVG NRW, Beschluss vom 12.4.2006 – 19 A 820/06 –, n.v.).

3.3 Informationszeitpunkt

Die Grundschule hat auch hinsichtlich des Zeitpunkts der Information einen Ermessensspielraum. In § 8 Abs. 1 AO-GS wird lediglich vorgegeben, dass die Information im 1. Halbjahr der Klasse 4 erfolgen muss. Allerdings muss die Grundschule bei der Festlegung des konkreten Zeitpunkts der Information im 1. Halbjahr auch den Grundsatz der Verhältnismäßigkeit beachten (Bülter, a.a.O.). Die für das 1. Schulhalbjahr vorgesehene Information wird danach in der Regel spätestens in der Mitte des Halbjahres erfolgen, damit die Eltern mit der nötigen Grundinformation versehen darüber entscheiden können, über welche einzelne Schule sie sich selbst zusätzliche Informationen verschaffen wollen (z.B. durch Schulbesuche im Rahmen von „Tagen der offenen Tür“).

3.4 Informationsinhalt

Inhaltlich erfordert § 8 Abs. 1 AO-GS eine Information über die Bildungsgänge in (allen) weiterführenden Schulen und das örtliche Schulangebot. Die Darstellung auch des überörtlichen Schulangebots ist dann nötig, wenn in der eigenen Gemeinde nicht alle weiterführenden Schulformen angeboten werden können. Die Information kann sich auf die Schulen anderer Gemeinden beschränken, die für einen Besuch durch Kinder der eigenen Grundschule in Betracht kommen. In die Vorstellung der Schulen sollten auch die Ersatzschulen einbezogen werden.

Die Grundschule muss außerdem über das Übergangsverfahren in der 4. Klasse, insbesondere die Bedeutung der Grundschulempfehlung, und das Verfahren der Anmeldung zu weiterführenden Schulen informieren. Dieser Informationsanspruch lässt sich zwar nicht ausdrücklich aus § 8 Abs. 1 AO-GS entnehmen. Er wurzelt aber jedenfalls in § 44 Abs. 1 und 5 SchulG. Eine Information über Bildungsgänge in weiterführenden Schulen und des örtlichen Schulangebots bleibt unvollständig, wenn nicht auch über den „Weg“ zu den weiterführenden Schulen informiert wird.

4. Beratung durch die Klassenleitung

Nach § 8 Abs. 2 AO-GS berät „anschließend“ die/der Klassenlehrer/in mit den Eltern in einem persönlichen Gespräch über die weitere Förderung des Kindes.

4.1 Beratungszeitpunkt

„Anschließend“ i.S.d. § 8 Abs. 2 AO-GS bedeutet, nach der in § 8 Abs. 1 AO-GS vorgeschriebenen Information. Weitere zeitliche Vorgaben für die Beratung enthält § 8 Abs. 2 AO-GS nicht. Da die Leistungen der Schülerin oder des Schülers im 1.Halbjahr der Klasse 4 in die Beratung gemäß § 8 Abs. 2 AO-GS einbezogen werden sollten, liegt es nahe, die Gespräche erst nach den Weihnachtsferien durchzuführen. Sie können auch im Rahmen eines Elternsprechtages erfolgen (§ 44 Abs. 4 SchulG). Dieser Sprechtag ist zeitlich so zu legen, dass allen Eltern die Möglichkeit zu einem eingehenden Gespräch mit den Lehrkräften ihres Kindes gegeben wird. Er muss zeitlich aber mehr Spielraum bieten, als die sonst üblichen Sprechtage. Eine zeitliche Trennung zwischen Elternsprechtag für die Klassen 1 bis 3 und einem besonderen Sprechtag für die Beratung zum Übergang in weiterführende Schulen bietet sich vielfach an, ist aber rechtlich nicht zwingend notwendig.

4.2 Klassenleitung

Die Beratung ist der Klassenlehrer /in übertragen worden. Grund hierfür ist, dass bei ihr oder ihm gebündelt die Informationen über die Schüler/innen der Klasse zusammenlaufen.

Die vor dem Beratungsgespräch mit den Eltern notwendige Absprache der Klassenlehrer/innen mit den anderen Lehrkräften der Klasse muss nicht im Rahmen einer Sitzung der Klassenkonferenz erfolgen, sondern kann auch – je nach Anzahl der zu beteiligenden Lehrkräfte – am Rande oder im Verlauf mehrerer Unterrichtstage erfolgen. Das Ergebnis der Absprache muss nicht schriftlich festgehalten werden, obwohl sich eine kurze Skizzierung der vorgesehenen wesentlichen Aussagen anbietet. Solche Skizzen können Grundlage des Vermerks über das Beratungsgespräch sein. Dieser Vermerk ist nach Nr. 8.2 VVzAO-GS notwendig (dazu T 14-4.5).

4.3 Persönliches Gespräch

Vorgesehen ist nach § 8 Abs. 2 AO-GS ein persönliches Gespräch mit den Eltern. Persönlich soll das Gespräch sein, weil es sich nicht auf die förmliche Mitteilung über die Leistung der Schüler/innen beschränken darf. Es soll ein offener Gedankenaustausch angestrebt werden. § 8 Abs. 2 AO-GS geht bewusst von einer gemeinsamen Beratung von Eltern und Klassenlehrer/innen aus. Das persönliche Gespräch zielt damit auf eine kooperative Entscheidungsfindung beim Übergang in die weiterführende Schule. Die Lehrkräfte sollen ihr Expertenwissen in das Gespräch einbringen und es den Eltern zur Verfügung stellen, damit diese eine möglichst qualifizierte Entscheidung treffen können.

4.4 Beteiligung beider Eltern

Zwar reicht es in der Regel aus, wenn ein Elternteil erscheint, doch können im Einzelfall auch beide Eltern um Teilnahme gebeten werden. Letzteres sollte insbesondere dann erfolgen, wenn die Klassenlehrer/innen begründete Zweifel an dem Informationsfluss zwischen den Eltern haben. Solche Zweifel sind etwa im Fall der Trennung oder Scheidung der Eltern gerechtfertigt. In diesen Fällen muss die Klassenlehrerin/der Klassenlehrer die für den Bereich der Schule maßgebliche Ausgestaltung des Sorge- und Umgangsrechts beachten. Bei Meinungsverschiedenheiten der Eltern über diese Ausgestaltung oder bei einem Elternstreit darüber, wer die schulische Information und Beratung erhält, sind die unterschiedlichen Positionen erforderlichenfalls in dem familienrechtlich vorgesehenen Verfahren vor dem Familiengericht als dem zuständigen Fachgericht, dem die Klärung und Regelung der Rechte der Eltern obliegt, zum Ausgleich zu bringen oder auszutragen, nicht aber im Bereich der Schule oder schulrechtlich in einem Rechtsstreit gegen die Schule (OVG NRW, Beschluss vom 28.5.2010 – 19 E 307/10 –, juris, Rdn. 4 f., m.w.N.). Streitigkeiten zwischen den getrenntlebenden oder geschiedenen Eltern sind also nicht in der Schule auszutragen. Liegt eine familiengerichtliche Entscheidung über das Sorgerecht noch nicht vor und können sich beide Eltern in der Zeit bis zur Entscheidung des Familiengerichts nicht einigen, so muss die Schule beide Eltern in gleicher Weise informieren und beraten. Denn solange eine Übertragung des Sorgerechts auf nur einen Elternteil nicht erfolgt ist, sind beide Eltern sorgeberechtigt und damit Berechtigte auch des Beratungsanspruchs gemäß § 8 Abs. 2 AO-GS (Bülter, a.a.O., § 44 Anm. 1.6 c). Gegebenenfalls ist das persönliche Gespräch gemäß § 8 Abs. 2 AO-GS mit den Eltern gesondert zu führen.

4.5 Vermerk über die Beratung

Der über das Gespräch gemäß Nr. 8.2 VVzAO-GS zu erstellende Vermerk sollte die Strukturen des Gesprächs aufnehmen. Er muss nicht nur die Beratungsrichtung der Lehrkraft, sondern auch die Auffassung der Eltern erkennbar machen. Eine formalisierte Form ist für diesen Vermerk nicht vorgesehen, kann aber zur Erleichterung in der Praxis beitragen. Das Gespräch kann, muss aber nicht, bereits mit der Ankündigung der voraussichtlichen Empfehlung für die geeignete Schulform bzw. Schulformen schließen. Besteht Einvernehmen mit den Eltern über die Schulform, ist dies in den Vermerk aufzunehmen, allerdings auch ein Widerspruch der Erziehungsberechtigten. Auf Wunsch ist den Eltern eine Ausfertigung des Vermerks zu überlassen.

5. Schulformempfehlung

5.1 Zweck

Bereits die Formulierung in § 11 Abs. 5 SchulG, § 8 Abs. 4 S. 1 AO-GS „Empfehlung für die Schulform" lässt bereits nach ihrem Wortsinn keinen Zweifel daran, dass die Grundschule keine für die weitere schulische Ausbildung des Kindes verbindliche Regelung trifft. Die Empfehlung hat nach ihrem Zweck lediglich Informationsfunktion vorrangig für die Eltern, aber auch für die Schüler/innen. Sie soll eine weitere Grundlage für die Entscheidung der Eltern über den weiteren schulischen Bildungsweg des Kindes sein. Das bestätigt auch die oben in 2 dargelegte Begründung der aktuell geltenden Regelungen über die Schulformempfehlung, die das vom Erziehungsrecht der Eltern (Art. 6 Abs. 2 S. 1, 8 Abs. 1 S. 2 LV. NRW.) umfasste und damit auch verfassungsrechtlich gewährleistete Recht der Eltern auf freie Wahl der von ihrem Kind zu besuchenden Schulform (vgl. zu diesem Recht etwa OVG NRW, Urteil vom 23.2.2013 – 19 A 160/12 –, juris, Rdn. 46 ff., m.w.N.).

5.2 Rechtsnatur

Die Schulformempfehlung hat damit auch nicht den Rechtscharakter eines Verwaltungsaktes (ebenso Weber, a.a.O., § 11 Anm. 5.1). Denn sie hat keine Regelungswirkung i.S.d. § 35 S. 1 VwVfG NRW, weil mit ihr keine für die Eltern als Adressaten der Empfehlung verbindliche Rechtsfolge gesetzt wird. Sie können ihr Kind unabhängig von der Empfehlung der Grundschule bei einer Schule der gewünschten Schulform anmelden und der Schulleiter dieser Schule ist nicht berechtigt, die Aufnahme des Kindes unter Hinweis auf die Empfehlung der Grundschule abzulehnen. Denn sie ist weder nach § 46 SchulG noch nach den Regelungen in § 1 APO-S I über die Aufnahme eines Kindes in eine Schule der Sekundarstufe I ein für die Aufnahmeentscheidung maßgebliches Kriterium. Sollte der Schulleiter der weiterführenden Schule seine ablehnende Aufnahmeentscheidung gleichwohl maßgeblich auf die Empfehlung der Grundschule stützen, wäre die Aufnahmeentscheidung rechtswidrig und könnte hiergegen erfolgreich im verwaltungsgerichtlichen Verfahren vorgegangen werden (VG Gelsenkirchen, Beschluss vom 2.8.2013 – 4 L 653/13 –, juris, Rdn. 4).

Da die Schulformempfehlung kein Verwaltungsakt ist, hat sie den Rechtscharakter eines Realaktes. Solche Realakte werden auch als schlicht hoheitliches Handeln bezeichnet. Dieser Rechtscharakter der Empfehlung schließt ihre Anfechtung in einem verwaltungsgerichtlichen Verfahren nicht aus (T 14-5.7).

5.3 Zuständigkeit

Die Entscheidung über die Empfehlung und deren Begründung liegt bei der Klassenkonferenz als Versetzungskonferenz (§ 8 Abs. 3 S. 5 AO-GS).

Die Versetzungskonferenz trifft ihre Entscheidung auf der Grundlage einer entsprechenden Vorlage der Klassenlehrerin oder des Klassenlehrers. Für die Erstellung der Vorlage durch die Klassenlehrerin oder des Klassenlehrers spricht, dass sie oder er den Vorsitz in der Klassenkonferenz führt (§ 71 Abs. 1 S. 2 SchulG, § 18 Abs. 3 S. 1 ADO). Außerdem sind bei der Klassenleitung die Informationen über die Schüler/innen der Klasse gebündelt vorhanden (vgl. dazu Jehkul/Bülter/Schnieders, ADO, § 18 Anm. 3.2). Darüber hinaus verfügt die Klassenlehrerin oder der Klassenlehrer auch deshalb über detaillierte Informationen, weil sie oder er das persönliche Beratungsgespräch mit den Eltern gemäß § 8 Abs. 2 AO-GS führt. Die grundsätzliche Pflicht der Klassenleitung, eine Vorlage für die Versetzungskonferenz vorzubereiten, schließt nicht aus, einvernehmlich die Funktion einer anderen Lehrkraft der Klasse zu übertragen.

5.4 Muster

Für die Schulformempfehlung ist anders als für das Halbjahreszeugnis der Klasse 4 ein Muster vorgesehen, dass der AO-GS als Anlage beigefügt ist. Das

Muster sieht zunächst die Mitteilung des Ergebnisses der Empfehlung vor. Im Anschluss erfolgt eine Begründung der Empfehlung. Ob für die Begründung die vorgesehenen 8 Zeilen ausreichen, erscheint zweifelhaft, ist aber eine Frage des Einzelfalls. Soweit notwendig, ist eine weitergehende Begründung ggf. auf einem gesonderten Papier zu geben. Darüber hinaus lassen die Hinweise am Ende des Musters erkennen, dass die Schulen das Muster verändern können. Textverarbeitung hat in diesem Zusammenhang den Vorteil, dass auch eine längere Begründung der Empfehlung problemlos erfolgen kann.

Das der AO-GS als Anlage beigefügte Muster sieht nicht die Erteilung einer Rechtsbehelfsbelehrung vor. Das ist zutreffend. Denn es handelt sich bei der Schulempfehlung nicht um einen Verwaltungsakt (T 14-5.2), so dass es keiner Rechtsbehelfsbelehrung als Voraussetzung für den Beginn der Monatsfrist für Anfechtungs- und Verpflichtungsklagen bedarf (§§ 58, 74 VwGO).

5.5 Begründung der Empfehlung

Nach § 8 Abs. 3 S. 4 AO-GS ist die Schulformempfehlung zu begründen.

Die Begründung muss sich auf den Leistungsstand, die Lernentwicklung und die Fähigkeiten der Schüler/innen beziehen. Der Leistungsstand ergibt sich primär aus den im Zeugnis enthaltenen Noten. Er kann durch zusätzliche Bemerkungen, die deutlich machen, in welchem Umfang nicht nur eine anforderungsbezogene Bewertung erfolgte, ergänzt werden; dies betrifft vor allem die Beschreibung der Anstrengungen und Lernfortschritte. Die Angaben zur Lernentwicklung sollten nicht nur eine Beschreibung über den Verlauf der Grundschulzeit enthalten, sondern auch eine Einschätzung der vermuteten Weiterentwicklung in den beiden vorgeschlagenen Schulformen. In die Beschreibung der Fähigkeiten der Schüler/innen sollten Elemente des Arbeits- und Sozialverhaltens einfließen sowie die Angaben gemacht werden, die nicht der Beschreibung des Leistungsstandes und der Lernentwicklung zugeordnet werden konnten. Die Gründe für die Benennung mehrerer Schulformen müssen sich schlüssig aus der Begründung ergeben.. Auf das Beratungsgespräch mit den Erziehungsberechtigten ist dann in der Begründung einzugehen, wenn die Empfehlung nicht den Schulformvorstellungen der Erziehungsberechtigten entspricht.

An die Begründung sind insgesamt keine überzogenen Anforderungen zu stellen. Sie sollte in den Teilaussagen kurz, aber präzise sein und sich insbesondere diskriminierender Bewertungen enthalten. Bei Menschen mit Behinderungen sind die Anforderungen des nordrhein-westfälischen Behindertengleichstellungsgesetzes zu beachten (dazu T 12-14).

5.6 Beurteilungsspielraum

Bei der Entscheidung der Frage, ob die Schüler /in für den Besuch der in § 8 Abs. 3 S. 2 genannten Schulformen geeignet ist und ggf. eine eingeschränkte Eignung im Sinne des § 8 Abs. 3 S. 3 AO-GS vorliegt, steht der Versetzungskonferenz ein gerichtlich nur eingeschränkter Beurteilungsspielraum zu. Denn die

Konferenz trifft die Entscheidung aufgrund komplexer Erwägungen, die auch persönliche Erfahrungen und Einschätzungen umfassen. Diese Erwägungen kann ein Verwaltungsgericht auch nicht mit Hilfe von Sachverständigen vollständig und verlässlich nachprüfbar aufklären.

Der Beurteilungsspielraum hat zur Folge, dass die Schulformempfehlung im verwaltungsgerichtlichen Verfahren nur eingeschränkt überprüft wird. Das Verwaltungsgericht prüft lediglich, ob ein Verfahrensfehler vorliegt, die Versetzungskonferenz anzuwendendes Recht verkannt hat, von einem unrichtigen Sachverhalt ausgegangen ist, allgemeingültige Bewertungsmaßstäbe verletzt oder sich von sachfremden Erwägungen hat leiten lassen oder sonst willkürlich entschieden hat (OVG NRW, Beschluss vom 18.11.2014 – 19 B 1004/13 –, juris, Rdn. 5 f., m.w.N.).

5.7 Anfechtbarkeit

Als Realakt (T 14-5.2) kann die Schulformempfehlung im verwaltungsgerichtlichen Klageverfahren angefochten werden. Aufgrund des Beurteilungsspielraums der Versetzungskonferenz (T 14-5.6) kann das Verwaltungsgericht die Schulformempfehlung nicht in vollem Umfang überprüfen und die Schule als Folge dieser Überprüfung zur Erteilung einer bestimmten Schulformempfehlung verurteilen. In Betracht kommt allein die Verurteilung der Schule, dem Kind unter Aufhebung der erteilten Empfehlung eine neue Schulformempfehlung zu erteilen. (VG Gelsenkirchen, Beschluss vom 2.8.2013 – 4 L 653/13 –, a.a.O.).

Im Verfahren des vorläufigen Rechtsschutzes kommt ein Antrag auf Erlass einer einstweiligen Anordnung (§ 123 Abs. 1 S. 2 VwGO) in Betracht. Der Erfolg des Antrages setzt die Glaubhaftmachung eines Anordnungsgrundes und -anspruchs voraus (§ 123 Abs. 3 VwGO i.V.m. § 920 Abs. 2 ZPO). Ob ein Anordnungsgrund überhaupt glaubhaft gemacht werden kann, erscheint zweifelhaft. Der Anordnungsgrund setzt voraus, dass es den Eltern und/oder der Schülerin zumindest unzumutbar ist, den Ausgang eines Klageverfahrens abzuwarten. Angesichts der fehlenden Regelungswirkung der Empfehlung, dürfte das Vorliegen dieser Voraussetzung allenfalls in besonders gelagerten Einzelfällen in Betracht kommen.

6. Anmeldung an einer weiterführenden Schule

Nach § 8 Abs. 4 S. 1 AO-GS melden die Eltern die Schüler/innen unter Vorlage des Halbjahreszeugnisses der Klasse 4 an einer Schule der von ihnen gewählten Schulform an. Verwendet der Schulträger Anmeldescheine, hat die Grundschule diese Scheine gleichsam als „Bote“ an die Eltern auszuhändigen (Nr. 1.1.4 VVzAPO-S I) Sobald das Kind bei einer weiterführenden Schule angemeldet ist, unterrichtet diese Schule die Grundschule (§ 8 Abs. 4 S. 2 AO-GS). Ob die Grundschule auch über die Aufnahme unterrichtet wird, entscheidet die Schulaufsichtsbehörde (Nr. 1.1.6 VVzAPO-S I).

Das Anmeldeverfahren richtet sich nach § 1 APO-S I und den hierzu erlassenen Verwaltungsvorschriften. Die Grundschule hat in dem Anmeldeverfahren keine besonderen Aufgaben.

Ein besonderer Hinweis erscheint notwendig: Bei allem Verständnis dafür, dass es nicht zu kaum kontrollierbaren Mehrfachanmeldungen der Eltern bei verschiedenen weiterführenden Schulen kommen sollte, hat auch der Schulträger darauf zu achten, dass das verfassungsrechtlich geschützte Recht der Eltern auf Schulformwahlfreiheit nicht beeinträchtigt wird. Anmeldescheine und deren Verwendung dürfen deshalb nicht die Ausübung der Schulformwahlfreiheit verhindern oder unzumutbar einschränken. Weiter hat der Schulträger im Anmeldeverfahren keine Aufnahmeentscheidungen zu treffen. Die Entscheidung hierüber obliegt der Schulleiter /in der weiterführenden Schule. Der Schulträger hat deshalb keinen Anspruch auf Information über die Leistungsbewertung der Schüler/innen und die ihnen erteilten Schulformempfehlungen. Vor diesem Hintergrund erscheint es bedenklich, dass das Muster über einen Anmeldeschein (Anlage 10 zur APO-S I) Informationen über die Schulformempfehlung (zwingend) vorsieht.

§ 1 APO-S I

Aufnahme

(1) Die Aufnahme in die Klasse 5 einer Schule der Sekundarstufe I setzt grundsätzlich ein Versetzungszeugnis der bisher besuchten Grundschule oder einer Förderschule voraus, die nach den Unterrichtsvorgaben für die Grundschule unterrichtet.

(2) Übersteigt die Zahl der Anmeldungen die Aufnahmekapazität der Schule, berücksichtigt die Schulleiterin oder der Schulleiter bei der Entscheidung über die Aufnahme in die Schule Härtefälle und zieht im Übrigen eines oder mehrere der folgenden Kriterien heran:

1. *Geschwisterkinder,*
2. *ausgewogenes Verhältnis von Mädchen und Jungen,*
3. *ausgewogenes Verhältnis von Schülerinnen und Schülern unterschiedlicher Muttersprache,*
4. *in Gesamtschulen und in Sekundarschulen Berücksichtigung von Schülerinnen und Schülern unterschiedlicher Leistungsfähigkeit (Leistungsheterogenität),*
5. *Schulwege,*
6. *Besuch einer Schule in der Nähe der zuletzt besuchten Grundschule,*
7. *Losverfahren.*

Die Nummern 5 und 6 dürfen nicht herangezogen werden, wenn Schülerinnen und Schüler angemeldet worden sind, die in ihrer Gemeinde eine Schule der gewünschten Schulform nicht besuchen können (§ 46 Absatz 5 Schulgesetz NRW).

(3) Übersteigt die Zahl der Anmeldungen die Aufnahmekapazität der Schule und hat der Schulträger einen Schuleinzugsbereich nach § 84 Absatz 1 Schulgesetz NRW gebildet, werden im Aufnahmeverfahren zunächst die Kinder berücksichtigt,

die im Schuleinzugsbereich wohnen oder bei denen ein wichtiger Grund nach § 84 Absatz 1 Schulgesetz NRW besteht. § 46 Absatz 4 und 5 Schulgesetz NRW bleibt unberührt. Besteht danach auch weiterhin ein Anmeldeüberhang, gilt Absatz 2.

(4) Ist an der Schule ein Angebot zum Gemeinsamen Lernen eingerichtet und ist eine Aufnahmekapazität für Schülerinnen und Schüler mit festgestelltem Bedarf an sonderpädagogischer Unterstützung bestimmt, führt die Schulleiterin oder der Schulleiter ein eigenständiges Aufnahmeverfahren für diese Plätze durch. Übersteigt die Zahl der Anmeldungen die Kapazität der Schule zur Aufnahme von Schülerinnen und Schülern mit festgestelltem Bedarf an sonderpädagogischer Unterstützung, entscheidet die Schulleiterin oder der Schulleiter über die Aufnahme gemäß Absätzen 2 und 3. Hierbei haben die Kinder Vorrang, für die diese Schule gemäß § 19 Absatz 5 Satz 3 Schulgesetz NRW durch die Schulaufsichtsbehörde als ihrer Wohnung nächstgelegene allgemeine Schule der gewünschten Schulform vorgeschlagen worden ist.

VV zu § 1

*1.1 **zu Absatz 1:***

1.1.1 Der Zeitraum zur Durchführung der Anmeldeverfahren umfasst sechs Wochen. Er beginnt mit dem durch das Ministerium bestimmten Tag der letzten Möglichkeit zur Ausgabe der Halbjahreszeugnisse an den Grundschulen. Das Anmeldeverfahren für Schulen, für die kein vorgezogenes Anmeldeverfahren zugelassen ist (Nummer 1.1.2), wird in der dritten bis sechsten Woche des Anmeldezeitraums durchgeführt. Die Aufnahmekapazität einer Schule richtet sich nach den Rahmenfestlegungen des Schulträgers und den Vorschriften zu den Klassengrößen der Verordnung zur Ausführung des § 93 Absatz 2 Schulgesetz NRW. Eine Begrenzung der in die Klasse 5 aufzunehmenden Schülerinnen und Schüler gemäß § 46 Absatz 4 Schulgesetz NRW ist zu beachten.

1.1.2 Ist zu erwarten, dass die Zahl der Anmeldungen die Aufnahmekapazität einer oder mehrerer Schulen einer Schulform übersteigen wird (Anmeldeüberhang), kann die obere Schulaufsichtsbehörde auf Antrag des Schulträgers ein vorgezogenes Anmeldeverfahren für die Schulen dieser Schulform zulassen. Das gilt auch für neu genehmigte Schulen im Errichtungsjahr. Das vorgezogene Anmeldeverfahren ist in der ersten Woche des Anmeldezeitraumes durchzuführen; die Schulleiterin oder Schulleiter entscheidet sodann unter Beachtung von Nummer 1.2 über die Aufnahme und informiert die Eltern bis zum Ende der zweiten Woche des Anmeldezeitraumes.

1.1.3 Für eine neu genehmigte Schule ist im Errichtungsjahr das Anmeldeverfahren so zu gestalten, dass im Falle des Nichterreichens der Mindestgröße die Durchführung eines weiteren Anmeldeverfahrens an fortzuführenden Schulen möglich ist. Ist für die Schule ein vorgezogenes Anmeldeverfahren zugelassen, kann die obere Schulaufsichtsbehörde auf Antrag des Schulträgers die Verlängerung des vorgezogenen Anmeldeverfahrens um eine Woche genehmigen, wenn dies für eine sichere Bedürfnisfeststellung erfor-

derlich ist. Die Anmeldezeiträume für die übrigen Schulen bleiben von der Verlängerung unberührt. Ist für die Schule kein vorgezogenes Anmeldeverfahren zugelassen, wird das Anmeldeverfahren in der dritten bis fünften Woche des Anmeldezeitraums durchgeführt.

1.1.4 *Die Anmeldung an einer Schule der gewünschten Schulform setzt die Vorlage des Halbjahreszeugnisses der Klasse 4 voraus. Der Schulträger sorgt dafür, dass jedes Kind nicht gleichzeitig an mehr als einer Schule angemeldet werden kann. Hierzu wird den Eltern jedes Kindes ein Anmeldeschein (Anlage 10) durch die Grundschule ausgehändigt, der bei der Anmeldung abzugeben ist. Der Schulträger kann zusätzlich einen unverbindlichen Zweitwunsch hinsichtlich einer weiteren Schule oder einer bestimmten Schulform auf einem Beiblatt zum Anmeldeschein abfragen.*

1.1.5 *Eine Schülerin oder ein Schüler wird unter dem Vorbehalt aufgenommen, dass sie oder er in die Klasse 5 versetzt wird. Wird ein Kind nicht in die gewählte Schule aufgenommen, erhalten die Erziehungsberechtigten den Anmeldeschein zurück. Wurde ein Zweitwunsch angegeben (Nummer 1.1.4), ist mit Einwilligung der Eltern die Weitergabe des Anmeldescheins sowie einer Kopie des Halbjahreszeugnisses an die jeweilige Schule zulässig. Dies gilt auch für die Weitergabe im Rahmen einer Koordinierung eines Zweitwunsches hinsichtlich einer bestimmten Schulform.*

1.1.6 *Die weiterführende Schule unterrichtet die Grundschule unverzüglich über die Anmeldung und die Aufnahmeentscheidung. Die obere Schulaufsichtsbehörde kann bestimmen, dass sie über die Aufnahmeentscheidung informiert wird. Dabei ist die Schulformempfehlung der nicht aufgenommenen Kinder zum Zwecke der weiteren Koordinierung mitzuteilen, sofern eine entsprechende Einwilligung (Nummer 1.1.5) der Eltern vorliegt.*

1.1.7 *Den Trägern der Ersatzschulen wird empfohlen, sich an dem Verfahren gemäß Nummern 1.1.1 bis 1.1.6 zu beteiligen.*

1.2 ***zu Absatz 2:***

Übersteigt die Zahl der Anmeldungen die Aufnahmekapazität einer Schule, soll die Aufnahmeentscheidung mit benachbarten Schulen abgestimmt werden. Dazu sollen sich die Schulleitungen der beteiligten Schulen frühzeitig miteinander in Verbindung setzen. Kommt dabei keine Einigung zustande, koordiniert die Schulaufsichtsbehörde unter Beteiligung des Schulträgers die Aufnahmeentscheidungen der Schulen, damit möglichst viele Schülerinnen und Schüler die gewählte Schule besuchen können. Erst danach dürfen die betroffenen Schulen über die Aufnahme von Schülerinnen und Schülern entscheiden.

1.4 ***zu Absatz 4:***

1.4.1 *Die Bestimmung der Aufnahmekapazität für Schülerinnen und Schüler mit festgestelltem Bedarf an sonderpädagogischer Unterstützung erfolgt rechtzeitig vor Beginn des Anmeldeverfahrens (Nummer 1.1.1) im Einvernehmen zwischen Schulträger und Schulaufsicht.*

1.4.2 *Die Anmeldeverfahren für Schülerinnen und Schüler mit und ohne festgestellten Bedarf an sonderpädagogischer Unterstützung werden zugleich durchgeführt. Ist die für Schülerinnen und Schüler mit festgestelltem Bedarf an sonderpädagogischer Unterstützung bestimmte Aufnahmekapazität nach Durchführung des Aufnahmeverfahrens nicht ausgeschöpft, so können freibleibende Plätze in Abstimmung mit der Schulaufsichtsbehörde erst dann an Schülerinnen und Schüler ohne festgestellten Bedarf an sonderpädagogischer Unterstützung vergeben werden, wenn alle Schülerinnen und Schüler mit festgestelltem sonderpädagogischen Unterstützungsbedarf im Gebiet des Schulträgers, für die eine allgemeine Schule als Förderort vorgeschlagen ist, an einer Schule aufgenommen worden sind.*

1.4.3 *Bei der Anmeldung sind das Halbjahreszeugnis der Klasse 4, der Anmeldeschein (Nummer 1.1.4) und der Vorschlag der Schulaufsichtsbehörde für den Förderort gemäß § 19 Absatz 5 Schulgesetz NRW vorzulegen.*

1.4.4 *Die weiterführende Schule unterrichtet die Grundschule und die untere Schulaufsichtsbehörde unverzüglich über die Anmeldung und die Aufnahmeentscheidung.*

1.4.5 *Die Regelungen der Verordnung über die sonderpädagogische Förderung, den Hausunterricht und die Schule für Kranke (Ausbildungsordnung sonderpädagogische Förderung – AO-SF – BASS 13–41 Nr. 2.1) zur Anmeldung an der Schule bleiben unberührt.*

Teil 15.: Gemeinsames Lernen in der Grundschule

Inhaltsübersicht

1. Rechtliche Grundlagen der sonderpädagogischen Förderung

§ 19 Abs. 1 bis 8 SchulG

Sonderpädagogische Förderung

(1) Schülerinnen und Schüler, die auf Grund einer Behinderung oder wegen einer Lern- oder Entwicklungsstörung besondere Unterstützung benötigen, werden nach ihrem individuellen Bedarf sonderpädagogisch gefördert.

(2) Die sonderpädagogische Förderung umfasst die Förderschwerpunkte

1. *Lernen,*
2. *Sprache,*
3. *Emotionale und soziale Entwicklung,*
4. *Hören und Kommunikation,*
5. *Sehen,*
6. *Geistige Entwicklung und*
7. *Körperliche und motorische Entwicklung.*

(3) Die sonderpädagogische Förderung hat im Rahmen des Bildungs- und Erziehungsauftrags der Schulen das Ziel, die Schülerinnen und Schüler mit Bedarf an sonderpädagogischer Unterstützung zu den Abschlüssen zu führen, die dieses Gesetz vorsieht (zielgleich). Für den Unterricht gelten grundsätzlich die Unterrichtsvorgaben (§ 29) für die allgemeine Schule sowie die Richtlinien für die einzelnen Förderschwerpunkte.

(4) Im Förderschwerpunkt Lernen und im Förderschwerpunkt Geistige Entwicklung werden die Schülerinnen und Schüler zu eigenen Abschlüssen geführt (§ 12 Absatz 4). Dies gilt auch für Schülerinnen und Schüler, bei denen daneben weitere Förderschwerpunkte festgestellt sind. Im Förderschwerpunkt Lernen ist der Erwerb eines dem Hauptschulabschluss gleichwertiges Abschlusses möglich.

(5) Auf Antrag der Eltern entscheidet die Schulaufsichtsbehörde über den Bedarf an sonderpädagogischer Unterstützung und die Förderschwerpunkte. Vorher holt sie ein sonderpädagogisches Gutachten sowie, sofern erforderlich, ein medizinisches Gutachten der unteren Gesundheitsbehörde ein und beteiligt die Eltern. Besteht ein Bedarf an sonderpädagogischer Unterstützung, schlägt sie den Eltern mit Zustimmung des Schulträgers mindestens eine allgemeine Schule vor, an der ein Angebot zum Gemeinsamen Lernen eingerichtet ist. § 20 Absätze 4 und 5 bleiben unberührt.

(6) Die Schulaufsichtsbehörde berät die Eltern und informiert sie über weitere Beratungsangebote.

(7) In Ausnahmefällen kann eine allgemeine Schule den Antrag nach Absatz 5 stellen, insbesondere

1. *wenn eine Schülerin oder ein Schüler nicht zielgleich unterrichtet werden kann oder*
2. *bei einem vermuteten Bedarf an sonderpädagogischer Unterstützung im Förderschwerpunkt Emotionale und soziale Entwicklung, der mit einer Selbst- oder Fremdgefährdung einhergeht.*

Bei einem vermuteten Bedarf an sonderpädagogischer Unterstützung im Förderschwerpunkt Lernen kann die allgemeine Schule den Antrag in der Regel erst stellen, wenn eine Schülerin oder ein Schüler die Schuleingangsphase der Grundschule im dritten Jahr besucht; nach dem Ende der Klasse 6 ist ein Antrag nicht mehr möglich.

(8) Das Ministerium bestimmt durch Rechtsverordnung mit Zustimmung des für Schulen zuständigen Landtagsausschusses die Voraussetzungen und das Verfahren zur Feststellung des Bedarfs an sonderpädagogischer Unterstützung sowie zur Festlegung der Förderschwerpunkte und Benennung geeigneter Schulen einschließlich der Beteiligung der Eltern und die Vergabe der Abschlüsse nach Maßgabe des Absatzes 4.

2. Sonderpädagogische Förderung (§ 19 Absätze 1 bis 7 SchulG)

2.1 Änderungen und teilweise Übernahme der bisherigen Regelungen

Hintergrund für die wesentlichen Änderungen im SchulG ist das Übereinkommen der Vereinten Nationen über die Rechte von Menschen mit Behinderungen vom 13.12.2006 (Behindertenrechtskonvention – UN BK). Dieses Übereinkommen wurde durch Deutschland im Jahr 2009 ratifiziert und damit für Bund, Länder und Gemeinden völkerrechtlich verbindlich.

Das Land NRW hat als Gesetzgeber für das Schulwesen die in Art. 24 UN-BK enthaltenen Bestimmungen zur inklusiven Bildung in Landesrecht transformiert.

Der neue § 19 Abs. 1 SchulG bezieht sich mit seiner Regelung auf § 2 Abs. 5 SchulG. Hier wird ausschließlich festgelegt, dass Schüler/innen mit Behinderungen oder Lern- und Entwicklungsstörungen besondere Unterstützung benötigen und sie nach ihrem individuellen Bedarf sonderpädagogisch gefördert werden sollen. Ein Hinweis auf den Förderort kann entfallen, weil bereits § 2 Abs. 5 SchulG die Leitvorschrift zur inklusiven Bildung von Menschen mit Behinderungen im nordrhein-westfälischen Schulwesen festlegt. In diesem Paradigmenwechsel ist der Verzicht auf einen zu beschreibenden Förderort begründet, denn zukünftig ist die allgemeine Schule der Regelförderort für alle Kinder. Nur auf ausdrücklichen Wunsch der Eltern kann ein Kind mit Behinderung oder Lern- und Entwicklungsstörung alternativ die Förderschule besuchen. Die allgemeinen Bestimmungen für die Schulpflicht (§§ 34 bis 41 SchulG) gelten daher auch für die sonderpädagogische Förderung, soweit sie nicht den besonderen Bestimmungen der §§ 19 bis 21 widersprechen. Innerhalb der allgemeinen Bestimmungen zur Schulpflicht in § 37 SchulG wurden die zusätzlichen Regelungen für die Dauer der sonderpädagogischen Förderung in Förderschulen gestrichen, weil die Dauer der Schulpflicht für Schüler/innen mit sonderpädagogischem Unterstützungsbedarf an allgemeinen Schulen und Förderschulen gleich lang sein muss. Der bisherige § 37 Abs. 4 wird Abs. 3 SchulG und enthält Regelungen für Schüler/innen mit schweren emotionalen und sozialen Entwicklungsverzögerungen, die in „Einrichtungen der Jugendhilfe" gefördert werden.

Nach § 19 Abs.1 SchulG wurden die Abs. 2 bis 4 eingefügt.

2.2 Förderschwerpunkte

In § 19 Abs. 2 SchulG werden die bekannten sieben Förderschwerpunkte aufgezählt. Diese Aufzählung ist unverändert aus dem bisherigen § 20 Abs. 2 SchulG übernommen. Hier geht es nun nicht mehr allein um die Gliederung der Förderschulen, sondern um die sonderpädagogische Förderung an allen Lernorten.

2.3 Bildungs- und Erziehungsauftrag bei zielgleicher Förderung

In § 19 Abs. 3 SchulG wird der Bildungs- und Erziehungsauftrag für zielgleich lernende Schüler/innen mit Behinderungen oder Lern- und Entwicklungsstörungen beschrieben, orientiert an den Unterrichtsvorgaben für die allgemeine Schule (§ 29 SchulG) und den Richtlinien für die einzelnen Förderschwerpunkte. In der Begründung zum SchulG, LT-Drs. 16/2432, wird zu Abs. 3 ausgeführt:

> *„Der bisherige § 20 Absatz 4 wird mit Ausnahme der Regelungen für die Vergabe von Abschlüssen (vgl. Absatz 4) in § 19 übertragen. Der Fachbegriff der zielgleichen Förderung (im Gegensatz zur zieldifferenten Förderung in § 12 Abs. 4) wird in den Gesetzestext aufgenommen. Die Vorschrift bedeutet, dass Gemeinsames Lernen nicht zwischen zielgleicher und zieldifferenter Förderung unterscheidet. Sie gehört deshalb in den Regelungsbereich des § 19 und nicht des § 20."*

2.4 Zieldifferente Förderung

In § 19 Abs. 4 SchulG wird ausgeführt, dass zieldifferent lernende Schüler/innen (Förderschwerpunkt Lernen und Geistige Entwicklung) zu eigenen Abschlüssen geführt werden. In der LT-Drs. 16/2432 wird zu Abs. 4 ausgeführt:

> *„Nach der Empfehlung der Kultusministerkonferenz „Inklusive Bildung von Kindern und Jugendlichen mit Behinderungen in Schulen" vom 20. Oktober 2011 ist grundsätzlich jede erbrachte Leistung individuelles Ergebnis einer Bewältigung von Anforderungen. Alle Kinder und Jugendlichen mit Behinderungen haben in einem inklusiven Unterricht einen Anspruch auf Würdigung ihrer individuellen Leistungs- und Entwicklungsfortschritte. Dies umfasst auch Schülerinnen und Schüler, die wegen ihrer Behinderung die in diesem Gesetz vorgesehenen Abschlüsse der allgemeinen Schulen nicht erreichen können. Sie werden zu Abschlüssen eigener Art geführt, deren Vergabe durch Rechtsverordnung geregelt wird. Dies gilt nicht nur, wenn sie in einer Förderschule lernen, sondern auch dann, wenn sie gemeinsam mit Schülerinnen und Schülern ohne Behinderung in einer allgemeinen Schule unterrichtet werden."*

Diese neu eingefügten Abs. 2 bis 4 SchulG werden in den §§ 3 bis 9 und 21 bis 42 AO-SF detailliert erläutert.

2.5 Grundsätze der Antragstellung und Verfahrensablauf

Deutlich gestärkt ist in Abs. 5 das Elternrecht, denn den Eltern wird die Antragstellung primär zugeordnet. Auf ihren Antrag entscheidet die Schulaufsichtsbehörde über den Bedarf an sonderpädagogischer Unterstützung und die Förderschwerpunkte.

Die bisherige Durchführung des Feststellungsverfahrens bleibt in weiten Teilen unverändert mit der Ausnahme, dass das obligatorische medizinische Gutachten der unteren Gesundheitsbehörde nur eingeholt wird, wenn die Schulaufsichtsbehörde dies für erforderlich hält.

Neu ist ebenfalls, dass die Schulaufsichtsbehörde nicht mehr regelmäßig über den Förderort entscheidet, sondern den Eltern mit Zustimmung des Schulträgers eine allgemeine Schule vorschlägt, an der ein Angebot zum Gemeinsamen Lernen eingerichtet ist. § 20 Abs. 4 und 5 SchulG bleiben unberührt. Sie regeln mögliche Förderorte und Ausnahmen bezogen auf die Festlegung des Förderortes.

Detaillierte Vorgehensweisen zum Feststellungsverfahren regelt die neue AO-SF im 2. Abschnitt in den §§ 10 bis 20, auf die unter T 15-2.2 näher eingegangen wird.

2.6 Beratungsauftrag der Schulaufsichtsbehörde

Der Abs. 6 unterstreicht den Beratungsauftrag der Schulaufsicht den Eltern gegenüber. Sie muss auf weitere über die schulische Förderung hinausgehende Beratungsangebote wie z.B. Selbsthilfeorganisationen für Menschen mit Behinderungen oder weitere Fachverbände informieren.

2.7 Antrag der Schule

Diese neuen, auf den ersten Blick sehr einschränkenden Möglichkeiten der Antragstellung durch die Schule bedürfen einer breiten Erläuterung, die der Gesetzgeber in seiner Begründung zu Abs. 7 in der LT-Drs. 16/2432 wie folgt vorgenommen hat:

> *„Nur in besonderen, jeweils zu begründenden Ausnahmefällen kann eine allgemeine Schule abweichend von Absatz 5 den Antrag auf Eröffnung stellen. Insbesondere wird es dabei um die Förderschwerpunkte Lernen oder Emotionale und soziale Entwicklung gehen, die in der Regel nicht vor Eintritt in die Schule, sondern erst im Lauf des Besuchs der Grundschule festgestellt werden. Eltern fürchten dabei oftmals, dass mit der Feststellung eines Bedarfs an sonderpädagogischer Unterstützung durch die Schulaufsicht eine Stigmatisierung ihrer Kinder verbunden ist. Daher sollen vom Schuljahr 2014/2015 an notwendige Lehrerstellen für die sonderpädagogische Förderung im Bereich der Lern- und Entwicklungsstörungen (Förderschwerpunkte Lernen, Emotionale und soziale Entwicklung sowie Sprache) im Rahmen von regionalen Stellenbudgets zur Verfügung gestellt werden wie dies derzeit auch in den am Schulversuch „Ausbau von Förderschulen zu Kompetenzzentren für sonderpädagogische Förderung gemäß § 20 Absatz 5 Schulgesetz NRW“ teilnehmenden Regionen der Fall ist .* (Anm.: Diese Regelung aus der Vergangenheit hat sich im Schulversuch sehr bewährt.) *Dieser Schritt führt dazu, dass die notwendigen Stellen für sonderpädagogische Förderung im Bereich der Lern- und Entwicklungsstörungen unabhängig davon zur Verfügung*

stehen, ob Eltern Anträge auf Feststellung eines Bedarfs an sonderpädagogischer Unterstützung in diesen Förderschwerpunkten stellen oder nicht. Folglich ist es im Regelfall nicht erforderlich, dass Schulen gegen den Willen von Eltern Anträge an die Schulaufsicht auf Feststellung eines Bedarfs an sonderpädagogischer Unterstützung stellen, da die Stellen unabhängig vom Ausgang der Verfahren in diesen Budgets enthalten sind und wirken sich nicht bedarfserhöhend.

Zu Nummer 1: Für Schülerinnen und Schüler, die zieldifferent gefördert werden, kann eine solche Entscheidung weitreichende Folgen für die weitere Bildungslaufbahn haben, bis hin zur Frage, welchen Schulabschluss oder welches Abschlusszeugnis sie erwerben können (vgl. Absatz 4). Hierüber sind Eltern zu informieren.

Zu Nummer 2: Bei Schülerinnen und Schülern mit einem besonders ausgeprägten Bedarf an sonderpädagogischer Unterstützung im Förderschwerpunkt Emotionale und soziale Entwicklung kann es sein, dass das gemeinsame Lernen auch mit Unterstützung von Lehrkräften für sonderpädagogische Förderung aus dem Stellenbudget nicht möglich ist. Der Antrag auf Feststellung eines Bedarfs an sonderpädagogischer Unterstützung durch die Schule kann dann beispielsweise einen Wechsel an eine andere allgemeine Schule oder Förderschule vorbereiten.

In beiden Fällen legitimiert allein ein förmliches Verwaltungsverfahren, einer Schülerin oder einem Schüler Bedarf an sonderpädagogischer Unterstützung zu attestieren. Diese Entscheidung muss hohen Ansprüchen an das Verfahren gerecht werden.

Die in Nummer 1 und 2 genannten Ausnahmen sind nicht abschließend. Daneben kann es Einzelfälle in allen Förderschwerpunkten geben, in denen Schulen auch gegen den Willen von Eltern den Antrag auf Eröffnung des Verfahrens zur Feststellung eines Bedarfs an sonderpädagogischer Unterstützung stellen."

Auch die zu S. 2 erfolgten Erläuterungen in der LT-Drs. 16/2432 sind so erkenntnisreich, dass sie an dieser Stelle zitiert werden , um Schulen bei einer beabsichtigten Antragstellung mehr Klarheit zu geben.

Zu S. 2:

„Mit der Einrichtung von Stellenbudgets für die sonderpädagogische Förderung im Bereich der Lern- und Entwicklungsstörungen wird es grundsätzlich nicht mehr nötig sein, dass der Bedarf eines Kindes an sonderpädagogischer Unterstützung in diesen Förderschwerpunkten im Rahmen eines Verwaltungsaktes festgestellt wird, damit zusätzliche Lehrerressourcen bereit gestellt werden (Aufhebung des sogenannten Ressourcen-Etikettierungs-Dilemmas). Die in S. 1 Ziff. 1 vorgesehene Entscheidung der Schulaufsicht darüber, ob ein Kind zieldifferent lernt, soll daher für den Förderschwerpunkt Lernen durch die Schule in der Regel nicht vor der Einschulung oder in den ersten zwei Jahren der Schuleingangsphase beantragt werden; unberührt hiervon bleibt das Recht der Eltern, einen solchen Antrag nach Absatz 5 zu stellen. Diese Regelung soll sicherstellen, dass die zeitlichen Möglichkeiten der Schuleingangsphase der Grundschule (Verweildauer bis zu drei Schulbesuchsjahren) genutzt werden, bevor die Entscheidung getroffen wird, ob ein Kind künftig im Bildungsgang des Förderschwerpunktes Lernen zieldifferent gefördert wird.

Gleichwohl gibt es Kinder, die sehr bald nach dem Schuleintritt sonderpädagogische Unterstützung brauchen. Die Grundschule wird dabei durch Stellenzuweisung aus dem Stellenbudget unterstützt. Sollte dies in Einzelfällen nicht möglich sein, kann die Schule auch während der Schuleingangsphase einen Antrag auf Eröffnung eines Feststellungsverfahrens stellen."

3. Entscheidung über Bedarf an sonderpädagogischer Unterstützung und Förderschwerpunkte (2. Abschnitt AO-SF)

3.1 Allgemeines (§ 10 AO-SF)

Die neue „ Änderungsverordnung" AO-SF regelt folgerichtig zu § 19 SchulG im 2. Abschnitt (§§ 10 bis 20) die Entscheidung über den Bedarf an sonderpädagogischer Unterstützung, die Förderschwerpunkte und den Förderort. Der neu eingefügte § 10 (Allgemeines) beschreibt die Voraussetzungen für ein Feststellungsverfahren und im Abs. 2 wird die entscheidende Schulaufsichtsbehörde bestimmt:

§ 10 Abs. 1 und 2 SchulG

Allgemeines

(1) Bestehen Anhaltspunkte dafür, dass eine Schülerin oder ein Schüler auf Grund einer Behinderung oder wegen einer Lern- und Entwicklungsstörung besondere Unterstützung benötigt, entscheidet die Schulaufsichtsbehörde über den Bedarf an sonderpädagogischer Unterstützung und die Förderschwerpunkte.

(2) Zuständig für das Verfahren ist die Schulaufsichtsbehörde, in deren Gebiet die Schülerin oder der Schüler die allgemeine Schule besucht oder besuchen müsste.

VV zu § 10

10.2 ***zu Absatz 2***

10.2.1 Die Schulaufsicht entscheidet im Rahmen der internen Geschäftsverteilung über die Federführung für die Verfahren nach dieser Verordnung.

10.2.2 Im gesamten Verfahren nach § 10 bis § 20 ist das Schulamt zuständig für Schülerinnen und Schüler der Primarstufe und der Hauptschule, die Bezirksregierung für Schülerinnen und Schüler der Realschule, des Gymnasiums, der Gesamtschule, der Sekundarschule und des Berufskollegs.

3.2 Eröffnung des Verfahrens auf Antrag der Eltern

Für die Eröffnung des Verfahrens bestimmt § 11 AO-SF:

§ 11 AO-SF

Eröffnung des Verfahrens auf Antrag der Eltern

(1) Die Eltern stellen über die allgemeine Schule bei der gemäß § 10 Absatz 2 zuständigen Schulaufsichtsbehörde einen Antrag auf Eröffnung des Verfahrens zur Feststellung des Bedarfs an sonderpädagogischer Unterstützung.

(2) Bereits bei der Anmeldung ihres schulpflichtigen Kindes zur Schule können die Eltern den Antrag stellen

1. bei der zuständigen Grundschule,

2. in den Fällen von § 3 Nummer 2 bis 5 auch bei einer Förderschule.

VV zu § 11

11.1 ***zu Absatz 1:***

11.1.1 Eltern im Sinne des Schulrechts sind die in § 123 Absatz 1 SchulG genannten Personen.

11.1.2 Die Schule fügt dem Antrag der Eltern eine Stellungnahme bei.

11.1.3 Stellen Eltern den Antrag bei einer Förderschule, leitet ihn die Schule an die Schulaufsichtsbehörde weiter.

11.1.4 Lehnt die Schulaufsichtsbehörde den Antrag von Eltern auf Eröffnung des Verfahrens ab, weil die Voraussetzungen des § 10 Absatz 1 nicht erfüllt sind, erteilt sie den Eltern einen Bescheid.

3.3 Eröffnung des Verfahrens auf Antrag der Schule (§ 12)

Im neu eingefügten § 12 AO-SF wird geregelt, wann die Schule ausnahmsweise einen Antrag auf Eröffnung des Verfahrens stellen kann. Diese Trennung macht deutlich, dass vorrangig die Eltern einen solchen Antrag stellen können, wenn sie sonderpädagogische Unterstützung für ihr Kind wünschen.

§ 12 AO-SF

Eröffnung des Verfahrens auf Antrag der Schule

(1) In Ausnahmefällen kann eine allgemeine Schule einen Antrag auf Eröffnung des Verfahrens nach vorheriger Information der Eltern unter Angabe der wesentlichen Gründe stellen, insbesondere

1. *wenn eine Schülerin oder ein Schüler nicht zielgleich unterrichtet werden kann oder*
2. *bei einem vermuteten Bedarf an sonderpädagogischer Unterstützung im Förderschwerpunkt Emotionale und soziale Entwicklung, der mit einer Selbst- oder Fremdgefährdung einhergeht.*

(2) Ein Verfahren wird nur dann eröffnet, wenn die Schule dargelegt hat, dass sie alle ihre Fördermöglichkeiten ausgeschöpft hat.

(3) Bei einem vermuteten Bedarf an sonderpädagogischer Unterstützung im Förderschwerpunkt Lernen kann die Schule den Antrag in der Regel erst stellen, wenn eine Schülerin oder ein Schüler die Schuleingangsphase der Grundschule im dritten Jahr besucht; nach dem Ende der Klasse 6 ist ein Antrag nicht mehr möglich.

(4) In den übrigen Förderschwerpunkten ist nach Abschluss der Klasse 6 ein Verfahren nur noch in Ausnahmefällen durchzuführen.

Im § 12 AO-SF wurden die gesetzlichen Regelungen aus § 19 Abs. 7 SchulG wörtlich übernommen, daher wird an dieser Stelle auf die ausführlichen Erläuterungen zum Antrag der Schule in T 15-2.1.7 verwiesen.

VV zu § 12

12.1 ***zu Absatz 1:***

Ein Antrag der Schule enthält die in VV 13.1.2 vorgesehenen Informationen.

12.2 zu Absatz 2:
Ein Verfahren wird nur bei Anhaltspunkten für einen Bedarf an sonderpädagogischer Unterstützung eröffnet.

3.4 Zeitpunkt des Antrags auf Eröffnung des Verfahrens

Gesetz und Rechtsverordnung legen außer den Ausführungen in § 12 AO-SF (Antrag der Schule) keinen Zeitpunkt fest, an dem frühestens oder bis zu dem spätestens ein Antrag auf Eröffnung des Verfahrens gestellt werden kann oder muss. Soll ein sonderpädagogischer Unterstützungsbedarf im Zusammenhang mit der Einschulung überprüft werden, können Eltern den Antrag zusammen mit der Anmeldung (15.11. des Vorjahres, vgl. § 1 Abs. 1 AO-GS) stellen. Es liegt nahe, den Antrag nicht später zu stellen, damit das Verfahren zu dem Zeitpunkt abgeschlossen ist, an dem die Grundschulen die Aufnahmeentscheidung ihren zukünftigen Erstklässlern mitteilen. Geht man davon aus, dass die Verfahren in der Regel etwa 5 Monate dauern, müssten die Anträge im November des Vorjahres gestellt werden. Ein so früher Verfahrensbeginn ist dann sinnvoll, wenn es sich um Kinder handelt, die wegen einer Behinderung bereits an Maßnahmen der Frühförderung teilnehmen und bei denen die Grundelemente sonderpädagogischer Unterstützung bereits feststellbar sind. In der Regel ist das bei Kindern mit einer Behinderung gemäß §§ 5 bis 8 AO-SF der Fall. Für Kinder mit Entwicklungsverzögerungen soll vor Schuleintritt kein Verfahren zur Feststellung eines sonderpädagogischen Unterstützungsbedarfs eröffnet werden, es sei denn, dass Eltern dies ausdrücklich beantragen. Aus den Erfahrungen der Regionen mit Kompetenzzentren ist dies nur bei Kindern mit einem vermuteten Unterstützungsbedarf im Förderschwerpunkt Sprache der Fall verbunden mit dem Wunsch der Eltern, ihr Kind durch eine Förderschule Sprache fördern zu lassen.

Bei den übrigen Kindern mit vermuteten Bedarfen an sonderpädagogischer Unterstützung ist es möglich, zunächst nur eine vorläufige Entscheidung zu treffen und die abschließende Entscheidung von der Bestätigung oder Verneinung bestimmter Faktoren abhängig zu machen. Vorläufige Entscheidungen kommen vor allem dann in Betracht, wenn einzelne Verfahrenselemente (z.B. das Gutachten des Gesundheitsamtes) noch nicht vorliegen, mit den Eltern aber Einvernehmen über den Förderort besteht und der Förderbedarf im Wesentlichen unstreitig ist. Es ist auch möglich, die sonderpädagogische Unterstützung gemäß § 14 Abs. 4 AO-SF zunächst probeweise vorzusehen.

Der Zeitpunkt der Eröffnung des Verfahrens und auch der Zeitpunkt der Entscheidung über den Bedarf an sonderpädagogischer Unterstützung und den Förderort (wenn sie rechtzeitig vor Schuljahresbeginn getroffen werden) könnten dann von untergeordneter Bedeutung sein, wenn es nur darum ginge, den bereits vorher vermuteten Förderschwerpunkt zu bestätigen. Sie sind aber von erheblicher Bedeutung, wenn es auch darum geht, die Möglichkeit sonderpädagogischer Förderung an der Grundschule in die Überprüfung einzubeziehen. Dies ist dann der Fall, wenn die Eltern den Regelförderort Grundschule anstreben. Die Schulaufsicht ist verpflichtet, die Möglichkeit von sich aus stets in ihre Überprüfungen einzubeziehen, um die Eltern sachgerecht beraten zu können.

Tritt eine bisher nicht vorhandene Körperbehinderung oder Seh- oder Hörschädigung auf, kann das Verfahren zu jedem sachlich verantwortbaren Zeitpunkt eingeleitet werden. Gerade in diesen Fällen liegt es aber nahe, die Möglichkeit eines Gemeinsamen Lernens genau zu überprüfen.

3.5 Voraussetzungen für die Eröffnung des Verfahrens

3.5.1 Elternantrag

Die Anforderungen an die Begründung eines Antrags der Eltern dürfen nicht zu hoch festgesetzt werden. Es reicht aus, wenn schlüssig dargetan wird, welches Verhalten des Kindes zu der Annahme führt, dass eine sonderpädagogische Förderung erforderlich sein könnte. Die Grundschule (selbstverständlich auch die Förderschule, wenn bei ihr ein Antrag gestellt wird) soll ihre Beratung anbieten und sich auch bereit erklären, bei der Formulierung und Begründung des Antrags zu helfen.

Die Eltern sind bereits zu diesem Zeitpunkt über die Möglichkeiten und Voraussetzungen des Gemeinsamen Lernens zu informieren; dies gilt auch für die Förderschule, wenn der Antrag bei ihr gestellt wird. Wählen die Eltern das Gemeinsame Lernen für ihr Kind, kommt jedoch die angesprochene Grundschule als Förderort nicht in Betracht, weil die Konzeption des Schulamtes andere Grundschulen als Schwerpunktschulen für gemeinsames Lernen vorsieht, sind die Eltern auch hierüber zu informieren. Wenn die Schule den Antrag der Eltern an die Schulaufsicht weiterleitet, ist sie verpflichtet, dazu Stellung zu nehmen. Die Stellungnahme muss die Aussagen enthalten, die die Schule auch bei einem eigenen Antrag machen muss (siehe die nachfolgenden Erläuterungen). Mit der Stellungnahme sollte der Vorschlag verbunden sein, welche Lehrkraft der Schule bei der Erstellung des Gutachtens beteiligt werden sollte (s. T 15-3.7.1). In ihrer Stellungnahme muss sich die Schule auch damit auseinandersetzen, ob sie Gemeinsames Lernen ggf. auch an der eigenen Schule für möglich hält und welche Voraussetzungen nach ihrer Einschätzung erfüllt sein müssen.

3.5.2 Schulantrag

Es sind die Aussagen erforderlich, die auch das spätere Gutachten der beiden beauftragten Lehrkräfte enthalten muss (s. T 15-3.7.1), also neben den Personaldaten u.a. Informationen über den bisherigen schulischen und vorschulischen Bildungsweg, Lernentwicklung und Leistungsstand, Arbeits- und Sozialverhalten, Lebensumfeld, Behinderungen, die den sonderpädagogischen Unterstützungsbedarf begründen.

Vor allem sind die Anhaltspunkte konkret zu benennen, die bei der Schule zu der Annahme geführt haben, dass eine hinreichende Förderung im Unterricht voraussichtlich nur mit sonderpädagogischer Unterstützung möglich sein wird. Solche Anhaltspunkte können sich im Rahmen des Einschulungsverfahrens aus einem Bericht der Eltern, der vorher besuchten Kita oder anderen Fachgutachten ergeben; auch die eigenen Feststellungen der Schulleitung im Rahmen des Gesprächs bei der Anmeldung sind einzubeziehen.

Besucht das Kind bereits die Schule, ist von den Feststellungen der Klassenleitung (unter Einbeziehung der Eindrücke und Einschätzungen der übrigen Lehrkräfte der Klasse) über das Verhalten und Leistungsvermögen auszugehen. Die Schulleitung muss sich in jedem Einzelfall auch selbst ein Bild von dem Kind machen. Die Annahme, dass auf sonderpädagogische Förderung nicht verzichtet werden kann, setzt voraus, dass die Schule die eigenen Fördermöglichkeiten überprüft und erfolglos angewendet hat (§ 12 Abs. 2 AO-SF). Dies ist in dem Antrag nachvollziehbar darzulegen. Dabei sollte sie sich auch mit dem allgemeinen Grundsatz auseinandersetzen, dass eine Behinderung nicht in jedem Fall sonderpädagogischen Unterstützungsbedarf zur Folge hat. Ist sich die Schule in ihrem Urteil nicht sicher, sollte sie bereits in diesem Verfahrensstadium eine sonderpädagogische Fachkraft zur Beratung heranziehen. Im Bereich der Lern- und Entwicklungsstörungen (vgl. § 4 AO-SF) sollten im Primarbereich Verfahren nach §§ 12 ff. AO-SF nur dann durchgeführt werden, wenn alle Unterstützungsmöglichkeiten der Grundschule ausgeschöpft sind. Besteht zwischen der Grundschule und einzelnen Förderschulen (vgl. § 4 SchulG) keine Kooperationsvereinbarung, die auch die wechselseitige Einbeziehung von Lehrkräften und die gemeinsame Nutzung von Beratungskompetenz betrifft, sollte das Schulamt um Hilfestellung gebeten werden.

Soll bei einer Behinderung oder Lern- und Entwicklungsstörung das Verfahren in den ersten beiden Jahren eingeleitet werden, muss auch die Stellungnahme der Grundschule eingeholt werden, warum sie nicht von der sonderpädagogischen Förderung ohne ein solches Verfahren Gebrauch gemacht hat. Hinzu kommt bei einem vermuteten Bedarf an sonderpädagogischer Unterstützung im Förderschwerpunkt Lernen, dass die Schule den Antrag erst dann stellen kann, wenn Schüler/innen die Schuleingangsphase der Grundschule im dritten Jahr besuchen (§ 12 Abs. 3 AO-SF). Je später eine sonderpädagogische Förderung erfolgt, desto geringer sind die Chancen des Kindes, sich nach seinen Möglichkeiten und Fähigkeiten in der Schule zu entfalten.

Eines der Ziele des SchulG ist es auch, die Eltern so in das schulische Geschehen einzubeziehen, dass sie den Bildungs- und Erziehungsauftrag der Schule als gemeinsame Aufgabe von Elternhaus und Schule verstehen und zur aktiven Mitwirkung bereit sind. Für die Schule bedeutet dies, das Verfahren so transparent wie möglich zu gestalten und Einvernehmen sowohl über die Verfahrensschritte wie auch über das Ergebnis zu erzielen. Ist dies nicht erreichbar, sollten die Gründe hierfür aus der Antragsbegründung deutlich werden. Die schlichte Information an die Eltern, es sei ein Antrag auf Eröffnung des Verfahrens beim Schulamt gestellt worden, reicht nicht aus.

3.6 Entscheidung über die Eröffnung des Verfahrens.

3.6.1 Zuständige Behörde

Zuständig ist immer das Schulamt, in dessen Aufsichtsbereich die besuchte Grundschule liegt oder im Rahmen des Einschulungsverfahrens das Schulamt, dessen Schule besucht werden soll (§ 10 Abs. 2 AO-SF). Machen die Eltern von ihrem Wahlrecht im Hinblick auf die Schulart (Gemeinschaftsschule oder Bekenntnisschule) Gebrauch (vgl. § 26 Abs. 5 Satz 1 SchulG) und wollen sie ihr Kind in eine Schule einer Nachbargemeinde schicken, weil eine Grundschule ihrer Wahl in der Wohnsitzgemeinde nicht vorhanden ist (vgl. § 26 Abs. 5 Satz 3 SchulG), ist das Schulamt der Nachbargemeinde „zuständige Schulaufsichtsbehörde". Dies gilt auch dann, wenn dadurch Regierungsbezirksgrenzen überschritten werden. Machen die Eltern von ihrem Wahlrecht keinen Gebrauch, ist von der Gemeinschaftsgrundschule auszugehen, die für das Kind die nächste Schule ist. Ist in der Wohnsitzgemeinde lediglich eine Bekenntnisschule vorhanden, so ist diese die zuständige Schule.

Bei Kindern von beruflich reisenden Eltern (z.B. Schausteller, in Circussen Tätige und Binnenschiffer) ist zuständige Schule diejenige, in deren Einzugsbereich das Kind gemeldet ist (Stammsitz oder Winterstandort). Wenn die Wohnsitzgemeinde außerhalb des Landes NRW liegt und auch nicht der „gewöhnliche Aufenthalt" in NRW (vgl. § 39 Abs. 3 SchulG) festgestellt werden kann, ist zunächst von dem Winterstandort (bei Schaustellern: die dort benannte Stammschule) auszugehen. Führt auch dies nicht zu einer klaren Festlegung der zuständigen Schule und damit des zuständigen Schulamtes, sollte die Bezirksregierung, in deren Zuständigkeitsbereich die überwiegende Reisezeit zum Anmeldezeitpunkt liegt, das zuständige Schulamt bestimmen. Bei Kindern, deren Erziehungsberechtigte in Circussen tätig sind und die für den Besuch der Schule für Circuskinder der evangelischen Kirche im Rheinland in Betracht kommen, kann auch das Schulamt des Standortes dieser Schule (z. Zt. Hilden) als zuständig bestimmt werden.

3.6.2 Überprüfung der Gründe

Die Schulaufsichtsbehörde ist verpflichtet, den Antrag daraufhin zu überprüfen, ob das vorgesehene Verfahren eingehalten worden ist, und die vorgetragenen Gründe dessen Einleitung rechtfertigen. Unabhängig davon, ob der Antrag von den Eltern oder der Schule gestellt worden ist, muss sie feststellen, dass die konkreten Fördermöglichkeiten gerade dieser Schule erschöpft sind. Dabei hat sie – ebenso wie die Schule – zu berücksichtigen, dass eine Behinderung nicht in jedem Fall sonderpädagogischen Unterstützungsbedarf zur Folge hat. In der Regel ist sonderpädagogische Förderung nur dann erforderlich, wenn Behinderungen oder Lern- und Entwicklungsstörungen i.S.d. §§ 4 bis 8 AO-SF vorliegen.

Eine Behinderung hat dann keinen sonderpädagogischen Unterstützungsbedarf zur Folge, wenn

a) das Kind zielgleich unterrichtet werden kann und
b) der Anspruch auf angemessene Berücksichtigung der mit der Behinderung verbundenen Erschwernisse einlösbar ist sowie
c) die räumliche und sächliche Ausstattung der Schule dem nicht entgegenstehen.

Zielgleich kann ein Kind dann unterrichtet werden, wenn es der Schule und dem Kind möglich ist, im Rahmen eines individuell gestalteten, die Behinderung berücksichtigenden Bildungsplanes die in § 11 Abs. 1 SchulG beschriebenen Ziele zu vermitteln bzw. zu erreichen. Der Anspruch auf Berücksichtigung der Behinderung berechtigt und verpflichtet die Klassenkonferenz, in dem Umfang von den Bestimmungen der AO-GS (vgl. § 21 Abs. 8 AO-SF) abzuweichen, wie es die Behinderung erfordert. Betroffen sind die Bestimmungen zur Leistungsbewertung (Zahl und Dauer schriftlicher Arbeiten zur Leistungsfeststellung), die Pflicht zur aktiven Beteiligung in allen Fächern (hier vor allem Sport, Kunst und Musik) und zur Teilnahme an den für verbindlich erklärten außerunterrichtlichen Schulveranstaltungen (z.B. Wandertage und Wanderfahrten; vgl. auch T 13-5).

Die Notwendigkeit einer ausreichenden räumlichen und sächlichen Ausstattung der Schule erlangt vor allem bei Kindern mit einer Körperbehinderung Bedeutung. Ist die Schule behindertengerecht (bezogen auf den konkreten Einzelfall) ausgebaut, und weist die Schwere der Behinderung nicht auf einen spezifischen Förderbedarf i.S.d. §§ 6 bis 9 Abs. 5 AO-SF hin, liegen die Voraussetzungen für die Einleitung des Verfahrens nicht vor. Allein die Notwendigkeit der Einrichtung eines individuellen Schülerspezialverkehrs für den Weg von und zur Schule und die damit verbundenen zusätzlichen Kosten für den Schulträger rechtfertigen kein Verfahren nach der AO-SF.

3.6.3 Entscheidungsmöglichkeiten

Die Schulaufsichtsbehörde kann
a) die Eröffnung des Verfahrens ablehnen oder
b) den Antrag zur Ergänzung zurückreichen oder
c) das Verfahren eröffnen.

Die Ablehnung der Eröffnung des Verfahrens muss immer dann erfolgen, wenn der Antrag nicht schlüssig ist, also schon aus den Antragsgründen erkennbar wird, dass eine sonderpädagogische Unterstützung nicht erforderlich ist. Dies gilt auch, wenn der Antrag von den Eltern gestellt worden ist, und diese die die Förderung begründenden Annahmen trotz Beratung durch die Schule aufrechterhalten. Hat die Schule den Antrag vorgelegt, nicht aber dargelegt, welche konkreten Fördermöglichkeiten ihr selbst zur Verfügung stehen und warum diese erfolglos geblieben sind, ist der Antrag ebenfalls zurückzuweisen; eine solche Entscheidung sollte die Schulaufsicht aber zum Anlass einer schulfachlichen Beratung nehmen. Bei der Ablehnung eines Elternantrages sollte den Eltern vor der Entscheidung oder im Zusammenhang mit der Entscheidung das

Angebot zu einem Gespräch gemacht werden, in dem die Ablehnungsgründe und die Fördermöglichkeiten der allgemeinen Schule erläutert werden.

Ist der Antrag in wesentlichen Bereichen schlüssig, fehlen jedoch noch einzelne Angaben der Eltern oder Schule, kann die Schulaufsicht ihn an die Schule zur Ergänzung zurückreichen oder das Fehlende nachfordern. Liegen alle Voraussetzungen vor, eröffnet die Schulaufsichtsbehörde das Verfahren.

3.6.4 *Bescheid über die Entscheidung*

Bei der Entscheidung, das Verfahren zu eröffnen, handelt es sich nicht um einen mit dem Rechtsbehelf des Widerspruchs angreifbaren selbstständigen Verwaltungsakt, sondern um einen – wenn auch formalisierten – Verfahrensschritt zur Vorbereitung der drei Regelungen Feststellung des Unterstützungsbedarf, des Förderschwerpunktes oder der Förderschwerpunkte und der Notwendigkeit zieldifferenter Förderung (§ 14 Abs. 1 AO-SF) Zugleich mit der Entscheidung über die Eröffnung des Verfahrens erfolgt die Beauftragung einer sonderpädagogischen Lehrkraft und einer Lehrkraft der allgemeinen Schule sowie bei Bedarf des Schularztes zur Erstellung der nach § 13 AO-SF vorgesehenen Gutachten (s. T 15-3.7.6).

Die Entscheidung über die Eröffnung des Verfahrens und die Berufung der beiden Lehrkräfte (unter Angabe der dienstlichen Anschrift und Telefonnummer) sowie ggf. des Schularztes ist den Eltern schriftlich mitzuteilen. Die Mitteilung sollte mit einer Darstellung des weiteren Verfahrens verbunden werden.

3.7 Ermittlung des Unterstützungsbedarfs

§ 13 AO-SF

Ermittlung des Bedarfs an sonderpädagogischer Unterstützung

(1) Zur Ermittlung des Bedarfs an sonderpädagogischer Unterstützung beauftragt die Schulaufsichtsbehörde eine sonderpädagogische Lehrkraft und eine Lehrkraft der allgemeinen Schule, die Art und Umfang der notwendigen Förderung unter Berücksichtigung der individuellen Situation der Schülerin oder des Schülers feststellen und in einem gemeinsamen Gutachten darstellen. Hat eine schulärztliche Untersuchung nach Absatz 3 stattgefunden, ist deren Ergebnis einzubeziehen.

(2) Die beauftragten Lehrkräfte laden die Eltern während der Erstellung des Gutachtens zu einem Gespräch ein. Sie informieren die Eltern im Auftrag der Schulaufsichtsbehörde über den Ablauf des Verfahrens sowie über weitere Beratungsangebote.

(3) Soweit sie es für erforderlich hält, veranlasst die Schulaufsichtsbehörde vor Abschluss des Gutachtens eine schulärztliche Untersuchung durch die untere Gesundheitsbehörde. Die Untersuchung umfasst die Feststellung des körperlichen Entwicklungsstandes und die Beurteilung der allgemeinen gesundheitlich bedingten Leistungsfähigkeit einschließlich der Sinnesorgane sowie die Beeinträchtigungen und Behinderungen aus medizinischer Sicht.

(4) Das Gutachten ist mit allen Unterlagen der Schulaufsichtsbehörde zur Entscheidung vorzulegen. Die Schulaufsichtsbehörde kann, soweit es für die Entscheidung notwendig ist, Gutachten weiterer Fachkräfte oder Fachdienste einholen.

(5) Die Schulaufsichtsbehörde ermittelt, welche allgemeinen Schulen mit Angeboten Gemeinsamen Lernens und welche Förderschulen die Schülerin oder der Schüler besuchen könnte. Sie bittet die Eltern um eine Erklärung darüber, ob sie für ihr Kind anstelle des Besuchs einer allgemeinen Schule den Besuch einer Förderschule wählen.

(6) Die Schulaufsichtsbehörde informiert die Eltern über die beabsichtigte Entscheidung und lädt die Eltern zu einem Gespräch ein. Die Eltern können zu dem Gespräch eine Person ihres Vertrauens hinzuziehen. Ziel des Gesprächs ist es, die Eltern über die Gründe zu informieren und Einvernehmen über die künftige Förderung der Schülerin oder des Schülers herbeizuführen. Dabei erläutert die Schulaufsichtsbehörde die Förderschwerpunkte, die für die Schülerin oder den Schüler festgelegt werden sollen, und den voraussichtlichen Bildungsgang (§ 2 Absatz 3).

(7) Die Schulaufsichtsbehörde gibt den Eltern Einsicht in das Gutachten sowie die Unterlagen, auf denen es beruht.

VV zu § 13

13.1 ***zu Absatz 1***

13.1.1 Die sonderpädagogische Lehrkraft kann Lehrkraft der allgemeinen Schule, die die Schülerin oder der Schüler besucht, einer anderen allgemeinen Schule oder einer Förderschule sein. Die weitere Lehrkraft hat ein allgemeinpädagogisches Lehramt. Sie ist in der Regel die Klassenlehrerin oder der Klassenlehrer der Schülerin oder des Schülers. Die Schulaufsichtsbehörde kann Gutachterteams bilden.

13.1.2 Das Gutachten enthält neben den Personaldaten folgende Informationen:

- *vorschulische Bildung, Erziehung und Förderung, bisheriger schulischer Bildungsweg, Lebensumfeld, soweit dies für die schulische Bildung und Erziehung von Bedeutung ist,*
- *Lernentwicklung, Leistungsstand, Arbeits- und Sozialverhalten, Ergebnisse der Test- und Lernprozessdiagnostik, daraus folgender Bedarf an sonderpädagogischer Unterstützung,*
- *Inhalt des Gesprächs mit den Eltern, Elternwunsch zum Förderort (allgemeine Schule oder Förderschule).*

Das Gutachten kann auf Unterlagen der Schule Bezug nehmen oder darauf aufbauen.

13.1.3 Das Gutachten schließt mit einem begründeten Vorschlag für die Entscheidung gemäß § 14 Absatz 1.

13.1.4 Die Schulaufsichtsbehörde beauftragt die Lehrkräfte, die das Gutachten erstellen, im Benehmen mit deren Schulleitungen.

13.1.5 Die Gutachterinnen und Gutachter sind in ihrer Tätigkeit fachlich unabhängig.

13.3 ***zu Absatz 3:***

13.3.1 Das schulärztliche Gutachten enthält Aussagen

- *zur Anamnese,*
- *zur Seh- und Hörfähigkeit,*
- *zum Gesundheitszustand,*
- *zur Behinderung.*

13.3.2 Verzögert sich das schulärztliche Gutachten, kann die Schulaufsichtsbehörde mit Einverständnis der Eltern nach § 14 Absatz 4 entscheiden.

3.7.1 Gutachterbenennung

Die Bestimmung des § 13 und der VV sind nahezu identisch mit der Vorläuferbestimmung des § 12 AO-SF (alt). Die Tätigkeit als Gutachterin oder Gutachter gehört zu den Pflichtaufgaben jeder Lehrkraft. Insbesondere die Lehrkräfte mit der Befähigung für das Lehramt an Förderschulen oder für Sonderpädagogik sind verpflichtet, ihre diagnostische Kompetenz in die Verfahren einzubringen. Eine Befreiung von der Übernahme einer solchen Tätigkeit setzt besondere Gründe voraus. Die Entscheidung, wer mit einer gutachterlichen Tätigkeit beauftragt wird, liegt bei der Schulaufsichtsbehörde. Die Auswahl der sonderpädagogischen Lehrkraft wird von einer Reihe von Faktoren bestimmt:

- vorrangig von der erforderlichen Qualifikation der Lehrkraft im Hinblick auf die möglichen Förderschwerpunkte,
- aber auch von der Entfernung zwischen dem Dienstort der Lehrkraft und dem Wohnort des Kindes,
- auch von der Zahl der Gutachten, die im laufenden Schuljahr von der vorgesehenen Lehrkraft bereits erstellt werden mussten
- und nicht zuletzt von der unterrichtlichen Situation der Schule, an der die vorgesehene Lehrkraft tätig ist.

Welche Förderschwerpunkte in Betracht kommen, wird sich in der Regel aus den Antragsunterlagen ergeben; damit steht auch fest, welche möglicherweise besonderen Qualifikationen auf Seiten der Lehrkraft wünschenswert oder unverzichtbar sind. Von einer allgemeinen diagnostischen Befähigung wird bei jeder sonderpädagogischen Lehrkraft ausgegangen werden können. Die Eltern sind bei der Auswahl nicht zu beteiligen. Werden jedoch Wünsche vorgetragen oder Befürchtungen geäußert, eine bestimmte Auswahl könne den zukünftigen Förderschwerpunkt präjudizieren, sollte dies im Rahmen des Verantwortbaren berücksichtigt werden. Um die Belastung der Lehrkraft, aber auch um die Kosten so gering wie möglich zu halten, ist die Entfernung zwischen Dienstort und Wohnort des Kindes ein gebotenes weiteres Auswahlkriterium. Grundsätzlich sollte die Schulaufsicht bemüht sein, die Aufträge möglichst gleichmäßig zu verteilen, ohne dass die einzelne Lehrkraft hieraus einen Anspruch herleiten könnte, nicht als Gutachterin herangezogen zu werden oder nicht mehr als eine bestimmte Zahl von Gutachtenaufträgen zu erhalten. Diejenige Lehrkraft, die sich in diesen Verfahren als besonders qualifiziert erwiesen hat, wird wohl damit rechnen müssen, häufiger beauftragt zu werden.

Da die für die Erstellung eines Gutachtens in der Regel unverzichtbaren Beobachtungen des Kindes meistens während der allgemeinen Unterrichtszeit (sei es in der Grundschule, sei es im Kindergarten) stattfinden, kann bei der Auswahl der Gutachterin oder des Gutachters die unterrichtliche Situation der Schule, an der die Lehrkraft unterrichtet, nicht unberücksichtigt bleiben. Dies bedeutet, dass – sofern es nicht allgemeine Absprachen gibt – die jeweilige Schulleitung vor der Auftragserteilung zu beteiligen ist. Die VV 13.1.4 fordern, dass mit der Schulleitung „Benehmen" hergestellt werden muss. Dies bedeutet nicht, dass die Schulleitung einer Benennung zustimmen muss (= im Einvernehmen); versucht werden sollte aber, sich mit der Schulleitung zu verständigen, sich mit ihr abzusprechen. Bei dem Verfahren zur Erstellung des Gutachtens ist die Schulleitung jedoch nicht mehr beteiligt. Das Auftragsschreiben des Schulamtes und die diesem beigefügten Antragsunterlagen gehen an die Lehrkraft persönlich und nicht „auf dem Dienstweg" über die Schulleitung. Welche Lehrkraft der allgemeinen Schule als Mit-Gutachterin benannt werden soll, ist in den VV 13.1.1 aufgezeigt worden. Da es stets auch darum geht, festzustellen, ob die sonderpädagogische Förderung auch im Gemeinsamen Lernen erfolgen kann, liegt es nahe, auf die Lehrkraft zurückzugreifen, die diesen Unterricht später erteilen müsste. Auch hier sollte auf eine Beteiligung der Schulleitung nicht verzichtet werden.

3.7.2 Dialogisches Verfahren

Die sonderpädagogische Lehrkraft erstellt das Gutachten „in Zusammenarbeit mit einer Lehrkraft der allgemeinen Schule". Zusammenarbeit ist mehr als Beteiligung in Form der Zustimmung. Die Lehrkraft der allgemeinen Schule kann sich nicht darauf beschränken, den Entwurf des Gutachtens der sonderpädagogischen Lehrkraft daraufhin zu überprüfen, ob sie die darin enthaltenen Feststellungen und Schlussfolgerungen ebenfalls verantworten kann. Zusammenarbeit bedeutet aktive Mitwirkung bei der Feststellung des Sachverhalts, bei den Beobachtungen und den Gesprächen mit den Erziehungsberechtigten und die gemeinsame Erarbeitung der sich hieraus ergebenden Beschreibung des sonderpädagogischen Unterstützungsbedarfs, auch wenn der sonderpädagogischen Lehrkraft die „Federführung" im Verfahren übertragen worden ist.

3.7.3 Gutachtenziel

Es sollen „Art und Umfang der notwendigen Förderung unter Berücksichtigung der individuellen Situation der Schülerin oder des Schülers" festgestellt werden. Gefordert werden die Ermittlung und Beschreibung des individuellen Unterstützungsbedarfs und nicht die Feststellung, welcher Förderort möglicherweise geeignet ist. Zwar weist die AO-SF in § 3 den sonderpädagogischen Unterstützungsbedarf, entsprechend den in § 19 Abs. 2 SchulG genannten 7 Förderschwerpunkten, bestimmten Behinderungsarten zu. Dies ist jedoch nur eine Leitlinie für die Schulaufsicht, um beim Wunsch der Eltern im Förderschulbereich den geeigneten Förderort festzulegen. Das Gutachten soll den Unterstützungsbedarf nicht trennscharf nach Behinderungsarten und diesen entsprechenden Förderschwerpunkten ermitteln, weil eine solche Trennschärfe eine Verkürzung des Unterstützungsbedarfs darstellen würde. Deutlich wird dies nicht nur im Bereich der Lern- und Entwicklungsstörungen, bei denen die Förderschwerpunkte für die Bereiche Lernbehinderung, Sprachbehinderung sowie Emotionale und soziale Entwicklung bereits im Verordnungstext in einer Vorschrift zusammengefasst sind (§ 4 AO-SF), sondern vielfach auch bei der Abgrenzung z.B. zwischen Schwerhörigkeit und Gehörlosigkeit.

3.7.4 *Gutachteninhalt*

Die VV 13.1.2 bestimmen die Teilbereiche, zu denen das Gutachten Aussagen enthalten muss. Bei zielgleichem Unterricht muss deutlich werden, dass es nicht ausreicht, wenn die (allgemeine) Schule lediglich auf die Behinderung Rücksicht nimmt. Die Verpflichtung, die erforderlichen sonderpädagogischen Förderschwerpunkte (ggf. notwendige Rahmenbedingungen) zu benennen, weist zwar auf die in § 3 AO-SF beschriebenen und der jeweiligen Behinderungsart zugeordneten Förderschwerpunkte hin, verlangt hier aber eine detailliertere Ausarbeitung des Unterstützungsbedarfs, der auch Einzelelemente unterschiedlicher Förderschwerpunkte enthalten kann. Liegt dem Verfahren ein Antrag der allgemeinen Schule zugrunde, dem entsprochen werden soll, dürfte es zulässig und sinnvoll sein, die allgemeinen Feststellungen des Antrags zu übernehmen und sich auf die sonderpädagogischen Fachaspekte zu beschränken. Die Beschreibung der notwendigen Rahmenbedingungen zur Erfüllung des Unterstützungsbedarfs ist nur dann erforderlich, wenn im Einzelfall besondere Bedingungen nötig sind, die nicht jede Schule anbieten kann. Sie sollte immer dann erfolgen, wenn gemeinsames Lernen grundsätzlich in Betracht kommt. Die Benennung eines konkreten Förderortes ist nicht Inhalt des Gutachtens.

3.7.5 *Verfahrensablauf*

Mit dem Eingang des Auftrags bei den Lehrkräften geht die Verantwortung für den weiteren Ablauf des Verfahrens auf diese über. Sie sind verpflichtet, die Form der Zusammenarbeit einvernehmlich zu regeln, die erforderlichen Besuchstermine z.B. in der Grundschule oder im Kindergarten zu vereinbaren und mit den Eltern ständigen Kontakt zu halten. Sonderpädagogische Lehrkraft und allgemeine Lehrkraft können auch eine Aufgabenverteilung vereinbaren; sie sollten dies tun, wenn es dem Verfahrensablauf dienlich ist.

Zeigt sich im Verlauf der Beobachtungen und Gespräche, dass der pädagogische Sachverstand, einschließlich der Feststellungen des Schularztes, nicht ausreichen wird, eine abschließende und umfassende Stellungnahme abzugeben, können beide Lehrkräfte auch schon vor Abgabe ihres Gutachtens bei der Schulaufsicht anregen, Gutachten weiterer Fachkräfte oder Fachdienste (vgl. § 13 Abs. 4 S. 2 AO-SF) einzuholen. Liegt das schulärztliche Gutachten zu dem Zeitpunkt, an dem die pädagogischen Feststellungen abgeschlossen sind, noch nicht vor und ist eine weitere zeitliche Verzögerung nicht zu verantworten (z.B. bevorstehender Schuljahresbeginn), sollte das pädagogische Gutachten unter dem Vorbehalt einer erneuten Überprüfung nach Auswertung des schulärztlichen Gutachtens erstellt und der Schulaufsichtsbehörde zugeleitet werden. Diese kann dann überprüfen, ob es – im Einvernehmen mit den Eltern – eine vorläufige Entscheidung über den sonderpädagogischen Unterstützungsbedarf und den Förderort trifft. Sie kann die sonderpädagogische Förderung zunächst auch probeweise vorsehen. Der in § 14 Abs. 4 AO-SF vorgesehene Höchstrahmen für eine probeweise Förderung von 6 Monaten sollte aber nur dann ausgeschöpft werden, wenn die Fördernotwendigkeit zwischen allen Beteiligten im Wesentlichen unstreitig ist (s.a. T 15-2.3.9).

Das Gutachten ist von beiden Lehrkräften zu unterzeichnen und zusammen mit den übrigen Unterlagen unmittelbar der Schulaufsichtsbehörde zuzuleiten.

3.7.6 Beteiligung des Gesundheitsamtes

Benötigt die Schulbehörde ein schulärztliches Gutachten, so soll der Auftrag an das Gesundheitsamt, eine schulärztliche Untersuchung durchzuführen, zum frühestmöglichen Zeitpunkt erteilt werden; auf die notwendigen Aussagen eines ärztlichen Gutachtens gemäß § 13 Abs. 3 AO-SF und VV 13.3.1 ist hinzuweisen. Mit dem Gesundheitsamt ist zu vereinbaren, ob das schulärztliche Gutachten zunächst der Schulaufsichtsbehörde zugeleitet wird oder aus Gründen der Verwaltungsvereinfachung und Verfahrensbeschleunigung unmittelbar den Lehrkräften.

3.7.7 Elternbeteiligung

Der Verfahrensablauf für die Erstellung des Gutachtens sollte zu Beginn mit den Eltern besprochen werden. Ihnen sollte Gelegenheit gegeben werden, an einzelnen Verfahrensabschnitten (z.B. Gespräch mit der Kindergärtnerin oder den Lehrkräften der Grundschule bzw. weiterführenden Schule) teilzunehmen. Bevor das Gutachten erstellt wird, sollten beide Lehrkräfte in einer Abschlussbesprechung den Eltern ihre beabsichtigte Bewertung vortragen. Wünsche und Vorstellungen der Eltern sollten einbezogen werden, soweit dieses verantwortbar ist. Ziel sollte es sein, ein von allen Beteiligten getragenes Gutachten vorlegen zu können. Ob den Eltern grundsätzlich eine Durchschrift des Gutachtens zugleich mit der Absendung an das Schulamt ausgehändigt wird, sollte auf der Ebene der Schulaufsichtsbehörde vereinbart werden. Es sollte der Regelfall sein, wenn nicht besondere Gründe im Einzelfall dagegen sprechen. In jedem Fall ist den Eltern auf Verlangen Einblick in das Gutachten zu gewähren und ggf. eine Kopie auszuhändigen.

3.7.8 Datenschutz

Die datenschutzrechtlichen Bestimmungen des § 19 Abs. 4 SchVG sind, was die Verarbeitung und Weitergabe sensibler Daten von Schüler/innen angeht, nicht in das SchulG übernommen worden. Lediglich § 120 Abs. 3 letzter Satz SchulG trifft **hier** eine Aussage:

(3) Standardisierte Tests und schriftliche Befragungen von Schulanfängerinnen und -anfängern (§ 36) und Schülerinnen und Schülern dürfen in der Schule nur durchgeführt werden, soweit dies für die Feststellung der Schulfähigkeit oder des Sprachstandes, für eine sonderpädagogische Förderung oder für Maßnahmen zur Qualitätsentwicklung und Qualitätssicherung geeignet und erforderlich ist. Für Zwecke der Lehrerbildung sowie der Qualitätsentwicklung und Qualitätssicherung dürfen vom Ministerium genehmigte Bild- und Tonaufzeichnungen des Unterrichts erfolgen, wenn die Betroffenen rechtzeitig über die beabsichtigte Aufzeichnung und den Aufzeichnungszweck informiert worden sind und nicht widersprochen haben. Die Schülerinnen und Schüler sowie die Eltern sind über die wesentlichen Ergebnisse zu informieren. Aus Tests und schriftlichen Befragungen zur Feststellung der Schulfähigkeit und des sonderpädagogischen Förderbedarfs dürfen nur die Ergebnisse und der festgestellte Förderbedarf an andere Schulen übermittelt werden.

Im Übrigen ist die Verordnung über die zur Verarbeitung zugelassenen Daten von Schülerinnen, Schülern und Erziehungsberechtigten (VO-DV I) zu beachten.:

§ 1 Abs. 2 S. 2 VO–DV I

(2) Die zur Verarbeitung zugelassenen Daten sind in den Anlagen genannt. Die nicht für die automatisierte Datenverarbeitung zugelassenen Daten sind in den Anlagen besonders gekennzeichnet. Sofern die Erfüllung der übertragenen Aufgaben die Verarbeitung von in den Anlagen nicht genannten Daten im Einzelfall erforderlich macht, gelten die allgemeinen datenschutzrechtlichen Vorschriften. Die Zulässigkeit der Verarbeitung erstreckt sich auch auf in der Anlage nicht genannte Daten, soweit sie aus den in den Anlagen genannten Daten gebildet oder abgeleitet werden und zur Erfüllung der übertragenen Aufgaben erforderlich sind. Die Verarbeitung umfasst auch die Auswertungen von Daten, die zur Erfüllung der übertragenen Aufgaben erforderlich sind.

Dies sind folgende Daten:

- Gesundheitliche Beeinträchtigungen und / oder
- körperliche Behinderungen, soweit deren Kenntnis nach § 57 Absatz 1 SchulG notwendig sind (Anlage 1 Abschnitt A II, Nr. 13 VO-DV I)
- die nicht im Schülerstammblatt enthaltenen, getrennt und verschlossen aufzubewahrenden Beratungsunterlagen sonderpädagogischer, medizinischer, psychologischer und sozialer Art, soweit für die Schüler/innen eine besondere schulische Betreuung in Betracht kommt (Anlage 2, II, Nr. 2 VO-DV I).

3.7.9 Beratungsgespräch mit der Schulaufsicht

§ 13 Abs. 5 AO-SF ist neu eingefügt und folgt § 19 Abs. 5 und 6 SchulG.

Der eingefügte Abs. 5 hebt bereits in diesem Paragraphen, der sich mit der Ermittlung des Bedarfs an sonderpädagogischer Unterstützung auseinandersetzt, deutlich hervor, dass die Schulaufsichtsbehörde verpflichtet ist , vor dem erläuternden und beratenden Gespräch mit den Eltern mögliche Förderorte (allgemeine Schule oder Förderschule) zu ermitteln, um umfassende Beratung leisten zu können.

Im 2. Satz wird das Recht der Eltern, zwischen der allgemeinen Schule oder alternativ der Förderschule zu wählen, deutlich unterstrichen.

Nähere Erläuterungen zu den Entscheidungsprozessen im Rahmen des Feststellungsverfahrens siehe die Ausführungen zu § 14 AO-SF.

3.8 Entscheidung über Bedarf an sonderpädagogischer Unterstützung und Förderschwerpunkte

§ 14 AO-SF

Entscheidung über Bedarf an sonderpädagogischer Unterstützung und Förderschwerpunkte

(1) Die Schulaufsichtsbehörde entscheidet über

1. den Bedarf an sonderpädagogischer Unterstützung,

2. den Förderschwerpunkt oder die Förderschwerpunkte,

3. die Notwendigkeit zieldifferenter Förderung.

(2) Bei Hörschädigungen (§ 7) legt die Schulaufsichtsbehörde fest, ob es sich um Schwerhörigkeit oder Gehörlosigkeit handelt. Bei Sehschädigungen (§ 8) legt sie fest, ob es sich um Sehbehinderung oder Blindheit handelt.

(3) Besteht Bedarf an sonderpädagogischer Unterstützung in mehreren Förderschwerpunkten, bestimmt die Schulaufsichtsbehörde den vorrangigen Förderschwerpunkt.

(4) Die Schulaufsichtsbehörde kann entscheiden, dass die sonderpädagogische Förderung probeweise bis zu sechs Monate dauert. Diese Frist kann nicht verlängert werden.

(5) Die Schulaufsichtsbehörde teilt ihre Entscheidungen den Eltern schriftlich mit und begründet sie.

(6) Die Schulaufsichtsbehörde übermittelt ihre Unterlagen und Daten der aufnehmenden Schule. Bei einem wegen einer sonderpädagogischen Förderung notwendigen Schulwechsel übermittelt sie das Gutachten gemäß § 13 Absatz 1, das Gutachten der unteren Gesundheitsbehörde (§ 13 Absatz 3) sowie Berichte anderer Stellen, soweit diese im Einzelfall für die weitere sonderpädagogische Förderung erforderlich sind.

VV zu § 14

*14.1 **zu Absatz 1***

14.1.1 Der Bescheid der Schulaufsichtsbehörde ist ein Verwaltungsakt im Sinne des Verwaltungsverfahrensgesetzes (§ 35 VwVfG NRW), den allein sie ändern oder aufheben kann.

14.1.2 Stellt die Schulaufsichtsbehörde auf Antrag der Schule Bedarf an sonderpädagogischer Unterstützung fest, ordnet sie regelmäßig gemäß § 80 Absatz 2 Satz 1 Nummer 4 der Verwaltungsgerichtsordnung die sofortige Vollzie-

hung ihres Bescheids an; Anfechtungsklagen haben damit keine aufschiebende Wirkung.

14.1.3 *Führt die Entscheidung der Schulaufsichtsbehörde zu einem Schulwechsel, bestimmt diese im Interesse eines geordneten Unterrichts in der Regel, dass die sonderpädagogische Förderung am Anfang des folgenden Schulhalbjahres beginnt.*

3.8.1 Entscheidung der Schulaufsicht

Der in § 14 Abs. 1 AO-SF enthaltene Hinweis, dass die Schulaufsichtsbehörde über den Bedarf an sonderpädagogischer Unterstützung, den Förderschwerpunkt und über die Notwendigkeit einer zieldifferenten Förderung entscheidet, aber in der Regel nicht mehr über den Förderort, macht die geänderte Aufgabe der Schulaufsicht deutlich.

War sie bis zum Inkrafttreten der VO-SF (1.8.1995) eher der Notar von Entscheidungen, die andere getroffen oder im Wesentlichen vorbereitet hatten, und seit 1995 „Herrin" des Verfahrens und der Entscheidungen, so sind heute bezogen auf den Förderort stärker beratende und koordinierende Aufgaben auf die Schulaufsicht zugekommen. Die Entscheidung über den Förderort ist nicht mehr primär Aufgabe der Schulaufsicht; den Eltern steht das Wahlrecht zu, dem die Schulaufsicht in der Regel zu folgen hat. Nur noch in Ausnahmefällen, die in § 20 Abs. 3 SchulG festgelegt sind, entscheidet die Schulaufsichtsbehörde über den Förderort.

Um die Entscheidungen gemäß § 14 Abs. 1 bis 3 AO-SF fachlich kompetent wahrnehmen zu können, bedient sie sich des Sachverstandes von pädagogischen Gutachter/innen, die unmittelbar von ihr beauftragt werden und die ihr unmittelbar zuarbeiten. Die Fachkompetenz der Förderschule wird in diesem Verfahren nicht abverlangt. Dies haben manche Schulen zunächst als Zurücksetzung empfunden. Die bisherigen Erfahrungen zeigen aber, dass die Akzeptanz der Entscheidungen über einen sonderpädagogischen Unterstützungsbedarf bei den Eltern gewachsen ist und zwar in dem Umfang, wie es der einzelnen Schulaufsichtsbehörde gelungen ist, ihre Stellung als unabhängige Sachwalterin der Interessen des einzelnen Kindes deutlich zu machen und Elternvorstellungen ernst zu nehmen und in die Entscheidungen einzubeziehen.

Die Schulaufsichtsbehörde ist bei ihren drei Entscheidungen nicht an die Bewertung in den Gutachten gebunden. Sie hat einen eigenen Entscheidungsspielraum. Will sie jedoch von wesentlichen Bewertungen abweichen, muss sie dies fachlich begründen können. In dem Bescheid an die Eltern sollte zum Ausdruck kommen, dass die Schulaufsichtsbehörde die Möglichkeit einer vom Gutachten abweichenden Entscheidung gesehen hat, sich aber – bei einer Übernahme der Empfehlungen der Gutachten – „den überzeugenden Feststellungen und Bewertungen" angeschlossen hat.

Der Bescheid der Schulaufsichtsbehörde muss unter Hinweis auf die Rechtsgrundlagen

a) den wesentlichen Sachverhalt beschreiben,
b) die Entscheidung über den sonderpädagogischen Unterstützungsbedarf und ggf. über die zieldifferente Förderung enthalten und ihn – sofern er nicht auf die in der Anlage beigefügten Gutachten Bezug nimmt – nachvollziehbar begründen sowie den oder die geeigneten Förderorte benennen.
c) Der Bescheid ist mit einer Rechtsbehelfsbelehrung zu versehen.

Für Verwaltungsvorschriften ungewöhnlich, enthalten die Nrn. 14.1.1 und 14.1.2 im Kern nur einen Hinweis auf die Rechtslage. Allerdings ist darauf hinzuweisen, dass selbstverständlich auch die Entscheidung der Schulaufsichtsbehörde im Rahmen eines Rechtsbehelfs aufgehoben werden kann. Die Aussage in den Verwaltungsvorschriften, dass die Schulaufsichtsbehörde „regelmäßig" die sofortige Vollziehung ihrer Entscheidung anordnet, geht zurück auf die Rechtsprechung des OVG NRW. Mit Beschluss vom 27.8.2004 – 19 B 1516/04 –, juris, hat das OVG NRW erstmals ausdrücklich die Notwendigkeit der Anordnung der sofortigen Vollziehung des Bescheides der Schulaufsichtsbehörde hervorgehoben. Zur Begründung (juris, Rdn. 5 f) hat das IOVG zutreffend ausgeführt:

> *Hat die zuständige Schulaufsichtsbehörde einen konkreten sonderpädagogischen Förderbedarf festgestellt und eine dem festgestellten sonderpädagogischen Förderbedarf entsprechende Sonderschule als Förderort bestimmt, so muss sie regelmäßig von dem für eine Anordnung der sofortigen Vollziehung gemäß § 80 Abs. 2 S. 1 Nr. 4 VwGO erforderlichen besonderen öffentlichen Interesse an der sofortigen Vollziehung dieser Entscheidungen ausgehen und gegenläufige private Interessen der Eltern und des Schülers am (Weiter-) Besuch der allgemeinen Schule zurückstellen. Denn bei einem aus der Sicht der Schulaufsichtsbehörde bestehenden sonderpädagogischen Förderbedarf, der einen (weiteren) Besuch der allgemeinen Schule ausschließt, begründet der auch nur vorübergehende Besuch der allgemeinen Schule regelmäßig die beachtliche Gefahr nicht hinnehmbarer Beeinträchtigungen der weiteren Schulausbildung und der allgemeinen Persönlichkeitsentwicklung des Schülers. In diesem Fall gebietet der verfassungsrechtliche Anspruch des Schülers auf angemessene Erziehung und Bildung (Art. 2 Abs. 1, 12 GG, Art. 8 Abs. 1 S. 1 LV. NRW.) den sofortigen Besuch einer Sonderschule oder einen dahingehenden Schulwechsel. Auch ein zeitlich begrenzter Besuch einer den Anlagen und Fähigkeiten des Schülers nicht entsprechenden Schule kann insbesondere dessen Lernmotivation, sein Selbstwertgefühl und sein Sozialverhalten in der Schule tiefgreifend und langandauernd beeinträchtigen. Die Verhinderung dieser Folgewirkungen liegt nicht nur im öffentlichen Interesse, sondern zugleich im privaten Interesse des betroffenen Schülers. Denn die angemessene Erziehung und Bildung dieses Schülers ist nicht nur Gegenstand des – dem elterlichen Pflege- und Erziehungsrecht (Art. 6 Abs. 2 S. 1 GG) gleichgeordneten – staatlichen Bildungs- und Erziehungsauftrags (Art. 7 Abs. 1 GG, Art. 8 Abs. 1 S. 3, Abs. 3 LV. NRW.), sondern zugleich Inhalt des verfassungsrechtlichen Anspruchs des Schülers auf angemessene Erziehung und Bildung. Das in einem gegenläufigen Sinn artikulierte private Interesse der Eltern und des Schülers am (Weiter-) Besuch der*

allgemeinen Schule muss die zuständige Schulaufsichtsbehörde auch deshalb regelmäßig zurückstellen, weil die Eltern gemäß Art. 6 Abs. 2 S. 1 GG verpflichtet sind, für eine den Anlagen und Fähigkeiten ihres Kindes entsprechende Schulausbildung Sorge zu tragen. Bei einem aus der Sicht der Schulaufsichtsbehörde bestehenden konkreten sonderpädagogischen Förderbedarf hat deshalb der grundsätzlich von der Schulaufsichtsbehörde auch bei der Entscheidung über eine Anordnung der sofortigen Vollziehung gemäß § 80 Abs. 2 S. 1 Nr. 4 VwGO zu berücksichtigende Wunsch des Schülers und seiner Eltern am (weiteren) Besuch der allgemeinen Schule regelmäßig kein durchgreifendes Gewicht. Dies gilt insbesondere auch mit Blick auf die für den Bereich der sonderpädagogischen Förderung bestehende und sich aus Art. 3 Abs. 3 S. 2 GG ergebende besondere staatliche Verantwortung für behinderte Kinder. Das Benachteiligungsverbot gemäß Art. 3 Abs. 3 S. 2 GG ist auch bei der Auslegung und Anwendung des Schulrechts im Einzelfall zu beachten, also etwa bei der Entscheidung der Schulaufsichtsbehörde darüber, an welcher Schule behinderte Kinder und Jugendliche im Einzelfall zu erziehen, zu unterrichten und auf das spätere Leben in der Gemeinschaft mit Nichtbehinderten vorzubereiten sind.

3.8.2 *Bedarf an sonderpädagogischer Unterstützung und Förderschwerpunkt*

Neben der Feststellung, dass ein sonderpädagogischer Unterstützungsbedarf vorhanden ist, muss dieser, ggf. einschließlich der notwendigen Rahmenbedingungen, so konkret beschrieben werden, dass der Bescheid aus sich selbst heraus verständlich ist. Insbesondere müssen der Unterstützungsbedarf und der festgestellte oder die festgestellten Förderschwerpunkte in ihrer Begründung zueinander passen. Wird auf das beigefügte sonderpädagogische Gutachten Bezug genommen, sollte der Bescheid zumindest den oder die Förderschwerpunkte gemäß §§ 3 – 8 AO-SF begründen.

3.9 Probeweise Förderung

Die in § 14 Abs. 4 AO-SF eingeräumte Möglichkeit zu entscheiden, die sonderpädagogische Unterstützung zunächst nur probeweise für die Dauer von bis zu sechs Monaten stattfinden zu lassen, umfasst auch die Förderschwerpunkte und ggf. die Notwendigkeit einer zieldifferenten Förderung (§ 14 Abs. 1 AO-SF) Im Kern handelt es sich um eine befristete vorläufige Entscheidung über den Unterstützungsbedarf und ggf. über die zieldifferente Förderung, weil sich die Schulaufsichtsbehörde noch keine hinreichende Sicherheit für eine endgültige Entscheidung hat verschaffen können oder weil dies der Weg war, das Einvernehmen der Eltern zu erreichen. Eine probeweise Förderung kommt auch dann in Betracht (s. VV 13.3.2 zu § 13 AO-SF), wenn das angeforderte Gutachten des Gesundheitsamtes nicht rechtzeitig vorliegt.

Während der Dauer der Probezeit besteht für die Schüler/in ein reguläres Schulverhältnis zu der besuchten Schule, verbunden mit der Verpflichtung des Schulträgers, die dabei entstehenden Sachkosten (insbesondere die Schülerfahrtkosten) zu tragen. Die Probezeit darf den Zeitraum von sechs Monaten nicht überschreiten und kann auch nicht verlängert werden (vgl. § 14 Abs. 4 S. 2 AO-SF).

Die Schulaufsichtsbehörde entscheidet auf Grund eines Berichts der Schule darüber, mit welchem Ergebnis die Probezeit endet. Dem Bericht der Schule sollte ein Beschluss der Versetzungskonferenz auf der Grundlage eines Berichts der Klassenlehrer/innen zugrunde liegen (vergleichbar § 16 Abs. 2 AO-SF). Wird beim Gemeinsamen Lernen festgestellt, dass es keiner sonderpädagogischen Förderung bedarf, entfällt für die Schüler/innen die weitere Teilnahme an den besonderen Fördermaßnahmen. Wird festgestellt, dass das Gemeinsame Lernen keine ausreichende Förderung gewährleistet , kann den Eltern empfohlen werden als Förderort für ihr Kind eine Förderschule zu wählen. Wird im Verlauf des Besuchs einer Grundschule ein sonderpädagogischer Unterstützungsbedarf im Rahmen des Verfahrens nach §§ 11 bis 14 AO-SF festgestellt und als Förderort auf Wunsch der Eltern probeweise eine Förderschule vorgeschlagen, können die Eltern am Ende der Probezeit entscheiden, ob das Kind die während der Probezeit besuchte Förderschule weiter besuchen oder ein Förderschulwechsel erfolgen soll. Im ersteren Fall wird das Schulverhältnis auf Probe in ein endgültiges Schulverhältnis umgewandelt; im letzteren Fall müssen die Eltern ihr Kind an der anderen Förderschule anmelden. Ohne dass es einer besonderen gesetzlichen Regelung bedarf, ist die Schulaufsichtsbehörde vor ihrer Entscheidung über das Ergebnis der probeweisen sonderpädagogischen Förderung (entsprechend § 13 Abs. 5 AO-SF) verpflichtet, in einem Gespräch das Einvernehmen mit den Eltern anzustreben.

3.10 Jährliche Überprüfung

Die Entscheidungen über den Unterstützungsbedarf und den Förderort sind in der Regel zeitlich nicht befristet. Hierzu besteht auch keine Notwendigkeit, weil § 17 AO-SF eine jährliche Überprüfung verlangt.

3.11 Formerfordernisse

Die Entscheidungen über den Unterstützungsbedarf, die Förderschwerpunkte und ggf über die zieldifferente Förderung sind den Eltern in einem förmlichen Bescheid mitzuteilen, dessen Begründung (einschließlich beigefügter Anlagen) aus sich heraus verständlich sein muss (vgl. § 14 Abs. 5 und 6 AO-SF). Er ist mit einer Rechtsbehelfsbelehrung abzuschließen.

§ 39 VwVfG NRW

Begründung des Verwaltungsaktes

(1) Ein schriftlicher oder elektronischer sowie ein schriftlich oder elektronisch bestätigter Verwaltungsakt ist mit einer Begründung zu versehen. In der Begründung sind die wesentlichen tatsächlichen und rechtlichen Gründe mitzuteilen, die die Behörde zu ihrer Entscheidung bewogen haben. Die Begründung von Ermessensentscheidungen soll auch die Gesichtspunkte erkennen lassen, von denen die Behörde bei der Ausübung ihres Ermessens ausgegangen ist.

(2) Einer Begründung bedarf es nicht,

1. *soweit die Behörde einem Antrag entspricht oder einer Erklärung folgt und der Verwaltungsakt nicht in Rechte eines anderen eingreift;*
2. *soweit demjenigen, für den der Verwaltungsakt bestimmt ist oder der von ihm betroffen wird, die Auffassung der Behörde über die Sach- und Rechtslage bereits bekannt oder auch ohne Begründung für ihn ohne weiteres erkennbar ist;*
3. *wenn die Behörde gleichartige Verwaltungsakte in größerer Zahl oder Verwaltungsakte mit Hilfe automatischer Einrichtungen erlässt und die Begründung nach den Umständen des Einzelfalls nicht geboten ist;*
4. *wenn sich dies aus einer Rechtsvorschrift ergibt;*
5. *wenn eine Allgemeinverfügung öffentlich bekanntgegeben wird.*

Das BVerfG hat in seiner Entscheidung vom 8.10.1997 – BvR 9/97 – gerade für den Fall der Ablehnung des Antrags auf Teilnahme an einer integrierten Beschulung eine besondere Begründung verlangt. Es sind die Gesichtspunkte darzulegen, deren Beachtung Art. 3 Abs. 3 S. 2 GG verlangt:

- je nach Lage des Falles Art und Schwere der Behinderung oder der Lern- und Entwicklungsstörung,
- die Gründe, die die Schulaufsicht ggf. zu der Einschätzung gelangen lassen, dass Erziehung und Unterricht am besten in einer Förderschule gewährleistet erscheinen,
- ggf. die organisatorischen, personellen und sächlichen Schwierigkeiten sowie die Gründe, warum die Schwierigkeiten im konkreten Fall nicht überwunden werden können und
- bei einer Entscheidung zugunsten des Unterrichts in einer Förderschule: Das Eingehen auf entgegengesetzte Erziehungswünsche der Eltern.

Diese Gesichtspunkte sind zu den Erwägungen der Schulbehörde in Beziehung zu setzen und mit deren Vorstellungen in einer Weise abzuwägen, die die staatliche Maßnahme nachvollziehbar und damit auch gerichtlich überprüfbar macht. Bei den Entscheidungen in dem abschließenden Bescheid wird sich die Schulaufsichtsbehörde nicht auf den eine Begründung entbehrlich machenden Fall von § 39 Abs. 2 Nr. 2 VwVfG berufen können. Die weit reichende Bedeutung der Entscheidungen macht eine Begründung unverzichtbar. Besucht die Schülerin oder der Schüler bereits eine Grundschule, wird diese vom Schulamt über den Tenor des Bescheides, also über die Entscheidungen über den sonderpädagogischen Unterstützungsbedarf, die Förderschwerpunkte und die ggf. erforderliche zieldifferente Förderung ebenfalls förmlich informiert. Die beiden Gutachter/innen sollten ebenfalls über das Ergebnis des Verfahrens unterrichtet werden. Ist die Schulaufsichtsbehörde bei ihren Entscheidungen von Feststellungen und/ oder Bewertungen ausgegangen, die von denen in dem Gutachten abweichen, sollten die dafür tragenden Gründe (ggf. in einem persönlichen Gespräch) erläutert werden.

3.12 Verbleib der Unterlagen

Die bei der Schulaufsichtsbehörde entstandenen „Unterlagen und Daten“ werden bei einer erstmalig beginnenden sonderpädagogischen Förderung derjenigen Schule zugeleitet, die das Kind aufgenommen hat. Das ist beim Gemeinsamen Lernen die allgemeine Schule, im Übrigen die Förderschule. Kommen mehrere allgemeine Schulen oder Förderschulen in Betracht, ist zunächst die Anmeldung der Eltern abzuwarten. Wird bei schon bestehender sonderpädagogischer Förderung ein Schulwechsel erforderlich, sind nur diejenigen Daten an die neue Schule weiterzuleiten, die „für die weitere sonderpädagogische Förderung erforderlich sind“ (vgl. § 14 Abs. 6 S. 2 letzter Hs. AO-SF). Dies sind in der Regel alle die Festlegung des sonderpädagogischen Unterstützungsbedarfs betreffenden Gutachten und die ihnen zugrunde liegenden Feststellungen, insbesondere das Gutachten der beiden Lehrkräfte gemäß § 13 Abs. 1 AO-SF und das Gutachten der unteren Gesundheitsbehörde (§ 13 Abs. 3 AO-SF). Die übrigen Unterlagen (z.B. ausschließlich verwaltungsinterne Vorgänge) verbleiben beim Schulamt. Die Schulaufsichtsbehörde sollte – neben den die Abgabe der Akten dokumentierenden Verwaltungsvorgängen – zumindest in anonymisierter Form die erforderlichen Verlaufsdaten, Entscheidungen und Entscheidungsgründe in auswertbarer Form behalten.

3.13 Abschlussbemerkung zum Feststellungsverfahren

Das Verfahren nach den §§ 11 bis 14 AO-SF und der vergleichbaren Vorgängerregelung der VO-SF ist zweifellos im Vergleich zum früheren Sonderschulaufnahmeverfahren (SAV) zeitaufwändiger, für die daran beteiligten Lehrkräfte anspruchsvoller, für die Schulaufsicht im Vergleich zu ihrer sonstigen Tätigkeit ungewöhnlich und für die beteiligten Schulen wegen der notwendigen Freistellungen belastender. Es wird aber der Bedeutung der zu treffenden Entscheidung eher gerecht:

> *„Staatlich verordneter Unterricht und Erziehung in öffentlichen Schulen stellen ein außergewöhnlich umfassendes und tiefgreifendes Einwirken des Staates auf die davon betroffenen Staatsbürger – noch dazu auf die minderjährigen – dar, umfassender, tief greifender und folgenreicher als die Wahrnehmung vieler anderer Staatsaufgaben.“*
> (Auszug aus dem Urteil des OVG NRW vom 25.9.1989 – 19 A 2649/87 –, juris).

Die AO-SF fordert die allgemeinen Schulen dazu auf, sich der eigenen Fördermöglichkeit bewusster zu werden, sich die Begründung bei einem Antrag auf Eröffnung des Verfahrens nicht leicht zu machen, Elternvorstellungen als aktiven Beitrag zum Gemeinsamen Unterrichts- und Erziehungsauftrag zu werten und ihren Beitrag als Herausforderung an die eigene pädagogische Professionalität zu verstehen.

3.14 Intensivpädagogische Förderung bei Schwerstbehinderung

§ 15 AO-SF

Intensivpädagogische Förderung bei Schwerstbehinderung

(1) Geht bei einem Schüler oder einer Schülerin der Bedarf an sonderpädagogischer Unterstützung in den Förderschwerpunkten Geistige Entwicklung, Körperliche und motorische Entwicklung, Emotionale und soziale Entwicklung, Sehen oder Hören und Kommunikation erheblich über das übliche Maß hinaus, so entscheidet die Schulaufsichtsbehörde über eine intensivpädagogische Förderung

(2) Feststellungen nach dem Neunten Buch Sozialgesetzbuch – Rehabilitation und Teilhabe behinderter Menschen – (Artikel 1 des Gesetzes vom 19. Juni 2001, BGBl. I S. 1046, 1047), das zuletzt durch Artikel 3 des Gesetzes vom 14. Dezember 2012 (BGBl. I S. 2598) geändert worden ist, sind für die Entscheidung der Schulaufsichtsbehörde gemäß Absatz 1 nicht maßgeblich.

(3) Entscheidungen der unteren Schulaufsichtsbehörde nach Absatz 1 bedürfen der Zustimmung der oberen Schulaufsichtsbehörde.

Der § 15 AO-SF entspricht inhaltlich dem § 10 der vorherigen AO-SF und ist sprachlich an die neuen Bezeichnungen angepasst worden. Die Platzierung des § 15, so das Ministerium, ist aus systematischen Gründen erfolgt, denn Schwerstbehinderungen sind keine eigenständigen Behinderungen gem. §§ 3 bis 8 AO-SF. Daher wird der bisherige § 10 in die Vorschriften für das Verfahren (2. Abschnitt ab § 10 AO-SF) verlagert.

Die Feststellungen von intensivpädagogischen Maßnahmen für Schüler/innen beruhen einzig und allein auf der jeweils individuellen Notwendigkeit dieser Maßnahmen aus pädagogischer Sicht. Das Schwerbehindertengesetz und z. B. Einstufungen nach unterschiedlichen Graden der Schwerbehinderung bleiben dabei grundsätzlich außer Acht.

3.15 Schüler/innen aus Familien mit Migrationshintergrund

§ 20 AO-SF

Schüler/innen aus Familien mit Migrationshintergrund

Fehlende Kenntnisse der deutschen Sprache auf Grund einer anderen Herkunftssprache begründen keinen Bedarf an sonderpädagogischer Unterstützung. Soweit es erforderlich ist, zieht die Schulaufsichtsbehörde eine Person hinzu, die die Herkunftssprache spricht.

VV zu § 20

Ein Bedarf an sonderpädagogischer Unterstützung wird bei Schülerinnen und Schülern ohne hinreichende Kenntnisse der deutschen Sprache auch mit Hilfe sprachunabhängiger Verfahren ermittelt.

Der bisherige § 18 jetzt § 20 AO-SF ist an den zeitgemäßen Sprachgebrauch angepasst worden. Es wird klargestellt, dass fehlende Kenntnisse der deutschen Sprache in der Regel keine sonderpädagogische Unterstützung nach sich ziehen. Fehlende Deutschkenntnisse müssen durch individuelle Sprachfördermaßnahmen behoben werden. (Siehe Maßnahmen aus dem Programm DAZ , Deutsch als Zweitsprache).

Zur Ermittlung eines individuellen Bedarfs an Unterstützung sollten bei diesen Kindern diagnostische Verfahren eingesetzt werden, die sowohl die Kenntnisse in der Herkunftssprache als auch die semantischen, lexikalen und grammatischen Fähigkeiten in der deutschen Sprache ermitteln. Auf diese Weise gelangt man zu präzisen individuellen Fördermaßnahmen im Bereich der deutschen Sprache.

Werden sowohl in der Herkunftssprache als auch in der deutschen Sprache erhebliche Entwicklungsrückstände festgestellt, können auch weitergehende sonderpädagogische Unterstützungsmaßnahmen notwendig sein, die im Rahmen der Grundschule durch die dort tätigen Lehrkräfte für Sonderpädagogik ohne ein förmliches AO-SF Verfahren geleistet werden können. Die AO-SF a.F schrieb im § 18 Abs 1 vor, dass bei Kindern mit Migrationshintergrund erst nach 20 Schulbesuchswochen ein Verfahren zur Feststellung des sonderpädagogischen Unterstützungsbedarfs wegen einer Lern- oder Entwicklungsstörung eingeleitet werden durfte. Die in der neuen AO-SF aufgehobene 20 Wochenregelung, ist sehr zu begrüßen, weil auch diese Kinder nun von Anfang an in der Grundschule nach ihrem individuellen Bedarf gefordert und gefördert werden können und sollen.

4. Gemeinsames Lernen

§ 20 SchulG

Orte der sonderpädagogischen Förderung

(1) Orte der sonderpädagogischen Förderung sind

1. die allgemeinen Schulen (allgemein bildende Schulen und Berufskollegs),

2. die Förderschulen,

3. die Schulen für Kranke (§ 21 Abs. 2).

(2) Sonderpädagogische Förderung findet in der Regel in der allgemeinen Schule statt. Die Eltern können abweichend hiervon die Förderschule wählen.

(3) In der allgemeinen Schule wird der Unterricht als Gemeinsames Lernen für Schülerinnen und Schüler mit und ohne Bedarf an sonderpädagogischer Unterstützung im Klassenverband oder in der Lerngruppe erteilt. Er erstreckt sich auf alle Unterrichtsvorgaben nach § 19 Absätze 3 und 4. Hierbei sind Formen innerer und äußerer Differenzierung möglich. Dies gilt auch für die Schülerinnen und Schüler, die zieldifferent unterrichtet werden.

(4) In besonderen Ausnahmefällen kann die Schulaufsichtsbehörde abweichend von der Wahl der Eltern die allgemeine Schule anstelle der Förderschule oder die Förderschule anstelle der allgemeinen Schule als Förderort bestimmen. Dies setzt voraus, dass die personellen und sächlichen Voraussetzungen am gewählten Förderort nicht erfüllt sind und auch nicht mit vertretbarem Aufwand erfüllt werden können. Die Schulaufsichtsbehörde legt die Gründe dar und gibt den Eltern die

Gelegenheit, sich zu der beabsichtigten Entscheidung zu äußern. Gleichzeitig informiert sie über weitere Beratungsangebote.

(5) Die Schulaufsichtsbehörde richtet Gemeinsames Lernen mit Zustimmung des Schulträgers an einer allgemeinen Schule ein, es sei denn, die Schule ist dafür personell und sächlich nicht ausgestattet und kann auch nicht mit vertretbarem Aufwand dafür ausgestattet werden.

(6) Auf dem Weg zu einem inklusiven Schulangebot können Schulträger mit Zustimmung der oberen Schulaufsichtsbehörde allgemeine Schulen als Schwerpunktschulen bestimmen. Eine solche Schule umfasst über die Förderschwerpunkte Lernen, Sprache sowie Emotionale und soziale Entwicklung hinaus weitere Förderschwerpunkte, mindestens aber einen weiteren Förderschwerpunkt. Die Schwerpunktschule unterstützt andere Schulen im Rahmen der Zusammenarbeit nach § 4.

(7) Der Schulträger kann Förderschulen unterschiedlicher Förderschwerpunkte im Verbund als eine Schule in kooperativer oder integrativer Form führen.

4.1 Zu Absatz 1: (Orte sonderpädagogischer Förderung (§ 20 Abs. 1)

4.1.1 Vorgeschichte

Bereits in § 7 Abs. 1 bis 5 SchPflG waren als Orte der sonderpädagogischen Förderung die allgemeine Schule und die Sonderschule (jetzt Förderschule) gleichberechtigt benannt. In § 4 Abs. 6 SchVG wurden die organisatorischen Möglichkeiten der sonderpädagogischen Förderung erweitert: an allgemein bildenden Schulen und Berufskollegs durften ausnahmsweise Sonderschulklassen als Teil einer Sonderschule in kooperativer Form eingerichtet werden und es durften sonderpädagogische Fördergruppen als Teil der allgemeinen Schule geführt werden, wenn ein pädagogisches Konzept vorgelegt wurde, das Möglichkeiten gemeinsamen Lernens vorsah. Die in der sog. Salamanca Erklärung von den Delegierten der Weltkonferenz der UNESCO im Juni 1994 geforderte zielgerichtete Verbesserung der Schulsysteme dahingehend, alle Kinder unabhängig von ihren individuellen Schwierigkeiten in das Regelschulsystem einzubeziehen, ist allerdings damals nicht in die Bestimmungen des SchPflG und SchVG und auch nicht des SchulG übernommen worden. Das Land NRW hat im Jahr 2013 mit dem „ Ersten Gesetz zur Umsetzung der UN-Behindertenrechtskonvention in Schulen (9. SchulRÄndG) diese Forderung vollinhaltlich umgesetzt.

Zunächst bleibt unverändert, dass allgemeine Schulen, Förderschulen und Schulen für Kranke Orte der sonderpädagogischen Förderung sind.

In § 20 Abs. 1 Nr. 1 SchulG wird die Erläuterung im Klammersatz aus dem § 19 Abs. 1 SchulG a.F. übernommen und sprachlich angepasst. Der bisherige Klammersatz (Gemeinsamer Unterricht, Integrative Lerngruppen) entfällt. Die noch bestehenden integrativen Lerngruppen an Schulen der Sekundarstufe I werden auslaufend bis zum jeweiligen Ende der Schulzeit weitergeführt.

4.1.2 Regelfall: Allgemein bildende Schule als 1. Förderort (§ 20 Abs. 2)

Der erste Satz folgt der Leitentscheidung in § 2 Abs. 5 SchulG. In der LT-Drs. 16/2432 wird dazu folgendes erläutert:

> *„Wenn auch die allgemeine Schule der Regelförderort ist, in dem das Recht auf inklusive Bildung wahrgenommen wird, können die Eltern doch weiterhin anstelle der allgemeinen Schule eine Förderschule wählen.. so der Landtagsbeschluss vom 1.12.2010.*
>
> *Die Eltern können sich grundsätzlich dafür entscheiden, dass ihr Kind in eine allgemeine Schule aufgenommen wird. Ihnen soll es aber auch unbenommen bleiben, zu beantragen, dass ihr Kind in eine Förderschule aufgenommen wird.*
>
> *Unter dem Ort der sonderpädagogischen Förderung i.S.v. § 19 und § 20 SchulG ist nicht eine konkrete einzelne Schule zu verstehen, sondern die allgemeine Schule oder die Förderschule mit dem festgestellten Förderschwerpunkt als solche."*

Konkrete Ausführungen dazu erfolgen in den Erläuterungen zu §16 und § 17 AO-SF unter T 15-4.2.

4.1.3 Organisationsformen des Gemeinsamen Lernens (§ 20 Abs. 3)

> *„Für Schülerinnen und Schüler mit Behinderungen gelten die Ausbildungs- und Prüfungsordnungen einschließlich der Unterrichtsfächer und Stundentafeln, soweit die Ausbildungsordnung nichts anderes bestimmt. Für jede Schülerin und jeden Schüler wird ein Förderplan erstellt, regelmäßig überprüft und fortgeschrieben.(§ 19 Absatz 7 AO-SF)….*
>
> *Die Organisation des Unterrichts folgt den pädagogischen Erfordernissen und umfasst das gesamte methodisch-didaktische Handlungsrepertoire. Sie berücksichtigt das Alter und die durch die Behinderung erforderlichen Bedarfe an sonderpädagogischer Unterstützung sowie die im Bildungsgang angestrebten Abschlüsse. Die in Satz 2 genannten Formen innerer und äußerer Differenzierung richten sich nach dem individuellen Bedarf der Schülerinnen und Schüler an sonderpädagogischer Unterstützung.*
>
> *Gemeinsames Lernen umfasst alle Formen des Unterrichts, in dem Schülerinnen und Schüler mit und ohne sonderpädagogischen Unterstützungsbedarf gemeinsam unterrichtet und erzogen werden. Deshalb ist es notwendig, integrative Formen des Unterrichts schrittweise in inklusive Formen umzuwandeln; so auch der Beschluss des Landtags vom 1. Dezember 2010.*
>
> *Lerngruppen im Sinne dieser Vorschrift sind die Formen des Unterrichts außerhalb des Klassenverbandes, die das Schulgesetz und Ausbildungs- und Prüfungsordnungen in den einzelnen Schulformen vorsieht (z.B. Kurse mit Fachleistungsdifferenzierung oder mit Neigungsdifferenzierung)." (LT-Drs. 16/2432)*

Kurz gefasst sagen diese Ausführungen: Soviel gemeinsam wie möglich und soviel getrennt in allen denkbaren Formen der äußeren Differenzierung wie es der individuelle sonderpädagogische Unterstützungsbedarf erfordert. Dies ist eine erhebliche Herausforderung an die jeweilige Schule und die Lehrerschaft (siehe auch T 9-4.2.2).

4.1.4 Entscheidung der Schulaufsicht im Ausnahmefall (§ 20 zu Abs. 4)

Im Abs. 4 wird ausdrücklich betont, dass in Ausnahmefällen die Schulaufsichtsbehörde auch gegen den Willen der Eltern einen anderen Förderort bestimmen kann. Diese Ausnahmen sind allerdings umfassend und gerichtsfest zu begründen. In der LT-Drs. 16/2432 wird dazu ausgeführt:"

> *Die nach Satz 2 zulässigen Gründe umfassen Hindernisse im Verantwortungsbereich des Landes oder des Schulträgers. Zur aktuellen Rechtslage siehe die bisherigen § 20 Absätze 7 und 8 sowie § 19 Absatz 2 Satz 4 und hierzu die Rechtsprechung des Bundesverfassungsgerichts aus dem Jahr 1997.*
>
> *Die Verpflichtung der Schulaufsichtsbehörde, den Eltern Gelegenheit zur Stellungnahme zu geben, wenn der Förderort abweichend von deren Wahl bestimmt werden soll, geht über die Anforderungen des § 28 Absatz 1 VwVfG hinaus. Dieser räumt den Eltern lediglich das Recht ein, zu den für die Entscheidung erheblichen Tatsachen angehört zu werden, also zu dem entscheidungserheblichen Sachverhalt und nicht zu der Entscheidung als solcher. In diesem Fall muss die Schulaufsichtsbehörde den Eltern genau mitteilen, was sie beabsichtigt."*

Gerade in diesen strittigen Fällen sollte die Schulaufsichtsbehörde über weitere Beratungsangebote informieren und darauf verweisen, dass die Eltern sich von Personen ihres Vertrauens beraten und sich durch Bevollmächtigte vertreten lassen können. Allerdings ist der Hinweis darauf dringend notwendig, dass das Land für diese Beratungen keine Kosten übernehmen wird.

4.1.5 Zustimmung des Schulträgers (§ 20 Abs. 5)

Dieser kurze aber inhaltsschwere Abs. 5 , der die Zustimmung des Schulträgers zur Einrichtung des Gemeinsamen Lernens zum Inhalt hat, war bereits im Gesetzgebungsverfahren sehr umstritten, weil er hohe finanzielle Auswirkungen auf den Schulträger hat.

Das die Verfassungsreform abschließende Gesetz vom 27.10.1994 hat den Grundrechtskatalog in Art. 3 Abs. 3 GG erweitert:

> *Niemand darf wegen seines Geschlechts, seiner Abstammung, seiner Rasse, seiner Sprache, seiner Heimat und Herkunft, seines Glaubens, seiner religiösen oder politischen Anschauungen benachteiligt oder bevorzugt werden. Niemand darf wegen seiner Behinderung benachteiligt werden.*

- **Benachteiligungsverbot:** Zwar enthielt das Sozialstaatsprinzip (Art. 20 Abs. 1 und 28 Abs. 1 S. 1 GG), vor allem in seiner Auslegung durch das BVerfG, auch bisher schon ein Diskriminierungsverbot und i.V.m. Art. 3 Abs.1 GG ein Willkürverbot, dies richtete sich aber vorrangig als Auftrag an den Gesetzgeber. Das jetzt eingeführte Benachteiligungsverbot ist dagegen ein Individualgrundrecht, das nach Art. 1 Abs. 3 GG Gesetzgebung, vollziehende Gewalt und Rechtsprechung als unmittelbar geltendes Recht bindet.
- **Begriff der Behinderung:** Dies bedeutet, dass im öffentlichen Bereich eine körperliche, geistige oder seelische Behinderung nicht zum Anlass einer

Ungleichbehandlung gemacht werden darf. Ob es sich bei der „Behinderung" i.S.v. Art. 3 Abs. 3 GG um einen medizinischen oder sozialen Begriff handelt, braucht nicht entschieden zu werden, weil Voraussetzung für die Bestimmung einer Förderschule als Förderort ein sich aus einer Behinderung ergebender konkreter sonderpädagogischer Unterstützungsbedarf ist. Als Behinderung werden in § 4 AO-SF auch Lern- und Entwicklungsstörungen bezeichnet. Eine Behinderung, die keinen sonderpädagogischen Förderbedarf zur Folge hat, kann auch nicht den Ausschluss vom Besuch einer allgemeinen Schule zur Folge haben. In seiner Entscheidung vom 8.10.1997 – 1 BvR 9/97 – hat das BVerfG festgestellt, dass das Merkmal der Behinderung – ohne damit eine abschließende Bestimmung zu treffen – dann vorliegt, wenn die Begriffsdefinition des § 3 Abs. 1 S. 1 SchwbG erfüllt ist. Danach ist die Behinderung die Auswirkung einer nicht nur vorübergehenden Funktionsbeeinträchtigung, die auf einem regelwidrigen körperlichen, geistigen oder seelischen Zustand beruht. (Das SGB IX enthält nunmehr in § 2 eine etwas erweiterte Definition des Begriffs der Behinderung:

§ 2 SGB IX

Behinderung

(1) Menschen sind behindert, wenn ihre körperliche Funktion, geistige Fähigkeit oder seelische Gesundheit mit hoher Wahrscheinlichkeit länger als sechs Monate von dem für das Lebensalter typischen Zustand abweichen und daher ihre Teilhabe am Leben in der Gesellschaft beeinträchtigt ist. Sie sind von Behinderung bedroht, wenn die Beeinträchtigung zu erwarten ist.

(2) Menschen sind im Sinne des Teils 2 schwerbehindert, wenn bei ihnen ein Grad der Behinderung von wenigstens 50 vorliegt und sie ihren Wohnsitz, ihren gewöhnlichen Aufenthalt oder ihre Beschäftigung auf einem Arbeitsplatz im Sinne des § 73 rechtmäßig im Geltungsbereich dieses Gesetzbuches haben.

(3) Schwerbehinderten Menschen gleichgestellt werden sollen behinderte Menschen mit einem Grad der Behinderung von weniger als 50, aber wenigstens 30, bei denen die übrigen Voraussetzungen des Absatzes 2 vorliegen, wenn sie infolge ihrer Behinderung ohne die Gleichstellung einen geeigneten Arbeitsplatz im Sinne des § 73 nicht erlangen oder nicht behalten können (gleichgestellte behinderte Menschen).

Dies schließt eine andere Behandlung dann nicht aus, wenn eine Gleichbehandlung als offensichtlich sachfremd und unvernünftig zu bezeichnen wäre. Das Individualgrundrecht setzt besonders enge Grenzen, die nicht durch allgemeine Überlegungen, dass die Sonderbehandlung doch nur dem Wohl der Betroffenen diene, ausgeweitet werden dürfen. Die Notwendigkeit einer Ungleichbehandlung muss sich vielmehr im konkreten Einzelfall schlüssig aus den im Rahmen eines gesetzlich normierten Verfahrens getroffenen Feststellungen ergeben.

- **Benachteiligung:** Eine Ungleichbehandlung und Benachteiligung bedeutet es von dieser Grundposition aus, wenn Kinder und Jugendliche entgegen ihrem Willen oder dem ihrer Eltern wegen ihrer Behinderung von dem Besuch allgemeiner Schulen ausgeschlossen und auf Förderschulen verwiesen werden, obwohl
  - Erziehung und Unterrichtung an der allgemeinen Schule ihren Fähigkeiten entspräche und ohne besonderen Aufwand möglich wäre oder
  - der Besuch der allgemeinen Schule durch einen vertretbaren Einsatz von sonderpädagogischer Förderung ermöglicht werden könnte (vgl. BVerfG vom 8.10.1997). Liegen aber im Einzelfall zwingende Gründe vor, die den Verweis an eine sonderpädagogische Fördereinrichtung als unvermeidbar erscheinen lassen (u.a. auch aus medizinischer Sicht, z.B. bei Muscovicidose), kann von einer Benachteiligung nicht mehr gesprochen werden.
- **Individualrechte:** Das Benachteiligungsverbot begründet keine individuell einklagbaren Rechts- oder Leistungsansprüche, z.B. tatsächliche Zugangshindernisse zu öffentlichen Einrichtungen zu beseitigen, also eine Schule behindertengerecht auszubauen oder zusätzliches Personal zur Verfügung zu stellen. Dem Grundrecht liegt aber eine allgemeine Wertentscheidung zugrunde, die auch die Träger öffentlicher Einrichtungen bindet. Es bedarf also im Einzelfall der Abwägung zwischen dem Anspruch des einzelnen auf gleichberechtigte Teilhabe an den öffentlichen Einrichtungen und dem dafür zu erbringenden Sachaufwand des Trägers der Einrichtung. Gerade im schulischen Bereich, der in weiten Bereichen durch eine Monopolstellung des Staates gekennzeichnet ist, sind alle Träger staatlichen Handelns verpflichtet, noch bestehende Ungleichbehandlungen abzubauen, soweit dies im Rahmen des Möglichen liegt und Betroffene dies „vernünftigerweise von der Gesellschaft beanspruchen können" (so das BVerfG). Die Wertentscheidung des GG enthält damit an den Landesgesetzgeber den Appell, seine rechts- und sozialpolitische Gestaltungsfreiheit im schulischen Bereich in diesem Sinne auszuüben, wie auch die kommunalen Schulträger in ihrer Planungshoheit und Gestaltungsfreiheit insoweit gebunden sind.
- **Bundesverfassungsgerichtsentscheidungen.** In seinem Beschluss vom 30.7.1996 -1 BvR 1308/96- hat das BVerfG auf die Ausstrahlungswirkungen von Art. 3 Abs. 3 S. 2 GG und die sich daraus ergebende erhöhte Begründungspflicht hingewiesen. In seiner weiteren Entscheidung vom 8.10.1997 – 1 BvR 9/96 – hat das BVerfG unter Hinweis auf
  - das Grundrecht auf möglichst ungehinderte Entwicklung der Persönlichkeit, Anlagen und Befähigungen (Art. 2 Abs. 1 GG),
  - das elterliche Erziehungsrecht (Art. 6 Abs. 2 S. 1 GG),
  - den Erziehungsauftrag des Staates (Art. 7 Abs. 1 GG) und
  - das Benachteiligungsverbot des Art. 3 Abs. 3 S. 2 GG,

festgestellt, dass sich nach dem derzeitigen pädagogischen Erkenntnisstand ein genereller Ausschluss der Möglichkeit einer gemeinsamen Erziehung und Unterrichtung von behinderten Schüler/innen mit nichtbehinderten verfassungsrechtlich nicht rechtfertigen lässt. Die integrative Beschulung sei vielmehr als eine verstärkt realisierungswürdige Alternative zur Erziehung und Unterrichtung in Sonderschulen (jetzt: Förderschulen) anzusehen. Dieser Forderung werde durch eine gesetzliche Regelung entsprochen, die es ermögliche, den individuellen Förderbedarf auch an allgemeinen Schulen zu erfüllen, soweit es die organisatorischen, personellen und sächlichen Gegebenheiten erlaubten und der Fortbestand der Sonderschule (jetzt Förderschule) als eigenständige Schulform damit nicht in Frage gestellt sei. Diese sich aus der Ergänzung des GG ergebenden allgemeinen Grundsätze erlangen bei der Anwendung und Auslegung der Bestimmungen des SchulG und der dazu ergangenen Rechtsverordnungen und Verwaltungsbestimmungen, aber auch bei dem weitergeltenden bisherigen Regelungswerk besondere Bedeutung, weil auch hier die Vorgaben des Benachteiligungsverbots zu berücksichtigen sind.

– **Wahlrecht der Eltern:** Art. 8 Abs. 1 S. 1 LV.NRW. und die Art. 2 Abs. 1 und 12 GG gewährleisten einen Anspruch auf Erziehung und Bildung und schließen das Recht ein, zwischen den vom Staat zur Verfügung gestellten Schulformen zu wählen, sofern die im Einzelfall festgelegten Zulassungsvoraussetzungen erfüllt sind. Dieses Grundrecht umfasst grundsätzlich auch das Recht auf Wahl zwischen einer allgemeinen Schule und einer Förderschule als Ort der sonderpädagogischen Förderung und zwar auch dann, wenn der Unterricht an der allgemeinen Schule im Rahmen eines Schulversuchs stattfindet (vgl. OVG NRW, Beschluss vom 16.9.1995 – 19 B 2509/95 –, juris). Das SchulG und die AO-SF greifen das Benachteiligungsverbot und das darin enthaltene Inklusionsgebot des Art. 3 Abs. 3 S. 2 GG auf und setzen es für den schulischen Bereich in Landesrecht um.

Dieser ausführliche Auszug aus dem GG macht deutlich, dass das Land NRW nicht nur der UN-Behindertenrechtskonvention folgt, sondern auch dem erweiterten Grundrechtskatalog aus dem Jahr 1994. Diese höchstrichterliche Rechtsprechung hat bereits schon vorher zu einer Umkehr der Beweislast geführt, wenn Gemeinsames Lernen nicht eingeführt werden sollte. Es ist sehr zu begrüßen, dass nun auch gesetzlich geregelt ist, bei fehlenden personellen und sächlichen Voraussetzungen darzulegen, warum sie auch mit vertretbarem Aufwand nicht erfüllt werden können, obwohl im Übrigen den Belangen einer inklusiven Beschulung ausreichend Rechnung getragen worden ist.

4.1.6 Einrichtung von Schwerpunktschulen (§ 20 Abs. 6)

Abs. 6 befasst sich mit der Einrichtung von Schwerpunktschulen für Gemeinsames Lernen. Diese sehr sinnvolle, sowohl unter pädagogischen wie finanziellen Gesichtspunkten vorgesehene Konzentration des Gemeinsamen Lernens auf ausgewählte Schulen kommt dem Interesse der behinderten Schülerschaft, der Lehrkräfte und der Schulträger sehr entgegen.

In der LT-Drs. 16/2432 wird dazu ausgeführt :

> *„Schwerpunktschulen sind Schulen, die insbesondere den personellen und sächlichen Anforderungen gerecht werden sollen, die für eine qualitativ hochwertige Wahrnehmung des schulischen Bildungsauftrags in allgemeinen Schulen bei Schülerinnen und Schülern mit komplexen sonderpädagogischen Unterstützungsbedarfen notwendig sind. Mittelfristig ist es Ziel, dass möglichst alle allgemeinen Schulen in die Lage versetzt werden, die im Verhältnis große Zahl von Schülerinnen und Schülern mit Lern- und Entwicklungsstörungen zu unterrichten. So kann sich die „ Kultur des Behaltens" entwickeln, da die entsprechenden sonderpädagogischen Unterstützungsbedarfe in der Regel erst im Laufe des Schulbesuchs festgestellt werden".*

Dies trifft insbesondere auf alle Grundschulen zu.

> *„Für die zahlenmäßig kleinere Gruppe der Schülerinnen und Schüler mit sonderpädagogischem Unterstützungsbedarf außerhalb der Lern- und Entwicklungsstörungen können die personellen und sächlichen Voraussetzungen nicht an allen allgemeinen Schulen sofort geschaffen werden. Zudem kann eine Bündelung auch aus pädagogischen Gründen sinnvoll sein.*
>
> *Unter diesem Gesichtspunkt sind Schwerpunktschule allgemeine Schulen, die über den Bereich der Lern- und Entwicklungsstörungen, der mittelfristig für alle Schulen Auftrag werden soll, hinausgehende Aufgaben wahrnehmen. Allerdings geht es auch hier darum, ein möglichst umfangreiches wohnortnahes Angebot schrittweise auszubauen. Insofern kommt den ersten Schwerpunktschulen, denen weiter folgen sollen , eine Vorreiterrolle zu.*
>
> *Die Förderschwerpunkte Lernen, Sprache und Emotionale und soziale Entwicklung, die mittel- und langfristig an jeder allgemeinen Schule eingerichtet werden sollen, gehören zu jeder Schwerpunktschule. Sie bedürfen in der Regel keiner besonderen sächlichen Vorkehrungen. Die Eigenschaft einer Schwerpunktschule erwirbt eine allgemeine Schule erst dadurch, dass sie darüber hinaus weitere Förderschwerpunkte anbietet. Dies folgt dem Prinzip „Inklusion ist unteilbar." (Beschluss des Landtags vom 1.12.2010, LT-Drs. 157680).*

Die Zustimmung der oberen Schulaufsichtsbehörde gewährleistet, dass die für eine Schwerpunktschule erforderlichen personellen Voraussetzungen erfüllt werden.

Über die Einrichtung des Gemeinsamen Lernens im Einzelfall entscheidet die Schulaufsichtsbehörde mit Zustimmung des Schulträgers nach § 20 Abs. 5 SchulG.

Kosten, die aufgrund des § 92 Abs. 1 und 2 SchulG keine Schulkosten sind, gehören nicht zu den sächlichen Voraussetzungen im Sinne dieser Vorschrift.

Eine Förderschule kann Schwerpunktschule werden, wenn der Träger sie in eine allgemeine Schule umwandelt. Dies ist eine Änderung der Schule i.S.v. § 81 Abs. 2. Sie setzt die Schulträgerschaft nach § 78 und die Genehmigung der oberen Schulaufsichtsbehörde (§ 81 Abs. 3 SchulG) voraus.

Eine Schwerpunktschule wird in der Regel Klasse um Klasse aufgebaut.

Die Profilierung der Schwerpunktschule als Ort sonderpädagogischer Förderung führt zu einer Bündelung der sonderpädagogischen Expertise im Kollegium dieser Schule. Insofern können Schwerpunktschulen – insbesondere dann, wenn es für Förderschulen bzw. ehemalige Kompetenzzentren für sonderpädagogische Förderung aufgrund des Elternwillens in der Region keinen Bedarf mehr geben sollte – eine unterstützende, koordinierende Funktion auch für andere allgemeine Schulen in der Region auf dem Weg zu inklusiven Schulen übernehmen. Somit können positive Ansätze der Kompetenzzentren, die eine Kooperation zwischen Schulen sowie außerschulischen Partnern zur Sicherung der Qualität sonderpädagogischer Förderung betreffen, fortgeführt werden."

In Regionen des Landes NRW, in denen der Gemeinsame Unterricht bereits eine lange Tradition hat, haben sich in der Vergangenheit sowohl Grundschulen als auch weiterführende Schulen zu Schwerpunktschulen entwickelt. Hier hat es sich gezeigt, dass diese Entwicklung von großem Vorteil für alle Beteiligten ist. Dies betrifft die Kinder und Jugendlichen mit Behinderungen außerhalb der Lern- und Entwicklungsstörungen, die durch die Vielzahl von ähnlich Beeinträchtigten aus ihrer Sonderrolle heraus fanden und durch Peergroupbildung ihre spezifischen Problematiken gemeinsam besser bewältigen konnten. Zudem konnte durch eine entsprechende sonderpädagogische Expertise, bezogen auf die Anzahl der sonderpädagogischen Lehrkräfte und ihre unterschiedliche Fachrichtungszugehörigkeit ein qualitativ und quantitativ sehr gutes sonderpädagogisches Angebot sichergestellt werden.

Auch und gerade die Schulträger haben von diesen Schwerpunktschulen profitiert. Durch die Bündelung von Schüler/innen mit speziellen räumlichen und sächlichen Bedarfen, wie sie z.B. für Schüler/innen mit Körperbehinderungen, Hör- und Sehschädigungen erforderlich sind, mussten auf diese Weise nur wenige Schulstandorte in den Kommunen entsprechend ausgestattet werden. Zudem wurden die kommunalen Schulträger unterstützt durch den Landschaftsverband, der ansonsten Schulträger dieser Behindertengruppen wäre und durch die inklusive Beschulung in vielen Einzelfällen Internatskosten und Fahrkosten einsparen konnte. Dieser gewinnbringende Schulkostenausgleich war und ist leider eine freiwillige Leistung der Landschaftsverbände und kann somit nicht eingefordert werden.

Da der Schulträger und die Träger der Sozial- und Jugendhilfe für das zusätzlich erforderliche Personal wie pflegerische und therapeutische Kräfte, Integrationshelfer und junge Menschen, die im Bundesfreiwilligendienst arbeiten , zuständig sind (§ 92 Abs. 1 S. 2 und Abs. 3 SchulG),konnte auch hier durch die Bündelung ein ressourcenschonender Einsatz erfolgen.

4.2 Wahl des Förderortes, Anmeldung an der Schule (§ 16AO-SF)

§ 16 AO-SF

Wahl des Förderortes, Anmeldung an der Schule

(1) Die Schulaufsichtsbehörde schlägt den Eltern mit Zustimmung des Schulträgers mindestens eine allgemeine Schule vor, an der ein Angebot zum Gemeinsamen Lernen eingerichtet ist. Bei zielgleicher Förderung ist es eine Schule der von den Eltern gewählten Schulform. § 20 Absatz 4 des Schulgesetzes NRW vom 15. Februar 2005 (GV. NRW. S. 102), das zuletzt durch Artikel 3 des Gesetzes vom 17. Juni 2014 (GV. NRW. S. 336) geändert worden ist, bleibt unberührt.

(2) Haben die Eltern abweichend von der allgemeinen Schule die Förderschule gewählt, schlägt ihnen die Schulaufsichtsbehörde mindestens eine solche Schule mit dem für die Schülerin oder den Schüler festgestellten Förderschwerpunkt vor. In den Fällen von § 14 Absatz 3 ist es in der Regel eine Schule mit dem vorrangig festgestellten Förderschwerpunkt. Bei zielgleicher Förderung ist es eine Förderschule im Bereich der von den Eltern gewählten Schulform. § 20 Absatz 4 des Schulgesetzes NRW bleibt unberührt.

(3) Die Eltern melden ihr Kind an einer der Schulen an, die von der Schulaufsichtsbehörde gemäß Absatz 1 oder 2 benannt worden ist, soweit es diese nicht bereits besucht.

(4) Die Eltern können ihr Kind auch an einer anderen allgemeinen Schule mit Angeboten zum Gemeinsamen Lernen oder an einer anderen Förderschule anmelden, die jeweils dem Bedarf an sonderpädagogischer Unterstützung gerecht wird. Bei zielgleicher Förderung melden die Eltern ihr Kind an einer Schule der gewünschten Schulform an, bei Förderschulen an einer Schule aus dem Bereich der Schulform.

(5) Melden die Eltern im Fall des Absatzes 4 ihr Kind an einer allgemeinen Schule an, holt die Schule vor der Aufnahme die Zustimmung der Schulaufsichtsbehörde und diese die Zustimmung des Schulträgers ein.

(6) Melden die Eltern ihr Kind nicht an, veranlasst die Schulaufsichtsbehörde die Aufnahme in eine Schule und teilt ihnen dies schriftlich mit.

VV zu § 16

16.1 ***zu Absatz 1:***
Der Vorschlag der Schulaufsichtsbehörde bedarf in jedem Einzelfall der Zustimmung des Schulträgers. Um die Verwaltungsverfahren zu erleichtern, kann ein Schulträger seine Zustimmung allgemein erteilen.

16.3 ***zu Absatz 3:***
Für das Anmeldeverfahren an den Schulen der Sekundarstufe I gilt § 1 Absatz 4 APO-S I (BASS 13-21 Nr. 1).

Zu § 16 Abs.1 AO-SF: In jedem Einzelfall muss die Schulaufsichtsbehörde die Zustimmung des Schulträgers einholen, bevor sie den Eltern eine Schule des Gemeinsamen Lernens vorschlägt. In der LT-Drs. 16/2200 wird ausgeführt:

„Um das Verwaltungsverfahren zu erleichtern, kann ein Schulträger seine Zustimmung allgemein erteilen (siehe Begründung zu § 19 Absatz 5 im SchulG im 9. Schulrechtsänderungsgesetz.)“

Neu ist bei der Regelung, dass der Schulträger in jedem einzelnen Fall eines Kindes mit sonderpädagogischem Unterstützungsbedarf seine Zustimmung erteilen muss, sei es für den Besuch einer allgemeinen Schule oder für den Besuch einer Förderschule. Da er die Zustimmung nur aus Gründen verweigern kann, die sich auf seinen Verantwortungsbereich beziehen, in der Regel bezogen auf die Sachausstattung, ist es empfehlenswert mit dem Schulträger zu Regelungen zu kommen, die seine Zustimmung nicht in jedem Einzelfall erforderlich macht.

Der S. 2 stellt klar, dass bei zielgleicher Förderung die Eltern die Schulform für ihr Kind wählen können. Diese Wahlmöglichkeit besteht unter den gleichen rechtlichen Voraussetzungen wie bei Kindern ohne Bedarf an sonderpädagogischer Unterstützung. Sie hängt damit von der Aufnahmekapazität der Schule ab.

Bei zieldifferent lernenden Kindern (Förderschwerpunkt Lernen und Geistige Entwicklung) haben die Eltern kein Wahlrecht zwischen verschiedenen Schulformen der Sekundarstufe I, weil die Schulaufsichtsbehörde festgestellt hat, dass die Schüler /in nicht nach den Unterrichtsvorgaben einer allgemeinen Schule unterrichtet werden kann. Für diese Schüler/innen schlägt die Schulaufsichtsbehörde Schulen der Sekundarstufe I vor, die ein Angebot auch für zieldifferent lernende Schüler/innen haben.

Zu § 16 Abs. 2 AO-SF: Machen Eltern von ihrem Recht Gebrauch und wählen für ihr Kind als Förderort die Förderschule, so ist es ebenfalls die Aufgabe der Schulaufsichtsbehörde den Eltern eine oder mehrere Förderschulen vorzuschlagen, mit dem Bildungsgang, der der Schüler/in gerecht wird.

In der Regel haben öffentliche Förderschulen im Bereich der Sekundarstufe I nur den Bildungsgang Hauptschule. Förderschulen mit weiteren Bildungsgängen sind die Rheinisch-Westfälische Realschule mit dem Förderschwerpunkt Hören und Kommunikation in Dortmund, die Anna-Freud-Schule, Förderschule mit dem Förderschwerpunkt Körperliche und motorische Entwicklung der Sekundarstufe I und II in Köln und der Realschulzweig der von Vincke-Schule, Förderschule mit dem Förderschwerpunkt Sehen in Soest. Ein Gymnasium in freier Trägerschaft für blinde und Sehbehinderte Schüler/innen ist die Carl-Strehl-Schule Marburg mit bundesweitem Einzugsbereich. Bei der Beratung der Eltern ist darauf hinzuweisen, dass der Besuch dieser Schulen aufgrund der Entfernungen häufig mit einer Internatsunterbringung verbunden ist.

Zu § 16 Abs. 3 AO-SF: Melden die Eltern ihr Kind an der von der Schulaufsichtsbehörde vorgeschlagenen Schule an, so können sie damit rechnen, dass ihr Kind dort aufgenommen wird. Die Schulaufsichtsbehörde hat die Aufgabe, dies zuvor mit der Schule abzuklären.

Diese Vorbereitung soll verhindern, dass Eltern mit ihrem Kind bei Schulen als Bittsteller auftreten müssen.

Die AO-GS und die APO-S I wurden durch die Verordnung zur Änderung von Ausbildungs- und Prüfungsordnungen vom 26. 3. 2014 wie folgt geändert:

- In § 1 Abs. 2 AO-GS wurde als neuer Satz eingefügt, dass Kinder mit festgestelltem Bedarf an sonderpädagogischer Unterstützung Anspruch haben auf Aufnahme in die von der Schulaufsicht vorgeschlagene, ihrer Wohnung nächstgelegene Grundschule der gewünschten Schulart, an der Gemeinsames Lernen eingerichtet ist.
- In § 1 APO-S I wurde mit dem neuen Abs. 4 aufgenommen, dass an Schulen mit einem Angebot zum Gemeinsamen Lernen eine Aufnahmekapazität für Schüler/innen mit festgestelltem Bedarf an sonderpädagogischer Unterstützung festgelegt werden kann. Übersteigt die Zahl der Anmeldungen zur Schule diese Aufnahmekapazität, haben die Schülerinnen und Schüler Vorrang, für die diese Schule als Förderort vorgeschlagen worden ist.

Diese Regelungen sind nötig um eine gleichmäßige Verteilung der Schüler/innen mit sonderpädagogischem Unterstützungsbedarf und die notwendige sonderpädagogische Förderung frühzeitig zu sichern. Allerdings ist bedauerlich, dass die Regelung in § 1 Abs. 2 AO-GS kein subjektives Recht auf vorrangige Aufnahme begründet (vgl. dazu T 3-9.3).

Zu § 16 Abs.4 AO-SF: Eltern können ihre Kinder auch an anderen als der von der Schulaufsicht vorgeschlagenen Schule anmelden. Allerdings müssen diese Schulen ein Angebot für Gemeinsames Lernen haben. Dringend notwendig ist in diesen Fällen die Rückkoppelung der Schule mit der Schulaufsichtsbehörde. Nur bei großer Transparenz in diesen Verfahren kann die sonderpädagogische Förderung durch die Schulaufsicht gesichert und Frustrationen auf allen Seiten vermieden werden.

Zur Koordinierung der Aufnahme von Schüler/innen mit sonderpädagogischem Unterstützungsbedarf wird auf T 15-4.2.3 verwiesen.

Zu § 16 Abs. 5 AO-SF: Die Anmeldung einer Schüler /in bedeutet noch nicht, dass sie oder er aufgenommen wird. Die Schulleitung entscheidet gemäß § 46 Abs. 1 SchulG über die Aufnahme. Der Vorbehalt der Zustimmung der Schulaufsichtsbehörde sichert allerdings, dass in jedem Einzelfall an der Schule die personellen Voraussetzungen erfüllt sind.

So ist zumindest die Planung der Schulaufsichtsbehörde. Die leider immer noch zu geringen Bewerberzahlen von Lehrkräften mit Lehramt für Sonderpädagogik gestaltet die Versorgung vor allem unter fachlichen Aspekten oft sehr schwierig.

Zu § 16 Abs.6 AO-SF: Sollten die Eltern ihr Kind an keiner Schule anmelden, so übernimmt die Schulaufsicht dieses Versäumniss und veranlasst die Aufnahme des Kindes an einer Grundschule. Sie teilt den Eltern dann den so festgelegten Förderort in einem Verwaltungsakt mit.

4.3 Aufnahme in die Grundschule

4.3.1 Entscheidung der Schulleitung

Die Entscheidung über die Aufnahme trifft die/der Schulleiter/in (vgl. § 46 Abs. 1 SchulG). Die Schulleitung trifft ihre Entscheidung „innerhalb des vom Schulträger für die Aufnahme festgelegten allgemeinen Rahmens" (so § 46 Abs. 1 SchulG). Abweichend davon kann der Schulträger beim Gemeinsamen Lernen weitere die Schulleitung bindende Kriterien vorgeben; das Erfordernis des Einvernehmens mit dem Schulträger nach § 46 Abs. 4 SchulG überlagert insoweit die allgemeinen Regelungen über die Aufnahme in die Schule.

Die Aufnahme erfolgt, wenn die Eltern die Grundschule als Förderort für ihr Kind wählen, die Schulaufsichtsbehörde den Bedarf an sonderpädagogischer Unterstützung und den Förderschwerpunkt festgestellt und der Schulträger der Aufnahme zugestimmt hat. Das bedeutet konkret für die Grundschulen:

- Dass sie Kinder mit und ohne festgestellten Bedarf an sonderpädagogischer Unterstützung im Bereich der Lern- und Entwicklungsstörungen aufnehmen können, sofern die personellen Voraussetzungen im Rahmen der budgetierten Stellenzuweisung für sonderpädagogische Lehrkräfte gesichert sind. Dies wird mittelfristig bei allen Grundschulen der Fall sein. Durch den geplanten sukzessiven Aufbau der inklusiven Bildung kann es zur Zeit allerdings noch vorkommen, dass nicht alle Grundschulen über sonderpädagogische Lehrkräfte verfügen, so dass bei der Aufnahme von Kindern mit Lern- und Entwicklungsstörungen eine Rückkoppelung mit der Schulaufsicht erforderlich ist, um entsprechende sonderpädagogische Lehrkräfte zu erhalten, sei es über Abordnungen oder Festeinstellungen an diesen Grundschulen. Nur in seltenen Ausnahmefällen, wenn die personellen Voraussetzungen auch mit vertretbarem Aufwand nicht sichergestellt werden können, ist den Eltern im Zusammenwirken mit der Schulaufsicht und dem Schulträger eine andere Grundschule zur Aufnahme des Kindes zu nennen.
- Dass sie Kinder mit festgestelltem sonderpädagogischen Unterstützungsbedarf im Bereich der Behinderungen nach §§ 5 bis 8 AO-SF (Förderschwerpunkte Körperliche und motorische Entwicklung, Hören und Kommunikation, Sehen und Geistige Entwicklung) dann aufnehmen können, wenn die personellen und sächlichen Voraussetzungen geschaffen werden können und der Schulträger und die Schulaufsicht mit der Aufnahme einverstanden sind. In der Regel sind das zur Zeit die Grundschulen, die gemäß § 20 Abs. 6 SchulG als Schwerpunktgrundschulen für einen oder mehrere dieser Förderschwerpunkte vorgesehen sind und entsprechend räumlich, sächlich und personell ausgestattet sind.
- Bei der geplanten Aufnahme von einzelnen Kindern mit den Förderschwerpunkten gemäß §§ 5 bis 8 AO-SF müssen in jedem Falle frühzeitig vor der Aufnahme die personellen und sächlichen Voraussetzungen mit der Schulaufsicht und dem Schulträger gesichert werden. Diese Ein-

zelaufnahmen von Kindern mit Behinderungen konzentrieren sich in der Regel auf den ländlichen Bereich, in dem in erreichbarer Nähe nur eine Grundschule zur Verfügung steht.

4.3.2 Aufnahmeanspruch

Der Vorschlag einer konkreten Grundschule als möglicher Förderort (§ 19 Abs. 5 S. 3 SchulG) begründet jedoch keinen Rechtsanspruch auf Aufnahme. Neben der positiven Entscheidung der Schulaufsichtsbehörde muss die Schule auch über die nötige Aufnahmekapazität verfügen. Diese ergibt sich vor allem aus der vom Land zu verantwortenden personellen Ausstattung der Schule mit sonderpädagogischen Fachkräften. Dabei kommt es nicht nur auf die zur Verfügung stehenden Lehrerwochenstunden (bzw. Stellen oder Stellenanteile) an, sondern auf die Bewertung, ob der individuell festgestellte Unterstützungsbedarf verschiedener Kinder in dieser Zusammensetzung auch erfüllt werden kann. Dies hat zwangsläufig zur Folge, dass sich die Aufnahmekapazität bei einer jährlich oder auch im Laufe eines Schuljahres wechselnden Zusammensetzung individueller Unterstützungsbedarfe ändern kann. Die Einschätzung der eigenen Fördermöglichkeiten liegt im Verantwortungsbereich der Schulleitung und erfolgt in der Regel in Absprache mit der Schulaufsichtsbehörde. Reicht die Aufnahmekapazität der einzelnen Grundschule oder auch mehrerer Schulen für das Gemeinsame Lernen nicht aus, um allen Aufnahmewünschen entsprechen zu können, so sind die Schulaufsicht und der Schulträger gehalten, weitere Schwerpunktschulen einzurichten. Eine Abweisung dieser Kinder mit dem Verweis auf eine mögliche Förderung in der Förderschule, die die erforderlichen sächlichen, räumlichen und personellen Voraussetzungen bietet, bedarf umfänglicher gerichtsfester Begründungen dafür, warum die erforderlichen Voraussetzungen mit vertretbarem Aufwand nicht geschaffen werden können.

Das OVG NRW hat die Anforderungen an die Begründung mit Beschluss vom 26.11.2014 – 19 E 1053/14 –, juris, Rdn. 5 ff., konkretisiert. Danach hat § 20 Abs. 5 SchulG zu einer Umkehr der Beweislast geführt, wenn die Schulaufsichtsbehörde von der Einrichtung Gemeinsamen Lernens absehen will. Sie muss dann konkret und einzelfallbezogen darlegen, warum es an den personellen oder sächlichen Voraussetzungen dafür fehlt und warum sie und der Schulträger diese auch nicht mit vertretbarem Aufwand schaffen können (vgl. auch Gesetzentwurf der Landesregierung zum 9. SchulRÄndG, LT-Drs. 16/2432 S. 53 f.). Das setzt voraus, dass konkret und einzelfallbezogen dargelegt wird, warum die personellen oder sächlichen Voraussetzungen fehlen und warum die Schulaufsicht und der Schulträger diese auch nicht mit vertretbarem Aufwand schaffen können. Allein die allgemeine (sonder-)pädagogische Erkenntnis über eine generell sinnvolle maximale Zahl an Inklusionsschülern in einer Klasse mit Gemeinsamem Lernen rechtfertigt noch nicht eine beliebige Begrenzung im Einzelfall.

4.3.3 *Auswahlentscheidung*

Wird von der Schulaufsicht bei mehr Kindern die Eignung einer oder mehrerer Schulen als möglicher Ort sonderpädagogischer Förderung festgestellt, als es der Aufnahmekapazität der von den Eltern gewählten Schule für das Gemeinsame Lernen entspricht, liegt die Auswahlentscheidung bei der Schulleiterin oder dem Schulleiter. Sofern nicht die Zahl der Schüler/innen für das Gemeinsame Lernen festgelegt ist, sollten sich die Auswahlkriterien im fachlichen Bereich daran orientieren, möglichst vielen Elternwünschen auf Teilnahme ihrer Kinder am Gemeinsamen Lernen entsprechen zu können (als Folge des Grundsatzes der optimalen Nutzung vorhandener personeller und sächlicher Ressourcen zur Erfüllung grundrechtsrelevanter Elternentscheidungen). Als in der Person des einzelnen Kindes liegende Kriterien kommen vor allem die Schulwegzeit, die bevorzugte Behandlung von Geschwisterkindern und das Verhältnis von Jungen und Mädchen in Betracht (§ 1 Abs. 3 AO-GS). Kinder, die nicht aufgenommen werden konnten, deren Eltern aber die Aufnahme in eine Warteliste wünschen, haben bei Freiwerden eines Platzes die Möglichkeit des Nachrückens.

4.3.4 *Wechsel in das Gemeinsame Lernen*

Über die Teilnahme am Gemeinsamen Lernen wird in aller Regel im Zusammenhang mit der Einschulung entschieden. Das SchulG sieht vor, dass seit dem Schuljahr 2014/2015 sukzessiv jährlich aufbauend das Recht der Eltern auf Förderung ihres Kindes mit Behinderung an der Grundschule umgesetzt wird und mit dem Schuljahr 2018/19 für die Grundschule abgeschlossen ist. Ein Wechsel in die Grundschule ist aber ebenso möglich, wenn im Verlauf der Grundschulzeit als Ergebnis eines Verfahrens nach der AO-SF ein sonderpädagogischer Unterstützungsbedarf festgestellt wird. Auch Kinder, die bereits eine Förderschule besuchen, können auf Antrag ihrer Eltern in das Gemeinsame Lernen der Grundschule wechseln. Ob ein solcher Wechsel angebracht ist, kann sowohl in der gemäß § 17 AO-SF verpflichtenden jährlichen und von Amts wegen durchzuführenden Überprüfung des sonderpädagogischen Unterstützungsbedarfs und des Förderortes festgestellt werden oder aber auch auf Antrag der Eltern zu einem anderen Zeitpunkt.

4.4 Jährliche Überprüfung, Wechsel des Förderortes oder des Bildungsgangs (§ 17 AO-SF)

Im § 17 AO-SF wird wie im bisherigen § 15 AO-SF die jährliche Überprüfung, der Wechsel des Förderortes oder des Bildungsganges geregelt.

> ***§ 17 AO-SF***
>
> ***Jährliche Überprüfung, Wechsel des Förderorts oder des Bildungsgangs***
>
> *(1) Die Klassenkonferenz überprüft bei Bedarf, mindestens einmal jährlich, ob der festgestellte Bedarf an sonderpädagogischer Unterstützung und der festgelegte Förderschwerpunkt weiterhin bestehen.*

(2) Ist nach Auffassung der Klassenkonferenz bei Fortbestand eines Bedarfs an sonderpädagogischer Unterstützung im bisherigen Förderschwerpunkt ein Wechsel des Förderorts oder des Bildungsgangs angebracht, lädt die Schulleiterin oder der Schulleiter die Eltern zu einem Gespräch ein und informiert die Schulaufsichtsbehörde so rechtzeitig, dass darüber vor Ablauf des Schuljahres gemäß § 16 Absatz 1 und 2 entschieden werden kann.

(3) Bei einem Wechsel des Förderorts gelten §§ 14 und 16 entsprechend. Die Schulaufsicht kann auch entscheiden, dass der Wechsel bis zu sechs Monate probeweise dauert. Diese Frist kann nicht verlängert werden.

(4) Die Vorschriften der §§ 11 und 13 der Verordnung über die Ausbildung und die Abschlussprüfungen in der Sekundarstufe I (APO-S I) über den Wechsel der Schulform in der Sekundarstufe I gelten

1. *bei einem Wechsel des Förderorts nach den Absätzen 2 und 3,*
2. *beim Wechsel des Bildungsgangs innerhalb der besuchten Schule.*

(5) Wird eine Schülerin oder ein Schüler in der Primarstufe sonderpädagogisch gefördert, entscheidet die Schulaufsichtsbehörde, ob sonderpädagogische Förderung in der Sekundarstufe I weiterhin notwendig ist. In diesem Fall schlägt sie den Eltern gemäß § 16 mindestens eine allgemeine Schule vor. Ein neues Gutachten im Sinne von § 13 Absatz 1 ist nur dann einzuholen, wenn es erforderlich ist.

(6) Wird eine Schülerin oder ein Schüler in der Primarstufe sonderpädagogisch gefördert, ohne dass ein förmliches Verfahren nach den §§ 11 bis 15 durchgeführt worden ist, empfiehlt die Schule den Eltern, bei der Anmeldung zur weiterführenden Schule den individuellen Förderplan (§ 21 Absatz 7 Satz 3) vorzulegen.

Zu § 17 Abs. 1: Hier wird festgelegt, dass die Klassenkonferenz das Gremium ist, das mindestens einmal jährlich den festgestellten Bedarf an sonderpädagogischer Unterstützung und den Förderschwerpunkt überprüft. Damit wird sichergestellt, dass regelmäßig der individuelle Förderbedarf im Blick aller Beteiligten bleibt und der individuelle Förderplan angepasst wird.

Zu § 17 Abs. 2: In Abs. 2 wird verbindlich geregelt, das die Schulleiterin oder der Schulleiter die Eltern in einem Gespräch über die Änderungen des Förderbedarfs, des Bildungsgangs oder auch des angestrebten Förderortwechsels informiert und danach die Schulaufsicht einschaltet, damit über die Änderungen vor Ablauf des Schuljahres entschieden werden kann.

Zu § 17 Abs. 3: Die Schulaufsicht überprüft anhand der vorgelegten Berichte, ob der Bedarf an sonderpädagogischer Unterstützung und die Förderschwerpunkte gemäß dem individuellen Bedarf geändert werden soll. Die daraufhin erforderliche Beteiligung der Eltern erfolgt gemäß § 14 AO-SF. Auch die Wahl des Förderortes erfolgt in engem Zusammenwirken mit den Elterngemäß § 16 AO-SF. Auch bei einem schon bestehenden Bedarf an sonderpädagogischer Unterstützung kann der nun zu ändernde Bedarf und der ggf. neue Förderort probeweise bis zu 6 Monaten festgelegt werden.

Zu § 17 Abs. 4: Hier wird die Vorgehensweise in der Sekundarstufe I auf der Grundlage der entsprechenden Vorschriften geregelt.

§ 17 Abs. 5 AO-SF

(5) Wird eine Schülerin oder ein Schüler in der Primarstufe sonderpädagogisch gefördert, entscheidet die Schulaufsichtsbehörde, ob sonderpädagogische Förderung in der Sekundarstufe I weiterhin notwendig ist. In diesem Fall schlägt sie den Eltern gemäß § 16 mindestens eine allgemeine Schule vor. Ein neues Gutachten im Sinne von § 13 Absatz 1 ist nur dann einzuholen, wenn es erforderlich ist.

VV zu § 17

17.5 ***zu Absatz 5:***

Zuständig ist das Schulamt. Bei den Förderschwerpunkten Sehen, Hören und Kommunikation sowie Körperliche und motorische Entwicklung stimmt es seine Entscheidungen mit der oberen Schulaufsichtsbehörde ab.

Zu § 17 Abs. 5: Die Regelungen in Abs. 5 sind erforderlich, da nun die allgemeine Schule der Regelförderort ist und die Eltern in Klasse 4 gemäß § 16 AO-SF neu darüber entscheiden, ob ihr Kind in der Sekundarstufe I eine allgemeine Schule oder eine Förderschule besuchen soll.

Entscheiden sich die Eltern für eine allgemeine Schule, so hat die untere und obere Schulaufsichtsbehörde im Einvernehmen mit dem Schulträger frühzeitig dafür Sorge zu tragen, dass ein angemessener Förderort im Bereich der Sekundarschulen I zur Verfügung steht und die räumlichen, sächlichen und personellen Voraussetzungen geschaffen werden können.

Bei zielgleich lernenden Kindern mit festgestelltem sonderpädagogischen Unterstützungsbedarf können die Eltern gemäß der Schulformempfehlung, wie bei jedem anderen Kind die Schulform in der Sekundarstufe I wählen.

Bei zieldifferent lernenden Kindern mit Förderschwerpunkt Lernen oder Geistige Entwicklung schlägt die Schulaufsichtsbehörde mit Zustimmung des Schulträgers weiterführende Schulen vor, die diese Kinder aufnehmen.

Viele Schulträger machen bereits jetzt von der Möglichkeit der Bildung von Schwerpunktschulen auch und gerade im Bereich der Sekundarstufe I Gebrauch. Insofern ist das Wahlrecht der Eltern bezogen auf eine von ihnen gewünschte Schule weiterhin eingeschränkt. Allerdings können Schulträger auf diese Weise zunächst nur wenige Schulstandorte mit den jeweils erforderlichen räumlichen, sächlichen und personellen Voraussetzungen ausstatten. Dies wirkt sich deutlich positiv auf die Finanzierung der sukzessiv auszubauenden Inklusion aus. Auch die Schulaufsicht ist bei Schwerpunktschulen besser in der Lage, eine entsprechende Anzahl von fachlich präzise ausgewählten sonderpädagogischen Lehrkräften zu sichern.

Um dies alles sicherstellen zu können, werden noch vor dem Halbjahr und damit vor den Anmeldeterminen in den weiterführenden Schulen Koordinierungskonferenzen auf der Ebene der Kommunen durchgeführt. Daran nehmen Vertreter der unteren und oberen Schulaufsichtsbehörden, der Schulträger, die Schulleitungen der abgebenden Grundschulen und die Schulleitungen der weiterführenden Schulen teil. In diesen Koordinierungskonferenzen wird auf der Grundlage der Berichte der abgebenden Grundschule, der neuen Entscheidung der Schulaufsicht über den Bedarf an sonderpädagogischer Unterstützung, dem Förderschwerpunkt und dem Schulwunsch der Eltern und mit Zustimmung des Schulträgers in jedem Einzelfall entschieden, welche weiterführende Schule das jeweilige Kind mit Behinderung aufnehmen kann und soll. Nehmen die Eltern die so getroffene Entscheidung über die weiterführende Schule an, so können sie sicher sein, dass ihr Kind nach der Anmeldung an dieser Schule auch aufgenommen wird.

Diese Koordinierungskonferenzen sind zwar in der Vorbereitung und Durchführung zeitlich sehr aufwendig, sie sichern aber eine angemessene Verteilung der Schülerschaft und eine hohe Akzeptanz der gemeinsam und transparent getroffenen Entscheidungen über die Entwicklung eines inklusiven Bildungsangebots der jeweiligen Region. Im Übrigen wird auf T 15-4.2.2.4 verwiesen.

Zu § 17 Abs. 6: Der Abs. 6 bezieht sich auf Kinder, die sonderpädagogische Unterstützung erhalten haben, ohne dass ein sogenanntes AO-SF Verfahren durchgeführt wurde. Diese Kinder sind alle jeweils nach einem individuellen Förderplan gefördert worden, der den Eltern vor der Anmeldung in der weiterführenden Schule unaufgefordert auszuhändigen ist. Ob die Eltern diesen Förderplan bei der Anmeldung an den weiterführenden Schulen vorlegen, bleibt ihre alleinige Entscheidung. Aus Sicht der Eltern ist dies sicher eine richtige Entscheidung, weil viele Eltern immer noch eine Stigmatisierung befürchten, wenn die weiterführende Schule erfährt, dass das Kind sonderpädagogisch gefördert wurde.

In vielen Fällen ist es jedoch zu wünschen, dass es den beratenden Schulen gelingt, die Eltern von einer Weitergabe des Förderplans zu überzeugen, um sicher zu stellen, dass die weiterführende Schule die notwendige individuelle Förderung ohne Bruch fortsetzen kann.

4.5 Beendigung der sonderpädagogischen Förderung, Wechsel des Förderschwerpunkts (§ 18 AO-SF)

§ 18 AO-SF

Beendigung der sonderpädagogischen Förderung, Wechsel des Förderschwerpunkts

(1) Ist nach Auffassung der Klassenkonferenz die nach § 14 bestimmte sonderpädagogische Förderung einer Schülerin oder eines Schülers nicht mehr erforderlich, teilt die Schule dies der zuständigen Schulaufsichtsbehörde nach einem Gespräch mit den Eltern mit.

(2) Stellt auch die Schulaufsichtsbehörde fest, dass ein Bedarf an sonderpädagogischer Unterstützung nicht mehr besteht, widerruft sie ihre nach § 14 erlassene Entscheidung. Sie berät die Eltern darüber, wo die Schülerin oder der Schüler die Schullaufbahn fortsetzen kann.

(3) Hält die Klassenkonferenz einen Wechsel des Förderschwerpunkts oder des vorrangigen Förderschwerpunkts für erforderlich, teilt die Schule dies den Eltern mit

und begründet es. Sie unterrichtet die Schulaufsichtsbehörde. Diese entscheidet gemäß § 14.

(4) Die Entscheidungen nach den Absätzen 2 und 3 können auch probeweise für sechs Monate getroffen werden.

VV zu § 18

Die Beendigung der sonderpädagogischen Förderung und der Wechsel des Förderschwerpunkts werden am Ende des Schuljahres im Zeugnis dokumentiert (Anlagen 1 und 2).

Zu § 18 und der VV zu § 18: § 18 AO-SF beschreibt wie bisher der § 16 AO-SF a.F. das Verfahren bei einer Beendigung der sonderpädagogischen Förderung und beim Wechsel des Förderschwerpunkts.

Der Abs. 2 stellt eindeutig klar, dass diese Änderungen nur durch einen Verwaltungsakt der zuständigen Schulaufsichtsbehörde möglich ist, auch dann, wenn in inklusiven Schulen kein Wechsel der Schule damit verbunden ist.

Die Lehrkräfte der Schule legen der Schulaufsichtsbehörde begründete Berichte vor, die Grundlage der Entscheidung der Schulaufsichtsbehörde sind. Die Einbeziehung der Eltern durch dokumentierte Gespräche der Lehrkräfte sind in beiden Fällen eine Voraussetzung vor der Weiterleitung der Berichte an die Schulaufsichtsbehörde.

In der Verwaltungsvorschrift zu § 18 AO-SF wird deutlich darauf verwiesen, dass diese Änderungen im Zeugnis am Ende des Schuljahres zu dokumentieren sind.

Sehr zu begrüßen ist es , dass die VV zu §§ 18 und § 21 AO-SF mit Anlagen zum Bereich Formulierungen und Hinweise auf den Zeugnissen versehen sind, die hoffen lassen, dass durch diese Rechtsklarheit zukünftig landeseinheitliche Zeugnisse für Schüler /innen mit sonderpädagogischem Unterstützungsbedarf an allen Lernorten sichergestellt sind (siehe auch T 12-11 und 14)

Formulierungen und Hinweise auf den Zeugnissen
(s. VV zu § 18 und zu § 21)

Anwendungsbereich	*Formulierungen/Hinweise*
Für Schülerinnen und Schüler mit einem förmlich festgestellten Bedarf an sonderpädagogischer Unterstützung (zielgleich)	____________ *wurde im Förderschwerpunkt* *(Name)* ____________ *sonderpädagogisch gefördert* *(Förderschwerpunkt)* *und im Bildungsgang* ____________ *unterrichtet.* *(Bildungsgang)*

Für Schülerinnen und Schüler mit einem förmlich festgestellten Bedarf an sonderpädagogischer Unterstützung (zieldifferent)	*__________ wurde im Förderschwerpunkt* *(Name)* *__________ sonderpädagogisch gefördert* *(Förderschwerpunkt)* *und im zieldifferenten Bildungsgang* *__________ unterrichtet.* *(Bildungsgang)*
Aufhebung des Förderbedarfs	*__________ hat gemäß § 18 AO-SF durch die* *(Name)* *Entscheidung des Schulamts __________ der* *(Schulamt)* *Bezirksregierung __________ vom __________* *(Bezirksregierung) (Datum)* *keinen Bedarf an sonderpädagogischer Unterstützung mehr.*
Wechsel des Förderschwerpunktes	*__________ wechselt gemäß § 18 AO-SF durch* *(Name)* *die Entscheidung des Schulamts __________* *(Schulamt)* *der Bezirksregierung __________ vom __________* *(Bezirksregierung) (Datum)* *den Förderschwerpunkt. Sie/er wird zukünftig im Förderschwerpunkt __________ gefördert.* *(Förderschwerpunkt)*
Wechsel des Bildungsgangs	*__________ wechselt gemäß § 17 AO-SF durch* *(Name)* *die Entscheidung des Schulamts __________* *(Schulamt)* *der Bezirksregierung __________ vom __________* *(Bezirksregierung) (Datum)* *im Förderschwerpunkt __________* *(Förderschwerpunkt)* *den Bildungsgang.* *Sie/Er wird zukünftig im Bildungsgang __________* *(Bildungsgang)* *unterrichtet.*
Fortbestand des Bedarfs an sonderpädagogischer Unterstützung im selben Förderschwerpunkt	*Laut Beschluss der Klassenkonferenz vom __________* *(Datum)* *besteht gemäß § 17 AO-SF der Bedarf an sonderpädagogischer Unterstützung im Förderschwerpunkt __________* *__________ mit dem zielgleichen Bildungsgang* *(Förderschwerpunkt)* *mit dem zieldifferenten __________* *(Bildungsgang)* *weiterhin.*

Hinweis für Abschlusszeugnisse	*Auf Wunsch der Eltern verzichtet bei zielgleicher Förderung in den Bildungsgängen der allgemeinen Schule das Abschlusszeugnis auf die Bemerkung, dass die Schülerin oder der Schüler sonderpädagogisch gefördert wurde, sowie auf die Angabe des Förderschwerpunkts und des Bildungsgangs (§ 21 Absatz 6 Satz 3).*
Hinweis für den Förderschwerpunkt Emotionale und soziale Entwicklung	*Ein Bericht zum Arbeits- und Sozialverhalten wird dem Zeugnis hinzugefügt, wenn die Versetzungskonferenz dies beschlossen hat und die Schulkonferenz dazu eine einheitliche Vorgehensweise festgelegt hat (§ 49 Schulgesetz NRW). Je nach Umfang kann dieser Bericht dem Zeugnis als Anlage hinzugefügt werden.*
Beschlüsse der Klassenkonferenz beim Abweichen von der AO-SF gemäß § 21 Absatz 8 AO-SF	*Hat die Klassenkonferenz einen Beschluss nach § 21 Absatz 8 AO-SF gefasst, wird der wesentliche Inhalt dieses Beschlusses unter „Bemerkungen" dargestellt.*

Formulierungen und Hinweise auf den Zeugnissen
(s. VV zu § 18 und zu § 21)
– Besonderheiten für den Bildungsgang Lernen –

Anwendungsbereich	***Formulierungen/Hinweise***
Ab Klasse 4	*Ein Bericht zum Arbeits- und Sozialverhalten wird dem Zeugnis hinzugefügt, wenn die Versetzungskonferenz dies beschlossen hat und die Schulkonferenz dazu eine einheitliche Vorgehensweise festgelegt hat (§ 49 Absatz 2 Schulgesetz NRW). Je nach Umfang kann dieser Bericht dem Zeugnis als Anlage hinzugefügt werden.*
Ab Klasse 4 *Bei Förderung im Bildungsgang Lernen, auch in Kombination mit dem Förderschwerpunkt Emotionale und soziale Ent-*	*Wenn nach § 33 Absatz 3 AO-SF verfahren wird, werden die Noten in das Berichtszeugnis integriert. Es wird darauf hingewiesen, dass sich die Leistungsbewertung mit Noten an den Anforderungen der vorhergehenden Jahrgangsstufe der Grundschule oder der Hauptschule orientiert.*

wicklung, Sprache, Körperliche und motorische Entwicklung, Hören und Kommunikation oder Sehen gemäß § 33 Absatz 3 AO-SF	
Ab Klasse 4 *Bei Kombination der Förderschwerpunkte Emotionale und soziale Entwicklung, Sprache, Körperliche und motorische Entwicklung, Hören und Kommunikation oder Sehen mit dem zieldifferenten Bildungsgang Lernen/Änderung des Bildungsganges*	*Die Zugehörigkeit zum Bildungsgang Lernen wurde gemäß § 18 AO-SF durch die Entscheidung des Schulamts ________ (Schulamt) der Bezirksregierung ________ (Bezirksregierung) vom ________ (Datum) aufgehoben. Deshalb wird ________ (Name) zukünftig zielgleich im Bildungsgang der allgemeinen Schule unterrichtet. ________ (Name) hat aber weiterhin sonderpädagogischen Förderbedarf im Förderschwerpunkt ________ (Förderschwerpunkt)*
Ende Klasse 9 *Bei Übergang in den Bildungsgang, der zu einem dem Hauptschulabschluss (nach Klasse 9) gleichwertigen Abschluss führt*	*________ (Name) nimmt im kommenden Schuljahr einem am Unterricht der Klasse 10 in einem besonderen Bildungsgang teil, mit dem Ziel, einen dem Hauptschulabschluss (nach Klasse 9) gleichwertigen Abschluss zu erreichen.*
Ende Klasse 10 *Erwerb des Abschlusses des Bildungsgangs Lernen*	*________ (Name) hat den Abschluss des Bildungsgangs Lernen erworben.*

Teil 16: Rechtsbehelfe

Inhaltsübersicht

1. Formlose außergerichtliche Rechtsbehelfe der Schüler/innen und Eltern

Meinungsverschiedenheiten können in der Schule vor allem dann entstehen, wenn das Verhalten oder die Leistungen einer Schülerin oder eines Schülers durch die Schule beanstandet werden oder wenn Lehrkräfte durch Äußerungen, durch Handlungen oder bei Leistungsbeurteilungen und anderen schulischen Entscheidungen eine Schülerin oder einen Schüler nach Auffassung der Betroffenen benachteiligen. Bevor in diesen Fällen ein kostenpflichtiger gerichtlicher Rechtsbehelf eingelegt wird, sollte zunächst der Versuch einer innerschulischen Verständigung in Betracht gezogen werden und zwar auch mit Blick auf den Zeitablauf, weil eine schnelle gerichtliche Entscheidung auch in Eilverfahren nicht innerhalb weniger Wochen zu erreichen ist.

1.1 Einvernehmliche Konfliktlösung

Schulleitung und Lehrkräfte sind gerade auch im Interesse der Schüler/innen und deren Eltern verpflichtet, bei Konflikten eine einvernehmliche Lösung in der Schule zu finden. Das ergibt sich aus § 1 Abs. 2 S. 2 und 3 ADO. Nach S. 2 setzt die Erfüllung des schulischen Bildungs-, Erziehungs- und Förderauftrags ein kollegiales und vertrauensvolles Zusammenwirken aller Beteiligten voraus. Innerschulische Konflikte sind zunächst mit dem Ziel der Verständigung unter den Beteiligten zu erörtern (§ 1 Abs. 2 S. 3 ADO). Aus diesen Regelungen folgt, dass Schulleitungen und Lehrkräfte als Adressaten der Allgemeinen Dienstordnung (vgl. § 2 ADO) innerschulische Konflikte daher erst dann an die Schulaufsicht herangetragen dürfen, wenn ein solcher Versuch bei einer vorangegangenen Erörterung gescheitert ist oder wenn schlüssig dargelegt werden kann, dass es und warum es nicht möglich gewesen ist, diesen Weg zu beschreiten. Werden innerschulische Konflikte von einzelnen Beteiligten unmittelbar der Schulaufsicht im Beschwerdeweg vorgetragen, ist diese gehalten, sie an die Schule zurückzugeben, verbunden mit der Aufforderung, zunächst selbst in der Schule eine Verständigung zu erreichen. Werden solche Beschwerden „auf dem Dienstweg“, also über die Schulleitung vorgelegt, muss diese zunächst das Verfahren der innerschulischen Verständigung einleiten. Eine wichtige Funktion hat in diesem Zusammenhang der Lehrerrat. Er berät nach § 69 Abs. 2 S. 1 SchulG die Schulleitung in Angelegenheiten der Lehrer/innen sowie des pädagogischen und sozialpädagogischen Personals und vermittelt auf Wunsch in deren dienstlichen Angelegenheiten. Diese Aufgabe des Lehrerrats umfasst unter anderem die Vermittlung bei und Lösungssuche in innerschulischen Konflikten. Anfragen und Einwendungen an die Gleichstellungsbeauftragte setzten nicht voraus, dass zunächst das Ziel der Verständigung gemäß § 1 Abs. 2 S. 3 ADO gesucht wird.

1.2 Arten außergerichtlicher Rechtsbehelfe

Schüler/innen und deren Eltern können zwar keine subjektiven Rechte aus § 1 Abs. 2 ADO und den sonstigen Vorschriften der ADO herleiten, weil sie nicht Adressaten dieser Vorschriften sind. Sie können aber bei der den Lehrkräften, der Schulleitung und auch der Schulaufsicht beantragen, dass bei Meinungsverschiedenheiten eine innerschulische Lösung unter Beachtung der Grundsätze gemäß § 1 Abs. 2 S. 2 und 3 ADO gesucht wird. Denn bei den sich aus diesen Vorschriften ergebenden Pflichten handelt es sich um Dienstpflichten der Lehrkräfte und der Schulleitung, die ggf. im Wege der Dienstaufsicht durchgesetzt werden können.

Ein dahingehender Antrag der Eltern ist der Sache nach ein formloser außergerichtlicher Rechtsbehelf. Solche Rechtsbehelfe sind die Petition, Gegenvorstellung sowie die Fach- und Dienstaufsichtsbeschwerde (vgl. zur Notenbeschwerde XII.26). Bei der Petition wendet sich der Bürger an eine Behörde und kritisiert bzw. erstrebt ein bestimmtes Verwaltungshandeln. Eine Gegenvorstellung ist die Bitte an die Behörde, die die in Rede stehende Maßnahme erlassen hat, diese Maßnahme aufzuheben oder zu ändern. Bei der Fachaufsichtsbeschwerde wird anders als bei der Gegenvorstellung die Aufhebung oder Änderung eines Verwaltungshandelns nicht von der erlassenden Behörde, sondern von der Aufsichtsbehörde erstrebt. Steht nicht die sachliche Richtigkeit oder Rechtmäßigkeit der behördlichen Maßnahme im Vordergrund, sondern das persönliche Verhalten eines Angehörigen des öffentlichen Dienstes, so liegt eine an den Dienstvorgesetzten gerichtete Dienstaufsichtsbeschwerde vor.

Die formlosen außergerichtlichen Rechtsbehelfe sind gesetzlich im Allgemeinen nicht oder nur in Ansätzen geregelt. Soweit keine ausdrückliche gesetzliche Regelung vorhanden ist, finden sie ihre Rechtsgrundlage im Grundrecht gemäß Art. 17 GG, wonach jedermann das Recht hat, sich einzeln oder in Gemeinschaft mit anderen schriftlich mit Bitten und Beschwerden an die zuständigen Stellen und an die Volksvertretung zu wenden. Sie können damit bei der Behörde, die die in Rede stehende Maßnahme erlassen hat, bei der Aufsichtsbehörde oder auch bei dem parlamentarischen Gremium, etwa dem Petitionsausschuss des nordrhein-westfälischen Landtags, eingelegt werden. Da nach Art. 17 GG jeder Bürger ein Beschwerderecht hat, können auch minderjährige Schüler/innen formlose außergerichtliche Rechtsbehelfe einlegen. Die bearbeitende Behörde wird aber zu prüfen haben, ob sie die Eltern befragt, ob sie von der Beschwerde ihres Kindes wissen und diese mit ihrer elterlichen Zustimmung unterstützen.

Im Gegensatz etwa zum Widerspruch (§ 68 VwGO) sind die formlosen außergerichtlichen Rechtsbehelfe dadurch gekennzeichnet, dass sie weder an eine bestimmte Form noch an eine Frist gebunden sind. Das Verfahren ist praktisch formfrei. Die formlosen außergerichtlichen Rechtsbehelfe können unabhängig von einem förmlichen Rechtsbehelf eingelegt werden und zwar auch dann, wenn der förmliche Rechtsbehelf erfolglos geblieben ist. Wichtig ist in diesem Zusammenhang, dass die Einlegung eines formlosen Rechtsbehelfs keine Rechtsbehelfsfristen wahrt und dieser weder Devolutiveffekt noch Suspensiveffekt hat. Um sämtliche rechtlichen Optionen offen zu halten, empfiehlt es sich deshalb für den Betroffenen, nicht nur einen formlosen außergerichtlichen Rechtsbehelf, sondern auch den statthaften förmlichen Rechtsbehelf innerhalb der Rechtsbehelfsfrist einzulegen (vgl. auch zur Notenbeschwerde T 12-26).

1.3 Anspruch auf Bescheidung

Bei formlosen außergerichtlichen Rechtsbehelfen besteht lediglich ein Anspruch auf Bescheidung, nicht aber ein Anspruch auf eine inhaltliche Erledigung oder gar auf Beseitigung einer belastenden hoheitlichen Maßnahme. Die mit dem formlosen außergerichtlichen Rechtsbehelf befasste Stelle ist nur verpflichtet, die Eingabe entgegenzunehmen, sie zu prüfen und dem Betroffenen mitzuteilen, wie sie die Petition zu behandeln gedenkt. Spöttisch wird deshalb gelegentlich formuliert, sie seien „formlos, fristlos, sinnlos, zwecklos“. Die „Zwecklosigkeit“ trifft in dieser Allgemeinheit nicht zu. Formlose außergerichtliche Rechtsbehelfe können im Einzelfall durchaus Anstoß geben, auch nach Unanfechtbarkeit der hoheitlichen Maßnahme eine andere Entscheidung in der Sache zu treffen.

Der Anspruch auf (formelle) Bescheidung des formlosen außergerichtlichen Rechtsbehelfs ist gerichtlich durchsetzbar. Ob die Entscheidung hierüber einen Verwaltungsakt darstellt, ist strittig. Nach herrschender Meinung ist die Entscheidung kein Verwaltungsakt. Dies hat zur Folge, dass die Vorschriften des VwVfG NRW, also etwa über die Begründungspflicht (§ 39 VwVfG NRW), nicht Anwendung finden und der Entscheidung keine Rechtsbehelfsbelehrung beizufügen ist. Der Beschwerdeführer wird durch die Verneinung des Verwaltungsaktcharakters nicht rechtsschutzlos gestellt. Er kann im verwaltungsgerichtlichen Verfahren die allgemeine Leistungsklage erheben, die jedoch wenig effektiv ist, weil kein Anspruch auf eine bestimmte sachliche Erledigung eines formlosen außergerichtlichen Rechtsbehelfs besteht.

2. Formlose außergerichtliche Rechtsbehelfe der Lehrer/innen

Lehrer/innen können nach § 16 ADO Beschwerden und Eingaben einlegen.

2.1 Remonstration

§ 16 Abs. 1 S. 1 und S. 2 ADO regelt das sog. sog. Remonstrationsverfahren gegen dienstliche Anordnungen der Schulleiterin oder des Schulleiters und Beschlüsse der Mitwirkungsorgane.

Nach § 16 Abs. 1 S. 1 ADO haben Lehrer/innen aufgrund ihrer persönlichen Verantwortung für die Rechtmäßigkeit dienstlicher Handlungen das Recht und die Pflicht, Bedenken gegen die Rechtmäßigkeit dienstlicher Anordnungen gegenüber der Schulleiterin oder dem Schulleiter geltend zu machen. Das ergibt sich aus aus § 36 Abs. 2 BeamtStG. Haben die Lehrkräfte Bedenken gegen die Rechtmäßigkeit eines Mitwirkungsorgans, z.B. wegen Verstoßes gegen gesetzliche Bestimmungen oder Anordnungen der Schulaufsichtsbehörden, informieren sie nach § 16 Abs. 1 S. 2 ADO unverzüglich die Schulleiterin oder den Schulleiter.

Das Remonstrationsverfahren ist ein notwendiger (rechtlicher) Ausgleich dafür, dass Lehrer/innen, wenn sie dienstliche Anordnungen der Schulleitung oder der Schulaufsichtsbehörden und Beschlüsse der Mitwirkungsorgane befolgen, die volle (Mit-) Verantwortung tragen. Von dieser Verantwortung sind sie nur unter den in § 36 Abs. 2 BeamtStG angeführten Voraussetzungen befreit. Die Pflicht, Bedenken gegen die Rechtmäßigkeit dienstlicher Anordnungen und gegen Beschlüsse der Mitwirkungsorgane geltend zu machen, liegt insoweit nicht nur im ureigenen Interesse der Lehrer/innen, sondern ist auch Folge der gemeinsamen Verantwortung für die Erfüllung des Bildungs-, Erziehungs- und Förderauftrags der Schule. Lehrer/innen, Schulleiter/innen, die Schulaufsichtsbehörden, die Mitwirkungsorgane und alle weiteren an der Erfüllung des Auftrags der Schule Beteiligten haben gemeinsam an der ordnungsgemäßen Aufgabenerfüllung mitzuwirken. Das erfordert unter anderem, dienstliche Anordnungen und Beschlüsse der Mitwirkungsorgane nicht unreflektiert zu befolgen, sondern im positiven Sinne und nicht im Sinne eines von Misstrauen geprägten Gegeneinanders kritisch zu hinterfragen. In der Praxis hat das Remonstrationsverfahren im schulischen Bereich allerdings keine große Bedeutung erlangt, weil hier gerade im Interesse der gemeinsamen Verantwortung für die Erfüllung des Bildungs-, Erziehungs- und Förderauftrags der Schule zunächst das Gespräch und der Ausgleich gesucht werden, bevor formalisierte Wege beschritten werden. § 1 Abs. 2 ADO setzt bei innerschulischen Konflikten sogar voraus, dass zunächst das Gespräch innerhalb der Schule gesucht werden muss, bevor die Schulaufsicht tätig werden kann.

Das Remonstrationsverfahren betrifft nur die Rechtmäßigkeit von dienstlichen Anweisungen und Konferenzbeschlüssen. Das ergibt sich für dienstliche Anordnungen aus dem eindeutigen Wortlaut der §§ 16 Abs. 1 S. 1, 36 Abs. 2 S. 1 ADO, die jeweils auf „Bedenken gegen die Rechtmäßigkeit" abstellen. Das Gleiche gilt für Konferenzbeschlüsse. Denn die nach § 16 Abs. 1 S. 2 ADO vorgesehene Information der Schulleitung bezweckt, sie zur Prüfung zu veranlassen, ob es geboten ist, von ihrem Beanstandungsrecht gemäß § 59 Abs. 10 SchulG Gebrauch zu machen. Danach besteht ein Beanstandungsrecht der Schulleitung nur in den Fällen eines Verstoßes des Konferenzbeschlusses gegen Rechts- oder Verwaltungsvorschriften. Das Remonstrationsverfahren greift dementsprechend nicht, wenn die Lehrerin oder der Lehrer keine Rechtmäßigkeitsbedenken hat, sondern der Auffassung ist, die dienstliche Anordnung oder der Konferenzbeschluss sei unzweckmäßig oder widerspreche pädagogischen Grundsätzen. Auch die Schulleitung kann Konferenzbeschlüsse gemäß § 59 Abs. 10 SchulG nicht aus bloßen Zweckmäßigkeitsüberlegungen oder pädagogischen Erwägungen beanstanden. Allerdings bleibt es der Lehrerin oder dem Lehrer unbenommen, ihre oder seine auf Zweckmäßigkeitsüberlegungen oder pädagogischen Erwägungen gestützten Bedenken gegen eine dienstliche Anordnung oder einen Konferenzbeschluss zum Gegenstand einer Eingabe an die Schulleitung oder die Schulaufsichtsbehörde zu machen (§ 16 Abs. 2 ADO). Anders als eine Remonstration hat eine solche Eingabe keine aufschiebende Wirkung, so dass die dienstliche Anordnung oder der Konferenzbeschluss zu beachten ist.

Das Recht und die Pflicht zur Remonstration haben die Lehrer/innen im Beamtenverhältnis unmittelbar aus § 36 Abs. 2 BeamtStG. Remonstrationsberechtigt sind aber auch Lehrer/innen im Tarifbeschäftigungsverhältnis. Denn § 16 Abs. 1 S. 1 ADO differenziert nicht danach, ob sich die dort genannten Lehrer/innen im Beamten- oder Tarifbeschäftigungsverhältnis befinden. Darüber hinaus gilt § 16 Abs. 1 nach § 1 Abs. 2 ADO entsprechend für die im Landesdienst stehenden pädagogischen und sozialpädagogischen Mitarbeiter/innen sowie für Lehramtsanwärter/innen.

Bedenken gegen die Rechtmäßigkeit dienstlicher Anordnungen sowohl der Schulleitung als auch der Schulaufsichtsbehörden und gegen die Rechtmäßigkeit von Beschlüssen der Mitwirkungsorgane sind jeweils an die Schulleiterin oder den Schulleiter zu richten.

Das Remonstrationsverfahren bei dienstlichen Anordnungen richtet sich nach § 36 Abs. 2 BeamtStG. Danach ist die Schulaufsichtsbehörde als nächsthöherer Vorgesetzter einzuschalten, wenn die Schulleiterin oder der Schulleiter die beanstandete dienstliche Anordnung für rechtmäßig hält und bestätigt, die Bedenken der Lehrerin oder des Lehrers gegen die Anordnung aber fortbestehen. Hält auch die Schulaufsichtsbehörde die Bedenken für unberechtigt, ist die dienstliche Anordnung grundsätzlich zu befolgen (vgl. im Einzelnen Jehkul, Bülter, Schnieders, ADO § 3 Anm. 2.5). Beruht die dienstliche Anweisung der Schulleitung auf einem bisher in seiner Rechtmäßigkeit nicht bestrittenen Konferenzbeschluss, ändert dies nichts an dem Recht und der Pflicht der Lehrerin oder des Lehrers, Bedenken geltend zu machen.

Hält die Schulleitung Bedenken gegen einen Beschluss eines Mitwirkungsorgans für begründet, hat die Schulleiterin oder der Schulleiter den Beschluss gemäß § 59 Abs. 10 S. 2 SchulG unverzüglich, also ohne schuldhaftes Zögern, zu beanstanden. Die schriftlich zu begründende Beanstandung hat gemäß § 59 Abs. 10 S. 3 SchulG aufschiebende Wirkung, d.h. der Beschluss muss bis zur Entscheidung über die Beanstandung nicht befolgt werden. Hilft das Mitwirkungsorgan der Beanstandung nicht ab, holt die Schulleiterin oder der Schulleiter die Entscheidung der Schulaufsichtsbehörde ein, die abschließend entscheidet (§ 59 Abs. 10 S. 5 SchulG). Soweit die Schulleiterin oder der Schulleiter die Bedenken gegen einen Beschluss eines Mitwirkungsorgans für unbegründet hält, haben Lehrerinnen und Lehrer den Konferenzbeschluss zu befolgen. Ein Verfahren wie in § 36 Abs. 2 BeamtStG, das die Einschaltung der Schulaufsichtsbehörde vorsieht, wenn die Schulleitung Bedenken gegen eine dienstliche Anordnung für unbegründet hält, ist in § 59 Abs. 10 SchulG nicht vorgesehen. Allerdings bleibt es den Lehrer/innen, die Bedenken geltend machen, unbenommen, ihre Bedenken zum Gegenstand einer Eingabe an die Schulaufsichtsbehörde gemäß § 16 Abs. 2 ADO zu machen.

2.2 Eingaben

Nach § 16 Abs. 2 ADO haben Lehrer/innen das Recht, sich mit Eingaben an die Schulaufsichtsbehörde zu wenden. Dabei ist der Dienstweg über die Schulleiterin oder den Schulleiter einzuhalten. Bei Eingaben von Lehramtsanwärter/innen, die Belange der Ausbildungsschule betreffen, geht der Dienstweg darüber hinaus über die Leitung des Zentrums für schulpraktische Lehrerausbildung. Bei Eingaben von Schulleiter/innen oder von diesen unterzeichneten Eingaben an das Ministerium für Schule und Weiterbildung geht der Dienstweg über die Schulaufsichtsbehörde.

Der Begriff der Eingabe i.S.d. § 16 Abs. 2 ADO ist weit gefasst. Er umfasst sowohl die für Lehrer/innen im Beamtenverhältnis gesondert geregelten Anträge, Beschwerden und Eingaben an den Landtag (§ 103 Abs. 2 LBG NRW) als auch sonstige allgemeine oder besondere Anliegen oder Anregungen, die die eigene Person und berufliche Stellung oder die Tätigkeit in der Schule betreffen. Nicht unter den Begriff der Eingabe fallen Bedenken (Remonstrationen) gegen dienstliche Anordnungen und Beschlüsse der Schulkonferenz. Diese werden von der spezielleren Vorschrift des § 16 Abs. 1 ADO erfasst.

Eingaben sind auf dem Dienstweg einzureichen. Eine Ausnahme besteht nur für Eingaben, die eine Beschwerde gegen den Dienstvorgesetzten zum Inhalt haben. Sie können nach § 16 Abs. 3 ADO unmittelbar an den Dienstvorgesetzten gerichtet werden.

Auf dem Dienstweg bedeutet, dass die Eingabe über die Schulleitung vorzulegen ist, damit diese Gelegenheit hat, der Eingabe eine Stellungnahme aus ihrer Sicht beizufügen. Eingaben von Lehramtsanwärter/innen sind an das zuständige Zentrum für schulpraktische Lehrerausbildung zu richten, wenn die Eingabe Belange der Ausbildungsschule betreffen, also etwa unzureichende

Ausbildungsmöglichkeiten an der Ausbildungsschule. Wird eine Eingabe über das Schulamt an die Bezirksregierung gerichtet, ist auch das Schulamt zur Stellungnahme verpflichtet; dasselbe gilt für die Bezirksregierung bei Weiterleitung einer Eingabe an das Ministerium. Auch dann, wenn Schulleitungen sich in Ausführung von Konferenzbeschlüssen mit Eingaben an das Ministerium wenden, ist nach § 16 Abs. 2 S. 3 der Dienstweg über die Bezirksregierung einzuhalten.

Wird der Dienstweg nicht eingehalten, hat dies nicht die Unzulässigkeit der Eingabe zur Folge. Vielmehr entscheidet die Behörde, bei der die Eingabe eingegangen ist, nach pflichtgemäßem Ermessen, ob sie zunächst die Beteiligung der übergangenen Stellen nachholt oder ohne deren Beteiligung die Eingabe beantwortet. In der Regel wird die übergangene Stelle zur Stellungnahme aufgefordert mit der Folge, dass die Nichteinhaltung des Dienstweges einen Zeitverzug zur Folge hat. Schon aus Gründen der Zeitersparnis sollte daher auch der Dienstweg eingehalten werden.

Eingaben, die einen schulinternen Konflikt zum Gegenstand haben, müssen zunächst schulintern erörtert werden (vgl. § 1 Abs. 2 ADO). Ist das nicht der Fall, ist die Schulaufsichtsbehörde gehalten, die Eingabe an die Schule zurückzugeben, verbunden mit der Aufforderung, zunächst selbst in der Schule eine Verständigung zu erreichen.

Die Schulaufsicht ist verpflichtet, jede Eingabe innerhalb einer angemessenen Zeit zu beantworten. Ist die Eingabe inhaltlich eine Beschwerde, ergeht in der Regel ein sog. Beschwerdebescheid. Der Beschwerdebescheid ist kein Verwaltungsakt i.S.d. § 35 VwVfG NRW.

Eingabeberechtigte sind Lehrer/innen und zwar unabhängig davon, ob sie im Beamten- oder Tarifbeschäftigungsverhältnis stehen. Denn § 16 Abs. 2 ADO differenziert nicht nach der rechtlichen Stellung der Lehrerinnen und Lehrer. Außerdem sind die in § 16 Abs. 2 ADO genannten Lehramtsanwärter/innen und Schulleiter/innen eingabeberechtigt. Schulleiterinnen und Schulleiter können eigene Eingaben oder von ihnen unterzeichnete Eingaben etwa der Mitwirkungsorgane der Schule einreichen. Für die im Landesdienst stehenden pädagogischen und sozialpädagogischen Mitarbeiter/innen ergibt sich die Berechtigung, Eingaben gemäß § 16 Abs. 2 ADO einzureichen, aus § 2 Abs. 2 ADO.

Adressaten der Eingaben sind nach § 16 Abs. 2 S. 1 ADO die Schulaufsichtsbehörden, also das Ministerium, die Bezirksregierungen und die Schulämter (§ 88 SchulG). Richtet sich die Eingabe an eine unzuständige Schulaufsichtsbehörde, hat dies nicht die Unzulässigkeit der Eingabe zur Folge. Die unzuständige Schulaufsichtsbehörde ist verpflichtet, die Eingabe an die zuständige Schulaufsichtsbehörde weiterzuleiten oder zumindest die oder den Betreffenden darauf hinzuweisen, dass die Eingabe an die zuständige Schulaufsichtsbehörde zu richten ist. Eingaben von Lehramtsanwärter/innen, die Belange der Ausbildungsschule betreffen, sind an das zuständige Zentrum für schulpraktische

Lehrerausbildung zu richten. Auch hier hat eine falsche Adressierung der Eingabe etwa an die Schulleitung nicht die Unzulässigkeit der Eingabe zur Folge. Die Schulleitung muss die Eingabe an das Zentrum für schulpraktische Lehrerausbildung weiterleiten oder die Lehramtsanwärterin bzw. den Lehramtsanwärter darauf hinweisen, dass sie oder er die Eingabe dorthin richten muss.

2.3 Beschwerden über Vorgesetzte

Nach § 16 Abs. 3 ADO können Beschwerden über Vorgesetzte unmittelbar an deren Dienstvorgesetzte gerichtet werden.

Die Vorschrift enthält eine abweichende Regelung für die Einhaltung des Dienstweges bei Beschwerden gegen Vorgesetzte. Derartige Beschwerden können unmittelbar an die Dienstvorgesetzten des Vorgesetzen gerichtet werden. Die Vorschrift entspricht dem § 103 Abs. 2 S. 2 LBG NRW. Danach kann die Beschwerde bei dem nächsthöheren Vorgesetzten, der regelmäßig Dienstvorgesetzter ist, unmittelbar eingereicht werden, wenn sich die Beschwerde gegen den unmittelbaren Vorgesetzten richtet. Die Formulierung „können" in § 16 Abs. 3 ADO bedeutet, dass die Beschwerde auch bei dem Vorgesetzten, gegen den sich die Beschwerde richtet, eingereicht werden kann, dort aber nicht eingereicht werden muss. Wird die Beschwerde gegen den Vorgesetzten bei dessen Dienstvorgesetzten eingereicht, holt dieser regelmäßig vor der Entscheidung über die Beschwerde eine Stellungnahme des Vorgesetzten ein.

Nach § 2 Abs. 5 LBG NRW ist Vorgesetzter, wer dienstliche Anordnungen erteilen kann. Wer dies ist, bestimmt sich nach dem Aufbau der öffentlichen Verwaltung. Für Lehrer/innen sowie für das im Landesdienst stehende pädagogische und sozialpädagogische Personal ist nach § 59 Abs. 2 S. 2 SchulG die Schulleiterin oder der Schulleiter Vorgesetzte bzw. Vorgesetzter. Sie können nach § 59 Abs. 2 S. 2 SchulG allen an der Schule tätigen Personen Weisungen erteilen. Dazu gehören auch Lehramtsanwärter/innen, die an der Schule tätig sind. Sie haben damit in Bezug auf ihre schulische Ausbildung zwei Vorgesetzte. Denn nach § 6 Abs. 1 S. 2 OVP sind die Leiter/innen der Zentren für schulpraktische Lehrerausbildung Vorgesetzte der Lehramtsanwärter/innen. Da § 6 Abs. 2 S. 1 OVP die Vorgesetzteneigenschaft nicht auf die Ausbildung der Lehramtsanwärter/innen in den Zentren für schulpraktische Lehrerausbildung beschränkt, besteht dementsprechend eine gleichrangige Vorgesetztenfunktion der Schulleitung und der Leitung der Zentren für schulpraktische Ausbildung, soweit es um die schulische Ausbildung der Lehramtsanwärter/innen geht.

Während der Vorgesetzte „nur" dienstliche Weisungen erteilen kann, trifft der Dienstvorgesetzte die Entscheidungen über die persönlichen Angelegenheiten der ihm nachgeordneten Beamten (§ 2 Abs. 4 S. 1 LBG NRW). Dienstvorgesetzte der Schulleiter/innen sind grundsätzlich die Bezirksregierungen als obere Schulaufsichtsbehörden (§ 1 Abs. 3 Nr. 1 und Abs. 4 S. 2 der Verordnung über beamtenrechtliche und disziplinarrechtliche Zuständigkeiten im Geschäftsbereich des für den Schulbereich zuständigen Ministeriums vom 17. 4. 1994, BASS 10–32 Nr. 44). Beschwerden gegen Schulleiter/innen als Vorgesetzte sind damit an die Bezirksregierungen zu richten. Eine Ausnahme besteht für die Schulleiter/innen an Grundschulen. Für sie sind die Schulämter Dienstvorgesetzte, soweit Abordnungen und Versetzungen innerhalb des Schulamtsbezirks, Zusage der Umzugskostenvergütung bei einer den Umzug veranlassenden Maßnahme innerhalb des Schulamtsbezirks, Anerkennung einer vorläufigen Wohnung (§ 12 BUKG), Bewilligung, Festsetzung und Zahlung von Reisekosten, Umzugskosten und Trennungsentschädigung, Entscheidungen über den Umfang von Pflichtstundenermäßigungen (z.B. für Schwerbehinderte) sowie Entscheidungen im Bereich des Mutterschutzes und der Elternzeit, außer in den Fällen der Dienstbefreiung zum Stillen, in Rede stehen (§ 1 Abs. 4 S. 1 der Verordnung vom 17. 4. 1994 i. V. m. § 88 Abs. 3 S. 3 SchulG). Betreffen Beschwerden gegen Schulleiter/innen der Grundschulen diesen Aufgabenkreis, können die Beschwerden an die Schulämter gerichtet werden. In allen anderen Angelegenheiten sind Dienstvorgesetzte auch der Schulleiter/innen der Grundschulen die Bezirksregierungen (§ 1 Abs. 4 S. 2 der Verordnung vom 17. 4. 1994) und damit Beschwerden in solchen Angelegenheiten an die Bezirksregierungen zu richten. Dienstvorgesetzte der Leiter/innen der Zentren für schulpraktische Lehrerausbildung sind die Bezirksregierungen (§ 6 Abs. 1 S. 2 OVP). Beschwerden der Lehramtsanwärter/innen gegen die Leiter/ innen der Zentren für schulpraktische Lehrerausbildung können deshalb an die jeweils zuständige Bezirksregierung gerichtet werden.

2.4 Gleichstellungsbeauftragte, Ansprechpartnerinnen für Gleichstellungsfragen

Anfragen und Einwendungen an die Gleichstellungsbeauftragte sind nach § 16 Abs. 4 ADO unmittelbar ohne Einhaltung des Dienstweges möglich (§ 20 LGG). Mit dieser Vorschrift wird der ansonsten einzuhaltende Dienstweg modifiziert. Anfragen und Einwendungen können unmittelbar an die Gleichstellungsbeauftragte gerichtet werden. Die Regelung knüpft an § 20 LGG an. Nach dieser Vorschrift können sich die Beschäftigten unmittelbar an die für sie zuständige Gleichstellungsbeauftragte, darüber hinaus an die Gleichstellungsbeauftragten der übergeordneten Dienststellen oder an die für Gleichstellungsfragen zuständige oberste Landesbehörde wenden.

Gleichstellungsbeauftragte sind bei den Schulaufsichtsbehörden bestellt. An Schulen und Zentren für schulpraktische Lehrerausbildung werden dagegen keine Gleichstellungsbeauftragten, sondern Ansprechpartnerinnen für Gleichstellungsfragen tätig, die von der Schulleiterin oder dem Schulleiter nach Anhörung der Lehrerkonferenz bestellt werden (§ 15a LGG). An den Schulen nehmen die Ansprechpartnerinnen für Gleichstellungsfragen gemäß § 59 Abs. 5 S. 2 SchulG die Aufgaben der Gleichbestellungsbeauftragten gemäß § 15 LGG wahr, wenn der Schulleiterin oder dem Schulleiter durch Gesetz oder Rechtsverordnung Aufgaben der oder des Dienstvorgesetzten übertragen worden sind. Das ist an allen Grundschulen in Nordrhein-Westfalen seit dem 1.8.2015 der Fall (§ 6 Abs. 2 der Verordnung über beamtenrechtliche und disziplinarrechtliche Zuständigkeiten im Geschäftsbereich des für den Schulbereich zuständigen Ministeriums vom 17.4.1994, BASS 10–32 Nr. 44).

3. Widerspruchsverfahren

Das Widerspruchsverfahren hat für den Bereich des Schulrechts seine Bedeutung nicht verloren. Das Land Nordrhein-Westfalen hat zwar auf der Grundlage der sog. Öffnungsklausel in § 68 Abs. 1 S. 2 VwGO das Widerspruchsverfahren weitgehend abgeschafft. Eine Ausnahme gilt jedoch für Verwaltungsakte der Schulen. Gegen diese Verwaltungsverwaltungsakte ist weiterhin ein Widerspruch statthaft (§ 110 Abs. 2 S. 1 Nr. 3a JustG NRW). Das hat zur Folge, dass eine Klage vor dem Verwaltungsgericht die vorherige (erfolglose) Durchführung eines Widerspruchsverfahrens voraussetzt (vgl. auch T 12-26).

3.1 Statthaftigkeit

Statthaft ist das Widerspruchsverfahren nur gegen Verwaltungsakte der Schulen. Das können Entscheidungen über Versetzungen oder auch Ordnungsmaßnahmen (§ 53 SchulG) sein. Ist die Entscheidung der Schule kein Verwaltungsakt, weil etwa die organisatorische Entscheidung über die Einrichtung jahrgangsbezogenen oder jahrgangsübergreifenden Unterricht (T 7-5, T 8-4.4) oder eine Schulformempfehlung der Grundschule (T 14-4.2 und 4.7) in Rede steht, kann hiergegen ein formloser außergerichtlicher Rechtsbehelf oder unmittelbar Klage vor dem Verwaltungsgericht erhoben werden.

3.2 Widerspruchsverfahren

Das Widerspruchsverfahren richtet sich nach §§ 68 ff. VwGO. Das Widerspruchsverfahren soll der Verwaltung eine Selbstkontrolle ermöglichen, die Gerichte entlasten und bereits dem Rechtsschutz des Bürgers dienen.

Nach § 69 VwGO beginnt das Widerspruchsverfahren mit der Erhebung des Widerspruchs. Der Erlass eines Widerspruchsbescheides kommt daher nur dann in Betracht, wenn überhaupt ein Widerspruch vorliegt. Das ist zweifelhaft, wenn der Widerspruchsführer seine Eingabe nicht als Widerspruch, sondern etwa als „Einspruch", „Beschwerde", „Dienstaufsichtsbeschwerde" oder in anderer Weise bezeichnet hat. Derartige Eingaben erfordern eine Entscheidung durch Widerspruchsbescheid nur dann, wenn sie als Widerspruch zu verstehen sind. Das ist im Wege der Auslegung zu ermitteln (§§ 88 VwGO analog, 133 BGB analog). Bei der Auslegung kommt es nicht auf den Wortlaut, sondern auf den Gesamtinhalt der Erklärung an. Danach ist ein Widerspruch anzunehmen, wenn aus der Erklärung hinreichend deutlich hervorgeht, dass der Erklärende sich durch einen bestimmten Verwaltungsakt beschwert fühlt und dessen Nachprüfung nicht nur im Rahmen eines formlosen Rechtsbehelfs (Gegenvorstellung, Dienst- oder Fachaufsicht, Petition), sondern in einem förmlichen Rechtsbehelfsverfahren erstrebt. Im Zweifel ist davon auszugehen, dass kein formloser Rechtsbehelf, sondern ein Widerspruch gewollt ist, wenn ein Verwaltungsakt in Rede steht. Denn wenn ein Vorverfahren vor Klageerhebung vorgeschrieben ist, verhindert nur ein Widerspruch den Eintritt der Bestandskraft des Verwaltungsaktes. In diesen Fällen ist mit Blick auf die Garantie effektiven Rechtsschutzes (Art. 19 Abs. 4 GG) die Eingabe als Widerspruch zu werten.

Der Widerspruch ist nach § 70 Abs. 1 S. 1 VwGO bei der Behörde zu erheben, die den Verwaltungsakt erlassen hat. Damit ist der Widerspruch gegen Verwaltungsakte der Grundschulen bei diesen einzulegen. Die Widerspruchsfrist wird aber auch mit der Einlegung des Widerspruchs bei der Widerspruchsbehörde gewahrt (§ 70 Abs. 1 S. 2 VwGO).

Die Widerspruchsfrist beträgt einen Monat nach Bekanntgabe des Verwaltungsaktes (§ 70 Abs. 1 S. 1 VwGO). Die Monatsfrist gilt allerdings nur dann, wenn die Grundschule dem Verwaltungsakt eine Rechtsbehelfsbelehrung beigefügt hat und die Rechtsbehelfsbelehrung ordnungsgemäß ist, d.h. den Anforderungen des § 58 Abs. 1 VwGO genügt. Danach beginnt die Frist für ein Rechtsmittel oder einen anderen Rechtsbehelf nur zu laufen, wenn der Beteiligte über den Rechtsbehelf, die Verwaltungsbehörde oder das Gericht, bei denen der Rechtsbehelf anzubringen ist, den Sitz und die einzuhaltende Frist schriftlich oder elektronisch belehrt worden ist. Ist die Rechtsbehelfsbelehrung unterblieben oder ist sie fehlerhaft, kann der Widerspruch innerhalb eines Jahres eingelegt werden (§ 58 Abs. 2 VwGO). Im Interesse der Rechtssicherheit empfiehlt sich deshalb die Erteilung einer ordnungsgemäßen Rechtsbehelfsbelehrung, damit die kürzere Monatsfrist des § 70 Abs. 1 S. 1 VwGO zu laufen beginnt.

Die ordnungsgemäße Einlegung des Widerspruchs erfordert gemäß § 70 Abs. 1 Satz 1 VwGO, dass der Widerspruch schriftlich oder zur Niederschrift erhoben wird. Hinsichtlich der Anforderungen an die Schriftform gilt grundsätzlich dasselbe wie für die Schriftform der Klage. Eine eigenhändige Unterschrift ist nicht erforderlich. Es genügt, dass aus der Widerspruchsfrist oder den ihr beigefügten Anlagen eindeutig und ohne Notwendigkeit einer Rückfrage oder Beweiserhebung ergibt, dass der Widerspruch vom Widerspruchsführer herrührt und mit dessen Willen zur Behörde gelangt ist. Diese Voraussetzungen erfüllen beispielsweise ein Telefax, ein Computerfax oder die eigenhändige Angabe der Anschrift auf dem verschlossenen Briefumschlag, der den Widerspruch enthält. Denn Sinn des Schriftformerfordernisses ist nur, die Identität des Absenders festzustellen und klarzustellen, dass es sich nicht nur um den Entwurf eines Widerspruchs handelt. Die Einlegung des Widerspruchs durch E-Mail ist formgerecht, wenn das elektronische Dokument mit einer qualifizierten elektronischen Signatur versehen ist und die Schule den Zugang dafür eröffnet hat (§ 3a VwVfG NRW). Die Erhebung des Widerspruchs zur Niederschrift setzt voraus, dass der Widerspruch in Anwesenheit des Widerspruchsführers zu Protokoll genommen, vorgelesen und von ihm genehmigt wird. Diesen Anforderungen genügen der bloße Vermerk über ein Telefonat mit dem Widerspruchsführer oder ein bloßer Aktenvermerk über die mündlich erfolgte Widerspruchserhebung nicht.

Zuständig für die Entscheidung über Widersprüche gegen Verwaltungsakte der Schulen ist die nächsthöhere Behörde (§§ 110 Abs. 2 S. 1 Nr. 3a, 111 S. 2 JustG NRW i.V.m. § 73 Abs. 1 S. 2 Nr. 1 VwGO). Das ist bei den Grundschulen das staatliche Schulamt als untere Schulaufsichtsbehörde. Es nimmt in seinem Gebiet die Schulaufsicht über die Grundschulen wahr (§ 88 Abs. 3 S. 2 SchulG).

3.3 Abhilfe, verwaltungsinternes Kontrollverfahren

Vor der Entscheidung des staatlichen Schulamtes hat die Schule darüber zu entscheiden, ob sie dem Widerspruch abhilft (§ 73 Abs. 1 S. 1 VwGO). Innerhalb der Schule entscheidet über die Abhilfe das Gremium, das den Erlass des Verwaltungsaktes beschlossen hat, also beispielsweise bei Versetzungen die Versetzungskonferenz. Wird dem Widerspruch nicht abgeholfen, wird der Widerspruch dem staatlichen Schulamt vorgelegt, das durch Widerspruchsbescheid über den Widerspruch entscheidet (§ 73 Abs. 1 S. 1 VwGO).

Teil des bei der Schule durchzuführenden Abhilfeverfahrens ist das sog. verwaltungsinterne Kontrollverfahren, wenn sich der Widerspruch gegen eine Leistungsbewertung richtet. Schüler/innen haben einen subjektiven (verfahrensrechtlichen) Anspruch auf Durchführung des verwaltungsinternen Kontrollverfahrens, das darauf zielt, dass die Lehrkräfte die angefochtene Bewertung insgesamt überdenken. Dieser Anspruch auf Überdenken der Leistungsbewertung stellt einen Ausgleich dafür dar, dass aufgrund des Beurteilungsspielraums der Lehrkräfte die Leistungsbewertung nur einer eingeschränkten verwaltungsgerichtlichen Kontrolle unterliegt (vgl. T 11-6). Im Rahmen des verwaltungsinternen Kontrollverfahrens müssen die Lehrkräfte sich mit konkreten und nachvollziehbaren Einwänden der Schüler/innen und Eltern auseinandersetzen und, soweit die Einwände berechtigt sind, ihre Bewertung korrigieren (BVerwG, Urteil vom 24.2.1993 – 6 C 35.92 –, juris, Rdn. 24 ff.; OVG NRW, Urteil vom 24.11.2016 – 13 A 293/15 –, juris, Rdn. 36). Die Lehrkräfte müssen das Ergebnis ihres Überdenkens der Leistungsbewertung den Schüler/innen und Eltern in einer begründeten Stellungnahme mitteilen (OVG NRW, Beschluss vom 4.4.2008 – 19 E 224/08 –, juris, Rdn. 11). Ist das verwaltungsinterne Kontrollverfahren nicht oder unzureichend durchgeführt worden, hebt das Verwaltungsgericht die Leistungsbewertung im Klageverfahren schon deshalb auf, ohne dass es noch darauf ankommt, ob die Einwände gegen die Bewertung berechtigt sind.

3.4 Begründetheitsprüfung

Hilft die Schule dem Widerspruch nicht ab, prüft das staatliche Schulamt, ob der Verwaltungsakt der Schule rechtmäßig und zweckmäßig ist (§ 68 Abs. 1 S. 1 VwGO). Im Widerspruchsverfahren findet deshalb anders als im Klageverfahren beim Verwaltungsgericht, das auf eine Rechtskontrolle beschränkt ist, nicht nur eine Rechtmäßigkeits-, sondern auch eine Zweckmäßigkeitskontrolle statt. Dementsprechend kann das Schulamt einen rechtmäßigen Verwaltungsakt aufheben, wenn es der Auffassung ist, dass der Verwaltungsakt nicht zweckmäßig ist. Eine Einschränkung dieser umfassenden Kontrollbefugnis des Schulamtes besteht bei Widersprüchen gegen Leistungsbewertungen. Denn auch das Schulamt muss den Beurteilungsspielraum der Lehrkräfte beachten (vgl. dazu T 11-6.4).

4. Klageverfahren

Weist das Schulamt den Widerspruch mit Widerspruchsbescheid zurück, kann Klage vor dem Verwaltungsgericht erhoben werden.

4.1 Klagefrist

Sowohl bei der Anfechtungsklage gegen einen belastenden Verwaltungsakt (§ 74 Abs. 1 VwGO) als auch bei einer Verpflichtungsklage auf Erlass eines begünstigenden Veraltungsaktes (§ 74 Abs. 2 VwGO) muss grundsätzlich innerhalb eines Monats Klage erhoben werden. Die Monatsfrist für die Klage beginnt allerdings nur zu laufen, wenn dem Widerspruchsbescheid eine Rechtsbehelfsbelehrung beigefügt worden ist und die Rechtsbehelfsbelehrung ordnungsgemäß ist (vgl. dazu T 12-21). Ist das nicht der Fall, kann gemäß § 58 Abs. 2 VwGO innerhalb eines Jahres Klage erhoben werden. Es gelten die zum Lauf der Widerspruchsfrist dargelegten Grundsätze entsprechend (3). Bei allgemeinen Leistungsklagen gegen schulische Maßnahmen, die wie etwa Organisationsentscheidungen (T 7-5, T 8-4.4) oder Schulformempfehlungen der Grundschulen (T 14-4.2 und 4.7) gibt es keine Klagefrist. Im Einzelfall kann eine Klage aber aufgrund des Zeitablaufs (Verwirkung) unzulässig sein.

4.2 Anforderungen an die Klageschrift

Die Klage ist schriftlich zu erheben (§ 81 Abs. 1 S. 1 VwGO). Sie kann beim Verwaltungsgericht auch zur Niederschrift des Urkundsbeamten der Geschäftsstelle erhoben werden (§ 81 Abs. 1 S. 2 VwGO). Bei den nordrhein-westfälischen Verwaltungsgerichten übernimmt diese Aufgabe regelmäßig eine Rechtsantragstelle. Eine Vertretung durch einen Rechtsanwalt ist bei den Verwaltungsgerichten erster Instanz nicht vorgeschrieben. Anwaltszwang besteht aber in der zweiten (Oberverwaltungsgericht) und dritten (Bundesverwaltungsgericht) Instanz (§ 67 VwGO).

In der Klage müssen der Kläger, der Beklagte und der Streitgegenstand bezeichnet werden. Die zur Begründung dienenden Tatsachen und Beweismittel sollen angegeben, die angefochtene Entscheidung und der Widerspruchsbescheid sollen in Urschrift oder in Abschrift beigefügt werden (§ 82 Abs. 1 VwGO). Richtiger Klagegegner ist in Nordrhein-Westfalen aufgrund des sog. Rechtsträgerprinzips (§ 78 Abs. 1 Nr. 1 VwGO) das Land Nordrhein-Westfalen. Das JustG NRW enthält anders als das früher geltende nordrhein-westfälische Ausführungsgesetz zur VwGO keine Regelung i.S.d. § 78 Abs. 1 Nr. 2 VwGO, nach der (auch) Behörden Klagegegner sein können. Ist die Klage fehlerhaft nicht gegen das Land, sondern gegen die Schule gerichtet, hat dies nicht die Unzulässigkeit der Klage zur Folge. Denn zur Bezeichnung des Klagegegners genügt die Angabe der Behörde (§ 78 Abs. 1 Nr. 1 VwGO) mit der Folge, dass das Verwaltungsgericht das Rubrum von Amts wegen ändert, ohne dass es einer dahingehenden Antragstellung bedarf.

4.3 Vertretungserlass NRW

Die Vertretung des Landes Nordrhein-Westfalen in den verwaltungsgerichtlichen Verfahren richtet sich nach dem Vertretungserlass NRW vom 1.7.2011, MBl. NRW. S. 246, BASS 10-32 Nr. 66 (vgl. dazu auch T 12-26). Nach Nr. 3.1 des Erlasses sind die Schulen in Angelegenheiten nach § 3 Abs. 1 S. 1 und 2 SchulG zur Vertretung des Landes in gerichtlichen Verfahren berufen. Nach § 3 Abs. 1 SchulG gestaltet die Schule den Unterricht, die Erziehung und das Schulleben im Rahmen der Rechts- und Verwaltungsvorschriften in eigener Verantwortung; sie verwaltet und organisiert ihre inneren Angelegenheiten selbstständig. Damit wird das Land grundsätzlich durch die Schulen vertreten, es sei denn, es greifen die in Nr. 3.2 oder 3.3 des Erlasses vorgesehenen Ausnahmen. Nach Nr. 3.2 des Erlasses können die Schulen in Angelegenheiten nach § 3 Abs. 1 SchulG auch einen Vertreter der Schulaufsichtsbehörde mit der Prozessvertretung i. S.d. jeweiligen Prozessordnung betrauen. Die Schulaufsichtsbehörde kann sich im Einzelfall vorbehalten, vor den Gerichten neben der vertretungsberechtigten Schule aufzutreten und prozessuale Handlungen vorzunehmen. Die Schulaufsichtsbehörde kann darüber hinaus in Einzelfällen, insbesondere bei Rechtsstreitigkeiten von besonderer Bedeutung, die gerichtliche Vertretung der in ihrem jeweiligen Zuständigkeitsbereich liegenden Schulen selbst übernehmen. Nach Nr. 3.3 des Erlasses behält sich das Ministerium vor, in Einzelfällen, insbesondere bei Rechtsstreitigkeiten von besonderer Bedeutung, die gerichtliche Vertretung selbst zu übernehmen oder auf eine andere als die zuständige Stelle zu übertragen. In den Fällen der Übertragung der Vertretung auf eine andere als die zuständige Stelle kann sich das Ministerium darüber hinaus vorbehalten, vor den Gerichten neben der beauftragten Dienststelle aufzutreten und prozessuale Handlungen vorzunehmen.

4.4 Prüfungsmaßstab des Gerichts

Das Gericht ist an die Fassung des Klageantrages nicht gebunden, sondern kann diesen sachgerecht umformulieren (§ 88 VwGO). Ein fehlender (bestimmter) Klageantrag ist unschädlich. Denn nach § 82 Abs. 1 S. 2 VwGO „soll" die Klage einen bestimmten Antrag enthalten, ein Antrag ist deshalb nicht zwingend vorgeschrieben. Es genügt, dass das Verwaltungsgericht nach der Klagebegründung das Klagebegehren erkennen kann. Das Verwaltungsgericht ist verpflichtet, auf einen sachdienlichen Antrag hinzuwirken (§ 86 Abs. 3 VwGO) und wird deshalb im Rahmen seiner prozessualen Fürsorgepflicht einen dem Klagebegehrten entsprechenden Antrag vorschlagen.

Das Verwaltungsgericht erforscht den Sachverhalt von Amts wegen. Es ist an das Vorbringen und an die Beweisanträge der Beteiligten nicht gebunden (§ 86 Abs. 1 VwGO). Die Schulen sind verpflichtet, ihre Akten dem Gericht vorzulegen. Die Klägerin oder der Kläger hat das Recht, diese Akten bei Gericht einzusehen und sich vom Gericht auf seine Kosten Abzüge oder Ablichtungen erteilen zu lassen (§§ 99, 100 VwGO).

Im Rahmen der Begründetheit einer Anfechtungsklage etwa gegen eine Schulordnungsmaßnahme prüft das Verwaltungsgericht, ob der belastende Veraltungsakt der Grundschule rechtswidrig ist und den Kläger (Schüler/innen und/oder Eltern) in seinen Rechten verletzt (§ 113 Abs. 1 S. 1 VwGO). Bei Verpflichtungsklagen prüft das Verwaltungsgericht, ob ein Anspruch auf Erlass des begehrten Verwaltungsaktes besteht (§ 113 Abs. 5 S. 1 VwGO) oder ob, wenn die Schule nach Ermessen entscheidet und dieses Ermessen nicht auf den Erlass des Verwaltungsaktes reduziert ist, ein Anspruch auf Neubescheidung besteht, weil die Ablehnung des Verwaltungsaktes ermessensfehlerhaft ist (§ 113 Abs. 5 S. 1 VwGO). Bei Leistungsbewertungen und Versetzungsentscheidung ist die gerichtliche Kontrolldichte aufgrund des Beurteilungsspielraums der Lehrkräfte eingeschränkt (T 11-6, 12-25 und 26). Außerdem kann ein Anspruch auf Neubewertung in der Schule gezeigter Leistungen aufgrund des Zeitablaufs unmöglich werden (vgl. auch T 11-6). Denn eine gerichtliche Verpflichtung der Schule zur Neubewertung setzt voraus, dass sie noch möglich ist. Das ist nicht der Fall, wenn sich die Lehrkräfte objektiv nicht mehr verlässlich an die für die Bewertung relevanten Einzelheiten, z.B. Mitarbeit im Unterricht, erinnern können. Dabei ist insbesondere zu berücksichtigen, dass Lehrkräfte eine Vielzahl von Schüler/innen unterrichten. Wann der Anspruch auf Neubewertung aufgrund des Zeitablaufs unmöglich geworden ist, ist eine Frage des Einzelfalls. Jedenfalls nach Ablauf eines Jahres ist nicht mehr hinreichend gewährleistet, dass sich die Lehrkräfte verlässlich an die für die Bewertung relevanten Einzelheiten erinnern können (OVG NRW, Beschluss vom 7.10.2010 – 19 E 985/10 –, juris, Rdn. 4). Bloße Verfahrensfehler begründen keinen im verwaltungsgerichtlichen Verfahren durchsetzbaren Anspruch auf Versetzung (T 13-8.5). Angaben in Zeugnissen zu Fehlzeiten und zum Arbeits- und Sozialverhalten können mit der allgemeinen Leistungsklage angefochten werden (T 12-15 und 16.5).

5. Aufschiebende Wirkung des Widerspruchs und der Klage

Widerspruch und Klage gegen belastende Verwaltungsakte der Schule haben grundsätzlich aufschiebende Wirkung (§ 80 Abs. 1 VwGO). Aufschiebende Wirkung bedeutet, dass die Vollziehbarkeit des Verwaltungsaktes für die Dauer der aufschiebenden Wirkung gehemmt ist, der Verwaltungsakt also nicht vollzogen werden darf. Demgegenüber hat die aufschiebende Wirkung einer Klage gemäß § 80 Abs. 1 VwGO keine Rechtserweiterung der Klägerin oder des Klägers zur Folge. Das bedeutet bei einer Klage gegen eine Nichtversetzung, dass die Schülerin oder der Schüler die Klasse wiederholen muss und nicht aufgrund der aufschiebenden Wirkung der Klage am Unterricht der nächsthöheren Klasse teilnehmen darf (vgl. auch T 12-26, T 13-7). Dieses Ziel kann nur durch einen Antrag auf Erlass einer einstweiligen Anordnung beim Verwaltungsgericht (§ 123 Abs. 1 VwGO) erreicht werden. In dem vorläufigen

Rechtsschutzverfahren prüft das Verwaltungsgericht auf der Grundlage einer summarischen (überschlägigen) Prüfung der Sach- und Rechtslage, ob die Nichtversetzung fehlerhaft sein könnte und deshalb der Schüler bis zur abschließenden Entscheidung des Klageverfahrens vorläufig am Unterricht der nächsthöheren Klasse teilnimmt.

Die aufschiebende Wirkung eines Widerspruchs oder einer Klage kann kraft Gesetzes oder aufgrund einer behördlichen Anordnung der sofortigen Vollziehung nicht gegeben sein. So haben Widerspruch und Klage gegen die Überweisung in eine parallele Klasse oder Lerngruppe (§ 53 Abs. 3 Nr. 2 SchulG) oder der vorübergehende Ausschluss vom Unterricht von einem Tag bis zu zwei Wochen oder von sonstigen Schulveranstaltungen (§ 53 Abs. 3 Nr. 3 SchulG) gemäß § 80 Abs. 2 S. 1 Nr. 3 VwGO i.V.m. § 53 Abs. 3 S. 2 SchulG kraft Gesetzes keine aufschiebende Wirkung. Widersprüche und Klagen gegen die Androhung der Entlassung (§ 53 Abs. 3 Nr. 4 SchulG) oder Entlassung von der Schule (§ 53 Abs. 3 Nr. 5 SchulG) haben dagegen nur dann keine aufschiebende Wirkung, wenn die Schule gemäß § 80 Abs. 2 S. 1 Nr. 4 VwGO die sofortige Vollziehung angeordnet hat. Diese Anordnung setzt das Vorliegen eines besonderen öffentlichen Vollzugsinteresses und damit ein öffentliches Interesse voraus, das über den Erlass des belastenden Verwaltungsaktes hinausgeht. Ein solches besonderes öffentliches Vollzugsinteresse liegt vor, wenn die Angelegenheit derart eilbedürftig ist, dass der Ausgang eines eventuellen Widerspruchs- oder Klageverfahrens nicht abgewartet werden kann. Die Schule muss das Vorliegen des besonderen öffentlichen Vollzugsinteresses einzelfallbezogen begründen (§ 80 Abs. 3 S. 1 VwGO).

Schüler/innen können, wenn Widerspruch und Klage gegen einen belastenden Verwaltungsakt der Schule keine aufschiebende Wirkung gemäß § 80 Abs. 1 VwGO hat, beim Verwaltungsgericht einen Antrag auf Aussetzung der Vollziehung stellen (§ 80 Abs. 5 S. 1 VwGO). Das Verwaltungsgericht prüft im Aussetzungsverfahren, ob die formellen Voraussetzungen für eine Anordnung der sofortigen Vollziehung vorliegen und das öffentliche Interesse an der sofortigen Vollziehung des Verwaltungsaktes die Interessen der Schüler/innen und deren Eltern an der Beibehaltung des bisherigen Rechtszustandes überwiegen. Teil der Interessensabwägung des Verwaltungsgerichts ist eine Prüfung der Erfolgsaussichten des Widerspruchs oder der Klage gegen den belastenden Verwaltungsakt. Das Verwaltungsgericht überprüft wie im Verfahren nach § 123 Abs. 1 VwGO die Sach- und Rechtslage summarisch.

6. Beteiligung eines Rechtsanwaltes

Schüler/innen und ihre Eltern können einen Rechtsanwalt damit beauftragen, für sie Anträge bei der Schule oder der Schulaufsichtsbehörde zu stellen oder Widersprüche und formlose außergerichtliche Beschwerden einzureichen. Ob auch ein Anspruch darauf besteht, bei Gesprächen mit der Schule oder in Konferenzen, etwa einer Schulordnungskonferenz, einen Rechtsanwalt hinzuziehen, ist noch nicht abschließend geklärt. Nach § 14 VwVfG NRW, der die

Vertretung Beteiligter durch Bevollmächtigte ausdrücklich im Verwaltungsverfahren zulässt, gilt gem. § 2 Abs. 3 Nr. 3 VwVfG NRW nicht für die Verwaltungsverfahren der Schulen. Demgegenüber bestimmt § 3 Abs. 2 BRAO, dass das Recht des Anwalts, in Rechtsangelegenheiten aller Art vor Gerichten, Schiedsgerichten oder Behörden aufzutreten, nur durch Bundesgesetz beschränkt werden kann. Eine bundesgesetzliche Regelung, die Vertretung durch einen Rechtsanwalt in schulischen Angelegenheiten beschränkt, gibt es jedoch nicht. Sie wäre allerdings auch verfassungswidrig, weil das Schulwesen in die ausschließliche Gesetzgebungskompetenz der Länder fällt (Art. 70 Abs. 1 GG). Demgemäß spricht Einiges dafür, § 3 Abs. 2 BRAO verfassungskonform dahin auszulegen, dass die Vorschrift nicht für die Vertretung in schulischen Angelegenheiten gilt (VG Düsseldorf, Urteil vom 14.4.2010 – 18 K 4441/09 –, juris, Rdn. 16 ff.). Das OVG NRW hat zu dieser Frage noch nicht Stellung genommen. In dem Berufungsverfahren gegen das Urteil des VG Düsseldorf musste sich das OVG NRW aufgrund einer Änderung der Sachlage nicht mehr mit der vom VG Düsseldorf aufgeworfenen und entschiedenen Rechtsfrage befassen (OVG NRW, Beschluss vom 11.9.2012 – 19 A 928/0 –, juris).

Die Ziffer vor dem Gedankenstrich gibt die Nummer des Teils (T) und die Ziffer nach dem Gedankenstrich die Gliederungsnummer an.